Training + Racing
with a POWER METER

파워미터를 활용한 트레이닝과 경기력 향상

Hunter Allen,

Andrew R. Coggan, PhD,

Stephen McGregor, PhD

옮김 **정인영**

파워미터를 활용한 트레이닝과 경기력 향상

첫째판 1 쇄 인쇄 | 2024년 7월 26일
첫째판 1 쇄 발행 | 2024년 8월 5일

지 은 이   헌터 알렌, 앤드류 코건, 스테픈 맥그리거
옮 긴 이   정인영
발 행 인   장주연
출 판 기 획   이성재
책 임 편 집   배진수
편집디자인   조원배
표지디자인   김재욱
발 행 처   군자출판사(주)
          등록 제4-139호(1991. 6. 24)
          본사 (10881) **파주출판단지** 경기도 파주시 회동길 338(서패동 474-1)
          전화 (031) 943-1888   팩스 (031) 955-9545
          홈페이지 | www.koonja.co.kr

ISBN 979-11-7068-153-3 (93690)
정가 24,800원

파워미터를 활용한 트레이닝과 경기력 향상

Hunter Allen,

Andrew R. Coggan, *PhD*,

Stephen McGregor, *PhD*

옮김 정인영

목차

머리말

1986년 독일의 공대생이자 사이클리스트인 울리히 슈버러(Uli Schoberer)는 휴대할 수 있는 사이클링 파워미터인 SRM (Schoberer Rad Messtechnik)을 발명했습니다. 그 전까지 대부분의 사이클리스트들은 라이딩 중 운동 강도를 측정하기 위해 대부분이 전적으로 인지강도에 의존했습니다. 1980년대에 몇몇 라이더들은 발명된 지 10년 정도밖에 되지 않은 심박수 모니터를 사용하기도 했습니다. 하지만 심박수의 문제점은 사이클링에서 흔하게 일어나는 짧은 가속 상황에서 반응이 느릴 뿐만 아니라, 날씨, 정신적 스트레스, 식단 등의 다양한 변수에 영향을 많이 받는다는 것이었습니다. 1990년대에 프로 사이클리스트들 사이에서 SRM의 사용이 증가하기 시작했습니다. 하지만 당시에 SRM은 자전거 가격보다 훨씬 비쌌기에, 일부 프로 선수들 외에는 거의 사용하지 못했습니다. 2000년대 초반에 들어서자 가격이 내려가기 시작했고, 사이클링 스포츠를 열정적으로 즐기는 동호인 사이에서 비로소 널리 사용되기 시작했습니다.

파워미터가 발명되고 널리 사용되기 전까지 사이클링은 지구력 스포츠 중에서 가장 과학적이지 못한 스포츠였습니다. 1970-80년대의 수영 혹은 달리기 선수들은 수영장이나 트랙에서 혈액 샘플을 채취하여 다양한 페이스에서의 젖산 수치의 변화를 확인했지만, 자전거 선수들은 주로 마일, 킬로미터, 시간 등의 볼륨에 집중했습니다. 매주 안장 위를 달리는 시간만이 실력의 향상 징도를 판단하는 기준이있습니다. 여러분도 잘 아시는 바와 같이 속도는 바람, 언덕, 드래프팅 등에 영향을 받기 때문에 실력의 향상을 판단하기에 명확한 기준이 되지는 못했습니다.

그러다 SRM이 등장하면서 상황이 점진적으로 바뀌기 시작했습니다. 현재 자전거 파워미터를 만드는 여러 회사가 있으며 1990년대 이후부터 꽤 합리적인 가격에 판매되고 있습니다. 로드 사이클리스트, 산악자전거, 철인3종 선수, 트랙 선수 등 다양한 수준의 라이더가 트레이닝 진행 상황을 측정하는 데 파워미터가 유용하다는 것을 알게 되면서, 사이클링은 가장 과학적이지 않은 지구력 스포츠에서 가장 과학적인 스포츠가 되었습니다. 조정, 요트, 달리기 등 사이클링이 아닌 다른 스포츠에서도 파워미터를 사용하기 시작했습니다.

돈이 많지 않은 코치였기에 파워미터를 살 여유가 없었던 저는 1995년에야 비로소 SRM으로부터 파워미터를 대여할 수 있었습니다. 울리히(Uli)는 감사하게도 파워미터를 3개월 동안 사용할 수 있게 해주었습니다. 당시 저는 첫 번째 책인 <사이클리스트 트레이닝 바이블>을 집필 중이었고 여기에 파워미터라는 새로운 기술에 대한 내용을 담고 싶었습니다. 저는 책에 파워 트레이닝과 레이싱에 대해 제가 배운 내용을 한 페이지 정도 집필했습니다. 제가 알기로 파워미터를 이용하여 트레이닝하는 방법이 담긴 것은 제 책이 처음이었지만, 당시에는 아는 것이 많지 않아 담을 수 있는 내용이 없었습니다.

1998년에 저는 두 번째 파워미터를 구입했습니다. 파워탭(PowerTap)이라는 신생 스타트업 회사의 시제품이었습니다. 파워탭의 스트레인 게이지(Strain Guage)는 SRM과 다르게 체인링 스파이더가 아닌 뒷바퀴 허브에 있었고, 가격이 훨씬 저렴했습니다. 그래서 저는 그 이후로 파워탭으로 트레이닝하고 레이스에 참가했습니다.

1999년 당시 저는 파워미터 사용법에 대해 많은 부분을 알고 있다고 생각했습니다. 그래서 그 해에 32페이지 정도 분량의 <파워와 함께 훈련하기(Training with power)>라는 책을 썼습니다. 하지만 이 책이 파워 트레이닝 방법에 대한 결정적인 지침서라고 하기엔 어려웠고, 파워미터 훈련법을 올바르게 할 수 있는 작은 발걸음이었을 뿐입니다.

2006년 헌터 앨런(Hunter Allen)과 앤디 코건(Andy Coggan) 박사는 <Training and racing with a power meter>의 초판을 출간했습니다. 한 페이지에서 한 권의 책으로, 불과 10년 만에 상황이 어떻게 변했는지 알 수 있었습니다. 당시 그들은 사이클링에서 파워미터를 사용하는 데 있어 가장 널리 인정받는 방법론을 소개했습니다. 1990년대 중반에 나왔던 지나치게 단순화된 한 장의 글에서 그들은 트레이닝에 혁명을 일으킨 시스템을 고안해냈고 다른 스포츠가 지향해야 할 표준을 정립했습니다. 그리고 그들은 여전히 사이클링 트레이닝과 레이스의 방식을 혁신하고 변화시키고 있습니다.

지금 여러분의 손에 들려 있는 것은 파워 기반 트레이닝에 관한 가장 최신 정보가 담긴 완벽한 책입니다. 우리가 자전거를 타고 경기를 준비할 때, 많은 부분이 라이딩 중 자신의 와트(Watt, W)라는 하나의 데이터 수치에서 비롯된다고 생각하시면 됩니다. 1990년대 중반에 이 주제를 다룬 저의 한 페이지짜리 글은 당시보다 더 나아가지 못했습니다. 하지만 코건과 앨런은 스티븐 맥그리거(Stephen McGregor) 박사와 함께 이 보물 같은 데이터를 활용하여 트레이닝 방식을 혁신하면서 계속 발전시키며, 독특한 방법으로 전환했습니다. 다른 지구력 스포츠에서도 이 책에서 자세히 설명된 내용을 관찰하고 도입하고 있습니다. 코건, 앨런, 맥그리거는 스포츠 트레이닝 분야를 혁신적으로 바꾸고 있습니다.

개인적인 생각으로, 이 책에서 설명하는 방법론을 이해하고 도입하면 트레이닝 방법뿐만 아니라 레이싱실력도 향상될 것입니다. 이 과정은 쉽지 않을 것입니다. 변화는 결코 쉽지 않으니까요. 하지만 대부분의 선수들처럼 퍼포먼스 수준을 높이기 위해 더 효과적인 방법을 찾고 있다면 이 책이 필요한 지침과 방향을 제시해줄 것입니다.

조 프리엘 (Joe Friel)
TrainingPeaks 코치, 저자 겸 공동 설립자

Acknowledgements

이번 세 번째 에디션이 현실화될 수 있도록 도와주신 많은 분들께 감사의 말씀을 드립니다. 무엇보다도 저희의 배우자인 케이트(Kate)와 앤지(Angie)에게 감사의 말을 전하고 싶습니다. 가정에서 그들의 지원과 도움이 없었다면 이 책은 아직 구상 단계에 머물러 있었을 것입니다. 저희의 꿈을 응원해 주신 부모님께도 큰 감사를 드립니다.

이 모든 것을 시작하게 해준 TrainingPeaks WKO 소프트웨어의 개발과 지원에 큰 역할을 해준 케빈 윌리엄스(Kevin Williams), 팀 쿠식(Tim Cusick), 기어 피셔(Gear Fisher), 더크 프리엘(Dirk Friel), 벤 프리호다(Ben Pryhoda)에게도 감사의 인사를 전합니다.

모든 파워미터 제조업체의 도움과 지원에 감사드립니다. 앞으로도 파워미터 분야의 발전과 혁신에 많은 관심을 부탁드립니다.

많은 사이클링 코치들을 교육하는 데 도움을 주었을 뿐만 아니라 USA 사이클링의 파워 인증 과정을 통해 처음부터 저희에게 영감을 주고 지원해 준 샘 캘런(Sam Callan)과 케빈 디저트(Kevin Dessert)에게 큰 박수를 보냅니다. 다양한 파워미터 관련 포럼의 회원분들께도 감사드리며, 다양한 그룹과 회원분들의 도움과 지원에 계속 겸손한 자세로 임하고 있습니다. 철인3종에서의 파워미터 사용에 대한 조언을 해 주신 리치 스트라우스(Rich Strauss)와 패드릭 맥크란(Patric MaCrann)에게도 감사드립니다. '파워 기반 트레이닝을 위한 자주 묻는 질문(FAQ)'을 작성하고 '가변성 지수'를 사용할 수 있게 해준 찰스 하우(Charles Howe)에게도 큰 감사를 표합니다. 트레이닝 계획에 지칠 줄 모르는 도움을 주신 셔먼 크레반스(Sherman Cravens), 달리기와 수영에 많은 도움을 주신 레이첼 잠브라노(Rachel Zambrano), PCG에 대한 헌신과 충성심, 그리고 항상 기꺼이 도움을 주신 크리스 마이어스(Chris Myers) 박사님께도 큰 감사를 드립니다.

스티브 카픽(Steve Karpik), 게빈 애킨스(Gavin Atkins), 제레마이어 비숍(Jeremiah Bishop), 딘 골리치(Dean Golich), 제임스 매티스(James Mattis), 프랭크 오버턴(Frank Overton), 팸 마이노(Pam Maino), 샘 크리그(Sam Krieg), 데이브 조르단(Dave Jordaan), 데이브 해리스(Dave Harris), 덴니스 릴(Dennis Ryll) 박사, 사미 스로우르(Sami Srour) 박사, 조이 댄토니(Joey D'Antoni), 제프 라보브(Jeff Labauve), 짐 마틴(Jim Martin) 박사, 존 베르흘(John Verheul), 빌 블랙(Bill Black), 데이브 마틴(Dave Martin) 박사, 데비 프렐러(Debbie Preller 박사), 버니 샌더스(Bernie Sanders), 레이날도 브리토(Reynaldo Brito), 알바

로 파체코(Alvaro Pacheco) 그리고 친절하게도 파워 데이터의 일부를 분석에 통합할 수 있게 해준 가위 컴브릭(Gawie Combrinck)에게 감사의 인사를 전합니다.

레이스의 피드 존(feed zone)에서 저희를 응원해 주신 분들, 실험실에서 도전해 주신 분들, 트레이닝 아이디어와 이론을 구현하는 새로운 방법을 개발하는 데 도움을 주신 분들까지, 그 과정에서 도움을 주신 모든 분들께 감사드립니다. 의심할 여지없이 이 책은 많은 분들의 공헌의 결과물이며, 모든 분들께 감사드립니다.

마지막으로, 처음부터 이 여정을 함께 해준 VeloPress 팀, 특히 르네 자딘(Renee Jardine)에게 감사드립니다. 카라 매닉스(Kara Mannix), 사라 고레키(Sarah Gorecki), 데이브 트렌들러(Dave Trendler)에게도 감사드립니다. 모든 책의 제작과 홍보를 위해 보이지 않는 곳에서 애쓰는 이들에게 정말 큰 감사를 표합니다!

– 헌터 앨런(Hunter Allen) & 앤디 코건(Andy Coggan), PhD

저는 스포츠, 과학, 코칭, 교육 등 제 삶의 모든 측면이 제가 좋아하는 일과 연관되어 있다는 점에서 매우 운이 좋은 사람입니다. 교수로서 저는 매일 운동 능력의 과학에 대해 가르치고 연구할 수 있습니다. 코치로서 저는 훌륭한 운동선수들과 함께 일하며 과학을 활용해 그들이 최고의 기량을 발휘할 수 있도록 지도합니다. 저는 정말 축복받은 사람입니다. 지난 30년 동안 제 인생의 길은 저를 진정으로 행복하게 하는 일을 할 수 있게 해주었습니다.

제가 이런 일을 하면서 거둔 성공의 대부분은 두 명의 공동 저자 덕분입니다. 첫째, 코건 박사(앤디)는 수년 동안 전문 멘토이자 과학적 조언자 역할을 해왔습니다. 앤디가 개발한 여러 아이디어는 제가 성능 정량화 및 모델링 영역에서 추구한 아이디어에 영감을 주었습니다. 그는 항상 저를 격려하고 영감을 주었습니다. 수년 전 대학원생 시절 존경했던 저명한 과학자와 다시 협업하게 되어 매우 행운이라고 생각합니다.

또 다른 공동 저자인 헌터 앨런도 저의 직업적 성공에 크게 기여해 주었고 코칭 멘토이자 친구로 함께 해 주었기 때문에 저 역시 그에게 큰 빚을 지고 있습니다. 그의 Peaks group과 함께 일하면서 저는 코칭이라는 '재미있는 일'에 집중할 수 있었고, 그 결과 개별적으로 달성할 수 있었던 것보다 더 큰 성공을 거둘 수 있었습니다. 저는 이제 거의 15년 동안 헌터와 함께 일해왔고, 헌터가 없었다면 코치로서 지금과 같은 성공을 거두지 못했을 거라고 상상할 수 없습니다.

앤디와 헌터가 Cyclingpeaks(나중에 WKO로 알려짐)를 제작했을 때 사이클링에 파워미터를 사용하는 것은 말 그대로 암흑기에서 벗어난 것이나 다름없었습니다. 그 전까지 파워미터 데이터를 해독하기 위해 애쓰던 저희에게는 그야말로 계시였습니다. 그래서 이 책에 작은 힘이나마 보탤 수 있게 해준 두 명의 공저자에게 진심으로 감사드립니다.

　　마지막으로, 가장 중요한 것은 제 사랑스러운 아내 크리스티(Christy)가 저를 위해 해준 모든 일에 대해 감사하고 싶습니다. 그녀가 없었다면 저는 성공하지 못했을 것이고, 그 성공으로 무엇을 해야 할지 몰랐을 것입니다. 또한 제 인생의 두 기쁨인 리암(Liam)과 카메론(Cameron)이 너무 빨리 성장하고 있는 것에 대해서도 매우 감사하고 있습니다. 아이들이 조금만 더 천천히 성장해서 어린 시절을 더 오래 즐길 수 있었으면 좋겠습니다.

– 스티븐 맥그리거, PhD

역자 서문

누구나 인생에 큰 영향을 주거나 변화를 가져온 물건이 있을 것입니다. 이러한 물건들은 각 개인의 사고 방식이나 진로에 큰 영향을 미치고, 인생의 방향성을 결정하는 중요한 요소가 되기도 합니다.

역자에게 자전거는 그런 물건이었습니다. 업무로 인한 스트레스와 정신적인 어려움을 겪고 있을 때 자전거는 마치 구원자와도 같았습니다. 자전거를 타면서 우울했던 감정이 사라지고, 마치 하늘을 나는 듯한 자유와 흥분을 느낄 수 있었습니다. 자전거를 타면서 끊임없이 노면을 살피고, 파워를 조절하며, 장애물을 고려하여 핸들링을 하는 것, 그리고 직접 정비하는 재미는 삶에 활력을 불어넣어 주었습니다. 자전거를 통해 건강뿐만 아니라 삶의 자신감도 얻게 되었습니다.

하지만 재미있게 자전거를 타는 것과 잘 타는 것은 별개의 문제였습니다. 열심히 그리고 많이 탔다고 생각했지만, 힐클라임에서는 항상 뒤처졌습니다. 이 문제를 해결하고자 고민하던 중 파워미터를 알게 되었습니다. 당시에는 파워미터가 대중화되지 않았고, 자전거에 대한 지식도 부족하여 적합한 파워미터를 찾는 것이 쉽지 않았습니다. 결국 구글 검색을 통해 적합한 파워미터를 찾았고, 직구로 거의 100만 원을 주고 파워탭의 파워미터를 구매하게 되었습니다.

그 후, 제대로 된 사용법을 배우기 위해 온라인에서 많은 자료를 찾아보았습니다. 그러나 당시 잘못된 정보로 인해 FTP를 '1시간 동안 낼 수 있는 파워'로 착각하고 있었습니다. 이러한 기준으로 훈련하면서 많은 문제가 발생했습니다. 하지만 헌터 알렌의 도서를 접하게 되면서 모든 것이 바뀌었습니다. 파워미터를 어떻게 과학적으로 사용할 수 있는지 체계적으로 이해하게 되었고, 생리학과의 연관성을 명확하게 이해할 수 있는 계기가 되었습니다. 이를 통해 제대로 훈련할 수 있는 기반을 마련할 수 있었습니다.

2021년 도쿄올림픽에서는 주목할 만한 사건이 있었습니다. 오스트리아의 여성 사이클리스트 안나 키젠호퍼가 2등을 무려 1분 넘게 따돌리고 금메달을 차지한 것입니다. 국내 언론에서는 무명의 현직 명문대 수학박사가 수학을 이용해 금메달을 획득했다는 기사로 화제가 되었습니다. 미국에서는 이미 파워미터를 통한 체계적인 훈련이 보편화되어 있었지만, 국내에서는 이것이 신선하게 소개되었습니다. 이를 계기로 파워미터 훈련법을 제대로 소개하고자 하는 마음이 생겼습니다.

국내에서도 비슷한 시도가 있었습니다. 자전거 스타트업 라이덕은 스트라바의 API를 사용하여 파워를 분석하고, 헌터 알렌의 철학에 맞는 정보를 전달하는 서비스를 제공하고 있습니다. 역자는 인연이 되어 라이덕 직원들을 대상으로 헌터 알렌의 책을 강의할 기회를 가졌고, 라이덕의 과학적 방식을 응원하기도 했습니다. 또한 이것이 계기가 되어 대한스포츠의학회에서 '파워미터를 활용한 경기력 향상'이라는 주제로 강의를 하기도 하였습니다.

　이러한 경험들이 쌓이면서 파워미터를 통한 트레이닝을 국내에 제대로 소개하고자 하는 결심을 하게 되었습니다. 실제 번역 작업을 시작하기에 앞서 많은 고민이 있었지만, 연세대학교 체육학과 서상훈 교수님의 격려 덕분에 이 자리까지 올 수 있었습니다. 서상훈 교수님께 감사의 말씀을 드리며, 출판을 위해 많은 노력을 기울여주신 군자출판사의 이성재 과장님과 배진수 사원님께도 감사의 인사를 전합니다.

　우리나라에 파워미터 관련 서적이 없는 상황에서 이 번역서를 출간하게 되어 기쁩니다. 이 책이 우리나라 자전거 경기력 향상에 기여하고, 궁극적으로 올림픽 메달 획득에 도움이 되기를 희망해 봅니다.

역자 정 인 영, PhD

Introduction

믿기 어렵겠지만, 최초의 파워미터(power meters) 또는 에르고미터(ergometers)는 1800년대 후반에 등장했습니다. 초기에는 연구자들이 파워를 측정할 수 있도록 고정식 자전거에 장착하는 방식이었지만, 일상적으로 사용하기에는 실용적이지 않았고 휴대할 수도 없었습니다. 지난 수십 년 동안 주요 기술이 발전하면서 파워미터는 휴대가 간편하고 저렴해졌으며, 현재는 모든 수준의 사이클리스트가 사용할 수 있게 되었습니다.

한때 최고의 코치들과 일부 엘리트 선수들만이 남모르게 사용하던 파워미터는 이제 필수 장비로 여겨지고 있습니다. 파워미터 데이터는 레이스를 다룰 때 핵심적인 요소이므로 사이클링 팬들도 뛰어난 라이더의 파워 출력과 데이터 분석에 점점 더 익숙해지고 있습니다. 라이더들이 라이딩 데이터를 공유하고 자신의 체중 대비 파워(W/kg)를 명예의 훈장처럼 자랑할 수 있는 소셜 미디어 플랫폼도 대중에게 파워미터를 널리 알리는 데 기여했습니다.

파워미터와 이를 지원하는 소프트웨어가 가격과 실용성 측면에서 훨씬 더 쉽게 대중화되었기 때문에 현시대는 파워를 트레이닝에 적용하기에 최적의 시기가 되었습니다. 이 책은 사이클링 최고의 기술을 활용하여 트레이닝과 레이스에서 최고의 퍼포먼스를 달성할 수 있도록 파워미터에 대한 이해를 돕고자 합니다.

시작하게 된 계기

운동 생리학자인 앤드류 코건 박사는 1980년대 초에 자신의 운동 생리학 실험실에서 처음으로 에르고미터를 사용하기 시작했습니다. 운동 강도(와트, Watt)를 사용하는 테스트 프로토콜(test protocol)을 만들면서 탄수화물이 신체에서 어떻게 작용하는지, 혈중 젖산 수치가 운동선수의 운동 능력에 어떤 영향을 미치는지 알게 되었습니다. 결국 그는 이 주제로 수많은 논문을 썼습니다. 재능 있는 사이클리스트이기도 했던 앤드류는 자신의 트레이닝과 레이스를 개선하기 위해 실내용 에르고미터를 자주 활용했으며, 큰 성공을 거두었습니다. 1990년대 중후반에 저렴하고 휴대가 간편한 파워미터가 출시되면서 그는 야외에서 하는 레이스와 트레이닝을 통해 더 많은 데이터를 수집하기 시작했습니다. 그는 실험실에서 배운 것을 바탕으로 이 도구가 레이싱의 요구 사항을 정량화하고 페이스를 개선하며 피트니스(fitness) 변화를 추적하는 것을 통해 '실제 세계'에서 트레이닝하는 사이클리스트에게 도움이 될 것이라는 것을 알았습니다. 하지만 이 도구가 곧 많은 사이클리스트에게 감당할 수 없을 만큼 많은 정보를 제공한다는 사실을 깨달았습니다. 앤드류는 파워미터를 활용한 트레이닝 체계를 만들고 USA Cycling의 코치들에게 파워미터 사용법을 가르치기 시작했습니다. 파워미터를 사용한 트레이닝 및 레이싱에서 이러한 정보를 많이 찾을 수 있습니다. 이러한 노력으로 2006년에는 USA Cycling의 스포츠 과학상을 수상했으며, 미국 올림픽 위원회의 의사 위원상 최종 후보 3인 중 한 명으로 선정되기도 했습니다.

전 프로 사이클리스트이자 엘리트 수준의 사이클링 코치이자 'Peaks Coaching Group'의 소유주인 헌터 앨런은 1995년부터 지구력 스포츠 선수들을 코칭하기 시작했습니다. 그는 1990년대 후반에 파워미터를 얼리 어답터로 사용하던 여러 선수들과 함께 일했습니다. 파워미터를 활용한 트레이닝에 대한 선수들의 질문이 늘어나면서 그는 파워미터 기술을 더 깊이 탐구하기 시작했습니다. 2003년 헌터 앨런, 앤드류 코건, 케빈 윌리엄스와 함께 운동선수들이 운동을 분석하고, 레이스 데이터를 비교하고, 진행 상황을 추적하는 데 도움이 되는 유용한 프로그램인 TraningPeaks WKO 소프트웨어를 개발했습니다. 지금은 TraningPeaks의 소유주가 아니지만, 헌터는 수천 개의 파워미터 파일을 분석하고 파워미터를 사용하여 수백 명의 선수를 성공적으로 코칭한 파워미터 트레이닝 및 코칭 분야의 세계적인 전문가 중 한 명으로 알려져 있습니다. 헌터는 20여 개국을 여행하며 5,000명 이상의 코치와 선수들에게 파워 트레이닝의 원리를 가르쳤으며, 이 주제에 대한 수많은 기사를 저술했습니다. 2008년 미국 BMX 올림픽 대표팀의 기술 코치였던 헌터는 BMX 세계에 파워미터 트레이닝을 도입했으며, 올림픽, 투르 드 프랑스, 아이언맨® 월드 챔피언십에서 여러 세계 및 국가 챔피언과 엘리트 라이더를 코치했습니다.

파워미터 기술의 얼리 어답터이기도 한 스티븐 맥그리거 박사는 이스턴 미시간 대학교(Eastern Michigan University)의 응용 생리학 연구소 및 스포츠 성능 기술 연구소의 소장입니다. 2005년부터 미국 사이클링 강사로 활동하며 코치들에게 생리학, 일반 트레이닝, 파워 트레이닝에 대한 교육을 담당하고 있습니다. 2013년부터는 미국 사이클링 레벨 1 엘리트 코칭 자격증의 공동 수석 강사로 활동하고 있습니다. 그는 러닝 트레이닝 스트레스 스코어(rTSS)와 정규화된 등급 페이스(NGP)를 개발한 'The Runner's Edge' 전자책의 공동 저자이기도 합니다. 또한 Peaks Coaching Group에서 코치로 활동하며 다양한 종목의 올림픽 선수뿐만 아니라 여러 선수를 로드 사이클링 전국 및 세계 선수권 대회에 출전하도록 지도하고 있습니다. 2016년에는 트랙 사이클 올림픽 메달리스트의 코치로서 Ikkos 훈장을 받기도 했습니다. 엘리트 사이클리스트로서, 그리고 최근에는 마스터즈 레벨 선수로서 쌓은 자신의 경험은 트레이닝과 레이스의 일상적인 문제에 과학과 데이터 분석을 접목시킬 때 도움이 됩니다. 그는 선수들에게 이렇게 말합니다: "과학이 더 빨리 달리는 데 도움이 되지 않는다면 과학은 중요하지 않습니다!"

시작하는 방법

새로운 성취의 한계에 도달하고자 하는 사이클리스트에게 파워미터는 매우 유용한 도구입니다. 이전에 파워미터 대신 심박수 모니터나 간단한 사이클로미터를 사용했다면 결코 드러나지 않았을 숨겨진 약점을 발견하는 데 도움이 될 수 있습니다. 파워미터는 라이딩을 초 단위로 캡처하여 나중에 자료를 다운로드하여 분석할 수 있는 데이터의 금광입니다.

파워미터는 자전거에 장착하는 하나의 부품과는 다릅니다. 이는 일정 기간 동안의 기록 향상을 추적하는 데 도움을 줍니다. 이번 주 언덕 반복 훈련 결과를 지난 주와 비교해보고 싶으신가요? 올해 최고 20분 기록과 2년 전 최고 20분 기록을 비교했을 때 어떤가요? 지난 3년 동안 평균 케이던스는 어떻게 변했나요? 파워미터와 마우스 클릭 몇 번으로 이러한 질문과 더 많은 질문에 대한 답을 얻을 수 있습니다. 이 정보를 통해 평범한 시즌과 성공적인 시즌을 구분할 수 있습니다.

이 책에서는 더 나은 퍼포먼스를 위해 데이터를 마이닝하는 방법을 보여줍니다. 1장에서는 파워미터를 사용하는 것이 트레이닝에 어떤 영향을 미치는지 설명합니다. 2장에서는 장비의 작동 방식과 다양한 소프트웨어가 데이터를 해석하는 방식에 대해 자세히 설명합니다. 3장에서는 FTP를 찾고 트레이닝 레벨을 체화하는 방법을 알려드립니다. 4장에서는 파워미터를 사용하여 사이클리스트로서 자신의 강점과 약점을 파악하는 방법을 배웁니다. 5장에서는 파워를 기반으로 하는 타임 트라이얼, 힐 클라임, 인터벌 트레이닝 등을 기반으로 하는 몇 가지 샘플 워크아웃을 확인할 수 있습니다. 이러한 워크아웃은 파워 기반 트레이닝 레벨의 목표를 달성하도록 합니다.

6장에서는 라이드에서 얻은 데이터를 해석하기 시작합니다. 샘플 그래프는 파워미터 소프트웨어를 사용하여 살펴볼 수 있는 중요한 개념을 설명합니다. 7장에서는 NP (nomailized power; 정규화된 파워), IF (intensity factor; 강도 계수) 및 TSS (training stress score; 트레이닝 스트레스 스코어)에 대해 설명하여 데이터를 더 자세히 살펴볼 수 있습니다. 8장에서는 FRC (functional reserve capacity; 기능적 비축 용량) 및 스테미너(stamina)과 같은 개념을 비롯하여 이전 버전이 발행된 이후 개발된 수많은 발전, 새로운 개념 및 도구에 대해 설명합니다. 이러한 개념의 진정한 가치는 9장에서 데이터를 사용하여 피트니스의 정점을 만들고 타이밍을 준비하는 과정에서 드러납니다.

이 책의 초점은 트레이닝에 맞춰져 있지는 않지만, 10장에서는 파워 트레이닝에 대한 네 가지 사례 연구를 소개합니다. 각 사례 연구에는 자신의 트레이닝에 사용하거나 조정할 수 있는 완전히 개발된 트레이닝 계획이 포함되어 있습니다. 이를 통해 부록(Appendix)의 워크아웃 부분을 자신의 트레이닝에 어떻게 사용할 수 있는지 확인하고, 파워 프로필을 발전시키며, 가장 필요한 부분에 피로 저항을 만드는 방법을 더 잘 이해할 수 있을 것입니다.

11장에서는 장기간에 걸친 데이터의 의미를 설명합니다. 예를 들어 파워미터 데이터를 사용하여 장기적인 변화를 추적하거나 연도별 레이스를 비교할 수 있습니다. 다시 한 번 파워미터 소프트웨어를 사용하여 목표를 달성하는 방법에 대한 구체적인 예를 들어보겠습니다.

철인3종 선수들은 파워미터와 파워미터가 제공하는 효과적인 페이스 관리를 통해 인사이트를 얻고 이를 활용하여 큰 이점을 얻을 수 있습니다. 12장에서는 장거리 및 단거리 종목을 위한 적절한 트레이닝 방법을 설명하고 몇 가지 주요 레이싱 조언도 제공합니다.

13장에서는 레이싱에서 최고의 퍼포먼스를 발휘하기 위해 파워미터를 사용하는 방법에 대해 자세히 살펴봅니다. 14장에서는 사이클로크로스, 트랙 및 울트라 인듀어런스 이벤트에서 파워미터를 효과적으로 사용하는 방법에 대해 설명합니다. 마지막으로 에필로그에서는 이 모든 것을 종합하는 중요한 단계를 요약 설명합니다.

부록(Appendix)에서는 트레이닝 레벨에 따라 분류된 100개 이상의 샘플 워크아웃을 확인할 수 있습니다. 이는 시작에 불과합니다. 이 책을 읽고 자신만의 파워 프로필과 파워 지속 곡선(power duration curve, PDC)을 파악한 후에는 의심할 여지없이 자신만의 워크아웃을 몇 가지 만들어보고 싶을 것입니다.

이 책에는 많은 용어와 전문 용어가 있습니다. 저희와 같이 파워미터를 깊게 공부하고 싶으시다면 이 책이 마음에 드실 겁니다. 용어가 잘 이해되지 않을 때는 약어(xviii쪽) 또는 용어 정리(373쪽)를 참조하여 정리하세요.

다시 한번 말씀드리지만, 이 책은 트레이닝 매뉴얼이 아니므로 정점을 달성하기 위한 뉘앙스를 설명하거나 운동 생리학에 대해 자세히 다루지 않습니다. 이러한 개념을 심도 있게 다루는 훌륭한 책은 많이 있습니다. 저희의 목표는 모든 수준의 사이클리스트에게 파워미터로 트레이닝하고 레이싱하는 것이 어렵지 않다고 보여주는 것입니다. 데이터의 의미를 이해하기 위해 운동 생리학 박사 학위는 필요하지 않습니다. 또한 파워미터가 제공하는 기술을 활용하기 위해 엘리트 레이서가 될 필요도 없습니다. 이 책은 이미 파워미터를 보유하고 있거나 구매를 고려하고 있는 사이클리스트라면 누구나 쉽게 이해할 수 있습니다. 모든 선수들은 이 책을 통해 트레이닝에 대해 비판적으로 사고하고, 최고의 퍼포먼스를 구성하는 필수 요소에 대해 더 잘 이해할 수 있을 것입니다.

주요 약어 (Abbreviations)

AEPF	average effective pedal force	평균 유효 페달 힘
AT	anaerobic threshold	무산소 역치
ATL	Acute Training Load	급성 트레이닝 부하
ATP	adenosine triphosphate	아데노신 3인산
Bpm	beats per minute	분당 심박수
C	cadence	케이던스
Cat. I, Cat. II, etc.	Category I, Category II, etc.	카테고리I, 카테고리II 등
CdA	cyclist's aerodynamic drag	공기 역학 저항 특성
CP	critical power	임계 파워
CPV	circumferential pedal velocity	원주 페달 속도
Crr	cyclist's rolling resistance	구름 저항
CTL	Chronic Training Load	만성 트레이닝 부하
CX	cyclocross	싸이클로클로스
FRC	functional reserve capacity	기능적 비축 용량
FTHR	functional threshold heart rate	기능적 역치 심박수
FTp	functional threshold pace	기능적 역치 페이스
FTP	functional threshold power	기능적 역치 파워
IF	Intensity Factor	강도 계수
J	joule	줄
kJ	kilojoule	킬로줄
LT	lactate threshold	젖산 역치
m/s	meters per second	초속
MAOD	maximal accumulated O_2 deficit	최대 누적 산소 결핍량
mFTP	modeled FTP	모델FTP
MLSS	maximal lactate steady state	최대 젖산 정상 상태

MMP	Mean Maximal Power	평균 최대 파워
MTB	mountain bike	산악 자전거
NP	Normalized Power	정규화된 파워
OBLA	onset of blood lactate accumulation	혈중 젖산 축적 시작점
PCr	phosphate creatine	인산 크레아틴
PDC	Power Duration Curve	파워 지속 곡선
Pmax	max power	최대 파워
PMC	Performance Manager Chart	퍼포먼스 관리 차트
Ppeak	peak power	순간 정점 파워
RM	repetition maximum	반복 최대값
RPE	rate of perceived exertion	인지강도
rTSS	running Training Stress Score	달리기 트레이닝 스트레스 스코어
SX	Super Cross	슈퍼 크로스
TRIMP	training impulse	트레이닝 자극부하
TSB	Training Stress Balance	트레이닝-스트레스 균형
TSS	Training Stress Score	트레이닝 스트레스 스코어
TTE	time to exhaustion	탈진까지의 시간
TT	time trial	타임 트라이얼
VI	Variability Index	가변성 지수
W/kg	watts per kilogram	킬로그램당 와트

파워 기반 트레이닝의 이유

파워미터는 클린처 타이어만큼이나 자전거에 보편화되어 있습니다. 자전거 레이스와 철인3종, 자전거 매장, 사이클링 잡지, 인터넷, 벨로드롬 등 사이클리스트와 멀티스포츠 선수들이 모이는 곳이라면 어디든 파워미터는 모두가 흥미롭게 보고 있는 주제가 되었습니다. 사이클리스트에게 파워 트레이닝이 퍼포먼스를 향상시킬 때 매우 중요하다는 것은 모두가 공감하고 있습니다.

저희는 코칭 및 운동 생리학 분야에서 일하면서 파워미터를 사용한 트레이닝의 이점을 직접 확인했습니다. 간단히 말해, 파워미터를 사용하면 피트니스 변화를 정량적으로 추적하고, 자신의 약점을 보다 쉽게 파악한 후 취약한 부분을 중심으로 다시 트레이닝에 집중할 수 있습니다. 새로운 수준의 라이딩을 원하거나, 트레이닝 프로그램을 세밀하게 조정할 때 파워미터를 통해 변화를 위한 원동력을 얻을 수 있습니다.

숙련된 라이더도 파워미터의 도움을 받을 수 있습니다. 수십 년 동안 사이클링 경력을 가진 라이더들을 코칭한 헌터의 경험이 이를 증명합니다. 60세 이상의 마스터즈 라이더인 필 휘트먼(Phil Whitman)은 30년 이상 트레이닝을 해왔기 때문에 파워미터를 사용하는 것을 망설였지만, 헌터의 권유에 따라 파워미터를 사용해 보았습니다.

그리고 필은 이렇게 말했습니다. "저는 개선을 약속하는 많은 장비들을 보아왔고, 대부분은 왔다가 사라졌습니다. 하지만 파워미터를 사용하면서 특정 구간, 브레이크 어웨이 페이스 관리, 타임 트라이얼 등에서 트레이닝에 집중하는 데 큰 도움이 되었습니다. 또한 30년 동안 레이스를 해오면서 처음으로 제 기록을 정량적인 수치로 확인할 수 있어서 정말 흥미로웠습니다."

자전거에 파워미터를 장착하면 상상 이상으로 많은 데이터에 액세스할 수 있습니다. 하지만 이 모든 데이터를 어떻게 활용하고 해석해야 하는지 알고 있어야만 그 이점을 누릴 수 있습니다. 많은 파워미터 사용자들이 처음에는 라이딩에서 얻은 모든 그래프와 데이터를 어렵게 생각합니다. 그래서 이 책의 상당 부분은 트레이닝에 집중하고 개선 사항을 추적하는 데 필요한 정보를 추출하는 방법에 대해 설명하고 있습니다. 또한 트레이닝 계획에서 와트수치 기반 워크아웃을 구현하는 방법 및 트레이닝을 적절히 수행하는 시기와 방법도 이해해야 합니다. 간단한 몇 가지 전략만 수행한다면 파워미터를 값비싼 업그레이드 제품에서 라이딩 향상을 위한 귀중한 도구로 만들 수 있습니다.

파워미터 기술을 올바르게 사용하는 방법을 알면 다음과 같은 영역에서 실질적인 이점을 얻을 것입니다.

- 자기 평가: 파워미터는 라이딩에 대한 많은 정보를 제공하며, 이러한 데이터를 통해 자신의 강점과 약점을 파악할 수 있습니다.
- 협업: 코치 및 팀원들과 상세한 정보를 공유하여 모두가 더 효율적으로 협업할 수 있습니다.
- 집중 트레이닝: 좋은 코칭 및 팀워크와 함께 데이터를 이용한 적절한 트레이닝 목표와 방법을 더 잘 파악할 수 있습니다.
- 최고의 퍼포먼스: 정확한 정보, 향상된 협업, 스마트한 트레이닝을 통해 사이클링에서 최고의 기량을 발휘할 수 있습니다.

상기 네 가지 영역은 서로 상호 관계를 가지고 있습니다. 파워미터가 제공하는 데이터가 없다면 라이딩을 분석하고, 코치 및 팀원들과 소통하고, 트레이닝 계획을 수립하는 데 많은 추측이 필요할 것입니다. 데이터가 기준이 되면 모든 영역에서 완전히 새로운 수준으로 업그레이드할 수 있습니다.

하지만 파워미터를 사용하지 않고 트레이닝 하는 기존 방식에 익숙한 분들에게는 주의가 필요합니다. 트레이닝 방식을 바꾸고 싶지 않다면 파워미터를 사용한 트레이닝이 적합하지 않을 수 있습니다. 이 방법은 약간의 시간과 노력이 필요하지만, 트레이닝과 속도 향상에 진지하게 임한다면 파워미터가 최고의 퍼포먼스에 도달하는 데 도움이 될 것입니다. 어떻게 이것이 가능한지는 앞으로 자세히 살펴보겠습니다.

정확한 자기 평가

노력하고 있음을 기록

파워미터는 라이딩 후 다운로드할 수 있는 방대한 양의 데이터를 기록합니다. 라이딩을 초 단위로 기록하면 힐클라임을 할 때 얼마나 힘이 들었는지, 도중에 보급을 더 했어야 했는지, 80 km 지점에서 한계에 다다랐을 때 적절한 기어비를 사용했는지 등을 정확히 파악할 수 있습니다.

파워미터는 심혈관계(심박수)와 근육(와트)의 두 가지 관점에서 노력을 기록합니다. 생산할 수 있는 와트는 자전거를 앞으로 나아가게 하는 원동력입니다. 심박수는 페달에 가하는 압력에 대한 신체의 반응이며, 트레이닝 량을 정확히 정량화할 수 있으면 트레이닝과 레이싱의 여러 측면을 더 잘 이해할 수 있습니다. 즉, 라이딩 중 특정 와트 영역에서 얼마나 많은 시간을 보냈는지 정확히 알 수 있습니다. 또한 인터벌, 힐클라임, 스프린트 또는 어택과 같이 많은 연습이 필요한 라이딩 구간을 강조 표시할 수 있어 집중할 수 있습니다. 라이딩이 끝난 후 데이터를 검토하면 트레이닝 목표를 달성했는지 또는 트레이닝 방법을 수정해야 하는지를 확실하게 알 수 있습니다.

심박수에 의미 부여하기

심박수 모니터는 자전거를 얼마나 잘 타는지 알려주는 것이 아니라 심장의 박동 속도만을 알려줍니다. 심박수는 여러 가지 요인에 의해 영향을 받지만, 대부분은 운동 능력과는 거의 관련이 없습니다. 심박수 모니터에만 의존하면 자신의 피트니스 수준이나 운동 능력에 대해 잘못된 결론을 내리고 자신감을 잃을 수도 있습니다.

수분, 환경, 체온, 수면, 스트레스 및 기타 여러 요인들이 모두 심박수에 영향을 미칩니다. 트레이닝과 시합 중에는 심박수를 알지 못하는 대신 '인지 강도'에 따라 수행하는 것이 더 나을 때가 있습니다. 심박수 모니터는 유효하고 유용한 도구이지만, 심박수는 퍼즐의 한 조각일 뿐입니다. 심장이 얼마나 빨리 뛰는지는 자극에 대한 반응이며, 그 자극이 숲속에서 쫓아오는 곰이든, 직장에서의 중요한 프레젠테이션에 대한 압박감이든, 브레이크어웨이(breakaway, BA)에서 승리하기 위해 페달을 더 세게 밟으려는 노력이든 상관없이 심박수는 자극에 대한 반응입니다. 심박수를 자동차의 RPM과 비슷하다고 생각하면 됩니다. 가속 페달을 더 많이 밟을수록 RPM이 높아집니다. 헌터는 종종 심박수를 '의지를 표현하는 강도'로 설명하는데, 이는 얼마나 열심히 노력하고 있는지를 나타내는 수치이기 때문입니다. 더 열심히 노력할수록 심박수는 더 높아집니다.

반면 파워미터는 실제로 투입된 파워를 측정합니다. 즉, 페달을 얼마나 강하게 밟고 있는지를 측정합니다. 파워를 통해 자동차 엔진이 시속 100 km로 순항하는 데 사용하는 힘의 양을 정량화할 수 있습니다. 자전거에서는 라이더가 엔진이며 파워미터는 라이더가 얼마나 많은 파워를 발휘하고 있는지 와트 단위로 알려줍니다. 심박수 반응과 파워 출력을 비교했을 때 심박수는 속도를 줄이라고 알려주는데 파워미터는 속도를 높이라고 알려주는 날이 있습니다. 이는 실제로 트레이닝 자극을 줄 만큼 근육을 충분히 강하게 사용하지 않기 때문일 수 있습니다. 심장도 신체의 다른 곳과 마찬가지로 근육이며 오래 사용하면 피곤해집니다. 즉, 예를 들어 7일 동안 열심히 트레이닝을 했다면 라이딩하는 동안의 심박수는 주어진 와트 수에 비해 정상보다 낮을 수 있습니다. 280W에서 라이딩할 때 심박수가 정상적으로 분당 165회(bpm)인 경우, 7일간 고강도 트레이닝을 한 후에는 피로로 인해 280W에서 158회(bpm)에 불과할 수 있습니다. 심박수 데이터만으로 그날의 강도 높은 트레이닝에서 물러났다고 생각할 수 있습니다. 하지만, 여전히 처음 시작할 때와 같은 와트 또는 거의 같은 양의 트레이닝을 할 수 있을 가능성이 높습니다. 와트 수는 진정으로 휴식이 필요한 날을 알 수 있는 핵심 요소입니다.

피트니스 변화 추적

파워미터로 트레이닝해야 하는 가장 흥미로운 이유 중 하나는 바로 피트니스의 변화(운동에 대한 적응의 정도, fitness)를 쉽게 추적할 수 있다는 점입니다. 시간이 지나면서 피트니스가 향상되고 있는지와 정확히 얼마나 향상되었는지를 확실하게 알 수 있습니다. 이 모든 힘든 훈련이 정말 그만한 가치가 있을까요? 정말 더 빨라지고 있나요? 화요일 밤마다 리더들과 함께 하는 그룹 라이드에서 마지막 힐클라임을 완료하는데 인터벌 트레이닝이 진정으로 도움이 될까요?

라이딩 후 바로 정보를 다운로드하면 오늘의 노력과 지난 주, 그리고 그 전주의 동일한 라이딩 간의 차이를 확인할 수 있습니다. 피트니스는 지속적으로 변화하고 한 달마다 강점과 약점이 달라지므로 큰 그림의 시즌 목표를 향한 진행 상황을 추적하는 것이 중요합니다. 파워 데이터는 젖산 역치 및 유산소 능력의 상태를 보여주며, 개선되지 않는다면 트레이닝 방식을 적절히 변경할 수 있습니다. 이전 데이터를 되돌아보고 새로운 수준의 피트니스를 달성하는 데 걸린 시간을 확인할 수 있으므로 현실적인 목표를 설정할 수 있습니다. 한편 언제 휴식을 취하고 회복해야 하는지 아는 것도 중요합니다. 파워미터는 과도한 트레이닝을 피하는 데 중요한 역할을 합니다. 트레이닝 스트레스 스코어(TSS)와 같은 방법을 사용하여 전반적인 트레이닝 스트레스를 추적하면 트레이닝 부하에 대해 좀 더 정확한 결정을 내릴 수 있습니다.

레이스 분석

파워미터를 사용하여 레이스 퍼포먼스를 객관적으로 파악할 수 있습니다. 데이터를 통해 레이스 코스의 요구 사항과 자신의 실행 능력을 검토할 수 있습니다. 사실, 가장 좋은 데이터는 일상적인 트레이닝보다 더 강하게 달릴 수 있는 레이스에서 얻을 수 있는 경우가 많습니다.

때로는 낙오된 레이스에서 가장 흥미로운 데이터를 얻을 수 있습니다. 축구 코치가 경기 비디오 테이프를 검토하는 것과 같은 방식으로 파워미터 파일을 검토하여 향후 비슷한 문제를 다시 겪지 않기 위해 어떤 변화가 필요한지 확인할 수 있습니다. 예를 들어, 투어 오브 길라(Tour of Gila)의 매우 어려운 스테이지에서 헌터의 선수 중 한 명이 특히 어려운 오르막 부분에서 낙오했습니다. 경기 후 데이터를 검토하면서 헌터는 해당선수가 선두 그룹에서 낙오한 타 레이스의 사례와 함께 비교했습니다. 그는 이 선수가 자신의 한계 출력으로 라이딩하는 동안 케이던스가 5분 이상 70 rpm 이하로 떨어질 때마다 낙오되었다는 사실을 발견했습니다. 하지만 헌터는 이 선수의 케이던스가 95 rpm 이상이면 같은 선수들과 함께 임계 출력 이상을 유지할 수 있는 사례도 다수 발견했습니다. 해결책은 자전거의 스프라켓의 기어비를 변경하는 것이었습니다. 가장 큰 스프라켓을 23 T에서 27 T로 변경하였고, 이를 통해 선수는 가장 가파른 힐클라임에서 100 rpm 이상의 케이던스로 회전할 수 있었습니다. 이에 신체 생리학에 따른 와트 생산 능력을 극대화할 수 있었고, 그 덕분에 그는 남은 시즌 동안 선두 그룹에 머물 수 있었습니다.

파워미터는 레이스에서 에너지를 지나치게 많이 소모하는 시기를 파악하는 데도 도움이 됩니다. 이는 페달링을 '너무 많이' 하고 있는 것일 수도 있습니다. 헌터가 분석한 수천 개의 파워미터 파일은 지속적으로 우승하는 선수들이 다른 펠로톤만큼 페달링을 많이 하지 않는다는 것을 증명해 주었습니다. 어떻게 그럴 수 있을까요? 최고의 선수들은 그저 선두 그룹에 앉아 지켜보고, 기다리며, 바람을 피해 숨어서 에너지를 아낍니다. 이들은 선두에 앉아 몇 시간 동안 펠로톤을 이끌고 도로를 달리는 라이더가 아닙니다. 승자는 페달을 덜 밟지만, 해야 할 때는 다른 선수들보다 더 강하게 페달링하기 때문에 조심해야 합니다.

같은 맥락에서 파워미터는 성냥을 언제 태웠는지, 즉 언제 얼마나 열심히 노력했는지 알려줍니다. 성냥갑에 성냥을 태울 수 있는 개수가 한정되어 있기 때문에 타이밍이 가장 중요합니다. 파워 데이터는 레이스 중 결정적이지 않은 부분에서 에너지를 너무 많이 사용했는지 여부도 보여줍니다. 데이터를 분석하면 파워미터 파일을 보면서 머릿속으로 레이스를 재생하여 전술적 오류를 발견하고, 성공한 브레이크어웨이나 결정적인 스플릿을 만들기 위해 무엇이 필요했는지 정확히 이해할 수 있게 됩니다. 그런 다음 이 정보를 활용하여 트레이닝에 더 집중할 수 있습니다.

강점과 약점의 정확한 파악

파워미터가 등장하기 전에는 선수들은 자신의 강점과 약점을 추측해야만 했고, 이러한 추측이 틀린 경우가 많았습니다. 부정확한 추측은 실력 향상에 방해가 될 수 있습니다. 궁극적으로 새로운 정보와 몇 가지 간단한 테스트 프로토콜, 다양한 레이스 및 트레이닝에서 파워미터를 사용한 경험을 통해 자신의 특정 강점과 약점을 더 명확하게 파악할 수 있습니다.

자신의 약점을 파악하는 것이 항상 즐거운 일은 아닙니다. 선수의 5분 최고 기록은 카테고리1 선수이지만 20분 최고 기록은 카테고리4 선수라는 사실을 알게 되는 것은 트랙 사이클 선수에게는 흥미로울 수 있지만, 필사적으로 실력을 향상시키려는 로드 사이클 선수에게는 실망스러운 일이 될 수 있습니다. 하지만 자신의 약점을 알고, 고치기 전에는 실력을 향상시킬 수 없습니다. 모든 선수는 다르며 각 선수마다 목표가 다릅니다. 자신의 강점과 약점을 아는 것만으로도 트레이닝의 초점이 크게 달라집니다. 한계 파워의 105%에서 3분 이상 라이딩을 하면 어떻게 될까요? 쉽게 견딜 수 있을까요, 아니면 폐가 터질 듯한 기분이 들까요? 파워미터를 사용하면 자신의 퍼포먼스와 트레이닝을 분석하여 타고난 재능과 개선이 필요한 부분을 파악할 수 있습니다.

향상된 협업

코치에게 더 나은 정보 제공

코치들은 파워미터와 그것이 제공하는 정보를 좋아합니다. 파워미터는 명확하고 간결하며 컴퓨터 화면에 데이터가 바로 표시되므로 부정할 수 없는 객관적인 사실을 확인할 수 있습니다. 그렇기 때문에 코치들은 선수들이 데이터를 활용할 수 있도록 열심히 설득합니다. 파워미터를 사용하면 선수와 코치 사이의 간극을 좁힐 수 있습니다.

코치의 역할은 선수에게 반응(적응, adaptation)을 이끌어낼 수 있는 처방(트레이닝)을 결정하는 것입니다. 코치는 선수가 트레이닝에 어떻게 반응하는지 명확하게 확인할 수 있을 때 비로소 앞으로의 트레이닝을 더 정확하게 지도할 수 있습니다. 선수와 코치의 협업은 일일 트레이닝 일정을 검토하고, 진행 상황에 대해 더 활발하게 논의하며, 시간이 지남에 따라 더 나은 분석을 통해 주요 목표를 실현할 수 있다는 이점이 있습니다.

파워미터로 수집한 데이터를 통해 코치는 선수와 함께 레이스를 했더라도 파악하기 어려울 수 있는 선수의 라이딩 능력에 대하여 숨겨진 긍정적 또는 부정적 정보를 확인할 수 있습니다. 이 정보는 트레이닝 계획을 개선하는 데 활용할 수 있습니다. 또한 코치는 피트니스 변화에 더 빠르게 반응하고 그에 따라 계획을 조정할 수 있습니다.

코치와 선수 간의 향상된 커뮤니케이션은 분명 모든 퍼포먼스의 차이를 만듭니다. 파워미터를 사용하면 피트니스 상태에 무슨 일이 일어나고 있는지, 올바른 경로를 가고 있는지에 대해 헤맬 일이 없으며, 트레이닝을 현재 올바르게 수행하고 있는지 등의 전체적인 상태를 명확하게 알 수 있습니다. 코치는 레이스와 트레이닝에서 여러분이 무엇을 하고 있는지 알 수 있으며, 추가적인 개선을 위해 훨씬 더 유용한 제안을 할 수 있습니다.

파워미터는 트레이닝에 있어 책임감을 높여줍니다. 정해진 노력이 10이라고 했을 때, 5 수준의 노력만 수행했다는 것을 코치가 알게 된다면, 이는 코치와 같이 라이딩을 한 것과 같습니다. 파워미터는 거짓말을 하지 않으며, 때로는 마주하기 싫은 진실을 보여주는 때가 많습니다!

사이클리스트 샘 크리그(Sam Krieg)는 파워 트레이닝을 시작한 두 번째 시즌부터 코치와 함께하기 시작했으며, 이러한 책임감 강화가 그에게 어떤 도움이 되었는지 증언합니다. "프리 시즌 트레이닝을 하는 동안 여러 번 제 워크아웃을 보고 '저걸 끝낼 수 없다'고 생각하곤 했습니다. '내가 망치면 코치님께 파워 파일을 이메일로 보내서 노력은 했지만 끝내지 못했다고 알려야지'라고 다짐하며 워크아웃을 시작하곤 했죠. 하지만 시간이 지날수록 인터벌은 점점 늘어났고, 어떻게든 페달을 돌리고 있었습니다." 샘은 종종 스스로 달성한 것에 대해 완전히 믿지 못하는 자신을 발견했습니다.

"코치는 제 역치 파워로 50분 동안 케이던스를 여러 번 바꾸면서, 파워 스파이크를 가하라고 지도했습니다. 저는 50분은커녕 20분도 버틸 수 없을 거라고 생각했어요. 컴퓨터 화면 속 시간이 느리게 흘렀습니다. 마음 속으로는 이 파워 파일을 코치에게 이메일로 보내야 한다는 것을 알았기 때문에 정해진 와트만 유지할 수 있다면 계속할 수 있을 거라고 생각했습니다. 인터벌 동안 1분도 더 버틸 수 없을 것 같은 기분을 몇 번이나 느꼈지만, 파워와 심박수가 안정적이었기 때문에 계속 페달을 밟았습니다. 그렇게 50분이 지났고, 저는 결국 완주했습니다. 제 50분 최고 파워 신기록을 세웠고, 한 번의 워크아웃으로 지난 3개월보다 정신적으로 더 성장한 것 같습니다."

이러한 정신적, 육체적 강점은 시즌 내내 레이스에서의 강점으로 이어졌습니다. 샘은 시즌 초반 레이스에서 초반에 선두에 올랐지만 20분 후 선두권에서 탈락했던 경험을 이야기했습니다. 그는 평정심을 되찾기 위해 고군분투하여 남은 레이스를 역치 파워로 30분 타임 트라이얼로 재구성했습니다. 그의 말을 빌리자면, "정신이 나간 것처럼 들리겠지만, 저는 앞서가는 선수들과 경쟁하는 것이 아니라 위대한 파워 파일을 위해 달리고 있었습니다. 거울에 워크아웃을 수행할 때와 미친가지로 30분 동안 파워미터를 분 단위로 조작하며 고군분투했습니다." 결과적으로 샘은 휴식을 취하며 나머지 라이더들보다 선두로 골인할 수 있었습니다. 샘은 이 새로운 끈기를 남은 시즌에도 이어갔고, 데이터를 통해 자신이 할 수 있다는 확신이 생겼기에 본인 스스로 약해졌다고 느낀 날에도 우승을 차지하는 등 놀라운 결과를 얻었습니다.

팀원 간의 효율적인 커뮤니케이션

파워미터의 사용은 사이클링 팀이 얼마나 잘 협력하는지에 큰 영향을 미칠 수 있습니다. 팀에서 누가 리더가 되어야 하는지 항상 명확하지 않은 경우가 많으며, 누가 가장 잘 달리는지 알기 어려울 때도 있습니다. 모든 팀원이 파워미터를 사용하고 정기적으로 테스트하면 코치와 라이더 모두 리더를 할 수 있을 만큼 잘 달리는 사람이 누군지, 지원 라이딩에 적합한 사람이 누군지 정확히 알 수 있습니다.

레이스에서 매우 뛰어난 라이더는 펠로톤에서 에너지를 가장 많이 절약할 수 있는 위치를 정확히 알고 있습니다. 리더는 선두 그룹에서 클라임을 통과하는 데 필요한 와트가 얼마나 되는지 알 수 있습니다. 또한 파워미터를 통해 팀원들이 승리할 수 있는 신체적 능력을 갖추고 있다는 것이 데이터로 입증될 때, 라이더들에게 자신감을 심어줄 수 있습니다. 이는 그래프에서 바로 확인할 수 있습니다. 5명의 라이더 중 3명이 레이스에서 승리하는 데 필요한 신체적 조건을 갖추고 있다면, 이러한 자신감은 팀을 성공으로 이끌 수 있을 것입니다.

트레이닝에 집중하기

동기 부여

파워미터는 효과적인 동기 부여 수단이 될 수 있습니다. 예를 들어, 5분간의 인터벌이 끝날 무렵 평균 와트 수치가 떨어지면 당신은 5분 와트 목표를 달성하기 위해 더 열심히 할 가능성이 높습니다. 목표가 도전적이지만 달성할 수 있는 것이라면 와트 수치는 당신이 조금 더 노력할 수 있는 동기를 부여할 것입니다. 그리고 타이어 폭보다 작은 차이로 승패가 갈리는 스포츠의 세계에서는 아주 작은 이득도 중요합니다.

모든 선수는 확실하지 않은 추측과 시간 낭비를 줄이기 위해 노력하며, 대부분의 선수는 바쁘기 때문에 원하는 만큼 트레이닝 하는 것이 어렵습니다. 그렇기 때문에 그들은 매 순간을 효율적으로 사용해야 합니다. 훈련 시간이 부족하다면, 워크아웃의 목적에 충실하도록 파워미터를 사용하는 것이 피트니스 수준을 더 빠르게 높이고 불필요한 트레이닝을 최소화하여 소중한 개인 시간을 지킬 수 있는 최선의 방법입니다.

자세 등을 통한 에어로(공기 역학 저항) 개선

특정한 파워로 라이딩 할 때 속도를 결정하는 가장 큰 요인은 바로 자세입니다. 나쁜 자세로 라이딩하여얻는 불이익을 감수하지 않더라도, 당신의 공기저항 정도를 측정하고 가장 속도가 빠르게 나는 자세를 찾으면 됩니다. 파워미터를 사용한 몇 가지 간단한 테스트를 통해 현재 자전거에서의 포지션이 전체 속도에 어떤 영향을 미치는지, 그리고 가장 많은 와트를 생성하고 공기저항을 최소화하기 위해 포지션을 어떻게 변경해야 하는지 정확히 파악할 수 있습니다. 최근 자전거 프레임, 휠, 라이더 포지션 및 기타 요인에 대한 풍동 테스트 결과, 포지션과 장비를 개선하면 라이더가 주어진 속도를 유지하기 위해 약 30W(W) 미만의 페달을 밟을 수 있는 것으로 나타났습니다. 즉, 포지션과 장비를 최적화하는 것만으로도 30W의 파워를 얻을 수 있다는 뜻입니다. 이는 대부분의 사이클리스트가 1년 동안 트레이닝하는 것보다 더 큰 이득입니다.

페이싱

파워미터를 사용하면 트레이닝, 레이스 혹은 레크레이션 라이딩을 할 때 목표를 달성하기 위한 페이스를 조절할 수 있습니다. 단순히 라이드를 완주하는 것이든 혹은 특정 생리학적 자극을 달성하는 것이든, 파워미터를 페이싱 도구로 사용하면 적절한 타이밍에 에너지를 소비하거나 절약하는 것에 도움이 될 수 있습니다.

파워미터는 울트라 엔듀어런스 라이드, 인터벌 워크아웃, 힐 클라임 및 타임 트라이얼(TT) 등 모든 장거리 라이드에 사용하여 과로를 피하고 노력을 최적화할 수 있습니다. 기능적 역치 파워(FTP, 3장 참조)를 알고 나면 타임 트라이얼이나 힐 클라임 라이딩에서 FTP를 유지하기 위해 노력하는 것은 스스로 최선을 한 것임을 확신할 수 있습니다. 파워미터를 사용하여 타임 트라이얼에서 페이스를 조절하는 것은 특히 좋은 기술 활용법인데, 레이스 초반 5분 동안 무리하는 것을 방지하도록 파워 한계를 적용할 수 있습니다. 레이스 중에 자신의 와트 수를 알면 집중하는 데 도움이 되며, 레이스가 힘들어져 자신의 능력의 한계에 다다랐을 때 '당근'이 될 수 있습니다. 동시에 여러 선수가 라이딩 하는 레이스에서도 페이스 관리는 중요합니다. 레이스 후반까지 에너지를 절약하거나 브레이크어웨이를 시도하기에 적합한 페이스인지 판단하거나 레이스에서 우승하기 위해 필요한 것이 무엇인지 파악하기 위해 현장에서 페이스를 잘 조절해야 합니다.

예를 들자면, 경생이 치열한 철인3종 선수 랜디 와인트라우브(Randy Weintraub)는 집과 트레이닝장 근처에 언덕이 많지 않다는 점이 걱정되었습니다. 그의 목표는 철인3종 풀코스 레이스 중 가장 힘든 레이스인 아이언맨 레이크 플레시드(Ironman Lake Placid)를 10시간 이내에 완주하는 것이었습니다. 자전거 코스는 힐 클라임이 매우 많고 특히 어려운 3 km의 오르막이 포함되어 있었습니다. 랜디는 얼마나 많은 힐클라임을 해야 하는지, 각 힐클라임의 길이가 얼마나 되는지 정확히 파악한 다음 뉴욕 롱아일랜드에 있는 집으로 돌아가 필요한 트레이닝을 해야 했습니다.

랜디는 레이크 플래시드로 가서 자신의 목표 와트 수에 매우 근접한 자전거 코스를 라이딩했습니다. 그의 최우선 과제는 자신의 목표 와트 수가 실제로 정확한지 평가하는 것이었습니다. 그는 이 코스에서 경기를 해본 적이 없었기 때문에 목표한 와트 수를 유지하면서 180 km를 라이딩하고, 이후 42.195 km를 달릴 수 있을지 확신할 수 없었습니다. 라이딩을 마친 후 데이터를 다운로드한 그는 자신이 목표한 평균 와트 수를 달성했다는 사실을 알게 되었습니다. 자전거 구간이 끝날 때의 피로도를 바탕으로 그는 달리기에 충분한 에너지가 남아있을 것으로 추측했습니다. 그 다음 랜디는 연필과 종이를 사용하여 코스를 완주하는 데 2분 이상 걸리는 힐클라임의 수를 간단히 세었습니다. 이 정보를 바탕으로 그는 집 근처에서 해당 코스와 최대한 유사한 새로운 트레이닝 루트를 찾기 시작했습니다. 힐클라임이 충분히 길지 않을 때는 바람을 맞으며 더 긴 오르막을 타는 시뮬레이션을 하기도 했습니다. 또한 힐클라임을 반복하는 횟수와 최고 기록을 달성하기 위해 도달해야 하는 와트 수를 실내 트레이닝에 적용할 수 있도록 프로그래밍했습니다.

현장 이동 테스트

파워미터를 사용하면 매달 혹은 주기적으로 피트니스를 테스트할 수 있으므로 개선한 부분과 보완해야 할 부분을 정량적으로 확인할 수 있습니다. 이전에는 실험실에서만 가능했던 고비용의 테스트를 하지 않고 간편하게 자전거에 파워미터만 설치하여도 테스트할 수 있게 되었기에, 레이스 욕심이 큰 선수들이 많이 사용합니다.

파워미터가 측정하는 것은 라이더가 도로에서 자전거를 움직일 수 있는 능력의 변화입니다. 심혈관계가 얼마나 열심히 작동하는지, 페달에 얼마나 많은 힘을 가하고 있는지도 알려줍니다. 정기적으로 자신의 실력을 테스트하면 개선될 여지를 더 잘 이해할 수 있으며 과도한 트레이닝을 피할 수 있습니다. 우리 모두 각기 다른 영역에서 신체적인 변화를 겪습니다. 어떤 운동선수는 짧은 노력으로 더 빨리 향상되는 반면, 어떤 운동선수는 비교적 더 많은 시간이 필요합니다. 주기적인 테스트를 통해 생리적 시스템이 어떻게 개선되고 있는지 정확히 확인한다면, 특정 트레이닝 영역에 집중할 시기에 대한 판단을 내릴 수 있습니다.

앤드류는 이 문장을 최고로 여깁니다. "트레이닝은 곧 테스트이고, 테스트는 곧 트레이닝입니다. 모든 트레이닝 세션을 최고의 퍼포먼스를 만들기 위한 기회로 여겨야 합니다."

실내 트레이닝 강화

파워미터를 사용하면 인도어 트레이너(indoor trainer, 로라)를 최대한 활용할 수 있습니다. 파워미터를 사용하면서 알게 되는 것 중 하나는 와트 수치가 매우 가변적이라는 것입니다. 조건에 따라 시시각각으로 변동하며 때로는 이것이 트레이닝에 가장 좋은 방법이 아닐 수도 있습니다. 하지만 인도어 트레이너에서는 바람, 언덕, 개 등의 외부 영향이 없기 때문에 정확한 와트 수 구간에서 인터벌을 집중하여 역량을 효과적으로 향상시킬 수 있습니다.

또한, 실내 트레이닝은 실외에서의 운동 강도와 비교할 수 있다는 점에서 새로운 의미를 갖게 됩니다. 따라서 운동에 대한 새로운 목표와 집중력이 생기면서 실내 트레이닝도 흥미로워집니다. 최신 컴퓨터식 인도어 트레이너의 등장으로 파워미터를 사용하는 사이클리스트는 특정 레이스 코스를 라이딩하

킬로줄(KJ)이란 무엇인가요?

현재 거의 모든 파워미터는 와트 단위로 파워를 측정하고 기록하는 것 외에도 수행한 일량을 줄 단위로도 기록합니다. 따라서 줄(J)과 킬로줄(kJ)은 에너지 소비량 또는 수행한 일의 척도입니다. 그러나 미국에서는 일반적으로 킬로칼로리(kcal) 또는 칼로리(cal)로 측정합니다(*참고: 1 kcal 또는 대문자 C로 시작하는 Calorie는 소문자 c로 시작하는 calorie 1,000 단위(1,000 cal) 와 같습니다.)

정의에 따르면 1 kcal당 4,184 kJ이므로 언뜻 보기에는 파워미터 데이터를 사용하여 에너지 소비량을 계산하려면 총 일량을 4,184로 나누면 될 것 같습니다. 하지만 파워미터는 외부에 전달된 일량을 측정하는 것이지 사이클링을 수행하는 데 필요한 에너지의 총량을 측정하는 것이 아니므로 이는 정확하지 않습니다. 실제로 사이클링 중에 소비되는 대부분의 에너지는 열로 배출되며, 실제로 페달을 돌리는 데 사용할 수 있는 에너지는 일부만 남습니다. 수행한 운동과 소비된 에너지 사이의 관계는 자전거를 탈 때 열역학적 효율성(즉, 음식을 처리하여 에너지로 전환하는 능력)에 따라 달라지며, 대부분의 숙련된 사이클리스트의 경우 20-25% 정도입니다.

따라서 파워미터를 사용하여 수행한 일량으로부터 에너지 소비량(칼로리 또는 킬로칼로리)을 추정하려면 먼저 총 일량(킬로줄)을 4,184로 나눈 다음 이 결과에 4(효율이 25%인 경우) 또는 5(효율이 20%인 경우)를 곱해야 합니다. 이러한 변환 계수는 서로 상쇄되는 경향이 있으므로 총 일량(kJ)을 킬로칼로리(또는 칼로리)로 환산한 값을 에너지 소비량을 추정하는 데 사용할 수도 있습니다. kJ와 kcal의 정확한 관계는 일대일 관계가 아니지만, 개인의 효율성은 실험실 환경에서만 쉽게 확인할 수 있고 트레이닝의 강도와 기간, 환경 조건 및 기타 요인에 따라 달라질 수 있으므로 이 가정으로 인해 발생하는 오류에 대해 걱정할 필요는 없습니다.

고 돌아와 데이터를 트레이너에 다운로드하여 실내에서도 동일한 라이딩을 재현할 수 있습니다. 실내 트레이닝 세션에서 얻은 파워미터 데이터는 지형 변화, 다른 사람과 함께 한 라이딩, 페달링 빈도의 가변성으로 인한 큰 파워 변동이 사라져 있기 때문에, '더 깨끗한' 데이터가 되므로, 더 쉽게 분석할 수 있습니다.

영양 섭취 측정 정량화

자전거를 타는 내내 운동량에 따라 에너지가 소비됩니다. 라이딩하는 동안 얼마나 많은 운동(KJ, 킬로줄)을 하고 있는지 아는 것이 중요합니다. 킬로줄(KJ) 소비량을 알면 킬로칼로리(kcal) 사용량(거의 일

대일 비율)을 쉽게 추정할 수 있으며, 이를 통해 추가 칼로리 섭취 또는 감소가 필요한 시기를 결정하는 데 도움이 됩니다.

저장된 에너지가 고갈되면 와트 생산량이 급격히 감소하므로 충분히 식사를 하고 적절한 칼로리를 섭취하는 것은 워크아웃이나 레이스의 질에 매우 중요한 영향을 미칩니다. 라이딩을 할 때의 에너지 소비량을 알면 활동 후 식사를 정확한 킬로칼로리(kcal)로 계획할 수 있습니다. 이는 특히 고강도 트레이닝 중 체중을 유지하기 위해 에너지 섭취량과 에너지 소비량의 균형을 맞출 때 유용합니다.

소모된 글리코겐을 보충하기 위해 식사를 충분히 한다면 회복 속도가 빨라져 신속히 다음 트레이닝을 준비를 할 수 있을 것입니다. 예를 들어, 꽤 자전거를 잘 타는 동호인 사이클리스트인 사미 스루르(Sami Srour)는 클럽과 함께 100 km 이상의 장거리 라이딩을 수개월 동안 계획하고 있었습니다. 하지만 매번 연습마다 라이딩이 끝날 즈음에 에너지가 바닥나 편의점에 들러 에너지를 보충해야 했습니다. 이 루틴은 다음 이틀 동안 그의 에너지 수준에 영향을 미쳤고, 그 결과 트레이닝의 질이 떨어졌습니다. 하지만 헌터는 두 번의 연습 라이딩을 통해 전체 라이딩 동안 사미의 총 에너지 소비량(KJ)을 파악했습니다. 이후 그는 라이딩을 구간으로 나누고 각 구간에서 사용된 킬로줄의 수를 결정하여 각 구간마다 칼로리 섭취 목표를 설정할 수 있었습니다. 사미는 라이딩 구간별로 식사 시기와 식사량을 정할 수 있었고, 전해질 보충 음료를 얼마나 마셔야 할지도 정했습니다. 헌터는 이 새로운 정보를 바탕으로 사미가 회복을 극대화할 수 있도록 탄수화물, 단백질, 지방의 정확한 양을 제공하는 회복 프로토콜을 만들어 라이딩 다음 날 트레이닝을 완수할 수 있도록 준비했습니다.

최고의 퍼포먼스 달성

파워미터가 제공하는 모든 이점(라이딩에 대한 더 많은 지식, 코치 및 팀원과의 커뮤니케이션 개선, 트레이닝에 대한 집중력 향상 등)을 활용하면 피트니스 목표를 달성하고 대회에서 최고의 퍼포먼스를 보여줄 수 있습니다.

최근 몇 년간 최고의 사이클링 퍼포먼스는 모두 파워미터 트레이닝 기술의 도움으로 이루어졌습니다. 투르 드 프랑스와 같은 스테이지 레이스부터 시간 기록, 트랙 기록, 산악 자전거 경주, 심지어 BMX 경주에 이르기까지 최고의 사이클리스트들은 파워미터를 사용하여 어려운 스테이지의 정확한 생리적 요구 사항을 파악했을 뿐 아니라 자신과 동료들을 비교해 왔습니다. 최신 과학적 트레이닝 도구로 트레이닝에 적응하는 것은 세계 최고의 선수들만이 누릴 수 있는 혜택이었습니다. 하지만 이제 거의 모든 사이클리스트가 프로와 동일한 데이터에 액세스하고 동일한 정밀도로 워크아웃을 수행할 수 있습니다.

파워미터를 사용한 트레이닝은 결과의 문제입니다. 단순히 파워미터로 트레이닝한다고 해서 성공할 수 있는 것은 아니며, 파워미터가 훈련의 모든 부분을 대신해주지 않기 때문입니다. 자전거에 돈을 투자하여 더 빠르게 달리고 싶다면 성능이 더 좋은 에어로 휠 세트, 더 가벼운 프레임 또는 최신 카본 장비 등을 구입하는 것이 좋습니다. 하지만 결론적으로 라이딩 속도를 높이고 싶다면 페달을 지금보다 더 힘차게 밟아야 합니다. 파워미터를 사용한 트레이닝은 본인이 스스로 노력할 의지가 있는 경우에만 가치가 있습니다.

트레이닝을 위한 정보에 한계가 있다면 개선할 수 있는 기회에 대한 한계와 함께 궁극적으로 성공에 한계를 가져옵니다. 파워미터를 테스트하고 트레이닝하는 과정에서 약간의 좌절감을 느낄 수도 있지만, 시간이 지나면 파워미터를 사용하여 더 효과적이고 효율적으로 트레이닝할 수 있게 될 것입니다. 트레이닝과 사이클링 실력이 향상하기 위해서는 먼저 기꺼이 변화하려는 의지가 있어야 합니다. 이 책은 트레이닝과 레이싱에 대한 생각을 바꾸는 방법과 목표를 달성하기 위해 무엇을 해야 하는지 명확하게 이해하는 방법에 대해 설명합니다.

파워 툴(Power Tools)*

파워미터를 통해 얻을 수 있는 이점을 이해했다면, 다음에는 어떤 파워미터가 나에게 적합할 것인지를 선택해야 합니다. 아래와 같은 질문이 있을 수 있습니다.

- 어떤 유형의 파워미터 기술이 가장 좋을까요?
- 가격대는 어떻게 되나요? 어떤 모델이 기능 대비 가장 경제적일까요? 모든 모델이 동일한 기능과 사용 편의성을 가지고 있나요? 어떤 형태가 고장 등의 문제를 덜 일으키나요?
- 파워미터 데이터의 의미를 이해하기 위해 컴퓨터 과학이나 운동 생리학 학위가 필요한가요?

위 질문에 대해 효과적인 답을 얻으려면, 파워미터가 데이터를 측정하는 다양한 방식에 대해 이해하여야 합니다.

이 책의 이전 판본인 두 번째 에디션에는 판매되는 파워미터에 대한 개요가 포함되어 있었습니다. 하지만 그 이후 시장에 10가지 이상의 새로운 파워미터가 소개되었으며 매년 몇몇 종류가 더 출시되고 있습니다. 시장의 지속적인 변화를 고려할 때 가장 최신의 제품 정보는 온라인에서 찾을 수 있습니다. 특정 제품에 대한 심층적인 정보와 장단점을 확인하기 위해서는 DC Rainmaker (www.dcrainmaker.com)에서 시작하는 것이 좋습니다.

---

* 원서에 기술된 2장의 파워미터 관련 하드웨어에 대한 내용은 최신 업데이트 내용을 반영하지 못하고 있기에, 실제와 다소 다를 수 있습니다. 이를 참고 부탁드립니다.

파워미터 하드웨어

파워미터 하드웨어는 제조업체가 기술을 활용하는 방식에 따라 다릅니다. ① 스파이더, 크랭크 암, 체인링 등을 기반으로 하는 크랭크 중심 시스템, ② 휠의 허브를 기반으로 하는 시스템, ③ 바텀브래킷(BB) 센서, ④ '저항력'을 측정하는 시스템, ⑤ 페달 기반 시스템 등 크게 다섯 가지 방식이 있습니다.

크랭크 기반 파워미터

크랭크는 파워를 측정하는 가장 일반적인 위치이며, 실제로 파워가 생성되는 곳과 가깝기 때문에 가장 합리적인 측정 방식입니다. 크랭크 기반 하드웨어는 360도 회전의 전체 범위에서 파워를 측정합니다. 크랭크는 도로, 산악 자전거, 트랙 등 다양한 라이딩 유형에 맞게 여러 가지 변형된 형태가 있습니다. 크랭크 기반 파워미터는 정확한 측정 위치와 측정 방식에 따라 세 가지 하위 범주로 나뉩니다.

스파이더 파워미터

사이클링 기술 혁명의 시발점이 된 최초의 상업용 파워미터를 개발한 것에 대해 독일 기업 SRM에게 감사의 인사를 전하면서 시작을 하고자 합니다. SRM의 창업자이자 의료기기 엔지니어였던 울리히 슈버러는 대중에게 와트 수치를 측정할 수 있는 세상을 선사했습니다.

슈버러는 1980년대에 중고 크랭크의 스파이더 부분을 잘라낸 후, 일련의 내장형 스트레인 게이지(strain gauge)로 구성된 작은 접시 크기의 파워미터로 채워 넣는 방식으로 첫 번째 프로토타입을 개발했습니다. 라이더가 페달에 힘을 가할 때 파워를 측정할 수 있도록 해당 제품에 체인링을 장착했습니다. 그가 처음 시장에 내놓은 모델은 대당 가격이 1만 달러가 넘을 정도로 가격이 매우 높았습니다. 새로운 기술 도입을 통해 사이클링 분야에서 성공을 거둔 명성에 걸맞게 그렉 르몽(Greg Lemond)은 슈버러의 파워미터를 사용한 최초의 미국인 중 한 명이었습니다. 'SRM 트레이닝 시스템'이라고 불리는 SRM 크랭크 기반 파워미터는 다른 모든 파워미터가 측정해야 하는 데이터의 표준을 만들었습니다.

SRAM Quarq는 스파이더 기반의 파워미터로, SRM과 유사하게 파워를 측정하지만 스파이더 외부에 배터리를 장착하여 쉽게 교체할 수 있다는 장점이 있습니다. Power2Max, FSA, Team Zwatt도 스파이더 기반 파워미터를 생산했습니다.

크랭크의 스파이더는 양쪽 다리에서 발생하는 힘을 통합하여 데이터를 생성하는데, 힘이 발생하는 지점에서 바로 측정되기 때문에 직관적으로 편리하게 측정할 수 있습니다. 이 유형의 파워미터는 크랭크 오른쪽 스파이더 내부의 비틀림을 측정합니다(스파이더는 오른쪽 크랭크 암과 체인링 사이에 위치합니다). 힘은 발에서 페달 축, 크랭크 암을 거쳐 스파이더로 전달된 후 체인링으로 이동하여 스파이더

에 세로로 비틀림을 발생시키거나, 휘어짐을 유발합니
다. 자전거 뒤에서 바라보는 시점을 상상하면 이해하기
쉽습니다. 오른발로 앞 쪽으로 페달을 밟으면 힘이 체인
링으로 전달되기 전에 스파이더 자체의 금속에 비틀림
이나 약간의 휘어짐이 발생합니다. 스파이더 안쪽에 장
착된 스트레인 게이지를 통해 이 비틀림을 측정하고 와
트 수를 계산할 수 있습니다. 여러 개의 스트레인 게이
지를 서로 다른 위치에 배치하면 힘이 생성되는 위치를

SRM crank

보다 완벽하게 파악할 수 있으며, 이를 1초 단위의 데이터로 평균치를 확인합니다. 파워미터는 공장에
서 교정된 후 판매되며, 사용하면서 주기적으로 정확한지 확인해야 합니다.

스파이더 파워미터는 크랭크 내부에 결합되는 형태로 제작되기 때문에 자전거에 손쉽게 장착할 수
있습니다. 대부분의 크랭크는 이러한 파워미터와 호환되므로 파워미터 자체만 구입하여 기존 크랭크에
설치하기만 하면 됩니다. 단, 기존 크랭크와 호환되지 않는 경우 자전거 프레임에 맞는 크랭크를 찾아야
한다는 단점이 있을 수 있습니다. 또한 나중에 프레임을 교체할 경우 파워미터가 새 프레임과 호환되지
않을 수도 있습니다.

스파이더는 양쪽 다리에서 나오는 힘을 측정하지만, 그 힘을 독립적으로 측정할 수 없으므로 왼쪽
과 오른쪽 파워를 따로 표시하는 진정한 양측 파워 측정은 불가능합니다. 많은 모델이 페달 스트로크의
상단과 하단에서 회전의 시작과 끝을 정확히 식별하기 위해 파워미터에 두 개의 리드 스위치를 장착하
고 있기 때문에 스파이더 기반 파워미터를 사용하여 왼쪽/오른쪽 밸런스를 주정할 수 있습니다. 종 파워
가 300W이고 0도에서 180도까지 오른쪽에 170W가 있다면 0도에서 180도까지 왼쪽에 130W가 있어
야 균형이 왼쪽 57%, 오른쪽 43%가 됩니다. 안타깝게도 이것은 181도에서 359도 사이의 반대되거나
추가되는 힘을 고려하지 않습니다. 업스트로크(181-359도)의 음(또는 양)의 힘을 고려하지 않으면 양쪽
다리의 비율이 부정확할 수 있습니다. 진정한 양측 측정 파워미터가 필요하다면 크랭크 암 또는 페달 기
반 장치를 권장합니다.

크랭크 암 파워미터

스트레인 게이지를 크랭크 암 내/외부에 부착하여 크랭크 암을 통해 전달되는 힘을 측정할 수 있습
니다. 스트레인 게이지가 크랭크 암 외부 표면의 처짐만 측정하는 것이 아니라 암 내부의 전체 처짐을
측정하기 때문에 매우 정확한 파워를 얻을 수 있습니다. 스트레인 게이지를 크랭크 외부에 작은 전자 장
치 포드에만 접착하여 장치에 신호를 보내는 방법은 경제적이면서 인기 있는 방식입니다. 이 글을 발표
할 당시 이 방법을 사용하여 파워를 측정하는 회사는 6곳이 넘었으며, 신규 사업자인 스테이지스(stages)

뿐만 아니라 자전거 부품의 대기업인 시마노도 포함되어 있습니다.

크랭크 암 파워미터는 다양한 크랭크 암에 맞게 조정하여 사용할 수 있어 장착 및 디자인 측면에서 모두 매력적입니다. 앤드류는 이들 중 싱글 크랭크암 파워미터에 대해 "절반만 정확하다"는 농담을 즐겨 합니다. 왼쪽 크랭크 암에 장착된 파워미터는 왼쪽 다리를 측정하는데, 대부분의 성인의 경우 다리 근력 차이가 약 5%에 달하기 때문에 이 점이 단점으로 작용할 수 있습니다. 별것 아닌 것 같지만, 기능적 역치 파워(FTP)가 300W인 경우 15W의 차이는 매우 큰 오해를 만들어 낼 수 있습니다. 물론 프로 선수들의 경우에 한정해서 왼쪽다리는 매우 크고 강할 수도 있습니다. 이는 2002년에 처음으로 출시된 에르고모(Ergomo)의 왼쪽다리 파워미터를 통해 발견되었습니다.

스트레인 게이지를 양쪽 크랭크에 장착하면 왼쪽과 오른쪽 파워를 독립적으로 정확하게 측정하고 보고하고 기록할 수 있습니다. 일부 파워미터는 더 빠른 속도로 데이터를 기록하여 페달링 폼을 교정하는 데 중요한 지표가 될 수 있는 접선력과 반경력을 모두 표시해 주기도 합니다.

체인링 기반 파워미터

파워탭(powertap)은 2014년에 이 기술을 시장에 출시하여 페달, 크랭크, 허브의 세 위치에서 모두 파워를 측정하는 라인업을 갖추게 되었습니다. 체인링은 파워를 측정하는 기발한 장소이지만, 실제로 스트레인 게이지를 포함하는 체인링이 아니라 기존 체인링 볼트에 고정된 크랭크 스파이더에 추가 스파이더를 볼트로 고정하는 방식이라는 점에서 명칭이 약간 잘못된 것으로 보입니다. 이러한 형태는 실제 크랭크 스파이더 암 중간에 추가 스파이더 암이 있으며, 이 추가 암 내부에는 비틀림을 측정하는 스트레인 게이지가 있습니다. 실제 체인링은 파워미터에 맞게 맞춤 제작되었기 때문에 마모가 발생하면 해당 체인링을 교체해야 합니다. 이 체인링은 기존의 많은 크랭크와 호환되므로 크랭크를 교체할 필요 없이 크랭크에 간단히 볼트로 고정할 수 있습니다. 이 체인링은 왼쪽과 오른쪽 파워를 독립적으로 측정하지는 않지만 모두 측정합니다. 다른 스파이더 기반 파워미터와 마찬가지로 체인링은 파워가 차체에서 전달되는 위치와 매우 가깝기 때문에 파워를 측정하기에 좋은 장소입니다. 한 가지 단점은 모든 크랭크와 호환되지 않는다는 점입니다.

리어 휠(rear wheel) 허브 기반 파워미터

시장에 출시된 최초의 파워미터 중 하나인 허브 기반 파워미터는 1997년에 이튠(Etune)이라는 회사에서 개발되었으며, 이 회사는 나중에 싸이클옵스(CycleOps)에 인수되었고 오늘날의 파워탭 허브로 발전했습니다. 스트레인 게이지는 자전거 뒷바퀴의 허브에 있는 토크 튜브(torque tube)에 장착되어 있습니다. 이 스트레인 게이지는 라이더가 페달에 가하는 힘으로 인해 허브가 비틀어질 때 허브 내부의 비틀

림을 측정합니다. 자전거 체인은 허브의 톱니바퀴를 감싸고
움직이면서 허브 자체에 작은 비틀림을 일으킵니다. 비틀림
은 토크로 측정된 후, 와트로 변환됩니다.

PowerTap hub

허브 기반 시스템의 장점 중 하나는 크랭크에서 구동계
를 통해 이동한 후 실제로 도로에 전달되는 와트 수를 측정
한다는 것입니다. 따라서 크랭크나 페달의 파워미터로 측정
할 때보다 약 5-10 W 정도 파워가 낮게 측정됩니다. 또한 이
장치는 자전거끼리 손쉽게 교체할 수 있으므로 자전거가 여
러 대인 경우 휠 하나만 있으면 됩니다. 코치인 경우 라이더
에게 휠을 쉽게 빌려줄 수 있습니다. 허브 기반 시스템 사용
의 한 가지 단점은 허브가 연결된 휠을 사용해야 한다는 것
입니다. 나만의 비싸고 뛰어난 휠을 레이싱에 사용하려면 추
가 허브를 구입해야 합니다.

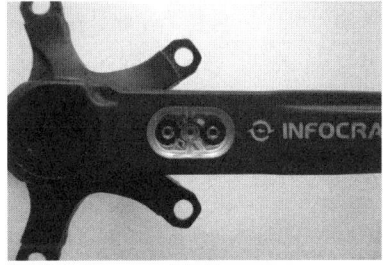

InfoCrank

파워탭은 이러한 유형의 파워미터 시장을 오랫동안 선도
해 온 유일한 회사입니다. 파워미터를 지속적으로 혁신, 개선 및 개선하여 더 가볍고 내구성을 강화하는
동시에 배터리 교체 절차를 간소화했습니다. 이 파워미터는 ANT+ 또는 Bluetooth와도 호환됩니다.

바텀 브래킷(BB) 기반 파워미터

이러한 형태의 파워미터는 2002년에 에르고모라는 독일 회사에서 처음 소개되었습니다. 이는 광센서
를 사용하여 바텀브래킷 액슬의 비틀림을 측정합니다. 바텀브래킷 액슬의 오른쪽은 구동계에 부착되어
있기 때문에 큰 비틀림이 없고 보통 왼쪽 액슬만 비틀어집니다. 즉, 왼쪽 다리에서 발생하는 힘만 측정할
수 있는데, 앞서 언급했듯이 이는 문제가 될 수 있습니다. 자전거 업계가 기존의 3피스 바텀브래킷을 점차
사용하지 않게 되면서 에르고모는 자사의 기술을 최신 2피스 크랭크와 익스터널BB에 적용할 수 없었습
니다. 하지만 또 다른 회사들은 왼쪽 비틀림을 쉽게 측정할 수 있도록 바텀브래킷의 속이 빈 액슬 내부에
장착할 수 있는 센서를 제작했습니다. 이러한 파워미터는 독립형이며 모든 전자 장치, 스트레인 게이지,
배터리가 액슬 안쪽에 작게 고정되어 자리잡고 있습니다. 캘리브레이션이 완료되면 파워미터는 바텀브래
킷 액슬의 비틀림을 정확하게 측정하고 데이터를 헤드 유닛으로 전송합니다. 내부 배터리는 액슬 외부의
엔드캡에 연결된 마이크로 USB 케이블을 통해 충전됩니다. 이 파워미터는 다양한 크랭크 및 바텀브래킷
액슬과 호환되며, 오른쪽 파워미터(오른쪽만 측정하는 파워미터)와 함께 사용하면 깔끔하고 멋진 양측 파
워미터를 만들 수 있습니다. 파워미터의 섬세한 특성으로 인해 설치와 제거에 각별한 주의가 필요합니다.

저항력 기반 파워미터

벨로콤(Velocomp)은 2006년에 최초의 아이바이크(iBike) 파워미터 컴퓨터를 출시했습니다. 이 컴퓨터에는 보정된 고도 센서, 가속도계, 주변 바람과 도로를 달리는 사이클리스트의 움직임으로 인해 생성되는 공기의 기압을 측정하는 피토 튜브(Pitot tube)가 포함되어 있었습니다.

다른 모든 파워미터가 직접 가해지는 힘을 이용하여 측정하는 반면, 파워팟(Powerpod, iBike Power-Pod의 새로운 이름)는 저항 또는 반대되는 힘을 측정한다는 점에서 혁신적입니다. 이러한 접근 방식의 실질적인 의미는 파워팟의 핵심 센서가 휠, 크랭크 또는 체인이 아닌 팟에 위치하여 작고 가벼우며 상대적으로 저렴하고 ANT+ 컴퓨터 헤드에 쉽게 연결할 수 있다는 것입니다. 파워팟의 센서는 센서 판독값을 기반으로 반대되는 힘을 계산하는 정교한 알고리즘과 결합하여 포드의 컴퓨터가 힘과 속도를 계산하여 와트를 결정할 수 있도록 하여 파워 수식을 계산합니다.

$$\text{파워} = \text{힘} \times \text{속도}$$

이후 챕터에서 이 기본 수식에 대해 설명할 예정입니다만, 간단히 말해서 사이클리스트는 앞으로 나아가는 운동에 반대되는 저항력(언덕 오르기, 바람 저항, 구름 저항, 가속도 등)을 극복하기 위해 자전거 페달에 힘을 가합니다. 일반적인 파워미터는 사이클리스트가 가하는 힘을 측정하지만, 파워팟은 사이클리스트에게 작용하는 저항력 또는 반대로 작용하는 힘을 측정하는 유일한 파워미터입니다. 뉴턴의 제3법칙에 따르면 반작용에 의한 힘은 가해지는 힘과 정확히 같아야 합니다. 파워팟은 뉴턴의 제3법칙을 사용하여 반작용에 대한 센서값을 측정하고 결과 데이터를 사용자의 주요 입력 값(무게, 공기 역학 저항 계수, 구름 저항 수치)과 결합하여 사이클리스트의 파워를 결정할 수 있도록 합니다.

모든 신기술이 그렇듯이, 파워팟은 하드웨어 및 소프트웨어 알고리즘을 지속적으로 개선해 왔습니다. 라이더는 페달, 안장, 핸들바를 통해 자전거와 연결됩니다. 평균적으로 라이더와 자전거는 정확히 같은 속도로 도로를 내려가야 합니다(물론 충돌 시 제외!). 그러나 크랭크가 회전하는 짧은 시간 동안 라이더는 자전거에 '접착'되지는 않습니다. 실제로 자전거는 라이더의 아래에서 좌우로, 앞뒤로 흔들립니다. 더 엄밀히 말하면 자전거와 라이더 전체의 무게 중심을 기준으로 자전거가 움직입니다(흔들림). 파워팟은 실험실 환경이 아닌 실제 자전거 라이딩 환경에서 자전거의 좌우 및 앞뒤 흔들림을 측정합니다. 파워팟의 가속도계는 흔들림을 사용자가 선택한 시간 동안 자전거가 라이더의 질량 중심에서 좌우 및 앞뒤로 벗어난 평균 거리로 정의합니다. 흔들림은 아이바이크 소프트웨어 창에 두 개의 그래프로 표시됩니다: ① 좌우 대 앞뒤, ② 앞뒤 대 크랭크 각도입니다.

2018년에는 벨로콤의 최신 제품인 에어로팟(AeroPod™)이 출시되었습니다. 디지털 센서를 사용하여 사이클리스트에게 양쪽 다리에 대한 파워 출력을 제공합니다. 또한 DFPM (Direct-Force Power Meter; 직접 측정 방식 파워미터)과 함께 사용할 경우, 에어로팟은 도로에서 공기 저항을 연속적으로 측정합니다. ANT+ DFPM이 장착된 자전거에 AeroPod를 장착하면 자전거 컴퓨터는 파워미터가 측정한 파워 출력을 에어로팟의 공기저항(CdA) 및 타임 어드밴티지(Time Advantage) 데이터와 함께 표시합니다. 또한 동시에 에어로팟은 내부 메모리에 풍속 및 경사 정보와 함께 DFPM과 에어로팟의 파워 데이터를 모두 기록합니다. 에어로팟에 포함된 벨로콤의 아이작(Isaac) 소프트웨어는 모든 파워 및 공기 역학 데이터를 분석할 수 있게 해줍니다.

벨로콤의 제품은 기존의 파워미터와 다릅니다. 에어로팟은 직접 힘을 측정하는 파워미터가 아니기 때문에 반작용을 측정한다는 개념과 의미를 염두에 두어야 합니다. 하지만 에어로팟은 DFPM과 비교했을 때 인상적인 수치를 보여줍니다. 1세대 아이바이크에 대한 비평가들이 제기했던 많은 문제들(노면의 차이, 온도 변화 및 복잡한 설정 요구 사항)이 펌웨어 개선을 통해 해결되었습니다.

페달 기반 파워미터

최초의 페달 기반 파워미터는 2008년에 메트리기어(MetriGear)에서 만들었으며, 2년 후 가민(Garmin)은 이 회사를 인수하여 파워미터 시장에 진출했습니다. 현재 여러 회사에서 페달 기반 파워미터를 생산하고 있으며, 발에서 자전거로 전달되는 바로 그 지점에서 파워를 측정합니다. 페달에 적용된 기술은 가볍지만 페달 렌치만 있으면 파워미터를 자전거에서 다른 자전거로, 심지어 실내 사이클링 클래스로 쉽게 옮길 수 있다는 것이 가장 큰 상섬입니다. 마시막으로, 페달은 좌우 파워를 표시하는 진징한 양측 측정 도구입니다. 일부 사이클리스트는 특정 페달에 대한 선호도가 강하기 때문에 새 페달로 교체해야 하는 것이 단점이 될 수 있습니다. 크리테리움 선수의 경우, 페달 기반 파워미터는 전자 장치가 추가되어 페달의 부피가 커지기 때문에 코너링 시 페달링 각도를 예리하지 만들기 어려울 수 있습니다. 다른

Garmin Vector 3 Pedals

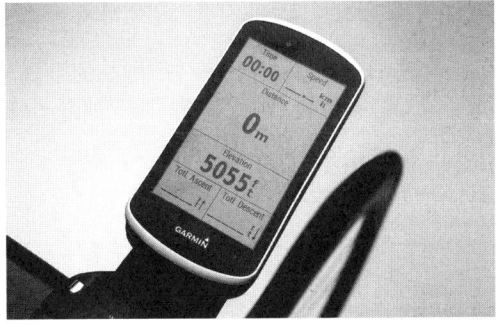

Garmin Edge 1040

타원형 체인링은 잘못된 파워를 보여주나요?

현재 대부분의 파워미터는 크랭크의 각속도를 회전할 때마다 전달하며, 이는 전체 회전에서 동일하게 유지되는 것으로 가정합니다. 이는 많은 사이클리스트에게 인기를 끌고 있는 타원형 체인링에 문제를 일으킬 수 있습니다. 타원형 체인링이 실제 파워 출력이나 에너지 절약에 눈에 띄는 개선을 가져오는지 여부는 다음 기회에 논의하기로 하고, 타원형 체인링은 크랭크나 페달의 각속도를 측정하는 모든 파워미터에서 계산된 파워 출력을 증가시키는 것으로 나타났습니다. 타원형 체인링의 목적은 일반적으로 페달 스트로크의 아래쪽과 위쪽에 있는 비파워 부분을 따라 속도를 높여 라이더가 파워 스트로크 부분(0-180도)으로 더 빨리 돌아갈 수 있도록 하는 것입니다. 이렇게 하면 실제로 크랭크의 속도가 한 사이클 회전 내에서 빨라지고, 이로 인해 속도가 증가하기 때문에 체인링의 타원형 정도에 따라 평균적으로 최대 10-20 W까지 출력이 부풀려지게 됩니다. 이는 파워를 허위로 보고하는 것과 같습니다. 허브나 페달에서 파워를 측정하는 파워미터를 사용하면 이 문제를 해결할 수 있습니다.

페달과 마찬가지로 베어링도 문제가 될 수 있지만, 일반적으로 제조업체는 필요한 경우 베어링을 수리 또는 교체하는 프로그램을 제공합니다. 페달 기반 파워미터는 내전(발 안쪽으로 밀기) 또는 외전(발 바깥쪽으로 밀기) 여부를 보여주는 접선 및 반경 방향에 대한 힘 등 몇 가지 고유한 지표를 헤드 유닛 혹은 휴대폰으로 전송할 수도 있습니다. 이러한 고유한 지표는 전반적인 파워 출력을 개선하는 데 매우 유용할 수 있습니다. 7장에서 양측 페달링 데이터에 대해 더 자세히 알아볼 예정입니다.

ANT+ 호환 헤드 유닛(Head unit)

이 분야는 새로운 회사가 시장에 진입하고 바람처럼 빠르게 변화하는 것처럼 보입니다. 이 분야는 가민이 매우 큰 점유율로 시장을 장악하고 있는데, 이는 가민이 ANT+ 무선 프로토콜을 소유하고 있고 이를 보편적으로 채택하는 데 성공했기 때문에 당연한 결과로 생각할 수 있습니다. 가민은 다양한 기능을 보유하고 있으며, 독립된 프로그래머가 지원되는 장치에 대해 별도로 실행할 수 있는 독립 앱을 개발할 수 있도록 지원하고 있습니다. 최근에 출시되고 있는 헤드 유닛과 관련해서는 온라인에서 많은 내용이 업데이트되고 있기 때문에 이를 책에서 다루는 것은 시간 낭비일 수 있습니다. 독자는 이러한 헤드 유닛에 대해 다양한 선택이 가능하며 많은 기능이 있다는 것을 이해하여 자신에게 가장 적합한 헤드 유닛의 구매를 신중하게 결정해야 할 것입니다.

무선 기술의 발전은 지난 몇 년 동안 파워미터에 큰 영향을 미쳤습니다. ANT+는 거의 모든 파워미터와 헤드 유닛에 통합된 무선 기술로, 파워미터 측정 장치가 컴퓨터 헤드 유닛과 통신할 수 있도록 통일된 형식으로 데이터를 주고받을 수 있게 해줍니다. 이 초저전력 무선 전송 프로토콜은 사이클링 외에도 많은 분야에서 활용되고 있습니다. 하지만 사이클리스트와 파워미터 제조업체에게 이 기술이 중요한 이유는 바로 상호 호환성 때문입니다. ANT+ 기술로 인해 파워 측정 장치와 헤드 유닛이 동일한 제조사일 필요가 없어졌습니다. 따라서 사이클리스트는 자신이 사용하는 장치를 혼합하여 사용할 수 있습니다. ANT+ SRM 크랭크는 ANT+ 가민 컴퓨터와, ANT+ 파워탭 허브는 ANT+ 와후 컴퓨터 헤드와, ANT+ 가민 페달은 스테이지스 컴퓨터 헤드와 통신할 수 있습니다. 시중에 나와 있는 모든 파워미터는 ANT+ 네트워크에서 작동합니다. 이제 같은 회사의 파워미터 제품이 최고의 선택인지에 대해 걱정할 필요 없이 원하는 기능을 갖춘 헤드 유닛을 선택할 수 있습니다. ANT+는 소비자에게 이상적인 파워미터 시스템을 선택할 수 있는 기능을 제공했습니다.

ANT+ 프로토콜의 한 가지 단점은 파워미터 제조업체가 데이터 형식의 정의에 제약을 받아 송수신할 수 있는 데이터의 유형과 양이 제한될 수 있다는 것입니다. 실제로 ANT+ 헤드 유닛이 수신할 수 있는 데이터를 초당 4개의 메시지로 제한되고 있으며, 이 중 3개는 반복되므로 실제로는 초당 1개의 메시지만 수신할 수 있습니다. ANT+ 팀은 프로토콜을 지속적으로 업데이트하여 특정 왼쪽 및 오른쪽 페달링 수치자료와 같은 새로운 데이터 채널을 허용하지만, 고빈도의 데이터를 전달할 수 없기 때문에 이러한 제약은 향후 제품 개발에 장애가 됩니다.

저전력 블루투스(BLE)는 많은 파워미터 회사에서 파워미터와 컴퓨터 헤드 유닛에서 데이터를 전송하는 데 사용하는 또 다른 무선 방식입니다. BLE는 시중에 나와 있는 모든 스마트폰에서 찾아볼 수 있습니다. 즉, 스마트폰이 헤드 유닛을 대신할 수 있으며, 사이클리스트는 제조업체의 앱을 사용하여 스마트폰에서 직접 데이터를 기록, 확인 및 업로드할 수 있습니다. BLE는 ANT+에 비해 데이터 전송 속도가 빠르기에 파워미터에서 헤드 유닛이나 휴대폰으로 더 많은 데이터를 전송할 수 있다는 장점이 있습니다. 사용 가능한 일부 파워미터의 경우 BLE는 양측 파워 데이터와 함께 반경력 및 접선력을 충분히 높은 빈도로 전송하여 유용하게 사용할 수 있습니다. BLE의 또 다른 장점은 파워미터를 최신 펌웨어로 쉽게 업데이트할 수 있도록 해주고, 이를 통해 버그를 수정하고 새로운 기능을 사용할 수 있다는 것입니다.

최적의 사용방법(best practice)

높은 기록 빈도 설정

항상 가장 높은 기록 빈도로 파워미터 데이터를 기록하세요. 이는 대부분 1초마다 데이터를 기록하는 것을 의미하지만 일부 헤드 유닛에는 더 많은 데이터를 기록할 수 있는 옵션이 있습니다. 데이터는 많을수록 좋습니다. 가민의 기본 기록 속도는 '스마트 기록'으로 설정되어 있다는 점에 유의하세요. GPS 포인트만 기록하는 경우 직선으로 라이딩할 때는 적은 포인트를 기록하고 선회할 때는 더 많은 포인트를 기록하므로 배터리를 절약하는 스마트 기록이라고 할 수 있습니다. 하지만 이는 안타깝게도 파워미터 데이터를 확인하는 데는 적합하지 않으며, 매초마다 기록으로 설정을 변경하지 않으면 많은 양의 파워 데이터를 놓치게 될 것입니다.

표시 속도를 3-5초로 설정

기록 속도와 표시 속도에는 차이가 있다는 점에 유의하세요. 기록 속도는 파워미터가 헤드 유닛 또는 휴대폰에서 데이터를 기록하는 속도입니다. 가능한 한 많은 데이터를 기록해야 하므로 기록 속도가 높아 빈번하게 기록할 수록 더 좋은 데이터를 얻을 수 있습니다. 표시 속도는 데이터를 일정 시간 동안 평균화시킨 후 헤드 유닛 또는 휴대폰에 표시되는 속도입니다. 대부분의 헤드 유닛에서는 표시할 데이터의 시간 평균을 3초, 5초, 10초, 20초 등으로 구성할 수 있습니다. 파워미터 데이터는 매우 빠르게 변화하므로 3초 또는 5초 간격으로 평균을 내서 살펴보는 것이 편리하며, 자신의 페이스를 조절하고 숫자에 쫓기지 않도록 할 수 있습니다. 트레이닝의 90%는 3초 또는 5초 이동 평균을 사용하는 것이 좋습니다. 타임 트라이얼 경기에서는 10초 이동 평균이 더 유용할 수 있습니다.

파워미터 영점 조절(zeroing)

파워미터는 욕실에 있는 체중계처럼 영점 조절(zeroing)을 해야 합니다. 체중계에 올라서기 전에 '+5kg'이 표시되면 체중이 5kg 더 무거워지게 표시될 것입니다. 파워미터도 마찬가지입니다. 각 헤드 유닛은 파워미터에 부하가 없을 때 파워미터로부터 신호를 수신해야 합니다. 이는 '0'으로 이해되며, 그 이상은 라이더가 만들어 내는 것입니다. 라이딩을 시작하기 전에 크랭크 암을 돌리거나 페달을 돌리거나 휠을 굴려 파워미터가 헤드 유닛에 신호를 보내기 시작하도록 파워미터를 켜세요. 연결이 완료되면 헤드 유닛의 설정으로 이동하여 파워미터를 '0'으로 맞춥니다. 가민은 '캘리브레이션(calibration)'이라는 명칭을 사용하기 때문에 혼란을 가져오고 있습니다. 파워미터를 실제로 캘리브레이션 하는 것은 크랭크 암이나 페달에 알려진 무게(예: 50 kg)를 매달아 파워미터에 이것이 실제로 50 kg이라고 알려주는 완전히 다른 프로세스를 의미합니다. 이는 복잡한 과정으로 공장에서 하는 것이 가장 좋지만, 많은 제조업체에서 계산과 과정을 공개하고 있습니다. 즉, 가민을 소유한 경우 파워미터를 영점 조절하려면 '캘리브레이션'을 선택하세요.

매번 라이딩 시작 전이나 충격이 있었던 후(예를 들어, 자전거를 차에 싣기 위해 뒷바퀴를 프레임에서 꺼낼 때, 자전거가 넘어져 페달과 크랭크 암이 포장 도로에 부딪힌 경우 또는 충돌한 경우)에는 파워미터를 0으로 맞추는 것이 좋습니다. 일부 장치는 라이딩을 시작하기 전에 안내 메시지를 표시해 주기도 합니다. 라이딩을 마치고 집에 돌아와 데이터를 다운로드했는데 파워미터의 영점을 맞추는 것을 잊어버려 모든 데이터가 +23W 왜곡된 것을 발견하는 것보다 더 나쁜 일은 없을 것입니다.

파워 스파이크 처리

파워미터의 민감한 센서로 인해 종종 잘못된 데이터 샘플을 얻을 수 있습니다. 이러한 현상 중 하나는 라이더가 도저히 낼 수 없는 큰 파워가 기록되어, 파워 스파이크의 형태로 나타나는 것입니다. 케이던스 신호가 잠시 끊기거나, 신호등에서 잠시 멈춘 뒤 실수로 스위치를 여러 번 누르는 경우, 언덕을 내려온 후 다음 오르막에서 다시 페달을 밟기 시작하는 경우 등 이러한 현상이 발생하는 이유는 다양합니다. 일부 파워미터는 측정 방식과 설계로 인해 다른 파워미터보다 파워 스파이크에 더 취약합니다. 다행히도 데이터를 다운로드한 후에는 파워미터 소프트웨어를 사용하여 파워 스파이크를 쉽게 찾아 수정할 수 있습니다. 보간법을 사용하면 대부분의 경우 파워 스파이크를 정확한 수치로 바꿀 수 있습니다. 예를 들어, 파워 데이터가 213, 234, 242, 1,876, 254, 260, 267로 기록된 경우 소프트웨어에서 1,876을 248로 변경(242와 254의 중간값)하면 더 정확하게 표시할 수 있습니다. 우리는 계속해서 신경근 능력과 관련하여 최고 5초 파워를 분석하는 것이 중요하다고 강조해 왔는데, 이런 방식을 통해 오류를 줄여 실제 최대 파워를 정확하게 파악하도록 해야 합니다.

평균시 0을 포함할 것인지의 여부

대부분의 헤드 유닛에는 데이터의 평균 방식을 변경할 수 있는 옵션이 있습니다. 파워의 경우 0으로 기록된 파워를 포함해서 평균화하도록 설정해야 합니다. 페달을 밟지 않을 때는 파워미터에 0 W가 기록되며, 이는 4장에서 자세히 설명하는 중요한 수치 자료입니다. 하지만 케이던스를 분석할 때에는 페달을 밟은 시간만을 평균화하는 것이 중요합니다. 예를 들어 여러분이 90 rpm으로 5분 인터벌 라이딩을 하다가 가파르지만 짧고 기술적인 언덕을 내려가야 하므로 3분 동안 코스팅을 한다고 가정해 봅시다. 그런 다음 마지막 1분 30초 동안 90 rpm으로 인터벌을 계속합니다. 페달을 밟는 전체 시간 동안 평균 90 rpm을 유지했나요? 네, 하지만 페달을 밟지 않은 30초를 제외할 경우에만 그렇습니다. 제로 케이던스를 포함하면 평균 rpm이 81 rpm이 되므로 페달을 밟는 내내 90 rpm으로 페달을 밟지 않았다고 잘못 보고될 수 있습니다. 따라서 페달링을 하지 않은 시간은 포함시키면 안됩니다.

랩(또는 인터벌) 버튼 사용

트레이닝 세션 중 인터벌을 기록하는 방법을 익히는 것은 매우 중요합니다. 인터벌 세션에서는 각 세션의 평균 파워를 기준으로 인터벌 횟수를 최적화할 수 있습니다(5장에 자세히 설명되어 있습니다). 헤드 유닛의 랩 버튼을 사용하는 습관을 기르세요. 인터벌을 시작하기 직전에 랩 버튼을 누른 다음 인터벌을 중단할 때 다시 누르기만 하면 됩니다. 이렇게 하면 평균이 기록되고 각 인터벌을 마친 후 헤드 유닛에서 쉽게 검토할 수 있습니다. 또한 인터벌을 표시하면 파워미터 소프트웨어에서 해당 특정 인터벌 범위의 데이터를 쉽게 볼 수 있으므로 노력을 쉽게 비교할 수 있습니다. 다만 한 가지 중요한 방침이 있습니다. 마이크로버스트(micro-burst, 부록의 NP-W1 워크아웃 참고) 또는 크리스크로스(crisscross, 부록의 LT-W9 워크아웃 참고) 등과 같이 짧은 시간에 많은 인터벌을 하는 경우 또는 주어진 인터벌 내에 하위 목표가 있을 수 있는 인터벌을 수행할 때는 더 큰 인터벌의 시작과 끝만 표시하는 것이 좋습니다. 예를 들어 3분 마이크로버스트 인터벌의 경우 15초마다 표시할 필요가 없습니다. 이렇게 하면 3분 동안 전체 노력의 평균을 파악할 수 있고 더 큰 노력을 더 쉽게 비교할 수 있습니다.

파워 소프트웨어: 도구로서의 완성

파워미터의 진정한 유용함은 라이딩 후 데이터 분석에서 비롯됩니다. 레이스 또는 트레이닝 중에 디스플레이에 표시되는 데이터를 이해하는 것도 분명 이점이 있고 가치가 있지만, 파워미터의 진정한 장점은 기록된 데이터를 다운로드하고 그래프를 통해 개선에 도움이 되는 인사이트를 얻는 것에 있습니다. 파워미터는 초당 수회의 샘플링 속도로 데이터를 기록하기 때문에 한 시간 동안의 라이딩에서 얻은 정보의 양은 매우 큽니다. 이것들이 의미하는 바는 무엇일까요? 이는 바로 소프트웨어가 중요한 이유입니다. 제품과 함께 제공되는 소프트웨어는 초보자도 정보를 사용하여 트레이닝에 대한 결정을 내릴 수 있도록 이해하기 쉬운 방식으로 사실을 제시해야 합니다. 이후 챕터에서는 다양한 파워미터 소프트웨어에서 흔히 볼 수 있는 특정 차트와 그래프를 살펴보고 그 의미에 대해 설명합니다.

많은 파워미터에는 간단한 온라인 인터페이스 또는 더 다양한 기능을 가진 컴퓨터용 전용 소프트웨어가 함께 제공됩니다. 파워미터와 헤드 유닛의 확장과 함께 파워 분석 소프트웨어의 옵션도 점점 더 많아지고 있지만, 새로운 것들이 계속 업데이트 되기 때문에 여기서는 검토하지 않겠습니다. 기록된 데이터를 더욱 유용하게 활용하고 시간 경과에 따른 피트니스의 변화를 추적할 수 있는 분석 소프트웨어가 있으므로, 자신의 필요에 가장 적합한 소프트웨어를 찾아보시기 바랍니다.

3

파워 기반 트레이닝 시작

파워미터를 사용한 트레이닝은 어렵지 않으며, 누구든지 자전거에 파워미터를 설치하여 트레이닝을 수행할 수 있습니다. 하지만 설치와 별개로 파워미터 및 소프트웨어를 의도에 맞게 사용하려면 약간의 노력이 필요합니다. 예를 들어, 만약 여러분이 자랑스럽게 새 페라리 스포츠카를 구매했다면, 이를 즐기기 위해 스포츠카 운전 연수를 받는 것이 필수일까요? 물론 아닙니다. 하지만 강습을 받는다면 자동차 주행 관련 경험을 확실히 향상시킬 수 있습니다. 마찬가지로 파워미터가 제공하는 모든 기능을 활용하는 방법을 배운다면 파워미터를 소유한 경험을 극대화할 수 있을 것입니다.

파워미터는 사이클링에서 목표를 달성하고 잠재력을 발휘하는 데 도움이 될 수 있는 다양한 정보를 확인할 수 있게 해줍니다. 이러한 최첨난 노구는 선통석으로 실험실에서 운동의 생체역학 빛 인간의 생리적 한계를 연구하는 운동 생리학자들의 전유물이었습니다. 새로운 기술과 장비를 실험하는 것은 언제나 즐거운 일이지만, 파워미터는 단순한 자전거 매니아의 장난감이 아니라 사이클리스트로서 자신을 알아가는 가장 좋은 방법입니다.

자전거에 파워미터를 설치하고 라이딩을 마친 후에 데이터를 다운로드하세요. 파워미터는 라이딩에 대한 초 단위 기록 또는 일지를 그래프 형식으로 생성합니다. 데이터를 분석하기 전에 역풍을 맞으며 라이딩할 때, 아주 긴 오르막이나 짧고 어려운 언덕을 오를 때, 편의점에서 음료를 마시기 전후로 파워 출력이 어떻게 달라지는지 등 다양한 와트 수치가 실제 환경에서 어떤 의미를 갖는지 간단히 파악해 보세요. 그 후 그래프를 보고 300 W 운동이 심박수, 케이던스 및 속도에 어떤 영향을 미치는지 확인해 보세요. 특정 파워를 내는 것이 실제로 얼마나 힘들게 느껴지는지(또는 쉽게 느껴지는지), 순간적으로 파워를 낼 때와 파워를 지속하려고 할 때를 모두 기록해 보세요. 이러한 활동은 사이클링을 더 잘 이해하는 데 도움이 됩니다.

1단계: 기능적 역치 파워(FTP) 추정

이제 몇 번의 라이딩을 통해 라이딩 중 헤드 유닛의 디스플레이를 보는 방법에 대한 감각이 생겼으니 첫 번째 테스트 세션을 시도해 보세요. FTP 테스트는 트레이닝 레벨을 결정하는 데 도움이 되며, 이를 통해 올바른 집중력을 발휘할 수 있습니다. 첫 번째 테스트를 통해 현재의 FTP에서 몇 와트를 생산할 수 있는지 확인하여 피트니스 기준을 설정할 수 있습니다.

피트니스를 평가하고, 운동 능력 변화를 추적하고, 결과에 따라 트레이닝 프로그램을 변경할지 여부를 결정하려면 6-8주마다 FTP 테스트를 반복하는 것이 좋습니다. 기억해야 할 두 가지 중요한 사항이 있습니다. ① 항상 같은 도로 또는 실내 트레이너에서 거의 같은 시간대와 비슷한 날씨 조건에서 테스트를 수행하고, ② 스트레스나 수면 부족 등 운동 능력에 영향을 줄 수 있는 외부 영향을 최소화해야 합니다. 이렇게 하면 여러 테스트의 결과를 확실하게 비교할 수 있습니다.

기능적 역치 파워(FTP)란 무엇인가요?

'역치'라는 용어는 많은 운동선수들의 머릿속에서 '혼란'이라는 단어와 동의어가 되었습니다. 무산소 역치(AT), 젖산 역치(LT), 최대 젖산 정상 상태(MLSS), 혈중 젖산 축적 시작점(OBLA), 그리고 그냥 '역치' 또는 '임계' 라고 부르는 등 본질적으로 같은 개념에 대한 다양한 단어가 존재합니다. 심박수(HR), 혈중 젖산, 파워 등에 따라 다양한 버전의 개념이 존재하며, 가능한 정량적 정의도 그만큼 많은 것으로 보입니다. 그 결과, 많은 학술 논문에서도 저자는 자신이 말하는 내용을 명확히 하기 위해 자신만의 정의를 제시하곤 합니다.

거의 40년 동안 운동 생리학자들은 젖산이 혈액에 축적되기 시작하는 운동 강도, 즉 젖산 역치(LT)가 운동 능력, 특히 지구력을 예측하는 강력한 지표라는 사실을 알고 있었습니다. 운동선수의 심혈관 체력, 즉 최대 산소 섭취량(VO$_2$max)이 유산소 에너지 생산 속도의 상한선을 설정하지만, 주어진 시간 동안 사용할 수 있는 VO$_2$max의 정도를 결정하는 것은 개인의 대사 피트니스 또는 젖산 역치이기 때문입니다.

LT를 결정하는 생리적 요인은 복잡하지만, 기본적으로 혈중 젖산 수치는 운동하는 근육 내에서 일어나는 생화학적 현상에 대한 간접적인 지표 역할을 합니다. 좀 더 구체적으로 말하면, LT는 에너지 공급과 에너지 수요를 일치시키는 근육의 능력을 반영하며, 이는 다시 사용되는 연료(예: 탄수화물 및 지방)의 조합과 근육 피로의 발생을 결정합니다. 따라서 LT는 3 km 추발과 같은 짧은 운동부터 3주 동안 지속되는 스테이지 레이스까지 다양한 종목에서 운동 능력을 결정하는 가장 중요한 생리적 요소입니다. 특히 사이클링 효율을 고려한 파워로 LT를 표현할 때 더욱 그렇습니다. 특정 강도로 운동할 때 선수가 경험하는 노력은 LT에서의 파워 대비 실제 만들어낸 파워에 따라 달라지므로, 이 수치는 파워 기반 트레이닝 프로그램을 설계할 때 생리학적으로 훌륭한 근거를 제공합니다.

하지만 정기적으로 젖산 검사를 받을 수 있는 운동선수는 거의 없습니다. 또한, 검사를 받는다고 하더라도 적절한 프로토콜을 설계하고 결과를 정확하게 해석하기 위해서는 검사를 수행하는 사람에게 의존하는 것이 일반적입니다. 이는 많은 사람들이 생각하는 것보다 훨씬 더 어려운 반면, 얻은 데이터는 훨씬 간단한 필드 테스트를 통해 얻은 데이터보다 정확하거나 정밀하지 않습니다(퍼포먼스의 가장 좋은 예측 변수는 퍼포먼스 그 자체이기 때문입니다).

·······················

FTP는 라이더가 피로해지지 않고 준안정 상태에서 유지할 수 있는 최고 파워입니다. 파워가 FTP를 초과하면 피로가 훨씬 빨리 발생하지만(일반적으로 트레이닝이 잘 된 사이클리스트의 경우 약 1시간 후), FTP 바로 아래의 파워로는 훨씬 더 오래 유지될 수 있습니다.

·······················

FTP 결정하기

그렇다면 파워미터를 사용하여 FTP를 어떻게 확인할 수 있을까요? 여러 가지 방법이 있으며, 각 방법마다 장단점이 있지만 모두 비슷한 역치 파워 추정치를 제공합니다. 아래에 점점 복잡해지는 순서대로 정렬해두었습니다.

1. **파워 빈도 분포 차트:** 모든 트레이닝 데이터를 파워 분석 소프트웨어에 업로드한 다음 파워 빈도 분포 차트를 검토하기만 하면 FTP의 정확한 추정치를 얻을 수 있습니다(**그림 3.1 참조**). 역치 파워 이상으로 운동하는 것은 매우 격렬할 뿐 아니라, 시간에도 한계가 있기 때문에 그래프에서 특정 지점을 넘어가면 확실히 감소하는 경우가 종종 있습니다(이 방법은 개인의 최대 심박수를 파악하는 데 더 효과적이므로 공식적으로 다른 테스트를 줄이거나 없앨 수 있는 방법이기도 합니다). 물론 이 방법은 조사 대상 기간에 고강도 트레이닝 또는 레이싱이 포함되어 있는 경우에 가장 효과적이며, 이는 역치 이하의 노력과 역치 이상의 노력을 더 명확하게 구분하는 데 도움이 됩니다. 또한 각 파워 구간의 폭이 5 W 또는 10 W와 같이 더 작을 때 역치 파워를 확인할 수 있는 시간에 비해 감소폭이 더욱 뚜렷하게 나타나기도 합니다.

2. **일상 파워 분석:** 공식적인 테스트 없이 역치 파워를 추정하는 또 다른 방법은 LT를 높이기 위한 인터벌 또는 반복 운동이나 장거리 힐클라이밍과 같은 장시간의 고강도 운동에서 일상적으로 생

| 그림 3.1 | FTP를 나타내는 파워 빈도 분포 차트 |

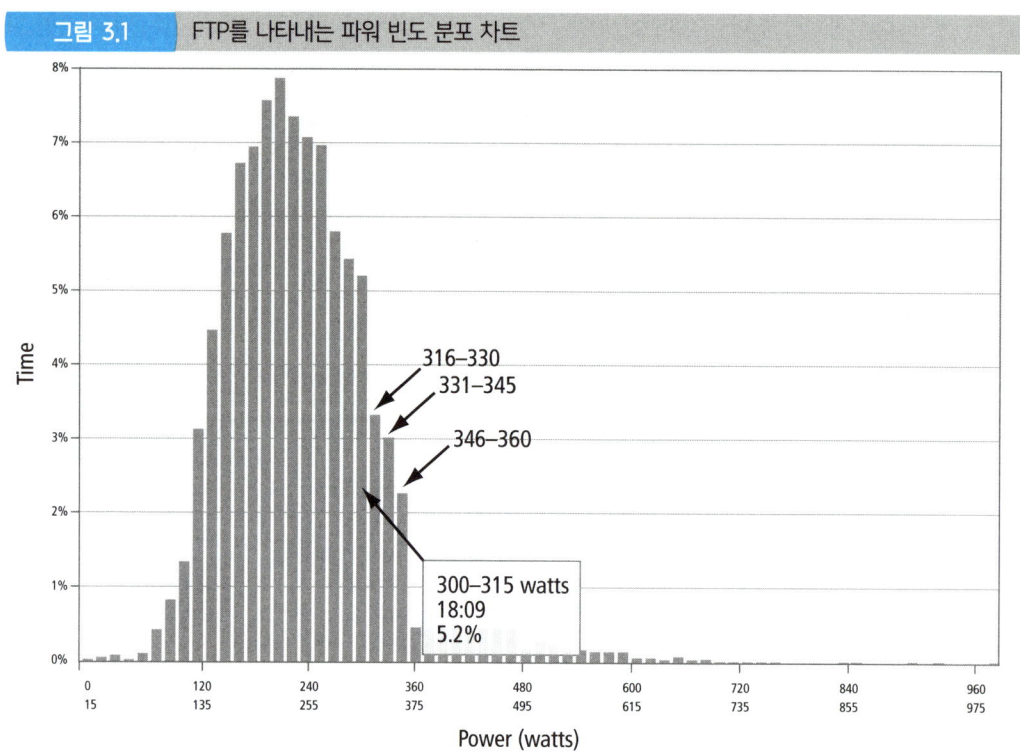

시간 비중이 급격히 떨어지는 구간은 300-315W 구간(라이딩 중 5.2%의 비율을 차지)에서 316-330W의 구간으로, 3.2%까지 떨어지는 것을 확인할 수 있음

성할 수 있는 파워의 꾸준함을 살펴보는 것입니다. 대부분의 파워미터 소프트웨어에서 가장 쉬운 방법은 적절하게 선택한 워크아웃(또는 레이스)의 '누적' 그래프에 수평 격자선을 추가한 다음 파워가 거의 일정하게 유지되는 지점을 찾는 것입니다(**그림 3.2 참조**). 그런 다음 필요에 따라 그리드 라인을 위아래로 조정하여 FTP에 대한 최적의 추정치를 찾을 수 있습니다.

3. **정규화된 파워(NP)**: 공식적인 테스트가 필요하지 않으면서도 역치 파워를 더 정확하게 결정하는 방법은 약 1시간의 힘든 레이스 동안 파워미터 소프트웨어를 사용하여 NP(7장에서 자세히 설명)를 검사하는 것입니다. 많은 파워미터 소프트웨어 애플리케이션은 역치 파워에 대한 값을 입력하지 않아도 자동으로 노멀라이즈드 파워를 계산하므로, 먼저 프로그램을 사용하여 여러 레이스 파일을 분석하는 것이 역치 파워의 정확한 추정치를 도출하는 가장 빠른 방법일 수 있습니다.

4. **1시간 타임 트라이얼**: 퍼포먼스의 가장 좋은 척도는 퍼포먼스 그 자체이므로, 1시간 타임 트라이얼을 수행하면 가장 직접적인 FTP 추정치를 얻을 수 있습니다. 파워미터 소프트웨어에서 데이터의 가로 그래프를 검토하면(약간의 평활화가 적용된 그래프 상태에서) 자신의 노력이 적절한 페

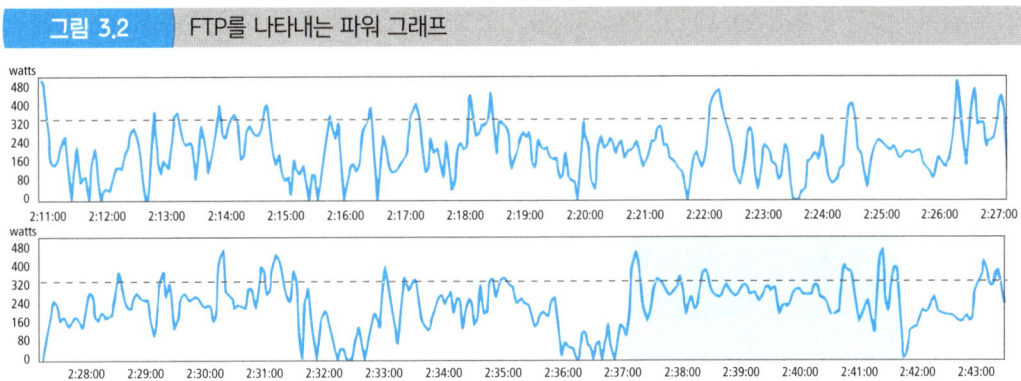

그림 3.2   FTP를 나타내는 파워 그래프

파워가 비교적 일정한 그래프 영역(하이라이트, 2:37-2:41:45 참조)에 수평 격자선을 배치하면 FTP를 결정하는 데 도움이 될 수 있습니다. 이 경우 FTP는 325 W로 추정됩니다.

이스였는지, 아니면 너무 강하게 시작했다가 흐지부지되었는지 빠르게 알 수 있습니다. 후자의 경우, 평균 파워 데이터는 실제 역치 파워를 다소 과소평가할 수 있습니다.

5. **수학적 모델링(CP):** 수학에 좀 더 능숙한 분들은 임계 파워(critical power, CP) 또는 파워 지속 곡선 모델을 사용할 수 있습니다. 간단히 설명하면, 이 접근 방식은 비교적 짧은 시간(즉, 3분에서 30분 사이) 동안 수행한 총 일량(줄 단위)을 전체 시간(초 단위)과 비교하여 나타낸 다음 각 점들 간의 분포에 대한 선을 근사하는 방식으로 구성됩니다. 이 선의 기울기가 CP입니다. 수학적 방식에 의한 측정 방식을 잘 따른다면 CP에 대해 얻는 값은 본질적으로 FTP와 동일합니다. 반면, 너무 짧은 시간의 측정을 기반으로 CP를 계산하면 CP가 FTP보다 높아져 개인의 최대 대사(혈중 젖산 수치, 호르몬 반응, 환기 등으로 측정)를 과대평가할 수 있습니다. CP의 패러다임을 사용하면 무산소 또는 유산소 역량의 변화가 선수의 퍼포먼스 개선의 원인인지의 여부를 확인할 수 있습니다. 이 인사이트를 사용하여 향후 트레이닝을 계획할 수 있습니다.

6. **컴퓨터 모델링:** TrainingPeaks WKO4 소프트웨어 애플리케이션에는 이 책의 원저자가 부분적으로 개발한 파워 지속 곡선 모델이 포함되어 있기 때문에, 사용자가 업로드한 데이터를 바탕으로 FTP를 추정합니다. 이 추정치를 '모델링된 FTP (mFTP)'라고 하며 모든 모델과 마찬가지로 정보를 제공하는 데이터의 품질, 양 및 정확도에 따라 달라질 수 있습니다. 많은 경우 매우 정확하거나 매우 부정확할 것이기에, 다른 FTP 추정 방법과 함께 이 모델을 FTP를 결정하는 또 다른 방식으로 사용하는 것이 중요합니다. mFTP의 장점 중 하나는 라이딩 데이터만 어느정도 확보되면 공식적인 테스트 없이도 빠르고 쉽게 FTP를 추정할 수 있다는 것입니다. 기본적으로 WKO4의 mFTP는 지난 90일간의 데이터를 기반으로 계산되므로, 라이더가 지난 90일 동안 열심히 노력

하지 않았다면 모델은 mFTP를 과소평가할 가능성이 높습니다. 또한, 91일째에 최선을 다한 노력이 낮게 나타났다면, mFTP는 하루만에 놀라울 정도로 큰 폭으로 하락할 수 있습니다. 컴퓨터 모델링을 사용하여 FTP를 추정하는 여러 소프트웨어 패키지가 시중에 나와 있으며, 일부 소프트웨어 패키지는 공식적인 테스트 없이도 FTP를 확인할 수 있다고 이야기합니다. 이론적으로는 가능하지만, 저희는 테스트를 통해 FTP를 결정하는 것이 가장 좋은 방법이라고 생각합니다. 결국, 테스트는 곧 교육이고 교육은 곧 테스트라고 생각합니다. 이에, 테스트를 통해 양질의 교육을 하는 것이 가장 중요하다고 생각합니다.

....

FTP를 테스트하는 다양한 방법 중 어떤 것부터 시작해야 할지 고민될 수 있습니다. 가장 좋은 시작 방법은 다음 섹션에서 설명하는 FTP 테스트와 같이 자신의 한계점을 찾기 위해 특별히 고안된 라이딩을 하는 것입니다. 이것은 파워 트레이닝이라는 새로운 모험의 첫 번째 큰 단계입니다.

테스트 프로토콜

기능적 역치 파워

헌터는 의미 있는 기간 동안 평균적으로 측정할 수 있는 가장 높은 와트 수를 기준으로 FTP를 추정하기 위해 이 테스트 프로토콜을 개발했습니다. 테스트를 할 때마다 동일한 준비운동을 하고 준비운동의 강도를 동일하게 설정해야 합니다. 테스트 전반에 걸친 워밍업 및 회복 구간은 지구력 페이스에 해당하는 FTP의 약 65%에 맞춰야 합니다. 세 번의 빠른 페달링 인터벌이 끝나면 5분간의 진짜 워밍업을 수행합니다.

다음으로 모든 것을 쏟아 붓는 5분의 시간을 유지하세요! 빠른 페이스로 시작하되 마지막에 죽을 정도로 빠르지는 않아야 합니다. 마지막 순간에 결승선을 통과할 수 있도록 약간의 여유가 있어야 합니다. 첫 번째 파트의 목표는 세 가지입니다. 첫째, 나머지 노력을 위해 다리를 '개방'하고, 둘째, 최대 산소 섭취(VO$_2$max) 또는 레벨 5(이 장의 뒷부분에서 설명)라고 하는 와트 생산 능력을 파악하고, 셋째, 20분 테스트에서 무산소 능력 자체의 영향을 줄이기 위해 유산소 운동 능력을 최대한 사용해야 합니다. 이를 통해 다음 단계에서 얻은 데이터가 자신의 FTP를 실제로 대표할 가능성이 더 높아지게 됩니다.

20분 타임 트라이얼에서는 20분 동안 강하고 꾸준한 노력을 기울일 수 있도록 상당히 평탄한 도로에서 라이딩 합니다. 너무 강하게 시작하지 마세요! 속도를 올린 다음 그 속도를 유지하세요. 이러한 노력을 한 번도 해본 적이 없다면, 20분 내내 최대한의 힘을 내어 라이딩해야 하는 완만한 오르막길이나 약간의 역풍이 부는 곳에서 이 방법을 시도해 보세요. 목표는 전체 기간 동안 가장 높은 평균 와트 수를 기록하는 것입니다. 갑자기 에너지가 부족해지면 정상 상태에서 최대 파워를 낼 수 없게 됩니다. 항상 처음 2분 동안은 자신의 최대 파워 포인트를 약간 밑돌면서 속도를 높인 다음 마지막 3분 동안은 최대 레벨로 라이딩하는 것이 좋습니다. 이후 쉬운 페이스로 라이딩을 마무리합니다.

TEST	기능적 역치 파워(FTP)			
	Time	Description	% of FTP	% of FTHR
Warm-up	20 min.	Endurance pace	65	70
	3 × 1 min. (1 min. RI)	Fast pedaling, 100 rpm	N/A	N/A
	5 min.	Easy riding	65	<70
Main set	5 min.	All-out effort	max	>106
	10 min.	Easy riding	65	<70
	20 min.	Time trial	max	99 – 105
Cooldown	10 – 15 min.	Easy riding	65	<70

참고: FTP = Functional Threshold Power. FTHR = Functional Threshold Heart Rate. N/A = Not Applicable

테스트를 완료하고 데이터를 다운로드한 후, 전체 20분 동안의 평균 파워가 얼마인지 알아보세요. 이 수치에서 일반적으로 5%를 뺍니다. 이 수치가 FTP입니다. 예를 들어 20분 타임 트라이얼 동안 평균 305 W였다면 305 × 0.05 = 15.25, 305 - 15.25 = 290 이라는 계산이 나옵니다. 따라서 FTP는 290 W로 추정됩니다. 이 장의 뒷부분에서 다시 설명할 것이므로 이 방식을 기억해 두세요.

20분 테스트에서 5%의 와트를 뺀 이유는 FTP가 피로가 시작되기 직전의 준안정 상태에서 유지할 수 있는 가장 높은 평균 와트로 정의되며, 이는 60분에 가깝기 때문입니다. 일부 선수들은 60분 동안 최대 파워로 집중하는 데 어려움을 겪고, 60분 타임 트라이얼이 그다지 재미가 없다는 것을 금방 알아차리는 선수들도 있기 때문에 20분 테스트가 선수들이 더 규칙적이고 수준 높은 테스트에 전념하도록 하는 데 더 현실적이라는 것을 알게 되었습니다. 하지만 20분은 상대적으로 짧은 시간이기 때문에 선수의 무산소 능력을 더 많이 반영하므로 60분 동안 운동할 때보다 파워 데이터가 약 5% 왜곡됩니다. 이 5%를 빼면 60분 동안의 파워 측정치에 근접한 와트 수치를 얻을 수 있습니다. 무산소 능력이 더 높은 라이더는 7% 이상을 빼야 할 수도 있고, 순수 유산소 운동만 하는 라이더는 2-3%만 빼면 될 수도 있습니다. 다시 한 번 말하지만, 이것은 단지 FTP의 추정치일 뿐이며 편리하게 사용할 수 있는 방법 중 하나입니다.

모든 트레이닝 프로그램의 목표는 FTP를 높이는 것이며, FTP가 얼마나 자주 변하는지는 개인의 트레이닝 기록과 습관에 따라 달라집니다. 예를 들어, 이제 막 라이딩을 시작했거나 오랜 휴식기를 마치고 사이클링에 복귀한 사람은 처음에는 FTP의 변화가 크고 빠르게 나타날 수 있지만, 수년간 트레이닝을 해온 숙련된 라이더나 연중 높은 수준의 컨디셔닝을 유지하는 선수는 변동이 훨씬 적을 수 있습니다. 일반적으로 1년에 6-8회(예: 동계 훈련 중반, 본격적인 야외 훈련이 시작될 무렵에 베이스라인으로, 대회 전 기간 중간에 개선 사항을 추적하기 위해, 시즌 중 최고 피트니스를 확인하기 위해 두어 번, 마지막으로 최고 피트니스 구간이 끝난 후 얼마나 '떨어졌는지' 확인하기 위해) FTP를 평가하는 것으로도 충분할 수 있습니다.

2단계: 파워 기반 트레이닝 레벨 설정하기

파워미터를 사용하는 사이클리스트가 늘어나면서 파워 기반 트레이닝 프로그램에 대한 요구가 커지고 있습니다. 이 책의 공동 저자인 앤드류 코건은 운동 생리학의 기본 원칙과 실험실 및 현장 환경에서 파워 기반 트레이닝에 대한 자신의 경험을 바탕으로 일련의 파워 기반 트레이닝 레벨 또는 존(zone)을 개발했습니다. 최근 몇 년 동안 앤드류는 파워 기반 트레이닝 레벨을 개선하여 각 라이더의 고유한 생리학에 따라 계산된 개인화된 레벨, 즉 아이레벨(iLevel)을 만들었습니다. 먼저 코건의 클래식 레벨에 대해 설명한 다음 개인화된 레벨에 대해 자세히 알아보겠습니다.

7가지 클래식 레벨은 표 3.1에 분류되어 있으며, 레벨의 다른 특성은 표 3.2에 나와 있습니다. 파워 기반 레벨을 개발할 때 고려한 요소를 살펴보겠습니다. 이 장의 마지막에는 트레이닝 레벨을 결정하고 이를 트레이닝 프로그램 개발에 사용하는 방법에 대한 예를 들었습니다.

| 표 3.1 | 파워 기반 트레이닝 레벨 |

Level	Description	% of FTP	% of FTHR	RPE**	Typical Duration of Continuous Ride	Typical Duration of Interval Effort
1	Active Recovery	<55	<68	<2	30 – 90 min.	N/A
2	Endurance	56 – 75	69 – 83	2 – 3	60 – 300 min.	N/A
3	Tempo	76 – 90	84 – 94	3 – 4	60 – 180 min.	N/A
4	Lactate Threshold	91 – 105	95 – 105	4 – 5	N/A	8 – 30 min.
5	VO$_2$max	106 – 120	>106	6 – 7	N/A	3 – 8 min.
6	Anaerobic Capacity	121 – 150	N/A	>7	N/A	30 sec. – 3 min.
7	Neuromuscular Power	N/A	N/A	Maximal	N/A	<30 sec.

**RPE는 10점 척도의 보그 스케일을 사용 (표 3.3 참고)

코건의 고전적인 트레이닝 레벨

젖산 역치에서의 파워는 VO_2max의 크기, 주어진 시간 동안 지속할 수 있는 VO_2max의 비율, 그리고 선수의 사이클링 효율을 통합하여 표현된 수치이기 때문에 지구력 사이클링 수행 능력을 결정하는 가장 중요한 생리적 요소입니다. 따라서 VO_2max의 파워를 기준으로 트레이닝 레벨을 정의하는 것보다 선수의 FTP를 기준으로 트레이닝 레벨을 정의하는 것이 더 논리적입니다(최대 심박수를 사용하는 것보다 심박수를 기준으로 트레이닝 레벨을 정의하는 것이 더 논리적인 것처럼). 그러나 적절한 레벨 수를 결정하는 것은 다소 까다롭습니다. 운동에 대한 생리적 반응은 실제로 하나의 트레이닝 레벨이 다른 트레이닝 레벨과 혼합되어 연속적으로 적용되기 때문에 그 수는 임의적일 수밖에 없습니다.

따라서 더 많은 레벨을 정의하여 현실에 존재하는 연속성을 더 잘 반영하는 것과 단순성을 위해 더 적은 레벨을 정의하는 것 사이에서 타협점을 찾아야 합니다. 7단계는 생리적 반응의 전체 범위를 대표하고 경기 사이클링의 요구 사항을 충족하기 위해 필요하고 사용되는 다양한 유형의 트레이닝을 적절

표 3.2 트레이닝 레벨에 대한 예상되는 생리적 및 퍼포먼스 적응

Adaptation	1 Active Recovery	2 Endurance	3 Tempo	4 Lactate Threshold	5 VO₂max	6 Anaerobic Capacity	7 Neuro-muscular Power
혈장량 증가		+	++	+++	++++	+	
근육 미토콘드리아 효소 증가		++	+++	++++	++	+	
젖산 역치 증가		++	+++	++++	++	+	
근육 글리코겐 저장량 증가		++	++++	+++	++	+	
지근 섬유 비대화		+	++	++	+++		
근육 모세혈관 증가		+	++	++	+++		
Type IIx와 Type IIa 속근간 상호 전환 (Type IIx → type IIa)		++	+++	+++	++	+	
심박출량 및 최대심박출량 증가		+	++	+++	++++	+	
VO₂max 증가		+	++	+++	++++	+	
근육내 ATP/PCr 저장량 증가						+	++
무산소 능력 증가(젖산 내성)					+	+++	+
속근 섬유 비대화						+	++
신경근 파워 증가						+	+++

Note : '+' 표시는 주어진 처방에 대한 알맞은 정도를 의미하며, '+'가 많을수록 더 알맞음을 의미

히 설명하는 데 필요한 최소한의 수였습니다. **표 3.2**에는 각 레벨의 트레이닝으로 인해 예상되는 주요 생리적 적응이 나열되어 있지만, 이는 개인의 초기 피트니스, 각 워크아웃의 지속 시간, 인터벌 사이에 걸리는 시간 및 기타 요인에 의해 영향을 받을 수 있습니다.

심박수 가이드라인

지정된 트레이닝 레벨을 해당 심박수 범위 또는 구간과 연관시키는 것은 심박수의 고유한 가변성과 파워-심박수 관계의 개인차로 인해 (FTP를 참조했다고 하더라도) 다소 어려운 편입니다. 그럼에도 불구하고 **표 3.1**에 대략적인 심박수 가이드라인이 제공되어 있으므로 원하는 경우 파워와 함께 사용하여 트레이닝을 할 수 있습니다.

인지강도 가이드라인

표 3.1에서 인지강도에 사용된 값은 일반적으로 사용되는 '군나르 보그(Gunnar Borg's)'의 20점 척도가 아닌, 이중 일부를 발췌한 10점 범주 비율 척도(**표 3.3 참조**)를 적용한 것입니다. 이 척도를 사용하는 이유는 많은 생리적 변수(예: 혈액 및 근육 젖산)의 비선형적 반응을 명시적으로 인식하여 전반적인 노력을 더 잘 나타내는 지표를 제공하기 때문입니다. 운동 강도(파워)가 일정하더라도 시간이 지나면서 인지강도가 증가하기 때문에, 제안된 값(또는 범위)는 트레이닝 세션 또는 일련의 인터벌에서 비교적 초기에 결정된 인지된 운동량을 나타냅니다.

표 3.3	인지강도 척도
Rating	**Description**
0	Nothing at all
0.5	Extremely weak
1	Very weak
2	Weak (light)
3	Moderate
4	Somewhat strong
5	Strong (heavy)
6	Very strong
7	
8	Extremely strong
9	
10	
•	Maximal

기타 이슈

개인의 트레이닝 레벨을 결정하는 이 방법은 워크아웃 또는 인터벌 노력 중에 생성되는 평균 파워를 기반으로 하지만, 파워의 분포도 고려해야 합니다. 예를 들어, 레이스의 평균 파워는 일반적으로 레벨 3에 속하지만, 레벨 3에서의 레이스는 파워의 가변성이 크고 최고치가 높기 때문에 레벨 3에서의 트레이닝보다 더 많은 스트레스를 받는 경우가 많습니다. 마찬가지로, 부드러운 페달링과 코스팅으로 인해 힐 클라이밍 라이딩 또는 그룹 트레이닝 세션에서 달성하는 평균 파워는 완전한 평지에서의 라이딩 또는 솔로 운동에서 달성하는 평균 파워와 동일하지 않습니다.

이러한 파워의 가변성은 다양한 레벨, 특히 레벨 2와 레벨 3의 정의에 이미 부분적으로 고려되어 있습니다(상위 레벨의 트레이닝은 하위 레벨의 트레이닝보다 훨씬 더 체계적인 경향이 있으므로 파워의 가변성이 제한됩니다). 또한, 파워 출력과 이 파워가 지속될 수 있는 기간 사이에는 반비례 관계가 있습니다. 짧은 시간의 트레이닝 세션이나 노력 중 파워는 해당 트레이닝 레벨 범위의 높은 끝 레벨이 되고, 긴 시간의 세션이나 노력 중 파워는 해당 트레이닝 레벨 범위의 낮은 끝 레벨이 되는 것이 일반적입니다. 즉, 레벨 1에서 30분간 사이클링(워밍업), 레벨 3에서 60분간 사이클링, 다시 30분간 레벨 1에서 사이클링(쿨다운)으로 구성된 워크아웃은 전체 평균 파워가 레벨 2에 속하더라도 템포 트레이닝 세션으로 설명하는 것이 가장 좋습니다.

트레이닝 레벨을 결정하는 방법

1단계에서 설명한 FTP 테스트를 수행했다면 20분 동안의 파워를 정의하고 이를 통해 예상 FTP 파워를 계산해낸 것입니다. 이제 이 값을 사용하여 각 트레이닝 레벨에 대한 FTP의 백분율을 계산할 수 있습니다.

다음과 같이 계산하면 됩니다. 선수 조(Joe)의 FTP는 290 W입니다. 그의 트레이닝 레벨은 **표 3.4**에 정의되어 있습니다.

290의 55%는 159.5 (290 × 0.55 = 159.5)이므로 레벨 1에서 조의 와트 범위는 1에서 160까지라고 말할 수 있습니다. 각 레벨은 그에 따라 계산됩니다. 자신만의 트레이닝 레벨을 만들려면 자신의 FTP를 식에 넣기만 하기만 하면 됩니다.

나만의 테이블을 만들었으면 이 테이블로 무엇을 할 수 있을까요? 다시 조가 무엇을 할 수 있는지 살펴봅시다. 이제 조는 자신의 트레이닝 레벨을 알았으므로 특정 와트 범위를

표 3.4	FTP 290W를 기준으로 한 파워 기반 트레이닝 레벨 계산		
Level	Description	% of FTP	Power (W)
1	Active Recovery	<55	1 – 160
2	Endurance	56 – 75	161 – 218
3	Tempo	76 – 90	219 – 261
4	Lactate Threshold	91 – 105	262 – 305
5	VO₂max	106 – 120	306 – 348
6	Anaerobic Capacity	121 – 150	349 – 435
7	Neuromuscular Power	N/A	N/A

목표로 삼아 트레이닝을 시작할 수 있습니다. 이를 통해 조는 개선이 필요한 특정 영역을 개선할 수 있습니다. 조의 VO_2max 파워에 도움이 필요하다면 306-348W 범위에서 운동하여 피트니스의 부족한 점을 구체적으로 해결할 수 있습니다. 또한 조는 회복 라이딩을 하려면 160W 이하로 유지해야 신체 회복에 도움이 된다는 것을 알고 있습니다. 그렇지 않으면 너무 강하게 라이딩하여 충분한 회복을 하지 못할 위험이 있습니다. 조는 이전에 심박수 모니터를 사용해본 적이 있기 때문에 자신의 심박수 구간과 새로운 와트 수준 사이의 관계도 이해할 수 있습니다. 와트 수를 사용하는 레벨 3(템포) 라이딩의 경우 조는 219에서 261 사이의 와트를 보게 됩니다. 파워는 여전히 템포 수준에 머물러 있지만 심박수가 레벨

표 3.5	조를 위한 아이레벨			
Level	Description	Power	% of FTP	Duration (m:s)
1	Recovery	<171 W	<56	
2	Endurance	171 – 232 W	56 – 76	
3	Tempo	232 – 269 W	76 – 88	
4a	Sweet Spot	269 – 290 W	88 – 95	
4	FTP	290 – 321 W	95 – 105	
5	FRC/FTP	321 – 471 W		17:40 – 1:33
6	FRC	471 – 711 W		1:33 – 0:28
7a	Pmax/FRC	711 – 961 W		0:28 – 0:09
7	Pmax	>961 W		<0:09

2(엔듀런스) 심박수 영역에서 레벨 4(젖산 역치) 심박수 영역까지 변동하는 것을 확인할 수 있습니다. 조는 이제 피로, 탈수, 저혈당이 심박수에 영향을 미치지 않더라도 와트 수에 큰 영향을 미치거나 그 반대의 경우도 있음을 알 수 있습니다. 개인마다 트레이닝 레벨이 다르기 때문에 조는 각기 다른 트레이닝 레벨을 알면 효과적으로 트레이닝할 수 있습니다. 조는 자신이 과거에 할 수 있었던 만큼 열심히 트레이닝 하지 않았다는 것을 알게 될 수 있으며, 자신의 와트 수가 목표하는 트레이닝 레벨 이하로 떨어지지 않도록 할 수 있습니다.

아이레벨(iLevels): 개인화된 트레이닝 레벨

WKO 소프트웨어 출시 이후, 저희는 트레이닝 레벨이 적용되지 않는 라이더, 즉 아웃라이어에 대한 데이터를 점점 더 많이 수집하였습니다. 이러한 라이더들은 클래식 레벨에서 설명하는 것보다 더 높은 비율(또는 더 낮은 비율)로 쉽게 라이딩할 수 있었습니다. 예를 들어, 레벨 5 또는 VO$_2$max (FTP의 106-120%) 구간내에서 라이더는 평균적으로 FTP의 115-118%로 5분간 라이딩 할 수 있는 것이 보통입니다. 하지만 일부 라이더는 5분 동안 FTP의 150%를 유지하는 '초인적인' 노력을 할 수 있는 것으로 나타났습니다! 표 3.1(34페이지)에 따르면 150% 노력은 레벨 6, 무산소성 능력의 높은 범위에 속합니다. 이 라이더들은 자신의 고유한 생리학에 맞는 트레이닝 레벨을 트레이닝할 수 있도록 레벨 4 이상의 새로운 트레이닝 레벨이 필요했습니다.

반면에 5분 동안 105%를 유지하는 데 어려움을 겪는 라이더도 있었으며, 이러한 라이더는 자신의 고유한 생리학에 맞게 트레이닝 레벨 계산을 축소해야 했습니다. 비슷한 FTP를 가진 라이더들과 점점 더 많은 작업을 진행하면서 코건 클래식 레벨 백분율에 맞지 않는 단기 파워가 근본적으로 다를 수 있다는 사실을 발견했습니다. WKO4 소프트웨어 개발에 착수했을 때 저희는 각 선수에 맞는 개인화된 트레이닝 레벨을 만들고 싶었습니다. 이를 위해서는 과거 데이터를 검토하고 운동 생리학 원리에 기반한 규칙 기반 시스템을 적용하여 특정 선수에게 맞는 트레이닝 레벨을 제시할 수 있는 소프트웨어 기능이 필요했습니다.

아이레벨이 클래식 레벨과 다른 점은 FTP 이상의 레벨 구분입니다. 레벨 1-4는 여전히 대다수에게 적합할 정도로 넓으며, 소프트웨어 모델링된 FTP의 백분율로 표현됩니다. 스위트 스팟이라고도 하는 레벨 4a (FTP의 88-95%)를 추가한 것은 운동선수들이 트레이닝하기 좋은 범위이기 때문에 중요하며, 이에 대해서는 5장에서 자세히 살펴볼 것입니다.

궁극적으로 9개의 아이레벨(표 3.5)과 8개의 컷오프 포인트가 있으며, 모두 8장에서 설명할 파워 지속 곡선 모델에 의해 결정됩니다. 아이레벨에서의 컷오프의 기준은 라이더가 스트레스를 받는 주요 퍼포먼스 매개변수(예: Pmax vs. FRC)에서 중요한 변화가 발생하는 파워 지속 곡선의 변곡점 또는 전환점을 기반으로 하며, 이것이 바로 노하우입니다.

이제 조는 이전의 심박수 기반 트레이닝에서 파워 기반 트레이닝 계획으로 전환할 수 있습니다. 코건 클래식 레벨로 시작한 다음, 더 많은 인사이트를 얻고 더 많은 데이터를 수집하여 아이레벨을 사용할지 여부를 결정할 수 있습니다.

3단계: 더 많은 데이터 수집

5장에서 구체적인 워크아웃에 대해 다루겠지만, 적어도 지금은 파워미터를 사용한 트레이닝의 첫 두 단계를 수행한 것입니다. 3단계는 파워미터 트레이닝의 재미있는 부분입니다. 라이딩을 나가서 페달을 밟고 자신이 어떤 능력을 발휘할 수 있는지 확인하기만 하면 됩니다. 수백 번 반복했던 트레이닝에 새로운 의미를 부여할 수 있습니다. 한편, 동네 힐클라임을 하는 데 몇 와트가 필요한지, 화요일 밤에 열리는 세계 선수권 대회에서 우승하기 위해 얼마나 열심히 달려야 하는지 배우게 될 것입니다.

또한, 적은 와트 범위를 유지해야 하는 특정 인터벌을 수행하기에 가장 좋은 가까운 지역의 도로를 알아볼 수도 있습니다. 예를 들어, 역치 워크아웃(레벨 4)을 하는 경우 길고 완만한 오르막길에서 쉽게 와트 수를 유지할 수 있으며, 이러한 유형의 워크아웃을 하기에 가장 적합한 장소가 될 수 있습니다. 이러한 모든 데이터를 수집하면 사이클리스트로서 자신의 강점과 약점을 파악할 수 있으며, 이를 통해 다음 단계의 트레이닝을 시작할 수 있습니다.

강점과 약점 확인

선수들은 항상 스스로를 평가하며 사이클리스트도 예외는 아닙니다. 라이딩 중에 다른 사이클리스트들이 "나는 힐클라이밍을 잘 못해요." 또는 "나는 폭발적인 스냅이나 스프린트가 없어요."라고 말하는 것을 들어본 적이 있을 것입니다. 어쩌면 여러분 자신도 이런 말을 한 적이 있을 것입니다. 그리고 자신의 상대적인 약점을 정확하게 평가하거나 다른 사이클리스트들이 자신의 약점을 정확히 짚어낸 적도 있었을 것입니다. 하지만 이러한 추측이 정확하지 않은 경우가 많습니다. 하지만 레이스, 트레이닝, 테스트에서 수집한 파워 데이터를 사용하면 자신의 강점과 약점에 대한 객관적인 파워 프로필을 생성할 수 있습니다. 우리는 이를 위한 방법을 개발했으며, 이 장에서는 이 방법을 사용하여 주관적인 의견이 아닌 사실에 근거하여 사이클리스트로서 자신의 강점과 약점에 대해 좀 더 정확한 프로필을 파악하고 작성하는 방법을 배워보겠습니다.

파워 프로필

2002년에 다양한 라이더에 대한 데이터를 처음 수집하기 시작했을 때, 우리는 단순히 다양한 유형의 사이클리스트가 낼 수 있는 파워를 각각 명확하게 파악하고 싶었습니다. 엘리트 프로 라이더는 어떤 수준에 도달할 수 있을까? 마스터스 라이더는 어떤 수준에 도달할 수 있을까? 초보자는 어떨까? 이러한 데이터 세트를 바탕으로 파워 프로필 차트를 만들었습니다(**표 4.1 참조**). 원래의 의도는 선수들이 트레이닝을 잘 수행하고 있는지 확인할 수 있는 충분한 정보를 수집하는 것이었습니다. 하지만 라이더 프로필을 그리기 시작하면서 이러한 데이터 분석 방식이 개별 라이더의 상대적인 강점과 약점, 생리학적 시스템에 대한 단서를 제공할 수 있는지 확인해봐야겠다는 생각을 하게 되었습니다.

예를 들어 어떤 라이더가 젖산 역치에 비해 무산소 능력이 강하다면 프로필에서 이를 쉽게 확인할 수 있습니다. 신경근 능력은 뛰어나지만 심혈관계에 문제가 있는 라이더도 파워 프로필에서 쉽게 정량화할 수 있었습니다. 개인의 특정 퍼포먼스를 다른 사람과 비교하기 위해 시작된 이 방법은 각 라이더의 상대적인 강점과 약점을 정량화하는 가장 효과적인 방법으로 자리 잡았습니다.

파워 출력에 대한 가이드라인이나 벤치마크를 생성하려는 다른 시도도 있었지만, 이는 일반적으로 선수 카테고리(예: 카테고리 I, 카테고리 II 등)를 기반으로 했습니다. 하지만 이러한 카테고리 기반 값은 사람들의 호기심을 충족시키는 것 외에 실용적으로 활용하기에는 한계가 있습니다. 결국 다른 선수와 비교하여 자신의 경기에서의 경쟁 능력을 측정하는 가장 좋은 척도는 파워 출력이 아닌 실제 레이스의 결과에서 찾을 수 있기 때문입니다. 그러나 단순한 선수 카테고리 방식이 아닌 다양한 생리적 특성이나 능력을 나타내는 다양한 시간 구간을 바탕으로 한 파워에 대한 잘 정리된 기준이 있다면 특정 개인의 상대적 강점과 약점을 파악할 수 있을 것이라고 생각했습니다. 즉, 다른 사람과 비교하여 어떤 성적을 거두고 있는지가 아니라 선수 개인에 대해 서로 다른 트레이닝 레벨에서 어떤 퍼포먼스를 내고 있는지를 확인하고자 한 것입니다. 이것이 바로 파워 프로필의 진정한 가치입니다. 상대적인 강점과 약점을 알면 취약한 부분을 개선하기 위한 프로그램을 개발할 수 있으며, 이것이 비로소 제대로 된 발전의 시작입니다. 또한 가장 큰 성공을 거둘 것으로 예상되는 이벤트를 파악하여 강점을 강화할 수도 있습니다. 우리의 목표는 이러한 목적으로 사용할 수 있는 합리적인 가이드라인을 개발하는 것이었습니다.

데이터 활용 한계의 극복법

이론적으로는 다양한 능력을 가진 수많은 사이클리스트의 데이터를 수집하여 다양한 시간 구간 동안의 파워 출력에 대한 표준 표를 만들 수 있습니다. 그러나 일반적인 코치나 연구자가 정확한 결과를 뽑아낼 만큼 충분히 큰 데이터베이스에 액세스할 수 있는 가능성은 거의 없습니다. 특히 모든 데이터가 단순히 자기 보고를 통해 얻은 것이라면 데이터의 품질이 매우 의심스러울 수 있습니다. 다른 방법으로는 타임 트라이얼과 같은 실제 퍼포먼스를 통해 서로 다른 능력을 가진 라이더의 파워 출력을 추정할 수 있습니다. 그러나 이러한 접근 방식은 체질량, 공기 역학 저항 등에 대한 다소 허술한 가정을 전제로 해야 하며, 이러한 방법은 여러 시간 구간이 아닌 짧은 시간(예: 트랙 1 km)의 이벤트에 적용될 경우 특히 복잡해질 수 있습니다.

따라서 저희는 세계 챔피언 선수와 초보 라이더의 알려진 수행 능력을 기준으로 각 범위의 상한과 하한을 각각 '고정'하기로 결정했습니다. 예를 들어, 세계 정상급 경기 스프린터는 5초 스프린트에서 킬로그램당 23W (W/kg) 이상의 출력을 낼 수 있는 반면, 초보자는 10-12.5 W/kg에 불과할 수 있습니다. 표

| 표 4.1 | 파워 프로필 차트 |

최대 파워 출력 (W/KG)							
MEN				WOMEN			
5 s	1 min	5 min	FT	5 s	1 min	5 min	FT
25.18	11.50	7.60	6.60	19.42	9.29	6.74	5.74
24.88	11.38	7.49	6.50	19.20	9.20	6.64	5.66
24.57	11.27	7.39	6.41	18.98	9.10	6.55	5.57
24.27	11.15	7.28	6.31	18.76	9.01	6.45	5.49
23.97	11.03	7.18	6.22	18.54	8.92	6.35	5.40
23.67	10.91	7.07	6.12	18.32	8.83	6.25	5.32
23.36	10.80	6.97	6.03	18.10	8.73	6.16	5.23
23.06	10.68	6.86	5.93	17.88	8.64	6.06	5.15
22.76	10.56	6.75	5.84	17.66	8.55	5.96	5.06
22.46	10.44	6.65	5.74	17.44	8.46	5.86	4.98
22.15	10.33	6.54	5.65	17.22	8.36	5.77	4.89
21.85	10.21	6.44	5.55	17.00	8.27	5.67	4.81
21.55	10.09	6.33	5.46	16.78	8.18	5.57	4.72
21.25	9.97	6.23	5.36	16.56	8.09	5.47	4.64
20.94	9.86	6.12	5.27	16.34	7.99	5.38	4.55
20.64	9.74	6.02	5.17	16.12	7.90	5.28	4.47
20.34	9.62	5.91	5.08	15.90	7.81	5.18	4.38
20.04	9.50	5.80	4.98	15.68	7.72	5.08	4.30
19.73	9.39	5.70	4.89	15.46	7.62	4.99	4.21
19.43	9.27	5.59	4.79	15.24	7.53	4.89	4.13
19.13	9.15	5.49	4.70	15.02	7.44	4.79	4.04
18.83	9.03	5.38	4.60	14.80	7.35	4.69	3.96
18.52	8.92	5.28	4.51	14.58	7.25	4.60	3.87
18.22	8.80	5.17	4.41	14.35	7.16	4.50	3.79
17.92	8.68	5.06	4.31	14.13	7.07	4.40	3.70
17.61	8.57	4.96	4.22	13.91	6.97	4.31	3.62
17.31	8.45	4.85	4.12	13.69	6.88	4.21	3.53
17.01	8.33	4.75	4.03	13.47	6.79	4.11	3.45
16.71	8.21	4.64	3.93	13.25	6.70	4.01	3.36
16.40	8.10	4.54	3.84	13.03	6.60	3.92	3.28
16.10	7.98	4.43	3.74	12.81	6.51	3.82	3.19
15.80	7.86	4.32	3.65	12.59	6.42	3.72	3.11
15.50	7.74	4.22	3.55	12.37	6.33	3.62	3.02
15.19	7.63	4.11	3.46	12.15	6.23	3.53	2.94
14.89	7.51	4.01	3.36	11.93	6.14	3.43	2.85
14.59	7.39	3.90	3.27	11.71	6.05	3.33	2.77
14.29	7.27	3.80	3.17	11.49	5.96	3.23	2.68
13.98	7.16	3.69	3.08	11.27	5.86	3.14	2.60
13.68	7.04	3.59	2.98	11.05	5.77	3.04	2.51
13.38	6.92	3.48	2.89	10.83	5.68	2.94	2.43
13.08	6.80	3.37	2.79	10.61	5.59	2.84	2.34
12.77	6.69	3.27	2.70	10.39	5.49	2.75	2.26
12.47	6.57	3.16	2.60	10.17	5.40	2.65	2.17
12.17	6.45	3.06	2.51	9.95	5.31	2.55	2.09
11.87	6.33	2.95	2.41	9.73	5.22	2.45	2.00
11.56	6.22	2.85	2.32	9.51	5.12	2.36	1.92
11.26	6.10	2.74	2.22	9.29	5.03	2.26	1.83
10.96	5.98	2.63	2.12	9.07	4.94	2.16	1.75
10.65	5.87	2.53	2.03	8.85	4.84	2.07	1.66
10.35	5.75	2.42	1.93	8.63	4.75	1.97	1.58
10.05	5.63	2.32	1.84	8.41	4.66	1.87	1.49
9.75	5.51	2.21	1.74	8.19	4.57	1.77	1.41
9.44	5.40	2.11	1.65	7.97	4.47	1.68	1.32
9.14	5.28	2.00	1.55	7.75	4.38	1.58	1.24
8.84	5.16	1.89	1.46	7.53	4.29	1.48	1.15
8.54	5.04	1.79	1.36	7.31	4.20	1.38	1.07
8.23	4.93	1.68	1.27	7.09	4.10	1.29	0.98

Row groups (MEN/WOMEN 공통): World class (세계선수권), Exceptional (탁월), Excellent (우수), Very good (매우 좋음), Good (좋음), Moderate (보통), Fair (양호), Novice 2 (초심자2), Novice 1 (초심자1)

4.1에서 볼 수 있듯이 이러한 극단 사이의 범위를 6단계(탁월, 우수, 매우 좋음, 좋음, 보통, 양호)로 나누었습니다. 또한 이러한 수치를 확인하기 위해 함께 작업한 다양한 운동선수들에 대한 자체 데이터를 사용했습니다. 이 접근법의 장점은 경기 시간과 상관없이 비교의 타당성을 높인다는 것입니다. 예를 들어, '세계 최고 수준'의 파워 출력은 측정 기간이 5초이든 1시간이든 상관없이 '세계 최고 수준'이어야 한다는 것입니다.

우리는 세계 최고의 라이더들로부터 더 정확한 데이터를 확보하면서 파워 프로필 표를 계속 수정했습니다. 마스터스와 주니어 라이더를 위한 차트를 만들어 달라는 요청이 있었습니다. 하지만 50대 후반에서 60대 초반의 마스터스 라이더들이 여전히 최고의 아마추어 20세 선수들과 함께 FTP에서 5.0 W/kg 이상을 유지하며 레이스할 수 있다는 데이터를 바탕으로 마스터스 선수들을 위한 별도의 파워 프로필 차트를 만들지 않기로 결정했습니다. 심지어 어떤 월드 챔피언 선수는 80대임에도 불구하고 여전히 카테고리 III/좋음 수준이었습니다. 나이를 고려할 때 이는 분명 인상적인 수치입니다.

목표 지속 시간

파워 프로필은 신경근 파워, 무산소 능력, 최대 산소 섭취량(VO_2max), 젖산 역치(LT)를 가장 잘 반영하기 위해 각각 5초, 1분, 5분 동안의 노력과 네 번째 측정치인 FTP를 기록합니다. 이는 1분간 전력을 다해 운동하는 것이 완전히 무산소 운동(사실 생리학적으로는 이러한 운동 중에 소비되는 에너지의 약 40-45%는 유산소 운동에서 비롯됨)이거나 무산소 능력을 완전히 활용(일반적으로 고갈되는 데 1.5-2.5분 필요)한다는 것을 의미하지는 않습니다. 또한 5분간 VO_2max의 100%로 운동해야 한다는 의미도 아닙니다(대부분의 운동선수는 이 시간 동안 VO_2max의 105-110%를 끌어낼 수 있는 파워를 유지할 수 있습니다). 그러나 이러한 목표 지속 시간 동안의 파워 출력은 다양한 생리적 능력을 직접 측정한 값과 큰 상관관계가 있을 것으로 예상됩니다. 이러한 목표 지속 시간의 종류는 데이터의 재현성을 높이고 데이터 수집의 편의를 위해 선택되었습니다.

체중 대비 파워

체중은 생산할 수 있는 파워에 영향을 미치므로 체중 대비 파워 비율을 아는 것이 중요합니다. kg당 몇 W를 생산할 수 있나요? 예를 들어 체중이 90 kg이고 언덕을 오를 때 350 W를 생산하는 라이더는 체중이 56 kg이지만 218 W만 생산하는 라이더와 나란히 라이딩할 수 있습니다. 왜 그럴까요? 두 라이더의 무게 대비 파워 비율은 킬로그램당 3.89 W로 동일하기 때문입니다.

체중 대비 파워 비율은 퍼포먼스를 좌우합니다. 체중 대비 파워 비율이 높을수록 사이클리스트로서 더 강해집니다. 그렇기 때문에 사이클링의 주요 목표 중 하나는 가능한 한 가벼우면서도 가장 높은 파워를 내는 것입니다. 체중이 어떨 때 상대적으로 가장 많은 와트를 낼 수 있는지 알아내야 합니다.

　　체중 대비 파워 비율을 찾으려면 자신의 몸무게를 킬로그램 단위로 알아야 합니다. 이제 각 지속시간 구간별 와트 수를 체중(kg)으로 나눕니다. 예를 들어 75 kg인 선수가 5분 동안 423 W를 유지했다면 423을 75로 나누면 5.64 W/kg 이 됩니다. 파워 프로필 차트에 W/kg으로 단위가 표시된 이유는 전 세계에서 사용되는 표준적인 과학적 체중 대비 파워 비율 측정법이기 때문입니다.

테스트 프로토콜

파워 프로필

　　이 테스트는 3장의 기능적 FTP 테스트 결과와 함께 자신의 강점과 약점에 대한 완전한 프로필을 만드는 데 도움이 됩니다. 정지 표지판이나 교차로에 의해 방해를 받지 않는 도로 구간으로 주기적으로 테스트를 수행할 수 있는 장소를 찾아야 합니다. 정확한 결과를 얻으려면 매번 비슷한 조건에서 테스트를 실시해야 하므로 바람, 날씨, 현재 트레이닝 레벨 등을 고려해야 합니다. 또한 휴식을 취한 직후 주간 테스트를 실시하여 비교적 컨디션이 좋은 상태에서 테스트를 실시하는 것이 좋습니다. 테스트를 하러 가는 길에도 동일한 워밍업 루틴을 수행해야 합니다.

　　워밍업의 대부분은 레벨 2와 3(**표 3.1에 설명된 엔듀런스/템포 페이스**)에서 진행해야 합니다. 첫 번째 노력을 시작하기 전에 10분 이상 가볍게 페달링을 완료합니다. 이번 테스트의 경우 케이던스, 심박수 또는 다른 어떤 것에 대

TEST	파워 프로필			
	Time	Description	% of FTP	% of FTHR
Warm-up	45 min.	Easy riding	65	<70
	3 × 1 min. (1 min. RI)	Fast pedaling, 110 rpm	80 – 90	80 – 90
	1 min. Test, all-out	Sprint out of the saddle for 15 seconds, then sprint for the next 15 seconds in the saddle and hang on for dear life for the last 30 seconds.	>150	>106
	10 min.	Easy riding	70 – 80	<75
Main set	5 min. Test	Start hard, but pace yourself. You are trying to maintain your power for the entire effort and push hard in the last 30 seconds.	115 – 120+	>106
	10 min.	Easy riding	70 – 80	<75
	2 × 15 sec. (2 min. RI)	Out of the saddle, sprint at your maximum, starting from 15 mph in the big chainring	Max	N/A
Cooldown	15 min.	Easy riding	60 – 70	<68

해서도 걱정하지 마세요, 중요한 것은 시간뿐이므로 정해진 시간이 끝날 때까지 열심히 달리세요, 다시 말해, 그냥 운동만 하면 무슨 일이든 일어납니다. 트레이닝 일지를 기록한다면 인터벌 항목으로 기록하세요,

쿨다운은 300-500 kJ의 레벨 2 라이딩으로 짧게 마무리하세요,

이제 데이터를 다운로드하고 각 시간대별 최고 와트를 찾아보세요,

라이더 특성 정의하기

파워 프로필 차트를 활용하려면 먼저 자신의 라이딩에 가장 부합하는 프로필을 찾아야 합니다. 그런 다음 5초, 1분, 5분 동안 생성할 수 있는 최대 파워 또는 최대 평균 파워와 FTP를 찾아 표의 행에서 해당 값을 찾으면 됩니다. 내 퍼포먼스가 두 값 사이에 속하는 경우(종종 발생) 가장 가까운 순위를 지정합니다. 중요한 것은 어떤 값을 사용하던, 해당 지속 시간 동안의 최선의 노력의 결과여야 한다는 것입니다. 그렇지 않으면 결과 프로필이 왜곡되어 트레이닝에 대한 잘못된 결론 및 결정으로 이어질 수 있습니다.

해당 결과를 표시하면 사이클링에서 상대적인 강점과 약점을 보여주는 고유한 패턴이 나타나고, 이를 통해 라이더 특성을 정의할 수 있게 됩니다. 예를 들어 당신은 지구력보다 스프린팅을 더 잘할 수 있다는 것을 알 수 있습니다. 또는 장시간 높은 수준의 파워를 유지할 수 있는 놀라운 능력이 있지만 무산소 능력이 거의 또는 전혀 없는 경우 같은 타임 트라이얼 선수로 분류되는 파워 프로필이 있을 수도 있습니다. 자신의 라이딩을 가장 잘 나타내는 특성은 시간이 지남에 따라 트레이닝하고 취약한 부분을 보완하면서 조금씩 바뀔 수 있습니다. 모든 파워 프로필은 고유하지만 몇 가지 일반적인 패턴이 있습니다. 이러한 패턴은 아래에 설명되어 있습니다. 그러나 패턴의 예시는 세계 최고의 사이클링 퍼포먼스를 기준으로 비교되어 평가되었다는 점을 참고하세요. 따라서 일반적인 로드 사이클리스트는 스프린터에 비해 5초 스프린트에서 상대적으로 약한 모습을 보이는 경향이 있으며, 트랙 경기 선수는 짧은 구간에서 자신의 능력에 비해 5분 및 FTP 수준이 상대적으로 낮을 가능성이 높습니다.

또한 생리학적인 부분을 고려하면, 무산소 운동과 유산소 운동 사이의 결과에 상반된 결과가 발생할 수 있습니다. 즉, 투르 드 프랑스와 같은 유산소 운동에 능숙한 사람은 트랙에서의 경기 스프린트 종목과 같은 무산소 운동에 강하지 않을 수 있다는 점을 염두에 두세요. 하지만 기본적으로 두 분류의 선수들 집단의 분포는 양의 상관관계가 있을 것으로 예상할 수 있습니다(실제로 단기 파워와 장기 파워 사이에 반비례 관계가 있는지에 대해서는 학술 논문 결과가 분분하지만, 각 카테고리 내에서 양의 상관관계가 있는 것은 분명합니다).

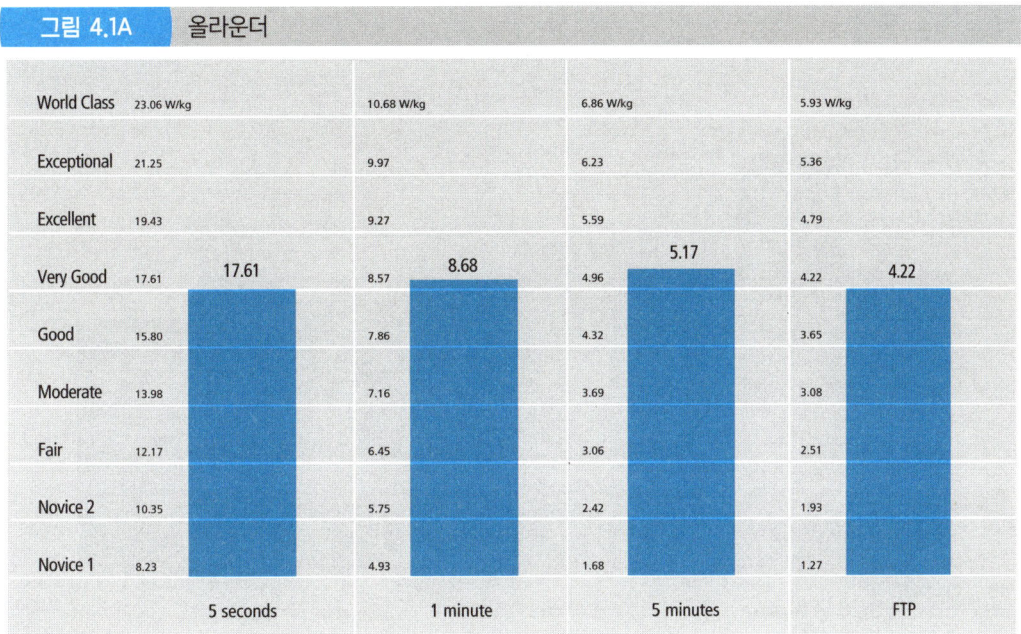

올라운더

	5 seconds	1 minute	5 minutes	FTP
World Class	23.06 W/kg	10.68 W/kg	6.86 W/kg	5.93 W/kg
Exceptional	21.25	9.97	6.23	5.36
Excellent	19.43	9.27	5.59	4.79
Very Good	17.61	8.57	4.96	4.22
Good	15.80	7.86	4.32	3.65
Moderate	13.98	7.16	3.69	3.08
Fair	12.17	6.45	3.06	2.51
Novice 2	10.35	5.75	2.42	1.93
Novice 1	8.23	4.93	1.68	1.27

그림 4.1A 올라운더

막대값: 17.61 (5 seconds), 8.68 (1 minute), 5.17 (5 minutes), 4.22 (FTP)

올라운더 (All-Rounder)

올라운더는 일반적으로 모든 범주에 대해 수평인 그래프 형태를 보입니다(그림 4.1A 참조). 즉, 네 가지 값이 모두 거의 같은 지점에 위치합니다. 올라운더는 한 가지에 뛰어나지는 않지만 광범위한 이벤트에서 해당 카테고리에서 경쟁력이 있을 가능성이 높습니다.

일반적으로 특정 지속 시간 범위의 상위 레벨에 속하려면, 해당 분야에 집중한 선수인 경향이 있기 때문에, 올라운더의 패턴을 보이면서도 모든 지속 시간 범위에서 상위권에 속하는 개인은 극소수에 불과합니다. 대신, 대다수의 비엘리트 선수는 아직 특정 강점을 개발하지 않았기 때문에 일반적으로 수평 그래프의 파워 프로필을 보일 가능성이 높습니다. 이는 초보 레이서에게 매우 일반적인 프로필이며, 점점 더 많은 트레이닝을 받으면 강점 영역이 드러나기 시작합니다.

스프린터 (Sprinter)

좋은 스프린터의 그래프 패턴은 1분에서 5분 구간에서 뚜렷한 하향 경사를 그리는 형태입니다(그림 4.1B 참조). 유산소 능력은 트레이닝이 가능하기 때문에 스프린터라도 트레이닝을 통해 올라운더가 될 수 있지만, 이미 수년간 열심히 트레이닝해 온 스프린터라면 짧은 시간 동안 높은 파워를 내는 형태의 레이스에 타고난 능력을 가지고 있을 수 있습니다. 그렇다면 트랙 경주나 크리테리움과 같이 이런 능력

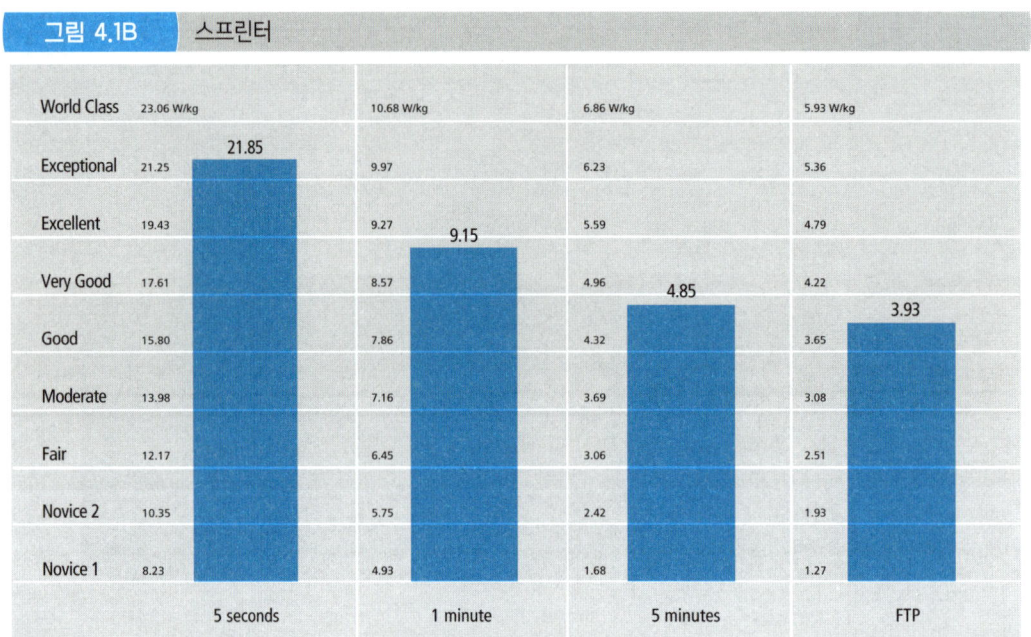

그림 4.1B   스프린터

	5 seconds	1 minute	5 minutes	FTP
World Class	23.06 W/kg	10.68 W/kg	6.86 W/kg	5.93 W/kg
Exceptional	21.25	9.97	6.23	5.36
Excellent	19.43	9.27	5.59	4.79
Very Good	17.61	8.57	4.96	4.22
Good	15.80	7.86	4.32	3.65
Moderate	13.98	7.16	3.69	3.08
Fair	12.17	6.45	3.06	2.51
Novice 2	10.35	5.75	2.42	1.93
Novice 1	8.23	4.93	1.68	1.27

이 유리한 종목에 집중하면 성공할 가능성이 높습니다.

타임 트라이얼리스트(Time Trialist), 클라이머(Climer) 또는 지속주 라이더(Steady-State Rider)

타임 트라이얼리스트는 뚜렷하게 상승하는 그래프(특히 1분에서 5분과, 5분에서 FTP 사이) 모양이 일반적입니다(그림 4.1C 참조). 이는 대부분의 타임 트라이얼 선수가 신경근 파워와 무산소 능력은 약하지만 유산소 능력은 상대적으로 높고 젖산 역치가 특히 높기 때문입니다. 이러한 선수들은 스프린트 연습에 많은 시간을 투자하여 경기력을 향상시킬 수도 있지만, 트레이닝으로 인해 지속 가능한 파워가 감소하면 결과적으로 경기력을 떨어뜨리는 꼴이 됩니다. 즉, 타임 트라이얼 선수의 스프린트의 작은 향상은 더 많은 레이스 우승으로 이어지지 않을 수 있으며, 반면에 스프린트 연습에 시간을 소요한 만큼 FTP 향상에 소요되는 시간이 줄어들기 때문에, 경기력이 오히려 감소할 수 있습니다. 다시 말해, 스프린트 연습으로 인해 타임 트라이얼 선수는 피트니스를 잃고 타임 트라이얼 레이스에서 더 나쁜 성적을 거둘 수 있습니다.

추격자(Pursuiter)

위로 뾰족한 역V 패턴은 상대적으로 높은 무산소 능력과 높은 유산소 능력을 모두 의미하므로 추발과 같은 종목에 특히 적합한 라이더입니다(**그림 4.1D 참조**). 또는 젖산 역치를 자신의 최고 수준으로 끌어 올리는 데 집중하지 않은 잠재적 올라운더도 이와 같은 패턴을 보일 수 있습니다.

반면, 뾰족한 V 패턴은 신경근 파워와 젖산 역치 파워의 관계가 보통은 반대이고, VO_2max와 젖산 역

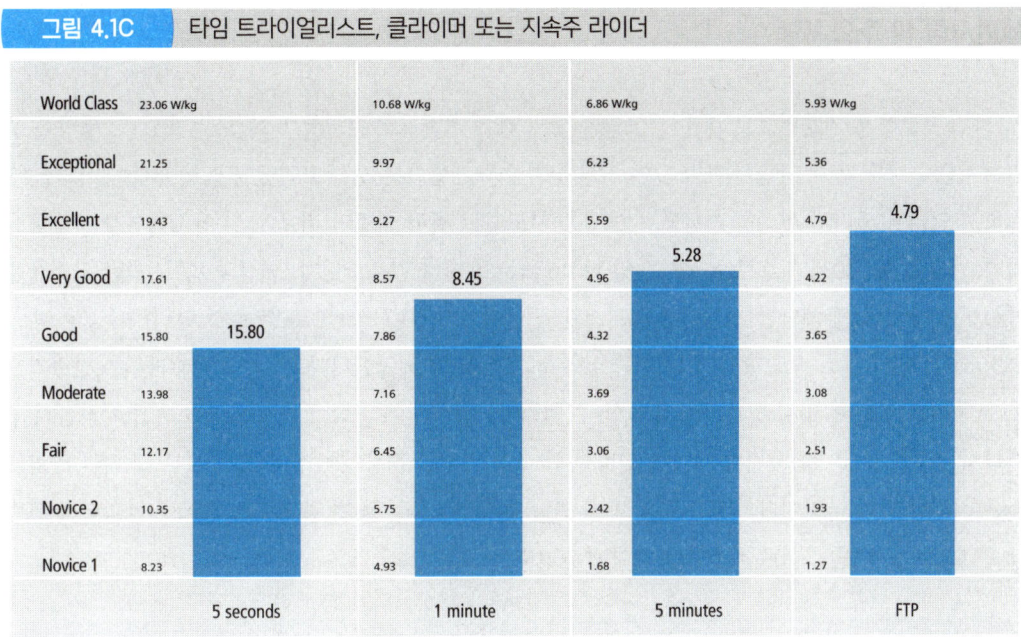

그림 4.1C 타임 트라이얼리스트, 클라이머 또는 지속주 라이더

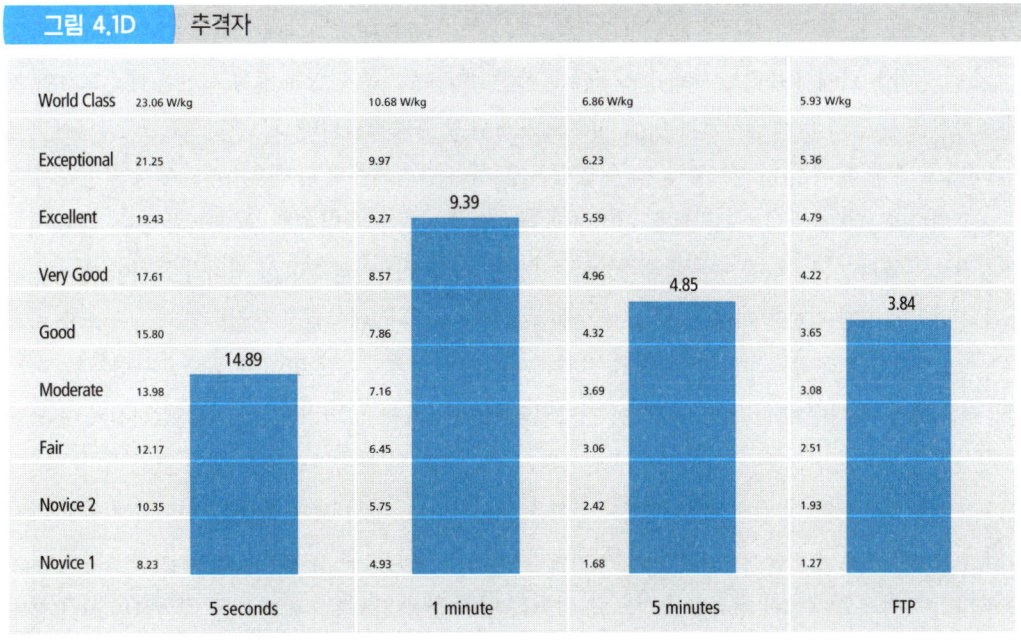

그림 4.1D 추격자

치 사이에 양의 상관 관계가 예상되는 점을 고려할 때 상대적으로 나타나기 어려운 패턴입니다. 자신의 파워 데이터가 이러한 패턴을 나타낼 경우, 해당 와트 수치가 자신의 능력을 제대로 나타내는지 확인해야 합니다.

제한사항 및 주의사항

파워 프로필은 기본적으로 젊은 성인의 수행 능력을 기반으로 하므로 노화(또는 발달)의 영향을 고려하지 않습니다. 앞서 언급한 바와 같이 연령별 기준을 개발하는 것을 고려했지만, 충분한 데이터를 수집하고 알려진 생리적 변화를 기반으로 보정을 시도하는 것이 어렵기 때문에 이 아이디어를 기부했습니다. 예를 들어, 30세 전후로 운동선수의 VO_2max는 해마다 감소합니다. 남성의 경우, 연간 감소율은 약 0.5 ml/kg/min에 해당합니다(분당 킬로그램당 밀리리터, VO_2max의 표준 측정 단위). 여성의 경우, VO_2max는 연간 감소 속도가 약간 느린 약 0.35 ml/kg/min에 해당합니다. 반면 근력과 파워는 일반적으로 트레이닝을 통해 50세 전후까지 유지할 수 있지만, 그 이후에는 다소 빠르게 감소하기 시작합니다. 따라서 정확도를 극대화하려면 다양한 연령 기반 보정 계수를 적용해야 할 수 있습니다. 그러나 연령에 따른 이러한 차이가 라이더의 프로필을 크게 변화시키기에 충분할 것 같지는 않으므로 라이더의 연령에 관계없이 표 4.1을 그대로 적용하는 것이 좋습니다.

파워 지속 곡선(Power duration curve, PDC)

이 책의 이전 판에서 우리는 파워 프로필에 포함된 네 가지 기준 이상의 지속 시간을 테스트하여 파워 프로필을 한 단계 더 발전시키기 위해 '피로도 프로필'을 구축했습니다. 피로도 프로필을 통해 각 사이클리스트에 대해 더 많은 정보를 얻을 수 있었는데, 특히 단거리에서 마지막 100 m에서 엄청나게 빠른 스프린터와 350 m에서 스프린트를 시작하고 결승선까지 동일한 파워를 유지할 수 있는 피로 저항을 가진 근육질의 스프린터를 구분할 수 있었습니다. 또한 각 라이더의 고유한 생리학 특성이 에너지 시스템의 변화에 어떤 영향을 미치는지 더 잘 이해하기 위해 더 많은 데이터를 수집하였고, 무산소 능력과 VO_2max 트레이닝 레벨을 파악할 수 있었습니다. 당시에는 피로도 프로필이 훌륭한 도구였지만, 이후 컴퓨터 모델과 더 나은 수학적 알고리즘이 개발되면서 파워 지속 곡선(PDC)이 탄생했습니다. 이 모델은 무산소 운동과 유산소 운동 모두에서 탈진까지의 시간과 파워 사이의 관계를 개인 파워 데이터와 함께 사용하여 모든 기간에 걸친 파워의 전체 곡선을 표시합니다. 파워 지속 곡선은 매번 실제 최고 파워 출력을 나타내는 평균 최대 파워에서 파생됩니다(6장에서 다룸). 파워 지속 곡선은 평균 최대 파워 곡선을 따라 수학적으로 계산된 최적합 곡선으로, 기능적 비축 용량(FRC), 스테미너, 탈진까지의 시간 등의

| 그림 4.2 | 파워 지속 곡선 |

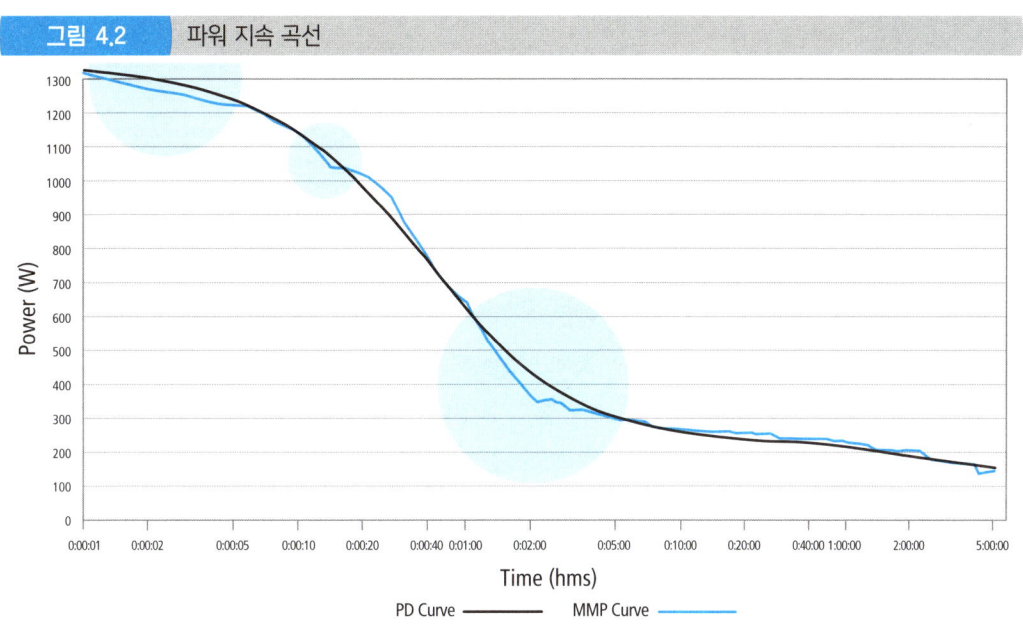

파워 지속 곡선을 통해 시간에 따른 파워 출력을 이론적으로 추정 가능

새로운 지표를 계산하는 데 기초가 되는 곡선입니다. 또한 이 곡선을 통해 주어진 시간 동안 이론상 최고 파워가 얼마인지 파악할 수 있으므로 평균 최대 파워 곡선에서 실제로 알아내지 못한 시점을 근사이기는 하지만 비교적 정확히 파악할 수 있습니다.

　그림 4.2의 파란색 선은 실제 데이터(즉, 평균 최대 파워 곡선)를 나타내고 검은색 선은 수학적으로 도출된 최적합 곡선, 즉 파워 지속 곡선(PDC)입니다. 이 곡선을 볼 때는 먼저 자신의 노력이 PDC 아래로 떨어지는 영역을 살펴보세요. 이는 특정 기간 동안 최선을 다하지 않았거나 개선해야 할 생리적 약점이 있음을 의미할 수 있습니다. 특정 테스트를 통해 이러한 부분을 해결하여 곡선에서 이런 부족함을 개선할 수 있는지 확인해보세요. 한 가지 주의할 점이 있습니다. PDC는 피트니스가 최고조에 달했을 때 발생했을 수 있는 최선의 노력을 나타냅니다. 준비되지 않은 상태의 피트니스로는 이와 동일한 수준을 달성하지 못할 수도 있습니다. 이 경우 피트니스가 더 좋아졌을 때 이 영역을 다시 체크하세요. 그림 4.3에서 볼 수 있듯이 이러한 부족함을 수정하는 것의 목적은 파워 지속 곡선 모델의 정확도를 높이는 것입니다. 파워 지속 곡선의 정확도가 높아질수록 (8장에서 자세히 알아볼 지표인) FTP, 최대파워(Pmax), 기능적 비축 용량(FRC) 및 스테미너를 더 잘 예측할 수 있습니다.

　다음 목표는 PDC(파란색 선)가 다른 카테고리를 교차하는 경우를 찾는 것입니다. 이는 피로 저항을 개선할 필요가 있음을 나타냅니다. 이러한 특정 시간 구간과 그 다음 20-30-60초를 목표로 삼아 PDC가 카테고리 곡선과 일치하거나 더 높은 카테고리 곡선으로 이동하도록 합니다. 그림 4.4는 피로 저항력을

그림 4.3	파워 지속 곡선의 정확성 향상

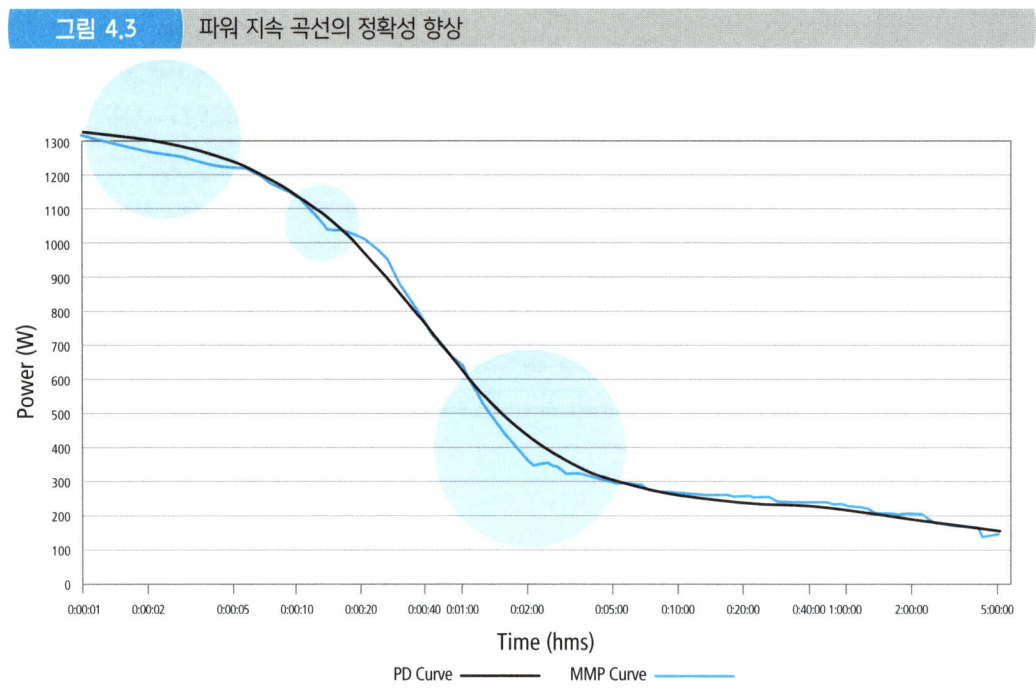

정확도 향상을 위해 트레이닝에서 목표로 삼아야 할 특정 시간 구간(평균 최대 파워가 PDC 아래로 떨어지는 점)을 표시함

그림 4.4	파워 지속 곡선을 활용한 피로 저항 향상

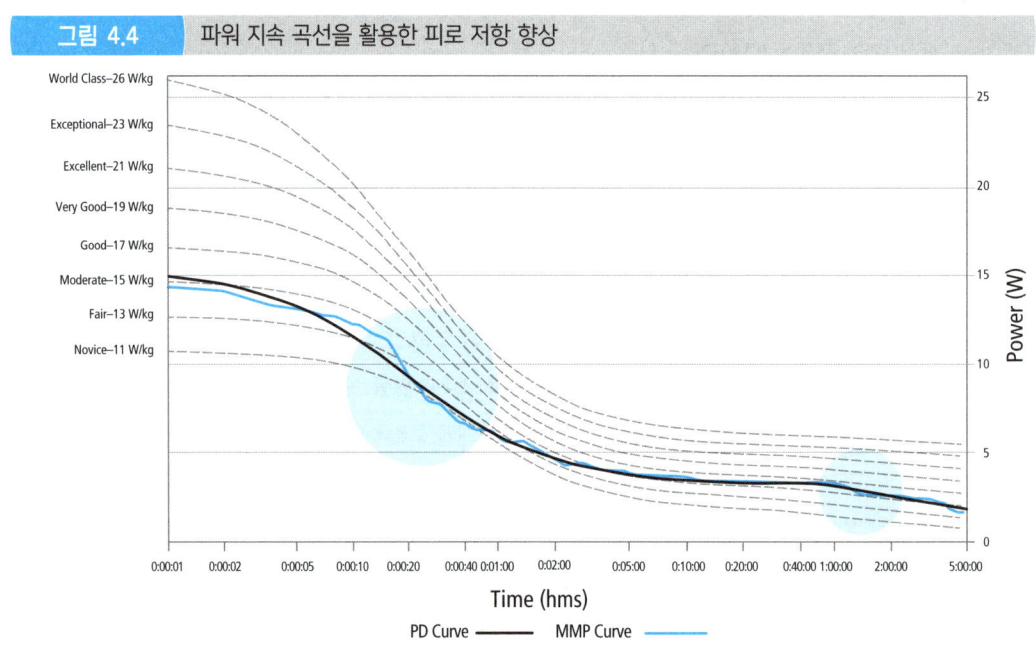

PDC가 카테고리 곡선을 넘는 구간은 피로 저항이 낮음을 의미

개선할 수 있는 몇 가지 분명한 기회를 가진 라이더를 보여줍니다.

파워 프로필 데이터를 파워 데이터의 배경에 플로팅하면(**그림 4.4 참조**) 월드 클래스, 우수, 초보자 같은 파워 프로필 카테고리의 맥락에서 파워 데이터를 더 자세히 분석할 수 있습니다. 이 새 차트의 각 선은 각 카테고리의 최저치를 나타냅니다. 따라서 파워 지속 곡선의 특정 시간 구간이 '우수' 선 위쪽에 있지만 '월드 클래스' 선 아래쪽에 있는 경우에도 해당 시간 구간의 파워는 '우수'('우수 이상' 또는 '우수와 월드 클래스 사이'가 둘 다 아님)로 간주됩니다. 즉, 선은 영역을 구분하는 데 사용됩니다.

파워 프로필 vs. 파워 지속 곡선

파워 프로필을 사용하면 신경근 파워, 무산소 능력, VO_2max, 젖산 역치를 대표하는 지속 시간 동안의 파워를 비교하여 상대적인 강점과 약점, 즉 실제로 얼마나 많은 파워를 생성할 수 있는지 파악할 수 있습니다. 파워 지속 곡선을 사용하면 동일한 생리적 능력을 나타내는 모든 지속 시간 구간에서 파워를 비교하여 상대적인 강점과 약점에 대한 통찰력을 얻을 수 있습니다. 파워 프로필을 통해 초기 특성을 설정하고, 이를 바탕으로 파워 지속 곡선을 통해 피로 저항에서 한계가 될 수 있는 특정 영역을 더 잘 이해할 수 있습니다. '10장. 파워 기반 트레이닝 계획 개발하기'에서 파워 지속 곡선의 실제 사례를 살펴보겠습니다.

이제 자신만의 파워 프로필을 생성하고 파워 지속 곡선을 만들었으므로 사이클링에서 개선해야 할 부분을 알 수 있습니다. 이를 사용하여 자신의 강점을 발휘할 수 있도록 도전하세요. 세계적인 수준의 스프린터라면 마운트 에반스(Mount Evans) 힐클라임 기록을 깨는 것은 무의미할 수 있습니다. 강점과 약점에 대한 유전적 기반이 있기 때문에 특정 영역에서 한계가 있을 수도 있습니다. 하지만 대부분의 경우 트레이닝에 집중하고 특정 목표를 향해 나아가는 것은 가능합니다. 4-6주마다 곡선을 수정하고 이전 트레이닝과 비교해서 변경된 사항을 기록하세요. 이는 모든 노력이 올바른 방향으로 가고 있는지 확인할 수 있는 훌륭한 방법입니다.

파워를 활용한 최적의 워크아웃

지금까지 잘 따라왔다면, 기능적 역치 파워와 파워 기반 트레이닝 레벨을 확인했고, 파워 프로필 및 특성을 확인하여 사이클리스트로서의 강점과 약점을 파악했을 것입니다. 따라서 고유한 약점을 개선하고 피트니스의 개선을 위해 트레이닝을 계획해야 합니다. 와트 수에 따른 특정 훈련 워크아웃을 개발하면 훈련 노력을 더 정확하게 모니터링할 수 있습니다. 인터벌 워크아웃을 언제 중단할지, 휴식을 취할지, 더 큰 도전을 할지에 대해 더 나은 결정을 내릴 수 있습니다. 이 장에서 소개하는 팁은 한 시즌 동안만 사용할 수 있는 것이 아니며, 모든 사이클리스트가 따를 수 있는 획일적인 워크아웃을 제시하지도 않습니다. 그보다는 각자의 고유한 목표를 달성하기 위해 자신만의 트레이닝 프로그램을 개발하는 방법과 함께 기량이 향상되는 프로그램을 평가하고 수정하는 방법을 발견하도록 돕는 것이 목표입니다.

사이클링의 확률적 특성

수학 용어로 확률적이라는 것은 어떤 과정이 무작위로 보이지만 통계적으로 분석할 수 있는 패턴이 있다는 뜻입니다. 다양한 지형에서 도로를 달릴 때 순간적인 파워는 굉장히 가변적입니다. 한 순간에는 500 W, 다음 순간에는 0 W, 그 다음 순간에는 220 W가 나올 수 있습니다. 파워는 확률적인 것처럼 보이지만 실제로는 지형, 바람, 주변과 앞의 라이더 등에 따라 매우 가변적입니다. 이러한 무작위성 때문에 파워를 특정 구간 내에서 유지하는 것은 매우 어렵습니다. 바람이 거의 없거나 거의 없는 가장 평평한 도로 또는 실내 트레이너에서만 좁은 범위의 와트 수를 엄격하게 준수하는 것이 가능합니다.

사이클링의 본질적인 확률적 특성으로 인해, 예를 들어 젖산 역치 인터벌 트레이닝을 하는 동안 300

W를 완벽하게 유지할 수 없다고 해서 실망할 필요가 전혀 없습니다. 특정 와트 목표치를 달성하려고 하기보다는 특정 범위 내에서 유지하려고 노력해야 하며, 특정 노력에 대해 너무 낮게 떨어지거나 파워를 과도하게 높게 사용하지 않도록 해야 합니다. 예를 들어, 젖산 시스템을 작동시키되 너무 세게 운동하지 않는 것이 목표라면 90 rpm 케이던스를 유지하면서 최소 300 W 이상을 유지하되 320 W를 넘지 않도록 하는 데 집중할 수 있어야 합니다. 특정 인터벌을 성공적으로 완료하기 위해서는 페이스 관리가 중요하기 때문에 이를 잘 관리하는 것이 중요합니다.

아래의 워크아웃들을 수행할 때 각 유형에 맞는 지형을 선택해야 합니다. 예를 들어 475-500 W에서 1분간 노력하여 무산소 시스템을 개선하려는 경우, 해당 1분 동안 약간의 오르막을 오르거나 내리막이 없는 평평한 도로를 공략해야 합니다. 템포 레벨에서 60분간 노력하는 것에 집중하는 경우, 90%의 시간 동안 템포 범위에서 파워를 유지하면서 힐클라임 구간에서는 꾸준한 파워를 가하고 내리막 구간에서는 최대한 가속을 유지해야 합니다.

한 가지 유형의 지형만 있는 지역에 거주하는 경우 이를 극복하기 위해 트레이닝을 조정해야 합니다. 예를 들어 평평한 도로 밖에 이용할 수 없다면, 바람을 이용해 더 많은 저항을 만들어낼 수 있습니다. 반면 연속된 힐클라임 지형은 템포 라이딩에서 부드럽고 안정적인 파워 출력을 유지하는 데 가장 큰 도전 과제입니다. 템포 레벨의 평균 와트로 라이드를 끝내려면 내리막을 달릴 때마다 파워가 떨어지는 것을 고려하여, 모든 클라임을 힘차게 올라야 합니다. 하지만 안타깝게도 이것은 템포 워크아웃이 아닙니다. 힐클라임을 반복하는 워크아웃이 될 것이며, VO₂max 또는 무산소 능력 시스템을 단련하게 될 가능성이 높습니다. 또한 힐클라임이 많은 지형의 특성상 높은 트레이닝 레벨에 힘을 쏟을 수밖에 없고, 액티브 리커버리 라이드와 엔듀런스 라이드의 코스를 찾기 어렵습니다. 따라서 이러한 지역에 거주하며 휴식이 필요한 경우라면, 인도어 트레이너를 통해 액티브 리커버리의 파워 가이드라인을 더 쉽게 준수할 수 있습니다.

파워미터는 모든 유형의 라이딩에서 사용할 수 있으며, 각각의 라이딩에서 파워미터를 사용하여 최고 퍼포먼스에 도달할 수 있는 기회를 얻을 수 있습니다.

(인도어 트레이너) 트레이너에서는 바람이나 교통량과 같은 외부의 영향을 받지 않고 특정 와트 범위를 쉽게 유지할 수 있기 때문에 파워를 조절하기가 쉽습니다.

(평지 도로) 지형이 일정하기에 파워 출력을 유지하고 인터벌 워크아웃을 조절할 수 있어 특정 와트 프로토콜을 활용하기에 좋은 장소입니다.

(타임 트라이얼) 파워미터를 사용하여 젖산 역치에서 파워를 유지하는 것은 레이싱에 파워미터를 접목할 수 있는 좋은 방법 중 하나입니다. 파워미터를 사용하면 파워 목표를 달성하면서 최적의 케이던스를 유지할 수 있습니다. 파워미터를 사용하여 타임 트라이얼의 기본 규칙을 따르세요. 너무 강하게 출발하지 않아야 합니다.

(힐클라임) 완만한 경사를 오를 때는 적은 파워 범위 내에서 최적의 페이스를 유지할 수 있습니다. 또한 오르막을 여러 번 반복하여 매번 다른 케이던스를 선택하고 어떤 케이던스에서 가장 높은 파워가 나오는지 확인하여 선호하는 클라이밍 케이던스를 결정할 수도 있습니다.

(특정 인터벌 및 트레이닝 프로토콜) 예를 들어, 파워미터를 사용하여 295-305 W에서 5분 인터벌 트레이닝을 실시하는 등 트레이닝을 관리할 수 있습니다. 파워가 아닌 심박수를 기준으로 5분 간격으로 인터벌을 수행하면 초반에 너무 강하게 노력하여 인터벌 내내 파워가 떨어질 수도 있습니다.

("레이스 우승 인터벌" 및 기타 파워 기반 워크아웃) 와트 수를 사용하여 자신이 좋아하는 워크아웃을 구성하기 시작하면 더 많은 성공을 달성하도록 동기를 부여하는 데 도움이 될 것입니다. 인터벌을 실행하는 동안 평균 와트 수를 확인할 수 있으며, 이는 이전보다 더 열심히 운동할 수 있도록 만드는 훌륭한 당근이 될 것입니다.

최적의 인터벌을 위한 가이드라인

인터벌 중 반복을 어느 시점에 멈춰야 할까요? 인터벌을 한 번 더 하는 것이 실제로 더 이상 도움이 되지 않는 시점이 있을까요? 인터벌을 너무 많이 할 수도 있나요? 그리고 어느 시점에서 한계 효용이 감소하는 것을 경험했나요? 이러한 질문은 아마도 모든 사이클리스트와 코치들이 수천 번도 넘게 물어봤을 것이며, 스포츠 과학자들 사이에서 많은 논쟁의 근원이 되어 왔습니다. 하지만 이 모든 질문에 대한 쉽고 명쾌한 답은 물론 있습니다. 바로 '상황에 따라 다르다는 것'입니다.

이는 특정 워크아웃의 목표, 현재 피트니스 수준, 해당 세션이 트레이닝 목표에 어떻게 부합하는지에 대한 방향, 그리고 110%의 노력을 기울일 수 있는 자신의 능력과 의지에 따라 달라집니다. 인터벌 세션 종료 시점을 결정하는 데는 많은 요소가 관여하기 때문에 정확한 가이드라인을 제시하기는 어렵고, 제시된 가이드라인이 모든 문제를 해결하지 못할 수도 있습니다. 그럼에도 불구하고 최적의 반복 횟수를 결정하는 방법을 표 5.1에 제시했습니다. 이 수치는 3,000개 이상의 파워미터 파일을 검토하고 1,000명 이상의 운동선수와 함께 파워 트레이닝을 진행한 경험을 바탕으로 작성되었습니다. 초판에서는 이 표를 만들었지만, 이후 지난 몇 년 동안 수백 명의 선수들과 함께 작업하면서 계속해서 검증을 거쳤습니다. 실제로 이 표가 매우 유용하다는 것이 입증되었기 때문에 이를 통해 주장하자면, 파워미터를 트레이닝 세션에서 사용해야 하는 것이 매우 중요한 것이 되었습니다.

조 프리엘은 <사이클리스트 트레이닝 바이블(The Cyclist's Training Bible)>의 초판에서 자신의 개인 코칭 및 트레이닝 철학을 설명하면서 다음과 같이 말했습니다. "운동선수는 지속적인 향상을 가져오는 가장 구체적인 트레이닝을 최소한의 양으로 해야 합니다." 처음 이 말을 들었을 때, 우리는 이해가 되었지만 동시에 머리를 긁적거리며 "하지만 그게 적절한 양인지 어떻게 알 수 있을까요?", "무엇이 '최소

표 5.1	인터벌을 멈춰야 하는 시점
Interval	Average Drop in Power
20 min.	3–5%
10 min.	4–6%
5 min.	5–7%
3 min.	8–9%
2 min.	10–12%
1 min.	10–12%
30 sec.	12–15%
15 sec.	10–15% (15–20% peak power)

참고: 파워 감소는 세 번째 인터벌에서 달성한 와트 수를 기준으로 합니다. 예를 들어, 5분 간격으로 인터벌 트레이닝을 할 때 라이더의 평균 와트가 세 번째 인터벌보다 5-7% 낮아지면 휴식을 취할 준비가 된 것입니다.

한의 양'을 결정할까요?"라고 물었습니다. 우리는 과잉 성취자이자 과잉 경쟁자였기 때문에 가장 열심히, 많이 훈련하는 사람이 가장 성공한다는 우리 자신의 훈련 철학과 맞지 않았습니다. 경쟁자가 힐클라이밍을 10번 반복한다면, 그보다 더 강해지기 위해서는 15번을 반복해야 하지 않을까요?

운동선수들이 파워를 기반으로 한 트레이닝을 하기 전에는 인터벌을 할 때 감소하는 한계 이익을 정확하게 정량화할 방법이 없었다는 것이 문제였습니다. "인터벌을 몇 번 하는 것이 충분한가?"라는 질문에 대한 답을 찾을 수 없었습니다. 이제 파워미터와 표 5.1의 정보를 통해 답을 구할 수 있습니다: 한계 이익 곡선의 고비를 너무 넘지 않는 상황을 전제로 탈진할 때까지 인터벌을 수행하거나 각 세션에서 수행해야 하는 인터벌 횟수를 정확하게 결정할 수 있습니다.

이러한 가이드라인을 제공하는 것은 여전히 망설여지는 부분입니다. 파워미터를 사용하여 각 인터벌 후 라이더의 파워 감소 비율을 정량화할 수 있게 되면서 인터벌 세션을 중단해야 하는 시점을 결정하는 요인을 실제로 좁힐 수 있는 가능성이 열렸습니다. 하지만 이 분야에 대한 지속적인 연구가 필요합니다. 따라서 표 5.1에 제시된 가이드라인은 자신의 상황, 피트니스 수준 및 목표에 따라 조정해야 한다는 점을 명심하세요. 인터벌 횟수를 최대화하기 위해서는 컨디션이 좋을 때 워크아웃을 수행하는 것이 가장 좋지만, 이 개념의 장점은 피로한 상태에서도 할 수 있다는 것입니다. 물론 이렇게 하면 완료한 인터벌 횟수는 줄어들지만 해당 워크아웃에서 최적의 인터벌 횟수를 수행하게 됩니다.

표에서 세 번째 인터벌을 완료했을 때 감소하는 비율을 기준으로 삼은 이유는 일반적으로 라이더가 처음 두 인터벌에 투입할 수 있는 노력은 실제로 여러 번 반복할 수 있는 것보다 훨씬 높기 때문입니다. 인터벌 세션을 시작할 때는 컨디션이 좋은 상태라고 가정하므로, 워크아웃을 중단할 시점을 결정하기 위해 처음 두 번의 노력은 제외합니다. 물론 총 두 번의 인터벌만 완료할 수 있는 긴 인터벌을 수행하는 경우에는 이 규칙이 적용되지 않습니다. 결국에는 워크아웃 동안 견딜 수 있는 와트에 대한 감을 잡게 될 것이므로 처음 두 번의 노력, 특히 3분 이상의 노력은 버릴 필요가 없습니다.

예를 들어 보겠습니다. 한 선수가 5분간 8번의 힐클라임을 오르는 레이스를 준비하기 위해 자신의 VO_2max를 향상시키고자 한다고 가정해 보겠습니다. 3장에서 살펴본 바와 같이 FTP의 106-120%에서 라이딩할 때 VO_2max가 스트레스를 받는다는 것을 알 수 있습니다. VO_2max 에너지 시스템에 충분한 스트레스를 가하고 개선을 촉진하려면 트레이닝 강도가 올바른 범위 내에 있어야 합니다. 동시에 노력의 지속 시간도 해당 에너지 시스템에 스트레스를 줄 수 있을 만큼 충분히 길어야 합니다. 만약 선수가 30초 동안만 VO_2max의 120%로 라이딩 했다면, 반응 효과가 일어날 만큼 충분히 오래 라이딩하지 못한 것입니다. VO_2max 시스템이 훈련 자극에 반응 효과를 일으키려면 최소 3분, 최대 약 8분 동안의 노력이 필요합니다. 8분이 지나면 대부분의 사람이 VO_2max의 106-120%를 유지하기는 불가능하지는 않더라도 매우 어렵습니다.

시간과 강도 사이의 이러한 관계를 이해하면 라이더가 워크아웃을 수행할 때 최적의 인터벌 횟수에 대한 몇 가지 지침을 설정할 수 있습니다. 예를 들어, VO_2max 시스템을 개선하고 5분간 8번의 오르막으로 레이스를 준비하려는 라이더는 FTP의 106-120%(선수의 FTP가 300 W일 때)로 5분 간격으로 8번의 인터벌을 수행해야 합니다. 첫 번째 인터벌은 360 W, 두 번째 인터벌은 350 W, 세 번째 인터벌은 340 W로 할 수 있습니다. 이 세 번째 인터벌을 '반복 가능한' 인터벌이라고 합니다. 이 인터벌에서 수행하는 와트는 여러 번 반복할 수 있는 와트입니다. 처음 두 번의 노력은 근육에 글리코겐이 충분하고 큰 와트를 생산할 수 있는 무산소 능력이 많은 상쾌한 상태에서의 노력이며, 무산소 능력이 소진되면 반복할 수 있는 노력을 수행할 수 있는 적절한 양의 에너지만 남게 됩니다.

이것이 중요한 이유는 세 번째 노력의 와트 수에서 5%를 빼서(이 경우 340 × 0.05 = 17, 340 - 17 = 323 와트) 반복을 중단할 시점을 결정해야 하기 때문입니다. 선수가 자신의 인터벌에서 최소한 이 와트(323)를 평균으로 도달할 수 없는 경우가 바로 개선이나 적응을 유발할 만큼 충분한 스트레스를 주지 못하기에 중단하여야 합니다. 여섯 번째 인터벌에서 320 W를 생산하였는데, 대부분의 진정한 사이클리스트처럼 과잉 성취에 대한 욕심 및 가능한 한 많은 것을 해냈다는 것을 확실히 하고 싶은 생각으로 인터벌을 한 번 더 수행한다고 가정해 봅시다. 하지만 인터벌 2분 째에 이르렀을 때 320 W는커녕 310 W도 유지할 수 없다는 것을 알게 되었다고 가정해 봅시다. 이는 현재 VO_2max 시스템을 자극하는 데 필요한 강도 이하로 운동하고 있다는 것을 즉시 알려줍니다. 그는 개선을 위한 충분한 자극을 생성하는 데 필요한 시간 동안 와트를 유지할 수 없는 것입니다.

그림 5.1에 표시된 다음 예에서는 운동선수가 더 많은 인터벌을 수행하여 더 많은 적응을 얻을 수 있었던 경우를 볼 수 있습니다. 이 선수의 와트는 첫 번째 인터벌에서 세 번째 인터벌까지 전혀 떨어지지 않고 오히려 상승했습니다. 이 선수의 세 번째 인터벌은 평균 320 W였습니다. 5%의 파워 감소는 304 W이므로 이 선수는 마지막 인터벌의 파워가 여전히 5% 감소하지 않았기에, 두 번 이상은 아니더라도 적어도 쉽게 한 번 더 할 수 있었는데도 안타깝게도 다섯 번째 인터벌 후에 멈췄습니다.

우리 모두는 트레이닝 시간이 제한되어 있으며 가능한 한 가장 효율적인 방법으로 트레이닝하기를 원합니다. 파워미터를 사용하면 각 워크아웃에 대한 최적의 트레이닝 인터벌 횟수를 파악하고 조 프리엘의 철학을 실천할 수 있습니다. "성공할 수 있을 만큼만 훈련하세요." 파워미터를 사용하면 큰 틀에서

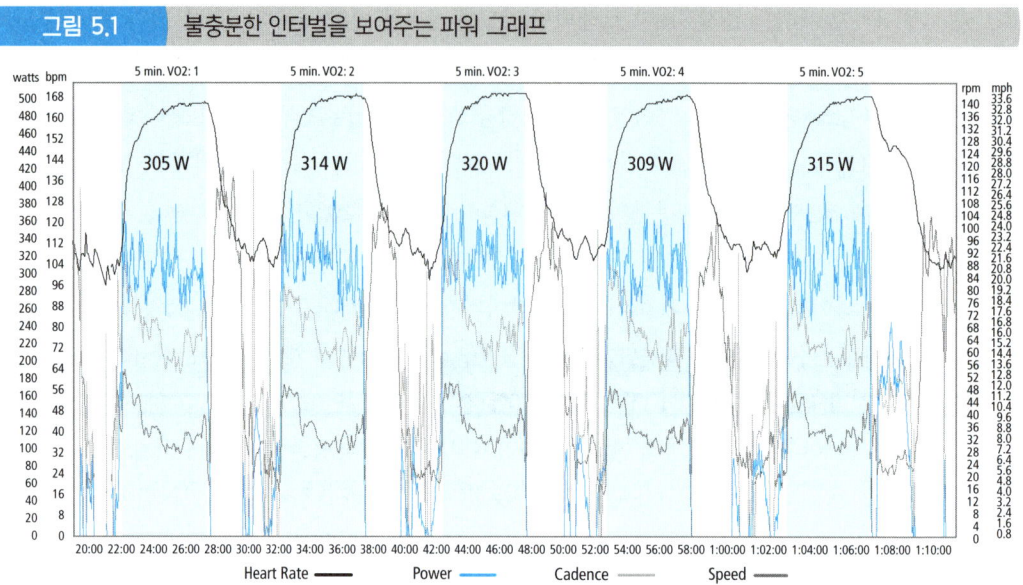

그림 5.1   불충분한 인터벌을 보여주는 파워 그래프

이 시나리오에서 선수는 '불충분' 했습니다. 이 선수의 세 번째 인터벌은 평균 320 W였습니다. 이 수치에서 5%를 낮추면 304 W가 됩니다. 그러나 이 선수의 마지막 인터벌은 315 W였으므로 몇 번은 아니더라도 적어도 한 번은 더 노력할 수 있었을 것입니다.

최적의 트레이닝 부하를 정량화하고 매일 매일의 트레이닝을 최적화할 수 있습니다. 그 결과, 자신이 할 수 있는 최선의 속도로 향상할 수 있습니다. 그리고 최적의 레벨에서 훈련할 수 있다면 성공을 확신할 수 있습니다.

파워 기반 워크아웃

3장에서 다룬 코건의 클래식 트레이닝 레벨을 사용하여 다양한 사이클링 목표에 맞는 워크아웃을 고려해 보겠습니다(**표 3.1 참조**). 추가적으로 파워 지속 곡선 모델을 사용하여 생성된 개인화된 레벨인 아이레벨은 파워미터를 사용하는 고급 사용자 또는 코건의 클래식 레벨에 적합하지 않은 라이더에게 적합합니다. 아이레벨은 트레이닝 레벨 4 이상에만 적용되며, 이를 효과적으로 잘 활용할 수 있는 구체적인 워크아웃 및 트레이닝 전략이 제공됩니다.

다음 워크아웃 설명을 읽고 지역 지형에 가장 적합한 루트를 차트로 작성하면 각 워크아웃의 의도된 철학을 더 잘 수행할 수 있습니다. 항상 안전에 유의하면서 트레이닝을 수행하고 큰 그림을 생각하며 운동하세요. 숫자에만 집중하지 마세요. 이 책의 부록에서 전체 워크아웃 가이드를 확인할 수 있습니다.

가상의 라이더 선수인 조(Joe)는 카테고리III 레이서이며, 그의 FTP는 290 W입니다. 이 레벨에서의 심박수는 175 bpm이고 최대 심박수는 200입니다. 조의 체중은 73 kg이며, 역치에서 킬로그램당 와트 비율은 약 4입니다. 그는 매우 뛰어난 스프린터이며 무산소 능력도 매우 우수합니다. 그의 파워 프로필은 오른쪽으로 하향 경사져 있습니다(4장에서 설명한 전형적인 스프린터 특성).

아래 워크아웃들은 최상의 조건(날씨, 노면, 조가 강하고 건강한 상태)을 가정하고 있습니다. 또한 워크아웃의 설명에 달리 명시되어 있지 않는 한 조는 평소에 자신이 선택한 케이던스로 페달을 밟습니다. 자신의 워크아웃에 적합한 코건 클래식 레벨의 와트 수를 찾으려면 3장에 제시된 지침에 따라 자신의 FTP의 백분율에 따라 파워를 계산합니다. 상급 선수의 경우 TrainingPeaks WKO4 소프트웨어에서 아이레벨이 자동으로 계산됩니다. 편의를 위해 상황에 따라 5 W 단위로 반올림하여 계산된 파워를 적용했습니다.

레벨 1: 액티브 리커버리

조는 전날 격렬한 워크아웃을 마치고 회복이 필요한 상황 혹은 격렬한 워크아웃을 마친 직후 쿨다운하기 위해 액티브 리커버리(레벨 1) 워크아웃을 수행합니다.

조가 레벨 1 라이딩을 위해 선택할 수 있는 두 가지 옵션이 있습니다. 첫 번째는 약 1.5시간 동안 지속됩니다. 조는 15분 동안 워밍업을 하며 148 W 미만으로 유지합니다(즉, 역치 파워인 290 W의 48-51% 이내로 유지). 그 후 1시간 동안 160 W (55%) 미만으로 케이던스를 90-95 rpm으로 부드럽게

워크아웃	레벨1, Spin			
	Time	Description	% of FTP	% of FTHR
Warm-up	15 min.	Easy riding	48 – 51	65
Main set	1 hr.	Spin, 90 – 95 rpm	55	<68
Cooldown	15 min.	Easy riding	<48	65

워크아웃	레벨1, 1시간			
	Time	Description	% of FTP	% of FTHR
Warm-up	10 min.	Easy riding	45 – 48	65
Main set	40 min.	Spin, +5 – 8 rpm	50 – 55	<68
Cooldown	10 min.	Easy riding	<48	65

유지하며 라이딩합니다. 15분 동안 쿨다운 하는 동안 와트 수를 140 (48%) 미만으로 유지합니다.

두 번째 옵션의 경우, 조는 총 1시간 동안 라이딩을 하며 10분 동안 워밍업을 하고 와트를 140 (45-48% 범위) 미만으로 유지한 후, 다음 40분 동안 스스로 선택한 케이던스보다 약 5-8 rpm 높게 유지하여 와트를 145-160 (50-55% 범위)으로 유지합니다. 마지막으로 그는 140 (48%) 미만의 와트로 스스로 선택한 케이던스로 쿨다운을 합니다.

이것은 부끄러울 정도로 느린 페이스이기 때문에 많은 엘리트 선수들은 이 레벨에서 충분한 라이딩

을 하지 않습니다. 하지만 회복을 위한 라이드에 나설 때는 정말 느리고 회복에 집중해야 합니다. 이 레벨의 와트 범위의 상한을 넘어가는 라이딩을 하는 것은 회복을 하기에는 강한 라이딩이지만 트레이닝을 할 정도로 세지도 않습니다. 액티브 리커버리 라이드는 체내에 쌓인 노폐물을 배출하고, 라이딩 리듬을 유지하며, 근육의 유연성을 유지하는 데 도움이 되므로 신체적으로 매우 중요합니다. 물론 라이딩 중 와트가 55% 수준을 몇 번은 넘어가도 괜찮습니다. 하지만 라이딩에서 돌아와 데이터를 다운로드할 때 평균 파워는 55% 수준 미만이어야 합니다.

레벨 2: 엔듀런스

워크아웃	레벨 2, 2.5시간			
	Time	Description	% of FTP	% of FTHR
Warm-up	15 min.	Easy riding	<56	65
Main set	2 hr.	Endurance	69-75	69-83
Cooldown	15 min.	Easy riding	<56	65

워크아웃	레벨 2, 3.5시간			
	Time	Description	% of FTP	% of FTHR
Warm-up	15 min.	Easy riding	<65	68
Main set	3 hr.	Endurance with 8-sec. bursts every 10 min.	69-75	69-83
	8 sec.	Bursts, 120 rpm	103	104-105
Cooldown	15 min.	Easy riding	<55	65

조는 엔듀런스 기반을 다지고 유산소 피트니스를 향상시키고자 할 때 엔듀런스 라이딩(레벨 2)을 수행합니다. 시간이 지남에 따라 이 범위에서 훈련하면 심장 근육이 더 강해지고 세포의 미토콘드리아 수치가 증가하며 근육의 모세 혈관이 더 많이 발달하고 전반적인 스테미너가 증가합니다.

이 워크아웃의 경우, 조는 160 W 미만의 출력으로 15분간 워밍업(액티브 리커버리 페이스, 또는 FTP의 55% 미만)으로 시작하여 2시간 30분 동안 라이딩을 할 수 있습니다. 그런 다음 2시간 동안 200-220 W (69-75%) 수준으로 라이딩합니다. 케이턴스는 스스로 선택합니다. 15분 동안은 160 W (55%) 이하로 쿨다운 합니다.

또는 총 3시간 30분 동안 라이딩 하는데, 15분 동안 워밍업을 하면서 와트 수를 190 (65%) 미만으로 유지합니다. 그런 다음 3시간 동안 200-220 (69-75%)의 와트로 라이딩을 하되, 10분에 한 번씩 더 빠르게 라이딩(8초, 앉은 상태, rpm을 130으로, 300 W (103%))을 포함합니다. 나머지 시간 동안은 스스로 선택한 케이턴스로 라이딩을 하고 15분 동안 와트를 150 이하로 유지하면서 쿨다운합니다.

이렇게 긴 라이딩을 충분히 수행하여 더 높은 수준의 라이딩에 대비할 수 있도록 몸을 준비하는 것이 매우 중요합니다. 오래 라이딩 할수록 좋습니다. 아래에 설명된 레벨 3-7에 대한 워크아웃은 짧은 편이므로 엔듀런스 레벨에서 라이딩의 이점을 얻으려면 레벨 2의 긴 라이딩이 가장 좋습니다.

레벨 3: 템포

템포 레벨은 모든 사이클리스트에게 가장 중요한 레벨이며, 아마도 다른 어떤 레벨보다 많은 사이클리스트가 가장 많이 라이딩하는 레벨일 것입니다. 템포 라이딩은 유지하기 위해 빠르게 느껴질 것이며 약간의 힘이 드는 수준에서 이루어져야 합니다. 레벨 3 트레이닝에 필요한 노력의 양을 과소평가하지 마세요. 레벨 3에서 라이딩하면 생리학적으로 가장 큰 적응이 일어나기 때문에 최고의 효과를 얻을 수 있습니다. 레벨 3에서 효과적으로 훈련하는 방법에는 여러 가지가 있으며, 그중 두 가지를 아래에 설명합니다. 하지만 큰 그림을 염두에 두는 것을 잊지 마세요. 예를 들어, 약간의 힐클라임이나 짧은 역풍 구간에서 와트가 역치(레벨 3의 상한선)의 90%를 넘어가더라도 걱정하지 마세요. 중요한 것은 평균 파워(또는 7장에서 자세히 설명하는 정규화된 파워)입니다.

많은 코치들이 이 레벨을 사이클리스트의 무법지대라고 언급합니다. 여기서 너무 많은 시간을 보내면 레벨 3에서 라이딩을 잘할 뿐 그 이상은 잘하지 못하는 것이 사실입니다. VO_2max 파워를 향상시키려면 VO_2max 파워로 훈련해야 하며, 템포 파워로는 충분하지 않습니다.

그러나 시간이 제한되어 있거나 근지구력을 높이려는 경우 이 레벨이 바로 의사들이 언급하는 방식입니다. 일주일에 3시간만 라이딩할 수 있다면 레벨 3의 상위 범위 구간에서 트레이닝하여 훌륭한 워크아웃을 즐기면 되고, 160 km의 장거리 레이스를 준비 중이라면 이 레벨에서 2.5-3시간 동안 라이딩한다면 포디움에 오를 수 있는 보상을 받을 수 있을 것입니다.

여기 가상의 조를 위한 2.5시간 라이드 두 가지를 소개합니다. 부록에서 더 많은 옵션을 확인할 수 있습니다. 첫 번째 라이드는 15분 동안 워밍업을 하며 와트 수를 200 또는 68% 미만으로 유지하는데, 이는 근육을 워밍업하기에 좋은 강도입니다. 회복 페이스만

워크아웃 · 레벨 3, 2.5시간

	Time	Description	% of FTP	% of FTHR
Warm-up	15 min.	Easy riding	<68	<70
Main set	2 hr.	Tempo	76 – 90	84 – 94
Cooldown	15 min.	Easy riding	<55	<68

워크아웃 · 레벨 3, 케이던스 훈련

	Time	Description	% of FTP	% of FTHR
Warm-up	15 min.	Easy riding	<68	<70
Main set	40 min.	Tempo	76 – 90	84 – 94
	20 min.	Cadence work, – 15 rpm	76 – 90	84 – 94
	40 min.	Tempo	76 – 90	84 – 94
	20 min.	Cadence work, +15 rpm	76 – 90	84 – 94
Cooldown	15 min.	Easy riding	<55	<68

큼 쉽지는 않지만 전체 워크아웃에 지장을 줄 정도로 강하지는 않습니다. 그런 다음 조는 자신의 한계치 (220-260 W)의 76-90% 사이인 템포 페이스로 라이딩합니다. 그는 힐클라임, 평지, 심지어 내리막길에 서도 이 범위를 유지하기 위해 최선을 다합니다. 가능한 한 많은 시간을 240-260 (82-90%) 범위에서 보내는 데 중점을 둡니다. 그는 케이던스를 스스로 선택한 수준으로 유지하며 언덕에서 자신의 노력을 측정합니다. 260 W가 넘어도 괜찮지만 언덕을 전력 질주하지는 않습니다.

다른 방법의 경우, 조는 200 W 미만(68%)으로 워밍업을 한 다음 자신의 한계치의 76-90%인 220-260 W로 라이딩을 합니다. 하지만 이번에는 특정 케이던스 워크아웃을 20분씩 두 번에 걸쳐 진행합니다. 첫 번째 구간은 근지구력을 강조하기 위해 스스로 선택한 케이던스보다 15 rpm 낮은 케이던스로, 두 번째 구간은 다리 속도와 근지구력을 강조하기 위해 스스로 선택한 케이던스보다 15 rpm 높은 케이던스로 진행합니다. 다시 말하지만, 그는 언덕에서 자신의 노력을 측정하면서 꾸준하고 부드럽게 진행합니다.

템포 워크아웃에 대한 또 다른 접근 방식은 레벨 3 라이딩을 파틀렉 워크아웃으로 활용하는 것입니다. 즉, 단체 출발 레이싱의 상황을 재현하기 위해 의도적으로 파워를 변화시키는 것입니다. 즉, 템포 페이스로 라이딩할 때 무작위로 가속하고 해당 템포 와트 범위 내에서 파워를 변화시켜 레이싱의 요구 사항을 더 잘 시뮬레이션할 수 있습니다. 위에서 설명한 옵션을 따르는 것보다 더 좋을 수도 있고 그렇지 않을 수도 있지만, 이러한 방식으로 훈련하면 레이싱의 요구사항을 매우 구체화시킬 수 있게 됩니다. 단체 출발 레이싱은 특정 레벨의 훈련에만 국한되지 않기 때문에 파틀렉 철학을 적용하는 것은 확실히 개선에 도움이 될 것입니다. 하지만 이 접근 방식을 채택하면 견고하고 꾸준한 템포 라이드보다 더 많은 훈련 스트레스를 받게 되므로 라이드 시간은 더 짧아야 합니다.

낮은 레벨 4: 서브 역치(Sub-Threshold) 또는 스윗스팟(Sweet Spot)

낮은 레벨 4는 서브 역치 또는 스윗스팟이라고 부르는 부분입니다. 이는 기능적 역치 파워의 약 88-94%에서 발생하며, 템포 레벨과 젖산 역치 레벨의 사이에 해당합니다. 이 레벨이 공식적인 공식 레벨은 아니지만, FTP를 구축하고 더 높은 수준으로 끌어올리기 시작하기에 좋은 곳입니다. 저희는 함께 훈련하는 선수들에게 레이싱 시즌이 시작될 때 이 영역에서 집중적으로 트레이닝한 후, FTP (91-105%) 트레이닝에 바로 돌입하도록 트레이닝 프로그램을 권장합니다. 그 후 가을에 두 번째 피크를 앞두고 6월 중순경에 이 강도 레벨을 다시 확인합니다. 선수가 두 번째 정점에 도달하려고 하지 않더라도 적어도 14일에 한두 번은 이 스윗스팟 훈련을 수행합니다. 그림 5.2는 이 중요한 특정 영역에 대한 강조를 표현합니다.

이 구간에서 라이드하는 것은 스프린트, VO_2max, 무산소 능력에 큰 도움이 되지 않습니다. 또한 최고의 크리테리움 레이서가 될 수도 없습니다. 하지만 트레이닝을 단지 이 구간에서만 한다고 해도 적어

| 그림 5.2 | "최적점(스윗스팟)", FTP의 88-94% 구간 |

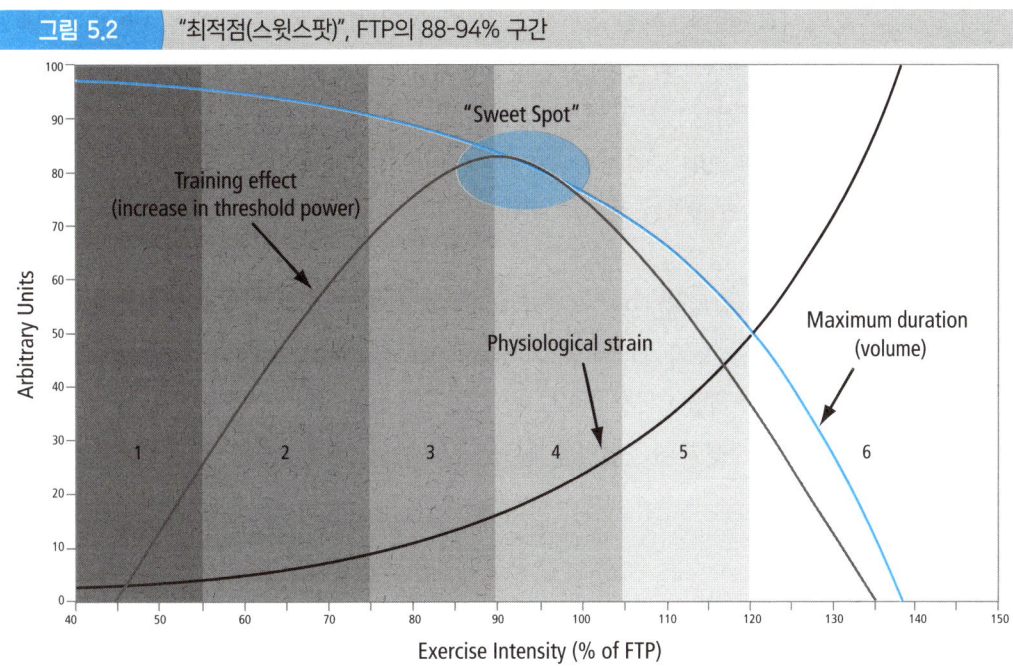

도 중도 탈락하는 일은 없을 것입니다. 대체로 트레이닝 시간을 보내기에 유익한 곳 중 하나입니다.

이 레벨의 트레이닝을 위해 조는 2시간에서 2시간 반 동안 라이딩을 하며, 200 W (68%) 이하에서 15분 동안 워밍업을 한 다음, 역치 파워의 100%인 290 W에서 5분간 라이딩합니다. 이는 본격적인 워크아웃을 할 수 있도록 봄을 준비시키기 위한 것입니다. 그런 다음 255-272 W(역지 파워의 88-93%)의 범위에서 20분씩 두 번 노력합니다. 가능한 한 이 범위를 유지하는 것이 중요합니다. 20분간 노력한 후에는 15분간 휴식을 취해야 합니다. 그는 케이던스를 자신이 선택한 범위에서 유지할 수 있는 기어를 사용하거나 평소보다 조금 더 빠르게 페달을 밟는 데 도전합니다. 그는 1분 인터벌로 여러 번(8회 또는 10회) 높은 케이던스(105 rpm 이상)로 빠르게 페달을 밟고, 와트 수를 280 (85-95% 범위) 미만으로 유지하며, 노력 사이에 2분간 휴식을 취하는 것으로 워크아웃을 마무리합니다. 목표는 매우 세게 달리는 것이 아니라 서브 역치 파워로 높은 케이던스를 회전하는 것입니다. 그런 다음 쿨다운에 들어갑니다.

| 워크아웃 | 레벨 4, 서브 역치 (Sub-Threshold) |

	Time	Description	% of FTP	% of FTHR
Warm-up	15 min.	Easy riding	<68	<70
Main set	5 min.	All-out effort	100	>106
	2 × 20 min. (15 min. RI)	Sub-threshold with high cadence	88 – 93	95 – 98
	8 – 10 × 1 min. (2 min. RI)	Fast pedaling, +105 rpm	85 – 95	90 – 98
Cooldown	15 min.	Easy riding	<55	<68

이 레벨에서 조의 워크아웃에는 다른 옵션이 있습니다. 조의 피트니스 수준, 계절, 사이클링 경험에 따라 짧은 시간으로 시작하였다가 피트니스가 향상됨에 따라 늘리는 것이 더 나을 수 있습니다. 예를 들어, 워크아웃의 주요 부분에서는 12분 노력 3회로 시작하여 4회까지 늘린 다음, 15분 노력 3회로 다시 시작하여 4회까지 늘린 다음 20분 노력 2회로 변경할 수 있습니다. 조와 같은 카테고리III 레이서는 20분 노력을 2회 이상 할 필요가 없지만, 더 높은 카테고리의 사이클리스트는 20분 노력을 4회까지 늘릴 수 있도록 해야 합니다.

어쨌든 그는 역치 단계의 트레이닝으로 이동하기 전에 이러한 워크아웃을 최소 6-8회 수행해야 합니다. 이러한 유형의 워크아웃은 역치 레벨의 워크아웃을 수행하는 데 좋은 기반이 되므로 넓고 튼튼하게 만들어야 합니다. 너무 빨리 레벨 4 이상의 워크아웃으로 넘어가면 이러한 기초가 손상될 수도 있습니다. 기억하세요. 이 레벨을 수행할 때는 언덕을 오르면서 망치질을 하지 말고, 언덕 정상까지 페달링 압력을 일정하게 유지하세요.

레벨 4: 역치 (FTP)

역치 레벨의 워크아웃은 FTP 개선에 직접적으로 초점을 맞추기 위한 것으로, FTP에서 바로 수행합니다. 강도가 높으며 워크아웃 사이 사이에 충분한 회복이 필요합니다. 그 외에는 서브 역치 워크아웃과 매우 유사합니다. 유일한 차이점은 강도가 한 단계 높아져 역치 레벨에서의 가장 높은 가장자리에 도달할 수 있다는 점입니다. 해당 워크아웃은 이러한 유형의 노력을 유지하는 데 필요한 강도를 감당할 수 있는 능력을 향상시킬 뿐만 아니라 역치 파워를 지속적으로 향상시키기 위해 수행해야 하는 중요한 워크아웃입니다.

조는 이 레벨의 트레이닝을 위해 2시간에서 2시간 30분 동안 라이딩을 하며, 15분 동안 워밍업으로 자신의 와트를 200 (68%) 미만으로 유지합니다. 그런 다음 290 W (100%)의 와트로 5분간 폭발적인 노력을 한 번

워크아웃	레벨 4, 일반적인 역치			
	Time	Description	% of FTP	% of FTHR
Warm-up	15 min.	Easy riding	<68	<70
Main set	5 min.	All-out effort	100	>106
	5 min.	Easy riding	<68	<70
	2 × 20 min. (10 – 15 min. RI)	Threshold	96 – 105	98 – 106
Cooldown	15 min.	Easy riding	<76	<75

하고, 그 후 5분간 200 W (68%) 미만의 쉬운 페이스로 5분간 라이딩을 합니다. 그 후, 288-305 W (96-105%)로 20분간 두 번 노력하고 그 사이에 10-15분간 휴식을 취합니다. 두 번째 노력 후에는 220 W (76%) 이하로 15분 동안 쿨다운합니다.

다른 방법으로는 조가 서브 역치 워크아웃에서 설명한 것과 동일하게 상승하는 전략을 수행해 최종적으로 20분의 노력을 수행하는 방법도 있지만, FTP 와트로만 수행합니다.

만약 당신이 강력한 카테고리 III 레이서가 되는 것이 목표라면 이 트레이닝 레벨에서 최소 1시간 동안 라이딩을 할 수 있도록 몸을 단련하세요.

기타 레벨 4 워크아웃

레벨 4에서 훈련하는 정형화된 방법이 아닌 몇 가지 다른 방법이 있습니다. 이러한 워크아웃은 해당 레벨에서의 트레이닝에 대해 다른 관점에서 바라볼 수 있도록 도와줄 것입니다.

2시간 동안 라이딩을 할 경우, 15분 동안 FTP의 68%(조의 경우 200 W 미만)로 워밍업을 합니다. 역치의 100%로 5분간 강하게 한 번 노력한 다음 5분간 FTP의 68% 이하로 회복합니다. 라이딩의 주요 부

워크아웃   레벨 4, 역치 램프(Ramp)

	Time	Description	% of FTP	% of FTHR
Warm-up	15 min.	Easy riding	68	<70
Main set	5 min.	All-out effort	100	>106
	10 min.	Threshold	100 – 107	>106
		Increase 10 watts each min. until you reach limit	+10 watts	>100
Cooldown	15 min.	Easy riding	<76	<75

워크아웃   레벨 4, 십자 조준선(Crisscross)

	Time	Description	% of FTP	% of FTHR
Warm-up	15 min.	Easy riding	<68	<70
Main set	5 min.	Blowout effort	100	>106
	5 min.	Recover	<70	<75
	2 – 3 ×	Drill		
	2 min.	Ride at Threshold level	110	>106
	4 min.	Back off 10 watts each min.	– 10 watts	
	2 min.	Build 10 watts each min.	+10 watts	
	7 min.	Hold power steady	95 – 105	>106
		Repeat drill 2 – 3 times, with recovery between each effort		
Cooldown	15 min.	Easy riding	<68	<70

워크아웃		레벨 4, 파워의 시간 (Hour of Power)		
	Time	Description	% of FTP	% of FTHR
Warm-up	15 min.	Easy riding	<68	<70
Main set	20 min.	Ramp up to Threshold	91 – 105	95 – 105
	1 hr.	Steady Threshold effort with 10-sec. bursts every 2 min.	100	>100
	10 sec.	Burst, out of the saddle Shift down, drop or raise cadence 20 rpm	105	>100
Cooldown	15 min.	Easy riding	<68	<70

그림 5.3	빌 블랙의 파워의 시간

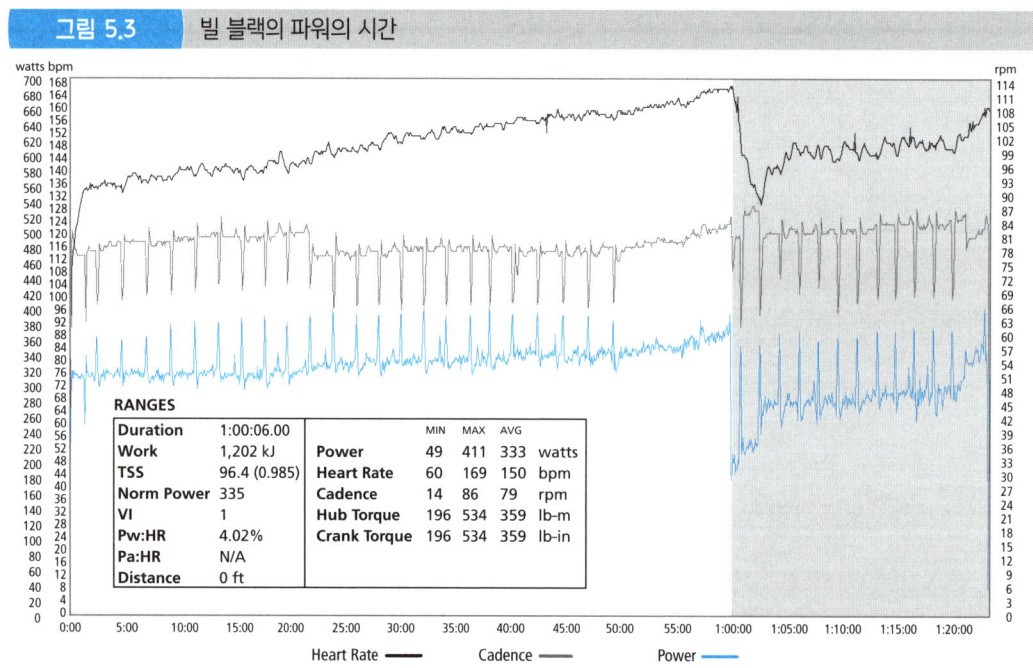

그림 5.3은 빌 블랙의 파워의 시간 그래프를 보여줍니다. 이 스크린샷을 보면 이 시간 동안 작은 버스트를 포함하면서 점진적으로 FTP로 빌드해 가는 과정을 확인할 수 있습니다. 전체 워크아웃 시간은 포함되어 있지 않다는 점에 유의하세요. 또한 수행하는 동안 심박수가 서서히 증가하여 과열 및 탈수의 영향을 보여주는 것을 알 수 있습니다.

분에서는 100-107%에서 10분간 강도로 노력한 다음, 한계에 도달할 때까지 매 1분마다 강도를 10 W씩 올립니다. 지속 시간을 늘릴 수 있는지, 일정한 부하와 페이스를 유지할 수 있는지 확인하세요. 이후 쿨다운을 수행하세요.

또 다른 2시간 라이딩은 15분간 FTP의 68% 이하의 워밍업으로 시작하며, 이후 5분간은 100%로 유지합니다. 그런 다음, 5분간 편안하게 라이딩 한 다음 특정 와트 수치를 목표로 15분간 강도를 높여

갑니다. 즉 FTP의 110%에서 강하게 시작하여 2분 동안 유지하고, 4분 동안 분당 10 W씩 와트를 낮추고, 2분 동안 분당 10 W씩 와트를 다시 올리고, 나머지 7분 동안 이 상태를 유지합니다(가능하면 마지막 45-60초 동안 110%까지 끌어올려 보세요). 이 훈련을 두세 번 반복하고 노력 사이에 충분한 회복 시간을 갖도록 합니다.

이 워크아웃의 목표는 젖산으로 에너지 시스템을 가득 채우기 위해 강하게 시작하고, 짧은 시간 동안 꾸준한 출력을 요구하고, 이후 지치지 않도록 속도를 줄인 다음, 역치 파워 또는 그 이상의 파워를 유지할 수 있도록 스스로를 몰아붙이는 것입니다. 마지막에는 다시 파워를 높여서 마지막 힘을 내야 합니다.

이 레벨의 또 다른 형태는 '파워의 시간 (일명 고통의 시간)'입니다. 이는 엘리트 마스터즈 선수인 빌 블랙(Bill Black)이 대중화시킨 고강도 워크아웃입니다. 그는 메인주의 긴 겨울 동안 실내 훈련의 지루함을 극복하기 위해 이것을 만들었습니다. 최선을 다해 도전해보세요!

1시간 30분 동안 진행되는 이 워크아웃은 20분 동안 파워를 서서히 높여 역치 파워(FTP의 100%)까지 도달하는 것으로 시작합니다. 근육 긴장을 풀려면 케이던스를 80 rpm으로 유지하고, 그렇지 않으면 스스로 선택한 케이던스로 페달을 밟습니다. 이제 이 와트 수를 한 시간 동안 유지하여 FTP를 향상시킵니다. 2분마다 기어 변속 후 댄싱으로 케이던스를 20 rpm씩 낮추거나 올립니다. 10분 동안의 쿨다운으로 마무리합니다.

레벨 5: VO$_2$max

VO$_2$max 파워를 향상시키기 위해 디자인된 레벨 5의 노력 당 시간은 3-8분 사이이며, 일반석으로 상당량의 운동 효과는 시간 지속 범위의 마지막 부분에서 이루어집니다. 따라서 이러한 형태의 모든 워크아웃에 인터벌-탈진 개념을 적용해야 합니다.

워크아웃 레벨 5, VO$_2$max 인터벌

	Time	Description	% of FTP	% of FTHR
Warm-up	15 min.	Easy riding	<68	<70
Main set	5 min.	All-out effort	100	>106
	5 min.	Easy riding	68	<70
	6 × 3 min. (3 min. RI)	VO$_2$max	117	>106
	10 min.	Easy riding	68	<70
	4 × 2 min. (4 min. RI)	VO$_2$max	113 – 120	>106
Cooldown	15 min.	Easy riding	68	<70

조가 2시간 동안의 라이딩에서 VO_2max를 높이고 싶다면 15분 동안의 워밍업으로 시작하여 와트 수를 200 미만(즉, FTP의 68% 미만)으로 유지합니다. 그런 다음 290 W(100%)로 5분간 인터벌 노력을 한 후 5분간 쉬운 페이스로 진행합니다. 워크아웃의 메인 세트는 6번의 3분짜리 노력으로 구성되며, 각 노력에서 평균 340 W (FTP의 117% 이상)를 목표로 합니다. 그는 노력 사이에 3분간 휴식을 취했습니다. 여섯 번째 노력 이후에는 10분 동안 편안하게 라이딩 한 다음, 4번의 2분 노력을 하고 그 사이에 4분간 휴식을 취했습니다. 이 네 번의 노력에서 그는 평균 330-350 W (113-120%)의 강도로 진행한 다음 쿨다운을 수행했습니다.

또 다른 이 레벨의 2시간 라이딩은 동일한 15분 워밍업, FTP의 100%에서 5분 이후 쉬운 5분으로 시작합니다. 이 워크아웃의 메인은 조가 자신의 와트 수준을 330 (113%)까지 끌어올리는 5번의 노력인데, 연속해서 노력할 때마다 30초씩 시간을 연장하려고 시도합니다. 첫 번째 노력은 5분, 두 번째 노력은 5.5분, 세 번째 노력은 6분, 이런 식으로 진행되었습니다. 조는 15분 쿨다운으로 워크아웃을 끝냈습니다.

워크아웃	레벨 5, VO_2max 빌드			
	Time	**Description**	**% of FTP**	**% of FTHR**
Warm-up	15 min.	Easy riding	<68	<70
Main set	5 min.	All-out effort	100	>106
	5 min.	Easy riding	68	<70
	5 × Build (5 min. RI)	VO2max efforts, adding 30 seconds with successive intervals (5.0 min., 5.5 min., 6.0 min., 6.5 min., 7.0 min.)	113	>106
	2 × 3 min. (5 min. RI)	All-out effort	>100	>106
Cooldown	15 min.	Easy riding	68	<70

이 워크아웃을 시도할 때 각 노력 시간을 30초씩 더 늘릴 수 없다면 강도를 10-15 W (3-5%) 줄여 전체 권장 시간 동안 할 수 있도록 합니다. 단 강도를 106% 이하로 낮추지 마세요. 대신 짧은 시간으로 시작하되 지속 시간을 늘리기 위해 노력하세요. 노력 사이에 5-8분간 액티브 리커버리 레벨의 라이딩을 합니다. 3분간 VO_2max의 100% 이상에 도달하는 강도로 두 번 노력을 수행하되 노력 사이에 5분간 휴식을 하는 형태로 하고, 이후 쿨다운을 수행합니다.

VO_2max는 레이싱에서 중요한 요소이므로 이 레벨의 트레이닝은 레이싱에 필수적입니다. 헌터가 파워미터 파일을 분석한 결과, 레이스에서 승리하는 행동에는 항상 선두 그룹과의 격차를 벌리기 위한 초기 어택(attack), 즉 브레이크어웨이(breakaway, BA)가 포함되며, 그 다음에는 격차를 벌리기 위한 지속

적인 고강도 노력과 역치 파워에서 상대적으로 안정을 취한 후 짧은 폭발로 마무리되는 것으로 나타났습니다. 브레이크어웨이를 완료하는 데 걸리는 시간이 짧고 브레이크어웨이 동작에서 나오는 평균 파워가 높기 때문에 이를 VO_2max 노력으로 간주합니다. 이 정확한 패턴을 연습하는 것은 완벽한 레이스 승리 시뮬레이션입니다. 이러한 일련의 움직임은 크리테리움에서 로드 레이스나 트랙 포인트 레이스 등에서도 쉽게 나타나는 현상입니다. 파워미터 데이터를 통해 이러한 동작이 어떻게 작동하는지 알 수 있기 때문에, 이러한 노력을 엔듀런스 페이스의 탄탄한 워크아웃 안에 넣어 우승 가능성을 높이는 슈퍼

| 그림 5.4 | 레이스-위닝 노력 |

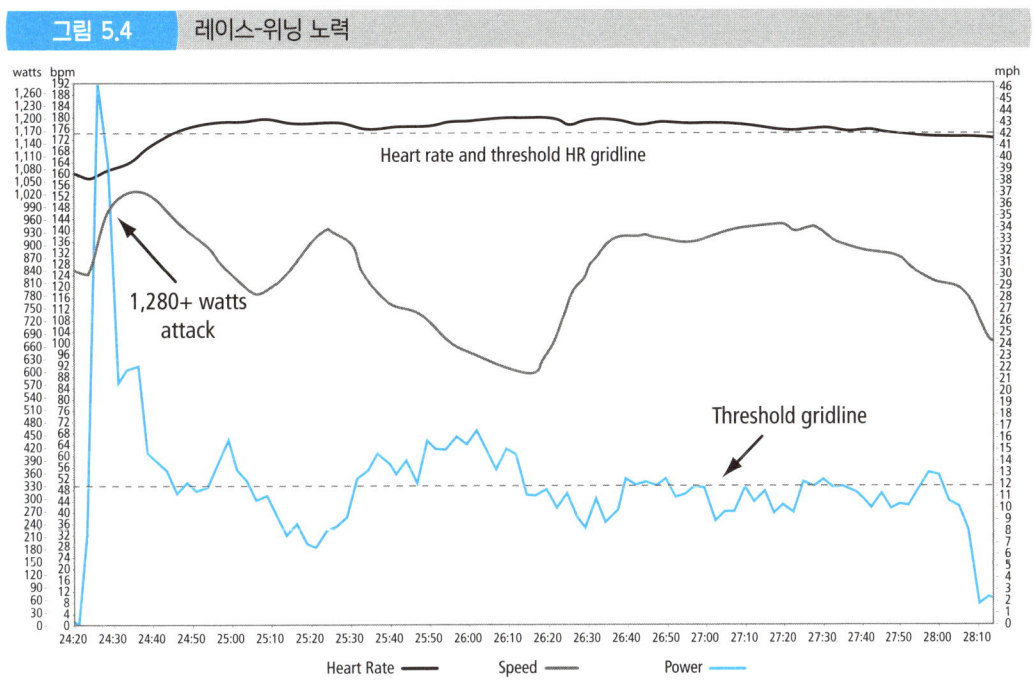

| 워크아웃 | 레벨 5, 레이스-위닝 노력 |

	Time	Description	% of FTP	% of FTHR
Warm-up	15 min.	Easy riding	<68	<70
Main set	5–8 ×	Drill		
	30 sec.	Sprint, first 15 sec. out of the saddle	avg. 200	N/A
	3 min.	Long, intense riding	100–110	>106
	10 sec.	All-out effort	200–250	N/A
	5–6 min.	Recovery	68	<70
Cooldown	15 min.	Easy riding	56–75	69–83

워크아웃을 만들 수도 있습니다.

그림 5.4를 보면 다른 레이서들과 격차를 벌리기 위해 필요한 초기의 폭발적인 노력을 쉽게 알 수 있습니다. 동시에 심박수를 나타내는 위쪽 선은 이 빠른 힘의 폭발에 반응하여 상승합니다. 노력이 계속되면 파워는 역치에 근접할 정도로 내려가고(파란색 선), 그 후 와트가 잠시 증가하면서 노력이 끝납니다. 속도선(가운데)은 지형에 대한 힌트를 제공합니다. 속도가 낮아질수록 파워가 급격히 상승하여 라이더가 언덕을 오르고 있음을 알 수 있습니다.

5-8개의 노력을 포함하는 워크아웃으로 레이스에서 승리하는 노력을 재현할 수 있습니다. 각 노력은 30초 스프린트(댄싱으로 15초)로 시작하여 평균 역치 파워의 약 200%, 최고 파워는 약 300%(조의 경우 평균 600 W, 최고 850-950)로 설정합니다. 그런 다음 FTP의 100-110%(조의 경우 290-310 W)로 3분간 라이딩하고 10초간 버스트로 FTP의 200-250%에 도달합니다. 이후 5-6분간 휴식을 취한 다음 레벨 2에서 15분간 쿨다운합니다.

레벨 6: 무산소 능력

무산소 능력(anaerobic capacity, AC) 노력은 일반적으로 2분 이하로 실시합니다. 이는 매우 강렬하고 짧고 힘든 워크아웃으로, 파워미터를 사용하지 않고는 제대로 수행하기 어렵습니다. 이러한 노력의 강도는 유산소 운동으로 유지할 수 있는 수준을 훨씬 뛰어넘습니다. 즉, VO_2max의 100% 이상을 필요로 하는 슈퍼-최대 강도에 해당합니다.

레벨 6 노력은 레벨 5보다 강도가 훨씬 높으며, 무산소 능력 시스템에 스트레스를 주기 위해 상대적으로 오래 수행되므로 고통이 발생합니다. 그러나 이 레벨의 트레이닝에는 가장 다양한 형태의 노력이 포함됩니다. 30초 동안의 노력과 2분 동안의 노력에는 큰 차이가 있지만, 둘 다 AC 시스템을 트레이닝합니다. 이러한 다양성 덕분에 다양한 인터벌과 워크아웃을 만들 수 있다는 점이 흥미롭습니다. 핵심은 필요한 강도에 도달하는 것이며, 소요 시간은 다소 달라질 수 있습니다. 이 레벨 6 워크아웃은 훈련 주간 중 컨디션이 비교적 상쾌할 때 수행해야 합니다.

2시간 라이딩으로 훈련 계획에 무산소 능력 워크아웃을 추가하려면 표준 워밍업으로 시작한 다음 파워미터가 인터벌 모드에서 평균 와트를 표시하도록 설정합니다. 그런 다음 평균 와트를 당근으로 삼아 최대한 세게 페달을 밟는 노력을 2분간 8회 정도 반복하여 끝까지 밀어붙입니다. 목표는 FTP의 135%(조의 경우 390 W)입니다. 평균 파워가 10-12% 감소한 FTP의 120-122%에 더 이상 도달할 수 없을 때 중단합니다. 예를 들어 조는 더 이상 평균 348-355 W에 도달할 수 없을 때 중단합니다. 최소 2-3분 동안 회복한 다음, 필요한 경우 그 이상 회복한 다음, 8번의 1분 노력으로 평균 145%(조의 경우 420 W)의 FTP를 달성하고 노력 사이에 3분간 휴식 시간을 갖습니다. 파워가 10-12% 감소하는 128-

워크아웃	레벨 6, 최적 인터벌			
	Time	Description	% of FTP	% of FTHR
Warm-up	15 min.	Easy riding	56 – 75	69 – 83
Main set	8 × 2 min. (2–3 min. RI)	Hard as you can Stop intervals when power is <120 – 122%	avg. 135	>106
	8 × 1 min. (3 min. RI)	All-out effort Stop intervals when power is <128 – 131%	avg. 145	>106
Cooldown	15 min.	Easy riding	56 – 75	69 – 83

워크아웃	레벨 6, 힐클라임			
	Time	Description	% of FTP	% of FTHR
Warm-up	20 min.	Easy riding	<68	<70
Main set	8 – 10 × 45 – 90 sec. (4 – 5 min. RI)	Hard hills (45 sec. – 1.5 min.), sprinting final 25 meters Stop after 10% drop in power	avg. 140	>106
Cooldown	20 – 30 min.	Easy riding	56 – 75	69 – 83

131%(조의 경우 370-380 W)에 도달할 수 없는 경우를 제외하고는 이 모든 노력을 수행합니다. 이 가이드라인은 인터벌-탈진 개념을 따릅니다.

또 다른 2시간 라이딩에는 반복된 힐클라임을 포함합니다. 20분간의 워밍업 후 8-10개의 경사를 반복합니다. 각 언덕은 45초에서 1.5분 정도 지속되어야 합니다. 각 노력에 대해 평균 FTP의 140% 정도를 유지하고, 마지막 25미터 정도에서 스프린트를 하여 각 언덕 정상에서 폭발적인 힘을 내보세요. 노력 사이에 4-5분간 휴식을 취합니다. 두 번째 또는 세 번째 구간에서 수행 능력에서 10%의 파워가 떨어지면 노력을 중단합니다. 엔듀런스 페이스에서 20-30분의 쿨다운을 거쳐 마무리합니다.

부록에는 무산소 능력을 키울 수 있는 더 많은 레벨 6 라이딩, 특히 2분, 1분, 30초의 인터벌이 나와 있습니다. 이러한 워크아웃에 대한 설명은 AC-W5 및 AC-W6을 참조하세요.

레벨 7: 신경근 강화

레벨 7 워크아웃은 보통 노력 각각이 10초 미만으로 지속되는 초단시간 고강도로 수행됩니다. 이는 신진대사 시스템보다 근골격계에 더 큰 부하를 줍니다. 이러한 짧은 노력에서는 파워미터를 읽는 것보다 자전거를 다루는 데 더 집중해야 할 정도로 노력 자체가 너무 폭발적이고 짧기 때문에 파워를 훈련의 가이드로 사용하기가 어렵습니다.

말 그대로 이러한 워크아웃을 수행하는 방법은 수백 가지가 있습니다. 스프린트 워크아웃을 할 때마다 신경근을 훈련하는 것입니다. 레벨 7 워크아웃은 운동 강도가 매우 높고 고도의 에너지를 필요로 하므로 가장 컨디션이 좋을 때 수행하세요.

이러한 노력을 할 때는 파워미터를 보는 것에 신경 쓰지 마세요. 나중에 스프린트 사이에서 쉬는 동안 데이터를 검토할 수 있습니다. 가장 중요한 것은 모든 스프린트를 완료하고 강해짐에 따라 반복 횟수를 계속 늘려가는 것입니다.

부록에는 몇 가지 좋은 '피크 스프린트(peak sprint)' 워크아웃이 포함되어 있습니다(NP-W5 및 NP-W6). 작은 체인링으로 하는 스프린트에는 일반적으로 기어 변속이 필요하지 않습니다. 목표는 기어를 유지하고 구간이 끝날 때까지 케이던스를 120 rpm으로 높이는 것입니다. 큰 체인링의 스프린트에는 한두 번의 기어 변속이 포함되며, 인터벌 시작 시 강하게 점프하고 변속하기 전에 높은 케이던스(110-120 rpm)로 유지하는데 중점을 둡니다.

이 워크아웃의 목표 중 하나는 스프린트를 위해 체인을 어려운 기어에 물릴 필요가 없다는 것을 보여주는 것입니다. 스프린트는 회전할 수 있는 기어에서 강하게 점프하는 것으로 시작됩니다. 그런 다음 각 기어를 한 단씩 아래로 변속합니다. 마치 스틱 시프트로 자동차를 운전하는 것과 같습니다. Rpm이 올바른 범위에 도달하면 기어를 내립니다.

레벨 4로 분류될 수도 있는 또 다른 레벨 7 워크아웃도 많이 활용되고 있습니다. 이를 '마이크로 버스트(micro-burst) 워크아웃'이라고 합니다. 이는 실내 트레이너에서 할 수 있는 훌륭한 워크아웃으로, 신경근을 강화시키는 데 중점을 둡니다. 각 노력이 15초씩 진행되기 때문에 실내 트레이너를 사용하면 강도를 조절할 수 있고, 파워미터를 사용해서 페이스를 조절할 수 있습니다. 마이크로 버스트는 스프린트

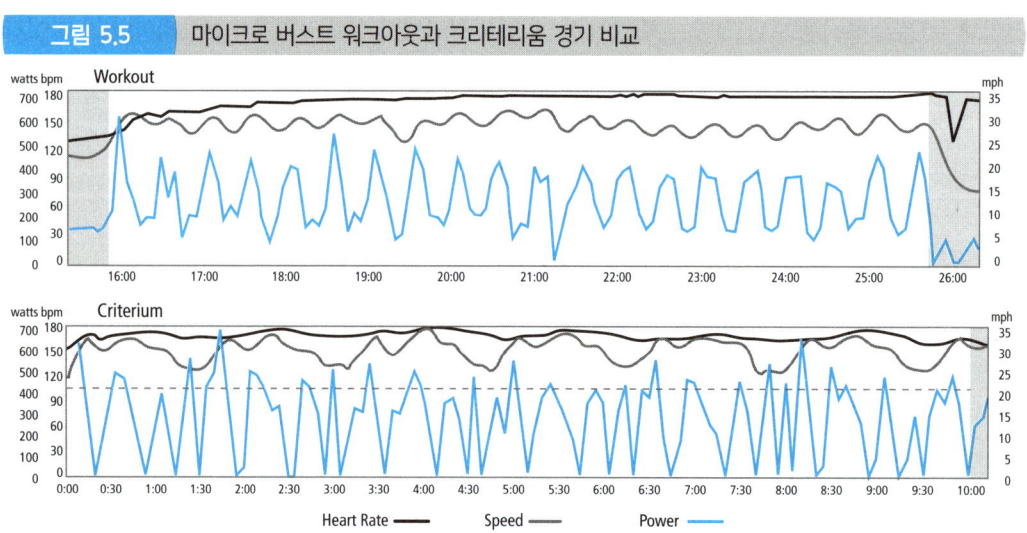

그림 5.5 마이크로 버스트 워크아웃과 크리테리움 경기 비교

에서 초반 급가속, 크리테리움에서 급작스럽게 댄싱할 때 혹은 트랙 종목에서 댄싱으로 스타트하는 것에 필요한 폭발적인 파워를 생성하는 능력을 향상하도록 설계되었습니다. 이 워크아웃의 데이터를 보고 크리테리움의 데이터와 비교하면 다운로드한 파일들이 본질적으로 매우 유사하다는 것을 쉽게 알 수 있습니다. 이는 생리적 특이성을 고려한 트레이닝이 얼마나 중요한지 보여줍니다(**그림 5.5 참조**).

일반적인 2시간 마이크로 버스트 워크아웃의 경우, 표준 워밍업을 한 다음 각각 10분씩 두 세트의 마이크로 버스트를 수행합니다. 마이크로 버스트 노력은 15초 켜기, 15초 끄기를 10분 동안 계속 반복합니다. 15초 켜기 구간에서는 FTP의 150%(조의 경우 435 W)까지 끌어올리고, 15초 끄기 구간에서는 FTP의 50% (145 W)로 다시 끌어내립니다. 그 후 15에서 20분간 가볍게 스피닝을 한 후 다음 블록을 시작합니다. 이 블록에서는 댄싱으로 10초간 스프린트를 10회 실시하고, 그 사이에 최소 2분간 가볍게 페달을 밟는 것이 포함됩니다. 스프린트 중에는 FTP의 300-350%에 도달하도록 노력합니다. 이후 15분 동안 쿨다운합니다.

이 워크아웃을 약간 변형한 것도 역시 신경근 파워 시스템을 공략합니다. 2시간 워크아웃으로, 표준 워밍업으로 시작한 다음, 레벨 3의 하단(FTP의 약 76-80%)의 페이스를 1시간 동안 유지하며 라이딩합니다. 이 한 시간 동안 댄싱으로 3분마다 버스트를 반복하는데, FTP의 150%에 도달한 후 10초간 유지합니다. 케이던스를 높게 유지하세요. 기어 변속은 한두 번만 해야 합니다. 남은 시간 동안 FTP의 80% 이하로 순항한 이후, 쿨다운합니다.

이런 류의 워크아웃을 할 때 모든 트레이닝 레벨은 연속적이라는 점을 명심하세요. 어떤 노력도 명확한 시작점이나 중단점이 없습니다. 레벨 3 (FTP의 76-90%)에서 라이딩하는 동안 유산소 능력을 훈련하다가 레벨 4에서 마술처럼 FTP의 91%에서 역치를 훈련하는 것은 아닙니다. 훈련하는 인체의 생리적 시스템은 서로 융합되어 있으며, 레벨 3에서 훈련하는 경우 해당 강도에서 다른 시스템보다 특정 시스템을 더 많이 사용하게 되지만 그렇다고 다른 시스템이 영향을 받지 않는 것은 아닙니다. 큰 그림, 즉 워크아웃의 철학을 인식하고 숫자의 노예가 되는 데 너무 사로잡히지 않는 것이 중요합니다.

아이레벨 워크아웃

코건의 클래식 레벨이 만들어졌을 때 파워미터를 사용하는 라이더의 99%가 VO$_2$max, 무산소 능력, 신경근 파워에 대한 일반적인 백분율 가이드라인에 부합하는 것으로 나타났습니다. 하지만 이전에는 불가능하다고 생각했던 예를 들자면, 5분 동안 FTP의 150%를 유지할 수 있는 일부 범위를 벗어난 능력을 보여주는 파워 파일을 계속 받을 수 있었습니다. 앤드류 코건은 이러한 불일치를 조정하고 선수 개개인을 위한 맞춤형 트레이닝 레벨을 만들기 시작했습니다. 충분한 기간 동안 파워 트레이닝을 해왔거나 자신의 와트 비율이 상위 코건 클래식 레벨에 맞지 않는다면 아이레벨을 사용하면 도움이 될 것입니다.

그림 5.6　　파워 지속 곡선과 아이레벨

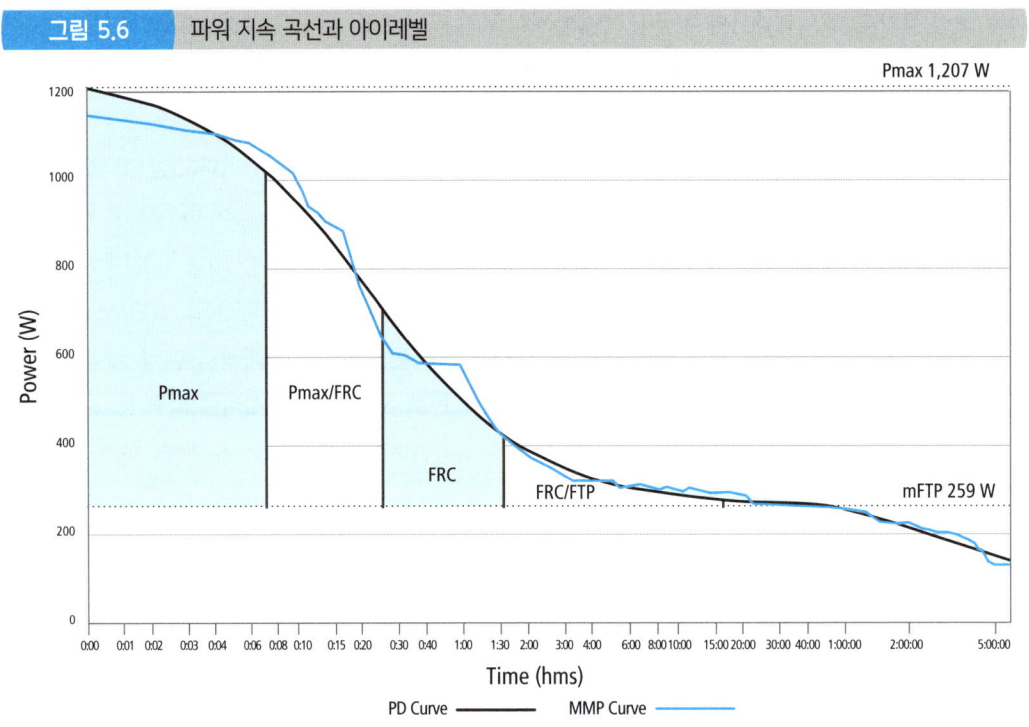

파워 지속 곡선 모델을 사용하여 곡선을 따라 특정 백분율 변화를 기반으로 아이레벨을 생성했습니다. 예를 들어, 코건 클래식 레벨을 사용하면 무산소 능력은 FTP의 121-150% 사이가 되어야 하며, 이 파워의 시간은 30초에서 2분까지 다양할 수 있습니다. 그러나 TrainingPeaks WKO4 소프트웨어를 사용하면 예를 들어 28초에서 파워가 크게 감소한 후 다시 1분 33초에서 파워가 감소하는 것을 확인할 수 있습니다(그림 5.6 참조). 파워 지속 곡선 모델은 이러한 표식을 개인의 대사 시스템이 무산소 능력에서 작동하는 지속 시간으로 해석하고 해당 영역에 대한 아이레벨을 생성합니다.

예를 들어, 코건 클래식 레벨을 기준으로 한 조의 레벨 6(무산소 능력)은 290 W로 FTP의 121-150%이고 30초에서 2분 사이의 인터벌을 351-

표 5.2　　조를 위한 아이레벨

Level	Description	Power	% of FTP	Duration (m:s)
1	Recovery	<171 W	<56	
2	Endurance	171 – 232 W	56 – 76	
3	Tempo	232 – 269 W	76 – 88	
4a	Sweet Spot	269 – 290 W	88 – 95	
4	FTP	290 – 321 W	95 – 105	
5	FRC/FTP	321 – 471 W		17:40 – 1:33
6	FRC	471 – 711 W		1:33 – 0:28
7a	Pmax/FRC	711 – 961 W		0:28 – 0:09
7	Pmax	>961 W		<0:09

435 W 사이로 라이딩해야 합니다. 당연히 30초로 짧게 할수록 해당 범위의 상단에 가까워질 것입니다. 하지만 TrainingPeaks WKO4의 파워 지속 곡선을 사용하여 계산된 아이레벨을 검토한 결과, 조는 28초 동안 700 W를 살짝 못 미치는 정도로 유지했고 1분 33초 동안 평균 471 W를 기록했다는 사실을 알게 되었습니다. 따라서 레벨 6을 제대로 훈련하려면 코건 클래식에서 규정하는 비율보다 와트를 크게 높여야 합니다. 표 5.2는 조를 위한 새로운 아이레벨을 보여줍니다.

레벨 4 이하에서는 FTP에 비해 지속할 수 있는 파워의 개인 간 편차가 훨씬 적기 때문에 아이레벨은 코건 클래식 레벨 4보다 높은 노력에만 적용됩니다. 유일한 예외는 아이레벨에 스윗스팟인 레벨 4a를 포함시킨 것입니다. 스윗스팟 트레이닝의 인기와 뛰어난 효과로 인해 특정 아이레벨로 포함될 수 있었습니다. 아이레벨에서는 에너지 시스템의 연속성을 보다 명확하게 나타내고 최신 트레이닝 소프트웨어의 도움으로 고유한 생리학에 맞게 트레이닝 레벨을 더욱 세밀하게 조정할 수 있도록 새로운 이름이 명명되기도 하였습니다.

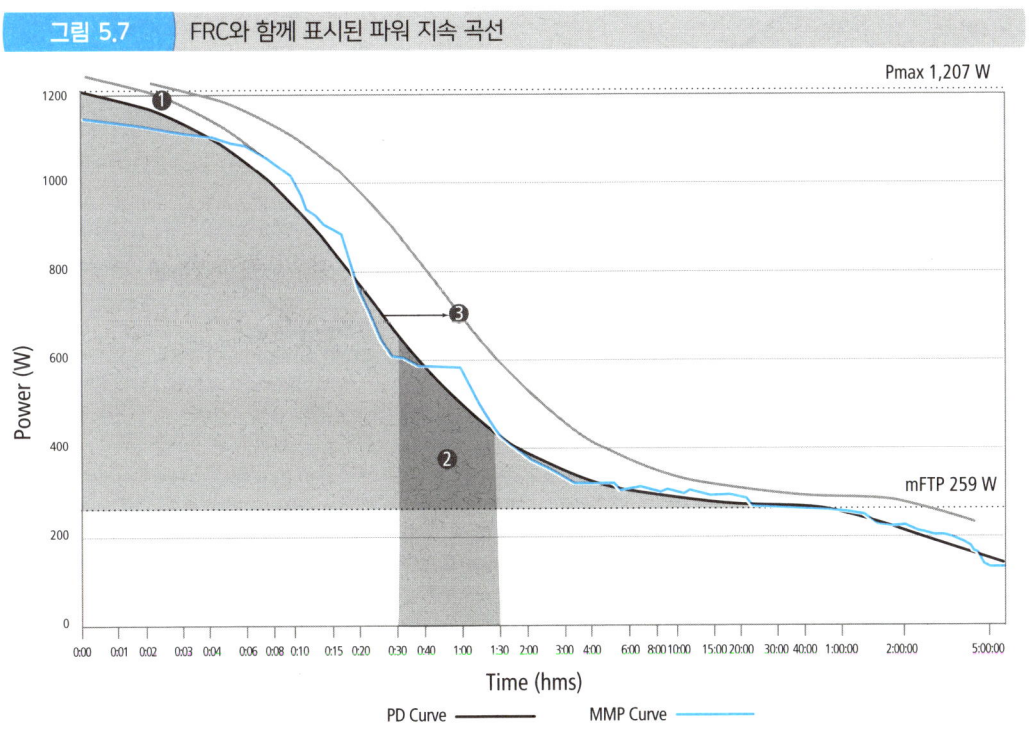

그림 5.7   FRC와 함께 표시된 파워 지속 곡선

FRC는 음영 처리된 영역으로, 파워 지속 곡선 아래에 있지만 mFTP 위에 있습니다. 이 예시에서 레벨7, Pmax는 0:00-0:08, 레벨7a, Pmax/FRC는 0:08-0:24, 레벨6, FRC는 0:24-1:36, 레벨5, FRC/FTP는 1:36-18:15입니다. ① Pmax를 키우거나, ② 0:30-1:30과 같은 특정 시간대에 집중하거나, ③ 전체 파워 지속 곡선을 오른쪽으로 이동하여 FRC를 높일 수 있습니다.

아이레벨 5: 기능적 비축 용량(FRC)/기능적 역치 파워(FTP)

기능적 비축 용량(FRC)은 FTP를 초과하여 수행할 수 있는 총 일량입니다. 이론적으로 사이클리스트는 FTP를 초과하는 강도로 운동하는 경우 탈진할 때까지 FRC를 모두 활용하게 됩니다. 하지만 파워 지속 곡선 모델을 통해 개인별 맞춤화가 가능해짐에 따라 다양한 생리적 능력을 보다 구체적으로 타겟팅할 수 있습니다. 이는 **그림 5.7**에 표시된 새로운 아이레벨 5에서 시작되며, 여기에는 FTP와 FRC 모두에 상당한 요구를 하는 노력이 포함됩니다. 두 가지 능력을 향상시키는 데 있어 순수 FTP(아이레벨 4) 또는 순수 FRC(아이레벨 6) 인터벌만큼 효과적이지는 않지만, 아이레벨 5에서의 훈련은 두 가지 모두를 향상시키는 데 도움이 되며 개인추발, 프롤로그(길이가 짧은 TT) 또는 힐클라임 TT과 같은 경쟁 이

그림 5.8	조의 아이레벨 5 워크아웃

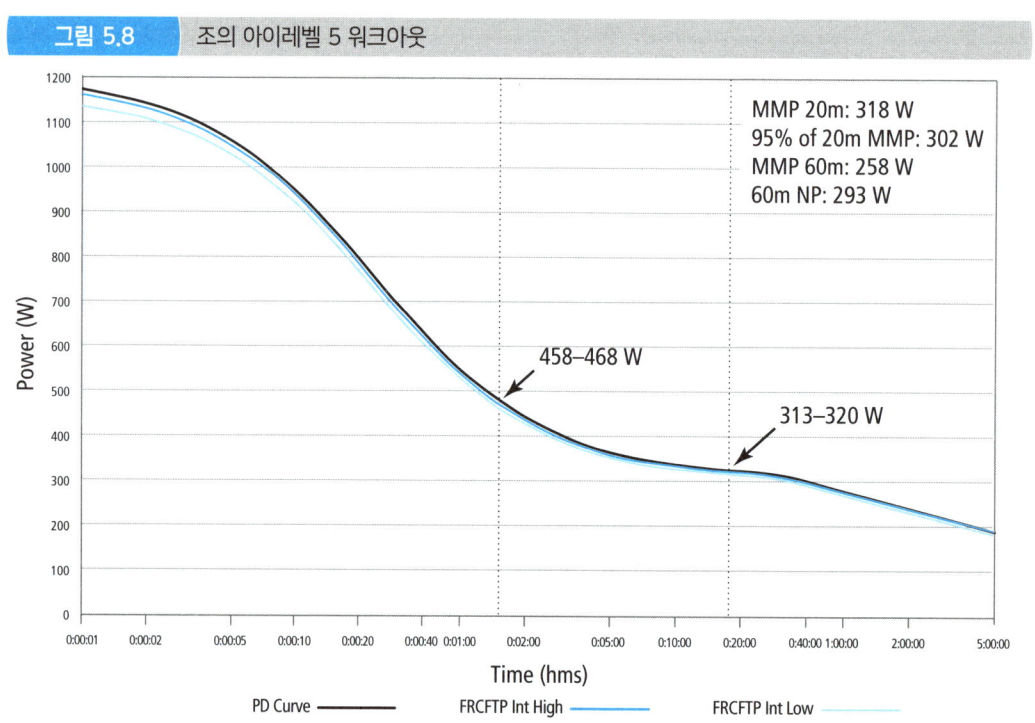

MMP 20m: 318 W
95% of 20m MMP: 302 W
MMP 60m: 258 W
60m NP: 293 W

458–468 W

313–320 W

Time (hms)

PD Curve ——— FRCFTP Int High ——— FRCFTP Int Low ———

워크아웃	아이레벨 5, 십자 조준선

	Time	Description	% of FTP	% of FTHR
Warm-up	15 min.	Easy riding	68–70	70–80
Main set	5 × 5 min. (5 min. RI)	Target 350–357 watts. Extend rest period in order to achieve targeted wattage as fatigue creeps in.	iLevel 5	>100
Cooldown	15 min.	Easy riding	68–70	70–80

벤트의 특정 요구 사항을 따라하는 데 사용할 수 있습니다.

조의 아이레벨 5 지속 시간은 1분 33초에서 17분 40초 사이이며 해당 와트는 321 W에서 471 W입니다. 아이레벨 5에는 FTP와 FRC가 모두 포함되어 있고 범위가 상당히 넓기 때문에 파워 지속 곡선을 검토하여 해당 기간의 와트 목표를 정확하게 파악하는 것이 중요합니다. 조의 경우, 가장 긴 아이레벨 5 지속 시간인 17:40에는 313-320 W를 목표로 하고, 가장 짧은 아이레벨 5 지속 시간인 1:33에는 458-468 W를 목표로 할 수 있습니다. **그림 5.8**은 이러한 지속 시간 및 파워 범위에 대한 목표 지침을 제공합니다. FRC와 FTP를 모두 훈련하려면 세로 점선 사이의 영역을 목표로 삼는 것이 중요합니다.

코건 클래식 레벨과 비교했을 때 워크아웃 구조에는 큰 차이가 없지만, 5분 노력의 강도는 조의 고유한 생리에 맞게 수정되었습니다.

아이레벨 6: 기능적 비축 용량 (FRC)

이 아이레벨은 순전히 FRC, 즉 FTP 이상의 운동을 수행할 수 있는 능력을 향상하는 데 중점을 둡니다. 이는 강도 높은 인터벌이며 코건 클래식 레벨 6 무산소 능력 인터벌과 유사하게 짧은 시간 동안 진행됩니다. 앞서 언급했듯이 조의 코건 클래식 레벨 6은 290 W FTP의 121-150%이므로 351-435 W에서 30초에서 2분 사이의 인터벌을 수행합니다. 지속 시간이 짧을수록 높은 와트 범위와 상관관계가 있고, 지속 시간이 길수록 낮은 와트 범위와 상관관계가 있습니다. 하지만 TraningPeaks WKO4의 파워 지속

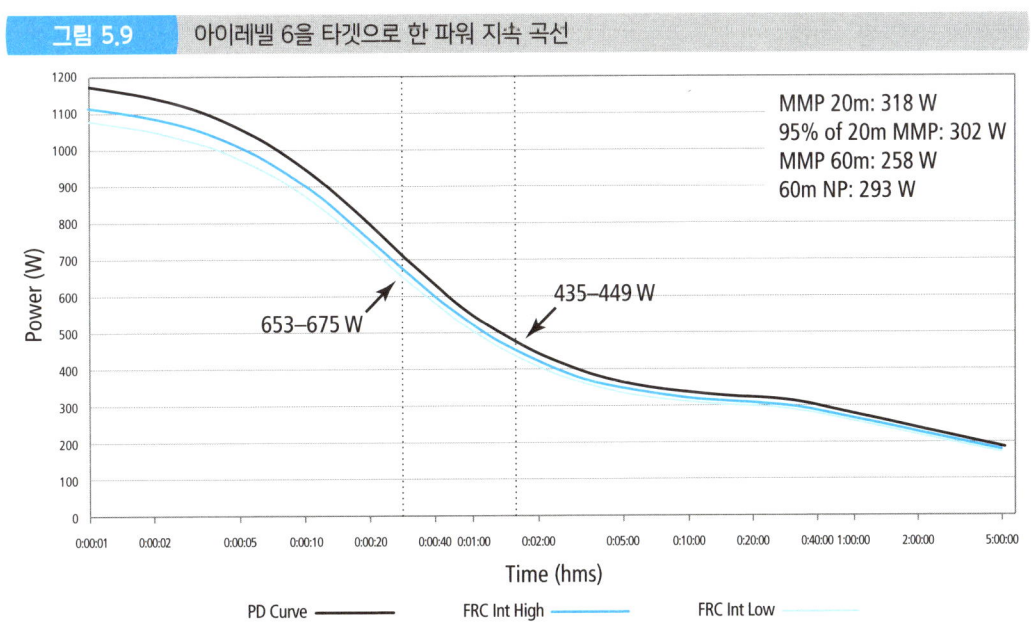

그림 5.9   아이레벨 6을 타겟으로 한 파워 지속 곡선

MMP 20m: 318 W
95% of 20m MMP: 302 W
MMP 60m: 258 W
60m NP: 293 W

653–675 W

435–449 W

PD Curve   FRC Int High   FRC Int Low

워크아웃	아이레벨 6, 확대

	Time	Description	% of FTP	% of FTHR
Warm-up	15 min.	Easy riding	68 – 70	70 – 80
Main set	10 × 1 min. (2 – 3 min. RI)	Target 501 – 517 watts. Extend rest period in order to achieve watts as fatigue creeps in.	iLevel 6	>100
Cooldown	15 min.	Easy riding	68 – 70	70 – 80

곡선을 사용하고 계산된 아이레벨을 검토한 결과, 조는 28초 동안 평균 697 W, 1분 33초 동안 평균 471 W를 사용했음을 알 수 있습니다. 따라서 레벨 6을 제대로 훈련하려면 코건 클래식 레벨 6보다 와트를 크게 높여야 하며, 대신 28초 동안 653-675 W, 1분 33초 동안 435-449 W를 목표로 해야 합니다.

아이레벨 7a: 최대 신경근 파워(Pmax)/기능적 비축 용량(FRC)

이 아이레벨은 또 다른 두 개의 레벨을 포함하는 새로운 아이레벨입니다. 즉 최대 신경근 파워(Pmax)와 FRC를 모두 자극하는 강도를 나타냅니다. 이 강도의 트레이닝은 Pmax 또는 그 근처에서의 피로 저항 또는 보다 긴 스프린트 능력을 향상하는 데 매우 효과적입니다. 상쾌한 다리로 짧은 점프 스프린트만으로 레이스를 마무리하는 라이더는 거의 없기 때문에, 종종 Pmax가 아니라 Pmax에 최대한

그림 5.10	아이레벨 7a을 타겟으로 한 파워 지속 곡선

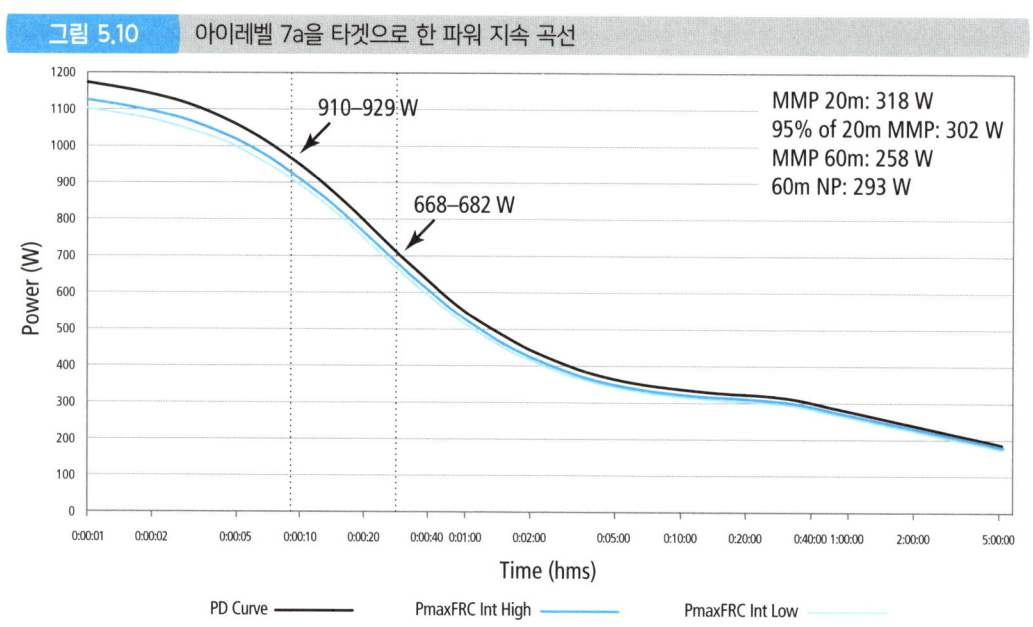

MMP 20m: 318 W
95% of 20m MMP: 302 W
MMP 60m: 258 W
60m NP: 293 W

910–929 W

668–682 W

Power (W)

Time (hms)

PD Curve   PmaxFRC Int High   PmaxFRC Int Low

워크아웃	아이레벨 7a, 12번의 깔끔한 스프린트!			
	Time	Description	% of FTP	% of FTHR
Warm-up	15 min.	Easy riding	68 – 70	70 – 80
Main set	6 × 12 sec. sprints (3 – 5 min. RI)	Target 856 – 874 watts. Extend rest as long as needed to achieve watts as fatigue creeps in.	iLevel 7a	N/A
	10 min.	Easy riding	68 – 70	70 – 80
	6 × 28 sec. sprints (3 – 5 min. RI)	Target 668 – 682 watts. Extend rest to achieve watts as fatigue creeps in.	iLevel 7a	N/A
Cooldown	15 min.	Easy riding	68 – 70	70 – 80

가까운 파워를 얼마나 잘 유지할 수 있는지가 승패를 결정짓는 경우가 많습니다.

조의 경우, 이는 각각 710 W, 968 W에서 길게는 28초, 짧게는 9초 동안의 스프린트입니다. 아이레벨 7a에서 훈련하면 긴 스프린트에서 피로 저항을 높일 수 있으며, 폭발적인 스프린트를 하지만 최고 와트를 몇 초 이상 유지할 수 없는 라이더라면 개선할 수 있는 좋은 영역이 될 수 있습니다. 피로 저항을 키우는 데 필요한 스트레스를 유발하기 위해서는 워크아웃에 규정된 시간을 유지하는 것이 중요합니다. 이 구간 동안 파워미터를 보는 것은 매우 어려우므로 권장하지 않습니다. 폼(form)에 집중하고 스프린트 직전에 랩 타이머를 시작한 다음 구간이 끝나면 멈추세요. 그런 다음 설정한 목표에 도달한 평균 와트를 다시 확인할 수 있습니다.

아이레벨 7: Pmax

이 아이레벨은 코건 클래식 트레이닝 레벨의 레벨 7과 직접적으로 비교할 수 있습니다. 이는 스프린트에서의 순수한 폭발력과 왼발과 오른발 모두에 대한 최고의 단일 페달 스트로크를 나타냅니다. 각 다리의 기여도를 통합하고 Pmax를 정확하게 측정할 수 있을 만큼 짧으면서도, 잘못된 데이터 포인트를 제거할 수 있을 만큼 길기 때문에 폭발성을 측정하는 데 매우 좋은 방법입니다. 이 인터벌을 실행할 때는 스프린트에 100% 집중해야 하므로 파워미터에서 순간적으로 어떤 통찰력도 얻을 수 없으므로 시도조차 하지 않는 것이 좋습니다. 헤드 유닛에서 랩 타이머를 시작 및 중지할 수 있으므로 스프린트 후 파워를 검토하는 것이 좋습니다. 최저 목표치의 평균 와트에 도달할 수 없을 때까지 가능한 한 많은 스프린트를 완료하세요.

이러한 코건 클래식 및 아이레벨 워크아웃은 트레이닝에서 파워미터를 보다 전략적으로 사용하기 시작하는 데 도움이 되지만, 이것만이 수행할 수 있는 유일한 워크아웃은 아닙니다. 와트 수를 사용하여 워크아웃을 설계하는 방법은 수백 가지가 있으며, 목표 달성에 도움이 되는 다른 방법을 만들어 보시기 바랍

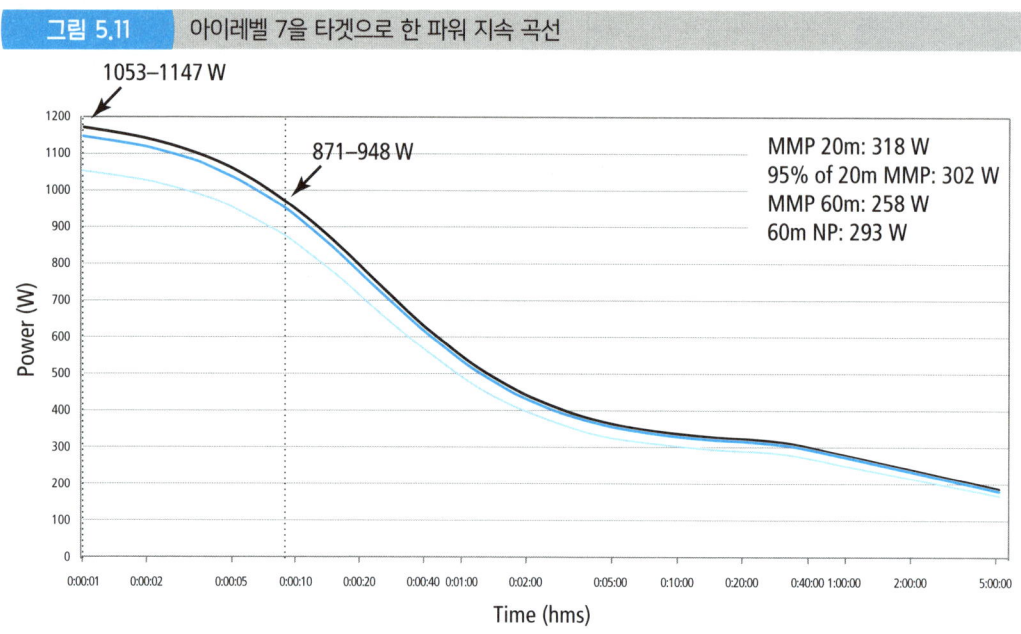

그림 5.11 | 아이레벨 7을 타겟으로 한 파워 지속 곡선

1053–1147 W

871–948 W

MMP 20m: 318 W
95% of 20m MMP: 302 W
MMP 60m: 258 W
60m NP: 293 W

Power (W)

Time (hms)

워크아웃 | 아이레벨 7, 다이나마이트

	Time	Description	% of FTP	% of FTHR
Warm-up	15 min.	Easy riding	68 – 70	70 – 80
Main set	10 × 9-sec. (3 – 5 min. RI)	Target 910-watt minimum. Extend rest period in order to achieve target power as fatigue creeps in.	iLevel 7a	N/A
	10 min.	Easy riding	68 – 70	70 – 80
	10 × 5-sec. sprints (3 – 5 min. RI)	Target 1,000+ watts. Extend rest period in order to achieve target power as fatigue creeps in.	iLevel 7a	N/A
	10 min.	Easy riding	68 – 70	70 – 80
	4 × 5-sec. sprints (3 – 5 min. RI)	Target 1,000+ watts. Extend rest period in order to achieve target power as fatigue creeps in.	iLevel 7a	N/A
Cooldown	15 min.	Easy riding	68 – 70	70 – 80

니다. 부록에 있는 100가지 이상의 워크아웃도 활용할 수 있습니다. 나만의 워크아웃을 설계하기 시작할 때, 해결해야 할 다양한 트레이닝 레벨과 각각의 요소가 트레이닝에 미치는 영향을 정확히 알고 있어야 합니다. 인터벌은 운동 능력 향상을 위해 할 수 있는 중요한 것 중 하나이며, 각 트레이닝 라이딩에서 최적의 인터벌 횟수를 수행하는 것이 핵심입니다. 표 5.1과 노력을 최적화하기 위한 규칙을 잊지 마세요. 이렇게 한다면 파워미터를 통해 모든 시스템을 최적으로 트레이닝 하고 있다는 확신을 가질 수 있습니다.

6

데이터 해석

지금까지의 내용을 통해 트레이닝 레벨과 FTP를 알고, 파워 프로필을 사용하여 사이클링 강점, 약점 및 특성을 확인했으며, 와트 수로 워크아웃을 만드는 방법을 알았습니다. 이제 다음 단계는 다운로드한 데이터가 무엇을 의미하는지 이해하는 것입니다.

파워미터는 최대 와트 수와 평균 와트 수, 심박수, 케이던스, 소모된 에너지를 표시하여 상당한 노력을 기울인 라이딩에 대한 정량적 정보를 제공합니다. 또한 운동 중 파워의 중요한 변동 여부를 정확히 짚어서 파악할 수도 있습니다(이 장 뒷부분의 "성냥이란 무엇인가요?" 참조). 케이던스를 검토할 수 있으며, 이는 특히 파워 출력이 높은 기간에 유용합니다. 모든 수행한 운동과 소요된 시간과의 관계를 다양한 트레이닝 레벨의 관점에서 검토할 수도 있습니다. 이 모든 데이터를 이해하면 훈련에 대한 접근 방식을 더욱 정교하게 만들 수 있습니다.

데이터를 해석하는 것은 현재 피트니스 수준이 어떤지, 시간이 지남에 따라 어떻게 변화했는지, 사이클링을 발전시키기 위해 트레이닝을 어떻게 재구성해야 하는지 등을 이해하는 데 필요한 핵심적인 요소입니다. 모든 차트와 그래프는 트레이닝 프로그램에서 각각의 라이딩이 모두 의미를 갖는 것과 마찬가지로 의미를 가집니다. 열심히 훈련한 날만큼이나 휴식일도 중요하며, 파워미터 데이터도 마찬가지입니다: 모든 데이터는 중요합니다. 모든 라이딩, 모든 레이스, 자전거에 오를 때마다 기록하고 파일을 다운로드하세요.

레이스에서 중요한 부분을 찾아내고 해당 부분에서 필요한 파워를 정확히 파악한 다음 트레이닝 데이터와 비교해보세요. 우승을 결정짓는 상황(스플릿, split)이 발생했을 때 선두 그룹을 유지하기 위해 어느 정도의 파워가 필요했는지 확인할 수 있습니다. 낙오되었을 때의 파워도 평가할 수 있습니다. 케이던스가 너무 낮았거나 피로로 인해 페달링 스트로크가 엉성해질 수 있으며, 파워 출력에 비해 토크가 너무 높았을 수도 있습니다. 이번 레이스와 다른 레이스 또는 유사한 라이딩을 비교해 보세요. 이 모든 분석은 더 강한 사이클리스트가 될 수 있는 방법에 대한 통찰력을 얻는 데 도움이 됩니다.

파워 데이터를 분석하는 데 사용할 수 있는 많은 소프트웨어 패키지가 있으며, 일부는 다른 패키지보다 더 상세합니다. 선택한 소프트웨어로 작업하고 시간을 들여 정보를 충분히 분석하는 것이 중요합니다. 자신의 데이터를 보고 올바르게 해석해야만 파워미터를 최대한 활용할 수 있습니다. 이러한 단계를 수행하면 트레이닝과 레이스에서 완전히 새로운 가능성의 세계를 발견할 수 있습니다.

보정 및 설정 조정하기

먼저, 데이터를 최상으로 만들기 위해 몇 가지 설정을 조정해 보겠습니다. 라이딩을 최대한 정확하게 기록하려면 파워미터를 가능한 가장 작은 샘플링 간격으로 설정하세요. 일부 파워미터의 경우 데이터 양으로 인해 라이딩을 기록할 수 있는 총 시간이 제한될 수 있으므로, 장거리 라이딩을 할 경우 이를 고려하여 기록 빈도를 설정하세요. 헤드 유닛에서 3초 평균 파워를 표시하도록 설정하면 인터벌을 정확하게 실행하기가 더 쉬워집니다. 시작하기 전에 파워미터를 영점 조절하세요. 라이딩을 마치고 집에 돌아와서 라이딩 시작 시점과 영점 조절한 시점이 달라 모든 데이터가 쓸모 없어졌다는 사실을 알게 되는 것보다 더 실망스러운 일은 없습니다. 2장에서 언급했듯이 가민 헤드 유닛은 이 프로세스에 사용하는 언어에 잘못된 명칭이 있습니다. 가민에서는 '제로' 대신 '캘리브레이션'이라고 표시하므로 가민 헤드 유닛을 사용하는 경우 라이딩 전에 매번 '캘리브레이션'을 해야 합니다. 마지막으로, 파워미터가 보정(캘리브레이션)되었는지 확인합니다. 대부분의 파워미터는 휴대폰 앱으로 파워미터에 무선으로 연결하여 보정을 확인할 수 있으며, 다른 파워미터의 경우 제조업체의 웹사이트에서 보정 프로세스에 대한 개요를 확인할 수 있습니다.

라이딩 그래프를 볼 때는 평활화 없이 데이터를 보거나 5초만 평활화한 상태로 보십시오. 2장에서 설명한 것처럼 파워미터가 파워를 측정하는 방식에는 몇 가지 내재적인 문제가 있으므로 소프트웨어 애플리케이션에서 데이터를 평활화하는 것이 오해의 소지가 있는 노이즈를 제거하는 가장 좋은 방법일 수 있습니다. 하지만 문제가 있습니다. 평활화는 데이터의 들쭉날쭉함을 일부 제거하지만, 데이터의 실제 최고점과 최저점을 모호하게 만드는 경우가 많습니다. 5초 평활화에서는 5초 동안 데이터를 평활화 합니다. 이는 데이터에 포함된 의미를 거의 잃지 않을 만큼 충분히 짧으며, 평활화하지 않은 데이터와 비교하여 눈으로 더 쉽게 이해할 수 있습니다. 또한 발생할 수 있는 잘못된 데이터 포인트를 제거하는 것도 매우 중요합니다. 스프린트에서 1,000 W를 돌파한 적이 없는데 갑자기 최대 파워가 2,000 W 이상으로 표시되는 경우, 잘못된 2,000 W 파워 스파이크를 찾아서 0 W로 변경하거나 그 전후의 지점을 기준으로 조정해야 합니다.

우리는 개별 라이딩 파일을 살펴보는 것부터 시작해서, 나중에는 트레이닝 관리라는 더 큰 관점으로 데이터를 해석해볼 것입니다.

파워 분포

페달링 시간

라이딩 파일을 열어 생성된 몇 가지 차트를 살펴보기 시작하겠습니다. 첫 번째 작업은 파워 분포 차트를 보는 것입니다. 레이스에서 나온 것이라면 페달을 돌리는 데 대부분의 시간을 소요했을 것입니다. 따라서 페달을 밟지 않은 시간을 확인하는 것도 흥미로울 것입니다. 이를 게임으로 표현하자면, 에너지 절약입니다. 대부분의 우승한 로드 레이서들은 페달을 밟지 않는 시간이 최소 15%가량 됩니다. 레이스에서 85% 이상 페달을 밟는다면 펠로톤에서 자신이 어느 위치에 있는지 생각해 볼 필요가 있습니다. 일반적인 로드 레이스 우승자의 파워 분포 차트는 **그림 6.1**에 표시된 것과 비슷합니다.

이 차트를 보면 이 라이더는 와트를 생산하지 않는 시간(즉, 에너지를 절약하고 휴식을 취하는 시간)이 많았습니다. 템포 및 FTP (250-340 W)에서 많은 시간을 보냈지만 그 이상의 파워(360 W 이상)에서

| **그림 6.1** | 레이스-위닝 노력에서의 파워 분포 |

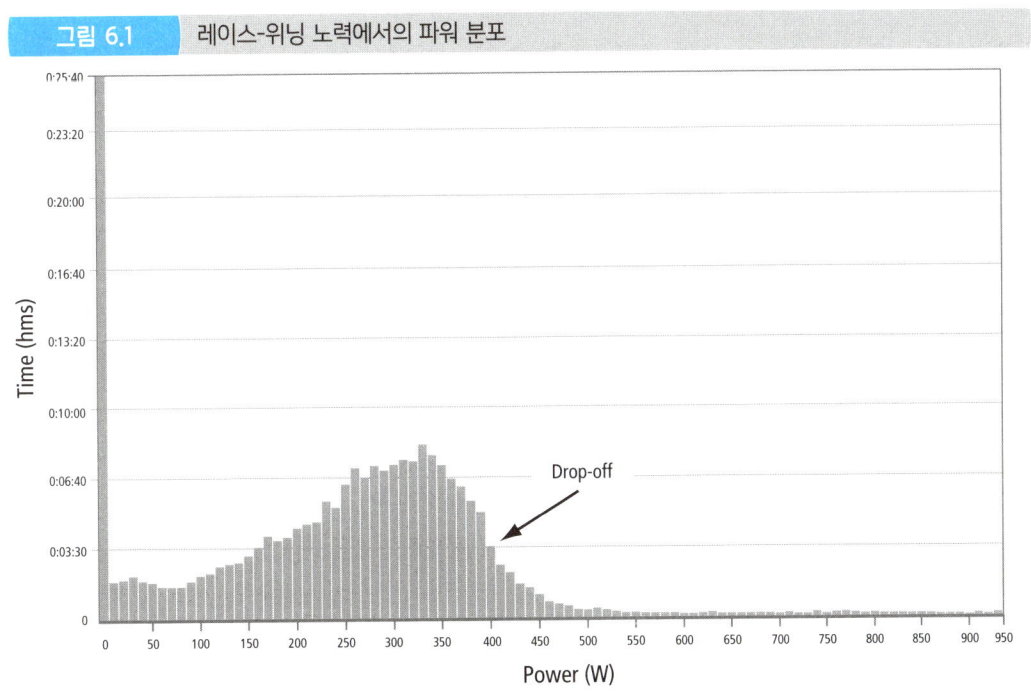

는 그리 많은 시간을 보내지 않았습니다. 즉, 일반적으로 페달을 가장 적게 밟지만, 페달을 밟을 때는 가장 세게 밟아야 우승할 수 있다는 뜻입니다. 이 점을 기억해야 합니다.

일반적인 트레이닝 라이드에서 페달을 밟지 않은 시간은 그다지 중요하지 않습니다. 중요한 것은 파워 존에서 얼마나 많은 시간을 보내는가의 여부입니다. 따라서 FTP 레벨 주변에서 시간 감소가 일어나는 부분을 찾아야 합니다. 그림 6.1에서 이 라이더가 400-410 W에서 보낸 시간이 390-400 W에서 보낸 시간과 비교했을 때 큰 폭으로 감소한 것을 알 수 있습니다. 이 정보를 바탕으로 이 라이더의 FTP는 390-400 W의 그래프 막대 상단에 있으며 400 W를 넘을 가능성은 거의 없다고 대략적으로 추측할 수 있습니다. 이를 어떻게 알 수 있을까요? 정의상 FTP까지는 라이딩 하더라도, 그 이상은 오랜 기간 하는 것이 불가능하다는 것을 알기 때문에, FTP를 가깝게 나타내는 그래프 막대에서 더 많은 시간이 표시될 것으로 예상해야 합니다. (3장에서의 FTP 결정하는 부분을 참조하면, 이러한 방법 외에 FTP를 확인하는 다른 방법들을 확인 가능합니다.) 우승하는 레이서들은 자신의 페이스를 잘 알고 있기 때문에 FTP에 많은 시간을 소비하지만 그 이상은 그리 많이 소비하지 않습니다. 여러분의 라이딩 파워 파일에서도 비슷한 경향이 나타날 수 있습니다.

레벨 별 시간

파워 분포 차트를 볼 때 고려해야 할 다음 사항은 관심을 가진 레벨에서 충분한 시간을 소요했는지 여부입니다. 취약한 영역에서 개선을 이루기 위해 노력한 경우, 그 목표를 달성할 수 있을 만큼 해당되는 레벨에서 충분히 오래 라이딩을 했나요? 레벨별 파워 분포 차트를 살펴보세요. 이를 통해 트레이닝 시간을 최대화할 수 있도록 올바른 레벨에서 트레이닝 했는지 확인할 수 있습니다. 트레이닝 레벨 계산이 정확한지 확인하려면 먼저 FTP를 기반으로 트레이닝 레벨을 올바르게 설정하는 것이 중요합니다.

피트니스는 시간이 지남에 따라 변하고 트레이닝 레벨은 FTP를 기준으로 계산되므로 이러한 절대 수치는 일 년 내내 변경됩니다. 예를 들어 1월에 FTP가 200 W였다고 가정해 보겠습니다. 이는 템포 레벨(레벨 3, FTP의 76-90%)이 152-180 W 사이라는 뜻입니다. 이 범위 내에서 라이딩을 할 때마다 레벨 3에 시간이 누적되며, 파워 분포 차트의 해당 막대에서 이를 확인할 수 있습니다. 하지만 6월이 되면 FTP가 260W까지 올라갈 수 있습니다. 이제 해당 레벨 3의 분포는 197-234 W가 됩니다. 피트니스가 급격히 증가했기 때문에 이제 152-180 W가 레벨 2 즉, 엔듀런스 레벨에 해당합니다. 이것은 좋은 소식입니다. 하지만 더 발전하려면 레벨 설정과 트레이닝을 수정해야 합니다. 피트니스 변화에 따라 업데이트하는 것을 잊지 마세요.

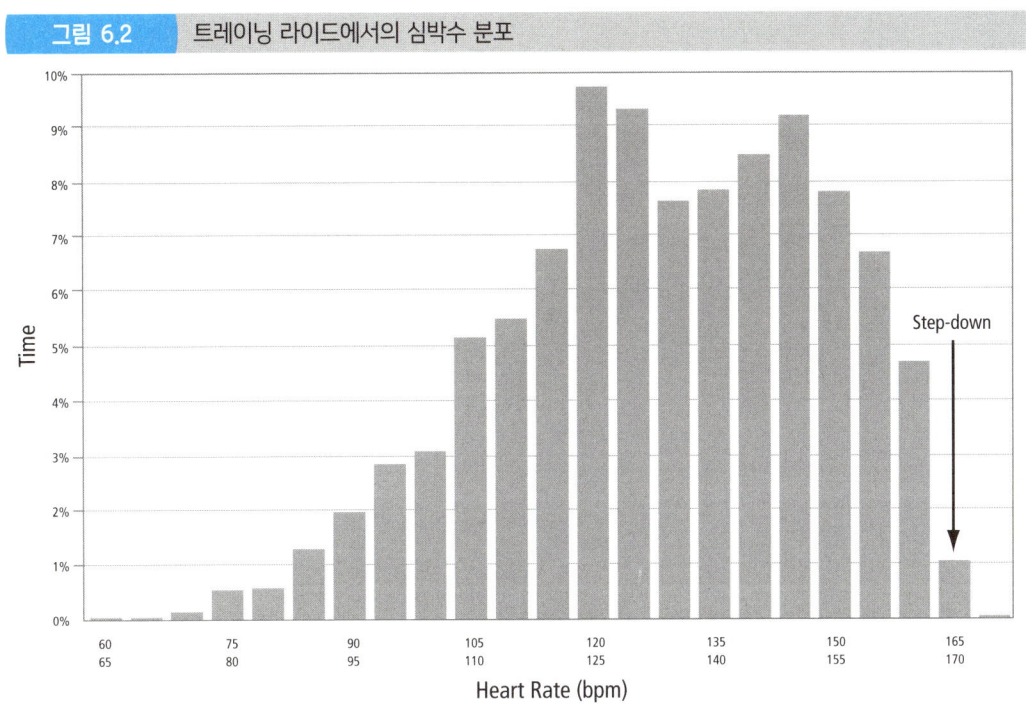

그림 6.2　　트레이닝 라이드에서의 심박수 분포

심박수 분포

라이딩과 관련된 파워를 확인했다면 다음으로 살펴봐야 할 것은 심박수 분포 차트입니다. 파워 분포 차트와 마찬가지로, FTP 이상에서 보낸 시간이 포함된 충분히 큰 데이터 세트를 보면 심박수의 역치값이 어디에 있는지 확인할 수 있습니다. 심박수가 기록되는 데이터 빈도를 분당 3-5회 간격으로 설정하면 스텝다운(step-down)이 발생하는 위치를 더 쉽게 확인할 수 있습니다. **그림 6.2**에서는 160-165 bpm에서 165-170 bpm으로 급격히 감소하는 것을 쉽게 확인할 수 있습니다.

케이던스 분포

케이던스 차트를 살펴보면 다양한 케이던스 범위에서 얼마나 다양하게 시간을 보내는지 확인할 수 있습니다(그림 6.3 참조). 이는 전반적으로 생리적 변화를 주거나 혹은 특정 워크아웃을 위해 케이던스를 늘리거나 줄이려는 경우 매우 유용한 정보가 될 것입니다. 또한 스스로에 대해서 알 수 있는데, 속근과 지근의 비율에 대한 단서를 제공할 수도 있습니다.

이 라이더는 90 rpm 이상에서 많은 시간을 보내는데, 특히 100 rpm 이상에서 더 많은 시간을 보내므

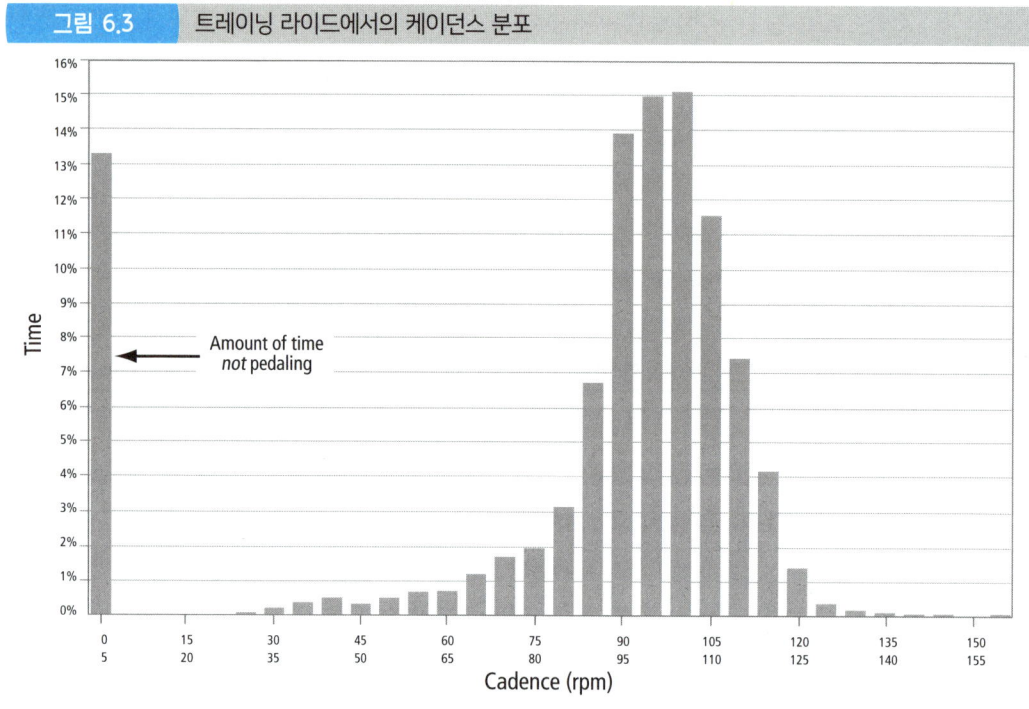

그림 6.3   트레이닝 라이드에서의 케이던스 분포

트레이닝 레벨에서 시간을 검토할 때 주의할 점

트레이닝 레벨을 살펴볼 때 주의해야 할 점이 있습니다. 예를 들어 400 W에서 15초간 페달을 밟는 것과 100 W에서 15초간 페달을 밟는 것을 번갈아 한 시간 동안 수행했다면 결국 30분 동안 400 W에서 페달을 밟게 될 것입니다. 400 W를 해당 레벨에서 약 4분 동안만 유지할 수 있는 파워라고 생각해 보세요. '레벨에 머문 시간'만 보면 특정 트레이닝 레벨에서 실제로 얼마나 오래 지속되는지에 대한 영향은 명확하게 드러나지 않습니다. 다만 심박수를 사용할 때는 ① 심박수가 파워의 변화보다 뒤쳐지기 때문에, 즉 생리학적으로 심박수가 자동으로 평활화되어 매우 짧은 구간이 평균화되고, ② 최대 심박수 또는 VO$_2$max보다 낮은 강도가 필요한 레벨에서만 심박수의 정보를 활용할 수 있기 때문에 문제가 되지 않습니다. 즉, '레벨에 머문 시간'은 파워에 적용할 때보다 심박수에 적용할 때 훨씬 더 의미가 있습니다.

로 이에 따른 근육 유형에 대한 단서를 얻을 수 있습니다.

이 차트는 페달을 밟지 않는 시간에 대한 추가 정보도 제공합니다. 파워 분포 차트에도 이 정보가 표시되지만 케이던스 차트가 더 정확하며, 그 이유는 다음과 같습니다. 케이던스 차트에서는 데이터 범위가 파워 분포 차트보다 작기 때문에(이 차트는 5 rpm 단위로 표현됨), 예를 들어 1-5 rpm 사이, 6-10 rpm 사이 등의 페달링 시간을 확인할 수 있으며, 이는 파워 분포 차트의 0-20 W 구간보다 더 정밀한 수치입니다.

평균 최대 파워

이제 전반적인 라이드에 대해 살펴보았으니 관점을 좁혀 최대 파워를 살펴볼 필요가 있습니다. 짧은 시간 구간 동안의 최대 파워를 그래프로 표시하면 평균 최대 파워에 대한 그래프를 확인할 수 있습니다. 이는 말 그대로 라이딩의 각 초당 최고 평균 파워를 그래프로 나타낸 것입니다.

평균 최대 파워(MMP) 곡선을 통해 운동할 때 자신이 올바른 트레이닝 레벨에 있는지 확인할 수 있습니다. 격렬한 레이스 파일에서 이 차트는 약점과 강점을 정확히 파악하는 데 도움이 됩니다. 비교적 큰 데이터 세트(6개월 이상)에 대한 최대 파워를 조사할 때 곡선의 모양은 개인의 능력에 따라 달라집니다. 기울기의 뚜렷한 변화를 통해 다양한 생리적 시스템에 얼마나 의존하는지 알 수 있으며, 파워 지속 곡선을 모델링하고 라이더의 특성을 결정하는 데 도움이 될 수 있습니다.

예를 들어, 평균 최대 파워 곡선의 기울기는 20초부터 2.5분까지는 매우 일정하지만 2.5분부터 25분까지는 더 낮은 각도로 이어집니다. 이는 2.5분이 지나면 신체가 무산소 능력 시스템에서 VO_2max과 젖산 시스템으로 옮겨간다는 것을 의미할 수 있습니다. 라이더마다 다르므로 이 그래프를 정기적으로 읽고 해석하는 것이 중요한 이유 중 하나입니다. 약 3-6분에 곡선에 뚜렷한 고비가 보이면, 즉 곡선의 나머지 부분과 비교하여 해당 구간에서 매우 높은 파워 출력이 나타나면 이는 VO_2max 파워에 대한 본인의 강도를 나타냅니다. 또는 곡선에 정체기가 나타나면 정체기가 발생하는 시간대에 파워를 생성하는 능력이 약할 수 있습니다.

워크아웃마다 동일한 기간을 비교하는 것이 중요합니다. 5분 동안 노력했지만, 데이터를 볼 때는 6분 동안의 데이터를 살펴본다면, 이는 전반적인 능력을 나타내지 않을 수 있습니다. 6분의 유효한 데이터를 얻으려면 6분간 구체적으로 노력해야 합니다. 또한 스프린트 또는 젖산 역치 인터벌을 수행하지 않은 경우 차트에 표시된 최대 파워는 스프린트를 수행했을 때의 실제 최대 파워를 나타내지 않으며, 젖산 역치도 실제 FTP를 나타내지 못합니다. 이는 파워 지속 곡선 모델에도 적용되며, 모델의 정확도는 모든 지속 시간에 걸쳐 충분한 데이터 포인트를 수집하는 데 크게 좌우됩니다. 이 곡선에서 큰 그림을 보려면 더 모든 시간 구간에 걸쳐 MMP 곡선을 만들어야 하며, 심지어 1년치 데이터 전체를 살펴봐야 진정한 그림을 얻을 수 있습니다. 그림 6.4는 스프린터에 대한 MMP 곡선의 전형적인 예를 보여줍니다. 매우 높은 파워 출력에서 비교적 긴 시간이 지속되는 것을 확인할 수 있습니다. 이 사례에서 라이더의 몸무게는 70 kg에 불과하므로 파워 프로필에 따르면 이 라이더는 세계 정상급 스프린터로 간주됩니다. 이

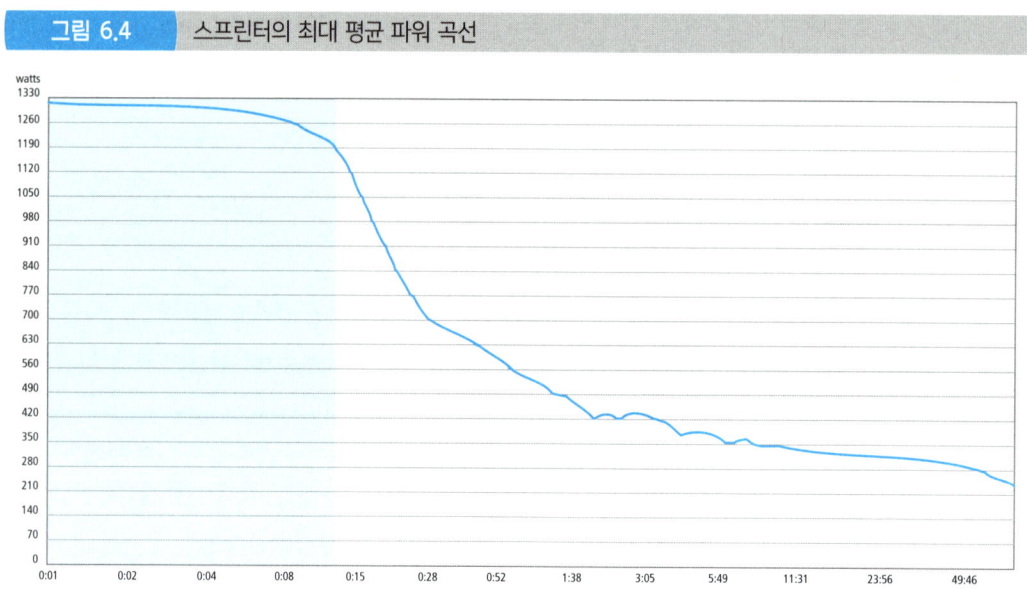

| 그림 6.4 | 스프린터의 최대 평균 파워 곡선 |

순수한 스프린터의 예로, 이 선수가 얼마나 오랫동안 매우 높은 파워를 낼 수 있는지, 그리고 스프린트 또는 신경근 파워 감소가 나타나는 지점의 시간을 살펴보세요

차트는 9장에서 더 자세히 살펴보겠습니다.

파워 그래프 해석하기

트레이닝 소프트웨어에서 라이딩을 확인하는 방법에는 여러 가지가 있으며, 각 방법을 통해 라이더와 완료한 워크아웃에 대한 자세한 정보를 확인할 수 있습니다. 라이딩 그래프는 초 단위로 라이딩의 스토리를 알려줍니다. 처음에는 구불구불한 선으로만 보일 수 있는 이 그래프를 살펴보고 그 스토리를 파악하는 것이 이 섹션의 핵심입니다.

쌓아 보기 및 수평 보기

여러 소프트웨어는 각각 차트를 보여줄 때 데이터를 조금씩 다르게 표현하며, 각 유형마다 장단점이 있습니다. 쌓아 보기는 보간, 평활화 또는 뭉쳐짐이 적용되지 않은 원시 데이터를 표시합니다. X축이 시간에 따라 압축되지 않고 보다 정밀하게 분석하기 쉽기 때문에 유용합니다. 그러나 쌓아 보기의 그래프는 수평 거리가 매우 길어 장기적인 파워 출력 변화를 보기가 어려울 수 있습니다. 반면에 수평 보기 그래프는 데이터를 한 화면에서 모두 볼 수 있거나 X축(시간)을 가로로 압축하여 볼 수 있기 때문에 유용합니다. 이렇게 하면 '큰 그림'을 볼 수 있고 구간을 선택할 때 도움이 됩니다. 예를 들어, 쌓아 보기 그래프에서는 60분 이상의 기간 동안의 파워 감소를 확인하기 어려울 수 있습니다. 이러한 유형의 분석에는 수평 보기가 더 좋습니다. **그림 6.5**와 **그림 6.6**에서 쌓아 보기를 사용하면 상승이 끝날 때 파워 감소를 찾기 어려운 반면, 수평 보기를 사용하면 이를 쉽게 찾아 분석할 수 있음을 알 수 있습니다.

넓은 관점에서 라이딩을 볼 수 있도록 수평 보기를 평활화하지 않거나 5초 이동평균으로 시작하는 것이 좋습니다. 수평 보기에서 더 자세히 살펴보고자 하는 노력의 세그먼트를 쉽게 결정할 수 있습니다. 각 노력 기간의 정확한 시작과 끝을 더 잘 정의하기 위해 이 보기에서 파일을 마크업하기 시작한 다음 쌓아 보기로 전환하는 경우가 많습니다. 도로 라이딩인 경우 와트, 심박수, 속도 라인을 확인합니다. 속도를 보면 라이딩이 오르막길에서 수행되었는지 혹은 평지에서 수행되었는지 확인할 수 있습니다. 특

그림 6.5 파워 그래프의 쌓아 보기

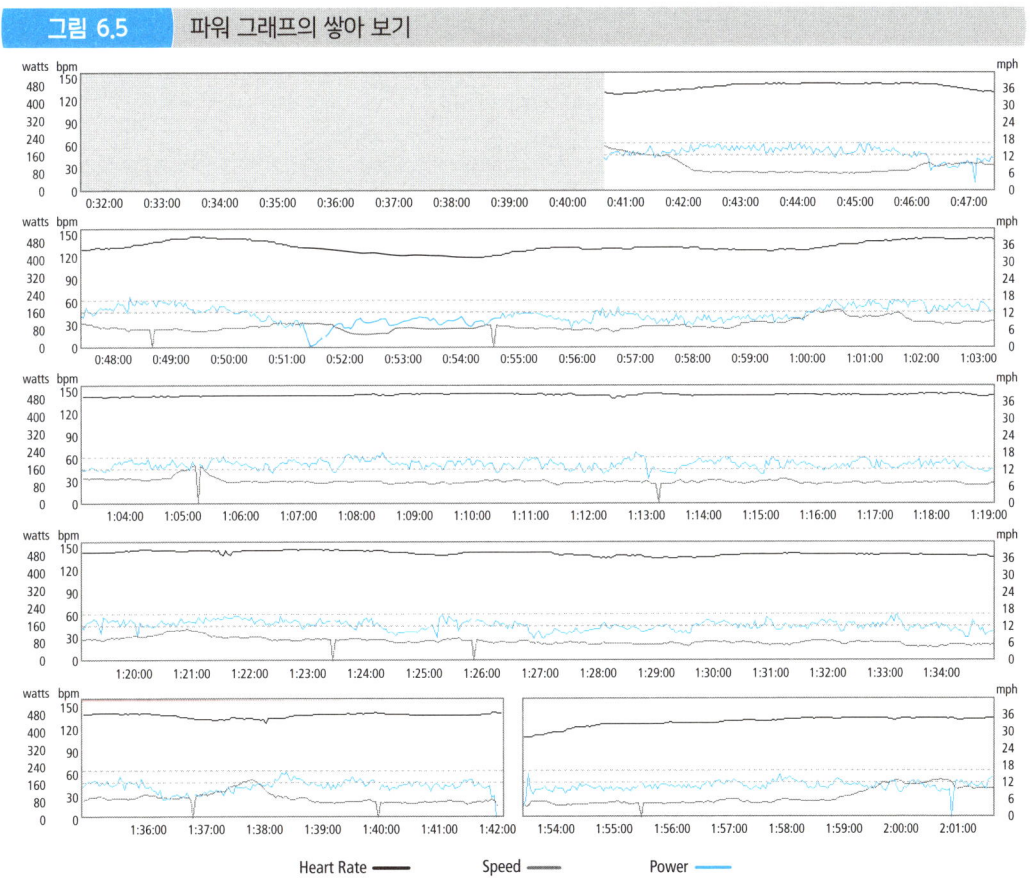

쌓아 보기에서는 힐클라임에서의 떨어지는 파워를 알아보기 어렵습니다.

정 케이던스를 목표로 한 워크아웃인 경우, 파워와 케이던스의 관계를 더 잘 이해하기 위해 속도를 빼고 케이던스를 추가합니다. 트레이너를 타는 경우, 트레이너에서는 속도가 거의 중요하지 않으므로 와트, 심박수 및 케이던스를 확인합니다.

관심 영역

라이딩을 살펴보고 관심 영역을 찾아 데이터를 분석할 수도 있습니다. 특정 관심 영역을 중심으로 범위를 설정해 (즉, 구간을 표시하거나 '랩(lap)'을 지정하여) 수치에 대한 더 자세한 인사이트를 얻을 수 있습니다. 라이딩 중에 구간을 표시하면 나중에 쉽게 찾아서 볼 수 있습니다. 그러나 특정 구간을 표시하지 않은 경우(예를 들어 격렬한 산악 자전거 경주 중이어서 핸들바에서 손을 떼고 표시할 여유가 없는 경우)에도 나중에 해당 구간을 찾을 수 있습니다. 예를 들어 산악 자전거 레이스에서 25분 동안 힐클라임을 했다고 가정해 봅시다. 심박수는 높고, 속도는 낮으며, 파워가 계속 일정하기 때문에 이 구간을 쉽게 확인할 수 있습니다. 이 부분의 라이딩 그래프는 **그림 6.7**에 표시된 것과 비슷하게 보일 것입니다. 힐클라임이 시작되면 파워 라인은 더 부드러워지고 속도 라인은 낮아지며 심박수 라인은 빠르게 상승하는 것을 알 수 있습니다. 경사의 기복에도 불구하고 파워는 비교적 부드럽습니다.

인터벌의 모양과 의미

인터벌을 수행할 때마다 조금씩 다른 모양이 표시되기 마련이며, 이 모양은 인터벌 페이스를 어떻게 유지했는지, 상대적으로 얼마나 상쾌했는지 또는 피곤했는지, 최선을 다했는지 또는 제대로 완주하지 못했는지에 대한 의미를 전달

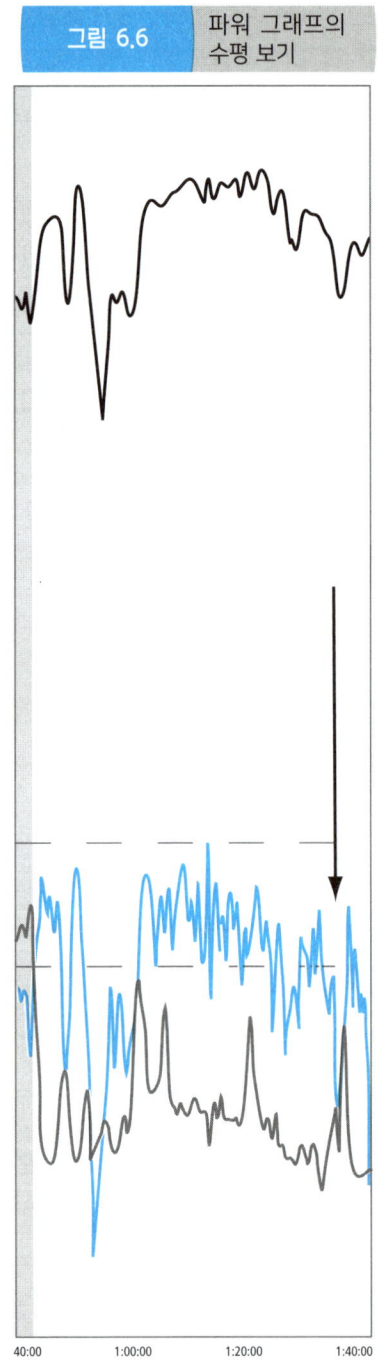

그림 6.6 파워 그래프의 수평 보기

40:00   1:00:00   1:20:00   1:40:00

수평 보기에서는 긴 힐클라임의 마지막 부분에서 파워의 감소가 일어나는 것을 쉽게 확인가능 합니다.

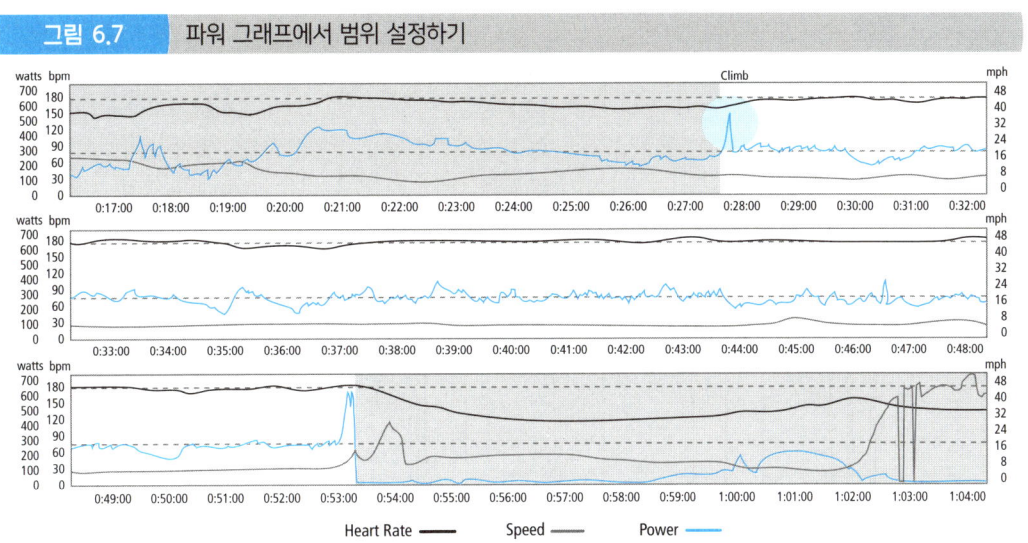

| 그림 6.7 | 파워 그래프에서 범위 설정하기 |

점선은 역치 심박수 및 역치 파워를 의미합니다. 25분간 산악 자전거를 타기 시작할 때 파워가 약간 급상승하는 것을 볼 수 있으며, 이 구간을 쉽게 찾을 수 있습니다.

해줍니다. 인터벌 라인의 다양한 모양을 서로 비교하면 자신의 노력에 대한 귀중한 인사이트를 얻을 수 있으며, 이를 통해 더 나은 페이스 전략을 결정하거나 더 큰 와트 목표를 설정하거나 수행할 인터벌 횟수를 계획하는 데 도움이 됩니다.

인터빌의 다양한 형태와 그 의미를 실피보겠습니다. **그림 6.8**은 엘리드 드랙 레이시가 캐나다 트랙 내셔널(Canadian track nationals)을 준비하면서 수행한 3분 노력 인터벌을 보여줍니다. 이 예에서는 모든 간격을 한 번에 볼 수 있도록 그래프가 수평 보기로 표시되어 있습니다. 해당 구간에 대한 데이터만 가져올 수 있도록 각 구간을 중심으로 범위를 만들었습니다. 가장 먼저 눈에 띄는 것 중 하나는 파워 라인의 모양입니다. 각 파워 라인이 따르는 일반적인 추세가 있음을 알 수 있습니다: 각 구간은 열심히 노력하는 것으로 시작하지만, 노력한 지 약 1분 후에 파워가 떨어졌다가 구간이 끝날 때 다시 상승합니다. 이 패턴을 '트윈 피크 인터벌(twin peak interval)'이라고 부릅니다.

인간은 스트레스에 쉽게 적응하며, 우수한 운동선수들은 인터벌을 몇 번만 수행해도 페이스를 빠르게 습득합니다. 그러나 이러한 페이싱은 의도적인 것이 아닐 수 있으며, 파일을 분석하면 더 나은 페이스를 결정할 힌트를 얻을 수 있습니다. 이 사례가 바로 여기에 해당합니다: 파일을 자세히 살펴보면 이 트랙 레이서의 개선 방법에 대한 흥미로운 단서를 찾을 수 있습니다.

이 선수는 엘리트 수준의 캐나다 트랙 레이서이기는 하지만, 해당 워크아웃을 시도한 것은 이번이 처음이었기 때문에 각 노력에서 얼마나 열심히 할 수 있는지 알아보고 있었습니다. 그녀의 목표는 3분씩 7

그림 6.8   인터벌 모양 해석하기

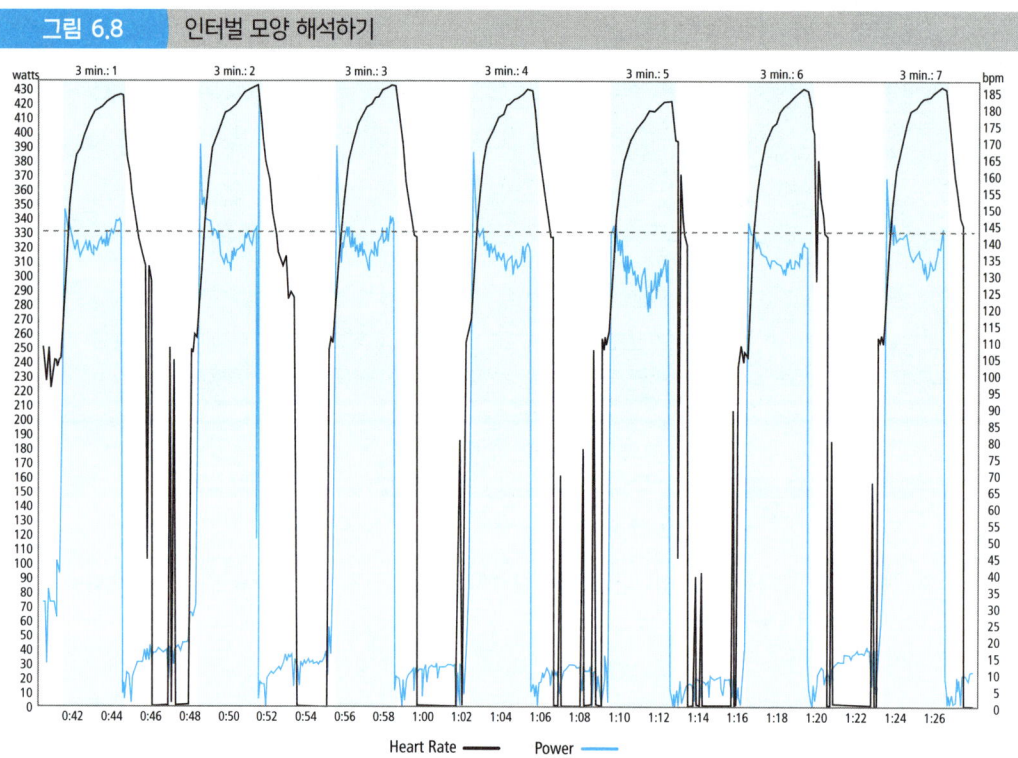

이 파워 그래프는 3분 노력으로 7번의 VO₂max 워크아웃을 표시합니다. 인터벌 1은 완벽한 페이스를, 인터벌 2는 너무 세게, 인터벌 3~6은 적당하게 했던 것으로 나타났습니다. 그림 6.9~6.12도 참조하세요. 인터벌 7에서 생성된 파워를 보면 이 선수는 더 많은 노력을 기울일 수도 있었습니다.

번을 최대한 세게 반복하고, 중간중간 3분간 가볍게 페달을 밟는 것이었습니다. 이 3분은 VO₂max 트레이닝 레벨에 완벽하게 들어맞는 시간이기 때문에 315-325 W 정도의 파워를 유지할 수 있을 것으로 예상했습니다. 우리는 그녀에게 할 수 있는 만큼만 열심히 하라고 말했고 구체적인 와트 목표를 제시하지 않았습니다. 즉, 처음으로 수행하는 워크아웃이었기 때문에 그녀에게 적합할 수도 있고 적합하지 않을 수도 있는 와트 수로 결과를 평가하고 싶지 않았기 때문입니다. 또한 그녀가 운동에 얼마나 잘 적응하고 얼마나 빨리 적응하는지 확인하여 이 레벨에서 약점을 발견할 수 있기를 원했습니다. 이 워크아웃은 실내 트레이너에서 수행되었습니다.

인터벌 1에서 시작과 끝에 정점이 있고 중간에 약간의 계곡이 있는 것을 볼 수 있습니다(그림 6.9 참조). 이것은 완벽한 페이스이며 그녀의 첫 인터벌입니다. 그녀는 매우 상쾌했고 결과적으로 매우 잘했습니다. 또한 이 모양은 그녀가 폭발하지 않기 위해 약간 보수적이었다는 것을 나타내며, 그녀는 더 많은 것을 해야 한다는 것을 인지하고 마지막에 파워를 조절했습니다. 즉, 그녀는 모든 것을 다하지 않았고

그림 6.9　　인터벌 1 자세히 보기, 완벽한 페이스

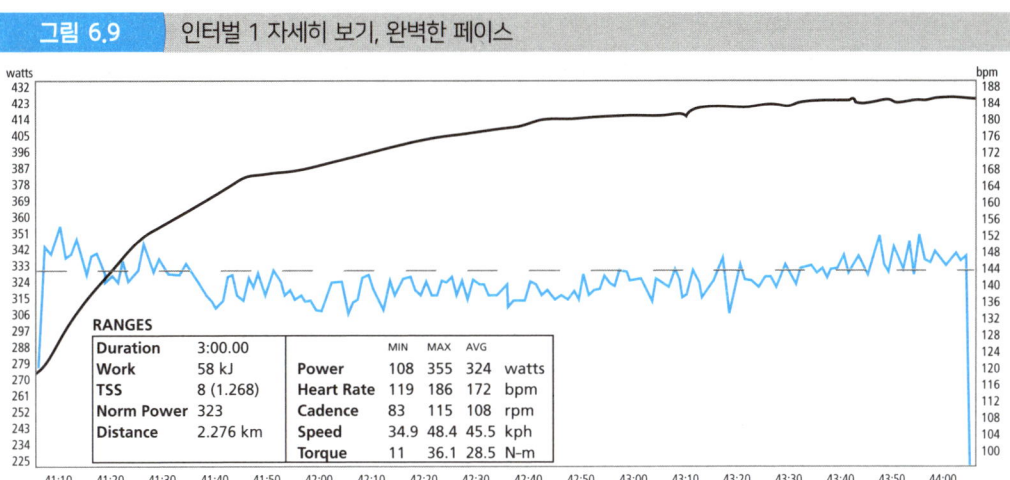

그림 6.10　　인터벌 2 자세히 보기, 너무 강한 초반 시작

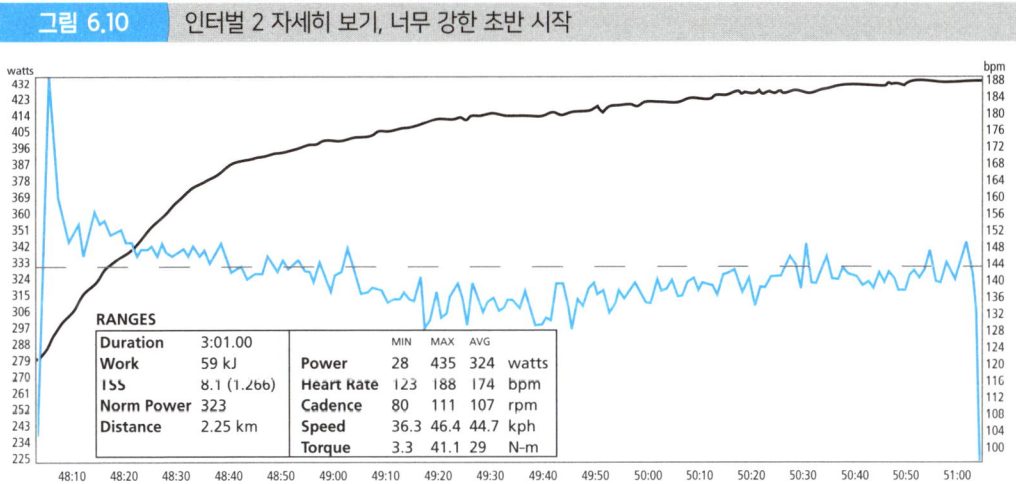

그림 6.11　　인터벌 6 자세히 보기, 좋은 페이스와 파워 떨어짐

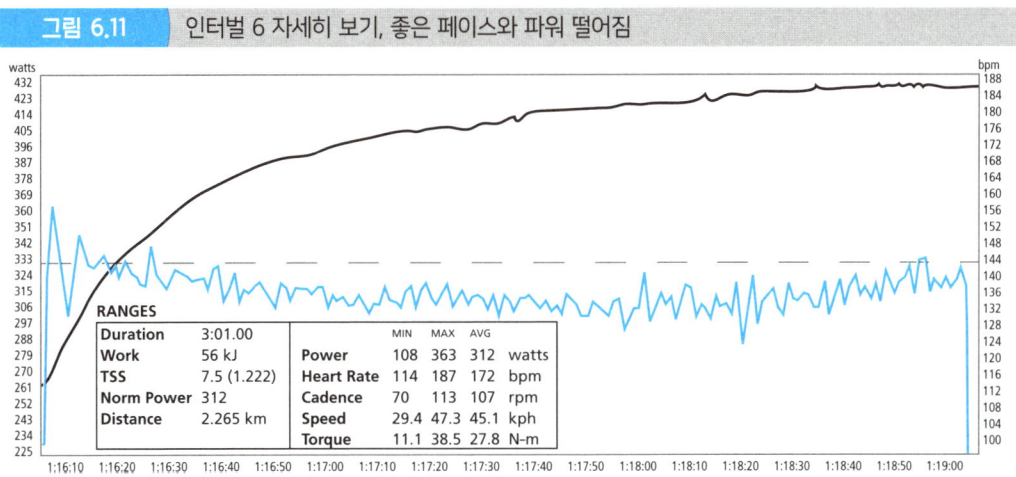

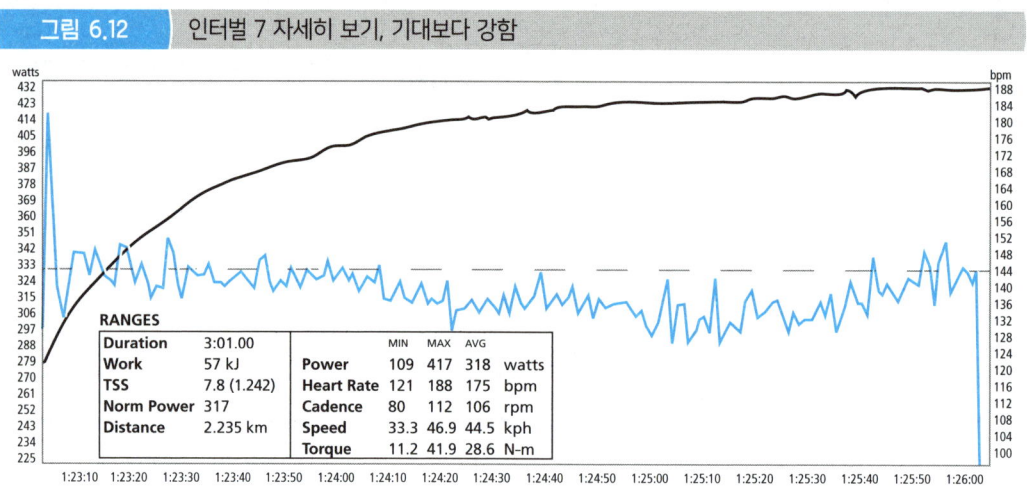

그림 6.12   인터벌 7 자세히 보기, 기대보다 강함

RANGES					
Duration	3:01.00		MIN	MAX	AVG
Work	57 kJ	Power	109	417	318 watts
TSS	7.8 (1.242)	Heart Rate	121	188	175 bpm
Norm Power	317	Cadence	80	112	106 rpm
Distance	2.235 km	Speed	33.3	46.9	44.5 kph
		Torque	11.2	41.9	28.6 N-m

최고의 시간과 와트를 제공한다는 관점에서는 매우 정확했습니다. 즉, 이것은 인터벌에서 최고의 평균 와트를 만드는 교과서적인 예입니다.

인터벌 2에서 그녀는 너무 세게 달렸습니다(**그림 6.10 참조**). 파워가 매우 빠르게 떨어졌습니다. 첫 번째 인터벌에서 그녀는 너무 강하게 달리는 것이 조금 걱정이 되어 참았는데, 인터벌이 끝날 무렵에는 더 세게 달릴 수 있었다는 것을 알았습니다. 이에 두 번째 인터벌에서 그녀는 처음부터 밀어붙였지만, 결국 날려버렸습니다. 이제 그녀는 인터벌 2에서 페달링을 너무 세게 시작했다는 것을 깨달았습니다.

인터벌 3, 4, 5, 6을 할 때는 이 문제를 해결한 것입니다(**그림 6.11 참조**). 완벽합니다! 이 인터벌들은 그녀가 할 수 있는 한 가장 어렵게 수행한 것입니다. 하지만 흥미로운 패턴이 보이기 시작합니다: 첫 번째 1분 이후 각 노력에 약간의 파워 '구멍'이 생기는 것을 주목하세요(**그림 6.11의 1:17:05~1:17:25 참조**). 이는 트랙 레이서가 인터벌 중 특정 지점을 통과할 때마다 속근을 필요로 하는 순수 무산소 능력에서 지근을 더 많이 사용하는 능력으로 전환하는 데 어려움을 겪고 있다는 것을 의미합니다. 마치 무산소 능력의 깊이가 충분히 깊지 않은 것과 같습니다. 2:30(**그림 6.11의 1:18:30**)에 가까워질수록 파워가 점점 떨어지는 것을 볼 수 있습니다.

하지만 이것이 바로 우리가 워크아웃 시작전에 그녀에게 와트당 목표를 제시하지 않은 이유이며, 전략은 효과가 있었습니다. 이제 우리는 그녀가 이 전환에 약점이 있을 수 있다는 것을 알 수 있으며, 이 문제를 어떻게 해결할지 결정할 수 있습니다. 이를 위해 인터벌 7을 살펴보면 도움이 됩니다(**그림 6.12 참조**). 이 마지막 구간에서 그녀는 참았고 세게 밀어붙이지 않았습니다. 이 시점에서 그녀가 한계에 도달하여 피로를 느꼈다면 처음부터 끝까지 파워가 더 빨리 떨어졌을 것입니다. 또한 마지막 노력의 마지막에 파워를 끌어올릴 수 없었을 것입니다. 대신 인터벌 7은 인터벌 1의 프로필과 매우 유사한 프로필을 보여주지만, 첫 번째 노력이 아니라 마지막 노력이기 때문에 다른 해석이 필요합니다. 즉, 궁극적으로 이 라이더는 한계 이익이 감소하는 지점에 도달하거나 인터벌-탈진 개념을 적용하기 전에 이러한 노력을 몇 번 더 할 수 있었다는 해석입니다.

이 선수는 평균 추격 파워가 좋고 추격 시 순항력이 좋다는 결론을 내릴 수 있습니다. 인터벌 2와 인터벌 3에서 인터벌 7까지 상대적으로 낮은 파워 떨어짐에서 알 수 있듯이 이 선수의 반복성은 양호합니다. ('반복성'을 확인할 때는 항상 두 번째와 세 번째 인터벌을 마지막 인터벌과 비교하여 파워가 떨어지는 정도를 실제로 확인해야 합니다. 왜냐하면 첫 번째 인터벌은 항상 선수가 상쾌할 때 발생하므로 여러 번 반복할 수 있는 와트가 아니기 때문입니다).

이 분석을 통해 개선이 필요한 부분을 제안할 수 있습니다. 이 선수는 초기 노력이 너무 높으면 너무 빨리 지치는 것처럼 보이기 때문에 처음부터 페이스를 연습하는 것이 중요할 것입니다. 초반에 조금 더 힘을 빼고 1분에서 2분 사이의 시간 동안 의식적으로 집중하면 이 선수는 그 시간 동안 급격한 힘의 저하를 없앨 수 있습니다. 그 기간 동안 압박을 계속 유지하는 능력을 키우고 마지막 순간에 깊이 파고들 수 있다면 기록을 단축시킬 수 있을 것입니다.

노력 분석 및 비교

다양한 분석 소프트웨어를 사용하면 특정 워크아웃과 또 다른 워크아웃의 특정 범위를 겹쳐서 비교할 수 있습니다. 그림 6.13은 동일한 레이스를 2년 연속으로 비교한 예입니다. 또한 데이터를 겹쳐서 비교하면 다양한 기준에 따라 인터벌을 쉽게 정렬할 수 있습니다. 한 라이딩(또는 레이스)을 다른 라이딩(또는 레이스)과 비교할 때 파워가 생성된 위치를 정확히 확인할 수 있으므로 라이딩/레이스를 더 명확하게 이해할 수 있습니다. 아래는 한 라이더가 12번의 힐클라임을 반복한 일련의 기록을 비교한 표입니다. 각 반복 시간은 약 1분입니다.

인터벌이 너무 많아서 개별 인터벌을 골라내기는 어렵지만, 어떤 인터벌이 가장 강하고 어떤 인터벌이 가장 약했는지는 쉽게 알 수 있습니다. 라이딩 데이터를 컴퓨터에 다운로드한 이 라이더는 평균 파워 항목을 클릭하여 인터벌을 정렬하기만 하면 됩니다(표 6.1 참조). 이렇게 하면 5장에서 설명한 인터벌-탈진 워칙을 얼마나 충실히 따랐는지 확인할 수 있습니다. 이 경우, 그는 잘 해냈습니다. 그의 다섯 번째 인터벌은 403 W였습니다. 10%를 줄이면 360 W에 가까워집니다. 11번째 인터벌은 347 W였고, 12번째 인터벌은 382 W로 한 번 더 했습니다. 그는 11번째 인터벌에서 심각한 어려움을 겪고 있다는 것을 알았기 때문에 12번째 인터벌에 전력을 다한 후 집으로 향했습니다. 이런 종류의 분석은 여러 해에 걸친 레이스에서도 가능합니다. 정확하게 비교할 수 있도록 정확히 동일한 범위의 데이터를 선택해야 합니다. 그림 6.13은 한 선수가 2년 연속으로 출전한 레이스를 보여줍니다. 그는 1학년 때 2위를 차지했습니다. 2

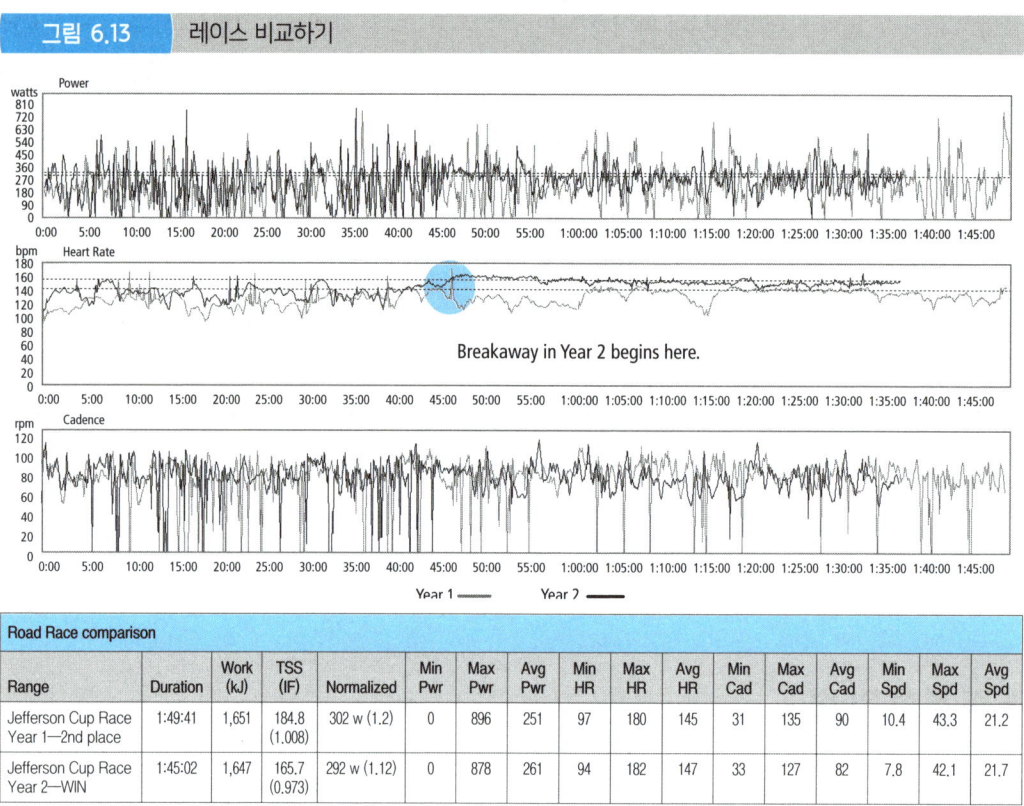

| 그림 6.13 | 레이스 비교하기 |

Road Race comparison

Range	Duration	Work (kJ)	TSS (IF)	Normalized	Min Pwr	Max Pwr	Avg Pwr	Min HR	Max HR	Avg HR	Min Cad	Max Cad	Avg Cad	Min Spd	Max Spd	Avg Spd
Jefferson Cup Race Year 1—2nd place	1:49:41	1,651	184.8 (1.008)	302 w (1.2)	0	896	251	97	180	145	31	135	90	10.4	43.3	21.2
Jefferson Cup Race Year 2—WIN	1:45:02	1,647	165.7 (0.973)	292 w (1.12)	0	878	261	94	182	147	33	127	82	7.8	42.1	21.7

심박수, 파워, 케이던스의 연도별 차이에 주목하세요. 2년차에는 1년차보다 심박수가 더 높고, 케이던스는 더 낮았으며, 파워 생성은 더 원활하게 이루어졌습니다.

| 표 6.1 | 반복 힐클라임 비교 |

hill repeats sorted

Interval	Duration	Work (kJ)	TSS (IF)	Min Pwr	Max Pwr	Avg Pwr	Min Cad	Max Cad	Avg Cad	Min Spd	Max Spd	Avg Spd
1	01:04.0	29	3.1 (1.318)	246	603	459	70	81	76	15.5	17.4	16.6
4	01:06.0	26	2.4 (1.15)	163	565	404	42	102	72	8	17.3	15.1
5	01:10.0	28	2.6 (1.163)	212	504	403	61	110	78	10.2	16	14.6
6	01:10.0	28	2.5 (1.144)	154	516	403	50	90	79	9.8	16.7	15
7	01:19.0	30	2.9 (1.15)	76	555	392	48	134	70	10.2	16.8	14.4
3	01:13.0	28	2.5 (1.101)	144	560	390	57	87	77	9.6	15.8	14.4
9	01:14.0	28	2.5 (1.095)	130	476	389	35	67	57	9.4	15.7	14.1
12	01:14.0	28	2.4 (1.087)	149	529	382	32	50	46	10.1	16.2	14.8
2	01:13.0	27	2.4 (1.08)	153	520	377	55	170	89	9.3	15.5	14.6
10	01:17.0	28	2.4 (1.051)	138	456	369	36	63	55	8.1	15	13.6
8	01:21.0	28	2.4 (1.026)	105	467	356	37	95	67	6.5	15.8	13.5
11	01:18.0	27	2.1 (0.988)	78	471	347	35	52	49	8.8	14.9	13.4

이 사이클리스트의 다섯 번째 인터벌은 평균 403 W, 11번째 인터벌은 347W였습니다. 마지막 노력에서 그는 깊숙이 파고들어 382 W를 기록했습니다. 이것은 인터벌-탈진 원리를 잘 적용한 것입니다.

년차에는 레이스 시작 45분 후 공격 후 솔로 브레이크어웨이로 우승을 차지했습니다. 그래프에서 브레이크어웨이가 시작된 시점을 확인할 수 있는데, 그 시점에 심박수가 급격히 상승했기 때문입니다. 우승 파워 파일에서 전년도에 비해 케이던스가 감소한 것을 볼 수 있다는 점이 흥미롭습니다. 아마도 첫 해에는 다른 세 명의 라이더와 함께 브레이크어웨이에 속해 있었고, 다른 사이클리스트들과 함께 라이딩하며 선두에서 끌어당기는 사이사이에 흐름을 맞추느라 케이던스의 속도가 더 빨랐기 때문일 가능성이 높습니다. 솔로 브레이크어웨이 파일에서 케이던스가 낮은 것은 이 라이더가 FTP에서 혼자 라이딩할 때 낮은 케이던스로 페달에 더 큰 힘을 가하는 것을 선호한다는 것을 나타냅니다. 7장에서는 동일한 사례를 사용하여 힘-케이던스 관계에 대한 원리를 설명하겠습니다.

산점도

심박수 vs 파워, 좌우 다리 파워 밸런스, 파워 vs 케이던스 등 다양한 데이터 채널을 비교하고 싶을 때는 산점도를 사용하는 것이 좋습니다. 산점도를 사용하면 여러 데이터 채널이 서로 어떻게 연관되어 있는지 잘 파악할 수 있습니다. 산점도는 통계 데이터의 추세를 해석하는 데 유용할 수 있습니다. 산점도의 각 점에는 두 개의 좌표가 있는데, 첫 번째 좌표는 첫 번째 데이터 조각(X 좌표: 왼쪽 또는 오른쪽으로 이동하는 양)에 해당합니다. 두 번째 좌표는 두 번째 데이터 조각(Y 좌표: 위 또는 아래로 이동하는 양)에 해당합니다. 해당 데이터를 나타내는 점은 두 좌표의 교차점에 배치됩니다. 그래프의 Y축에 파워를, X축에 케이던스를 표시하면 어떤 케이던스에서 가장 높은 파워 출력이 발생했는지, 그리고 높은 와트를 생산하기 위한 최대 케이던스 한계를 쉽게 알 수 있습니다. **그림 6.14**는 이 비교를 보여줍니다.

산점도가 훈련에 어떻게 도움이 되는지 다른 예를 들어 보겠습니다. 많은 파워미터는 양측(좌우 독립) 파워 측정 기능이 있으며 파워 밸런스 산점도는 라이더가 자신의 와트 출력 범위에서 어느 다리를 선호하는지 파악하는 데 도움이 됩니다. 일부 라이더는 짧은 시간 동안 더 많은 파워가 필요할 때 쉬고 있는 다리를 사용할 수 있도록 낮은 와트 출력에서 다리를 아끼거나 휴식을 취하게 합니다. **그림 6.15**에서 이 라이더는 FTP 이하의 와트 수에서는 왼쪽 다리를 더 많이 사용하다가 VO₂max 및 무산소 능력 레벨에서는 오른쪽 다리를 더 많이 사용하고, 다시 신경근 파워 출력을 위해 왼쪽 다리에 의존하는 것으로 전환하는 것을 볼 수 있습니다.

마지막으로, Y축에 케이던스를, X축에 속도를 표시하지만 이번에는 사이클로크로스 레이스를 고려하겠습니다. **그림 6.16**을 보면 라이더가 페달을 밟는 속도와 자전거가 달리는 속도 사이에 강한 상관관계가 있음을 알 수 있습니다. 그림에서 볼 수 있듯이 특정 케이던스(약 100-105 rpm)에서 라이더는 속도를 계속 높이기 위해 더 강한 기어로 변속합니다. 이는 페달링 속도를 개선해야 한다는 의미일 수도 있고, 더 단단한 기어로 변속할 때 더 많은 근력이 필요하다는 의미일 수도 있습니다. 케이던스와 속도의 관계

그림 6.14	파워 vs 케이던스

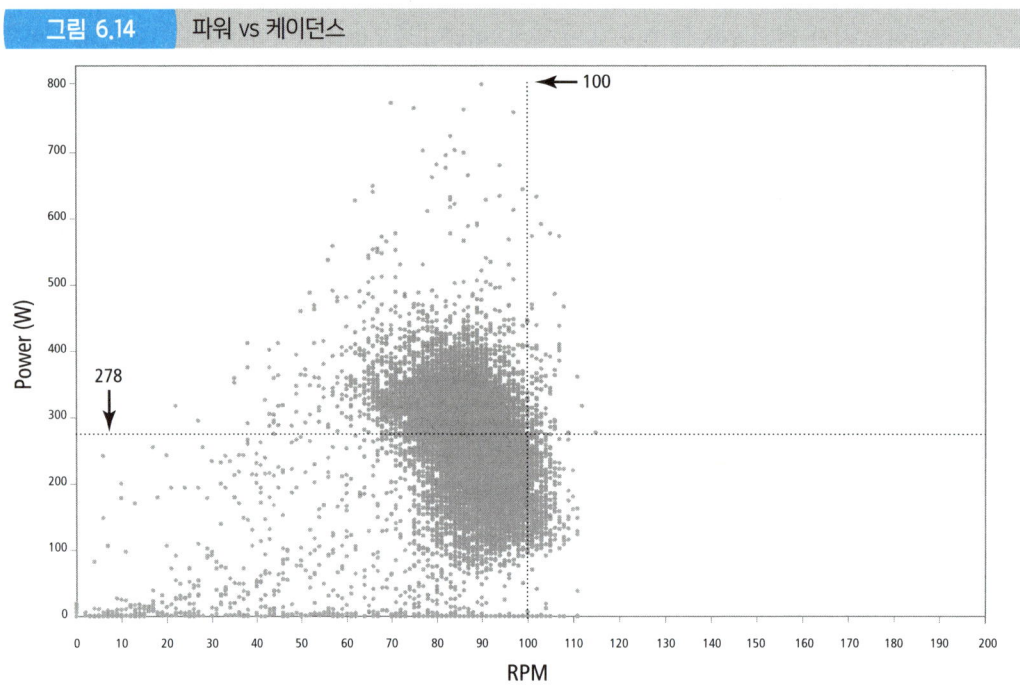

이 라이더는 레이스에서 105 rpm보다 빠르게 페달을 밟지 않는데, 이는 그의 성공을 제한하는 요인이 될 수 있습니다. 파워가 증가함에 따라 케이던스가 감소하는 것을 볼 수 있는데, 이는 심혈관계에서 근육계로 전환되었음을 나타냅니다.

그림 6.15	양측 밸런스 산점도

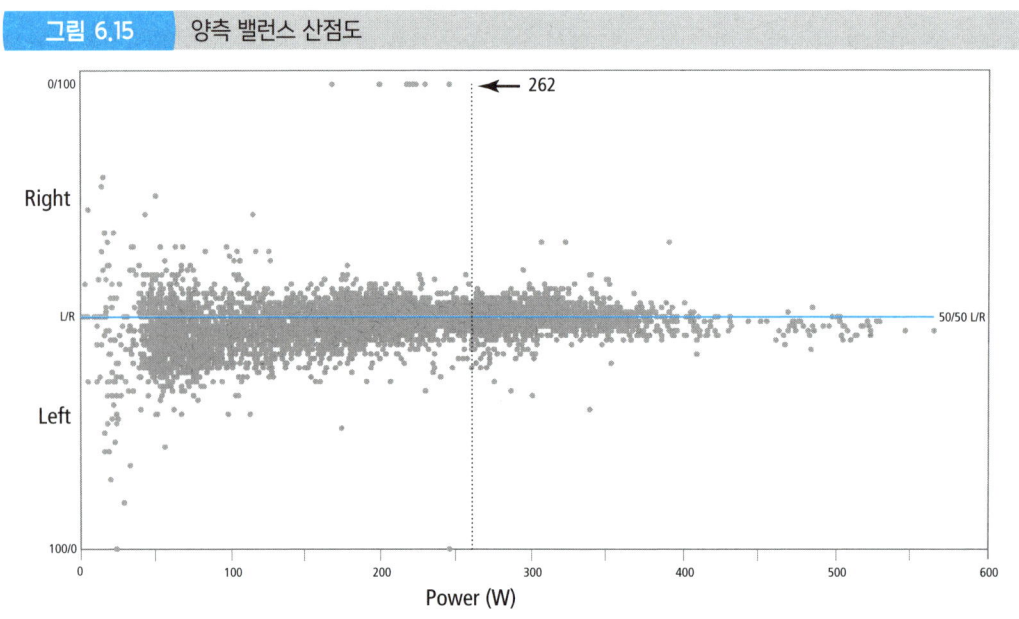

이 선수는 낮은 와트 수에서 오른쪽 다리보다 왼쪽 다리를 더 많이 사용합니다. FTP 이상의 파워는 오른쪽 다리로 이동합니다. 궁극적으로 신경근 파워 레벨에서 선수는 다시 왼쪽 다리에 의존하게 됩니다.

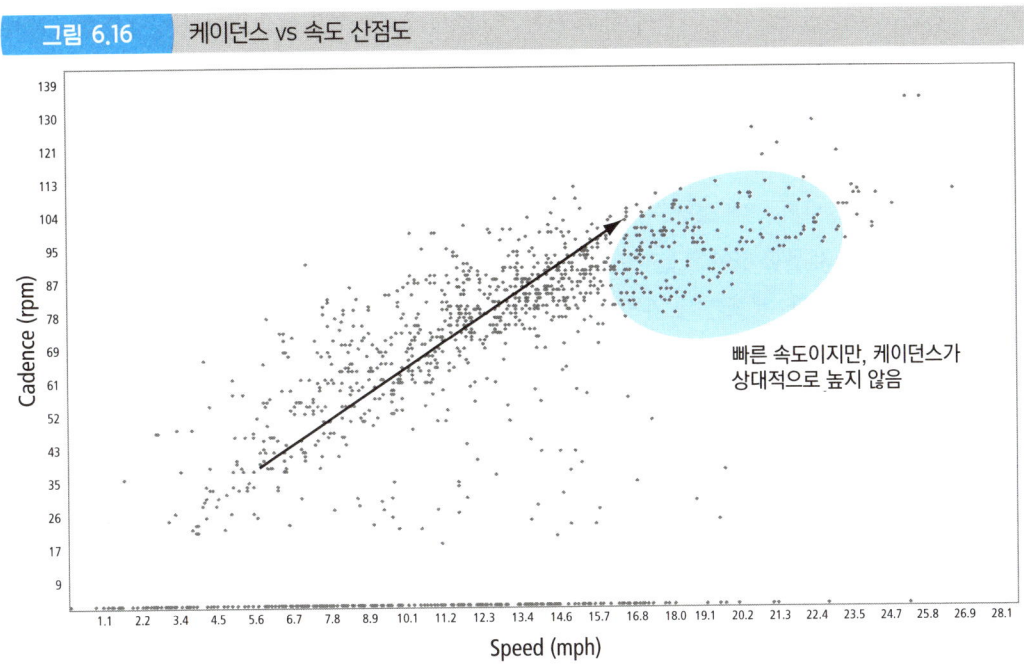

그림 6.16 케이던스 vs 속도 산점도

속도와 케이던스 사이의 선형 관계는 약 104 rpm까지이며, 이 시점 이후로는 선수가 페달을 더 빨리 밟아도 속도를 높일 수 없습니다. 이는 페달링 속도를 개선할 필요가 있으며 더 빠른 속도에서 더 큰 기어를 사용하기 위해 근력이 필요할 수 있음을 나타냅니다.

는 케이던스와 파워의 관계와 비슷한 흥미로운 관계입니다.

사이클리스트는 이러한 데이터 스트림을 자세히 살펴봄으로써 많은 것을 배울 수 있습니다. 사이클링에서는 공기 역학적으로 몸을 만드는 것 외에 더 빨리 달리는 데는 두 가지 변수가 있습니다: 페달을 더 세게 혹은 더 빨리 밟을 수 있는지입니다. 산점도는 이러한 옵션 중 어떤 옵션(또는 그 조합)이 훈련 목표를 설정하는 데 더 유리할지 이해하는 데 도움이 될 수 있습니다.

'매치(성냥)'란 무엇인가요?

'매치(성냥)'는 자전거 레이싱 세계에서 라이더와 코치들이 사용하는 모호한 용어입니다. '성냥을 태운다'는 것은 힘든 노력을 했다는 뜻입니다. 성냥을 태운다는 것은 깊이 파고들거나 정말 자신을 밀어붙여야 하는 노력입니다. 자전거 레이서라면 누구나 성냥을 태운 기분이 어떤지 알고 있지만, 지금까지 성냥이 무엇인지 정확히 정량화하려고 시도한 사람은 아무도 없었습니다.

성냥이 무엇인지 알아야 하는 이유는 무엇일까요? 이렇게 생각해 보세요. 라이더는 성냥갑에 성냥을 가득 채우고 하루를 시작하지만, 강하게 달리거나 어택을 하거나 언덕을 넘을 때마다 성냥을 하나씩 태우게 됩니다. 성냥갑의 크기는 사이클리스트마다 다르지만, 무한대의 성냥갑은 없으므로 레이스에 참가하든 훈련 중이든 적절한 타이밍에 성냥을 태우는 것이 중요합니다. 그렇지 않으면 좋은 성적을 내기 위해 성냥을 사용해야 할 때 빈 성냥통만 남게 되어 최고의 성적을 낼 수 있는 기회가 크게 줄어들 수 있습니다. 레이스가 끝나기 전에 성냥을 모두 태우면 우승할 수 있을지 의문입니다. 실제로 성냥을 너무 일찍 태우면 우승하지 못할 것이 확실합니다.

따라서 성냥과 관련된 목표는 네 가지입니다: ① 자신에게 성냥이 무엇인지 정확히 파악하고, ② 성냥통의 크기를 파악하고, ③ 보유한 성냥의 수를 늘리고, ④ 레이스에서 적절한 타이밍에 성냥을 태워 성공 가능성을 최적화하는 것입니다.

대부분의 라이더와 레이서에게 성냥을 태우는 것은 역치 파워의 최소 20% 이상으로 1분 이상 유지하는 노력으로 정의할 수 있습니다. 물론 성냥을 다 태우는데 1분 이상의 시간이 걸릴 수도 있지만, 시간이 길어질수록 역치 파워를 초과하는 파워의 크기는 낮아질 것입니다. **표 6.2**는 FTP가 330 W인 라이더의 경우 다양한 시간 동안 성냥을 태우는 데 필요한 파워를

표 6.2	"성냥 태우기"를 위해 필요한 파워	
Time	% of FTP	Power
1 min.	120+	396
5 min.	114 – 120	376 – 396
10 min.	108 – 114	356 – 376
20 min.	100 – 108	330 – 356

Note: FTP는 330W로 설정

추정합니다. 하지만 성냥에 대한 정확한 정의는 없으며, 이 수치는 개인마다 다를 수 있다는 점을 기억하세요. 트레이닝 소프트웨어를 사용하여 자신의 성냥을 정확히 언제, 어떻게 태울지 결정할 수 있습니다. **표 6.2**에 제시된 것과 같은 차트를 만들어 자신의 성냥을 정량화해 보는 것도 도움이 될 수 있습니다.

이제 성냥이 무엇인지 대략적으로 알았으니, 자신이 얼마나 많은 성냥을 가지고 있는지 파악해야 합니다. 이 작업을 수행하는 방법은 두 가지뿐입니다. 성냥을 태울 고강도 훈련 라이딩을 계획하여 수행하거나, 성냥을 많이 태워야 하는 힘든 레이스를 하는 것입니다. 좋은 점은 이제 자신의 체감 운동량과 피로도를 바탕으로 언제 성냥을 태웠고 언제 성냥이 부족해졌는지 알 수 있다는 것입니다. 라이딩하는 동안 자신의 몸에 귀를 기울이고 다운로드한 데이터를 다시 살펴보고 성냥을 찾아보세요.

TrainingPeaks WKO4 소프트웨어에는 자동으로 성냥을 찾는 데 사용할 수 있는 여러 차트가 있습니다. 이러한 차트는 매우 정교하여 각 트레이닝 레벨에서 소요된 시간뿐만 아니라 개인화된 그래프에서 다양한 색상으로 성냥을 표시합니다. **그림 6.17**에는 최근 레이스에서 라이더의 아이레벨에 대한 매치가 표시되어 있으며, 파워가 Pmax 레벨로 증가하면 색상이 검은색으로 바뀝니다. 이를 통해 레이스의 요구 사항과 향후 유사한 이벤트에서 성공하기 위해 필요한 워크아웃을 더 잘 설계할 수 있습니다.

성냥을 태워야 하는 시기와 성냥의 잔여 개수를 파악한 이후에는, 성냥갑의 크기와 각 성냥에서 나

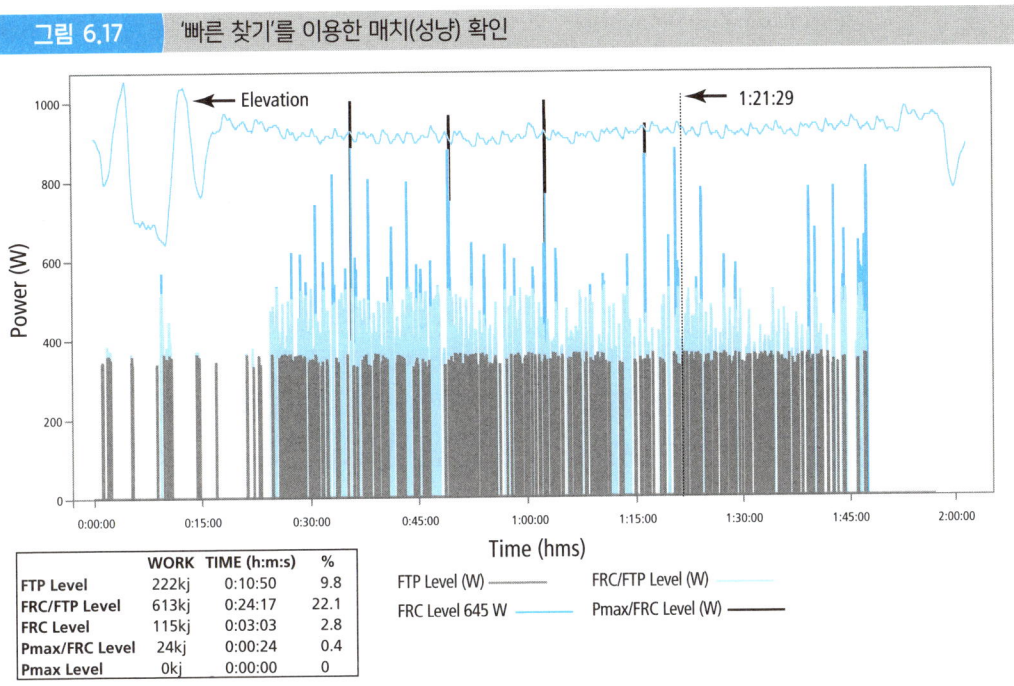

그림 6.17	'빠른 찾기'를 이용한 매치(성냥) 확인

	WORK	TIME (h:m:s)	%
FTP Level	222kj	0:10:50	9.8
FRC/FTP Level	613kj	0:24:17	22.1
FRC Level	115kj	0:03:03	2.8
Pmax/FRC Level	24kj	0:00:24	0.4
Pmax Level	0kj	0:00:00	0

특히 성량을 강력하게 태우면 파워그래프에서 짧고 높은 스파이크를 만들어 냅니다.

오는 불꽃의 강도를 모두 증가시키는 트레이닝을 해야 합니다. 동시에 레이스에서 파워미터를 사용하면 사후에 데이터를 검토하여 레이스 초반에 너무 많은 성냥을 소비했는지 또는 정확한 시간에 소비했는지 확인하여 성공 가능성을 최적화할 수 있습니다. 이는 파워미터를 사용한 레이스의 가장 큰 장점 중 하나입니다. 파워미터를 사용하면 자신의 퍼포먼스를 객관적으로 확인하고 올바른 전술을 사용하고 있는지 판단할 수 있습니다. 동시에 자신의 약점을 기반으로 더 나은 훈련 계획을 수립하여 경쟁에서 더 나은 결과를 얻을 수 있을 것입니다.

파워 예측

컴퓨팅 성능의 발전으로 인하여 인간과 운동 생리학에 대해 더 많이 알게 되면서 완전히 새로운 범주의 소프트웨어가 등장하고 있습니다. Xert (www.xertonline.com)는 이 분야의 초기 선두주자로, 데이터 분석에 대한 접근 방식을 통해 사이클리스트와 코치에게 과거 데이터를 분석할 뿐만 아니라 미래의 생리적 개선을 예측하는 적응형 트레이닝 워크아웃과 계획을 제공하고 있습니다. 퍼포먼스를 예측하는 것은 성공을 위한 계획의 궁극적인 목표이자 파워미터를 사용하는 핵심 목표 중 하나입니다.

최대 파워 가용량(maximal power available, MPA)은 Xert의 기본적이고 고유한 개념 중 하나입니다. 이 기능은 피크 파워(peak power, PP), 고강도 에너지(high intensity energy, HIE), 역치 파워(threshold power, TP)의 세가지로 구성된 라이더 고유의 피트니스 시그니처(fitness signature)와 자체적인 정교한 피로 모델링을 통해 라이딩 중 어느 시점에서 얼마나 많은 파워를 생성할 수 있는지 실시간으로 알려줍니다. Xert는 PP를 1초 최대 파워, HIE를 무산소 능력에 가까운 파워, TP를 FTP로 정의합니다(**그림 6.18 참조**).

MPA는 헤드 유닛에서 실시간으로 표시되거나 라이딩 후 온라인 분석을 통해 확인할 수 있습니다. 워크아웃 중에는 피로의 정도를 예측하여 특정 에너지 시스템을 목표로 트레이닝 하는 데 사용할 수 있습니다. 심지어 레이스 중 전술을 개선하고 의사 결정을 내리는 데도 도움이 될 수 있습니다.

라이드를 시작할 때 MPA는 피크 파워(피크 1초)와 동일합니다. 라이딩하는 동안 MPA는 현재 파워, 역치 파워 이상에서 수행한 노력, 역치 파워 미만에서 수행한 노력 등을 통합한 알고리즘을 사용하여 초 단위로 계산됩니다.

피로가 쌓이면 역치 이상의 특정 와트를 유지하는 것이 시간이 갈수록 점점 더 어려워집니다(예를 들자면, 400 W를 유지하는 것이 처음 10초 동안은 쉬울 수 있지만 60초 이후에는 훨씬 더 어려워집니

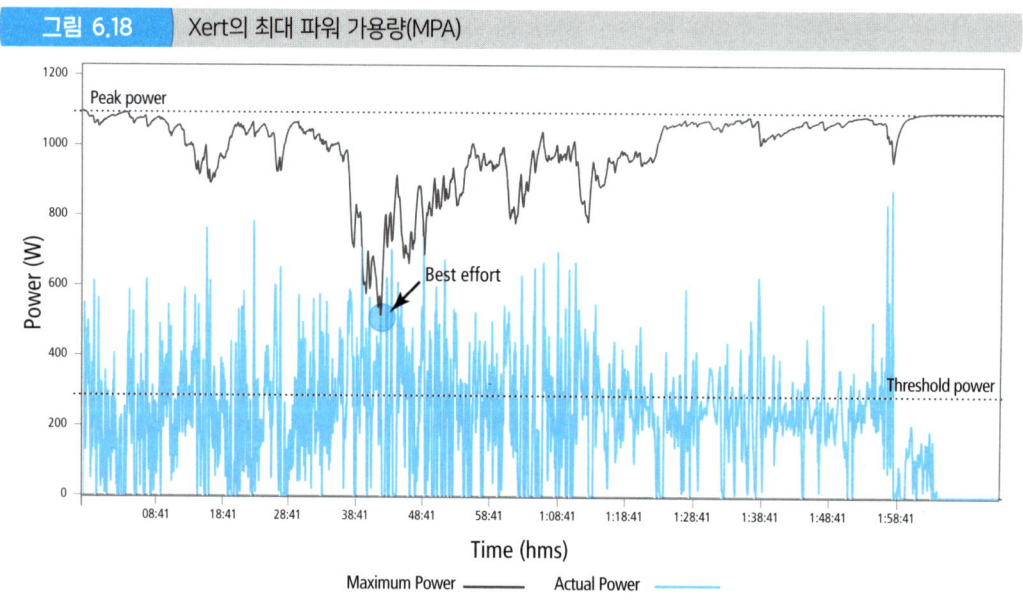

그림 6.18 Xert의 최대 파워 가용량(MPA)

위 그래프는 그래블 레이스의 데이터에서 Xert의 MPA가 실제로 작동하는 예입니다. 파란색 선은 라이더의 실제 파워 프로필을, 그 위의 회색 선은 라이더의 예상 MPA를 반영합니다. 표시된 원은 파워 출력이 MPA에 가장 근접한 라이더의 '최선의 노력'임을 나타냅니다.

다). 잠시 휴식을 취하면 400 W에 도달하는 것이 다시 쉬워집니다. 이는 노력이나 인터벌이 길어지고 피로가 쌓이면 파워의 양, 즉 MPA가 감소했다가 노력이 쉬워지면 다시 회복되기 때문입니다. 라이딩 중에 헤드 유닛에 나의 실시간 배터리 게이지가 표시된다고 상상해 보세요. 특정 순간에 배터리가 얼마나 남았는지 알려줍니다. 낙오되지 않고 언덕을 오를 수 있을까요? 타임 트라이얼 페이스를 제대로 맞추고 있나요? 다음 인터벌을 시작할 준비가 되셨나요?

Xert에서 MPA를 모델링하면 5장의 '최적 인터벌' 개념을 발전시킬 수 있습니다. 즉, 워크아웃 및 인터벌은 세번째 인터벌의 백분율 감소와 같은 측정값을 기반으로 하는 것이 아니라 특정 레벨의 긴장 및 피로 또는 특정 생리적 초점을 목표로 할 수 있습니다.

짧은 고강도 운동과 짧은 회복 기간으로 구성된 켜고/끄는 스타일 워크아웃을 예로 들어보겠습니다. 이는 FTP의 설정된 비율(예: 150%)로 켜는 노력을 하고 설정된 다른 비율(예: 50%)로 회복하는 방식(마이크로 버스트 워크아웃)을 기반으로 합니다. 라이더는 한 세트에서 특정 횟수의 노력을 완료해야 하며, 이러한 세트를 여러 번 수행해야 합니다.

그러나 이러한 워크아웃의 한 가지 문제점은 설정된 와트 수를 유지하려고 할 때 라이더가 아직 피곤하지 않기 때문에 첫 번째 노력은 비교적 쉬울 수 있다는 것입니다. 그러나 마지막 노력은 누적된 피로로 인해 너무 힘들 수 있으므로 라이더는 결국 한 세트의 모든 노력을 완료하지 못하거나 원래 계획한 만큼의 세트를 완료하지 못할 수도 있습니다.

이와 달리 피로/MPA 기반 워크아웃은 모든 노력의 긴장도나 생리적 요구량이 동일한 인터벌을 가질 수 있습니다.

그림 6.19에서 10회 노력 세트의 첫 번째 인터벌은 439 W에서 시작하여 20초 동안 363 W까지 점차 낮아집니다. 이 구간은 초반이고 부담이 많이 축적되지 않았기 때문에 MPA가 약간만 떨어집니다. 세트 후반부에는 각 간격이 340의 낮은 와트에서 시작하여 20초 후에 304로 떨어집니다. 그러나 이러한 노력은 피로도가 더 높은 상태에서 이루어지기 때문에 신체에 가해지는 부담은 비슷하게 유지됩니다.

인터벌 노력 사이 또는 인터벌 세트 사이의 회복에도 동일한 원칙이 적용될 수 있다는 점도 주목하세요. 이 워크아웃의 회복 단계에서는 8번의 회복 노력에 따라 파워가 점차적으로 증가합니다. 이러한 방식으로 MPA는 점차적으로 회복한 다음 후반 단계에서 일관된 패턴으로 변동합니다.

데이터를 분석하는 다른 방법

트레이닝 파일에서 다음을 수행할 수 있습니다:
- 라이딩 중에 사용한 에너지의 킬로줄을 확인하고 필요한 에너지를 공급하기에 충분한 보급을 했는지 확인합니다.

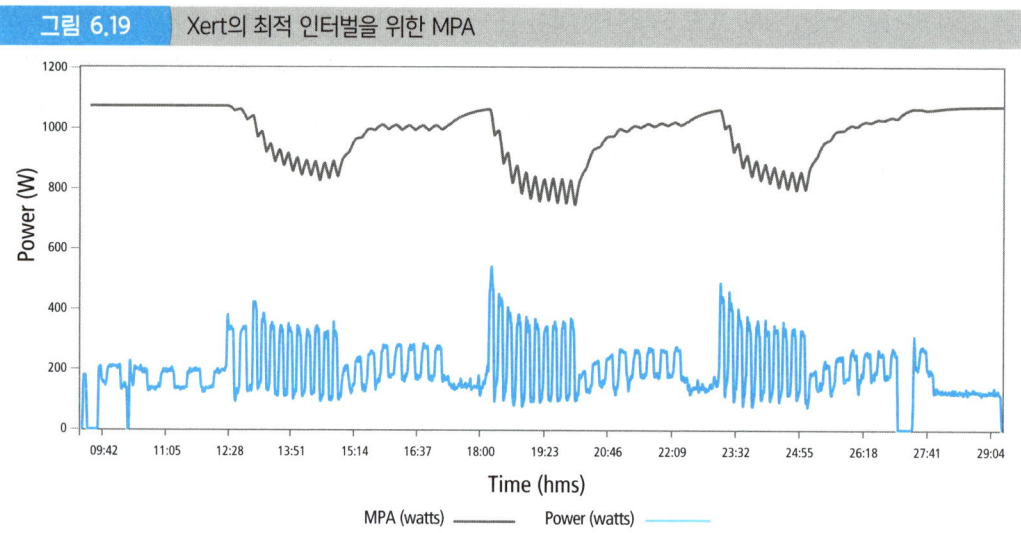

그림 6.19   Xert의 최적 인터벌을 위한 MPA

각각의 인터벌 동안 파워가 어떻게 달라지는지 확인해 보세요. 파워와는 다르게 신체에 가해지는 부담은 여러 번의 인터벌 동안 동일합니다.

- 각 트레이닝 라이딩에 대한 사분면 분석을 확인하고 이를 레이스의 사분면 분석과 비교하여 자신의 레이스에 맞게 훈련하고 있는지 확인합니다. 다음 장에서 이에 대해 자세히 살펴보겠습니다.

- 라이딩 중 파워가 언제부터 감소하기 시작했는지 확인합니다. 이 시점까지 몇 킬로줄(kJ)의 에너지를 소비했나요?

- 오버레이 분석을 사용하여 인터벌을 서로 비교합니다. 파워가 크게 떨어지기 전까지 몇 번이나 반복할 수 있었나요? 인터벌을 충분히 수행했나요? 아니면 너무 많이 했나요?

레이스 파일에서 다음과 같은 방법으로 파워 데이터를 사용할 수 있습니다:

- 레이스에서 연소된 성냥을 확인하여 이벤트의 요구 사항을 명확하게 이해합니다. 이벤트의 특정 요구 사항을 이해한 후에는 해당 요구 사항을 모방한 워크아웃을 만듭니다.

- 최고점을 찾아 파일에서 그 위치를 확인합니다. 이를 통해 레이스에서 가장 힘든 부분에 대한 통찰력을 얻을 수 있습니다.

- 낙오된 경우, 어떤 유형의 노력을 기울여야 했는지, 이러한 노력의 와트 수와 한계점이 어디였는지 확인하세요. 이 정보를 사용하여 트레이닝 계획을 조정할 수 있습니다.

이러한 제안은 데이터를 보다 생산적인 방식으로 살펴보는 데 도움이 될 것입니다. 라이딩을 할 때마다 데이터는 자신에 대해 새로운 것을 알려줄 뿐만 아니라 사이클리스트로서 자신의 능력을 더욱 정의할 수 있게 해줍니다. 모든 파일마다 전체적으로 분석하고 완벽하게 표시할 필요는 없지만, 각 라이딩을 검토하고 해당 라이딩이 피트니스 및 레이싱 목표의 큰 그림에 어떻게 부합하는지 메모하는 것은 여전히 중요합니다. 다음 장에서는 여기서 배운 내용을 바탕으로 궁극적으로 더 생산적인 트레이닝과 동적 분석을 할 수 있는 내용을 담아두었습니다.

7

평균 파워 너머

"평균 파워에 대해서 다루지 않을 것입니다"

파워미터를 처음 사용하는 분들이 초기에 신경 쓰이는 부분 중 하나는 파워 출력의 가변성 또는 불규칙성의 여부입니다. 이러한 것들은 주로 야외에서 라이딩을 할 때 견뎌야 하는 작은 고도 변화, 돌풍 및 기타 외부 요인으로 인해 발생하는 저항 수준의 지속적인 변화 때문에 발생합니다. 이러한 가변성 때문에 파워미터를 사용한 트레이닝은 심박수 모니터를 사용한 트레이닝과 직접 비교하기 어렵습니다. 특히, 트레이닝 세션 동안 특정 범위 내에서 파워를 지속적으로 유지하는 것은 매우 어렵고 때로는 비생산적입니다.

중요한 것은 이러한 가변성으로 인해 라이딩 전체 또는 일부에 대한 평균 파워가 실제 노력의 강도를 제대로 나타내지 못하는 경우가 많다는 것입니다. 예를 들어, FTP의 파워로 20분 노력의 인터벌 라이딩을 두 번 수행한 경우, 20분 동안의 평균 파워는 300 W일 수 있지만, 인터벌 전후로 쉽게 라이딩했기 때문에 전체 라이딩의 평균 파워는 180 W에 불과할 수 있습니다. 그렇다면 이 워크아웃이 2시간 동안 평균 180 W를 사용한 쉬운 회복 라이드와 신체에 동일한 효과를 줄 수 있을까요? 당연히 그렇지 않습니다: 두 라이딩의 평균 파워는 같을지 몰라도, 두 라이딩이 불러일으키는 생리적 시스템과 전반적인 트레이닝 스트레스 측면에서 완전히 달랐기 때문입니다.

평균 파워를 강도의 척도로 사용하는 것의 한계는 레이스에서 더욱 분명하게 드러나는데, 레이스에서 파워는 순간마다 극적으로 달라질 수 있기 때문입니다. 대부분의 우수한 레이서들은 에너지를 절약한 다음 공격하려고 하는데, 이러한 극단적인 상황이 평균을 왜곡합니다. 예를 들어, 올해 가장 힘든 로드 레이스에서 목숨을 걸고 버텨낸 후 파워미터 데이터를 다운로드하면 전체 4시간 동안 평균 200 W밖에 사용하지 않았다는 것을 알 수 있습니다. 올해 가장 힘든 레이스였다는 것을 알고 있기 때문에 평균 파워에 반영되지 않은 무언가가 더 있을 것으로 생각할 수밖에 없습니다.

그리고 그것은 전체 투입된 일의 양 또는 에너지의 양에 관한 것이 아닙니다.

2002년 초, 우리는 전반적인 트레이닝 부하를 정량화 몇 가지 수치를 바탕으로 선수의 연간 트레이닝 계획을 개발할 수 있는 방법을 고민하기 시작했습니다. 많은 사이클리스트들이 자신의 카테고리나 분류에 따라 임의의 시간을 기준으로 트레이닝 계획을 세웁니다. 저희는 더 나은 대안이 있어야 한다고 생각했습니다. 라이딩 시간과 강도를 적절히 고려한 각 라이딩에 스코어를 도출할 수 있다면, 선수의 과거 데이터를 살펴보고 성공과 실패의 상관관계를 파악하여 트레이닝이 적절하게 구성되었는지에 대한 결론을 얻을 수 있을 것 같았습니다.

궁극적으로는 운동선수가 언제 피트니스의 정점에 도달할지 정확하게 예측하고, 이에 맞는 이상적인 개별 맞춤형 트레이닝 프로그램을 설계하는 것이 목표였습니다. 즉, 적절한 시기에 적절한 양의 스트레스를 가하여 선수가 가장 중요한 대회를 위해 최고의 컨디션을 유지할 수 있도록 하는 소위 '마르지 않는 성배'를 얻고자 했습니다. 코치와 선수들은 매 시즌 이 작업을 시도하지만 직관과 시행착오에 의존하는 경우가 많습니다. 하지만 모든 트레이닝에서 라이더가 무엇을 하고 있는지 정확하게 측정할 수 있다면 훨씬 더 정확하고 자신감 있게 이러한 결정을 내릴 수 있을 것이라고 믿었습니다. 이 아이디어는 에릭 배니스터(Eric Banister)의 심박 기반 트레이닝 임펄스(TRIMP) 스코어를 사용하여 전반적인 트레이닝 부하를 정량화 할 수 있고, 이를 바탕으로 트레이닝을 통한 퍼포먼스 향상을 정확하게 모델링하거나 예측할 수 있다는 여러 과학적 연구에서 비롯되었습니다.

운동량(빈도 및 지속시간)과 강도(평균 파워)의 함수인 총 일량(또는 에너지, kJ)을 사용하자는 아이디어는 곧바로 무시했습니다. 이 개념은 평균 파워의 한계 및 생리적 반응과 운동 강도 사이의 비선형 관계를 고려하지 않았기 때문에 근본적으로 문제가 있습니다. 예를 들어 3.5시간 동안 라이딩을 하고 그 과정에서 2,000 kJ의 워크아웃을 수행한다고 가정하면 평균 159 W의 파워로 페달을 밟아야 합니다. 보통의 라이더라면 이 워크아웃은 레벨 2 엔듀런스 워크아웃에 해당합니다. 아마도 다음 날 과도한 피로를 유발하지 않을 것입니다.

반면에 평균 278 W를 유지하여 2시간 동안만 라이드하는 동안 동일한 2,000kJ의 운동을 수행할 수 있습니다. 가장 재능 있는 운동선수를 제외한 모든 사람들에게 이것은 레벨 3 또는 레벨 4에 속하는 훨씬 더 어려운 워크아웃이 될 것이며, 아마도 하루 이상 피곤한 상태로 자전거를 타게 될 것입니다. 두 가지 매우 다른 워크아웃의 총 운동량(kJ)은 같을 수 있지만 신체에 미치는 영향은 완전히 다릅니다.

이를 염두에 두고 저희는 트레이닝과 레이스에서 실제로 요구되는 사항에 대한 더 큰 통찰력을 얻기 위해 여러 가지 고유한 분석 도구를 개발했습니다. 이들 중 처음으로 소개할 세가지인 정규화된 파워(NP), 강도 계수(IF), 트레이닝 스트레스 스코어(TSS)는 서로 연관되어 있으며, 이를 사용하여 평균 파워와 총 일량을 훨씬 뛰어넘는 정확도로 신진대사 요구량과 전반적인 트레이닝 부하를 정량화 할 수 있습니다. NP는 IF와 TSS 계산에 필수적이며 라이딩 중 파워의 가변성을 설명하는 수단으로 사용됩니다. IF는 선수의 NP를 FTP를 이용하여 표현한 것으로, 개인 간 비교를 돕기 위해 고안되었습니다. 마지막으로 TSS는 배니스터의 TRIMP 방식이 심박수 데이터를 기반으로 트레이닝을 정량화하는 것처럼, 이와 유사하게 전체 트레이닝 부하를 정량화합니다. 이 세 가지 개념이 고안되어 TrainingPeaks WKO 소프트웨어에 적용된 후, 해당 세 가지 지표만으로 운동 요구량에 관한 상당한 양의 정보를 파악할 수 있게 되었습니다. 네 번째 도구인 사분면 분석도 이 장의 뒷부분에서 설명합니다. 먼저 NP를 살펴본 다음, 양측 파워 데이터 분석을 포함하여 평균 파워를 넘어서는 나머지 개념을 소개하겠습니다.

이러한 개념의 일부 추론은 운동 생리학에 대한 고급 연구를 바탕으로 하며, 제대로 이해하려면 약간의 수학 지식이 필요합니다. 기술적인 세부 사항을 건너뛰고 싶으시더라도 이 챕터를 읽어 보신다면 이러한 도구를 사용하는 방법에 대한 효율적인 아이디어를 얻을 수 있습니다. 물론 철저한 정보를 얻고자 하는 사이클리스트나 코치라면 꼼꼼히 살펴보아도 실망하지 않으실 겁니다. 매우 유용한 개념에 대해 집중적으로 배우게 될 것입니다.

고급 트레이닝 분석 도구

정규화된 파워(NP)

앞서 언급했듯이 라이딩을 하고, 트레이닝을 하고, 레이스를 하는 행위는 매우 가변적인, 즉 확률적인 운동입니다. 바람, 오르막, 내리막, 급가속, 길고 꾸준한 페달링 등 라이딩에 영향을 미치는 요소는 매우 많습니다. 이러한 가변성 때문에 평균 파워는 라이딩의 실제 신진대사를 충분히 반영하지 못합니다. 이러한 가변성을 고려하여 분석하고자 하는 라이딩의 전체 또는 부분(30초 이상)에 대해 조정된(또는 정규화된) 파워를 계산하는 특수한 알고리즘을 고안했습니다.

이 알고리즘은 ① 운동 강도의 급격한 변화에 대한 생리적 반응은 즉각적이지 않고 예측 가능한 시간 경과를 따른다는 점, ② 글리코겐 활용, 젖산 생성, 스트레스 호르몬 수치 등과 같은 많은 중요한 생리적 반응이 운동 강도와 선형이 아닌 비선형으로 나타난다는 점 등 두 가지 핵심 정보를 바탕으로 합니다.

NP를 계산하려면 다음과 같이 합니다.

① 데이터의 시작점에서부터 파워 값의 30초 이동 평균들을 계산합니다.
② 1단계에서 얻은 모든 값들의 네 제곱 값을 구합니다.

③ 2단계에서 얻은 모든 값들의 평균을 계산합니다.

④ 3단계에서 얻은 값의 네 제곱근을 구합니다.

많은 파워미터 분석 소프트웨어가 NP를 계산해 줍니다. 이는 이론적으로 전체 운동 노력에 대해 균일하게 페달을 밟았다면 평균적으로 얻을 수 있는 파워입니다. 즉, 선수의 몸이 느끼는 운동 강도를 평균적으로 표현한 수치지만, 실제로는 매우 불규칙한 형태의 노력이었을 수 있는 것입니다. 이는 파워 출력이 가변적이지 않고 완벽하게 일정하다고 가정했을 때(예: 고정식 사이클 ERG) 동일한 생리적 소비로 유지할 수 있던 파워를 추정합니다.

따라서 NP를 살펴보는 것이 트레이닝 또는 레이스의 실제 강도를 보다 정확하게 정량화하는 방법입니다. 예를 들어 크리테리움에서는 소프트 페달링이나 급회전 구간을 통과하는 데 소요되는 시간 때문에 동일한 강도의 로드 레이스보다 평균 파워가 낮게 측정되는 것이 일반적입니다. 반면 이러한 경우에 있어 크리테리움과 로드 레이스의 NP 값은 일반적으로 매우 유사하며, 이는 동일한 강도를 잘 표현합니다. 실제로 약 1시간 동안의 힘든 크리테리움이나 로드 레이스에서 정규화된 파워는 라이더가 평탄한 40 km 타임 트라이얼을 위해 지속적으로 페달을 밟을 때의 평균 파워와 비슷한 경우가 많습니다. 따라서 단체 출발 로드 레이스의 NP는 라이더의 역치 파워를 예측하는 데 종종 사용될 수 있습니다.

그림 7.1은 로드 레이스에서 평균 파워와 NP의 차이를 보여줍니다. 이 그림에서 파워 라인은 지속적으로 변동하고 있으며, 이는 이 레이스가 높은 파워와 낮은 파워의 시간이 혼재함을 나타냅니다. 이는 사이클리스트가 생성하는 파워의 범위가 매우 넓고 지속적으로 변화하는 로드 레이스에서 흔히 볼 수 있는 현상입니다. 이러한 파워 출력의 변화는 매우 빠르게 일어나기 때문에 신체가 완전히 회복하기에는 시간이 부족합니다. 따라서 매우 짧은 휴식을 취한다고 하더라도, 신체는 강하고 지속적인 노력을 한 차례 했을 때와 동일한 양의 스트레스를 경험하게 됩니다. 그림 7.1에서 NP는 357 W인 반면 평균 파워

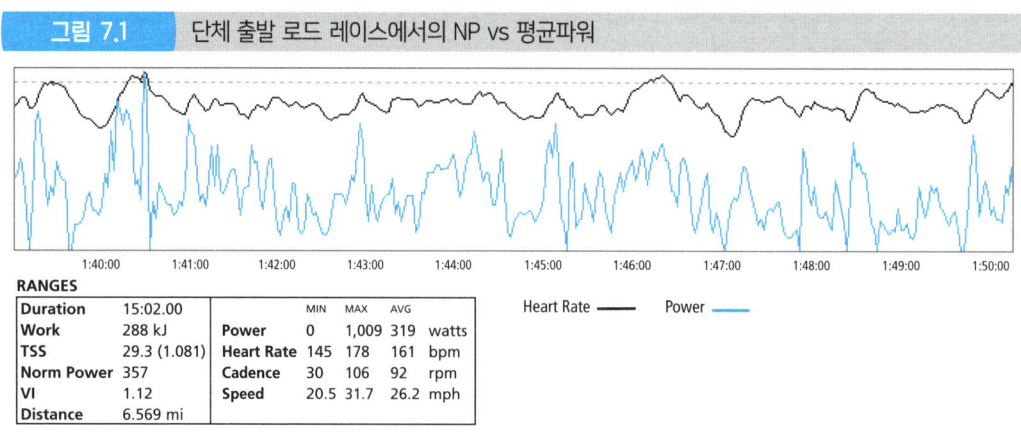

| 그림 7.1 | 단체 출발 로드 레이스에서의 NP vs 평균파워 |

RANGES

Duration	15:02.00		MIN	MAX	AVG	
Work	288 kJ	Power	0	1,009	319	watts
TSS	29.3 (1.081)	Heart Rate	145	178	161	bpm
Norm Power	357	Cadence	30	106	92	rpm
VI	1.12	Speed		20.5 31.7	26.2	mph
Distance	6.569 mi					

Heart Rate ——   Power ——

는 319 W입니다. 이 경우 신체에 가해지는 스트레스 즉 생리적 소비는 357 W에서 신체가 받는 것과 동일합니다. 차이가 클수록 더 가변적이고 지속적인 유산소 노력이 적다는 것을 의미합니다. 찰스 하우(Charles Howe)는 이를 설명하기 위해 가변성 지수(VI)라는 용어를 만들었습니다. 가변성 지수를 찾으려면 NP 수치를 평균 파워 수치로 나누면 됩니다. 라이딩의 가변성이 클수록 가변성 지수가 높아집니다.

이 모든 것이 중요한 이유는 NP를 올바르게 사용하면 이벤트의 요구 사항을 더 잘 정의하는 데 도움이 되기 때문입니다. **표 7.1**은 몇 가지 일반적인 사이클링 이벤트 유형에 대한 일반적인 가변성 지수값을 보여줍니다. 이는 개략적인 지침일 뿐입니다. 특정 이벤트의 요구 사항을 파악하는 것은 이를 대비하기 위한 트레이닝의 핵심 요소 중 하나입니다. 산악자전거를 타는 사람으로서 도로에서만 훈련한다면 다음 산악자전거 레이스에서 마주하게 될 파워, 케이던스, 속도의 지속적인 변

표 7.1	레이스에서의 일반적인 가변성 지수
Type of Ride	**Variability Index**
Steady isopower workout	1.00 – 1.02
Flat road race	1.00 – 1.06
Flat time trial	1.00 – 1.04
Hill-climb time trial	1.00 – 1.06
Flat criterium	1.06 – 1.35
Hilly criterium	1.13 – 1.50
Hilly road race	1.20 – 1.35
Mountain-bike race	1.13 – 1.50

화에 대해 감당하지 못할 가능성이 큽니다. 이 장의 뒷부분에 있는 사분면 분석을 통해 가변성에 대해 좀더 자세히 살펴보겠습니다.

그림 7.2는 상대적으로 일정한 경사도의 꾸준한 힐클라임에서의 NP와 평균 파워를 비교하고 있습니다. 이러한 유형의 힐클라임은 **그림 7.1**에 표시된 단체 출발 로드 레이스보다 라이더의 파워 출력이 훨씬 일정한 것을 알 수 있습니다. 와트가 표시된 그래프 선은 이 노력에서 파워 출력이 얼마나 더 부드럽고 안정적이었는지를 보여줍니다. 이 라이딩 구간의 NP는 304 W였으며, 평균 파워는 300 W로 단지 4 W만 낮았습니다. 따라서 **그림 7.2**에 표시된 라이딩의 가변성 지수는 **그림 7.1**에 표시된 라이딩의 가변성 지수와 매우 다릅니다(**그림 7.2의 경우** 1.02, **그림 7.1의 경우** 1.12). 즉 평균 파워 값은 거의 비슷한 서로 다른 노력에 있어서도 NP의 값과 생리적 소비는 현저하게 다를 수 있습니다.

강도 계수(IF)

NP가 평균 파워보다 트레이닝 강도를 더 잘 측정할 수 있지만, 시간에 따른 개별 운동선수의 피트니스 변화나 선수 간의 차이를 고려하지는 못합니다. 또한 자신의 역량에 대비해 노력의 강도를 정량화할 수 있는 것도 중요한데, 이것이 트레이닝을 통한 적응에 핵심적인 역할을 하기 때문입니다. 이것이 바로

그림 7.2	꾸준한 힐클라임에서의 NP vs 평균 파워

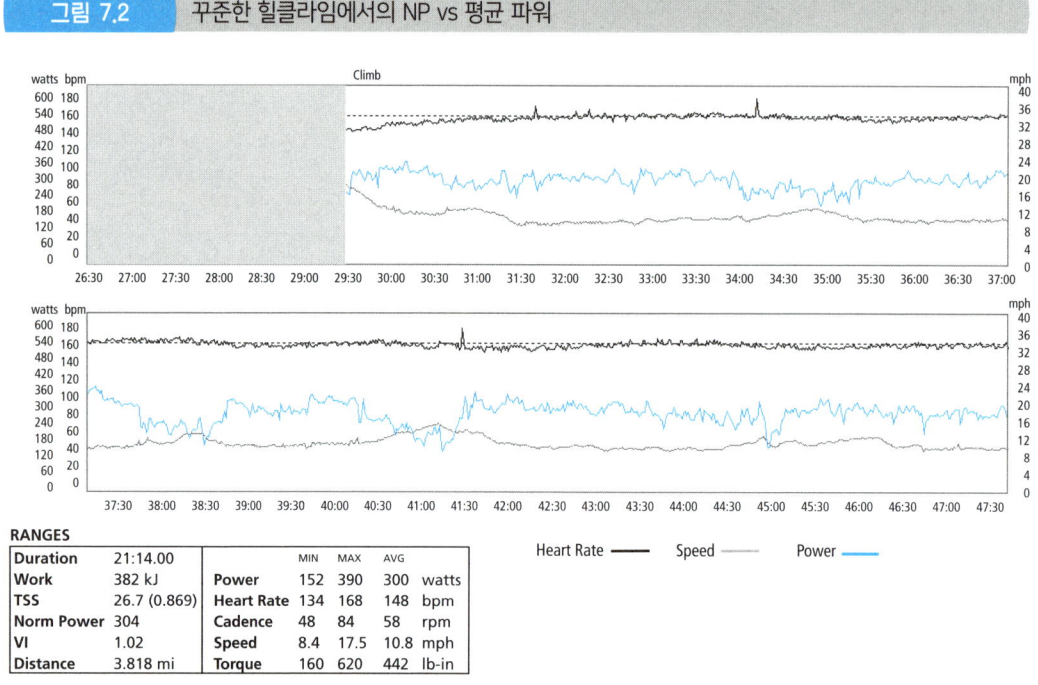

RANGES

Duration	21:14.00		MIN	MAX	AVG	
Work	382 kJ	Power	152	390	300	watts
TSS	26.7 (0.869)	Heart Rate	134	168	148	bpm
Norm Power	304	Cadence	48	84	58	rpm
VI	1.02	Speed	8.4	17.5	10.8	mph
Distance	3.818 mi	Torque	160	620	442	lb-in

Heart Rate —— Speed —— Power ——

IF가 중요한 이유입니다.

IF는 단순히 NP와 FTP의 비율, 즉 해당 워크아웃의 전체(또는 분석하고자 하는 정보에 따라 일부)에서 수행된 NP를 FTP로 나눈 값입니다(IF = NP/FTP). 예를 들어, 올해 초에 수행한 장거리 트레이닝 라이딩의 NP가 210 W이고 당시 FTP가 280 W였다면 해당 워크아웃의 IF는 210을 280으로 나눈 값, 즉 0.75가 됩니다. 그러나 올해 하반기에 피트니스가 더 향상된 상황에서 똑같은 라이딩을 했고, 그때의 FTP가 300 W로 상승했다면 IF는 0.70으로 낮아질 것입니다. IF는 FTP의 변화 또는 차이를 고려하여 개별 라이더의 시간 경과에 따른 트레이닝 세션 또는 레이스의 상대적 강도를 비교하거나 라이더 간에

표 7.2	트레이닝과 레이싱에서의 일반적인 IF 수치

Exertion	IF Value	Notes
Level 1, Active recovery	<0.75	
Level 2, Endurance	0.75 – 0.85	
Level 3, Tempo	0.85 – 0.95	Also includes road races lasting less than roughly 2.5 hr.
Level 4, Lactate threshold	0.95 – 1.05	Also includes road races lasting less than roughly 2.5 hr., criteriums, circuit races, and longer time trials
Level 5 and higher	1.05 – 1.15	Shorter time trials
	>1.15	Prologue time trial, track pursuit, track miss-and-out

IF를 이용한 피트니스 변화 확인

IF를 특히 유용하게 활용할 수 있는 것 중 하나는 FTP의 변화를 확인하는 것입니다. 특히, 약 1시간 동안 진행되는 레이스에서 IF가 1.05를 넘으면 라이더의 역치 파워가 현재 TrainingPeaks WKO 소프트웨어 프로그램이나 스프레드시트 프로그램에 입력된 것보다 실제로 더 크다는 신호일 수 있습니다. 한 시즌 동안 다양한 이벤트에 대한 IF를 체크하면 공식적인 테스트 없이도 역치 파워의 증가 또는 감소를 확인할 수 있습니다.

예를 들어, 조가 자신의 역치 파워를 290 W로 설정하고 8주 동안 열심히 훈련한다고 가정해 봅시다. 이 기간 동안 조는 공식적인 테스트나 레이스를 하지 않습니다. 그런 다음 조는 지역 크리테리움 레이스에 나가 약 한 시간 동안 브레이크어웨이에 참가합니다. 집에 돌아와 파워미터 데이터를 다운로드합니다. 그래프를 살펴본 조는 자신이 선두에서 벗어난 시간을 중심으로 범위를 만들고, TSS는 114, IF는 1.07, NP 310이라는 것을 확인합니다.

조는 정의에 따라 FTP에 도달한 1시간은 TSS 포인트 100점, IF 1.0이 되어야 하므로 이것이 옳지 않다는 것을 알고 있습니다. 조는 FTP를 310으로 조정하고 소프트웨어가 TSS와 IF를 다시 계산하도록 한 후 예상대로 TSS가 100, IF가 1.0이 된 것을 확인합니다. 이는 조의 FTP가 거의 확실하게 증가했음을 알려줍니다. 그러나 조는 단 8주 만에 FTP가 20 W(즉, 290 W에서 310 W)가 증가한 것은 비교적 큰 폭의 증가라는 것을 알기 때문에, 소프트웨어에서 FTP 설정을 310 W가 아닌 300 W 수준으로 높이고 가능한 한 빨리 공식 테스트를 통해 이 수치를 정확하게 확인해야 합니다.

비교하는 유효하고 편리한 방법입니다. 표 7.2는 다양한 트레이닝 세션 또는 레이스에 대한 일반적인 IF 값을 보여줍니다.

트레이닝 스트레스 스코어(training stress score, TSS)

분명히, 운동의 강도는 트레이닝에 대한 생리적 적응의 유형과 정도를 결정하는 중요한 요소이지만, 전체 훈련량을 함께 결정하는 운동 빈도와 지속시간도 중요합니다. 트레이닝 강도와 운동량 사이에는 분명히 상호 관계가 있습니다. 즉, 어느 시점에서 운동 강도가 올라가면 운동량이 내려가야 하고, 그 반대의 경우도 마찬가지이며, 그렇지 않으면 과잉 훈련이 됩니다. 트레이닝 스트레스 스코어(TSS)는 전반적인 트레이닝 부하를 정량화하여 이러한 상황을 예방하기 위해 고안되었습니다.

TSS는 모든 활동에 대해 계산될 수 있으며, 스프레드시트 프로그램이나 파워 분석 소프트웨어 프로그램에서 최근 TSS에 대한 그래픽 요약을 볼 수 있습니다. 대부분의 자전거 컴퓨터에는 라이딩 중 TSS를 계산하고 표시하는 기능이 있어, 사이클리스트가 퍼포먼스를 모델링하는 데 큰 도움이 됩니다. TSS는 각 트레이닝 세션의 강도(IF)와 지속시간을 모두 고려하며, 각 운동에서 사용된 글리코겐의 양을 측정하는 지표로 간주하는 것이 좋습니다. 특정 워크아웃의 TSS를 알면 트레이닝 진행 방법에 대한 결정을 내릴 수 있습니다. 예를 들어, 한 번의 레이스 또는 트레이닝 세션에서 매우 높은 TSS가 나온다면 하루 이상 휴식을 취해야 한다는 뜻입니다. TSS의 공식은 다음과 같습니다.

$$\text{TSS} = [(s \times NP \times IF) \div (FTP \times 3{,}600)] \times 100$$

여기서 s는 지속시간(초), NP는 정규화된 파워(W), IF는 강도 계수, FTP는 기능적 역치 파워, 3,600은 1시간의 초 수입니다.

트레이닝 스트레스 스코어는 역치 파워로 1시간 동안의 타임 트라이얼 수행을 기준으로 합니다. 1시간 동안 FTP로 라이딩을 수행하면 TSS는 100점이며, 이 라이딩의 IF는 1.0이 됩니다. 대부분의 진지한 사이클리스트들은 1시간 동안 타임 트라이얼을 하는 것이 어떤 느낌인지, 그리고 이러한 노력에서 회복하는 데 얼마나 많은 시간이 걸리는지 알고 있습니다. 다양한 40 km 타임 트라이얼이 있으며, 1시간 이내에 40 km를 완주하는 것은 많은 사람들의 목표였습니다. 더 중요한 것은 40 km 타임 트라이얼에서의 퍼포먼스는 젖산 역치에서 개인의 파워와 높은 상관관계가 있다는 것입니다. 이러한 점을 염두에 둔다면, 거의 모든 라이더는 200 TSS 라이드가 40 km 타임 트라이얼 두 번과 맞먹는 훈련량을 의미한다는 것을 이해할 수 있습니다. 이와는 대조적으로 100 TSS 라이드는 더 낮은 IF (0.71)에서 2시간의 라이드가 될 수 있으며, 적어도 이론적으로는 IF가 1.0인 40 km 타임 트라이얼과 동일한 생리적 소비를 나타냅니다.

기능적 역치 파워를 기반으로 계산되는 TSS의 흥미로운 점 중 하나는 초보 라이더가 자신의 트레이닝에 최적화할 수 있는 수준에서의 워크아웃을 할 수 있게 해준다는 것입니다. 초보 라이더의 300 TSS 라이드와 피터 사간(Peter Sagan)의 300 TSS 라이드는 거리와 지속시간 측면에서 크게 다르지만, 초보자의 생리적 시스템에 동일한 수준의 스트레스를 가하고 그에 상응하는 긍정적인 영향을 줄 수 있습니다. 선수의 FTP만 알면 라이더의 카테고리와 상관없이 노력으로 인한 스트레스의 정도를 쉽게 이해할 수 있습니다. 그러나 개인이 견딜 수 있는 트레이닝 부하의 양은 다를 수 있습니다. 피터 사간은 0.85의 IF로 300-400 TSS를 21일 연속으로 할 수 있고 계속해서 강해질 수 있지만, 초보 사이클리스트는 단 이틀만 그 수준의 트레이닝을 해도 자신의 역량을 심각하게 초과하는 것을 느낄 것입니다. 이러한 차이 때문에 대략적인 트레이닝 가이드로 사용할 수 있는 척도를 만들었습니다(**표 7.3 참조**).

다양한 라이딩의 TSS 및 IF 수치에 대한 감을 잡게 된다면, 다른 사람의 라이딩에 대한 TSS 및 IF 점

표 7.3		트레이닝 스트레스의 피로에 대한 영향
TSS	Intensity	Recovery Status
<150	low	일반적으로 다음날까지 완전회복
150–300	moderate	다음날 약간의 잔여 피로가 있을 수 있지만 그 다음날까지는 완전 회복
300–450	high	이틀 후까지도 잔여 피로가 있을 수 있음
>450	Very high	잔여 피로가 수일간 지속될 가능성이 높음

표 7.4	라이드 별 TSS와 IF		
Event Description	Duration (h:m)	TSS	IF
Easy Level 1 recovery ride, flat terrain, male Cat. III rider	1:00	12	0.37
Easy Level 2 recovery ride, rolling terrain, male Cat. II rider	2:30	60	0.49
CX race, female masters, 40–45 age group	0:45	61	0.92
Division 1 pro in an American pro 1/2 criterium	1:00	73	0.86
Women's pro criterium	0:45	80	1.06
40 km TT, male Cat. II rider	0:53	89	1.02
Typical national caliber Cat. III Criterium	1:57	109	0.75
Typical national caliber Pro 1/2 Criterium	2:35	118	0.67
2018 Mount Evans Hill Climb, Cat. I	2:02	126	0.79
Masters National Road Race, 2018, 55–59 age group	2:34	160	0.79
2018 technical national caliber criterium, Cat. I	2:28	166	0.82
Cat. IV road race, rolling terrain, in one small break, rest of time riding in the field	2:50	185	0.81
Level 2/3, with 1 hour of threshold climbing	2:50	241	0.92
Cat. II dead flat road race	3:35	246	0.83
2018 national caliber very hilly road race, Cat. I, small chase group	4:55	266	0.74
2018 US Elite National Championships, Cat. I	5:22	272	0.71
2018 Lake Placid Ironman, fast female age grouper, top three 40–45	5:40	278	0.70
2018 stage 1 road race of USA national caliber stage race	4:55	292	0.78
Cat. II Hilly Road Race in North East USA	4:16	305	0.85
2018 US Pro national championships	4:41	323	0.83
2018 Vuelta a España stage 12, breakaway, top 10 placing	4:22	323	0.86
2018 Leadville 100 MTB race, female age 35–40 winner	9:18	354	0.62
2018 Tour de France mountain stage 16, top 5 placing	5:13	359	0.83
24 hour MTB race, elite masters male	24:00	1058	0.74
1,000 km Brevet, done over 3 days, only 5 hours sleep total, female, age 40	42:00	1610	0.62

수를 들고 그가 어떤 유형의 라이딩을 했는지 이해할 수 있습니다. 표 7.4에는 몇 가지 다양한 유형의 라이드와 해당 수치가 나와 있습니다.

개별 선수와 코치는 각 워크아웃 별로 NP, IF 및 TSS를 지속적으로 추적함으로써 파워미터로 트레이닝하여 수집한 방대한 양의 데이터를 분석할 수 있게 될 것입니다. 이는 트레이닝 개선을 비롯해 궁극적으로는 레이스 퍼포먼스 향상을 위한 매우 강력한 도구가 될 것입니다.

생리적 특이성 트레이닝을 위한 분석

레이싱에서 성공하려면 출전하는 이벤트에 특화된 방식으로 트레이닝해야 합니다. 즉, NP를 사용하여 사이클링에서 매 순간마다 발생하는 파워의 변화를 고려하여 트레이닝하는 것이 중요합니다. 그런데 파워의 변화는 선수의 신경근 파워와도 관련이 있습니다. 사분면 분석의 개념은 이 이슈를 다루고자 고안되었습니다.

NP, IF, TSS와 같은 도구는 사이클링 파워 출력에 대한 특성을 파악하여 코치와 선수가 특정 레이스 또는 워크아웃의 실제 생리적 요구 사항을 더 잘 이해할 수 있도록 도와줍니다. 그럼에도 불구하고 큰 파워 변화의 생리적 결과를 완전히 이해하려면 이들이 신경근 기능(다리 근육이 주어진 파워를 출력하기 위해 필요한 힘과 속도를 생성하는 기능)에 끼치는 영향에 대해서도 이해해야 합니다. 이러한 영향은 NP를 계산하는 데 사용되는 알고리즘에 의해 이해될 수 있지만, 신진대사에 영향을 미치는 정도(예: 근섬유 모집 패턴의 변화)로만 인식됩니다. 사이클링에서 근력(또는 최대 힘)은 퍼포먼스에 제한을 가하는 요인이라고 보기 어렵지만, 그럼에도 불구하고 신경근 요인은 때때로 수행 능력을 결정하는 데 중요한 역할을 할 수 있습니다.

신경근 파워 측정

근육을 얼마나 빨리 수축할 수 있는지, 얼마나 강하게 수축할 수 있는지, 피로하기 전까지 얼마나 오랜 기간 수축을 유지할 수 있는지 여부는 신경근 기능에 따라 결정됩니다. 키보드로 타이핑하는 방법을 배우는 것부터 자전거 페달을 밟는 것까지 새로운 움직임 패턴은 뇌에서 관련 근육으로 정보를 전달하는 개인의 능력에 의해 결정됩니다. 우리는 모두 이를 당연하게 여기고 자전거를 탈 때 페달을 밟기만 하면 되지만, 실제로 이러한 수축을 일으키는 능력은 사람마다 다릅니다. 파워미터를 사용하면 자신의 신경근 능력을 이해하고, 올바르게 트레이닝하고 있는지 확인한 다음 신경근 능력을 개선할 수 있습니다.

라이더의 케이던스 분포 히스토그램을 살펴보면 특정 워크아웃 또는 레이스의 신경근 요구량에 대한 일부 정보를 얻을 수 있습니다. 몇몇 파워미터 소프트웨어 프로그램은 이러한 그래프를 자동 생성해주기에 데이터를 쉽게 분석할 수 있습니다. 예를 들어, **그림 7.3**은 라이더가 다양한 케이던스에서 얼마나 많은 시간을 보냈는지 보여주며, 레벨 2(엔듀런스) 라이딩일 가능성이 높은 80-90 rpm 범위에서 많은

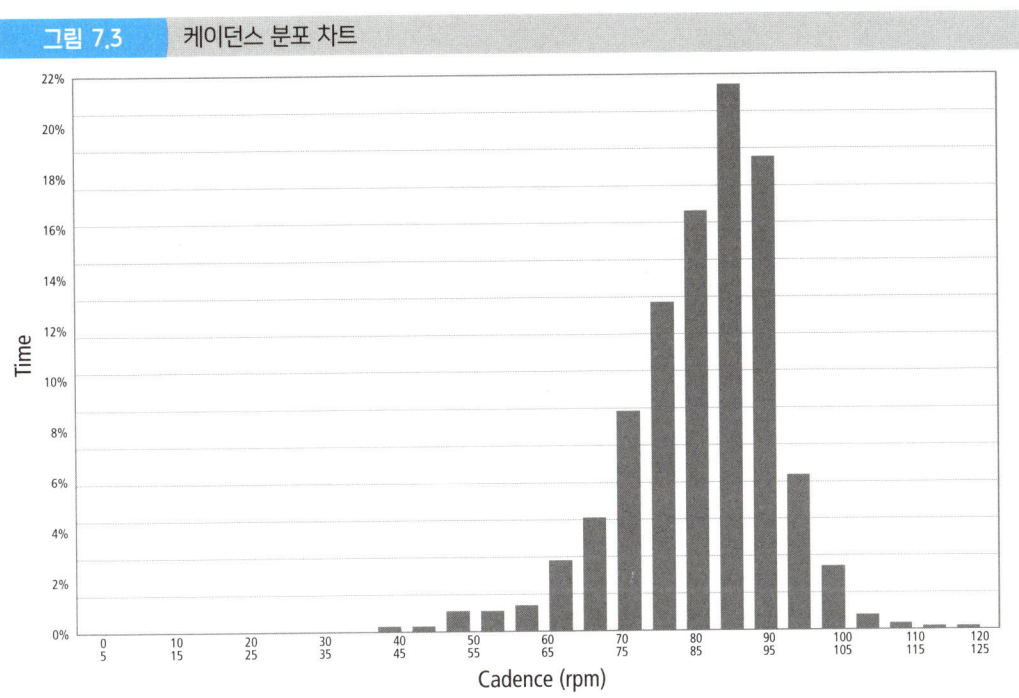

그림 7.3   케이던스 분포 차트

시간을 보낸 것을 볼 수 있습니다.

케이던스로 표시되는 근육 수축 속도는 파워를 결정하는 두 가지 요소 중 하나에 불과하며, 다른 하나는 당연히 힘입니다. 사용하는 파워미터에 관계없이 파워 및 케이넌스 데이터에서 평균(즉, 1회전/360도 이상) 유효(즉, 크랭크에 가해지는) 페달 힘(양쪽 다리 합산)을 도출할 수 있습니다. 공식은 다음과 같습니다:

$$AEPF = (P \times 60) \div (C \times 2 \times \pi \times CL)$$

여기서 AEPF(Average Effective Pedal Force)는 평균 유효 페달 힘(뉴턴, N), P는 파워(와트, W), C는 케이던스(rpm), CL은 크랭크 길이(미터, m)이며, 상수 60, 2, π는 케이던스를 각속도(radian/s)로 변환하는 역할을 합니다. 그런 다음 **그림 7.3**처럼 AEPF 값의 분포 히스토그램을 준비하면 레이스 또는 트레이닝 세션의 신경근 수요에 대한 추가적인 인사이트를 얻을 수 있습니다(이런 형태의 모든 그래프가 가지는 특징인 지속적인 노력을 고려하지 않는다는 점에 유의하세요. 히스토그램의 구간은 라이딩 동안의 노력을 종합적으로 반영합니다. 그러나 심박수와 달리 신경근의 반응과 요구는 본질적으로 즉각적이기 때문에 이는 문제가 되지 않습니다. 실제로 근육 수축을 통한 특정 속도와 힘의 생성은 본질적으로 다른

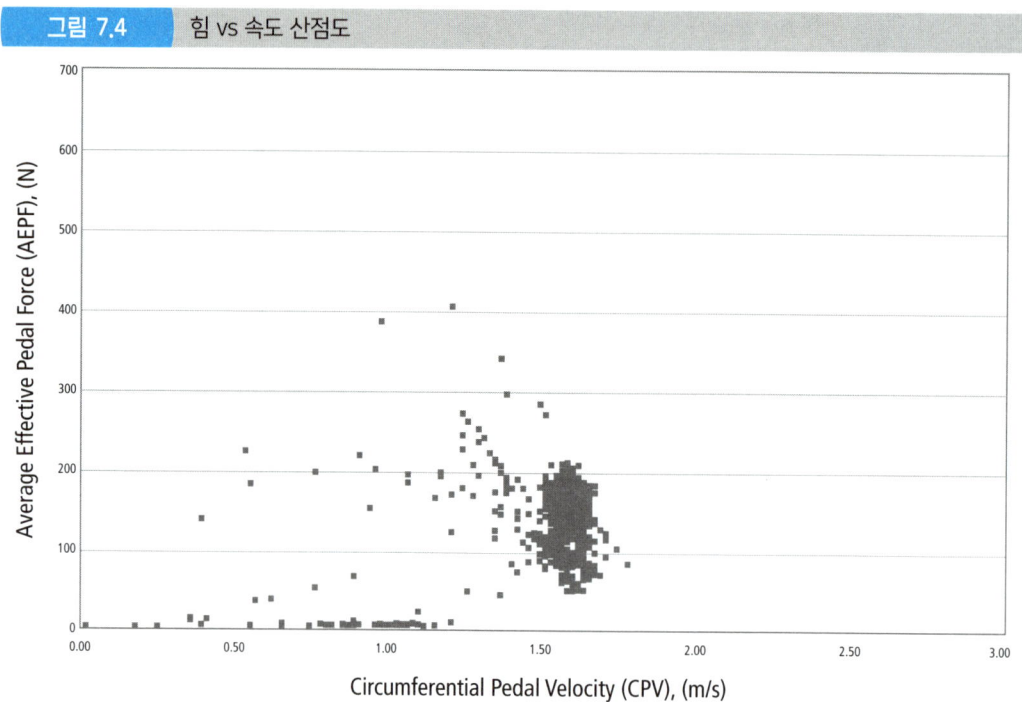

그림 7.4   힘 vs 속도 산점도

이 그림은 그림 7.3에 대한 힘과 속도의 상관관계를 나타냅니다.

모든 생리적 반응을 이끕니다.)

단순히 AEPF와 케이던스의 분포를 보더라도 인사이트를 얻을 수 있습니다만, 이 두 변수 간의 관계를 파악하기는 힘듭니다. 이 관계는 힘과 속도를 비교해서 그려야만 정량화할 수 있습니다. 근육 생리학자들은 1920년대 초부터 이러한 힘-속도 다이어그램을 사용하여 근육 및 수축 특성을 설명해 왔습니다. 그림 7.4는 힘-속도(AEPE와 CPV) 산점도의 예시를 보여줍니다. 이것은 그림 7.3 과 동일한 트레이닝 세션입니다.

원주 페달 속도, 즉 페달을 밟는 동안 페달이 원을 그리며 얼마나 빨리 움직이는지는 다음과 같이 케이던스로부터 계산됩니다.

$$CPV = (C \times CL \times 2 \times \pi) \div 60$$

여기서 CPV (circumferential pedal velocity)는 원주 페달 속도(m/s), C는 케이던스(rpm), CL은 크랭크 길이(m)이며, 상수 2, π, 60은 데이터를 적절한 단위로 변환하는 역할을 합니다. 기술적으로는 원주 페달 속도 대신 근육 수축 속도 또는 적어도 관절 각속도를 사용해야 하지만, CPV는 이 두 가지를 모두 예측하는 데 탁월한 것으로 입증되었습니다. 특히 개인에 따라 크랭크 길이는 일반적으로 일정하기 때문에 원주 페달 속도 대신 케이던스를 사용할 수도 있습니다. 과학적 관례에 부합하고 사이클링에 특화된 근육의 힘-속도 곡선과의 관계를 강조하기 위해 후자를 사용했습니다. 그림 7.4에 표시된 것과 같은 힘과 속도의 산점도는 AEPF 및 CPV의 단순한 히스토그램에서는 얻을 수 없는 정보를 제공합니다.

그러나 이러한 샷건-블래스트(shotgun-blast) 패턴을 기반으로 유사한 라이딩 간의 미묘한 차이를 감지하는 것은 어려울 수 있으며, 특히 X축과 Y축의 스케일링이 달라질 수 있는 경우 더욱 그렇습니다. 또한 추가 정보가 없으면 이러한 힘-속도 산점도는 비교의 대상이 될 수 있는 기준점이 없기 때문에 본질적으로 상대적입니다. 사분면 분석은 이 문제를 해결하기 위해 특별히 고안되었습니다.

사분면 분석을 이용해서 파워 파일이나 레이스의 일반적인 부분을 살펴보려고 할 때, 많은 경우 가장자리에 있는 데이터 이상값(아웃라이어)을 찾아야 합니다. 사분면 분석을 통해 파워 파일에서 이상값을 체크하고 주의를 환기시키며, 이를 해석하는 방법으로 트레이닝과 레이싱에서 더 많은 개선을 이룰 수 있습니다.

다시 한번 강조하지만, 역치 파워(및 연동된 케이던스)는 특히 상대적으로 낮은 힘과 상대적으로 높은 힘의 페달링 노력을 구분하여 비교하는 데 유용한 기본 정보를 제공합니다. (자전거를 타는 동안 발생시키는 힘은 일반적으로 매우 낮기 때문에 근력이 퍼포먼스를 제한하는 요소로 간주되는 경우는 사실상 없다는 점은 아무리 강조해도 지나치지 않습니다. 이 장의 뒷부분에서 사분면 분석을 사용하여 이 점을 설명하겠습니다.)

운동 강도와 다양한 대사 반응(예: 글리코겐 사용률, 혈중 젖산 농도) 사이의 곡선형 관계에 기여하는 한 가지 요인은 'Type II' 즉 속근(빠른 경련성 근육 섬유)의 보십입니다. 특히 일반적인 케이던스로 페달을 밟고 파워 출력이 젖산 역치보다 훨씬 낮을 때는 속근의 참여나 활용이 거의 없습니다. 그러나 파워 출력이 점진적으로 증가하면 필요한 힘을 생성하기 위해 점점 더 많은 근육 섬유를 모집시켜야 합니다. 예를 들어, 레벨 2(엔듀런스)로 라이딩하는 동안에는 90%의 지근 즉 'Type I' 근섬유를 사용하고 10%의 속근 즉 'Type II' 근섬유만 사용할 수 있습니다. 강도를 레벨 4로 올리면 지근을 계속 사용하지만, 속근도 상당수 사용하기 시작합니다. 다시 말해, 운동 강도가 강해질수록 속근에 대한 의존도가 높아집니다.

그림 7.5는 노력의 강도와 관련하여 다양한 근섬유가 어떻게 모집되는지 보여줍니다. Type I 근섬유는 상대적으로 낮은 운동 강도(즉, VO_2max의 40%)에서도 최대로 모집되는 반면, Type IIa 및 Type IIx 근섬유는 훨씬 더 높은 운동 강도에서만 모집됩니다.

다양한 기법(예: 근전도 스펙트럼 분석, 근육 생검)을 사용한 과학적 연구에 따르면 역치 파워는 운동선수가 견딜 수 있는 힘의 한계점일 뿐만 아니라, 속근 모집의 역치점으로도 어느 정도는 의미를 가진다고 보고 있습니다. 다른 방식으로 설명하자면, 특정 케이던스를 정해서 페달링을 할 때, 기능적 역치 파워는 상당한 양의 속근 섬유 모집이 시작되는 파워(케이던스가 동일하므로 결과적으로 힘에 해당)에서

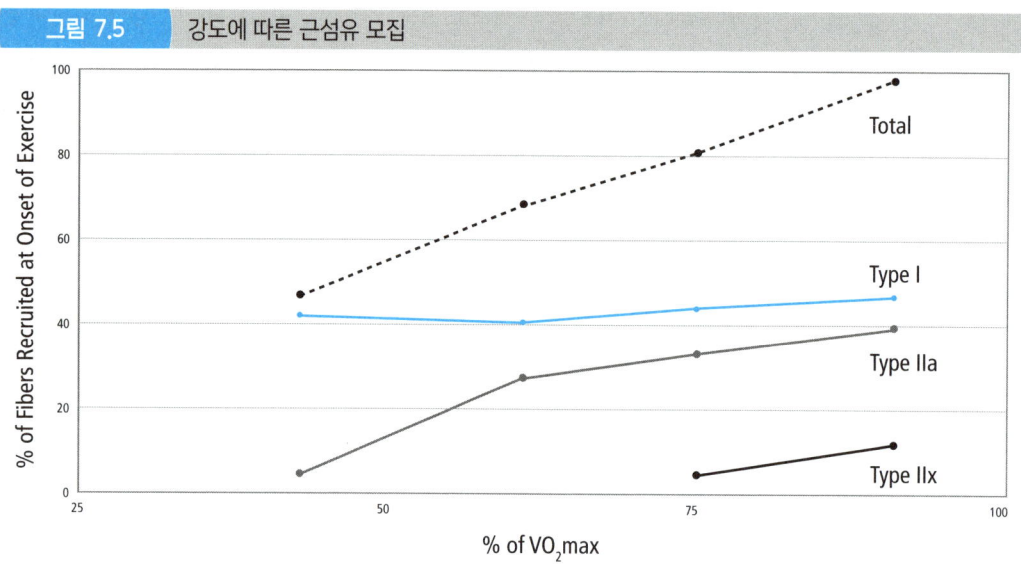

그림 7.5   강도에 따른 근섬유 모집

N.K. Vollestad et al., "Effect of Varying Exercise Intensity on Glycogen Depletion in Human Muscle Fibers," *Acta Physiologica Scandinavica* 125 (1985): 395.

발생하는 것으로 보입니다. 따라서 **그림 7.6**에 표시된 것처럼 개인의 역치 파워에서 AEPF와 CPV를 사용하여 모든 라이딩의 힘-속도 산포도를 네 개의 사분면으로 나눌 수 있습니다. 이 구분은 다소 임의적인데, 이는 자전거를 탈 때 발생하는 힘의 변화가 연속적이며, 즉 그에 따른 근섬유 모집도 연속적이지만 이를 구분해야 하기 때문입니다. 또한 운동 지속시간은 근섬유 모집에 중요한 역할을 하지만 이 그림에서는 고려하지 않았습니다(이를 고려하려면 AEPF, CPV 및 시간의 3차원 그래프가 필요하므로 일상적으로 사용하기에는 너무 복잡합니다). 또한 속근 모집에 대한 역치 파워의 관계는 그림과 같이 수평선이 아니라 왼쪽에서 오른쪽으로 하향하는 곡선에 가깝습니다. 이런 점을 고려하더라도 이 네 사분면에 속하는 데이터 포인트는 다음과 같이 해석됩니다.

1사분면(오른쪽 위): 높은 힘과 빠른 속도: 극단적으로는 스프린트로 표현할 수 있지만, 평지에서 역치를 초과하는 거의 모든 노력(예: 레이스 중 어택 또는 브릿지(bridge))도 여기에 포함됩니다. 당연히 트랙에서의 레이스(예: 포인트 레이스)는 일반적으로 공격적인 성격과 고정 기어 사용으로 인해 상당한 양의 고강도 고속 페달링이 수반됩니다.

2사분면(왼쪽 위): 높은 힘과 낮은 속도: 일반적으로 2사분면 페달링은 힐클라임을 하거나 가속할 때, 특히 저속에서 발생합니다. 초기 CPV가 0인 스탠딩 스타트는 사이클링에서 힘의 한계가 있는 유일한 상황입니다. CPV가 0일 때만 AEPF가 최대가 됩니다. 사이클로크로스 또는 산악자전거 레이스

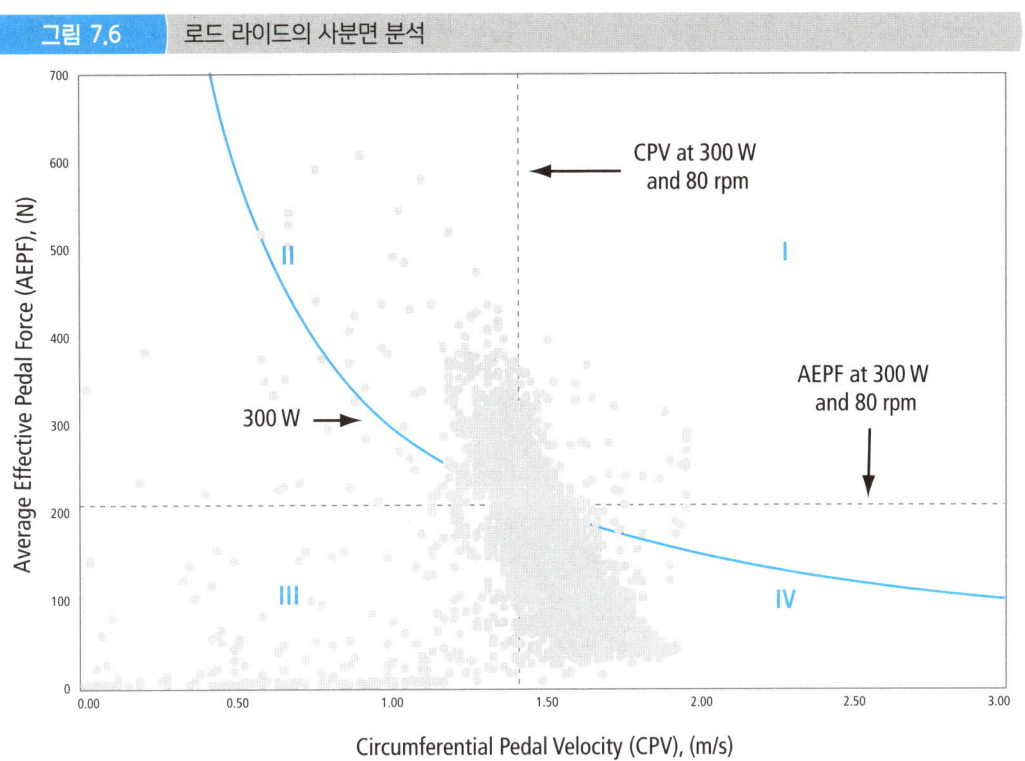

그림 7.6   로드 라이드의 사분면 분석

와 같은 오프로드 레이스에서도 종종 상당한 양의 고강도 저속 페달링이 필요합니다. 포장도로에서 얼리는 레이스에서도 오르막이 가파르거나 라이더가 과도한 기어를 사용하는 경우 이러한 페달링을 많이 해야할 수 있습니다. AEPF가 충분히 높기 때문에 1사분면 및 2사분면 모두에서 페달링을 할 경우 속근이 많이 모집됩니다.

3사분면(왼쪽 아래): 낮은 힘과 낮은 속도-3사분면에 속하는 비율이 큰 라이드는 일반적으로 실제 트레이닝이 아닌 회복이나 사교 목적(예: 커피숍 라이드)에 해당될 것입니다. 그러나 파워의 가변성이 큰 단체 출발 레이스에서는 공격 가능성이 거의 없는 상황에서 강한 페달링에서 회복하거나 펠로톤에서 소프트 페달링을 할 때와 같이 낮은 힘과 낮은 속도의 페달링이 필요할 수도 있습니다.

4사분면(오른쪽 아래): 낮은 힘과 빠른 속도-4사분면 페달링의 가장 확실한 예는 페달링의 부드러움을 개선하기 위해 낮은 고정 기어나 로라(roller)를 사용하는 것입니다. 특히 크리테리움과 같이 빈번하고 빠른 가속이 필요한 레이스에서는 낮은 힘으로 빠른 속도로 페달을 밟아야 할 수도 있습니다.

사분면 분석 방법의 적용과 이를 통해 얻을 수 있는 인사이트를 더 자세히 설명하기 위해 다양한 유형의 워크아웃과 레이스의 예시는 아래와 같습니다(**그림 7.7 ~ 7.12**). 참고용으로 제공된 40 km 타임 트라이얼을 제외하고, 이러한 예는 각 경우의 평균 파워가 250 W에 가깝기 때문에 특별히 선정해 보았습니다. 그러나 이 파워 출력을 설명하는 페달링 힘과 속도의 조합과 분포가 크게 다르다는 것도 알 수 있습니다. 특히 일정 파워 ERG 및 마이크로 버스트 트레이닝 세션의 그래프에서 뚜렷하게 드러나는 서로 다른 패턴에 주목하세요. 힘-속도 산점도를 보면 평균 파워, NP, 평균 케이던스 및 기타 분석으로는 구분할 수 없는 워크아웃 간의 중요한 차이점을 확인할 수 있습니다.

사분면 분석, 또는 AEPF 및 CPV의 계산은 사이클링 퍼포먼스와 관련된 다른 문제를 해결하는 데에도 사용할 수 있습니다. 이 방법을 통해 파워 생성에 있어 근력의 역할과 근지구력 향상을 위한 트레이닝의 효과를 파악하는 데 도움이 된다면 어떨까요? 이에 대해 자세히 알아보겠습니다.

근력 vs. 파워(Strength vs. Power)

근력은 근육 또는 근육 그룹의 최대 힘 생성 능력으로 정의됩니다. 근육이 생성할 수 있는 힘은 수축 속도의 증가에 따라 필연적으로 감소하기 때문에 근육의 힘은 기술적으로 속도가 0일 때, 즉 등척성 수

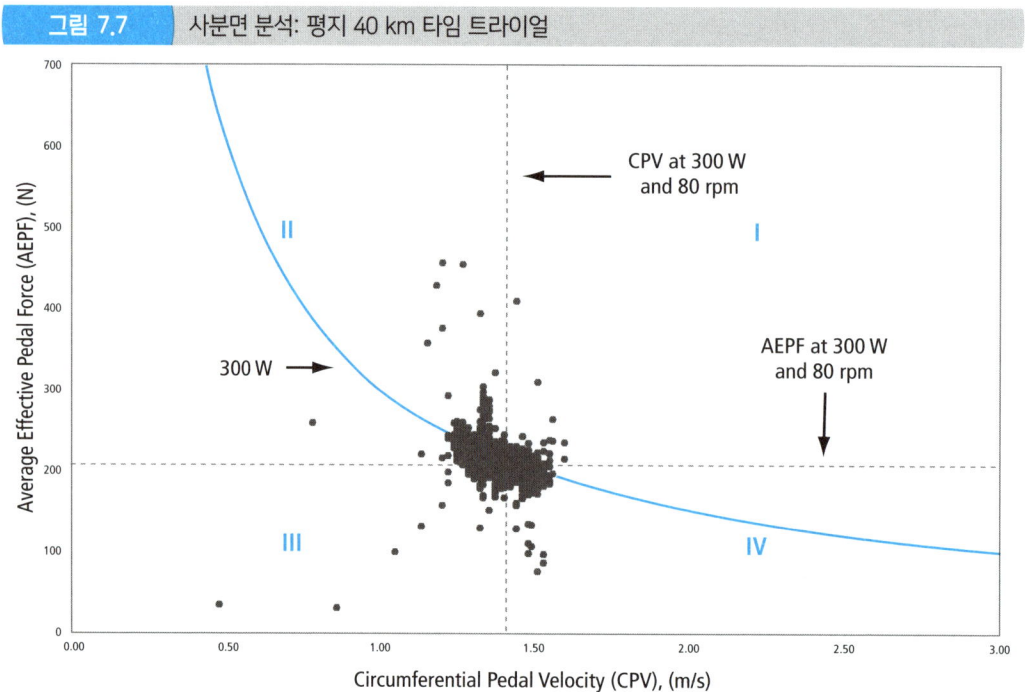

그림 7.7 　사분면 분석: 평지 40 km 타임 트라이얼

그림 7.8	사분면 분석: 일정 파워 ERG 워크아웃

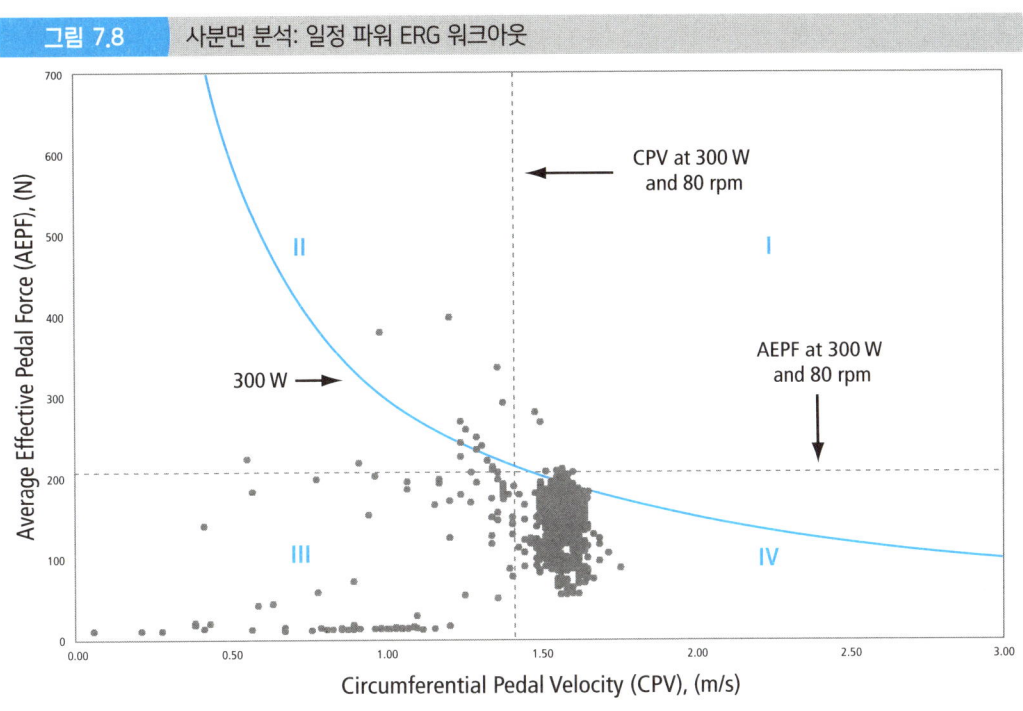

그림 7.9	사분면 분석: 마이크로 버스트 인터벌 워크아웃

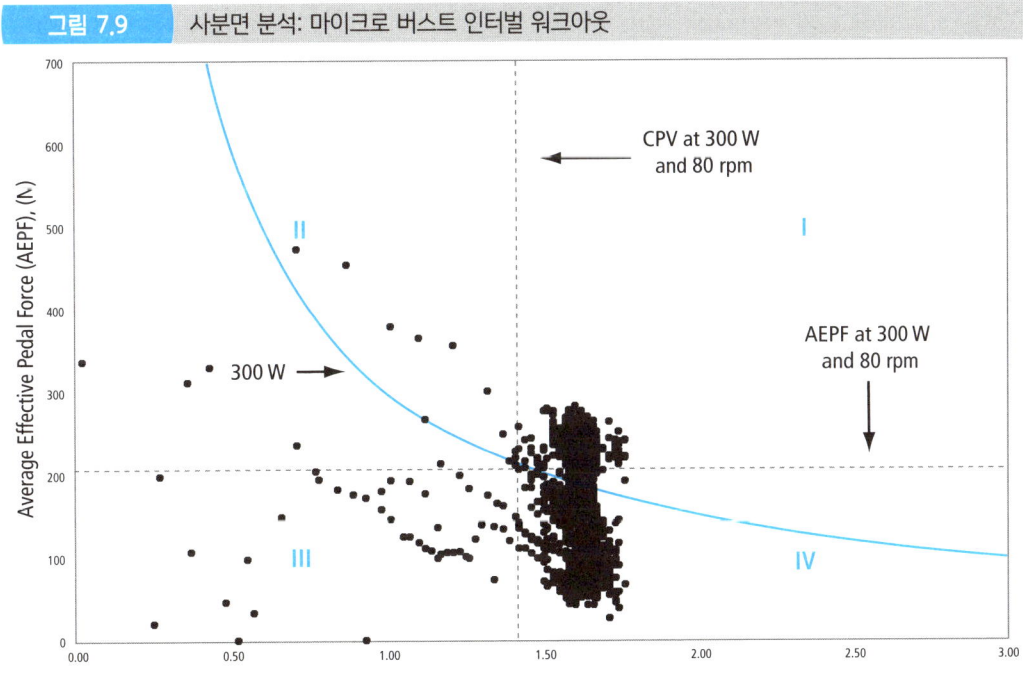

해당 워크아웃은 ERG로 수행되었습니다. 마이크로버스트는 15초씩, 15초 간격으로 수행되었습니다.

그림 7.10	사분면 분석: 로드 레이스(평지 및 여러 지형)

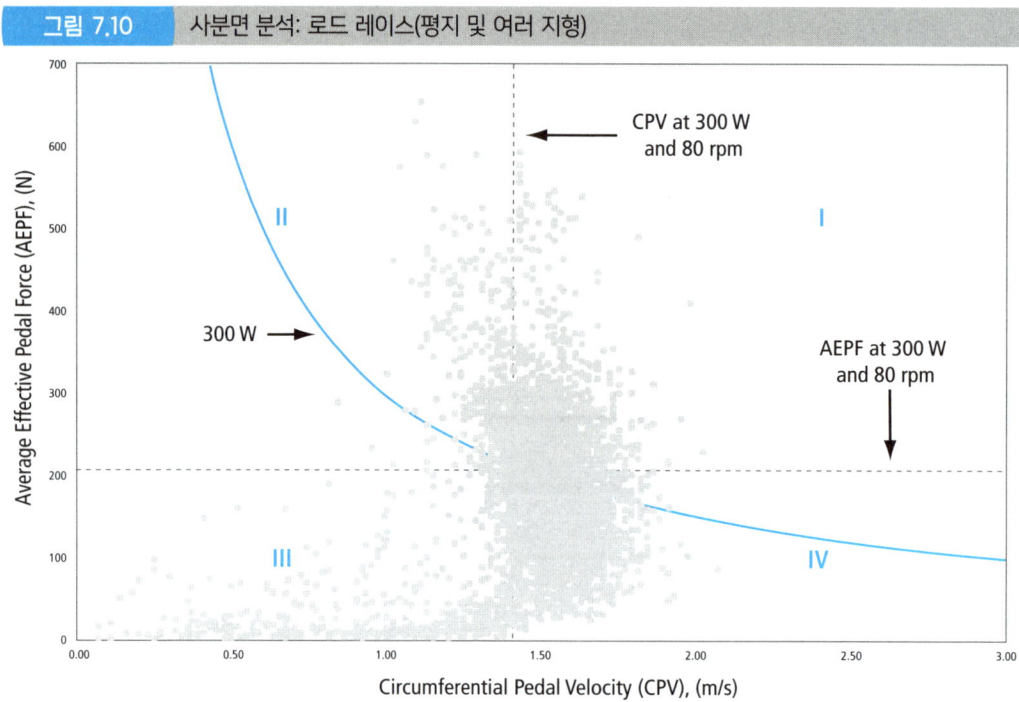

그림 7.11	사분면 분석: 평지 크리테리움

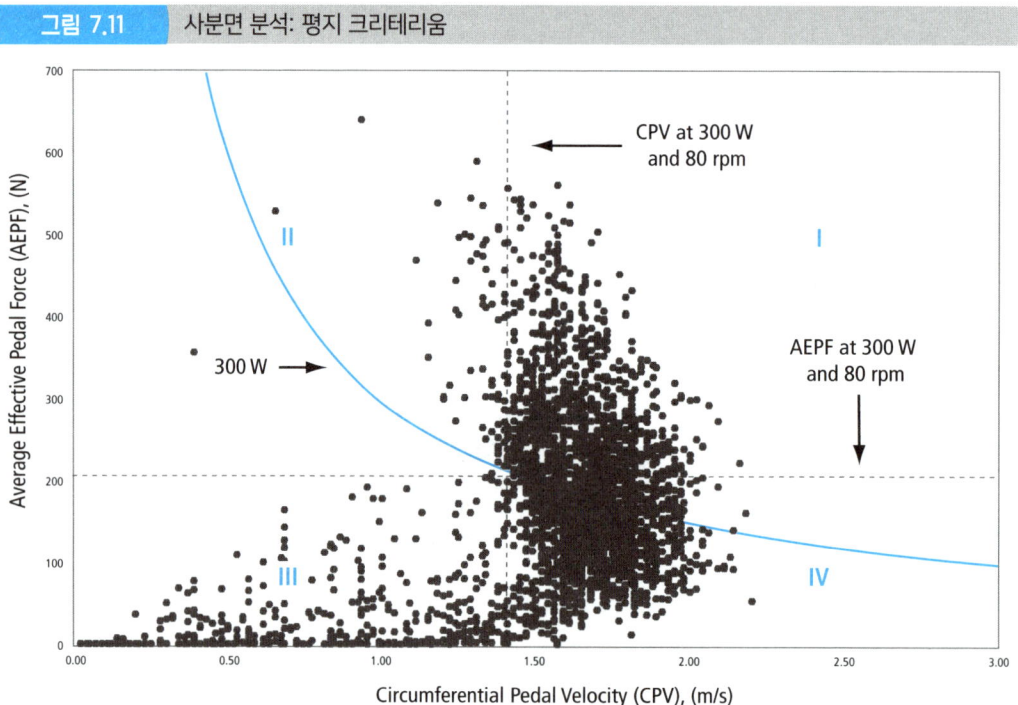

그림 7.12	사분면 분석: 모든 예시 종합

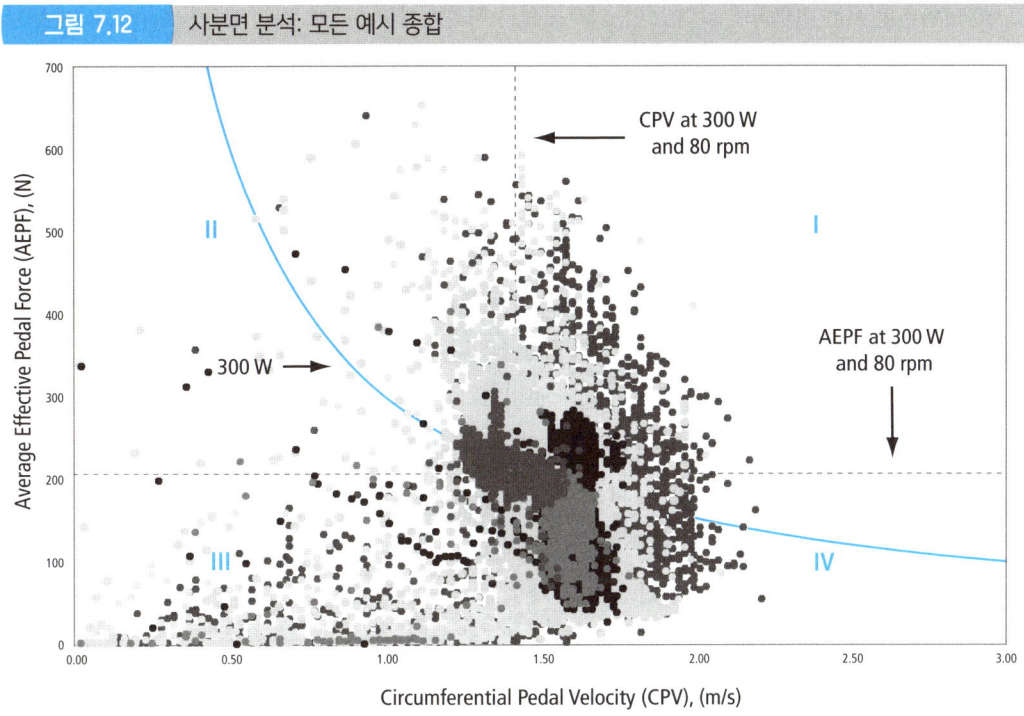

축 중에만 측정할 수 있습니다(근육은 실제로 천천히 길어질 때, 즉 편심 수축 중에 더 많은 힘을 생성할 수 있지만, 근력을 정의하는 논의에서는 일반적으로 이 사실을 무시합니다). 반면, 파워는 작업이 수행되는 정도로 정의되며 생성되는 힘, 생성되는 거리, 특히 이동 속도의 함수입니다. 안타깝게도 많은 사람들이 서로 연관되어 있긴 하지만 분명하게 다른 두 가지 특성을 혼동하여 근력이 사이클링 수행 능력에 중요한 역할을 한다고 잘못된 결론을 내립니다.

사실 근력 자체가 개인의 파워 출력을 제한하는 경우는 거의 없습니다. 이 사실은 트레이닝 또는 레이스 중 선수의 평균 유효 페달 힘과 자전거 크랭크에 가해지는 최대 힘을 비교하여 관절 각도 및 기타 관련 요인을 고려하면 쉽게 알 수 있습니다. 최대 파워는 다른 방법으로도 측정할 수 있지만, 파워미터 사용자에게 가장 좋은 방법은 파워와 케이던스를 높은 빈도(최소 초당 1회)로 기록하면서 짧게 최대 파워를 반복해서 측정하는 것입니다. 이러한 노력은 제기된 이슈와 가장 관련이 있다고 생각되는 자세에 따라 앉거나 서서 수행할 수 있지만, 각 노력은 피로로 인해 파워 출력이 제한되지 않도록 충분히 짧게 (예: 10초 미만) 수행해야 합니다(물론 모든 파워미터가 이러한 유형의 테스트 및 분석에 유용할 만큼 정확한 데이터를 생성할 수 있는 것은 아닙니다. 이는 시간을 기반으로 할지 혹은 이벤트를 기반으로 하는지에 대한 데이터 샘플링 프로토콜의 차이에 기인합니다).

평균 유효 페달 힘(AEPF)과 원주 페달 속도(CPV)를 이러한 여러 노력의 데이터를 결합하여 계산하고, 이 데이터를 서로 비교하여 그려 보면, 기본적으로 왼쪽에서 오른쪽으로 경사진 직선을 그리게 됩니다. 이 선을 Y-절편으로 연장하면 CPV가 0일 때 사이클리스트의 최대 AEPF(즉, 무한히 높은 저항에 맞서 페달을 밟을 때의 힘)를 추정할 수 있습니다. 반대로 이 선을 X-절편으로 연장하면, 적어도 이론적으로 0 AEPF(외부 저항 없이 페달을 밟을 때 선수의 최대 이동 속도)에서의 최대 CPV에 대한 값을 구할 수 있습니다.

이러한 종류의 테스트 결과 데이터의 예는 **그림 7.13**에 표시되어 있으며, 여기에는 10회의 최대 스탠딩 스타트 노력에 대한 데이터가 **그림 7.7~7.12**의 AEPF 및 CPV 데이터와 함께 플롯 되어 있습니다. **그림 7.13**에서 볼 수 있듯이 이 선수가 페달을 밟을 때 낼 수 있는 최대 힘은 1,100 N(뉴턴)을 조금 넘었으며, 이는 110 kg(선수 체중의 약 166%)을 약간 넘는 힘입니다. 그러나 선수가 레이스(예: 스프린트)를 할 때 생성하는(생성해야 하는) 가장 높은 힘은 약 600 N(즉, 최대 힘의 약 55%)에 불과했으며, 대부분의 시간 동안 선수는 400 N(즉, 최대 힘의 약 35%) 미만을 가하고 있었습니다. 실제로 FTP에서 타임 트라이얼을 할 때도 선수는 자신이 낼 수 있는 최대 힘의 25% 정도만 페달을 반복적으로 밟아야 했습니다. 이 선수는 스프린트의 역량은 좋지 않지만 높은 힘과 낮은 케이던스(예: 예시에 표시된 타임 트라이얼 중 80 rpm 미만)가 요구되는 타임 트라이얼 영역에서 우수한 선수였음에도 불구하고 이러한 결과가 나타

그림 7.13   사분면 분석 : 스탠딩 스타트와 이전 사례 비교

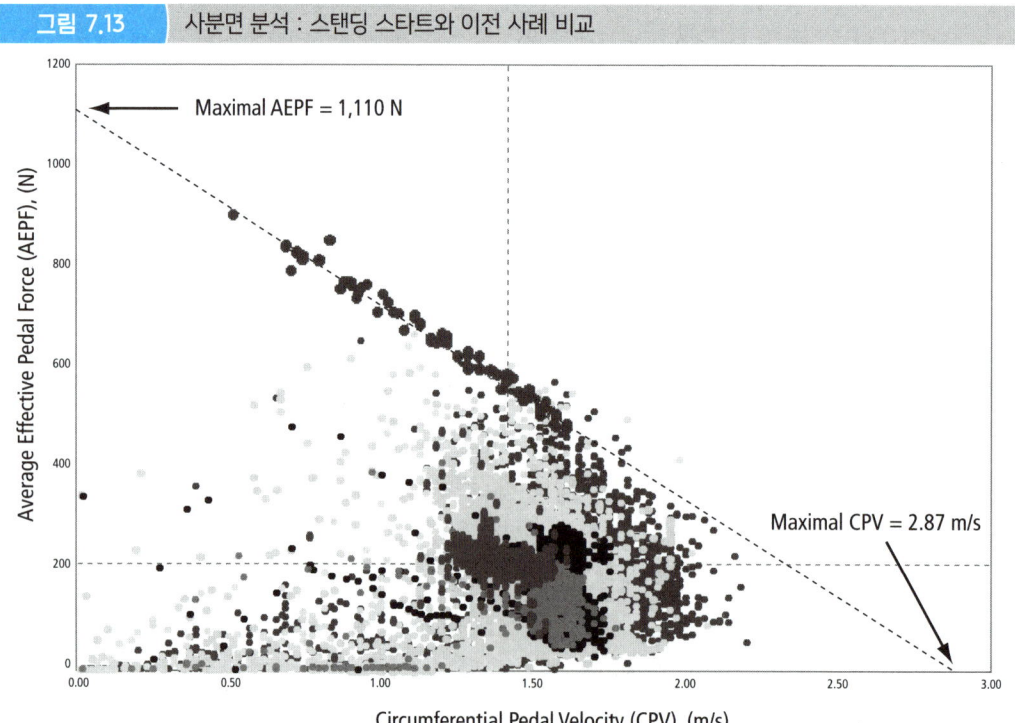

났습니다.

위의 분석 결과를 보면 근력이 사이클링 수행 능력을 제한하는 경우는 거의 없다는 것을 쉽게 알 수 있습니다. BMX 레이서와 일부 트랙 사이클리스트가 수행하는 스탠딩 스타트는 주목할 만한 예외입니다. 대신, 이슈는 레이스 내내(즉, 평균적으로) 뿐만 아니라 레이스 중 중요한 순간(예: 공격 또는 추격할 때, 마지막 스프린트 등)에 얼마나 많은 힘을 낼 수 있는가 하는 것입니다.

그럼에도 불구하고 그림 7.13에서 볼 수 있듯이 로드 레이스나 크리테리움과 같은 엔듀런스 이벤트에서 라이더가 최대 파워의 100%를 생성하는 것은 드문 일입니다. 상대적으로 적은 수의 포인트(이 경우 1초 간격으로 수집)만이 라이더의 최대 AEPF-CPV 선(라이더가 특정 CPV에서 생성할 수 있는 최대 파워와 일치)에 가깝거나 약간 위에 있음을 알 수 있습니다. 따라서 라이더가 레이스 중 특정 시간에 최대한 세게 페달을 밟아도 생산되는 파워는 일반적으로 해당 CPV(또는 케이던스)에서 생산되는 최대 파워보다 낮습니다. 이러한 차이는 단기간 또는 장기간의 피로로 인한 것입니다. 그렇기 때문에 무산소 및 유산소 경로를 트레이닝하여 근육이 ATP를 사용하는 능력을 향상시키는 것이 매우 중요합니다. 단기간의 속도에 의존하는 스프린트 선수역시 피로에 저항하도록 근육을 훈련할 수 있습니다.

이 분석은 근력을 높이기 위한 트레이닝(예: 느린 속도로 무거운 웨이트를 들어 올리는 훈련)은 좋게 봐야 잘 훈련된 사이클리스트의 최대 파워 출력에 일부 영향을 미칠 수 있음을 의미합니다. 실제로 많은 과학적 연구를 통해 이러한 사실이 입증되었으며, 50 rpm으로 최대 30초 동안만 운동하는 등의 테스트 정도에서 긍정적인 효과를 볼 수 있는 경향이 발견된 정도입니다. 이것이 바로 운동에서의 생리적 특이성 원칙입니다. 느린 속도에서 수행되는 저항 훈련은 주로 해당 속도에서 생성할 수 있는 힘을 증가시키지만, 더 빠른 속도(즉, 파워가 최대로 발휘되는 속도에 가까운 속도)에서 생성할 수 있는 힘에는 사실상 거의 영향을 미치지 않습니다.

오히려 극단적인 경우, 웨이트 트레이닝은 실제로 근육의 최대 수축 속도를 감소시켜 적어도 높은 수축 속도에서는 최대 파워 생성 트레이닝을 방해하고, 파워 손상을 줄 수도 있습니다. 그림 7.13을 보면서 생각해 보면, 이러한 상황은 더 가파른 AEPF-CPV 선에 해당합니다(즉, Y-절편이 더 높아져 힘이 증가했지만 X-절편이 왼쪽으로 이동해 최대 페달링 속도가 감소했음을 의미). 이러한 영향을 완화할 수 있는 방법(예: 플라이오메트릭에 사용되는 것과 같이 더 폭발적인 동작을 하는 등)이 있을 수 있지만, 파워미터를 사용하여 라이딩하는 사이클리스트는 자신이 선택한 라이딩 외 트레이닝이 운동 능력에 유익한 영향을 미치는지 파악하기 위해 코치나 다른 사이클리스트의 추측이나 입증되지 않은 사실에 의존할 필요가 없습니다. 대신 사분면 분석과 같은 도구를 사용하여 이러한 질문에 대한 답을 스스로 결정할 수 있어야 합니다.

근지구력 트레이닝

일부 코치들은 사이클리스트를 위한 균형 잡힌 트레이닝 프로그램의 일환으로 근지구력 인터벌을 권장하기도 합니다. 이러한 인터벌의 형태는 다양하지만, 일반적으로 중고강도로 비정상적으로 낮은 케이던스(예: 45-75 rpm)로 장시간(예: 5-20분) 페달을 밟는 것으로 구성됩니다. 이러한 형태의 '빅기어(big gear)' 훈련은 철인3종 선수들에게 인기가 있습니다. 입증되지 않은 증거에 근거하여 이러한 형태의 훈련을 지지하는 사람들은 이러한 훈련이 운동 능력을 향상시킨다고 주장하지만, 어떤 운동 능력을 향상시키는 지에 대해서는 합의가 이루어진 것 같지는 않습니다.

근력 자체는 파워 출력을 결정하는 데 매우 작은 역할을 합니다. 역도와 같은 클래식한 형태의 저항 훈련이 사이클리스트에게 거의 또는 전혀 도움이 되지 않는다는 인식이 확산되면서 근지구력 훈련의 인기가 높아지고 있는 것으로 보입니다. 이러한 워크아웃을 사용하는 코치들은 사이클리스트가 레이스에 적용 가능한 이득을 얻을 수 있도록 보다 구체적인 형태의 자전거 저항 훈련을 제공하려고 시도하고 있습니다. 그러나 근지구력 훈련을 권장하는 사람들 중 실제로 이러한 세션 동안 발생하는 힘이 실제로 도움이 되는 적응을 일으키기에 충분한지 여부를 고려한 사람은 거의 없는 것 같습니다. 대신 대부분

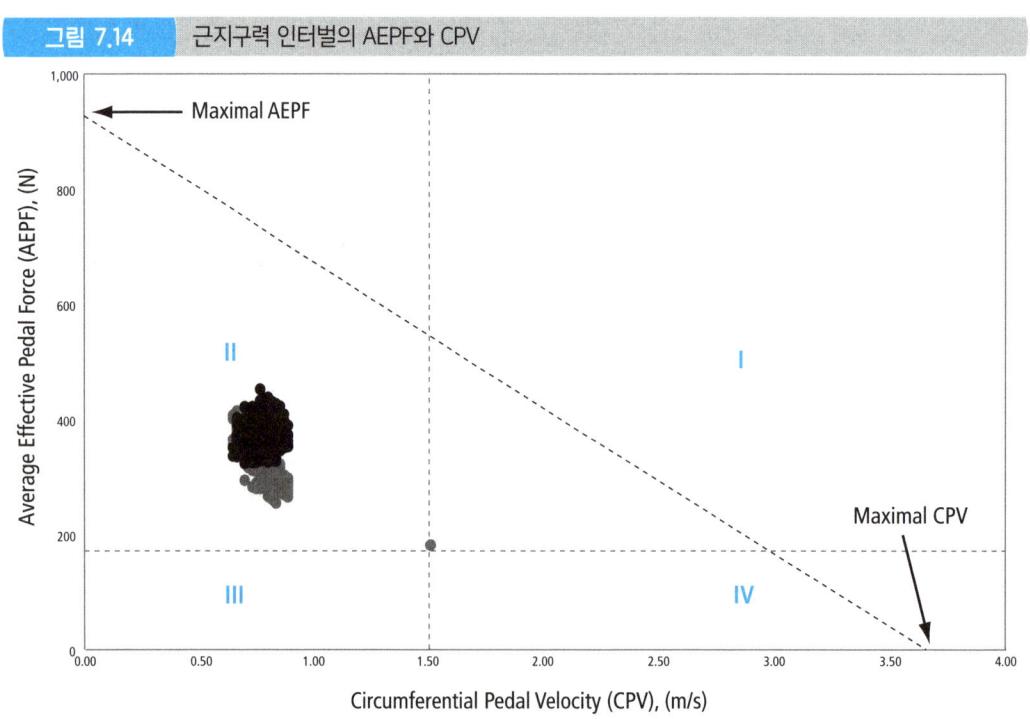

그림 7.14   근지구력 인터벌의 AEPF와 CPV

2 × 20 min. at 250 W and 45 rpm ●   5 × 5 min. at 300 W and 45 rpm ●

의 사람들은 단순히 케이던스가 평소보다 낮고 페달링 힘이 더 높기 때문에 근육의 크기와 근력이 증가하여 최대 파워가 증가한다고 가정한 것 같습니다. 하지만 실제로 근지구력 구간 동안의 평균 유효 페달힘(AEPF)은 일반적으로 심각한 과부하를 나타내기에는 너무 낮았습니다. 뉴질랜드에서 수행된 실험실 연구에 따르면 이러한 훈련은 다리 신전근의 크기(인체 측정법을 사용하여 추정)나 최대 힘 생성량(등속성 동력 측정법을 사용하여 결정)을 증가시키지 않는 것으로 나타났습니다.

그림 7.14는 그림 7.7~7.12에서 분석된 라이딩을 수행한 동일한 선수가 수행한 두 가지 일반적인 근지구력 세션 동안 생성된 AEPF를 비교한 것입니다. 이 세션은 250 W에서 20분간 2회 및 300 W에서 5분간 5회 로 구성되었으며, 모두 45 rpm으로 진행되었습니다. 일부 코치들이 주장하는 대로 상체 근육의 사용을 최소화하기 위해 '그립을 잡아당기지 않는' 규칙이 적용되었습니다. 사이클리스트가 중간 정도의 경사를 오를 때 받는 관성 부하를 모방하기 위해 53:12 기어 조합을 사용하면서 ERG 모드의 트레이너에서 노력을 수행했습니다. 선택된 파워 출력은 개인이 일반적으로 이 시간 동안 유지할 수 있는 양의 90%에 불과했지만, 케이던스가 현저히 낮은 것을 고려하면 실제로는 거의 최대치에 가까웠습니다.

근지구력 운동 중 45 rpm으로 페달을 밟으면 동일한 파워, 일반적인 케이던스인 85-90 rpm으로 페달을 밟을 때보다 약 2배의 AEPF가 발생했습니다(그래프 상으로는 나타나지 않음). 그럼에도 불구하고 두 번의 근지구력 세션 동안 생성된 AEPF는 여전히 선수의 근력의 50% 미만만이 필요했으며, 이는 웨이트 트레이닝을 할 때 최대 50%만 수행할 때 생성되는 것과 동일한 양입니다. 실제로 케이던스가 증가함에 따라 근력이 감소하는 것을 고려하더라도 근지구력 운동 중 AEPF는 여전히 개인의 속도별 최대힘의 3분의 2보다 낮았습니다.

이 결과는 특히 이러한 훈련을 수행하면서 페달을 매우 세게 밟는다고 느낀 사람에게는 놀랍게 보일수 있습니다. 그러나 이 결과는 피험자가 이 부하로 1,125-1,800 '회' (즉, 5분 세그먼트 5회 또는 20분 세그먼트 2회, 45 rpm)를 수행할 수 있었다는 사실과 일치합니다. 또한 페달에 가해지는 최대 힘이 평균힘(즉, AEPF)의 약 두 배 정도라는 점을 고려하면, 예를 들어 체중으로만 저항을 이겨내는 스텝업(댄싱)을 수행할 때보다 다리 신전근으로 더 세게 밀어붙이지 않았다는 것을 알 수 있습니다(68 kg × 9.81 N/kg = 667N과 비교). 따라서 근지구력 세션은 실제로 클래식한 웨이트 트레이닝보다 계단을 여러 층 오르는 것과 훨씬 더 비슷했습니다. 따라서 이러한 세션은 적어도 다른 형태의 훈련을 수행하는 운동선수에게는 근비대 근력 증가를 초래할 가능성은 낮습니다.

근지구력 운동의 지지자들은 이러한 워크아웃이 속근(Type II) 근육 섬유의 모집을 강화하여 운동 능력을 향상시킨다고 제안하기도 합니다. 이는 정상적인 케이던스에서 훈련하는 것보다 이러한 근육 섬유에 더 큰 생리적 적응을 일으켜 운동 능력을 더 크게 향상시킨다고 주장합니다. 그러나 근지구력 훈련이 Type II 섬유의 활용도를 현저히 높인다는 기본 전제는 정확하지 않을 수 있습니다.

다시 한번 그림 7.14에 제시된 두 근지구력 훈련 세션의 사분면 분석 도표를 살펴보겠습니다. 운동선수가 근지구력 훈련을 수행할 때 AEPF와 CPV는 상대적으로 낮은 속도와 상대적으로 높은 힘이 있는 사분면 II에 속하는 것이 분명합니다. 이러한 노력의 AEPF는 기능적 역치 파워에서 일반적인 케이던스로 페달을 밟을 때보다 더 컸기 때문에 언뜻 보기에는 Type II 근섬유의 상당한 모집이 일어났을 것으로 보일 수 있습니다. 그러나 앞서 설명한 바와 같이 근지구력 워크아웃 중 AEPF는 여전히 개인의 최대 속도에서의 힘(모든 근섬유, 즉 Type I과 Type II 모두의 최대 모집을 반영하는 상황으로 예상됨)에 훨씬 못 미쳤습니다. 따라서 근지구력 훈련에 의해서는 Type II 근섬유의 상당 부분이 모집되지 않았습니다. 즉, 매우 짧은 노력에서 모집되는 것과 같은 일이 나타나지 않았습니다.

FTP에서 스스로 자연스럽게 선택한 케이던스로 페달을 밟을 때의 AEPF는 상당한 Type II 근섬유 모집이 시작되는 것으로 보이는 지점의 대략적인 힘을 나타냅니다. 그러나 기억하시겠지만, 이것이 발생하는 정확한 힘은 속도와 시간에 따라 달라집니다(즉, CPV가 낮을 때 더 높고 CPV가 높을 때 더 낮습니다). 다시 말해, Type II 근섬유 모집에 대한 AEPF 역치값은 엄격하게 수평인 선보다 최대 힘-속도선과 거의 평행하게 왼쪽에서 오른쪽으로 아래쪽으로 경사진 선으로 더 잘 표현할 수 있습니다. 이러한 관점에서 볼 때 근지구력 훈련이 Type II 근섬유를 훨씬 더 많이 모집한다는 것은 훨씬 덜 명확해 보입니다. 이 두 가지 워크아웃을 하는 동안의 AEPF는 라이더가 일반적인 케이던스로 페달을 밟을 때와 마찬가지로 해당 CPV에서 최대 AEPF에 거의 미치지 못합니다. 설사 근지구력 훈련이 Type II 근섬유 모집을 향상시킨다고 해도 이것이 왜 필요하거나 바람직한 지는 불분명합니다. 엔듀런스 운동선수가 근지구력 훈련을 수행하지 않는 경우에도 Type II 근섬유를 충분히 모집할 수 있으며, 훈련을 통해 Type IIx 근섬유를 Type IIa 근섬유로 거의 완전히 대체할 수 있을 뿐 아니라, Type I 근섬유와 동등한 수준의 Type II 근섬유의 유산소 능력을 얻을 수 있습니다.

페달링 향상을 위한 양측 파워 분석

오늘날의 파워미터는 왼쪽 다리와 오른쪽 다리의 파워를 독립적으로 측정할 수 있을 뿐만 아니라 파워가 시작되고 끝나는 각도를 측정할 수 있어 사이클리스트가 각 다리의 기여도를 더 잘 이해할 수 있도록 도와줍니다. 파워미터 데이터를 기록하는 컴퓨터는 그 어느 때보다 강력해졌으며, 인터벌을 최적화하고, '최고 기록'을 기록하고, 인터넷에서 라이딩을 실시간으로 추적하여 친구들이 볼 수 있도록 돕고, 스마트폰에 직접 연결할 수 있는 맞춤형 앱을 다운로드할 수 있습니다. 트레이닝 소프트웨어도 더욱 강력해져 아이레벨, 총 파워, 최대 파워 등 개인화된 맞춤형 인사이트를 제공하는 방식으로 데이터 채널의 차트와 그래프를 제공합니다. 이 섹션에서는 이러한 새로운 기능에 대해 자세히 알아보고 라이딩 중과 라이딩 후에 이를 가장 잘 활용하는 방법에 대해 설명하겠습니다.

양측 파워 데이터 해석하기

인간은 완벽한 대칭을 이루지 못하기 때문에 한쪽 다리가 다른 쪽 다리보다 길고, 앉은 상태에서 한쪽 엉덩이에 더 많은 힘을 가할 수 있으며, 몸의 왼쪽이 오른쪽보다 더 유연할 수 있습니다. 이는 완전히 정상적인 현상이며, 일반적으로 왼쪽과 오른쪽의 다리 근력 차이는 5%입니다.[1]

확장자 .fit 파일 형식의 ANT+ 프로토콜은 각 다리의 평균 파워를 측정하고 각 다리가 기여하는 비율을 계산하며, 이를 '파워 밸런스(power balance)'라고 합니다. 예를 들어 왼쪽 다리 평균 파워가 150 W이고 오른쪽 다리 평균 파워가 120 W인 경우 총 파워는 270 W이며, 왼쪽 다리에서 55%, 오른쪽 다리에서 45%가 나옵니다. 하지만 이 간단한 계산에는 문제가 있습니다: 왼쪽 다리가 페달을 밟을 때 오른쪽 다리의 업스트로크가 반대편에 약간의 저항을 발생시키며, 이 마이너스 파워는 ANT+ 파워 밸런스에서 올바르게 고려되지 않습니다. 즉, 왼쪽 다리는 다운스트로크에서 파워를 방출하는 반면 오른쪽 다리는 업스트로크에서 파워를 흡수합니다. 따라서 왼쪽 다리의 방출된 파워에서 오른쪽 다리의 흡수된 파워를 뺀 값이 자전거를 앞으로 나아가는 데 대한 왼쪽 다리의 순 기여도입니다. 예를 들어 왼쪽 다리가 150 W를 방출하고 오른쪽 다리가 20 W를 흡수하는 경우 왼쪽 다리의 순 출력은 130 W가 됩니다(그림 7.15 참

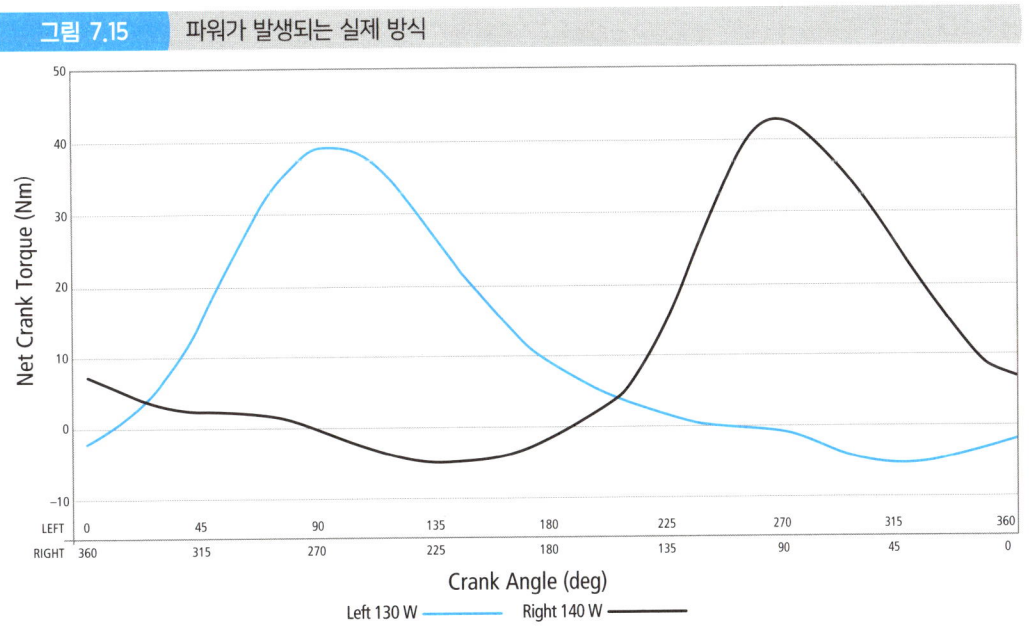

그림 7.15 파워가 발생되는 실제 방식

각 다운 스트로크는 업 스트로크와 반대됩니다. 다운 스트로크에서 파워를 방출하고 업 스트로크에서 파워를 흡수합니다. 진정한 양측 파워 밸런스는 힘을 주는 다리의 플러스 파워와 반대의 마이너스 파워 출력의 차이(이 경우 48-52%)에서 비롯됩니다.

조). 또는 오른쪽 다리가 170 W를 방출하고 왼쪽 다리가 30 W를 흡수하는 경우 오른쪽 다리의 순 파워는 140W가 됩니다. 이전 예시에서와 마찬가지로 여전히 총 270 W (130 + 140)가 있지만 이제 왼쪽 다리가 우세하지 않으며 올바른 파워 균형은 왼쪽 48%, 오른쪽 52%라는 것을 정확하게 알 수 있습니다.

양측 파워 밸런스는 본질적으로 복잡하기 때문에 ANT+ 지표(페달링 평활도, 토크 유효성, 밸런스)를 사용하여 양측 파워를 분석하지 않는 것이 더 정확한데, 이는 이 지표가 반대쪽에서 방출되고 흡수된 파워가 아니라 한쪽 다리의 평균 파워와 다른 쪽 다리의 평균 파워 전체를 각각 비교하기 때문입니다. 이러한 점을 고려하여 양측의 파워를 보다 정확하게 측정할 수 있는 새로운 지표를 만들었습니다.

총 방출 파워(GPR): 주로 다운 스트로크에서 한 쪽 다리(왼쪽 또는 오른쪽)가 방출하는 총(즉, 근육 + 관성 + 중력) 파워입니다.

총 흡수 파워(GPA): 주로 업스트로크 시 한 쪽 다리(왼쪽 또는 오른쪽)가 흡수하는 총(즉, 근력 + 관성 + 중력) 파워를 의미합니다.

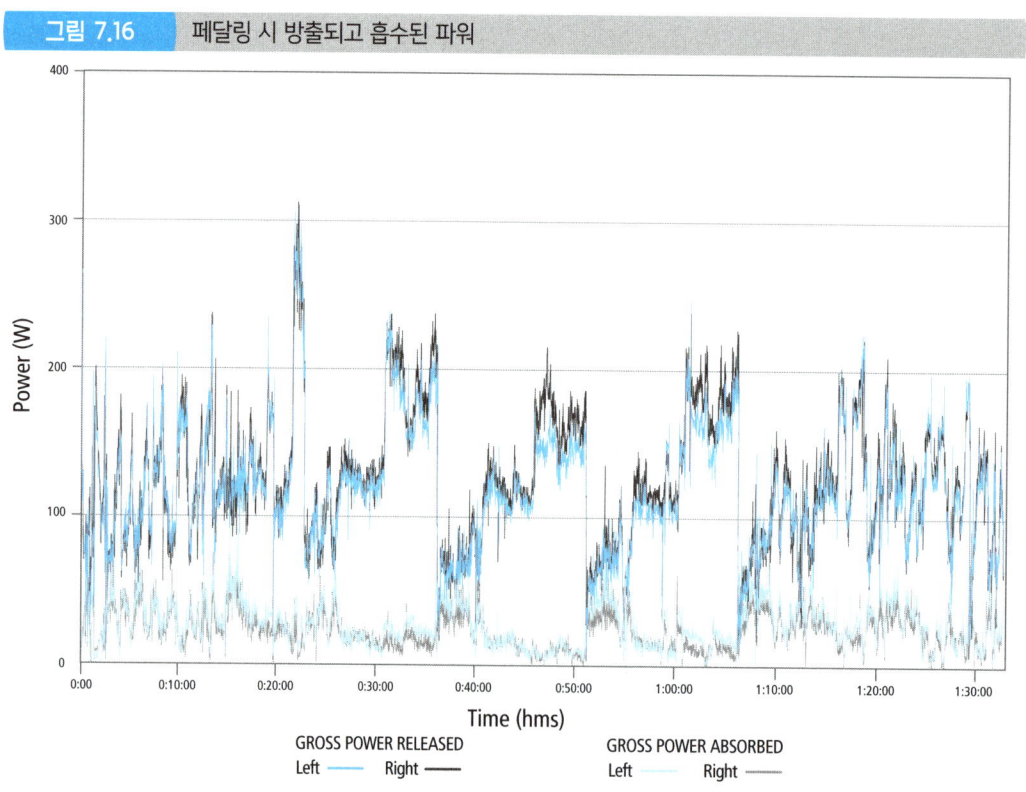

그림 7.16   페달링 시 방출되고 흡수된 파워

이 예시에서는 양측 다리의 GPR을 보면 왼쪽 다리가 오른쪽 다리보다 더 많은 힘을 방출하는 것으로 나타났습니다. 왼쪽과 오른쪽의 GPA 선이 너무 가까워서 차이가 있는지 쉽게 구분할 수 없습니다.

커토틱 지수(KI): 파워 생성 단계에서 힘, 토크 및 파워 적용 패턴의 '뾰족한 정도'를 측정하는 지표입니다.

이러한 지표는 그래프 형식으로 이해하는 것이 가장 좋지만, 처음에는 어떤 강도에서 어느 다리가 더 지배적인지 명확하게 확인하기가 어렵습니다. 하지만 이러한 지표가 피로의 발생으로 인해 라이딩 내내 어떻게 변화하는지 확인하는 측면에서는 유용합니다.

총 파워 밸런스

이 데이터를 분석하고 왼쪽 다리와 오른쪽 다리 사이에 유의미한 차이가 있는지 확인하는 가장 좋은 방법은 평균 최대 파워 곡선(MMP)에 GPR과 GPA를 겹쳐 그리는 것입니다. 이 형식을 사용하면 한쪽 다리가 다른 쪽 다리보다 더 많은 파워를 방출하거나 흡수하는 영역을 쉽게 찾아낼 수 있습니다. **그림 7.17**에서 선수의 왼쪽 다리는 30초까지의 짧은 노력에서 더 많은 파워를 방출하지만, 30초부터 20분 까지는 오른쪽 다리가 더 많은 파워를 방출합니다. 왼쪽 다리가 모든 시간 동안 오른쪽 다리보다 더 많은

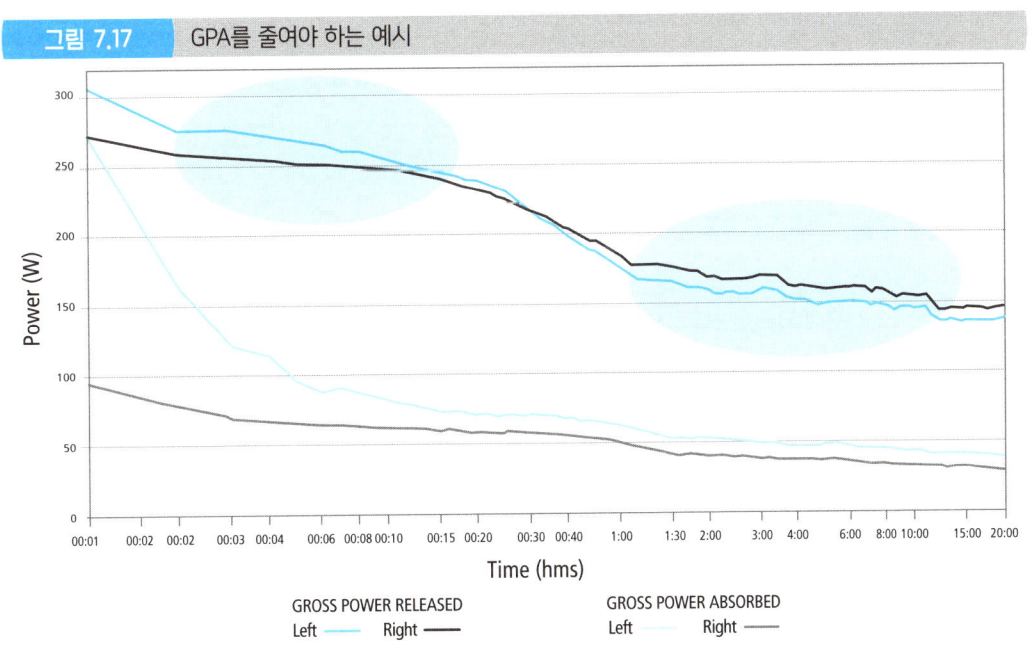

그림 7.17 GPA를 줄여야 하는 예시

30초 미만의 짧은 노력에서 왼쪽 다리의 총 파워 방출량(GPR)이 더 높습니다. 30초 이상에서는 오른쪽 다리가 더 많은 파워를 방출합니다. 왼쪽 다리가 전체 범위에서 더 많은 파워를 흡수하기 때문에 선수는 총 파워 흡수량(GPA)을 줄이려고 노력해야 합니다.

파워를 흡수하므로, 이 라이더는 총 파워 흡수량을 줄여 개선할 수 있습니다.

어느 다리가 더 많은 파워를 방출하고 흡수하는지 더 잘 이해하기 위해 일련의 정해진 간격을 완료하는 테스트 프로토콜을 수행할 수 있습니다. 이 테스트는 다리 힘의 차이가 실제로 있는지 또는 페달링 방식이나 라이딩 자세를 변경할 필요가 있는지 확인되도록 고안되었습니다.

테스트 프로토콜

비대칭 페달링 힐 클라임 테스트

이 테스트에서는 4일에 걸쳐 5분 인터벌로 3번의 레벨 5 (VO₂max) 파워(FTP의 약 113-115%)로 힐클라임을 완주합니다. 첫 번째 인터벌은 댄싱(서서 라이딩)으로 올라가며, 두 번째 인터벌은 앉아서 수행하고, 세 번째 인터벌은 번갈아 가면서 수행합니다(필요할 때마다 댄싱). 4일 내내 정확히 같은 코스에서 수행해야 하며, 댄싱할 때 및 앉아서 탈 때의 파워를 측정해야 하므로 반드시 밖에서 수행해야 합니다.

매일 반복할 수 있는 코스를 선택하세요. 동일한 경로여야 하며, 모든 노력을 같은 위치에서 시작해야 합니다. 네 번의 테스트를 가능한 한 동일하게 만드세요.

- 1일차: 어느 한 쪽 다리를 강조하지 않고 자연스럽게 오르면서 테스트를 완료합니다.
- 2일차: 힘이 덜 나오는 다리를 강조하여 GPR/GPA의 균형을 맞출 수 있는지 확인합니다.
- 3일차: 모든 노력에 왼쪽 다리만 강조합니다.
- 4일차: 모든 노력에 오른쪽 다리만 강조합니다.

각 테스트가 끝나면 파워 데이터를 다운로드하고 GPR-GPA 평균 최대 파워 곡선을 사용하여 분석하여 어느 다리가 다른 다리보다 더 많이 또는 더 적게 파워를 방출했는지 알아보세요. 테스트 1일차 이후의 정보를 바탕으로 2일차에 어느 다리를 강조해야 하는지 알 수 있는데, 특별히 신경 써서 수행해야 합니다.

우리의 테스트 라이더인 조가 서 있을 때와 앉아 있을 때 왼쪽 다리와 오른쪽 다리 사이에 상당한 차이가 있음을 발견한 사례를 살펴봅시다.

그림 7.18은 댄싱을 하는 1일차 테스트를 보여줍니다. 이는 조가 서 있을 때 왼쪽 다리로 더 많은 파워를 방출한다는 것을 분명히 보여줍니다. **그림 7.19**는 앉기 상태에서의 1일차 테스트를 보여주며, 여기서는 정반대의 결과가 나타납니다: 조는 오른쪽 다리로 더 많은 파워를 방출합니다. 2일차에는 1일차에서

힘을 덜 내는 것으로 확인된 다리에 대해 의식적으로 힘을 더 냈을 때 양쪽 다리의 GPR 균형이 더 좋아지는지 알아보는 것이 각 노력의 목표입니다. 즉, 조는 서 있을 때는 오른쪽 다리를, 앉아있을 때는 왼쪽 다리를 강조해야 합니다. – 이는 살짝 힘을 더 주는 것이 아닙니다. 그는 '약한' 다리를 훨씬 더 세게 밀고, 각 다운 스트로크에 힘을 지나치게 강조하여 GPR이 균형을 이루거나 더 나빠지는지 확인해야 합니

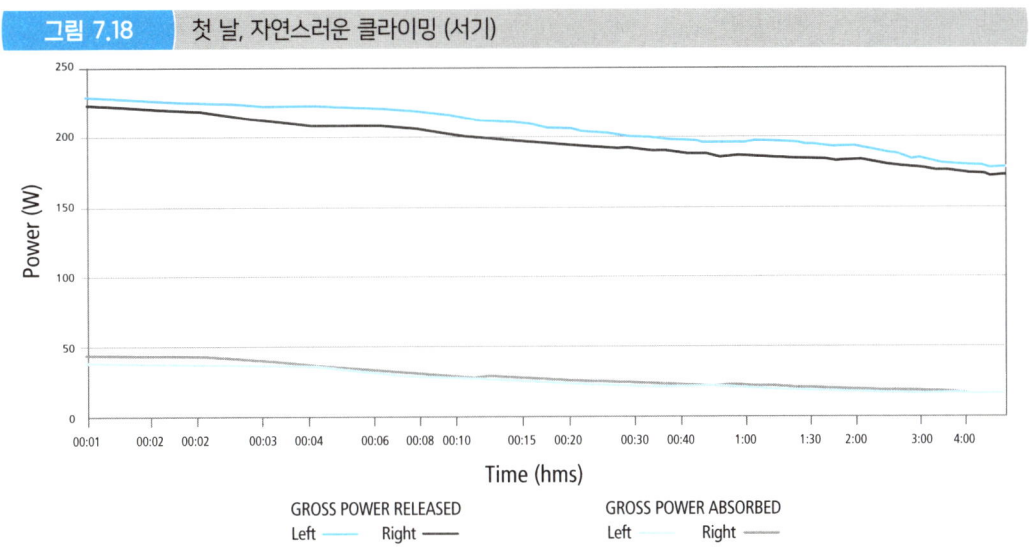

그림 7.18   첫 날, 자연스러운 클라이밍 (서기)

조의 경우 왼쪽 다리가 오른쪽 다리에 비해 더 많은 파워를 방출합니다. GPA는 양쪽 다리 모두 비슷합니다.

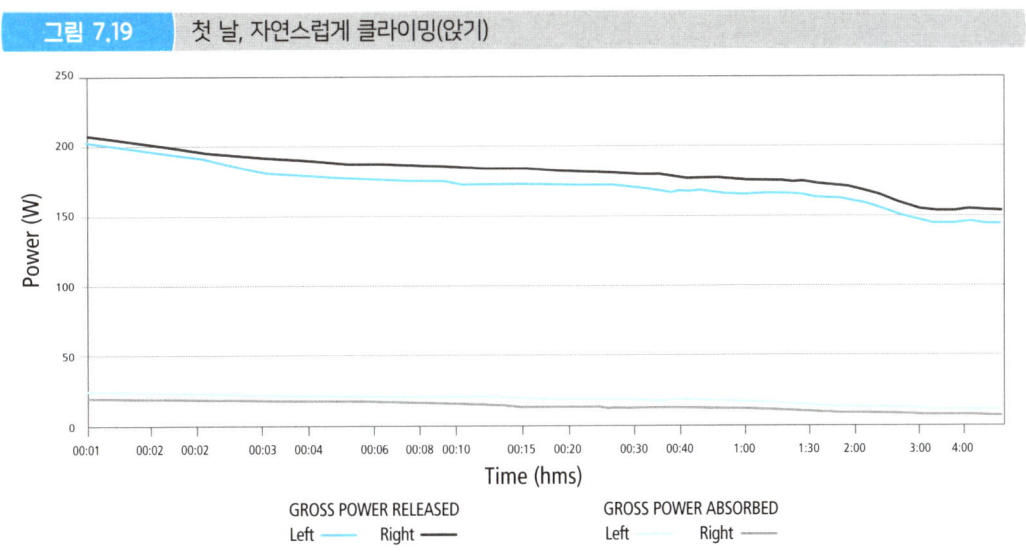

그림 7.19   첫 날, 자연스럽게 클라이밍(앉기)

조가 앉아 있을 때는 오른쪽 다리가 더 많은 파워를 방출합니다. 또한 왼쪽 다리가 약간 더 많은 파워를 흡수합니다.

다. 이는 2일, 3일, 4일차에 매우 중요하며, 조가 테스트를 올바르게 수행하면 강조되는 다리는 증가된 파워 출력으로 인해 '터질 듯한' 느낌을 받게 될 것입니다.

조의 경우, 2일차에는 **그림 7.20**에 표시된 것처럼 오른쪽 다리로 내리 누를 때 힘을 더 가하는 것만으로도 댄싱 시 GPR의 균형을 맞출 수 있다는 것을 알 수 있었습니다. 그러나 더 많은 테스트 없이 오른쪽

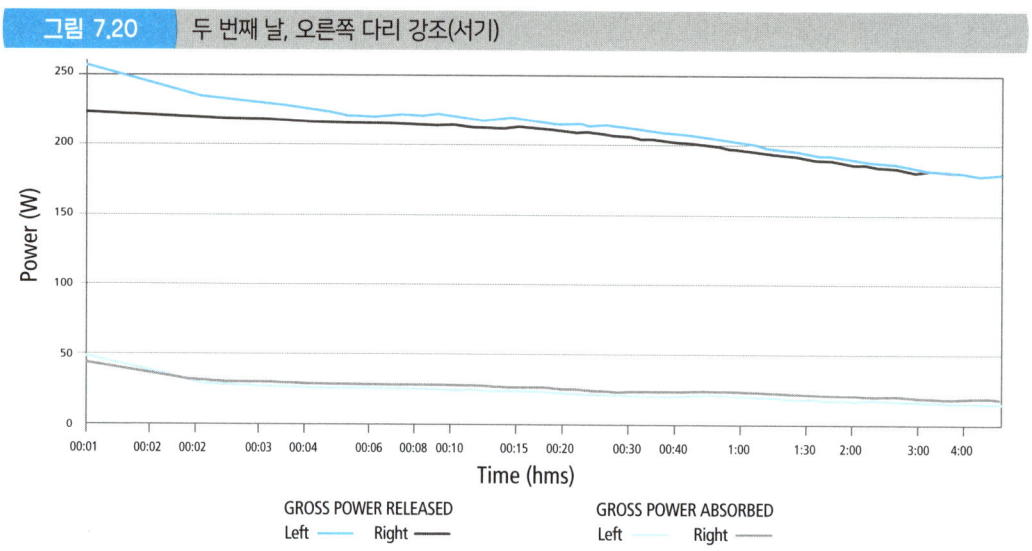

그림 7.20   두 번째 날, 오른쪽 다리 강조(서기)

조가 댄싱 할 경우 오른쪽 다리에 더 힘을 주면, 양쪽 다리 파워의 균형을 거의 맞출 수 있습니다.

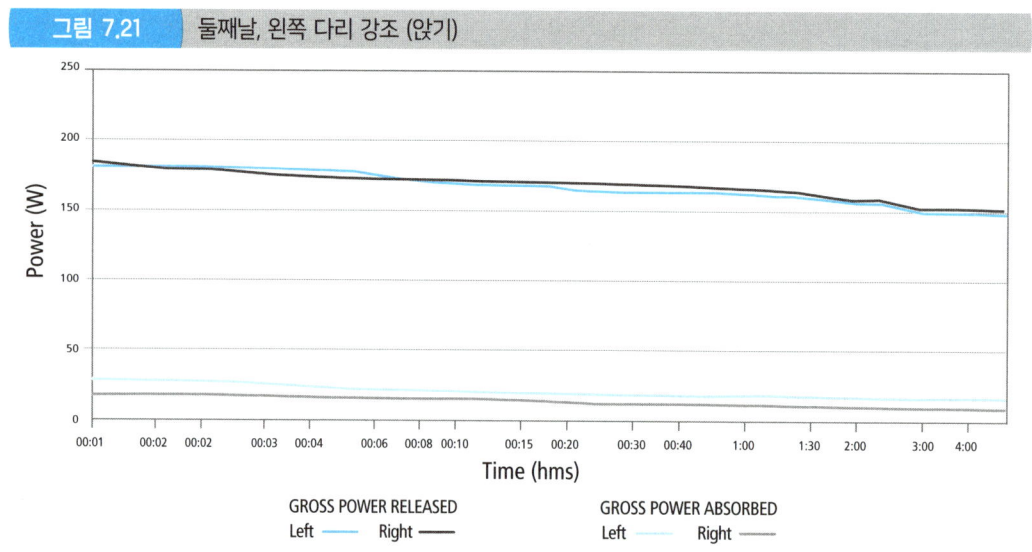

그림 7.21   둘째날, 왼쪽 다리 강조 (앉기)

조는 왼쪽 다리를 매우 강하게 이용하여 균형을 겨우 맞출 수 있었습니다.

다리에 더 큰 추진력을 가하는 것만으로 GPR의 균형이 더 좋아졌다고 말하기는 어렵습니다. 예를 들어, 조가 오른쪽 다리에 더 많은 힘을 내기 위해 자전거 위에서 움직임이나 자세를 바꿨을 수도 있습니다. 하지만 조가 앉아서 왼쪽('약한') 다리로 훨씬 더 세게 밀었을 때는 오른쪽 다리의 GPR과 겨우 비슷해졌습니다. 조는 앉아 있었기 때문에 자세 변화가 왼쪽 다리와 오른쪽 다리의 GPR 차이의 원인일 가능성은 낮습니다. 즉, **그림 7.21**과 같이 앉아서 클라이밍을 할 때 사용되는 근육(둔근 및 대퇴 이두근)의 근력 차이가 있을 가능성이 더 높습니다.

조는 3일차와 4일차 테스트를 모두 완료합니다. 하지만 4일째, 조는 오른쪽 다리에 힘을 주면서 댄싱을 하면서 클라이밍할 때 자신의 신체 자세에 대해 깨달음을 얻었습니다. 그는 정상적으로 클라이밍할 때는 자전거를 오른쪽으로만 흔들고 왼쪽 다리로 내려갈 때는 체중이 왼쪽으로 이동한다는 사실을 깨달았습니다. 오른쪽 다리로 내려갈 때는 자전거가 왼쪽으로 흔들리지 않고 체중이 오른쪽으로 쏠리지도 않습니다. 따라서 이 새로운 인사이트를 통해 조는 움직임 패턴의 작은 변화(오른쪽 다리로 다운스트로크할 때 체중을 오른쪽으로 이동)를 통해 오른쪽 다리로 10-20 W를 더 방출할 수 있었으며, 총 평균 파워를 높일 수 있었습니다.

커토틱 지수 문제 해결하기

커토틱 지수는 한쪽 다리와 반대쪽 다리의 파워 생산량의 '뾰족한 정도'를 측정하는 방법입니다. 많은 라이더가 한쪽 다리로 페달을 세게 밟는 반면 반대쪽 다리는 전체 페달 스트로크에 걸쳐 상대적으로 부드럽게 힘을 가합니다. 커토틱 지수가 높을수록 해당 다리가 더 세게 밟는다는 의미입니다. **그림 7.22**에서 왼쪽 다리는 포인트가 더 집중되어 있기 때문에 더 부드럽습니다.

오른쪽 다리와 왼쪽 다리의 GPR이 현저하게 불균형을 이룬 경우 가장 큰 문제는 이에 대한 조치를 취할 것인지 결정하는 것입니다. 이 질문에 대한 답을 찾기 위해 알아야 할 세 가지 연구가 있습니다:

- 엘리트 사이클리스트는 실제로 비엘리트 사이클리스트보다 업스트로크(up-stroke)할 때 페달을 약간 덜 당깁니다. 엘리트 사이클리스트는 페달을 당기는 대신 업스트로크에서 흡수되는 파워를 최소화합니다.[2]
- 의도적으로 페달을 위로 당기는 라이더는 실제로 더 많은 에너지를 사용하고 효율성이 떨어집니다. 즉, 페달을 위로 당기는 것이 그렇지 않은 경우보다 더 많은 소모를 하게 됩니다.[3]
- 페달 스트로크 전반에 걸쳐 힘을 가하는 패턴을 의도적으로 수정하여 힘주기를 강조하면 신진대사 효율이 떨어집니다. 페달 스트로크는 지문처럼 고유할 수 있으며, 이러한 고유성을 변경하면 효율성이 떨어질 수 있습니다.[4]

그림 7.22	페달 평활도

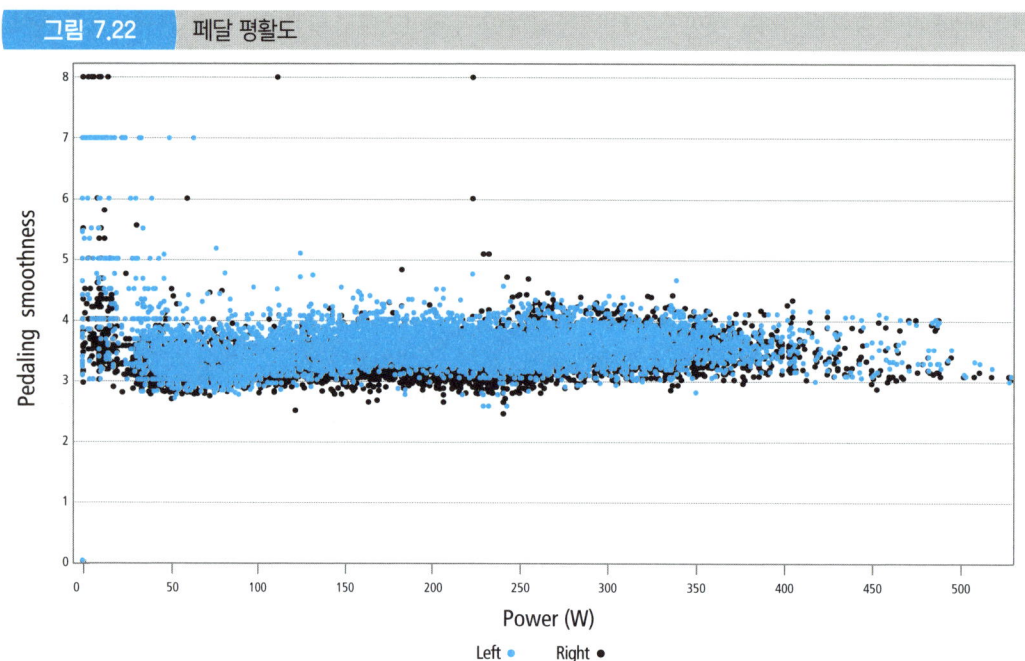

커토틱 지수는 얼마나 부드럽게 페달링을 하는지 또는 페달링 시 파워가 얼마나 변동하는지를 보여주는데 도움을 줍니다.

따라서 파워미터의 양측 데이터를 활용할 때는 주의를 기울여야 합니다. 하지만 의도적으로 페달링 고유성을 변경해야 하는 경우도 있다고 생각합니다.

한쪽 다리의 파워 출력이 다른 쪽 다리와 10% 이상 차이가 나는 경우. 이 경우 근력 차이가 있거나 움직임 패턴 또는 자전거 핏에 문제가 있는지 확인해야 합니다.

앉은 상태에서 양쪽 다리의 GPA가 35 W 이상인 경우. 이는 연습이 더 필요한 초보 사이클리스트의 특성일 수 있지만, 3년 이상 진지하게 라이딩을 해온 사이클리스트의 경우 업스트로크에서 의도적으로 무릎을 핸들바 쪽으로 향하게 하고 페달 스트로크 내내 발끝을 가볍게 아래쪽으로 향하게 하는 것이 좋습니다.

....

이 장에 제시된 개념은 고급 개념이지만 매우 중요하며 파워 트레이닝을 할 때 이해하면 매우 유용합니다. 라이딩을 누적된 TSS 포인트와 연관시키고 그것이 회복에 어떤 영향을 미치는지 파악하는 것은 심오한 학습 과정이 될 수 있습니다. FTP에서 1시간을 운동하면 강도 계수가 1.0일 때 100 TSS 포인트가 쌓인다는 것을 알면 훈련 부하 수준을 라이딩과 더 잘 연관시킬 수 있습니다. 화요일 저녁 지역 그룹과 함께 하는 라이드, 힐클라임을 하는 날의 라이드, 레벨 3(템포)에 도달하기 위해 수행하는 워크아웃 등, 트레이닝 부하 수준을 이해하기 시작하고 이 지식을 바탕으로 매일 TSS와 IF를 사용하여 보다 완벽한 트레이닝을 계획할 수 있습니다. 이는 파워미터의 가장 큰 활용도 중 하나입니다. 고유한 트레이닝 부하 또는 전체 기간 동안의 개별 및 누적 워크아웃을 정확하게 정량화할 수 있습니다. 이러한 도구를 사용하면 파워미터를 통해 라이딩 후, 이틀 후, 일주일 후, 심지어 한 달 후에도 훈련 부하가 자신에게 어떤 영향을 미치는지 확인할 수 있습니다.

사분면 분석은 워크아웃의 생리적 특이성에 대한 또 다른 관점의 이해를 제공합니다. 철인3종 선수인데 단체 출발 로드 레이스만 하고 있다면 신경 근육학적으로 다가오는 철인3종에 대한 준비가 되어 있지 않을 가능성이 매우 높습니다. 자신이 준비하는 이벤트가 네 가지 사분면에 어떻게 속하는지 파악하면 해당 사분면에 맞는 트레이닝의 필요 여부를 판단할 수 있습니다. 3사분면에 속하는 대부분의 시간을 커피숍을 오가는 데 보낸다면 성공적인 크리테리움 레이서가 되기를 기대할 수 없습니다. 하지만 회복 라이딩을 할 때는 반드시 3사분면에 속해 있는지 확인해야 합니다. 사분면 분석을 활용하여 근력을 증가시키기 위해 충분한 힘을 생성하고 있는지 확인하는 것은 스프린트와 짧은 힐클라임 어택을 향상시키는 데 중요한 요소입니다. 선택한 라이드와 레이스에서 사분면 분석을 사용하면 제대로 트레이닝하고 있는지 확인할 수 있을 뿐 아니라, 사이클링 이벤트에서 최고의 퍼포먼스를 달성하는 데 도움이 될 것입니다.

양측 파워를 분석하면 페달링 기술을 수정하는 것만으로도 전반적인 파워 출력을 높일 가능성을 발견할 수 있습니다. 체계적인 테스트와 정밀한 분석을 통해 페달링 기술이나 자전거 자세에서 개선할 수 있는 작은 부분을 발견할 수 있습니다. 이러한 개선 사항은 평소 계획한 워크아웃을 수행하면서 조금씩 개선할 수 있으며, 시간이 지남에 따라 5-10% 범위에서 더 높은 파워 출력을 경험할 수 있습니다. 또한 커토틱 지수를 분석하여 페달링을 더 부드럽고 일관성 있게 만들 수도 있습니다. 이러한 도구를 함께 사용하면 육안으로 정량화하기 어렵거나 불가능할 수 있는 페달링 기술을 객관적으로 파악할 수 있습니다.

8

파워 지속 곡선 모델로의 전환

기능적 역치 파워(FTP)는 파워 트레이닝 방법에 대한 많은 생각을 가능하게 했습니다. 이는 트레이닝 레벨을 설정하는 기준이 되기도 하고 워크아웃 또는 레이스의 강도 계수(IF)와 트레이닝 스트레스 스코어(TSS)를 설정하는 기준이 되기도 합니다. 불연속적인 시간대의 파워 지속 노력들 사이의 관계를 이용하여 상대적인 강점 및 약점을 설명하는 파워 프로필(4장에서 설명)은 FTP만 사용하는 것보다 더 완전하고 탄탄하게 선수의 특징을 나타냅니다. 즉, 두 선수의 FTP는 동일하지만 FTP로 설명할 수 없는 레이싱의 다른 측면(예: 올라운더 vs. 타임 트라이얼리스트 vs. 스프린터)에서 탁월한 설명력을 가집니다. FTP가 젖산 억치에 기여하는 근본적인 생리적 득성을 기능적으로 표현하는 것과 마찬가지로, 파워 프로필의 불연속적 시간의 파워 지속 프레임은 신경근 파워, 무산소 능력, VO$_2$max, FTP와 같은 근본적인 생리적 특성에 해당하는 트레이닝 레벨을 기능적으로 표현합니다. 이러한 값은 운동 능력 측면에서 개인의 특성을 설명하는 데 유용할 뿐만 아니라 일부 개인에게는 파악하기 어려울 수 있는 근본적인 생리적 특성에 대한 힌트를 제공하는 데도 도움이 됩니다. 파워미터를 사용하여 FTP와 파워 프로필을 확인하면 파워 수치에 대한 맥락을 파악하고 사이클링 퍼포먼스를 결정하는 근본적인 생리학을 더 잘 이해할 수 있게 됩니다.

그러나 점점 분석할 수록 불연속적 시간 프레임을 사용하여 선수의 파워 프로필을 생성하는 데에는 상당한 한계가 있다는 것이 분명해졌습니다: 현장에서 수집한 파워 데이터는 대부분 이상적이지 않거나 통제되지 않은 상황을 나타냅니다. 파워미터의 가장 큰 장점 중 하나는 환경적으로 유효한 의미를 가지는 모든 상황에서 퍼포먼스 데이터를 수집할 수 있다는 점입니다. 파워미터를 사용하면 트레이닝, 레이스, 체계화되지 않은 그룹 라이드 등 자전거를 타는 모든 순간에 데이터를 수집할 수 있습니다. 대부

143

분의 경우 트레이닝에서 진정한 최대 노력을 이끌어내기 어렵기 때문에 가장 좋은 데이터는 레이스에서 얻을 수 있습니다. 경쟁의 압박, 심리적 동기 부여 및 기타 무형의 요소로 인해 종종 생각보다 조금 더 깊이 파고들 수 있습니다. 휴대용 파워미터가 등장하기 전에는 실험실 밖에서 자전거를 타는 동안의 노력을 블랙박스에 기록하는 것이 전부였지만, 파워미터가 널리 보급되면서 이제 우리는 레이스의 요구 사항을 이해하고 레이스와 트레이닝에서의 노력을 비교할 수 있게 되었습니다. 실제로 저희는 타임 트라이얼에서 더 나은 페이스를 통해 경기력에 도움이 될 뿐만 아니라 가능한 최상의 데이터를 얻기 위해 파워미터를 사용한 트레이닝 그리고 레이스의 중요성을 책 제목에 반영하고자 했습니다.

즉, 레이스에서의 노력은 선수의 최대 파워를 가장 잘 파악할 수 있지만, 이러한 노력은 실험실 테스트 또는 트레이너의 파워미터를 사용한 비실험적 공식 테스트만큼 통제되거나 잘 정의되지 않습니다. 바로 여기에 파워 프로필 접근법의 어려움이 있습니다: 최고의 데이터는 대부분 레이스에서 나오지만, 동시에 타임 트라이얼을 제외하고는 레이스가 통제되지 않기 때문에 선수들은 파워 프로필의 필수 개별 지속 시간 단위와 정확히 일치하는 데이터를 수집할 수 없습니다.

이에 대한 예로, 최초 상담을 위해 코치를 만나면서 2년치의 파워 파일을 가져간다고 가정해 보겠습니다. 이렇게 정기적으로 수집된 파워 파일은 운동선수로서의 특성과 트레이닝 행동에 대한 진정한 정보의 보고입니다. 새로운 코치가 이 데이터를 효과적으로 활용한다면 선수의 발전이 빠르게 진행될 수 있습니다. 초기 평가에서 코치가 공식화된 테스트를 수행하는 대신 이 기존 파워 파일들을 사용하여 특성을 파악할 수 있다면 유용할 것입니다. 물론 코치가 트레이닝을 시작하면서 공식적인 테스트를 수행할 수도 있지만, 문제는 선수의 몸 상태가 레이싱 시즌 때보다 좋지 않거나 컨디션이 떨어질 수 있으며, 이런 경우 공식 테스트가 선수의 능력을 정확하게 나타내지 못할 수 있다는 점입니다. 따라서 가장 좋은 방법은 지난 2년 동안 수집된 데이터 전체에서 필요한 데이터를 추출하는 것입니다. 하지만 이 데이터 뭉치에는 표준화되지 않은 여러 가지 노력(레이스 및 그룹 라이딩)이 포함되어 있으므로 코치의 분석은 다른 접근 방식을 필요로 합니다.

예를 들어, 크리테리움에 참가하여 종종 프라임을 목표로 하는 경우 50초 동안 개인 최고 기록을 달성할 수 있으며, 이는 파워 프로필의 무산소 능력 기준인 60초에 매우 근접합니다. 이 50초 노력은 최대치이며 무산소 능력에 크게 의존하지만, 실제로는 결승선을 통과한 후 실제로 최대 60초의 노력을 수행하기 전에 파워를 낮출 것입니다. 이 경우 최대 노력이 50초만 지속되었으므로 1분 동안의 평균 최대 파워는 낮을 것이며 **표 4.1**의 파워 프로필 차트에 명시된 무산소 능력 파워를 제대로 나타내지 못할 것입니다. 또한 며칠, 몇 주 또는 몇 년에 걸쳐 레이스에서 최대 파워를 여러 번 수행했을 수 있지만, 각 최대 파워가 안타깝게도 50초만 지속되어 파워 프로필의 무산소 능력을 나타내는 데 사용되는 1분 기준에 해당하는 수치가 누락될 수 있습니다. 코치는 무산소 능력에 대한 풍부한 정보를 가지고 있지만 60초 동안 지속된 노력의 시행 횟수가 부족하여 오해를 불러일으킬 수 있습니다.

이러한 현상은 실제로 5초 신경근 파워가 상대적으로 높고 FTP도 높은 V자형 파워 프로필을 가진 선수들에게서 종종 관찰되었습니다. 상대적으로 높은 신경근 파워는 속근의 우세와 관련이 있고, 상대적으로 높은 FTP는 지근의 우세와 관련이 있기 때문에 이러한 파워 프로필은 근본적인 생리와 조화를 이루기 어렵습니다. 동일 선수가 속근(즉, 50% 이상 모집)과 지근(즉, 50% 이상 모집)이 모두 우세한 것은 상호 배타적이며, 100% 이상의 근육 섬유 유형을 가지는 것은 불가능하기 때문입니다. 따라서 운동선수가 무산소 능력은 낮으면서 상대적으로 높은 신경근 파워와 FTP를 모두 가질 가능성은 매우 낮습니다. 더 가능성이 높은 것은 이 선수가 다른 선수들에 비해 신경근 파워와 FTP가 매우 높지만 개인 내에서는 일관된 다재다능한 선수일 수 있다는 것입니다. 이 경우 상대적으로 낮은 1분 파워는 단순히 테스트의 결과이거나 훈련 및 레이스에서 최대 60초 노력을 수행하지 않았기 때문일 수 있습니다. 선수가 60초 동안 최대 노력을 실제로 수행하지 않았기 때문에 파워 프로필에는 50초 동안의 최대 노력에 대한 라이더의 높은 용량이 누락되고 무산소 능력이 과소 평가될 수 있는 것입니다.

이러한 상황은 파워 프로필에 사용된 다른 불연속적 시간 프레임(5초 또는 5분 등)에서도 동일하게 발생할 수 있습니다. FTP의 경우에서도 마찬가지인데, 예를 들어 많은 사람들이 60분 동안의 모든 노력이 개인의 FTP를 가장 잘 나타낼 것이라고 생각합니다(이에 대해서는 나중에 자세히 설명하겠습니다). 그러나 사실 FTP는 개인마다 다른 시간 동안 지속할 수 있는 강도를 의미합니다. 과학적 관점에서 보면, FTP는 약 30분에서 70분 동안 지속할 수 있는 강도를 의미하며, 훈련이 많이 된 라이더 일수록 이 범위의 상단에 속하는 경향이 있습니다. 그렇기 때문에 앤드류는 원래 40 km TT의 파워를 FTP를 추정하는 가장 좋은 방법으로 사용하도록 제안했던 것입니다. 하지만 대부분의 선수에게 40 km TT는 약 60분 동안 지속될 수 있지만, 정확히 60분 동안 지속되는 경우는 거의 없습니다. 라이더가 빠를수록 이 문제는 더욱 악화될 것이며, 결국 라이더는 많은 사람들이 FTP를 정의하기 위해 선택한 60분 기준에 맞지 않는 노력을 하게되는 것입니다.

예를 들어, 타임 트라이얼 전문가인 지미 패스트(Jimmy Fast)는 32-스포크 휠을 장착하고 에어로 장비 없이 40 km 타임 트라이얼을 연습하고 연습 코스에서 60분 동안 300 W의 FTP를 기록했습니다. 일주일 후, 그는 거의 모든 에어로 장비와 휠을 장착하고 40 km 타임 트라이얼에 출전하여 310 W로 55분 만에 40 km를 완주했지만 결승선을 통과할 때 완전히 파워를 줄였습니다. 결승선 통과 후 추가 5분 동안 파워를 줄인 결과 지미의 평균 최대 파워는 55분 타임 트라이얼 동안의 310 W에서 전체 60분 동안의 284 W로 떨어집니다. 타임 트라이얼에서 FTP가 떨어졌을까요? 물론 아닙니다. 60분 동안의 낮은 와트 수치는 FTP를 결정하는 데 사용되는 고정된 시간의 결과물일 뿐입니다. 지미가 FTP 시간 프레임에 해당하는 최대 노력을 수행했는지 확인하려면 공식화된 테스트가 필요합니다. 다만 이렇게 테스트를 하게 되면 지미의 40킬로미터 레이스와 같은 상황에서 파워미터를 사용하여 데이터를 수집하는 것의 가장 큰 장점 중 하나인 '실제 최고 노력을 이끌어낼 수 있는 가능성'이 사실상 사라지게 됩니다. 따라서 파워 프로필과 거의 동일한 정보를 얻을 수 있으면서도 특정 시간 프레임에 맞춰서 노력을 하지 않아도 되는 접근 방식이 있다면 매우 유용할 것입니다.

라이더 특성 파악에 불연속적인 시간 프레임을 사용할 때 발생하는 두 번째 문제는 기본적인 생리적 수준에서 파워 프로필의 각 생리적 특성(즉, NP, AC, VO_2max)이 서로 겹치거나 관계가 없는 불연속적인 시스템이라고 가정한다는 점입니다. 예를 들어 신경근 파워를 나타내는 5초 파워를 예로 들어 보겠습니다. 일반적으로 이 시간 동안의 노력에 필요한 에너지는 전적으로 ATP-PCr(인산 크레아틴) 시스템에서 나온다고 가정합니다. 5초 동안의 노력은 주로 개인의 신경근력에 의해 결정되고 ATP-PCr 시스템에 의해 주도되는 것은 사실이지만, 실제로 5초 정도의 짧은 노력 중에도 글리코겐이 대사되며 이 시간 동안 ATP-PCr 시스템에만 전적으로 의존하지 않는다는 것을 잘 알고 있습니다. 실제로 5초 최대 노력에 아주 작지만 유산소 대사의 기여도 있습니다. 마찬가지로, 최대 1분 동안의 노력은 ATP 공급을 위해 무산소 대사에 크게 의존하지만, 이러한 노력에 필요한 에너지의 약 50%는 유산소 대사에 의해 공급됩니다. 한 가지 생리적 시스템에 의존하는 노력은 존재하지 않는다는 것이 분명해집니다. 또한, 두 개의 개별적인 기준값(예: 1분과 5분의 중간인 3분) 사이에 해당하는 노력은 많은 운동선수(예: 추발 레이스 선수)에게 여전히 매우 중요한 시간대이며 강점 및 약점을 설명하는데 필요할 수 있습니다.

마지막으로, 파워미터 데이터의 또 다른 실용적인 용도는 향후 레이스를 계획하고 페이싱이나 전술적 목적으로 특정 레이스에서 무엇을 할 수 있을지 예측하는 것입니다. 예를 들어, 힐클라임 선수 수(Sue)가 오르막 타임 트라이얼 레이스에 출전한다고 할 때, 이전 결과를 통해 우승하려면 13분 정도의 기록으로 완주해야 한다는 것을 알고 있다고 가정해 봅시다. 수나 그녀의 코치는 파일에 있는 데이터를 검토하고 최근 13분 동안의 최대 노력을 찾아내어 수에게 그 시간 동안 유지할 수 있는 파워가 어느 정도인지 파악하는 것이 도움이 될 것입니다. 하지만 안타깝게도 그녀는 지난 4개월 동안 5분 이상 또는 20분 미만의 최대 노력을 완료한 적이 없으므로 13분 최대 파워를 추측해야 합니다. 두 점 사이를 간단히 보간할 수 있다고 생각할 수도 있겠지만(이후 장에서 살펴볼 것입니다.) 파워의 지속은 시간에 따라 선형으로 나타나지 않으므로 단순한 보간(또는 보외)을 통해 유추하는 것은 거의 불가능합니다. 이러한 모든 문제를 해결하기 위해 고안된 '파워 지속 곡선 모델'은 오랜 기간 동안 축적된 일관된 라이더 데이터를 기반으로 모든 파워의 지속 시간 구간에 대해 수행할 수 있는 파워를 예측하는 방식을 제공합니다.

파워 지속 곡선 모델 활용

파워 지속 곡선 모델은 휴대용 파워미터의 기술 발전과 최신 컴퓨팅 성능을 활용하는 수학적 접근 방식입니다. 환경적으로 유효한 상황에서 최대 노력을 나타내는 데이터를 사용하여 통계적 방법(비선형 곡선 피팅)을 적용하는 방식으로 본래의 고전적인 파워 프로필 접근 방식의 결과와 동일한 정보를 추출

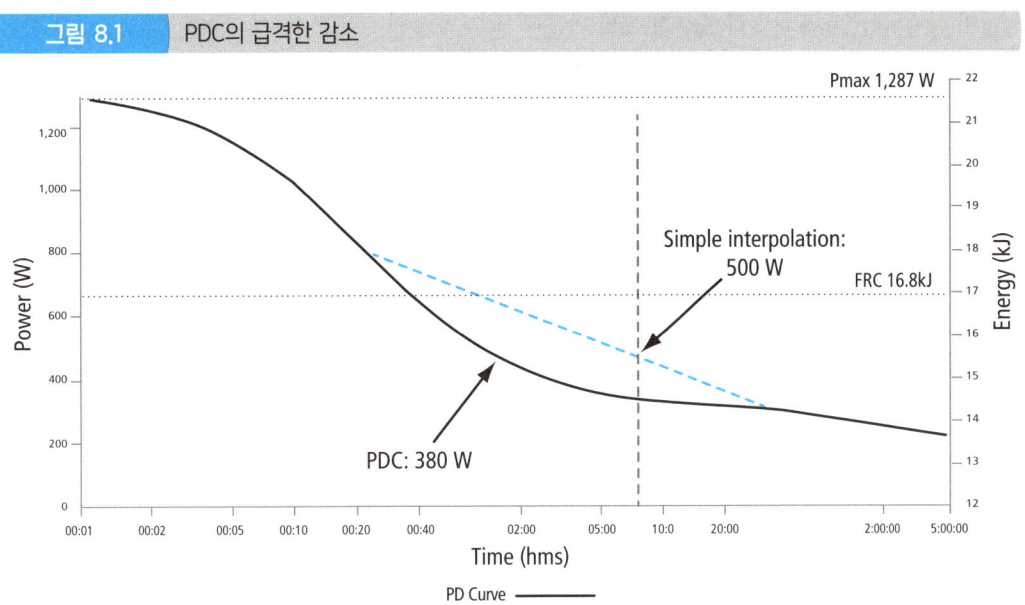

그림 8.1 PDC의 급격한 감소

파란 점선은 PDC의 수학적 모델링이 좀더 정확하다는 것을 보여줍니다.

합니다. 파워 지속 곡선 모델은 파워 프로필에 포함된 불연속 시간 프레임에 포함된 모든 특성 특성(예: NP, AC, VO₂max, FTP)을 포함하지만 각 불연속 값 사이의 시간 프레임 연속적으로 구성합니다. 또한 FTP를 넘어 확장할 수 있기 때문에 이전에 파워 프로필에서 고려하지 못했던 노력에 대한 추가적인 특별한 인사이트를 제공할 수 있습니다. 마지막으로, 파워 지속 곡선 모델은 퍼포먼스의 일상적인 변화, 파워미터 오차 등으로 인해 평균 최대 파워 데이터 세트에 존재하는 일부 불연속성, 즉 일정하지 못한 데이터를 평활화하는 방법을 제공합니다. 이는 라이더의 평균 최대 파워를 기반으로 추가 분석을 시도할 때 매우 중요합니다.

파워 지속은 한동안 단순하면서도 직관적인 방식으로 이해되어 왔습니다. 즉 매우 짧은 시간 동안 높은 출력을 낼 수 있으며, 더 오래 지속할수록 유지할 수 있는 출력이 급격히 줄어든다는 식입니다. 그룹 라이드에서 도로 표지판을 향해 전력 질주한다고 가정해 봅시다. 짧은 거리만 전력 질주하면 많은 파워를 낼 수 있지만 표지판까지의 거리가 길어질수록 유지할 수 있는 파워는 크게 감소합니다. 그림 8.1에서 볼 수 있듯이 지속 시간이 길어지면서 발생하는 이러한 파워 감소는 시간과 비선형적인 관계를 따릅니다. 또한 비교적 짧은 두 지속시간(예: 10초와 30초) 사이의 파워 감소는 상당할 수 있지만, 지속시간이 몇 분을 넘어 1시간에 가까워지면 파워 감소는 정체됩니다. 파워 지속 곡선의 이 정체점은 FTP에 해당합니다.

지속 시간이 길어질수록 파워가 감소하는 것은 직관적이지만, 기하급수적으로 감소하는 것은 직관적이지 않습니다. 파워 지속의 곡선적 특성 덕분에 두 개의 불연속적인 지속시간(예: 1분과 20분) 사이에 있는 파워의 간단한 보간을 수학적 모델링으로 연습해 볼 수 있습니다. **그림 8.1**은 파워 지속 곡선과 20초에서 20분 사이의 보간 점선을 보여줍니다. 세로 점선으로 표시된 대로 8분 동안 끌어낼 수 있는 파워를 보간하려고 하면 보간 선은 약 500 W를 나타내지만 파워 지속 곡선 모델에서는 380 W를 나타냅니다. 이는 상당한 차이이며, 파워 지속 곡선 모델의 주요 이점을 보여줍니다.

새로운 파워 지속 곡선 모델은 파워 프로필의 불연속 시간 프레임에 기반하지는 않지만, 라이더의 FTP 및 특성에 새로운 컨텍스트를 발견하는데 데 도움이 될만한 것들을 발견하게 해줍니다. 이러한 컨텍스트를 이해하고 완전히 파악하려면 선수 또는 코치의 보다 유연하고 미묘한 접근 방식이 필요합니다. 이러한 접근 방식을 통해 얻은 인사이트는 기민한 선수 및 코치에게 더 정확하고 가치 있는 정보이기도 합니다.

파워 지속 곡선 모델의 개발과 함께 신경근 파워, 무산소 능력, VO_2max, FTP의 파워 프로필 파라미터를 뛰어넘는 몇 가지 새로운 지표와 명명법을 개발했습니다. 이러한 새로운 지표 중 일부는 파워 프로필 모델에서 사용되는 속성과 거의 유사하지만, 일부는 그렇지 않습니다. 아래에서 새로운 파워 지속 지표를 각각 설명하고 유사한 파워 프로필 지표와의 차이점을 설명하겠습니다.

Pmax

파워 지속 곡선과 관련한 첫 번째 새로운 지표는 이전의 신경근 파워 특성과 유사하지만 더 엄격하게 정의된 Pmax입니다. Pmax는 양쪽 다리로 페달을 한 번 이상 완전히 회전하면서 매우 짧은 시간 동안 생성할 수 있는 최대 파워입니다. 이는 본질적으로 개인이 자전거에서 생산할 수 있는 진정한 최대 파워를 측정하는 척도입니다. Pmax는 신경근 파워의 지속시간이 5초로 규정되어 있다는 점에서 이전의 신경근 파워 측정 기준과 차별화됩니다. 이 기준 지속시간에는 기술적인 이유가 있었습니다: 구형 파워미터에서는 비정상적인 파워 스파이크가 더 흔하고 처리하기 어려웠으며, 5초 지속시간을 사용하면 데이터 스파이크의 영향과 구형 파워미터의 기타 기술적 한계를 최소화할 수 있었기 때문입니다. 파워미터 기술이 개선되고 TrainingPeaks WKO4에서 제공하는 고급 데이터 분석 접근 방식이 개선되면서 페달을 한 번 돌릴 때 발생하는 최대 파워를 퍼포먼스 지표로 사용하는 것이 더 가능해졌습니다. 피로의 영향과 중복되는 에너지 시스템 기여도가 최소화되기 때문에 Pmax 지표는 라이더가 생성할 수 있는 최대 신경근 파워를 훨씬 더 사실적으로 표현합니다. 또한, 더 긴 불연속 시간 간격을 사용하지 않기 때문에 일상적인 데이터 수집에서 Pmax 값을 더 자주 캡처할 가능성이 높아져 측정이 더욱 견고해집니다. 동시에, 파워 지속 곡선 모델을 활용하여 5초의 실제 최대 노력을 얻거나 5초에 해당하는 파워 지속 곡선을 따라 값을 보간함으로써 파워 프로필 접근 방식에서 얻을 수 있는 것과 거의 동일한 정보를 얻을 수 있으므로 두 가지의 장점을 모두 누릴 수 있습니다.

기능적 비축 용량(FRC)

두 번째 새로운 지표는 기능적 비축 용량(FRC)입니다. 무산소 능력(AC) 파워 수준과 거의 유사한 FRC는 피로가 발생할 때까지 FTP 이상으로 수행할 수 있는 연속 일량의 총합입니다. FRC와 AC의 차이에 대해 자세히 설명하지는 않겠지만, 이 섹션의 앞부분에서 언급했듯이 무산소 및 유산소 등의 서로 다른 에너지 시스템이 분리되어 작동한다는 클래식한 개념은 실제로는 정확하지 않습니다. 즉, FTP는 파워 지속 곡선에서 주로 유산소 대사에서 파워가 나오는 부분에 해당하며, 연료 공급원(예: 탄수화물 또는 지방)을 사용할 수 있는 한 운동 중에 지속적으로 지속할 수 있습니다. 파워 출력이 FTP 이상으로 증가하면 점점 더 많은 에너지가 비산소원(즉, 무산소성 해당 작용 및 ATP-PCr 시스템)에서 나옵니다. 그러나 이러한 비산소원 시스템에서 추가로 공급되는 에너지는 곧 고갈됩니다. 또한, FTP 이상의 파워 출력이 높을수록 유지될 수 있는 기간이 짧아지고 FRC가 더 빨리 고갈됩니다.

FRC를 보는 또 다른 방법(이 지표를 명명하게 된 이유와 동일)은 FTP 이상의 노력을 위한 에너지원은 고강도 노력에만 사용되는 비축된 에너라는 것입니다. FTP 이하에서는 신체가 지속 가능한 에너지 공급에 의존하지만, 파워 출력이 FTP를 초과하면 신체는 지속 가능하지는 않지만 더 쉽고 빠르게 사용할 수 있는 에너지 비축량을 사용해야 합니다. FRC의 에너지 공급원에는 몇 가지가 있지만, 공급원에 관계없이 FTP이상에서의 운동은 지속되기 힘들며, 어느 시점에서 FRC가 고갈됩니다.

FRC의 개념과 용어에 익숙하지 않은 사람들에게는 FRC를 개념화하는 것이 때때로 어려울 수 있습니다. 따라서 FRC를 충전식 배터리로 생각하면 도움이 될 수 있지만 충전 속도가 매우 빠르지 않은 배터리라고 생각하면 됩니다: FRC는 장시간 지속되지는 않지만 충분한 휴식을 취하면 어느 정도 재충전할 수 있습니다. 이 점을 설명하기 위한 예로 가솔린 엔진이 대부분의 에너지를 제공하지만, 상황에 따라 일부 배터리로 구동되는 가솔린-전기 하이브리드 자동차의 비유를 사용할 수 있습니다. 배터리 전력은 매우 효과적이지만 전기 엔진이 유일한 동력원일 때는 충전이 빠르게 소모됩니다. 전기 엔진의 배터리 충전량이 부족하면 차량은 가솔린으로만 주행할 수 있습니다. 마찬가지로 FRC는 사이클리스트의 유산소 엔진이 생성하는 파워를 향상시키는 데 사용할 수 있지만, 라이더가 더 열심히 달릴수록 FRC는 더 빨리 고갈되고 이에 따라 라이더는 더 빨리 지쳐서 회복해야 합니다. 휴식을 취하거나 일정 시간 동안 FTP 이하로 노력하면 FRC를 재충전할 수 있습니다. FRC가 충전되는 속도는 회복 기간에서의 몸의 움직임이 얼마나 쉬운지에 따라 크게 달라집니다. 따라서 라이더가 FTP 바로 아래에서 회복 중이라면 완전히 휴식을 취하는 경우보다 FRC를 재충전하는 데 시간이 더 오래 걸립니다.

FRC의 또 다른 중요한 측면은 비율의 측정이 아닌 절대 용량의 측정이라는 점입니다. 이는 우리가 살펴보는 대부분의 다른 지표가 파워를 기반으로 하는 것과는 대조적입니다. 파워는 특정 시간 동안 수행할 수 있는 작업의 양을 표현하기 때문에 비율 지표입니다. 예를 들어, 1 W = 초당 1 J 이므로 FTP가 300 W인 경우 1초에 300 J의 운동을 수행할 수 있으며, FTP가 낮은 라이더는 초당 더 적은 운동을 수행할 수 있습니다. 반면 FRC는 줄(J) 단위로 표시되며, 라이더가 사용할 수 있는 시간에 관계없이 FTP 이상으로 수행할 수 있는 절대적인 일량입니다. 즉, 빠른 속도 또는 느린 속도와는 상관없이 사용할 수 있는 FR C(J)가 정해져 있다는 뜻입니다.

예를 들어, 어떤 운동선수의 FRC가 20 kJ (20,000 J)라고 가정해 보겠습니다. 1 W는 초당 1 J이므로 선수는 코스에서 얼마든지 사용할 수 있는 20,000 J의 비축 에너지를 가지고 있습니다. 따라서 선수가 최대 30초 동안 노력할 경우 FTP보다 높은 666.7 W(20,000 J/30초 = 666.7 W) 또는 120초 동안 FTP 보다 높은 166.7 W (20,000 J/120초 = 166.7 W)를 지속할 수 있습니다. 이는 FTP보다 더 높은 파워를 낼 수 있는 수준이므로 120초 동안의 노력의 경우 라이더의 FTP가 300 W라면, 300 + 167 = 467 W를 120초 동안 유지할 수 있습니다. 지속시간을 180초로 늘리면 지속할 수 있는 FTP 이상의 파워는 급격히 감소하고(300 + 111 = 411 W), 30분에 도달할 때는 11 W만 추가됩니다(30분 동안 311 W, 60분 동안 300 W). 보시다시피 FTP를 초과하는 시간이 길어질수록 지속할 수 있는 파워는 낮아집니다. 그렇기 때문에 장시간의 노력이 필요할 때라면 FTP 파워 출력을 높이는 트레이닝을 하는 것이 FRC를 늘리는 트레이닝을 하는 것보다 더 효율적으로 트레이닝하는 것일 수 있습니다.

모델링된 기능적 역치 파워(mFTP)

파워 지속 곡선 모델에서 오해할 수 있는 요소 중 하나는 모델링된 기능적 역치 파워(mFTP)입니다. 간단히 말해, mFTP는 파워 지속 곡선에서 곡선이 수평으로 평평해지는 파워 레벨입니다.

이 책의 초판에서 언급했듯이 FTP는 '라이더가 피로하지 않고 준안정상태에서 유지할 수 있는 최고 파워'입니다. 이 정의는 그 자체로 다소 모호한 정의이며, 몇 가지 추가적인 부담과 오해를 포함하게 되었습니다. 첫째, 파워 프로필 시스템이 등장하기 전으로 거슬러 올라가면, 역치는 일반적으로 엔듀런스 퍼포먼스에 가장 중요한 기여를 하는 것으로 받아들여졌지만 동시에 스포츠 퍼포먼스 분야에서 가장 잘 정의되지 않았고 잘 이해되지 않는 지표 중 하나였습니다. 운동 생리학의 명명법과 난해한 측면에 정통한 사람들에게 '역치'는 젖산 역치와 연관된 것으로 가장 일반적으로 이해되었습니다. 동시에 무산소성 역치 또는 환기성 역치에도 적용될 수 있습니다. 이러한 다양한 역치는 모두 어느 정도 관련이 있지만, 조금씩 다르며 다른 요인에 의해 영향을 받기도 합니다. 예를 들어, 2000년대 초의 한 인기 있는 과학 리뷰 논문에서는 과학적으로 검증된 30가지 이상의 역치 정의를 제시했습니다.[1] 분명한 문제는 역치가 운동 능력에 중요한 의미를 가지는 것으로 인식되고 있지만, 가장 유효한 생리학적 역치에 대한 표준

정의가 없으며 젖산 역치에 대한 여러 정의 사이에도 차이가 있다는 것이었습니다.

FTP가 대중화되면서 스포츠 수행 능력의 역치 개념과 관련된 몇 가지 문제가 해결되었습니다:

* FTP로 인해 역치를 결정하기 위해 실험실 평가를 수행할 필요가 없어졌습니다.
* FTP를 통해 역치의 정의를 표준화했습니다.
* FTP는 역치를 퍼포먼스를 평가하는 실용적이고 기능적인 방법으로 확립되게 하였습니다.

FTP를 이해하는데 필요한 부담은 결국 FTP를 사용하는 방식에서 나왔던 것이었습니다. 역치값을 결정하기 위한 기능적 또는 실용적인 방법인 값(예를 들어, 1시간 동안 지속될 수 있는 파워 수준)이 제시되었습니다. 이는 특히 미국에서 흔히 볼 수 있는 1시간 기준치 및 40km 타임 트라이얼과 거의 일치하기 때문에 FTP를 결정하는 데 매우 유용한 방법이었습니다. 이 1시간의 측정 방식은 1.0 IF 점수와 100점짜리 TSS의 기준으로 더 많은 비중을 차지하게 되었습니다(7장 참조). 이러한 모든 요인으로 인해 1시간 동안의 전력을 다한 노력이 개인의 FTP에 해당하며, 이 시간에서 벗어나는 것은 실제로 개인의 FTP를 의미하지 않는다는 개념에 많은 비중을 두게 되었던 것입니다.

한편, FTP를 결정할 때 지속적으로 인용되어 온 대안은 임계 파워(Critical Power, CP) 결정 방법입니다. CP는 모노드(Monod)와 쉐러(Scherrer)가 정의한 대로 '피로 없이 매우 오랜 시간 지속 가능한' 노력을 결정하기 위해 여러 번의 짧은 테스트를 거쳐야 합니다.[2] CP는 40~75분 동안 지속 가능하지만 파워 측면에서 FTP에 매우 근접하는 경우가 많습니다.

선수의 FTP를 결정하기 위해 1시간 테스트 외에도 유효한 대안이 존재하지만, 1시간 기준은 역치에 대한 아이디어에 집중하고 표준화를 제공하는 데는 도움이 되었습니다. 15년 전 그룹 라이드에서 두 명의 라이더가 자신의 한계치에 대해 이야기하는 것을 들었다면, 각기 다른 이야기를 하고 있었을 수도 있습니다. 반면에 오늘 그룹 라이드에서 두 명의 라이더가 자신의 FTP에 대해 이야기하는 것을 들었다면, 두 라이더는 약 1시간 동안 지속할 수 있는 파워라는 거의 동일한 주제에 대해 이야기하고 있을 것입니다. 즉, FTP가 실제로 최대 1시간의 노력과 정확히 일치한다는 개념은 단순화 한 측면이 있습니다. 파워 지속 곡선 모델을 충분히 활용하려면 FTP 파워 레벨의 지속 가능 시간 개념을 수정해야 합니다.

시간이 지남에 따라 파워가 감소함에 따라 결국 파워 지속 곡선에서 평평해진다는 개념에 대해 이미 설명했으며, 이 평평한 부분이 일반적으로 FTP에 해당합니다. 이 곡선의 평평한 지점은 개인과 피트니스에 따라 최대 45분 운동, 60분 운동, 75분 운동에 해당할 수 있으며, mFTP로 식별됩니다. 즉, 평균적으로 대부분의 개인에게 mFTP는 여전히 1시간 정도입니다. 만약 특정 라이더의 mFTP가 60분 이상 또는 미만이라면, 이는 해당 라이더의 고유한 파워 특성을 설명할 때 (또 다른 새로운 파워 지속 곡선 지표와 더불어) 라이더의 또 다른 특성으로 설명될 수 있습니다.

탈진 시간(TTE)

파워 지속 곡선 모델을 사용하여 탈진까지 걸리는 시간(TTE) 또는 mFTP 파워 레벨을 유지할 수 있는 시간을 도출할 수도 있습니다. 대부분의 사이클리스트는 mFTP에 대한 위의 텍스트를 읽지 않고 "어떻게 1시간이 아닌 다른 시간 동안 FTP를 유지할 수 있죠?"라고 대답할 가능성이 높습니다. mFTP는 정확히 한 시간 동안 최대로 유지되는 절대적인 지표가 아니라는 것을 알고 있습니다. 개인 간, 심지어 개인 내에서도 라이더의 특성을 보다 확실하게 설명하는 데에도 차이가 있을 수 있습니다. 이 문제를 명확하게 설명하기 위해 **그림 8.2**의 두 파워 지속 곡선 모델 그래프를 비교해 보겠습니다. 이 두 라이더의 Pmax(~1,300W)와 mFTP(~320W)는 거의 정확히 동일합니다. 상단 라이더의 TTE는 34:23이고 하단 라이더의 TTE는 52:40입니다. 음영 처리된 영역 내에서 파워 지속 곡선의 평평한 부분이 각 라이더에 대해 거의 동일한 파워에서 발생하여 유사한 mFTP를 나타내는 것을 볼 수 있습니다. 그러나 수평선과 관련하여 위쪽 라이더의 파워 지속 곡선이 아래쪽 라이더의 파워 지속 곡선보다 더 빨리 그리고 더 가파르게 떨어지며, 이는 위쪽 라이더의 TTE가 더 낮다는 것을 나타냅니다. mFTP의 개념과 밀접한 관련이

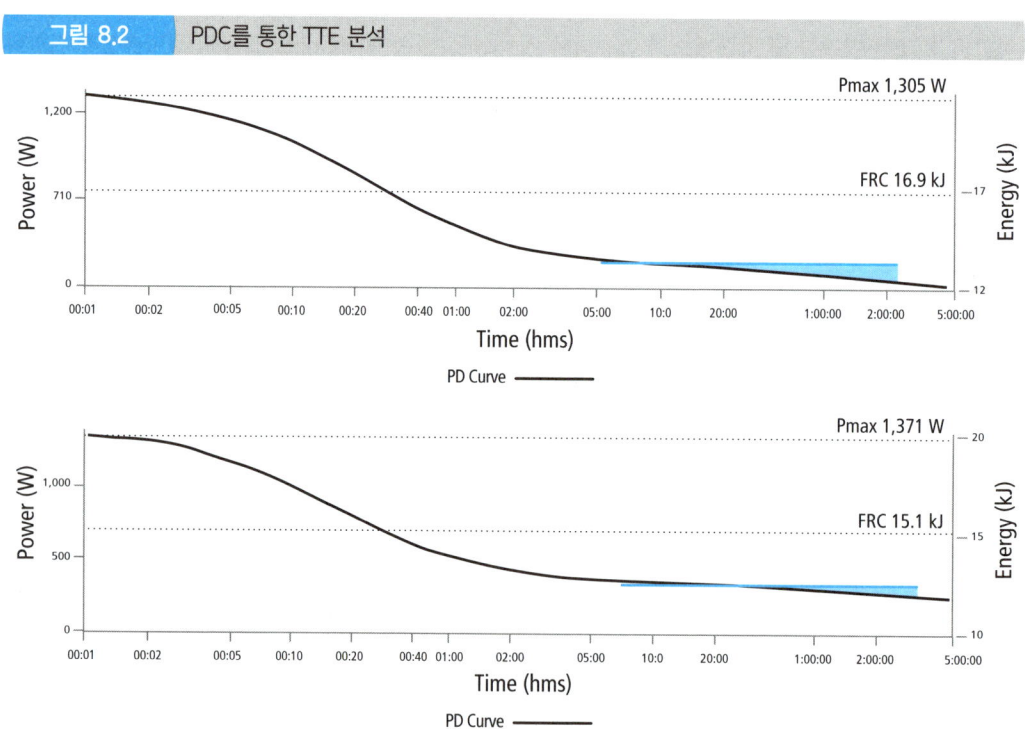

그림 8.2   PDC를 통한 TTE 분석

비슷한 Pmax 와 FTP를 가진 두명의 라이더가 있습니다. 하지만 TTE는 매우 크게 다릅니다. 라이더1의 경우 라이더2에 비해 더 빨리 그리고 급격히 파워가 떨어집니다. (34:23 vs 52:40) 라이더2는 보다 지속적으로 파워를 낼 수 있습니다.

있는 TTE는 파워 지속 곡선 모델이 파워 프로필과 FTP의 클래식한 개념을 넘어 선수를 설명하는 데 사용될 수 있는 두 번째 방법임을 이야기 합니다.

스테미너(Stamina)

엔듀런스 스포츠 선수들 사이에서 친숙한 용어인 스테미너는 라이더가 최대치 바로 직전(sub-maximal)의 노력을 지속하는 능력을 설명하는 데 사용되는 또 다른 도구입니다. 스테미너는 장시간 중간 강도의 운동을 하는 동안 피로에 대한 저항력을 측정하는 척도로 정의됩니다. 파워 지속 곡선 모델에서 스테미너는 파워 지속 곡선의 후반부, 즉 커브가 약간 평평해지는 mFTP를 넘어서는 지점을 의미합니다. 백분율로 표시되는 스테미너는 선수가 피로를 느끼기 전까지 sub-FTP 수준(FTP보다 살짝 낮은 수준)으로 라이딩할 수 있는 시간을 나타냅니다. 스테미너 점수가 100%이면 라이더가 피로를 느끼지 않는다는 뜻이고, 50% 미만이면 빠르게 피로를 느낀다는 뜻입니다(백분율 점수가 높을수록 파워 지속 곡선의 후반부가 평평해집니다). 대부분의 라이더는 75~85% 범위의 값을 나타내며, sub-FTP의 파워 레벨에서 피로에 저항하는 능력의 증가 또는 감소를 추적하기 위해 시간 경과에 따른 스테미너를 관찰하는 것이 필요합니다.

표현형(Phenotyping)

표현형은 가장 간단하게 정의하자면 유전적 특성에 환경의 요소가 결합되어 나타난 또는 유전자의 물리적 표현입니다. 대부분의 사람들은 우리가 누구인지 결정하는 것은 본질적으로 유전적 요소라는 것을 알고 있습니다. 우리의 각 세포에는 유전자를 구성하는 유전 물질인 DNA가 들어 있습니다. 유전자는 눈 색깔, 머리 색깔 등 신체적 특징이나 부모로부터 물려받은 여러 가지 특성을 코딩하는 특정 유전 물질 단위로, 우리를 서로 구별합니다. 유전자에 의해 코딩된 신체적 특성을 표현형이라고 합니다.

눈 색깔은 다소 단순한 특정 표현형이지만, 운동 수행 능력과 같은 다른 신체적 특성을 생각하면 이러한 특성은 더 복잡하며 여러 유전자의 상호 작용의 결과일 수 있습니다. 예를 들어, 단거리 달리기 능력은 수축성 단백질, 미오신 ATPase, 칼슘 ATPase, 운동신경세포 신경 분포, 에너지 시스템 특성과 같은 요인에 의존하며, 이는 수백 또는 수천 개는 아니더라도 수십 개의 유전자에 종합적으로 의존합니다.[3] 하지만 단거리 달리기 능력의 물리적 발현 자체는 표현형에 해당합니다. 눈 색깔과 같은 단순한 표현형은 주로 유전자형에 의해 결정되지만, 보다 복잡한 표현형은 다양한 수준의 환경 요인에 의해 영향을 받을 수 있습니다. 예를 들어, VO_2max은 유전적으로 40-60% 정도 결정되는 것으로 알려진 수많은 상호 작용 요인의 표현형입니다. 이는 VO_2max가 유전적 요인에 크게 의존한다는 것을 의미하지만, VO_2max

의 40~60%는 환경적 요인에 따라 달라질 수 있다는 것을 의미하기도 합니다. 또한 최근에는 VO_2max 훈련 능력에 기여하는 유전자가 최소 97개 이상 있는 것으로 밝혀졌습니다.[4] 따라서 표현형은 유전자형에 의해 결정되지만, 그 결정 수준과 훈련과 같은 환경적 요인의 기여도에 따라 달라질 수 있습니다.

파워 프로필과 관련된 특성(스프린터, 추격자, 타임 트라이얼리스트, 올라운더)을 다시 생각해 보면, 이러한 각 특성은 표현형으로 간주될 수 있습니다. 그러나 원래의 개념보다 더 큰 인사이트를 제공할 수 있는 더 정교한 표현형을 살펴볼 수 있는 방법이 있습니다. FTP가 반드시 개인의 FTP 지속 능력(예를 들어, TTE)을 설명하는 것은 아니라고 이야기했습니다. 비슷한 관점에서 타임 트라이얼리스트의 프로필을 살펴보면 스프린터도 아니고 올라운더도 아니지만 타임 트라이얼 기량을 가질 수 있는데, 이와 같이 다양한 스펙트럼을 볼 수 있습니다. 이러한 표현형 특성을 보다 미묘한 방식으로 더 잘 설명하고 개인의 표현형에 대한 주관적인('소프트') 판단 대신 객관적인('하드') 판단을 제공하기 위해 자동 표현형 분석이 개발되었습니다. 이 통계 계산의 결과는 다양한 방식으로 표시할 수 있으나 가장 간단한 방법은 레이블(예: '스프린터')만 제공하는 것입니다. 적어도 여러 선수에 대해 이러한 정보를 제시하는 더 정교한 방법은 **그림 8.3**과 같이 표현형 지도를 준비하는 것입니다.

그림 8.3   클래식 파워프로필에 따른 표현형 지도

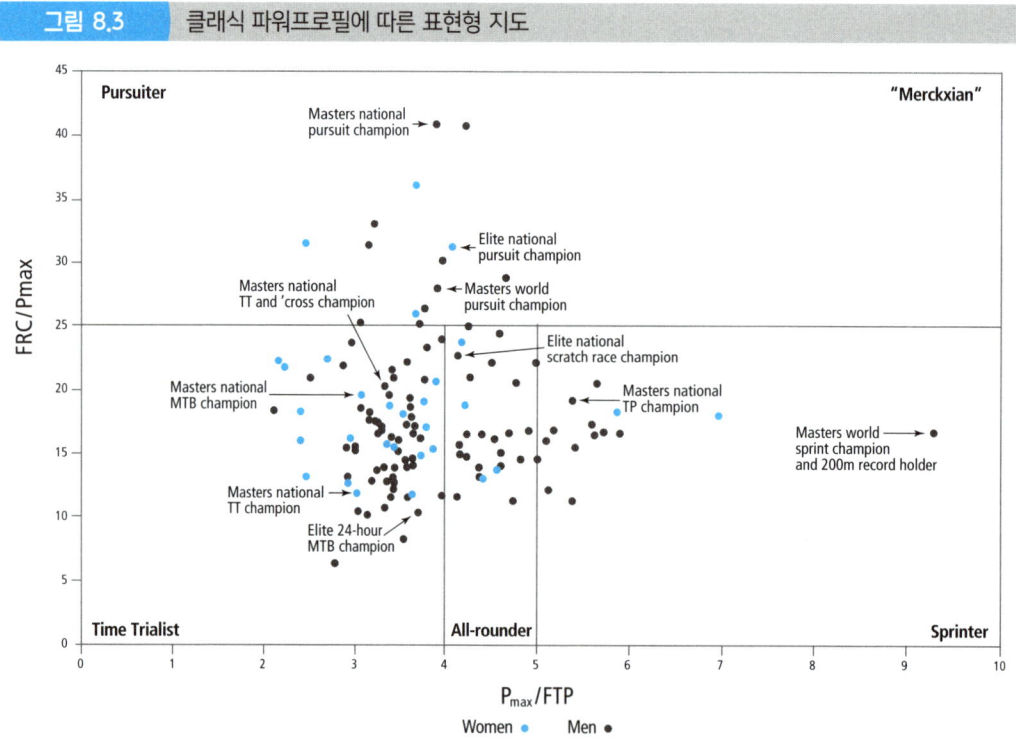

표현형 지도의 2차원적 특성을 통해 '표현형 내' 및 '표현형 간'의 능력 스펙트럼을 확인할 수 있습니다.

표현형 지도의 핵심적인 측면은 비율로 표시되는 Pmax/FTP 및 FRC/Pmax입니다. 클래식한 파워 프로필 특성(예: 스프린터 및 타임 트라이얼리스트)은 Pmax/FTP 비율의 스펙트럼을 나타내는 X축의 양 극단에 존재하는 것을 볼 수 있습니다. Pmax/FTP 비율이 낮으면 이는 타임 트라이얼리스트의 전형적인 우상향 경사형 파워 프로필과 비슷합니다. 반면에 Pmax/FTP가 높으면 전형적인 우하향 경사형 스프린터의 파워 프로필을 나타냅니다.

이 비율의 값과 이 비율이 사용되는 이유를 보려면 지도의 왼쪽 아래 부분을 살펴보겠습니다. 이 영역에서 X와 Y 값이 모두 낮으면 순수한 타임 트라이얼리스트 표현형에 해당합니다. 파워 프로필에 명시된 바와 같이, 이 선수는 FTP가 높고 5초 파워가 낮은 우상향 경사형 프로필로, 신경근 파워가 낮고 스프린트 능력이 떨어지며 속근 섬유의 모집 비율이 낮을 가능성이 높습니다. 더불어 5초 파워(Pmax)에 비해 상대적으로 높은 FTP를 보이는 모든 운동선수를 살펴보면, 특히 스프린트의 상황에서 해당 운동선수 그룹 간에 여전히 퍼포먼스 차이가 있음을 확인할 수 있습니다.

'레이스에서 우승하고 싶다면, 스프린트에서 이길 수 있기 때문에, 타임 트라이얼 선수와 함께 브레이크어웨이에 합류하라'는 오래된 격언이 있습니다. 다른 방식으로 생각해보세요. 파워 프로필에 의해 타임 트라이얼리스트로 식별된 50명의 라이더를 상상해 보세요. 스프린터와의 스프린트에서는 모두 패배하지만 타임 트라이얼리스트와의 스프린트에서는 누군가는 승리해야 하며, 승리할 가능성이 가장 높은 선수는 추격자라고 할 수 있습니다. 추격자 특성은 타임 트라이얼리스트와 유사하며, 둘다 지근의 모집이 더 많은 FTP가 높습니다. 추격자가 타임 트라이얼에도 능하다는 증거는 최근 주목받는 그랜드 투어 라이더인 브래들리 위긴스 경(Sir Bradley Wiggins)과 게라인트 토마스(Geraint Thomas)에게서 찾아볼 수 있습니다. 두 선수 모두 뛰어닌 타임 트라이얼 선수이자 스테이지 레이서이지만, 두 선수 모두 추발 종목의 트랙에서 엘리트 챔피언을 차지한 후 로드 사이클로 전향하여 로드레이스, 타임 트라이얼, 스테이지 레이스에서 뛰어난 활약을 펼쳤습니다. 따라서 추격자와 타임 트라이얼 선수 사이의 이동과 관련하여 약간의 가변성이 있는 것 같습니다.

타임 트라이얼리스트와 추격자 사이의 차이점은 무엇인가요? 표현형 지도의 왼쪽 부분에 있는 모든 라이더는 Pmax/FTP가 낮을 것이므로, 고도로 발달된 지근을 가진 라이더를 구분하는 요소는 FRC/Pmax입니다. Pmax를 비율로 사용하는 것이 직관적이지 않은 것처럼 보일 수 있지만, 다시 말하지만 지도의 왼쪽 부분에 있는 모든 라이더는 FTP에 비해 Pmax가 낮으므로 FRC/Pmax를 사용하면 유산소성/무산소성의 비율을 사용하는 것이 됩니다. 다시 말해, Pmax에 비해 FTP가 높은 선수 집단은 모두 '느린' 스프린터입니다. 그러나 스프린트가 느린 선수 집단 내에서 스프린트에서 두드러지는 특징은 FRC입니다. 따라서 타임 트라이얼 선수들은 모두 상대적으로 낮은 Pmax를 가지고 있기 때문에 FRC/Pmax를 살펴보면 성공적인 추격자를 파악할 수 있습니다.

파워 프로필에 비해 표현형 맵의 또 다른 장점은 표현형 비율을 통해 '표현형 내'와 '표현형 간'의 능력 스펙트럼을 볼 수 있다는 사실입니다. 1차원 파워 프로필이 아닌 2차원 지도에 라이더를 배치하면 라이더의 상대적인 강점과 약점을 더 잘 파악할 수 있습니다. 또한 2차원 지도를 통해 훈련 결과 지도 위에서 라이더의 움직임을 확인할 수 있습니다. 예를 들어, 훈련 또는 탈훈련의 결과로 라이더가 올라운더에서 추격자, 타임 트라이얼 선수, 다시 올라운더와 같은 카테고리 사이를 이동할 수 있습니다. 이러한 움직임은 파워 프로필이 아닌 표현형 지도를 사용하면 더 눈에 잘 띄고 특징적으로 나타납니다.

....

파워 지속 곡선 모델에 도입된 새로운 개념과 기능은 이전에 파워 트레이닝과 레이싱을 위해 도입된 개념을 개선하거나 강화합니다. 결과적으로 라이더의 강점과 약점을 이전보다 훨씬 더 정교하고 강력하게 특성화할 수 있게 되었습니다. 또한, 파워 지속 곡선 모델의 모델링된 파라미터를 통해 환경적으로 유효한 데이터를 수집할 수 있으므로 데이터 수집에 대한 제약이 줄어듭니다. 공식화된 테스트는 덜 중요해지고 일반적인 라이딩에서 수집된 데이터는 과거보다 더 관련성이 높아졌습니다. 따라서 파워미터는 이전보다 훨씬 더 강력한 도구가 되었습니다.

9

파워를 활용한 퍼포먼스 관리

프로 선수들은 '폼(form)'에 대해 많은 이야기를 합니다. 그들은 폼에 도달한 상태가 되면 질 수 없다고 느낍니다. 하지만 폼이란 무엇일까요? 우리 모두는 폼을 느낄 때 그것을 알고 있지만, 실제로 그것을 설명할 수는 없습니다. 폼은 어디에서 오는 것이며, 더 중요하게 보면, 어떻게 얻을 수 있을까요?

코치는 선수들에게 폼을 만들어줄 책임이 있습니다. 코치들은 선수들에게 폼을 익히게 할 뿐만 아니라 레이스 당일에도 폼을 유지하기를 원합니다. 그런데 어떻게 하면 원하는 날에 정확하게 폼을 만들 수 있을까요? 지금 하고 있는 트레이닝이 원하는 시점에 필요한 정점을 찍게 할 수 있는지 어떻게 알 수 있을까요? 너무 열심히 트레이닝하고 있지는 않나요? 충분히 열심히 트레이닝하고 있나요? 트레이닝 유형은 어떻습니까? 적절한 구간에서 트레이닝하고 있으며, 각 생리적 시스템이 개선되고 있는지 확인하기 위해 워크아웃의 다양성이 충분합니까? 모든 사이클리스트와 코치는 이러한 질문에 대한 답을 찾고 있습니다.

훌륭한 코치나 스마트한 트레이닝 프로그램은 피트니스의 향상을 가져오거나 혹은 더 빠르게 라이딩을 할 수 있게 하지만, 진정한 도전은 단순히 더 빨라지는 것이 아닙니다. 자신이 원하는 정확한 시점에 이전보다 더 피트니스적으로 적합하고 빠르게 달리는 것입니다. 다행히도 파워 데이터를 통해 '퍼포먼스 매니저'라고 명명한 접근 방식을 사용하여 퍼포먼스를 더 잘 예측할 수 있습니다. 기술적 세부 사항을 정리하는 데 시간이 조금 걸리더라도 '퍼포먼스 매니저'가 어떻게 작동하는지 이해하는 것이 중요합니다. 이 장에서는 연구에서 자주 사용되는 대체 모델과 그것의 한계를 설명한 다음 '퍼포먼스 매니저'의 작동 방식을 설명합니다. 마지막으로 '퍼포먼스 매니저'를 적용하여 적절한 시점에 나만의 최대 피트니스를 만드는 방법을 설명합니다.

배니스터(Banister)의 자극-반응 모델

최적의 트레이닝 프로그램을 설계할 때 대부분의 코치와 운동선수는 클래식한 접근, 시행착오 방식, 기본 트레이닝 원칙(예: 과부하 원칙)을 조합하여 사용합니다. 다만, 많은 과학적 연구에서 트레이닝의 양과 강도, 그리고 그에 따른 운동 능력 향상 사이의 관계를 보다 직접적이고 정량적인 방식으로 조사했습니다. 이러한 연구에는 다양한 수학적 접근 방식이 사용되었지만, 대부분은 1975년 에릭 배니스터 박사(Dr. Eric Banister)가 처음 제안한 '자극-반응 모델'이라고 불리는 방식이 사용되었습니다.

자극-반응 방식에서는 트레이닝이 퍼포먼스에 미치는 영향을 입력과 출력이 있는 함수로 모델링합니다. 입력은 트레이닝의 양과 강도의 조합인 일일 트레이닝 투입량이며, 출력은 트레이닝의 결과, 즉 개인의 예측된 퍼포먼스입니다. 트레이닝은 ① 트레이닝에 대한 긍정적인 적응으로 인해 퍼포먼스가 향상되는, 즉 만성적 효과와 ② 최근 운동으로 인한 잔류 피로와 같은 부정적인 결과, 즉 급성 효과라는 두 가지 상반된 효과를 발휘하는 것으로 알려져 있습니다. 이러한 급성 효과의 부정적인 영향은 만성적인 긍정적인 효과를 저해할 수 있지만, 이는 일정 기간 동안만 나타납니다.

자극-반응 모델은 역도, 해머 던지기, 달리기, 수영, 사이클링, 철인3종 등 다양한 스포츠에 성공적으로 적용되었습니다. 이 모델이 고려하는 요인은 일일 단위 운동 능력 변화의 70% 이상, 때로는 90% 이상을 설명하는 것으로 나타났습니다. 또한 이 모델은 호르몬 수치(예: 테스토스테론), 효소 수치(예: 크레아틴 키나아제), 불안 또는 인지된 피로에 대한 심리적 척도 등 트레이닝 (과)부하 또는 적응을 나타내는 여러 지표의 변화를 정확하게 예측하는 것으로 나타났습니다.

따라서 이 모델은 트레이닝 및 테이퍼링 요법을 최적화하고, 한 종목의 트레이닝이 다른 종목의 퍼포먼스에 미치는 영향(예: 달리기 트레이닝이 사이클링 퍼포먼스에 미치는 영향)을 평가하는 데 사용되었습니다. 대부분의 연구에서 트레이닝 부하를 추적하는 데 사용되는 지표는 배니스터의 심박수 기반 '트레이닝 임펄스 스코어(TRIMP)' 이지만, 트레이닝을 정량화하는 다른 방법도 사용되었습니다(특히 수영과 같은 비지구력 스포츠에 대한 연구). 대략적으로 말하자면, 이 모델은 트레이닝의 정확한 정량화 여부와 상관없이 동일하게 잘 작동하는 것으로 보입니다.

따라서 자극-반응 모델은 레이스에서의 성공 확률을 극대화하고자 하는 코치와 선수에게 매우 유용한 도구로 보이며, 실제로 사이클링의 일부 저명한 국가 대표팀 프로그램에서 이 접근법을 활용하려고 시도했습니다. 그러나 자극-반응 모델에는 몇 가지 중요한 한계가 있는데, 그중 일부는 순전히 학문적인 관점에서의 한계이지만, 또 다른 일부는 실용적 측면에서도 한계를 보이기도 합니다.

배니스터의 자극-반응 모델

시간에 따른 개인의 퍼포먼스 변화를 수학 방정식으로 표현할 수 있습니다:

$$p_t = p_0 + k_a \sum_{s=0}^{t-1} e^{-(t-s)/\tau_a} w_s - k_f \sum_{s=0}^{t-1} e^{-(t-s)/\tau_f} w_s$$

여기서 p_t는 임의의 시간 t에서의 퍼포먼스, p_0는 초기 퍼포먼스, k_a 및 k_f는 긍정적인 적응 효과 및 부정적인 피로 효과의 크기와 관련된 승수 계수(트레이닝을 정량화하는 데 사용되는 단위를 퍼포먼스를 정량화하는 데 사용되는 단위로 변환하는 역할), τ_a 및 τ_f는 긍정적인 적응 및 부정적인 피로 효과의 감쇠율을 설명하는 시간 상수, w_s는 일일 트레이닝량입니다.

따라서 자극-반응 모델에는 조정 가능한 네 가지 매개변수인 k_a, k_f, τ_a 및 τ_f가 있으며, 이 매개변수들은 k_a가 k_a보다 작고 τ_a가 τ_f보다 작도록 제한됩니다. 모델에 가장 잘 맞는 솔루션은 반복적으로, 즉 일일 트레이닝량과 그에 따른 퍼포먼스를 모두 반복적으로 측정한 다음 이러한 매개변수의 값을 조정하여 예측한 모델과 실제 퍼포먼스가 가장 근접하게 일치하는 결과를 도출하여 결정됩니다. 그림 9.1은 이 모델에서 예측

이어서 계속

그림 9.1   자극-반응 모델: 단일 트레이닝 세션의 영향

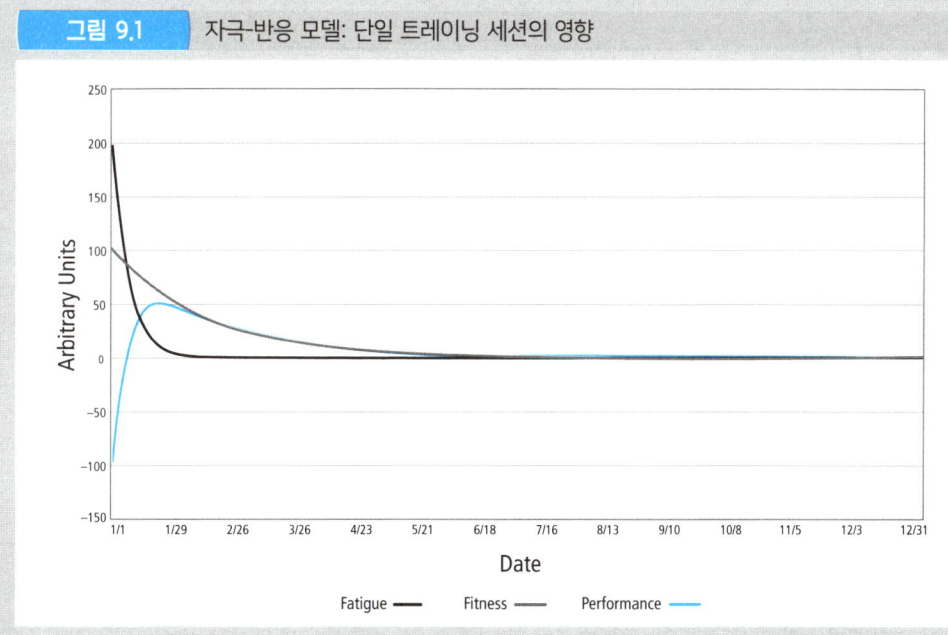

한 대로 한 번의 트레이닝(TSS가 100인 트레이닝)이 퍼포먼스에 미치는 영향을 보여 줍니다. 처음에는 트레이닝의 급격하고 부정적인 영향으로 인해 퍼포먼스(위 방정식의 두 항 사이의 차이)가 감소하거나 저하될 것으로 예측됩니다. 그러나 이 효과가 지나가면 트레이닝에 대한 긍정적인 적응이 우세해지기 시작하여 결국 퍼포먼스가 향상됩니다.

따라서 반복적인 트레이닝이 퍼포먼스에 미치는 영향은 개별적인 자극의 총합이며, 궁극적인 효과(즉, 트레이닝이 퍼포먼스의 증가 또는 감소를 초래하는지 여부와 그 정도)는 각 트레이닝 횟수의 규모와 시기에 따라 달라집니다. 이 원칙은 그림 9.2에 설명되어 있으며, 이 그림은 일일 트레이닝량을 100 TSS로 지속했을 때의 반응을 보여줍니다.

그림 9.2 자극-반응 모델: 지속 훈련에 대한 적응

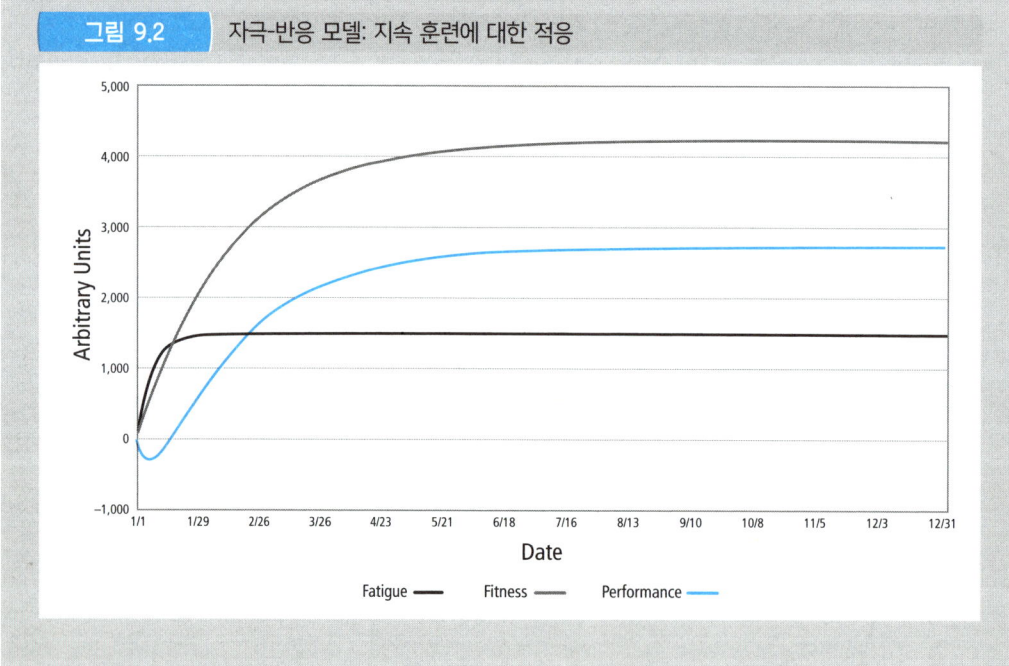

자극-반응 모델의 한계

첫째, 자극-반응 모델은 시간에 따른 퍼포먼스의 변화를 정확하게 설명하는 데 사용할 수 있지만, 모델의 수학적 구조를 특정 트레이닝이 유발시키는 글리코겐 재합성이나 미토콘드리아 생성과 같은 피로 및 적응과 관련된 생리적 이벤트와 연결시키는 것은 불가능했습니다. 이러한 점에서 이 모델은 내부를 볼 수 없는 블랙박스와 같이 순전히 단순 현상을 설명하는 성격입니다. 그렇다고 해서 이 접근법이 의미가 없는 것은 아니지만, 모델 매개변수(특히 시간 상수 τ_a와 τ_f, 변수의 정의는 위 단락의 '배니스터의 자극-반응 모델' 참조)를 알려진 생리적 메커니즘에 연결하는 것이 가능하다면 모델을 더 신뢰성 있고 정확하게 적용할 수 있을 것입니다.

둘째, 자극-반응 모델은 퍼포먼스에 상한선이 없다고 가정합니다. 대신, 최근 트레이닝으로 인한 피로가 사라진 후에는 더 많은 양의 트레이닝이 항상 더 높은 수준의 퍼포먼스로 이어진다고 가정합니다. 실제로는 정체기가 발생합니다. 좋든 싫든, 더 이상의 트레이닝이 더 이상의 퍼포먼스 향상으로 이어지지 않는 시점이 항상 존재합니다. 질병, 부상, 과도한 트레이닝 또는 정신적 소진을 피할 수 있다고 해도 이는 사실입니다.

셋째, 실제 데이터에 대한 모델 매개변수의 통계적으로 유효한 적합도를 얻으려면 목표로 하는 이벤트와 비슷한 기간 동안 퍼포먼스에 대한 직접적이고 정량적인 측정을 여러 번 수행해야 합니다. 정확한 수치는 상황에 따라 다르겠지만, 순전히 통계적 관점에서 조정 가능한 매개변수당 5회에서 50회 정도의 측정이 필요합니다. 모델에는 4개의 조정 가능한 매개변수(τ_a, τ_f, k_a, k_f)가 있으므로 총 20-200회 사이에 퍼포먼스를 직접 측정해야 합니다. 또한 모델 파라미터는 시간이 지남에 따라 (혹은 트레이닝을 통해) 변경될 수 있기 때문에 이러한 측정값은 모두 상당히 짧은 시간 내에 얻어야 합니다. 실제로 배니스터는 60-90일마다 데이터에 대한 모델의 적합성을 재검토할 것을 제안했는데, 이는 하루에 여러 번은 아니더라도 적어도 4일에 한 번씩 선수의 최대 퍼포먼스를 직접 측정하는 것을 의미합니다. 이는 특히 실험실 연구 환경이 아닌 이상 비현실적인 방법임이 분명합니다.

넷째, 적절한 수의 퍼포먼스 측정 결과를 사용할 수 있더라도 이전에 수집한 데이터에 대한 모델의 적합도가 충분히 정확하지 않을 수 있으므로 그 결과가 미래의 퍼포먼스를 예측하는 데 도움이 되지 않을 수 있습니다(자극 반응 모델을 사용하여 트레이닝 프로그램을 계획하는 데 분명히 필요함). '퍼포먼스에 대한 가장 좋은 예측 변수는 퍼포먼스 그 자체'라는 말처럼, 현재 능력에 대한 지식을 통해 이미 기준이 상당히 높게 설정되어 있다는 점을 고려하면 특히 그렇습니다. 예를 들어, 아무리 좋은 테이퍼링 요법이라도 대부분의 경우 퍼포먼스 향상은 5% 미만, 보통은 2% 미만에 불과합니다. 따라서 자극-반응 모델은 최소한 이 정도의 정확도로 레이스 당일의 퍼포먼스를 예측할 수 있어야 실용적으로 사용할 수 있습니다. 이는 일반적으로 불가능합니다.

마지막으로, 피트니스 및 피로에 대한 시간 상수(τ_a 및 τ_f)의 경우 대부분의 연구 결과에 따르면 상당한 일관성을 가지지만, 승수 계수(즉, k_a 및 k_f)은 개인과 연구마다 상당한 차이를 보입니다. 이는 이 값이 방정식에서 부분적으로 두 항의 균형을 맞추는 역할을 할 뿐만 아니라 트레이닝 부하를 절대적인 관점의 퍼포먼스와 정량적으로 연관시키기 때문입니다. 즉, 동일한 개인에 대한 똑같은 데이터 세트의 경우, 파워를 와트 대신 마력으로 표현하면 k_a와 k_f의 값이 달라집니다. 하지만 이것이 연구 간 k_a와 k_f의 차이를 설명할 수 있는 유일한 이유는 아닙니다. 연구마다 그 비율이 크게 다르며, 이러한 차이는 전체 트레이닝 부하 등과 같은 요인과 무관한 것으로 보이기 때문입니다. 이러한 가변성 때문에 퍼포먼스 정체와 정확한 퍼포먼스 테스트로 인한 한계를 극복하기 위해 문헌에 나와 있는 일반적인 k_a 및 k_f 값에 의존하는 것은 불가능하지는 않더라도 번거롭고 어렵습니다. 특히 자극-반응 모델은 시간 상수, 특히 τ_a의 변화보다 이러한 승수 계수의 변화에 더 민감하다는 사실을 고려할 때 더욱 그렇습니다(예를 들어 τ_a를 10% 증가 또는 감소시키면 모델의 출력은 5% 미만으로 변경됨).

퍼포먼스 매니저(Performance Manager) 개념

자극-반응 모델의 상대적 복잡성과 한계는 우리로 하여금 파워미터를 사용하여 보다 더 실용적인 방법을 찾도록 고민하게 했습니다. 우리는 이전의 과학적 연구 결과와 일관되면서도 실험실 환경 밖에서도 사용 가능하고 적용할 수 있을 만큼 간단하기를 원했습니다. 이 연구의 출발점은 일반적으로 피트니스를 키우기 위해 트레이닝 양을 점진적으로 매우 높은 수준으로 늘린 다음, 운동선수가 잔여 피로를 없애기 위해 트레이닝 양을 줄이는, 즉 테이퍼링할 때 퍼포먼스가 가장 크다는 지극히 단순한 사실을 인식하는 것이었습니다. 좀 더 간단히 말하자면, "폼은 피트니스에 상쾌함을 더한 것과 같다."고 할 수 있습니다.

이러한 관점을 염두에 두고 자극-반응 모델에서 승수 계수(k_a 및 k_f)를 제거하면 ① 추정할 수 있는 정밀도에 대한 불확실성이 제거되고(단, 계산 결과를 해석하는 것은 과학보다는 예술의 영역이 될 수 있음), ② 원래 방정식에서 더 복잡한 항을 더 간단한 지수 가중 이동 평균으로 대체할 수 있습니다(적어도 질적으로는 같은 방식으로 작동하기 때문). 이 논리를 기반으로 퍼포먼스 매니저의 구성 요소가 정의되었습니다.

만성 트레이닝 부하(Chronic training load, CTL)

운동량과 강도를 모두 고려하는 CTL은 선수가 과거 또는 만성적으로 얼마나 많은 트레이닝을 했는지를 측정합니다. 이 값은 일일 TSS(또는 TRIMP) 값의 *지수 가중* 이동 평균으로 계산되며, 기본 시간 상수는 42일로 설정됩니다(즉, CTL은 주로 지난 3개월 동안 수행한 트레이닝의 함수라는 뜻입니다). 따라서 CTL은 자극-반응 모델에서 트레이닝이 퍼포먼스에 미치는 긍정적인 효과, 즉 앞서 제시한 방정식의 첫 번째 항과 유사하다고 볼 수 있지만, CTL은 절대적인 예측 인자가 아니라 피트니스 변화로 인한 퍼포먼스의 변화를 나타내는 상대적인 지표라는 점에 유의해야 합니다(승수 계수인 k_a가 제거되었기 때문).

급성 트레이닝 부하(Acute training load, ATL)

운동량과 강도를 모두 고려한 ATL은 운동선수가 최근 또는 급격하게 얼마나 많은 트레이닝을 받았는지를 측정합니다. 이는 일일 TSS 값의 *지수 가중* 이동 평균으로 계산되며, 기본 상수는 7일로 설정됩니다(즉, ATL은 주로 지난 2주 동안 수행한 트레이닝의 함수라는 뜻입니다). 따라서 ATL은 자극-반응 모델에서 트레이닝이 퍼포먼스에 미치는 부정적인 영향, 즉 방정식의 두 번째 항과 유사하게 볼 수 있으며, ATL은 절대적인 예측 인자가 아니라 피로로 인한 퍼포먼스의 변화를 나타내는 상대적인 지표라는 점에 유의해야 합니다(승수 계수인 k_f가 제거되었기 때문).

트레이닝 스트레스 균형(Training stress balance, TSB)

이름에서 알 수 있듯이 트레이닝 스트레스 균형[사이클링 코치 데이브(Dave Harris) 해리스가 만든 용어]은 만성 트레이닝 부하와 급성 트레이닝 부하의 차이입니다(TSB = CTL − ATL). TSB는 운동선수가 과거 또는 만성적으로 트레이닝한 양과 비교하여 최근 또는 급격하게 트레이닝한 양을 측정하는 것입니다. TSB를 자극-반응 모델의 결과, 즉 실제 퍼포먼스를 예측하는 지표로 간주하고 싶은 유혹이 있지만, 승수 계수인 k_a와 k_f를 제거하였기 때문에 개인이 최근 트레이닝 양에 얼마나 적응했는지, 즉 운동선수가 얼마나 상쾌한 상태인지 나타내는 지표로 보는 것이 더 낫습니다.

폼을 정량화 하면 이런 개념을 더 자세히 살펴볼 것이지만, 퍼포먼스는 TSB뿐만 아니라 CTL에도 영향을 받는다는 것을 알 수 있습니다. 이는 "폼은 피트니스에 상쾌함을 더한 것과 같다."는 말과 일맥상통

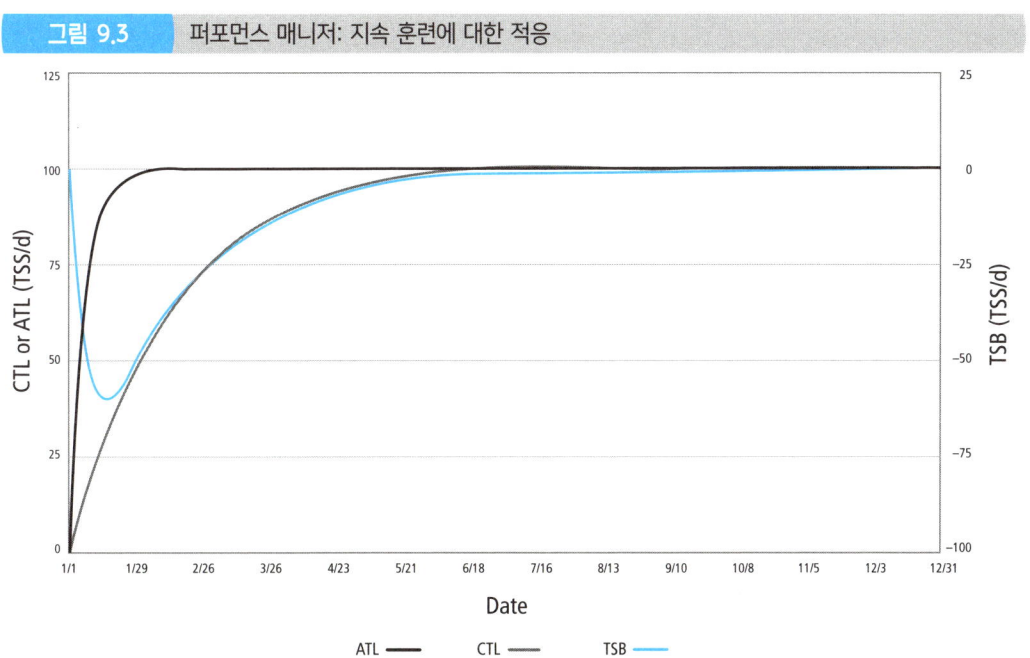

그림 9.3 퍼포먼스 매니저: 지속 훈련에 대한 적응

합니다. 퍼포먼스 매니저를 사용하는 핵심은 최대의 퍼포먼스를 이끌어내는 TSB와 CTL의 정확한 조합을 결정하는 데 있습니다. 다시 말해 퍼포먼스 매니저 개념에서는 개인의 CTL(그리고 그 CTL을 이끄는 트레이닝의 구성)이 개인의 퍼포먼스 잠재력을 결정합니다(개개인의 한계의 크기는 분명히 있습니다). 개인의 TSB는 그 잠재력을 완전히 발현하는 능력에 영향을 미칩니다. 따라서 특정 시점의 실제 퍼포먼스는 CTL과 TSB 모두에 따라 달라지지만, 어느 쪽에 어느 정도의 비중을 둘 것인지는 시행착오, 즉 경험(과학이 아닌)에 따라 결정됩니다.

자극-반응 모델과 퍼포먼스 매니저 간의 이러한 개념적 차이를 설명하기 위해 1월 1일 기준으로 일일 트레이닝 부하가 하루 0 TSS에서 하루 100 TSS로 증가했을 때 CTL, ATL 및 TSB에 미치는 영향을 보여주는 **그림 9.3**을 고려해보십시오. 따라서 모델링 중인 상황은 **그림 9.2**에 표시된 상황과 동일하며, 유일한 차이점은 그래프의 선이 자극-반응 모델 대신 퍼포먼스 매니저 접근 방식을 사용하여 생성되었다는 점입니다.

그림에서 볼 수 있듯이 CTL과 ATL은 모두 자극-반응 모델의 피트니스 및 피로 구성 요소와 마찬가지로 갑작스러운 트레이닝 증가에 기하급수적인 방식으로 반응하며, 시간 상수가 동일하므로 동일한 시간 경과를 갖습니다. TSB는 초기 감소 후 기하급수적인 증가를 보이는데, 이는 자극-반응 모델에서 예측한 퍼포먼스의 시간경과와 질적으로 유사합니다. 그러나 동일한 시간 상수(τ_a 및 τ_f의 경우 각각 42일 및 7일)를 사용할 때 자극-반응 모델에 의해 예측되는 퍼포먼스 감소보다 TSB의 최소값이 늦게 발생합니다.

또한 자극-반응 모델을 사용하여 예측한 퍼포먼스와 달리 TSB는 초기 수준을 초과하지 않고 기하급수적으로 상승하여 결국 CTL(및 ATL)과 같아집니다.

이러한 다른 결과는 자극-반응 모델에서 이득 계수 k_a와 k_f를 제거하고 항의 합계를 지수 가중 이동 평균으로 대체했기 때문입니다.

최정점 파워

이제 퍼포먼스 매니저 개념의 도입 방법과 이유를 설명했으니, 시즌 중 적절한 날, 즉 레이스 당일에 최상의 컨디션을 유지하는 것에 대한 개념으로 돌아가 보겠습니다. 폼에 대해 다시 한 번 언급하면 아래와 같습니다.

폼(From) = 피트니스(Fitness) + 상쾌함(Freshness)

투르 드 프랑스가 끝날 때 라이더는 피트니스는 좋지만 매우 피곤할 수 있으며 폼이 좋지 않을 수 있습니다. 반대로 두 달 동안 자전거를 타지 않았다면 몸은 매우 상쾌하고 휴식을 취했지만 피트니스는 좋지 않을 것이며, 따라서 폼도 좋지 않을 것입니다. 레이스 전 두 달 동안 소파에 앉아 TV만 보면 (컨디션을 회복하기 위해) 레이스에 필요한 소중한 피트니스를 잃게 될 것입니다. 그리고 만약 그가 매우 강한 피트니스를 갖추기 위해 열심히 트레이닝했지만 레이스 전에 휴식을 취하지 않고 몸을 풀지 않는다면, 그는 피트니스는 좋지만 피곤해서 그 피트니스를 발휘할 수 없게 될 것입니다. 피트니스와 상쾌함의 올바른 균형만이 좋은 폼을 만들 것입니다.

그렇다면 피트니스란 정확히 무엇일까요? 기본적으로 피트니스는 트레이닝 스트레스에 대한 반응입니다. 선수에게 일정량의 트레이닝이 주어지면 선수는 그 트레이닝 양에 적응하고 긍정적으로 반응하여 신체에 개선과 효율을 이끌어 냅니다. 이러한 개선이 누적되어 운동선수는 더 빠르게 되고 피트니스가 증가하게 됩니다. 따라서 피트니스는 트레이닝 스트레스 또는 트레이닝 부하에서 생성됩니다. 더 큰 적응을 만들기 위해서는 트레이닝 부하의 강도 및 양을 지속적으로 늘려야 합니다. 트레이닝 부하는 여러 가지 방법으로 증가할 수 있지만 파워미터를 사용하면 정확한 트레이닝 부하를 쉽게 정의할 수 있습니다. TSS를 사용하여 트레이닝을 정량화하면 트레이닝 부하의 누적 효과가 신체에 어떤 영향을 미치는지 더 잘 이해할 수 있으며, 이러한 지식을 바탕으로 휴식 시기와 트레이닝을 계속해야 할 시기를 결정할 수 있습니다. 다양한 유형의 트레이닝 스트레스가 전반적인 피트니스와 피로도에 영향을 미치는 복잡한 방식은 현재 연구 중인 분야이며, 실제로 트레이닝 부하에 대한 이론은 운동 생리학 이론의 최첨단을 달리고 있으며 그 원리에 대해서는 아직 밝혀지지 않은 부분이 많습니다.

피트니스 및 피로 관리(CTL 및 ATL)

장기간에 걸쳐 축적되는 누적 효과인 만성 트레이닝 부하(CTL)라는 개념에 대해 살펴봤습니다. 관련된 모든 연구의 기본 개념은 이상적인 수준의 CTL이 신체가 긍정적인 피트니스 적응을 할 수 있도록 한다는 것입니다. 하지만 이러한 적응이 일어나기까지 (다시 말하지만, 힘든 트레이닝을 통해) 필요한 기간은 3주에서 6주, 6개월 또는 2년이 될 수 있습니다. 그리고 구식 사이클링 코치들은 정상에 오르려면 추가로 2만 킬로미터만 더 타면 된다고 말합니다.

최고 수준의 레이싱에 필요한 생리적 시스템을 완성하는 데는 수년이 걸리기 때문에 여러 면에서 코치들의 말이 맞습니다. 더 많은 킬로미터를 탈수록 더 많은 트레이닝 스트레스를 감당할 수 있고 더 빨라질 수 있습니다. 현재 피트니스는 일주일 전의 트레이닝뿐만 아니라 한 달 전, 6개월 전, 심지어 몇 년 전의 트레이닝에 의해서도 달라집니다. 한 달 전에 수행한 운동은 의심할 여지없이 현재의 운동 능력에 영향을 미칩니다. 일주일 전에 했던 운동은 더 큰 영향을 미치고 있습니다. 기억해야 할 점은 CTL은 주로 지난 3개월 동안 수행한 운동으로 인한 장기적인 효과를 의미한다는 것입니다. 그러나 실제로 퍼포먼스 매니저 차트(performance manager chart, PMC) 접근 방식(배니스터의 자극-반응 모델처럼 기반이 되는)은 CTL 시간 상수의 변화에 그다지 민감하지 않기 때문에 기본적으로 주어진 값을 변경하는 것이 큰 의미가 없습니다.

반면에 급성 트레이닝 부하(ATL)는 주로 지난 2주 동안 기본 시간 상수를 사용하여 더 짧은 기간 동안 누적됩니다. 피로는 ATL과 더 밀접한 관련이 있으므로, 예를 들어 주말에 수행한 운동은 다음 주 동안의 고강도 운동 퍼포먼스에 큰 영향을 미칩니다. 너무 많이 쉬면 피트니스가 떨어지기 시작하고 CTL이 떨어지지만, 제대로 쉬지 않은 상태에서 운동을 하면 운동 효과를 극대화할 수 없습니다. ATL이 CTL을 좌우하기 때문에 단기간에 트레이닝을 중단하면 장기적인 피트니스에 영향을 미치게 됩니다.

이 원칙은 가정에서 가계부를 관리할 때 사용하는 원칙과 매우 유사합니다. 매달 일정 금액의 수입이 들어오고, 매달 지불해야 하는 고정 지출이 있으며, 자전거 가게에서 멋진 새 카본 휠 세트를 제안한 것과 같이 매달 발생하는 변동 지출이 있습니다. 그 휠을 구입하면 단기적으로는 매우 행복할 수 있고(돈으로 행복을 살 수 없다고 말하는 사람은 정말 빠른 휠을 사본 적이 없는 사람입니다), 레이스에서 우승할 수도 있습니다. 하지만 휠을 구입하느라 고정 지출을 일부 지불할 수 없다면, 장기적인 예산 부족을 보완하기 위해 사무실에서 더 많은 시간을 보내야 할 것입니다. 마찬가지로, 한 트레이닝 블록에서 너무 열심히 트레이닝하면 오버트레이닝(과잉 지출)이 발생하여 해당 트레이닝 블록에서 회복하는 데 몇 달이 걸릴 수 있습니다. 그 반대의 시나리오도 마찬가지입니다. 너무 많은 휴식을 취하면 (필요한 곳에 돈을 쓰지 않았기 때문에) 장기적인 피트니스가 저하될 수 있습니다. 너무 빨리 폼을 회복하거나 FTP가 감소할 수도 있습니다.

누적된 ATL은 힘든 일주일간의 트레이닝 후 휴식을 취하도록 만드는 요소이며, 이것이 바로 CTL을 구축하는 요소입니다. 이러한 고강도 트레이닝 블록이 없다면 장기적인 피트니스 적응을 만들 수 없기 때문에 높은 CTL을 달성할 수 없습니다. 한편으로는 자연스럽게 CTL을 구축하는 것이 중요하고, 다른 한편으로는 신체가 ATL에 적응할 수 있도록 휴식 기간을 갖는 것이 중요합니다. ATL과 CTL은 서로 밀접한 관련이 있으며, 트레이닝 프로그램에서 이 두 가지 필수 요소를 관리하는 것은 마스터하기 가장 어려운 것 중 하나일 수 있습니다. 하지만 이는 트레이닝의 다른 어떤 요소보다 전반적인 피트니스에 더 큰 영향을 미칩니다.

라이더와 코치는 평소보다 회복이 더 빠르게 혹은 더 느리게 진행되는 시즌 동안 시간 상수를 맞춤 설정하고 싶을 것입니다. 예를 들어, CTL 상한선 아래에서 CTL을 구축하는 동안에는 회복 속도가 더 빠를 것입니다. 하지만 지속할 수 있는 최고 CTL에 가까워지면 회복 속도가 더 느려지기 시작합니다. 즉, 시즌 초반에는 피트니스가 여전히 향상되고 있기 때문에 회복 속도가 빠를 것입니다. 시즌 후반으로 갈수록 TSS가 누적되면 회복에 더 많은 시간이 걸릴 것입니다. 물론 회복에는 여러 요인이 작용하므로 수면, 일과 삶의 균형, 일반적인 생활 스트레스 등이 회복 속도에 영향을 미칩니다. 회복 속도가 빠르면

5일로 설정하고, 회복 속도가 느리면 10일로 설정할 수 있습니다. 연령에 따라 ATL 시간 상수를 조정해야 할 수도 있습니다. 나이가 들수록 회복 속도가 더 느려집니다. 다음은 ATL 시간 상수를 사용자 지정하는 데 도움이 되는 빠르고 간단한 표(표 9.1)입니다.

표 9.1	연령에 따른 ATL 시간 조정
Age	ATL Time Constant
<19	2–4 days
20–29	4–7 days
30–49	6–8 days
50–59	7–10 days
60–65	9–12 days
66–70+	11–14 days

마지막으로, 최적의 ATL 시간 상수는 트레이닝하는 종목의 지속 시간, 특히 최고점에 도달하려는 시도에 따라 달라질 수 있습니다. 특히, 짧은 시간 동안의 파워(예: Pmax 근처)는 개인의 '상쾌함'에 따라 크게 좌우되는 반면, 훨씬 더 긴 시간 동안의 파워(예: FTP 근처)는 그 영향이 훨씬 덜한 것으로 보입니다(다음 단락의 '레이싱을 위한 최적의 TSB 가이드라인' 참조). 따라서 신경근 파워가 결과를 결정하는 데 큰 역할을 할 가능성이 높은 단거리 레이스를 목표로 하는 선수는 트레이닝으로 인한 피로 소모를 TSB에 제대로 반영하기 위해 더 긴 ATL 상수(예: 기본값인 7일 대신 10일 또는 14일)를 사용하는 것이 도움이 될 수 있습니다. 반면에 훨씬 더 긴 레이스(예: 산악자전거 마라톤)를 목표로 하는 선수는 더 짧은 ATL 시간 상수(예: 기본값 7일 대신 3-5일)를 사용하는 것이 유리할 수 있으며, 이 경우 대회에 가까워질 때까지 트레이닝을 유지하여 TSB가 너무 긍정적으로 변하는 것을 방지해야 합니다.

폼 관리(Training stress balance, TSB)

주요점을 다시 살펴보겠습니다: 폼은 피트니스와 상쾌함의 적절한 균형입니다. 피트니스는 트레이닝 스트레스 또는 트레이닝 부하를 기반으로 합니다. 따라서 한 단계 더 생각해보겠습니다:

1. 폼 = 피트니스 + 상쾌함
2. 피트니스는 트레이닝 스트레스의 결과입니다.
3. 상쾌함은 휴식의 결과입니다.
4. 따라서 폼은 트레이닝 스트레스와 휴식의 조합에서 비롯됩니다.
5. 트레이닝 스트레스 균형(TSB)을 통해 폼을 예측할 수 있습니다.

따라서 TSB는 트레이닝 부하와 휴식 시간을 얼마나 잘 조절하고 있는지를 나타냅니다. 폼을 만들려면 이 두 가지가 적절히 균형을 이루어야 합니다. TSB가 양수이면 더 상쾌함을 나타냅니다. 이렇게 '긍

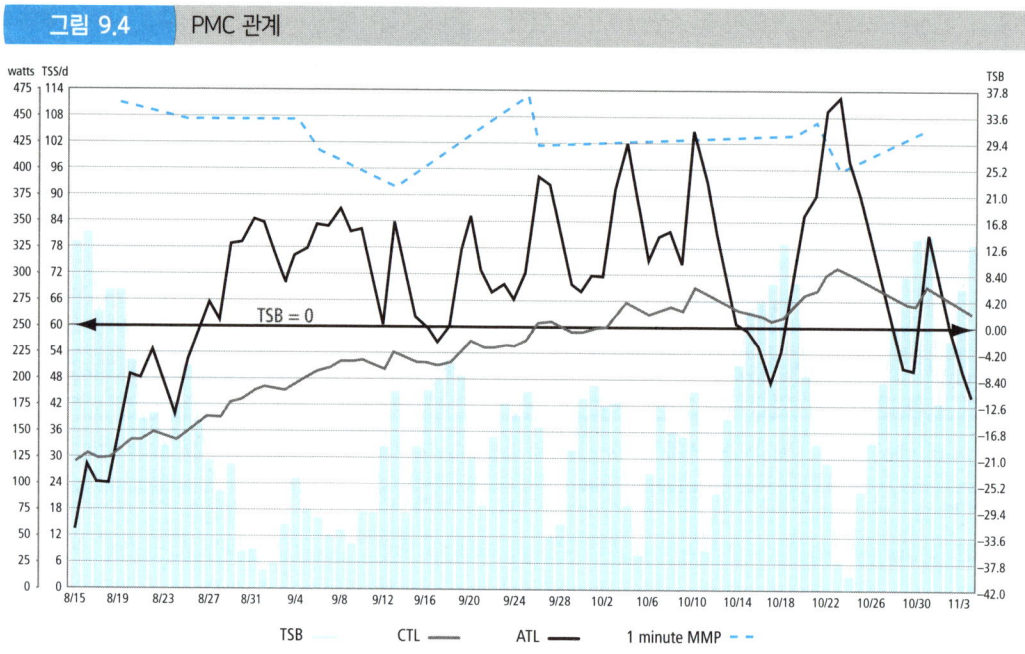

그림 9.4   PMC 관계

ATL은 CTL을 견인합니다. 단기간에 더 힘든 운동이 완료되면 장기적으로 피트니스를 키울 수 있습니다. 파란색 막대는 TSB, 즉 상쾌함을 나타냅니다. 0을 넘으면 폼이 좋아지고 있다는 뜻입니다. 점선은 운동 선수가 생성한 최대 파워를 나타냅니다.

정적인' 날에는 피트니스와 상쾌함이 모두 좋기 때문에 라이드가 잘 풀릴 가능성이 높습니다. TSB가 음수이면 피로가 더 심하다는 뜻입니다. 높은 트레이닝 부하로 인해 피곤할 가능성이 높으며, 이는 CTL과 ATL이 모두 너무 높다는 것을 의미할 수 있습니다.

ATL이 CTL을 주도하고 CTL이 피트니스 수준과 밀접한 관련이 있다는 것을 이해하기 시작하면 다음과 같은 질문이 생깁니다. 얼마나 열심히 트레이닝 할 수 있으며 최적의 트레이닝 부하를 결정할 수 있나요? 얼마나 많이 타야 하나요? 얼마나 세게 라이딩 해야 하나요? 피곤할 때도 라이딩 해야 하나요? 얼마나 피곤할 때 쉬어야 할까요? 언제쯤 다시 열심히 트레이닝 할 수 있을 만큼 회복될까요? 조 프리엘은 사이클리스트의 트레이닝 바이블(The Cyclist's Training Bible)에서 "운동선수는 지속적인 향상을 가져오는 가장 구체적인 트레이닝을 최소한의 양으로 해야 한다."라고 이야기했는데, 이것이 가장 적절한 표현입니다. 10회의 VO$_2$max 인터벌로 레이스에서 우승할 수 있다면 굳이 12회나 15회를 할 필요가 있을까요? 하지만 라이더가 어느 정도가 충분한지 어떻게 알 수 있을까요? 이 질문에 대한 답은 파워미터와 파워미터와 함께 사용하는 소프트웨어에 있습니다. 파워미터와 PMC를 사용하여 개인별 최적의 트레이닝 부하를 결정할 수 있습니다. 어느 정도면 충분한지를 수학적으로 정량화할 수 있습니다(**그림 9.4 참조**).

최적의 CTL 및 ATL을 위한 가이드라인

레이서의 관점은 대부분 피크에 도달하는 방법에 집중될 가능성이 높지만, 다른 관점도 분명히 존재하며 이를 간과해서는 안 됩니다. 경험상 다양한 운동선수와 이벤트(예: 엘리트 아마추어 트랙 사이클리스트, 마스터즈급 마라톤 산악자전거 레이서, 프로 로드 레이서)에서 '최적'의 트레이닝 부하는 하루 100-150 TSS의 CTL에 있는 것으로 보입니다. 하루 CTL이 100 TSS 미만인 사람은 일반적으로 자신의 트레이닝량이 부족하다고 느낍니다: 이들은 트레이닝할 시간이 더 많거나 다른 삶의 스트레스(예: 직장 및 가족 책임)가 최소화된다면 더 강한 트레이닝 부하를 견딜 수 있다고 인식합니다(그렇다고 해서 결과적으로 퍼포먼스가 향상된다는 의미는 아니므로 위 문장에서 '최적'이라는 단어가 따옴표로 묶여 있습니다). 반면에 장기적으로 하루 평균 150 TSS 이상을 유지할 수 있는 운동선수는 거의 없는 것으로 보입니다.

실제로 투르 드 프랑스 및 기타 국제 스테이지 레이스에 참가하는 선수들의 파워미터 데이터를 분석한 결과, 레이스의 가장 어려운 스테이지에서 일반적으로 200-300의 TSS를 기록하는 것으로 나타났습니다. 이는 하루 150 TSS 이상을 기록하는 장기 트레이닝이 얼마나 과중한지를 보여줍니다(투르 드 프랑스의 일일 평균 TSS는 휴식일과 개인 타임 트라이얼과 같은 짧은 스테이지를 포함하면 감소하기 때문입니다). 일반적으로 이러한 노력을 3주 동안 유지하는 것은 매우 어려운 것으로 간주되며, 이를 통해 CTL이 완전히 따라 잡히는데 데 3개월 정도 걸립니다.

CTL의 절대량 이외에도 시간에 따른 CTL의 변화 패턴을 조사하면 선수의 트레이닝(또한 트레이닝에서의 실수)에 대해 많은 것을 알 수 있습니다. 특히, 트레이닝의 포커스를 바꾸지 않았음에도 CTL이 4-6주 동안 정체되면서 퍼포먼스가 일정하게 유지되는 상황은 일반적으로 트레이닝 정체를 나타냅니다. 이러한 상황에 처한 운동선수는 매우 일관성 있게 동일한 운동을 반복적으로 수행하여 트레이닝을 잘하고 있다고 느낄 수 있지만, 사실 이것은 전혀 트레이닝이 아닙니다. 과부하 원칙이 적용되지 않고 있기 때문에 단순한 유지에 불과합니다. 이 장의 뒷부분에 제시된 두 가지 사례 연구 중 첫 번째 사례 연구에서 CTL의 변화 패턴을 더 자세히 살펴볼 것입니다.

반대로, CTL을 너무 급격하게 늘리려는 시도는 종종 재앙의 지름길이며, 종종 질병이나 오버트레이닝의 증상을 유발합니다. 물론 CTL의 변화는 ATL의 변화에 의해 주도되기 때문에 트레이닝 캠프나 스테이지 레이스 등으로 인해 트레이닝 부하가 갑자기 증가하면 적절한 트레이닝 감소 또는 회복 기간이 뒤따라야 합니다. 이 아이디어를 다른 방식으로 설명하자면, TSB를 완전한 중립까지는 아니더라도 적어도 중립을 향하도록 주기적으로 띄우지 않으면 문제가 발생할 수 있습니다. ATL이 너무 오랫동안 CTL보다 크면 트레이닝은 할 수 있지만 더 이상 향상되지 않고 실제로 점점 더 피곤해지는 비기능성 과잉 상태에 도달하게 됩니다. 비기능성 과잉 상태에 너무 오래 머무르면 오버트레이닝 증후군으로 이어질 수 있으며, 이 경우 회복을 위해 수개월 내지는 심하면 1년 동안 자전거를 타지 않아야 할 수도 있습니다.

대부분의 사이클리스트는 일주일간 하루 3-7 TSS의 비율로 CTL을 늘릴 수 있는 것으로 나타났습니다. 4주 이상 연속으로 일주일에 하루 7 TSS 이상의 비율로 CTL을 증가시키면 매주 강도 높은 트레이닝 수준이 너무 높아져 지나친 하강 국면으로 접어들 수 있습니다. 1주일, 심지어 2주일 동안 하루 7 이상의 속도로 TSS를 증가시키는 것은 괜찮지만, 그보다 더 긴 기간은 만성적으로 과도하게 도달한 상태로 이어질 수 있습니다. 선수의 트레이닝 연령, 성숙도 또는 진지하게 트레이닝을 해온 기간도 중요한 고려 사항입니다. 라이더로서 성숙도가 높을수록 CTL을 더 급격하게 증가시킬 수 있습니다. 초보 사이클리스트라면 부상, 비기능성 과잉, 깊은 피로를 예방하기 위해 CTL을 빨리 올리는 것에 더 주의해야 합니다. CTL 100에 가까워질수록 이론적 한계에 점점 더 가까워지며, 지속적으로 개선하고 적응하며 비기능성 과잉 상태를 방지하려면 올리는 속도를 줄여야 합니다. 예를 들어, 투르 드 프랑스에서 가장 높은 연속 CTL 부하를 기록한 라이더는 일 년 내내 150에서 160 사이의 CTL을 유지할 수 있는 라이더였습니다. 투르 드 프랑스가 끝난 후에는 170-180의 CTL을 기록하기도 합니다. 투르 드 프랑스를 마친 라이더에게 또 다른 투르 드 프랑스에 참가하고 싶은지 물어보면 단호하게 '아니오'라는 대답을 들을 수 있으며, 이는 인간의 유전적 한계가 180-200 사이로 예측될 수 있음을 나타냅니다. CTL 150에서 투어를 시작하여 CTL 170에서 종료하는 경우, 상승률은 하루 7 TSS 범위임을 고려하면, 세계 최고의 라이더라고 해도 한계에 가까워지면 상승률이 상대적으로 작아집니다.

CTL 증가 속도를 높이는 것은 가능하지만, 일주일간의 트레이닝 캠프와 같이 2주 미만의 짧은 기간 동안만 권장됩니다. 일반적으로 **표 9.2**에 표시된 비율로 1주일 동안, 특히 2주 동안 램프 속도를 높이면 그 이후에는 1주일 동안 휴식을 취해야 합니다.

표 9.2		트레이닝 강도에 따른 CTL 증가 비율	
	Training Age	**CTL <100 Ramp Rate**	**CTL >100 Ramp Rate**
Long-term (14 – 28 days)	5+ years	7 – 10 TSS/day	5 – 7 TSS/day
	3 – 5 years	5 – 8 TSS/day	3 – 6 TSS/day
	1 – 3 years	4 – 7 TSS/day	3 – 5 TSS/day
	<1 year	3 – 5 TSS/day	3 – 4 TSS/day
Short-term (<14 days)	5+ years	14 – 20 TSS/day	10 – 14 TSS/day
	3 – 5 years	10 – 16 TSS/day	6 – 12 TSS/day
	1 – 3 years	8 – 14 TSS/day	6 – 12 TSS/day
	<1 year	6 – 10 TSS/day	6 – 8 TSS/day

PMC를 살펴보고 7일의 시작부터 끝까지 ATL 선 위에 마우스를 가져가면 단기 트레이닝 부하를 너무 빨리 늘리고 있는지 쉽게 추적할 수 있습니다. 하지만 사람마다 트레이닝 부하를 처리하는 방식이 다르기 때문에 22세의 프로 라이더는 55세의 마스터 라이더보다 ATL과 CTL의 증가 속도를 더 빠르게 관리할 수도 있습니다.

레이싱을 위한 최적의 TSB 가이드라인

레이스 당일 상쾌한 컨디션을 유지하려면 매일 TSB를 체크하세요. TSB의 균형이 0에 도달하면 상쾌한 상태(TSB가 양수)도 아니고 피곤한 상태(TSB가 음수)도 아닙니다. TSB가 마이너스인 상태에서 상승하고 있다면 그동안 깊은 트레이닝의 늪에서 회복하고 있는 것이지만, 그렇다고 해서 좋은 퍼포먼스를 낼 수 없다는 의미는 아닙니다(그림 9.5 참조). TSB의 정확한 값은 개인과 CTL 및 ATL을 계산하는 데 사용되는 시간 상수에 따라 달라지므로(기본 시간 상수를 사용하는 경우 CTL과 ATL은 각각 42일과 7일) 이 가이드라인을 그대로 적용할 필요는 없습니다. 만약 여러분이 트레이닝을 검토하여 시간 상수

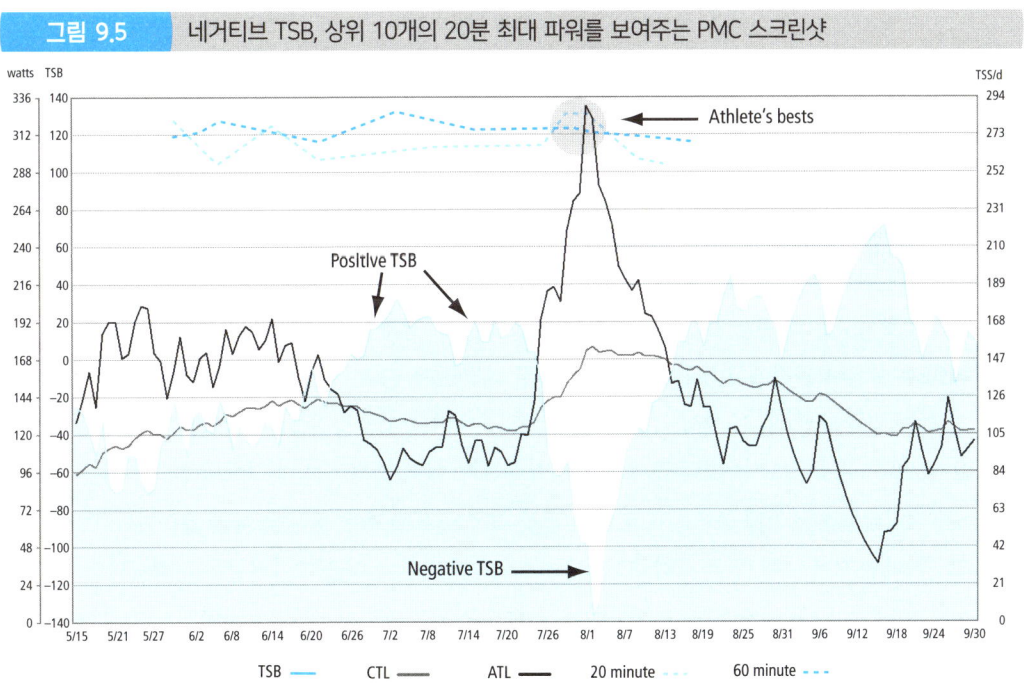

그림 9.5 네거티브 TSB, 상위 10개의 20분 최대 파워를 보여주는 PMC 스크린샷

양수의 TSB 값이 최고의 라이드를 위해서 항상 필요한 것은 아닙니다. 이 선수의 사례에서 네 번의 최고점이 발생한 시점의 TSB가 -62에서 -130인 것을 주목하세요! 그리고 그것을 달성하기 전에 약 3주간 TSB가 양수였다는 것도 확인할 수 있습니다.

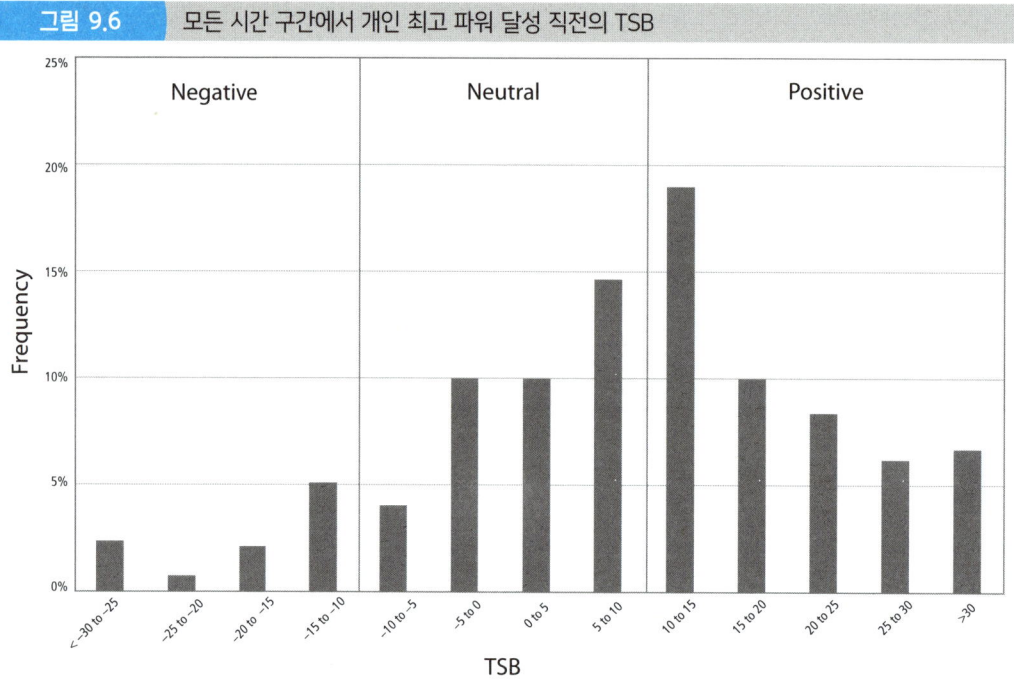

그림 9.6   모든 시간 구간에서 개인 최고 파워 달성 직전의 TSB

를 늘린다면, 가장 상쾌한 지점의 TSB는 낮아질 것입니다. 특히 ATL의 경우 더욱 그렇습니다.

　　그렇다면 레이스 당일에 이상적인 TSB는 무엇일까요? 다시 말해, 어느 정도의 상쾌함이 충분할까요? 이 질문에 답하기 위해 약 200명의 선수들을 대상으로 1분, 1분 23초, 3시간 10초 등 모든 시간대에 걸쳐 파워에 대한 개인 최고 기록을 세웠을 때 자신의 TSB가 얼마인지 물어보았습니다. 우리는 각각의 시간대에 최고 파워가 발생했을 때의 TSB를 알고 싶었습니다. 이를 통해 다양한 유형의 이벤트에 적합한 상쾌함을 보여주는 데 매우 효과적인 차트를 만들 수 있는 충분한 정보를 얻을 수 있었습니다.

　　그림 9.6은 모든 시간대에서 개인 최고 파워 기록이 -30에서 +30에 이르는 광범위한 TSB에서 발생했으며, 그 중 상당수가 중립(-10에서 +10)이라고 부르는 범위에서 발생했음을 보여줍니다. 개인 최고 기록의 대부분은 -5에서 +15 사이의 TSB에서 발생했습니다. 다시 말해, 설문조사에 응한 선수들은 TSB가 플러스가 되더라도 지나치게 플러스가 되지 않도록 허용했을 때 매우 좋은 성적을 냈습니다. 이 차트를 조사하면서 이 문제에 대해 좀 더 생각해보고 두 개의 다른 기간에 대한 데이터를 구분했습니다. 노력의 지속 시간이 5분 미만일 때와 5분 이상일 때 개인 최고 기록에 대한 TSB 값에 차이가 있는지 살펴보고 싶었습니다. 그 결과 5분 미만의 기간 동안의 개인 최고 기록은 TSB가 더 양수인 쪽에 속할 때 발생한다는 사실을 발견했습니다(**그림 9.7 참조**). 이는 생리학적 관점에서 보면 당연한 결과인데, 짧은 시간 동안의 노력(본 연구의 목적상 5분 미만의 노력)은 긴 시간 동안의 노력보다 더 많은 신경 근력과 무산소 능력을 필요로 하며, 이러한 능력은 선수가 충분한 휴식을 취했을 때 가장 높기 때문입니다. 이 차트에서

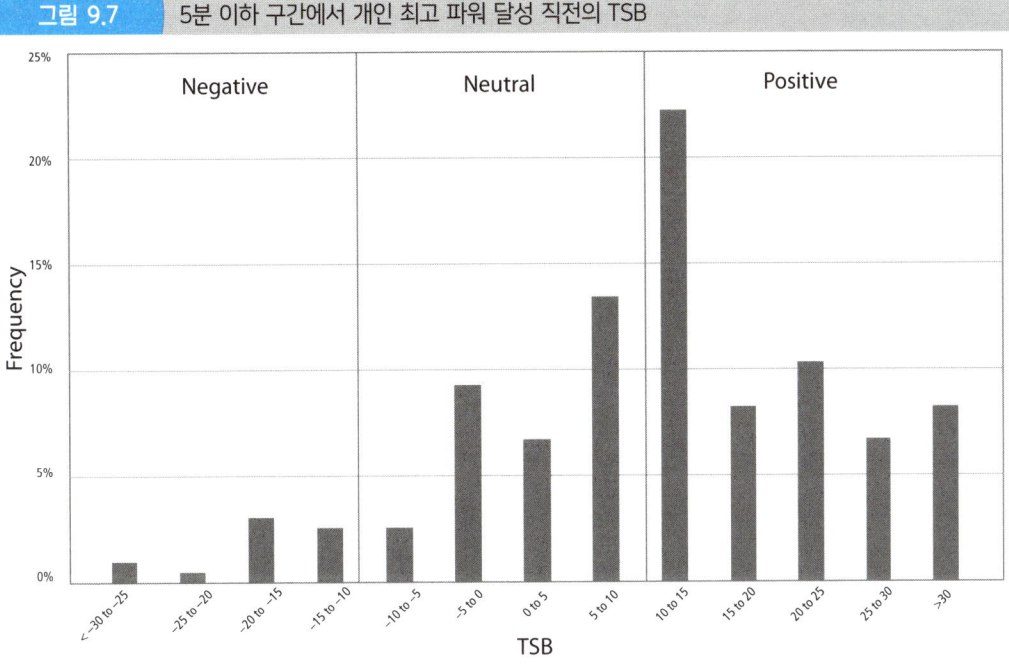

그림 9.7   5분 이하 구간에서 개인 최고 파워 달성 직전의 TSB

도출할 수 있는 분명한 결론 중 하나는 무산소성 운동이 많은 단거리 종목(트랙, BMX, 단거리 힐클라임)에서는 충분한 휴식을 취하는 것이 가장 좋다는 것입니다. 5분 이상의 시간 동안의 개인 최고 기록에서는 중앙에서 발생하는 경향이 있습니다. 이는 더 긴 시간 동안 더 많은 유산소 운동이 필요하므로 더 많은 피트니스가 필요하고 상쾌함은 상대적으로 덜 필요하기 때문에 적절한 결과입니다. **그림 9.8**에서는 -10에서 +25 사이의 TSB에 대한 종모양 곡선 분포를 볼 수 있습니다. 이는 운동선수가 -10 TSB에서 개인 최고 기록을 달성할 가능성이 +25 TSB에서만큼이나 높다는 것을 보여줍니다. 선수의 TSB가 -10인 경우, 이는 피로가 점점 더 쌓이는 것이 아니라 그래프의 왼쪽에 있는 음수에서 회복하고 있다는 의미일 가능성이 높습니다. 마찬가지로, 선수의 TSB가 +10인 날에 개인 최고 기록이 나온다면, 이는 그날이 처음으로 양수였던 날짜가 아니었을 것입니다. 특정한 날에 큰 파워를 생산하기 위해 그 수치까지 올라갔을 가능성이 높습니다. 또한 **그림 9.8**은 로드 레이스, 산악자전거 레이스 또는 스테이지 레이스와 같이 장거리 이벤트에 참가하는 선수는 피크 구간을 놓칠 수 있으므로 사전에 너무 많이 테이퍼링하거나 휴식을 취해서는 안 된다는 것을 보여줍니다.

결론적으로 무산소 운동이 많은 이벤트일수록 상쾌함을 유지하는 것이 중요하고, 유산소 운동이 많은 이벤트일수록 피트니스를 유지하는 것이 더 중요합니다. 폼을 유지하려면 이벤트에서 원하는 피트니스와 상쾌함의 균형을 결정하고, 적시에 최적 포인트에 도달할 수 있도록 계획을 세워야 합니다. 퍼포먼스 매니저는 이전의 최고 기록 시도를 살펴볼 수 있는 도구로서도 유용합니다. 이를 통해 얻은 지식을

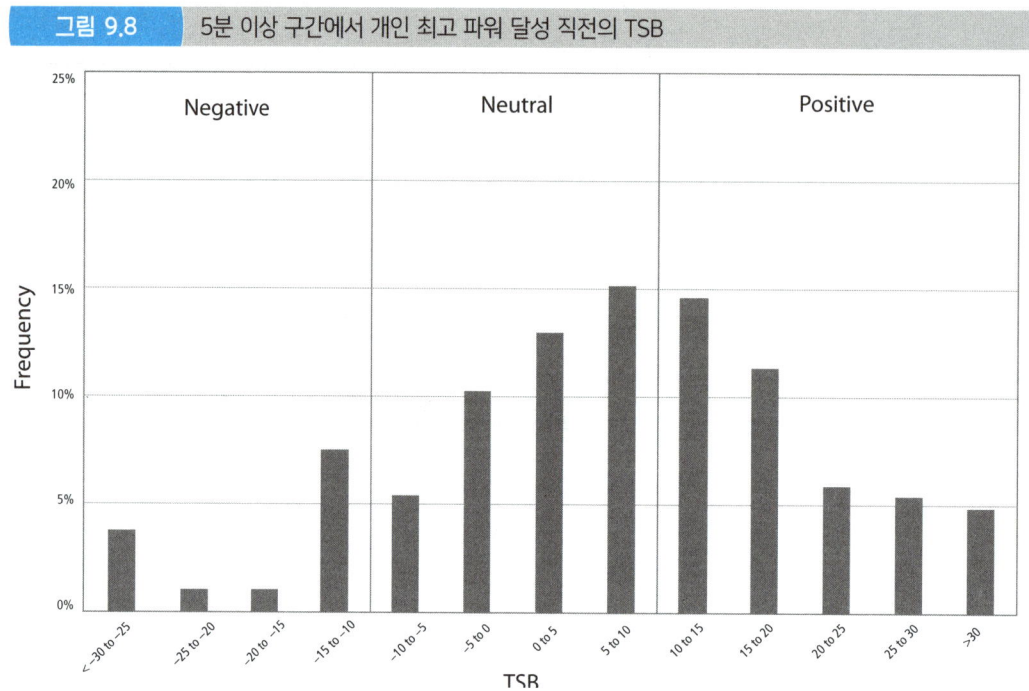

그림 9.8   5분 이상 구간에서 개인 최고 파워 달성 직전의 TSB

바탕으로 과거의 퍼포먼스를 더욱 자신 있게 수정하거나 복제할 수 있습니다.

퍼포먼스 매니저 사례 연구

사이클리스트가 PMC 사용법을 배울 수 있는 가장 좋은 방법은 다른 사이클리스트의 차트를 보고 각 차트의 비하인드 스토리를 확인하고 인사이트를 얻는 것입니다. 퍼포먼스 매니저는 파워미터를 사용하여 트레이닝 스트레스를 추적할 수 있는 사이클링의 모든 종목에 사용할 수 있으므로 로드 레이서, 산악 자전거 레이서, 사이클로크로스 선수, 트랙 레이서 모두 이러한 유형의 정보를 검토하여 이점을 얻을 수 있습니다. 아래에 제시된 사례를 검토하면서 이러한 인사이트를 자신의 상황에 어떻게 적용할 수 있을지 고민해 보세요. 강도가 높든 낮든 모든 라이딩에서 데이터를 수집하여 이와 동일한 종류의 분석을 수행하여 자신의 진행 상황을 차트에 표시할 수 있도록 하는 것이 중요합니다.

한 시즌에 여러 번의 피킹을 위한 TSB 타이밍 잡기

맷(Matt)은 30세의 카테고리 I 레이서입니다. 그의 파워 프로필은 우상향을 나타내며, FTP는 5.2 W/kg입니다. 그는 가을 시즌을 사이클로크로스 레이스와 함께 시작하여 겨울 내내 11번의 레이스에 참가하여 사이클로크로스 내셔널 대회에서 10위권 내에 드는 좋은 성적을 거두었습니다. 그는 상대적으로 추운 기후에 살고 있고 겨울에는 야외에서 트레이닝할 수 없기 때문에 사이클로크로스 트레이닝에 집중하는 동안 그는 트레이너에서 고강도로 운동했습니다. 트레이닝 양은 적고 강도는 높게 훈련했기 때문에 가을에 그의 CTL은 그다지 높지 않았습니다.

그림 9.9에서 볼 수 있듯이, 일정 주기의 트레이닝을 완료하고 새로운 주기를 시작하면서 이 기간 동안 맷의 CTL은 다른 속도로 증가했습니다. Matt는 점진적으로 CTL이 증가한다는 개념을 적용하여 특정 기간 동안 CTL을 빠르게 끌어올린 다음, 새로운 CTL 수준이 안정화될 수 있도록 천천히 꾸준히 증가시켰습니다. 다음에 있을 큰 ATL에 대비할 준비가 되면, 그는 일주일 동안 큰 트레이닝 스트레스를

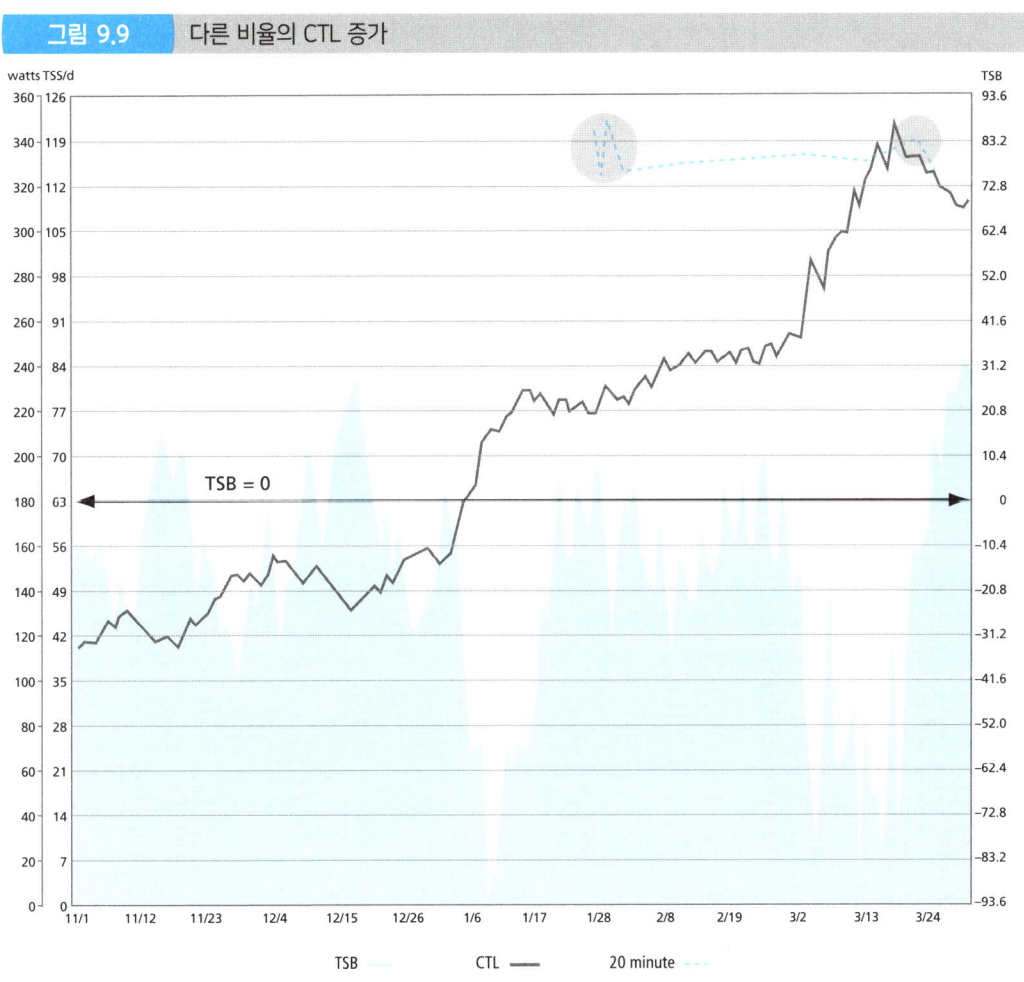

그림 9.9 다른 비율의 CTL 증가

라이더의 최고 기록 중 네 번은 테이퍼와 +8에 불과한 양의 TSB 이후에 발생했습니다. 세 번째 최고 기록은 CTL이 크게 증가한 후 잠시 휴식을 취한 후 발생했습니다.

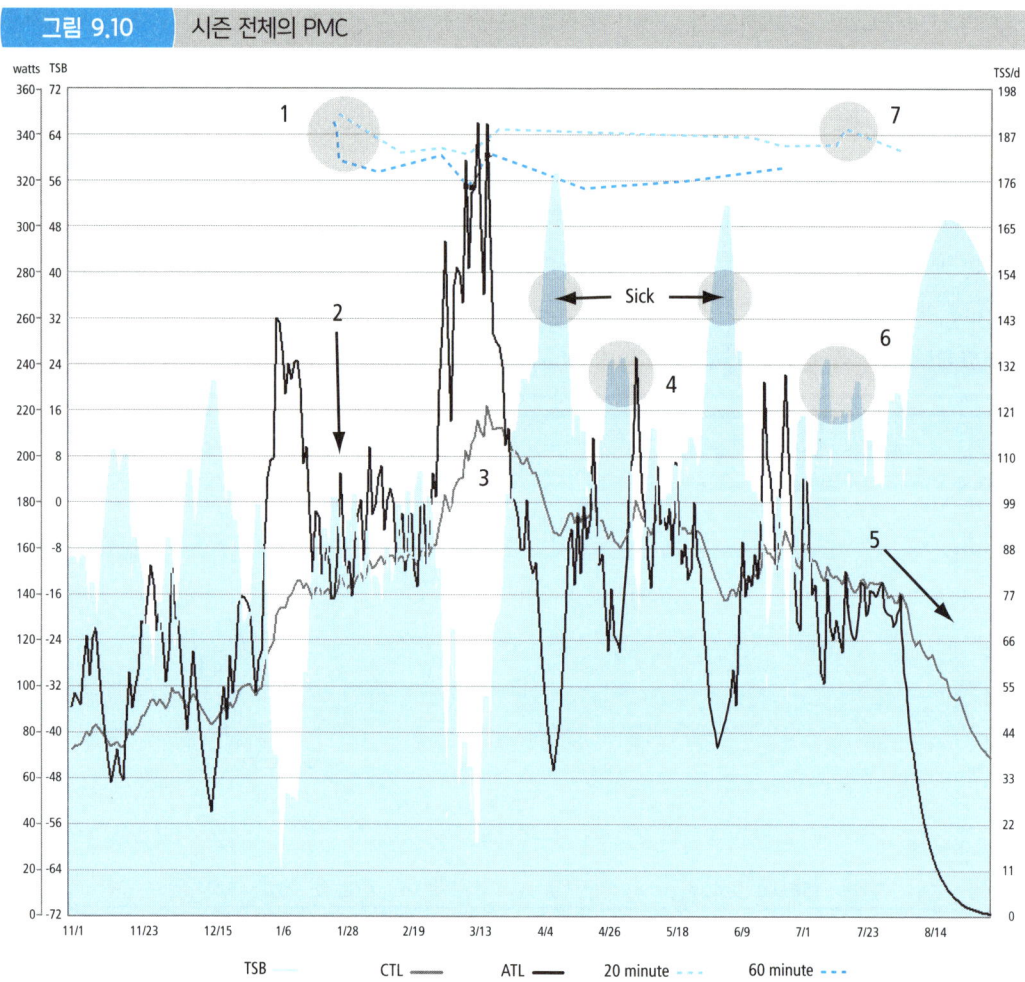

| 그림 9.10 | 시즌 전체의 PMC |

(1) 시즌 최고 20분 및 최고 60분 NP를 포함하여 네 번의 정점을 달성

(2) 상위 3위 - 라스베가스 스테이지 레이스

(3) 해당 시즌에 대한 질문: 증가가 너무 빨랐고 이후 질병의 원인 중 하나인가?

(4) 스포츠를 그만둘 때? 질병과 피트니스 저하로 시즌 목표 레이스인 길라에서 저조한 성적

(5) CTL의 급격한 하락 및 FTP와 전반적인 피트니스 감소 조짐

(6) 가장 긴 기간의 양의 TSB

(7) 마스터스 내셔널: RR 2위, TT 6위, 시즌 20분 파워 3위

통해 CTL을 다시 빠르게 증가시켰습니다.

　　CTL이 상승하면 TSB는 떨어집니다. 또한 CTL 상승률이 조금만 감소해도 TSB는 양수가 될 수 있으며, 이는 좋은 퍼포먼스를 예측할 수 있는 좋은 지표가 될 수 있습니다. **그림 9.9**는 CTL의 작은 감소가 어떻게 양의 TSB를 생성할 수 있는지 보여줍니다. 또한 이 기간 동안 20분 평균 최대 파워를 보여주는

선에 주목하세요. 맷의 20분 평균 최대 파워 중 4개가 1월 말 테이퍼링 이후 CTL이 크게 증가하기 전인 1월 말에 발생했다는 점에 주목하세요. 맷의 세 번째로 높은 20분 파워는 3월 말에 발생했는데, 이는 2주간 하루 12 TSS의 증가 속도로 CTL이 가파르게 증가한 직후에 발생했습니다. 이 시점에서도 TSB는 여전히 마이너스였지만 분명히 긍정적으로 상승하고 있었습니다. 최고 퍼포먼스를 내기 위해 TSB가 반드시 양수일 필요는 없으며, 양수까지만 상승하면 된다는 점을 인식하는 것이 중요합니다.

이제 맷의 퍼포먼스 매니저 차트의 특정 측면을 살펴보았으니 전체 차트를 살펴보겠습니다(**그림 9.10 참조**). 이를 통해 맷이 따랐던 트레이닝 계획이 효과가 있었는지, 그리고 정점을 찍고 싶을 때 정점을 찍을 수 있었는지 확인할 수 있습니다. 또한 이 정보를 사용하여 내년에 어떻게 개선할 수 있을지 결정하기 위해 이번 시즌의 퍼포먼스에 대한 단서를 찾고 있습니다. 맷의 올해 두 가지 목표는 4월 초에 열리는 투어 오브 더 길라(Tour of the Gila)와 7월 중순에 열리는 마스터스 내셔널에서 최고의 성적을 거두는 것이었습니다.

퍼포먼스 매니저 차트를 보면 1월에 가장 높은 와트 수치를 기록했는데, 이는 격렬한 사이클로크로스 시즌과 첫 번째 견고한 빌드 사이클이 끝난 후였음을 알 수 있습니다. 이는 계획에 없던 일이었습니다. 시즌 초반 스테이지 레이스에서 전체 3위를 차지한 것이었습니다. 하지만 나중에 시즌을 되돌아보고 나서야 이 수치가 그의 올해 최고 와트 수라는 사실을 알게 되었습니다. 이 차트에는 한 해 동안 그가 두 번이나 부상과 아팠던 사실도 반영되어 있습니다. 두 번 모두 라이딩 부족으로 인해 TSB가 매우 긍정적이었습니다.

안타깝게도 첫 번째 부상은 3월의 두 번째 메인 빌드 단계 직후에 발생했습니다. 이는 트레이닝 부하로 인한 스트레스, 즉 빠른 CTL의 증가가 원인이 아닌지 의문이 들게 합니다. 빌드 단계 동안 그의 CTL은 비교적 빠른 속도(하루 12 TSS)로 증가했기 때문에 트레이닝 스트레스를 많이 받았을 것입니다. 또한 매우 힘든 레이스가 끝난 다음 주에 부상이 발생했습니다. 레이스 도중 비와 눈이 내렸고 맷은 약간의 저체온증 증세를 보였습니다. 따라서 레이스에서 받은 스트레스와 높은 비율의 CTL 증가가 맷의 면역 체계를 손상시켜 감기에 걸렸다는 결론을 상당히 확실하게 내릴 수 있습니다. 물론 투어 오브 더 길라에 출전하기에는 컨디션이 좋지 않았습니다. 또 한 가지 주목해야 할 점은 맷의 CTL이 투병 기간 동안 122 TSS 포인트에서 90 TSS 포인트로 급격히 하락했다는 점입니다.

차트를 자세히 살펴보면 맷이 마스터스 내셔널에서 시즌 세 번째로 높은 와트를 달성했음을 알 수 있습니다. 이는 그가 가장 오랜 기간 동안 TSB 양성 판정을 받은 기간에 달성한 기록입니다. 그는 마스터스 내셔널에서 매우 좋은 성적을 거두었으며, 로드 레이스에서 2위를 차지하며 내셔널 챔피언십에 매우 근접했습니다. 하지만 레이싱 시즌이 끝날 무렵에는 트레이닝을 줄이고 즐거움과 피트니스 유지를 위한 라이딩을 시작하면서 CTL이 서서히 하락하는 것을 볼 수 있습니다.

맷의 퍼포먼스 매니저 차트는 CTL의 작은 하락이 어떻게 좋은 퍼포먼스를 만들어낼 수 있는지 보여줄 뿐만 아니라, 부상 및 질병이 트레이닝 양에 어떤 영향을 미치는지, 과도한 트레이닝 스트레스와 불충분한 트레이닝 사이의 미세한 경계를 유지하는 것이 얼마나 힘든 일인지 보여줍니다. 맷의 기량은 7월 중순에 가장 긴 기간의 양의 TSB를 기록한 후 빛을 발할 수 있었습니다. 특히 시즌 중 여러 시점에 여러 목표를 가진 선수의 트레이닝 양을 계획하는 것은 단일 레이스가 주요 목표인 단순하고 단순한 시즌을 계획하는 것보다 더 복잡하지만, 퍼포먼스 매니저 차트를 최대한 활용해야 하는 또 다른 큰 이유이기도 합니다. 즉, 차트를 해석하고 분석하는 방법을 알아야 합니다. 그러나 차트를 해석하기 위해서는 차트에 숨겨진 이야기를 아는 것이 중요하므로 코칭의 기술도 여전히 그 과정의 일부입니다.

단일 정점을 위한 TSB 타이밍

55세의 데이브(Dave)는 5.2 W/kg의 FTP를 가진 카테고리 II 마스터즈 타임 트라이얼 선수입니다. 지난 2년간 마스터즈 내셔널 대회에서 별다른 성적을 거두지 못한 그는 모든 것을 쏟아부어 전국 챔피언십 우승을 위해 제대로 해보기로 결심했습니다. 코치 입장에서 이런 종류의 시즌을 계획하는 것은 쉬우면서도(달성해야 할 주요 정점이 하나뿐이기 때문에) 무섭기도(무언가 잘못되어 중요한 목표를 놓칠 수 있기 때문에) 합니다.

데이브는 탄탄한 오프시즌을 보냈고 트레이너와 체육관에서 열심히 운동한 결과 좋은 성적을 거둘 준비가 된 상태로 시즌에 임했습니다. 그의 코치로서 헌터는 트레이닝이 절정에 달했을 때 CTL을 점진적으로 100점까지 끌어올리면서 동시에 회복하기 어려운 큰 TSB 하락을 두지 않으려고 노력했습니다. CTL을 늘릴 때의 목표는 데이브가 더 강해지도록 돕는 것이었습니다. 데이브는 5월 중순에 한 가지 작은 중간 목표를 세웠는데, 이 목표도 반드시 달성하고 싶었고, 이는 내셔널전을 위한 최종 빌드업 전에 데이브를 쉬게 하려는 계획과 잘 맞아떨어졌습니다.

그림 9.11은 시즌 내내 CTL이 꾸준히 쌓인 것을 보여줍니다. 5월 동안 데이브의 CTL은 주말 레이스를 위한 컨디션을 유지하기 위해 어느 정도 안정화되었습니다. 그러다가 5월 말부터 7월 내셔널 대회를 위해 컨디션을 끌어올리는 데 필요한 운동에 매진하면서 CTL이 상승하기 시작했습니다. 흥미로운 점은 데이브가 TSB가 마이너스를 기록하는 동안에도 3월부터 6월까지 레이스에서 우승을 차지했다는 점입니다. 그의 피트니스 수준은 이미 다른 동료들보다 훨씬 높았고, 피곤한 상태에서도 쉽게 우승할 수 있었습니다.

마스터즈 내셔널에서 그는 20분과 60분 NP에서 시즌 최고 기록을 달성했습니다. 이 기간 동안 그의 TSB는 대부분 +25였지만, 분명 잘 달리고 있었고 피트니스도 역대 최고 수준이었습니다(FTP는 5.2W/kg으로 55세의 나이에 비해 나쁘지 않은 수준). 마스터즈 내셔널 포디엄에 오른 데이브는 마스터즈 월드 챔피언십에 출전하여 레인보우 저지에 도전하기로 결심했습니다. **그림 9.12**는 마스터즈 내셔널 대회

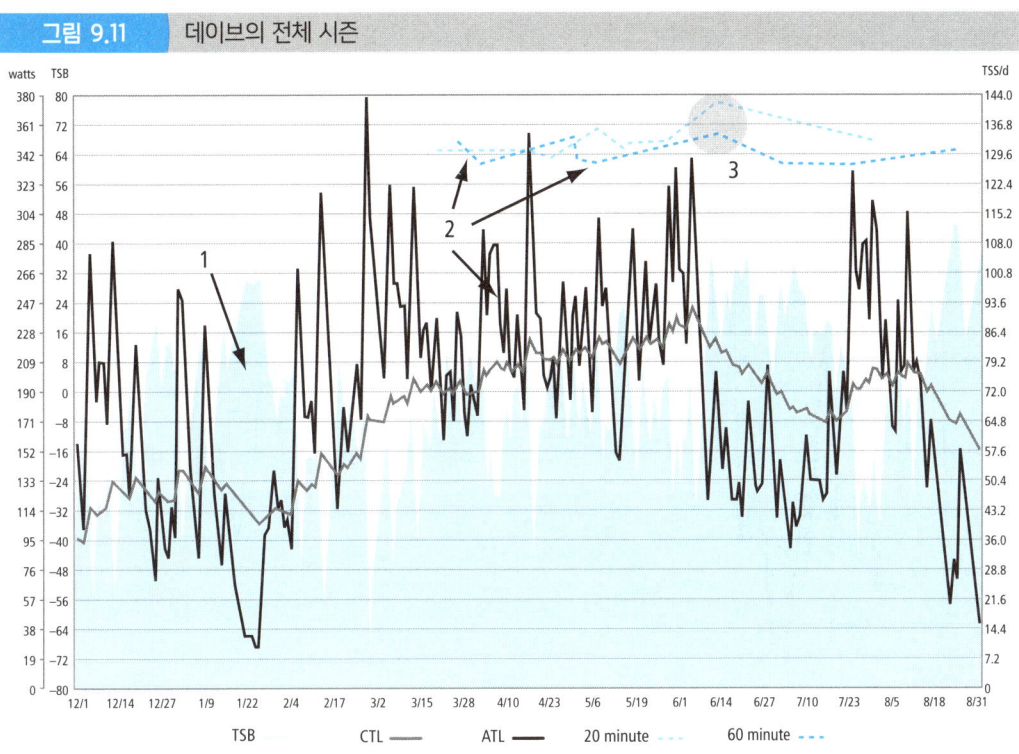

그림 9.11 | 데이브의 전체 시즌

(1) 질병으로 인한 훈련 중지
(2) 주말의 작은 양의 TSB 주말 및 그에 따른 개인 최고 기록에 주목. 이런 짧은 회복 기간 덕분에 데이브는 시즌 초반 주요 레이스에서 상쾌한 컨디션을 유지할 수 있었음.
(3) 데이브가 원했던 날의 20분 및 60분 NP 최고 기록 달성. 마스터즈 내셔널, TT 2위, 크리테리움 1위, RR 4위.

기간과 그 이후에 데이브의 CTL이 급격히 하락한 것을 보여줍니다. 데이브는 원래 이 대회를 끝으로 한 시즌을 마무리하기로 결정했었기 때문에 레인보우 저지를 위해 레이스하기로 결정한 것은 나중에 계획한 일이었습니다. 이 결정이 내려진 후, 데이브는 잃어버린 피트니스를 회복하기 위해 ATL을 끌어올렸습니다. ATL이 올라가면서 CTL은 약 80점까지 상승했고, 이는 데이브의 일반적인 지속 가능한 트레이닝 부하에 근접한 수치였습니다.

마스터스 월드가 다가오자 트레이닝량을 줄이고 최선을 다해야 할 때였습니다. 데이브는 타임 트라이얼에 +35의 TSB를 기록하며 출전했고, 이를 통해 TT에서 10위 안에 드는 좋은 성적을 거둘 수 있었습니다. 하지만 타임 트라이얼에서는 킬로그램당 4.9 W만 낼 수 있었기 때문에 6월 중순과 같은 컨디션은 분명 아니었습니다. 헌터는 PMC를 통해 데이브의 CTL을 적절한 속도로, 그리고 테이퍼링 전에 몇 주 동안 유지할 수 있는 수준으로 재건할 수 있었습니다. 이를 통해 데이브의 피트니스가 무리하지 않고도 증가하도록 했습니다. 이러한 방식으로 데이브의 면역 체계를 보호하고 세계 정상에 오르기 전에 회

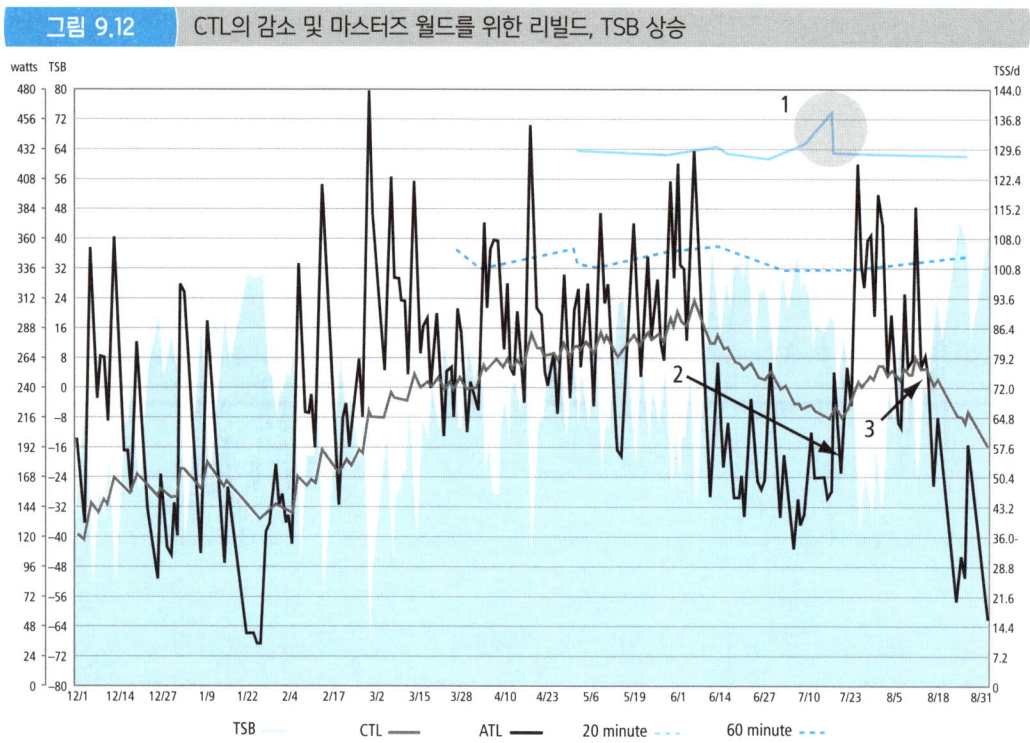

그림 9.12   CTL의 감소 및 마스터즈 월드를 위한 리빌드, TSB 상승

(1) 거의 6주간 양수 TSB 또는 상쾌함을 유지한 결과. 3분 개인 최고 기록은 462W로, 올해의 이전 3분 최고 기록보다 6% 더 높았음

(2) 마스터스 월드 대회 참가를 결정하기 전의 CTL 수치 감소에 주목. 데이브는 거의 6주 동안 양의 TSB를 보임

(3) 마스터스 세계대회를 위한 리빌딩은 2주라는 짧은 기간이었지만, 큰 ATL 수행

복할 수 있는 시간을 확보할 수 있었습니다.

데이브는 퍼포먼스 매니저 차트에서 예측한 대로 제시간에 최고의 퍼포먼스를 발휘했습니다. 그의 CTL은 꾸준한 속도로 상승했고, 마스터스 내셔널에서 정점을 찍기 위해 준비하면서 시즌 대부분 동안 TSB는 일반적으로 마이너스를 유지했습니다. TSB가 마이너스를 기록했음에도 불구하고 피곤할 때에도 동료들보다 피트니스가 더 좋았기 때문에 여전히 좋은 성적을 거두었습니다. 거의 시즌 내내 TSB가 마이너스인 상태에서 좋은 성적을 냈기 때문에 마스터스 내셔널에서 좋은 성적을 낸 것은 놀라운 일이 아니었습니다. 지금 생각해보면 헌터가 데이브가 마스터스 세계 대회에 출전한다는 사실을 알았다면 내셔널 대회 이후 데이브의 CTL이 그렇게 많이 떨어지지 않았을 것입니다. 하지만 비교적 늦은 결정이 었더라도 헌터는 데이브의 CTL이 급격히 떨어지지 않고 지속 가능한 수준으로 회복할 수 있도록 최선을 다했습니다. 트레이닝 부하를 관리하는 측면에서 볼 때, 이는 특정 기간에 집중된 목표를 가진 선수에게 PMC가 얼마나 강력한 도구가 될 수 있는지를 보여주는 완벽한 예입니다.

퍼포먼스 매니저 개념 적용

퍼포먼스 매니저를 성공적으로 사용하려면 어느 정도의 예술적 감각이 필요하며, 좋은 아티스트가 되려면 시간이 필요할 수 있습니다. 다음 힌트, 팁, 주의 사항 및 제한 사항은 이 과정의 시간을 줄이기 위한 내용입니다.

정확성을 위한 노력

퍼포먼스 매니저에 구현된 개념은 트레이닝 부하를 정량화하는 방법에 관계없이 적용됩니다. 이 접근 방식을 사용하여 TRIMP 점수, RPE 또는 TSS를 사용하든 관계없이 트레이닝을 평가하고 관리할 수 있습니다. TSS로 트레이닝을 정량화 하기로 결정한 경우, 특정 운동에 대해 계산된 TSS는 강도 계수(IF)의 제곱에 따라 달라지므로(즉, TSS = 지속 시간[시간] × IF^2 × 100) 유효한 최신 FTP 추정치를 기반으로 값을 계산하는 것이 중요합니다. 조금 더 자세히 살펴보면, TSS는 추정된 FTP의 제곱으로 나눈 값이 반영됩니다(IF = 정규화된 파워 [NP] ÷ FTP이므로). 즉, FTP를 4% 줄이면(예: 250 W 대신 24 0W 사용) 특정 운동에 대한 TSS가 8% 높아집니다. 그러면 높아진 TSS가 CTL, ATL 및 TSB에 영향을 미칩니다. 부정확한 FTP는 데이터의 오류를 만들어내고 궁극적으로 잘못된 트레이닝으로 나타납니다. 흥미롭게도, 트레이닝에 대한 반응이 퍼포먼스 매니저 접근 방식에 따라 예상했던 것과 크게 벗어나는 경우 FTP가 일관되게 과대 또는 과소 평가되는 기간을 식별할 수도 있습니다.

파워의 일관성 있는 사용

퍼포먼스 매니저 접근 방식은 모든 트레이닝과 레이스에서 파워미터를 사용하여 일관된 데이터를 유지하기 위해 TSS 값을 생성한다는 가정을 전제로 합니다. 이러한 일관성을 통해 데이터의 신뢰성을 높일 수 있습니다. 그러나 개인이 파워미터 없이 레이스를 선택하거나, 데이터 파일이 수집 중에 손상되거나(예: 파워미터의 메모리가 초과된 경우) 다운로드 중에 손실되거나, 파워미터가 완전히 작동을 멈추는 등의 상황이 발생하는 것은 전혀 드문 일이 아닙니다. 이러한 문제가 발생하면 누락된 TSS를 추정해야 하며, 그렇지 않으면 퍼포먼스 매니저 데이터가 왜곡됩니다. 누락된 TSS 값은 여러 가지 방법으로 추정할 수 있습니다:

1. 이전에 수행한 유사한 운동의 라이브러리를 통한 추정
2. 심박수 데이터를 통해 정규화된 파워를 추정하여 TSS를 수동으로 계산(TSS = 지속 시간[시간] $\times$ IF^2 $\times$ 100, 여기서 IF = NP $\div$ FTP).
3. 강도 계수를 간단하게 추정한 다음 위의 공식을 사용하여 TSS를 계산(이 접근법을 사용할 때는 다양한 유형의 트레이닝 세션 및 레이스와 관련된 일반적인 강도 계수를 기억하는 것 필요. **표 7.2** 참조)

두 번째 접근법이 실제 데이터를 기반으로 하기 때문에 가장 좋다고 생각할 수 있지만, 실제로는 다른 두 가지 접근법보다 이 접근법을 권장할 이유는 별로 없습니다. 숙련된 파워미터 사용자는 심박수 데이터 없이도 데이터와 마찬가지로, 아니 그보다 더 정확하지는 않더라도 TSS를 정확하게 추정할 수 있는 경우가 많습니다. 한두 번의 누락된 트레이닝에 대한 실제 TSS를 잘못 추정하여 발생하는 오류는 미미할 가능성이 높습니다. 그러나 많은 양의 데이터가 누락된 경우(예: 특정 기간 동안 전체 파일의 10% 이상) 해당 기간과 그 이후의 퍼포먼스 매니저 계산 결과는 상당히 주의해서 해석해야 합니다. 운동선수들은 최고 기록을 달성하기 위해 트레이닝 프로그램에 빈번한 레이스를 포함시키는 경우가 많으므로 파워미터를 사용한 레이싱의 중요성이 더욱 강조됩니다.

가정으로 시작

만성 트레이닝 부하(CTL)는 장기간에 걸친 피로 누적과 긍정적인 적응에 따라 달라지므로 퍼포먼스 매니저 계산이 정확하기 위해서는 상당히 오랜 기간 동안 데이터를 수집해야 합니다(**그림 9.3의 CTL 참조**). 물론 파워미터를 처음 사용하는 사용자라면 시작점을 결정하기 위해 분석할 수 있는 대규모 파일 데이터베이스가 없을 것입니다. 마찬가지로, 오랫동안 파워미터를 사용해 온 사용자도 FTP의 변화를 추적하지 못했거나 파워미터 없이 오랜 기간(예: 수리 중) 트레이닝한 결과 신뢰할 수 있는 데이터가 없을 수 있습니다. 이러한 경우 CTL 및 ATL의 초기 값으로 모델을 시작해야 할 수 있습니다.

적절한 값을 계산하려면 먼저 자신의 일반적인 트레이닝 방식을 파악하는 것부터 시작해야 합니다. 대부분의 운동선수는 시간당 50-75 TSS를 유발하는 강도로 트레이닝 합니다(주간 단위의 평균 강도 계수는 약 0.70-0.85). 트레이닝 횟수가 많거나, 대부분 또는 전부를 실외에서 하거나, 덜 구조화된 방식으로 트레이닝 하는 경우 점수가 이 범위의 하단에 속하는 반면, 트레이닝 횟수가 적거나, 실내에서 자주 하거나, 보다 구조화된 방식으로 트레이닝 하는 경우 점수가 이 범위의 상단에 속하는 경향이 있습니다. 달리해야 할 특별한 이유가 없는 한(예: 스프레드시트를 사용하여 TSS를 추적하는 방식에서 WKO 내의 퍼포먼스 매니저를 사용하는 방식으로 전환하는 경우 등) CTL과 ATL에 동일한 값을 할당합니다

(TSB는 0으로 가정). 시간이 지남에 따라 CTL이 명확해질 것이며, 이 경우 초기 추정치로 돌아가서 수정해야 할 수도 있습니다. 물론 이러한 작업 후에는 충분한 데이터가 축적될 때까지 CTL, ATL, TSB에 대한 계산된 값을 신중하게 해석해야 합니다.

경험의 활용

　퍼포먼스 매니저의 기본 시간 상수, 즉 CTL의 경우 42일, ATL의 경우 7일은 연구 논문 등을 기반으로 한 명목상의 값으로 선택되었습니다. 자극-반응 모델의 피트니스 구성 요소와 마찬가지로, 퍼포먼스 매니저에서 CTL을 계산하는 데 사용되는 정확한 시간 상수의 영향은 제한적입니다. 그러나 퍼포먼스 매니저의 계산은 ATL을 계산하는 데 사용되는 시간 상수, 따라서 TSB에 민감합니다(TSB = CTL - ATL이므로).

　퍼포먼스 매니저를 사용하는 예술적 기술 중 하나는 CTL, ATL 및 TSB를 기반으로 특정일의 실제 기분이나 퍼포먼스와 예상되는 기분이나 퍼포먼스 사이에 가장 잘 일치하는 ATL의 상수가 무엇인지 알아내는 것입니다. 젊은 사람, 상대적으로 트레이닝 양이 적은 사람, 지속적인 파워 출력을 중시하는 이벤트(예: 장거리 타임 트라이얼, 24시간 산악 자전거 레이스 또는 장거리 철인3종 레이스)를 준비하는 사람은 표 9.2 및 9.3에 설명된 것처럼 7일이 아닌 4일 또는 5일과 같이 다소 짧은 시간 상수를 사용하면 더 나은 결과를 얻는 경우가 많습니다. 반대로 마스터즈 연령대의 선수, 상대적으로 트레이닝 양이 많은 선수, 지속 불가능한 파워 출력에 더 큰 비중을 두는 이벤트(짧은 타임 트라이얼, 크리테리움)를 준비하는 선수는 기본값보다 다소 긴 시간 상수(예: 7일 대신 10-12일)를 사용하면 더 나은 결과를 얻을 수 있습니다(물론, 항상 그런 것은 아니지만 장거리 대회를 준비하는 선수는 전반적인 트레이닝 부하가 더 높은 경우가 많기 때문에 최적의 시간 상수가 다른 경우보다 더 많이 제약되는 경향이 있습니다).

관점 유지

　퍼포먼스 매니저는 거시적인 관점에서 트레이닝을 분석하는 데 매우 유용한 도구이지만, 매일의 TSS 값을 생성하는 개별 트레이닝 세션의 특성 및 요구 사항과 같은 미시적인 측면도 고려하는 것이 중요합니다. 트레이닝의 구성은 전체 트레이닝 양만큼이나 중요하며, 퍼포먼스 매니저의 유용성과 예측 능력은 대회 목표에 따라 개별 운동을 선택하고 실행하는 데 달려 있습니다. 엘리트 단거리 선수가 시즌 초반에 레벨 2, 3, 4의 도로 중심의 강도 높은 트레이닝 기간을 가졌고, 내셔널 챔피언십 대회 직전에 레벨 5, 6, 7의 트랙 중심의 강도 높은 트레이닝 기간을 가졌는데, 두 경우 동일하게 높은 수준으로 CTL 끌어올렸다고 가정해 보겠습니다. 비슷한 기간의 테이퍼링(동일한 양의 TSB를 달성하고 동일한 양의 상쾌함을 얻기 위해)을 거친 후에도 시즌 초반의 실제 추발 레이스에서는 시즌 후반과 같은 좋은 성적을 기대할 수 없을 것입니다. 반대로 시즌 후반보다 시즌 초반에 로드 타임 트라이얼에서 더 좋은 성적을 거둘 수 있는 이유는 당시 수행한 트레이닝이 타임 트라이얼 이벤트에 더 적합하거나 더 구체적이었을 것이기 때문입니다. 그러나 두 경우 모두 CTL, ATL, TSB는 트레이닝 부하와 적응을 나타내는 좋은 지표가 될 수 있습니다.

열심히 트레이닝 하는 도중에는 나무만 보고 숲을 보기 어려울 수 있습니다. 퍼포먼스 매니저는 10,000피트 높이의 숲을 볼 수 있도록 해주지만, 개별 트레이닝을 놓치지 마세요. 자극-반응 모델에도 동일한 한계가 있다는 점에 유의하는 것이 중요합니다. 적합한 트레이닝을 해야 한다는 생리적 특이성 원칙은 항상 적용됩니다.

....

코칭, 트레이닝 및 주기적 트레이닝의 원칙은 수십 년 동안 크게 변하지 않았습니다. 1968년 튜더 봄파 박사(Dr. Tudor Bompa)가 제시한 원칙은 오늘날에도 여전히 적용됩니다. 과부하를 일으킨 다음 새로운 수준의 스트레스에 적응할 수 있도록 트레이닝을 늘리고, 줄이고, 휴식을 취해야 한다는 원칙은 여전히 유효합니다. 1970년대 에릭 배니스터 박사의 아이디어도 여전히 유용합니다. 코칭의 기술은 여전히 살아 숨 쉬고 있으며, 사이클링 코치들은 레이싱, 다양한 수준의 기술과 능력을 가진 선수들과 함께 일하며 쌓은 수년간의 개인적인 경험, 그리고 시간이 지날수록 더욱 정확해지는 직감에 의존해야 합니다. 파워미터를 사용하여 트레이닝량과 반응을 정확하게 정량화할 수 있게 된 점도 달라진 점입니다.

퍼포먼스 매니저는 파워 데이터를 활용하여 피트니스 정점을 더 잘 예측하고, 과도한 트레이닝을 방지하기 위해 휴식이 필요한 시기를 결정하며, 적시에 최상의 폼을 유지할 수 있는 기회를 제공합니다.

10

파워 기반 트레이닝 계획 개발하기

사이클링을 하다 보면 자신이 실제로 향상되고 있는지 아니면 다른 사람들이 느려지고 있는지 알기 어려울 때가 있습니다. 이제 파워 트레이닝을 위한 몇 가지 도구, 팁, 요령을 알게 되었으니 진행 상황을 확인할 수 있게 되었고, 파워의 향상을 확인하는 것은 지속적인 노력에 대한 동기 부여가 될 것입니다. 이 장에서는 피트니스를 한 단계 더 끌어올릴 수 있도록 트레이닝 계획을 세우는 방법을 배웁니다.

트레이닝에 대한 방법과 이론에 대해 자세히 설명하기보다는 트레이닝 계획에 와트 수를 통합하는 방법에 특히 초점을 맞출 것입니다. 파워 프로필, 파워 지속 곡선, 사분면 분석 및 파워 트레이닝 원리에 대해 배운 내용을 실전에 옮길 수 있는 기회입니다. 먼저 주당 트레이닝 가능 시간, 강점과 약점, 시즌 목표 등 이미 알고 있는 것부터 시작해야 합니다. 이를 바탕으로 트레이닝 강도, 트레이닝 장소, 스프린트, 엔듀런스 라이딩 또는 힐클라임 등 트레이닝 계획의 빈칸을 채울 것입니다. 완성된 결과물은 성공에 대한 청사진입니다.

이 과정을 설명하기 위해 트레이닝 계획을 수립한 네 가지 사례를 살펴보겠습니다. 밥(Bob, 42세)은 자전거를 잘 다루는 마스터급 사이클리스트로, 이미 지역 클럽 라이딩에서 좋은 성적을 거두고 있지만 상당한 힐클라임과 크리테리움이 있는 스테이지 레이스를 목표로 하고 있습니다. 질(Jill,32세)은 자신의 최고 이벤트인 주 챔피언십 크리테리움을 8주 앞두고 있습니다. 조(Joe, 38세)는 탄탄한 피트니스를 갖춘 철인3종 선수로, 70.3 대회를 앞두고 마지막 12주 동안 더 나은 준비를 하고자 합니다. 빌(Bill, 58세)은 45분간의 힐클라임이 있는 그란폰도를 준비하고 있습니다. 우리는 각 선수의 고유한 요구 사항을 고려하여 이러한 각 목표를 달성할 수 있는 파워 기반 계획을 개발할 것입니다. 부록에 있는 트레이닝 계획은 이 장의 트레이닝 계획과 사례를 보완하며, 여러분만의 트레이닝 계획을 세우는 데 유용할 것입니다.

밥의 16주 역치 파워 향상 계획

밥은 사이클링에 대한 열정이 넘칩니다. 그는 이번 시즌에 10개의 이벤트에 참가하기로 결심했습니다. 특히그는 5월 말에 이틀간 열리는 50마일 로드 스테이지 레이스에서 좋은 성적을 거두고 싶어합니다. 해당 레이스는 토요일에는 10마일 타임 트라이얼과 25마일 크리테리움, 일요일에는 5마일 힐클라임이 있습니다.

밥은 최근에서야 매주 레이스 트레이닝 그룹 라이드에 참가하기 시작했습니다. 주말을 포함해 일주일에 8-12시간씩 트레이닝에 참여합니다. 힐클라임 실력은 뛰어나지만 타임 트라이얼과 스프린트 기술은 다른 지역 레이서들에 비해 부족합니다. 밥의 몸무게는 155파운드(70.5 kg)이며, 현재 FTP는 268 W, 즉 3.8 W/kg입니다. 5초 최대 파워는 1,071 W (15.2 W/kg), 1분 최대 파워는 613 W (8.7 W/kg), 5분 최대 파워는 366 W (5.2 W/kg)입니다. 그의 파워 프로필(그림 10.1)은 적당한 역 V형입니다. 그는 힐클라임 능력이 뛰어나고 체중 대비 파워 비율이 좋습니다. 유산소 능력과 VO_2max도 매우 뛰어나지만 단거리 스프린터로서 단시간에 강한 힘을 내는 절대 파워가 상대적으로 부족합니다.

세 가지 주요 체형 중 밥은 마른 체형에 가장 가깝다고 할 수 있습니다. 그는 상대적으로 작은 근육을 가진 마른 체격으로 지근의 비율이 더 높습니다. 이에 비해 뚱뚱한 체형은 중간 정도의 체격에 속근과 지근이 비교적 고르게 분포되어 있으며, 근육질 체형은 체격이 더 무겁고 체지방 비율이 높으며 대부분

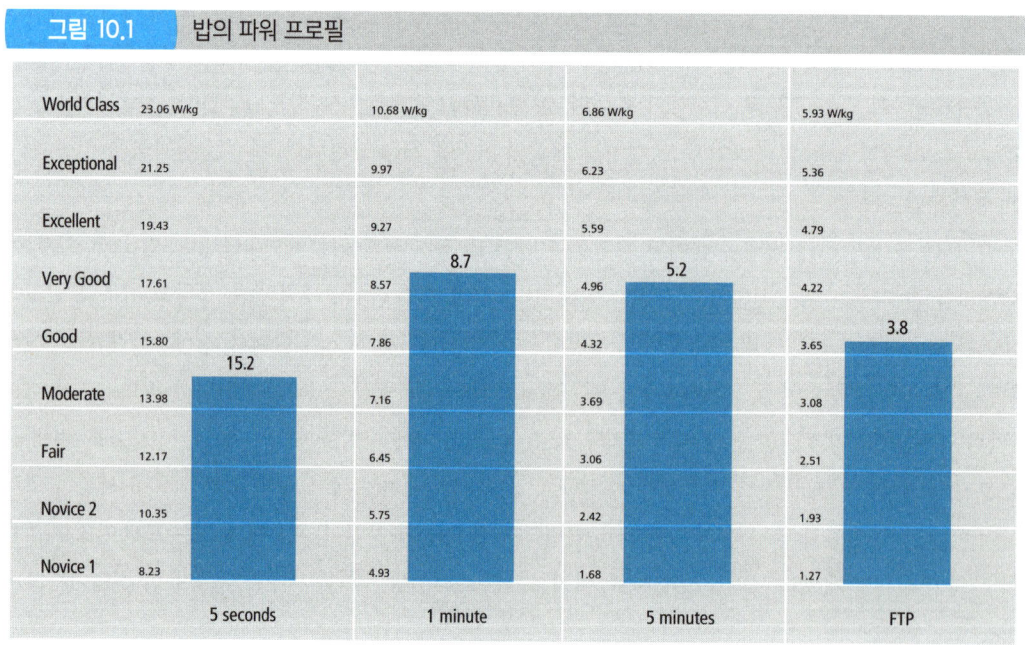

그림 10.1   밥의 파워 프로필

	5 seconds	1 minute	5 minutes	FTP
World Class	23.06 W/kg	10.68 W/kg	6.86 W/kg	5.93 W/kg
Exceptional	21.25	9.97	6.23	5.36
Excellent	19.43	9.27	5.59	4.79
Very Good	17.61	8.57	4.96	4.22
Good	15.80	7.86	4.32	3.65
Moderate	13.98	7.16	3.69	3.08
Fair	12.17	6.45	3.06	2.51
Novice 2	10.35	5.75	2.42	1.93
Novice 1	8.23	4.93	1.68	1.27

밥의 값: 5 seconds = 15.2, 1 minute = 8.7, 5 minutes = 5.2, FTP = 3.8

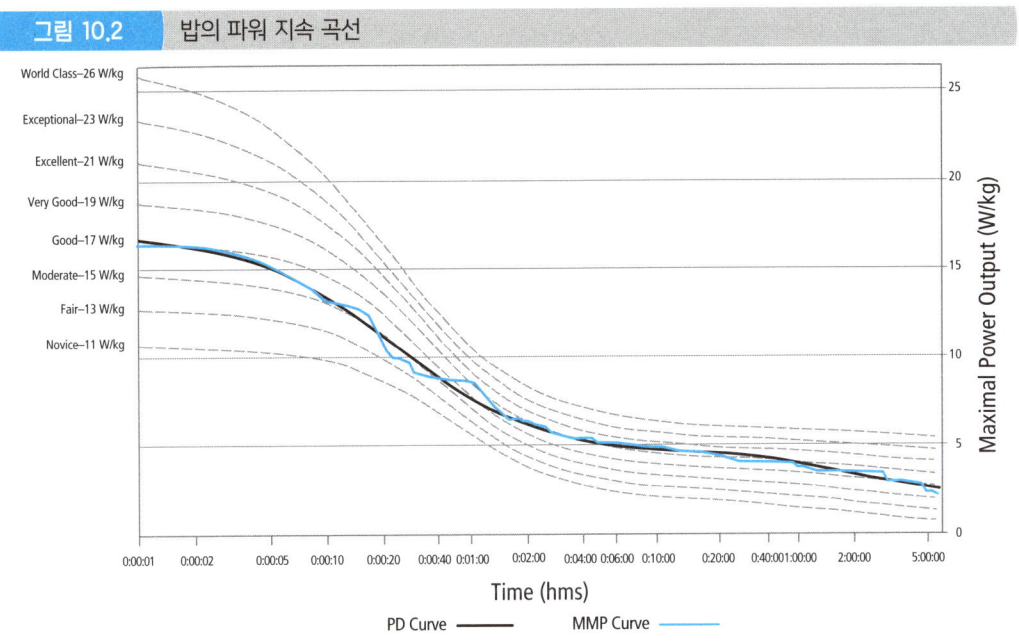

| 그림 10.2 | 밥의 파워 지속 곡선 |

밥은 비교적 평평한 파워 지속 곡선을 가지고 있습니다. 1분 이후의 파워를 보면 밥은 추격자 특성을 나타냅니다.

속근을 가지고 있습니다.

밥의 파워 지속 곡선(**그림 10.2**)은 비교적 평평하며, 이를 통해 그의 역량에 대한 인사이트를 얻을 수 있습니다. 에너지 시스템의 이동이 급작스럽게 일어나지 않으며, 1분과 5분의 파워기 매우 좋기 때문에 그의 특성은 추격자이지만 더 많은 트레이닝을 통해 타임 트라이얼 선수로 성장할 가능성이 높습니다. 또한 레벨 7의 피로 저항이 평균 이상이기 때문에 18초까지 파워를 유지할 수 있습니다. 하지만 5초 최대 파워는 약합니다. 폭발적인 동작에 필요한 파워가 부족합니다.

밥의 레벨 6 피로저항 역시 평균 이상입니다. 실제로 45초에서 60초 사이에 정점을 나타내지만, 1분 이후부터 2분까지는 파워가 급격히 떨어집니다. 이는 밥이 2분 인터벌로 운동하는 횟수가 많지 않거나 1분이 지나면 에너지 시스템이 바뀌는 것으로 설명할 수 있습니다. 2분이 지나면 밥의 파워 지속 곡선은 파워 프로필 곡선의 '매우 좋음' 선을 거의 완벽하게 따릅니다. 바로 이 지점에서 밥의 피로저항이 빛을 발하며 그의 타고난 타임 트라이얼 또는 지속 주행 능력을 보여줍니다.

밥의 20분 평균 파워는 '좋음' 범위에 속하며, 60분과 90분 파워 역시 이 수치를 기록하여 장시간 동안의 뛰어난 피로 저항을 다시 한번 입증했습니다. 밥은 유산소 능력이 비교적 뛰어나지만, 힘든 로드 레이스와 짧은 타임 트라이얼의 특징인 10-20분 동안 지속되는 격렬한 노력에는 어려움을 겪고 있습니다. 밥의 신경근력은 5초 파워 기준으로 좋지 않기 때문에 크리테리움에서 흔히 볼 수 있는 폭발적인 노

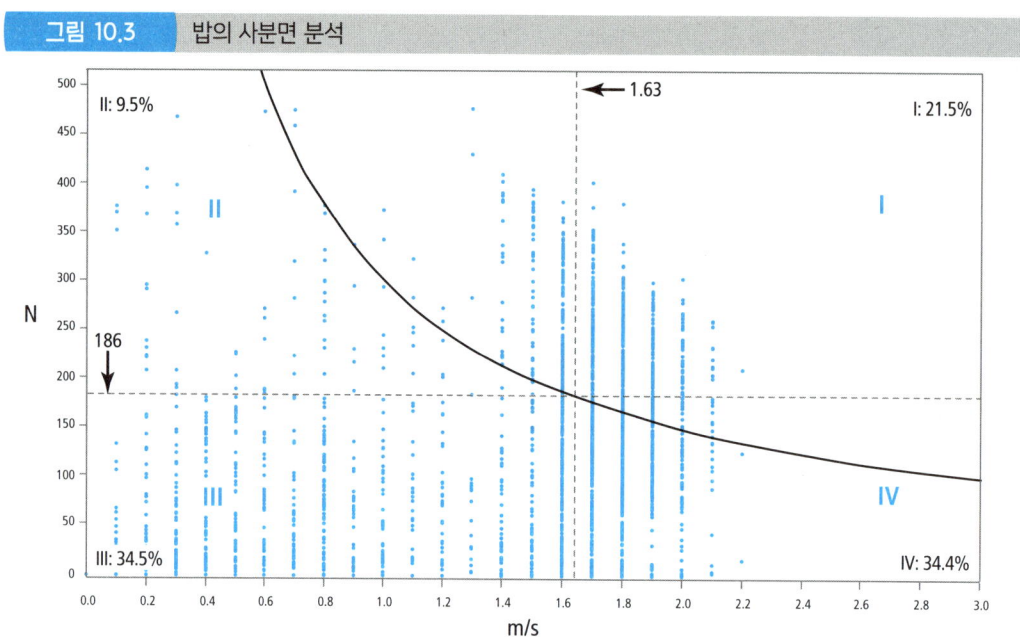

그림 10.3 ｜ 밥의 사분면 분석

력을 감당하는 데 어려움을 겪을 것입니다. 밥은 다가오는 이틀간의 스테이지 레이스에서 성공하기 위해 이 두 가지 영역을 개선하는 동시에 FTP도 신경 써야 합니다.

밥의 페달링 스타일을 파악하기 위해 사분면 분석을 살펴볼 수 있습니다. 밥은 덩치가 크고 체격이 큰 사람이 아닙니다. 이는 레벨 6의 낮은 피로 저항과 함께 그가 경쟁에 필요한 충분한 와트를 생산하기 위해 대부분의 시간을 4사분면(높은 케이던스, 낮은 힘)에서 보내야 한다는 것을 나타냅니다. **그림 10.3**의 사분면 분석은 밥의 전형적인 레이스 파일 중 하나를 보여줍니다. 예상대로 페달을 세게 밟을 때 가장 많은 시간을 4사분면에 소비했습니다. 밥은 2사분면에서 훨씬 더 많은 시간을 보내야 하는데 이를 위한 근력이 부족합니다.

이제 밥의 강점과 약점을 요약해 보겠습니다.

강점

평균 이상: 레벨 5 피로 저항

좋음: FTP (해당 선수 카테고리 내)

좋음: 힐클라임과 타임 트라이얼

매우 좋음: 5분 VO2max 노력

매우 좋음: 단기 무산소 능력

매우 좋음: 60분에서 90분 엔듀런스 파워

약점

평균 이하: 레벨 7 폭발적 파워

평균 이하: 레벨 4 피로 저항

평균 이하: 근력

좋지 않음: 격렬한 '켜기 및 *끄기*(on and off)' 능력

위에서 언급한 밥의 시즌 목표에 대한 이해와 함께 위의 요약은 밥의 트레이닝 시간을 최적화하기 위한 계획을 구성하는데 도움이 될 것입니다.

먼저, 밥이 10분에서 20분 사이의 강도 높은 노력에 취약한 점을 해결하기 위해 해당 시간 동안 자신의 한계에 가까운 인터벌을 수행하도록 할 것입니다. 아이레벨 가이드라인에 따라 구성할 것입니다. 둘째, 밥이 폭발적인 스프린트와 타임 트라이얼을 모두 향상시킬 수 있도록 더 많은 힘을 생성하는 능력을 만들어주기 위해 평소보다 더 어려운, 큰 기어를 사용하여 가파른 언덕을 오르도록 할 것입니다. 또한 타임 트라이얼에서 짧은 시간 동안 큰 기어를 사용하며 충분한 연습을 할 수 있도록 할 것입니다. 마지막으로, 밥의 FTP가 지속적으로 향상될 수 있도록 30-60분간 FTP를 충분히 연습하게 할 것입니다. 2월 초에 계획을 시작하여 이벤트가 끝날 때까지 16주간의 완전한 프로그램을 제공합니다. 표 10.1에 요약된 이 계획에는 매주 월요일이 휴식일로 포함되어 있습니다. 화요일, 수요일, 목요일에는 라이딩이 프로그램의 핵심을 구성하며 금요일은 일반적으로 액티브 리커버리(레벨 1)를 위한 날입니다. 일부 금요일은 연속으로 세 번의 강력한 운동을 하기 위해 특정 운동으로 구성됩니다. 주말에는 토요일에 장거리 그룹

표 10.1　16주 역치 향상 트레이닝 계획

Week	Mon.	Tues.	Wed.	Thurs.	Fri.	Sat.	Sun.
1	AR-W1	NP-W3	END-W1, 1.25 hr.	LT-W1	AR-W1	TEMP-W2, 2 - 2.5 hr.	END-W1, 1.5 - 2 hr.
2	Rest day	SubLT-W1	NP-W3	AR-W1	TEMP-W8	TEMP-W2, 3 hr.	END-W2
3	Rest day	AR-W1	SubLT-W1	TEMP-W4	AR-W1	END-W4	END-W2
4	Rest day	AR-W1	AR-W1	AR-W1	Rest day	TEMP-W2, 2 hr.	Rest day
5	AC-W4	LT-W2, 1.25 hr.	AR-W1	NP-W3	AR-W1	TEMP-W9	END-W2
6	Rest day	TEMP-W3	NP-W5	VO2-W1	Rest day	END-W7, 4 hr.	END-W4, 2.25 hr.
7	Rest day	LT-W2, 1.5 hr.	TEMP-W3	AR-W1	NP-W3	TEMP-W7	END-W4, 2.5 hr.
8	Rest day	AR-W1	Rest day	AR-W1	Rest day	TEMP-W2, 2 - 2.5 hr.	Rest day
9	TEST	AC-W3	TEMP-W8	END-W1, <68% FTP	RACE-W2	Race or LT-W8	END-W4, 2.5 hr.
10	Rest day	Rest day	NP-W5	AC-W6	AR-W1	Race or WATTS-W1	END-W3, 3 - 4 hr.
11	Rest day	NP-W4	VO2-W5	AR-W1	RACE-W2	Race or LT-W8	END-W4, 2.5 hr.
12	Rest day	AR-W1, 1.25 hr.	AR-W1, 1.25 hr.	AR-W1, 1.25 hr.	Rest day	TEMP-W2, 2 hr.	Rest day
13	AC-W2	NP-W3	LT-W5	END-W1, 1.5 hr.	AR-W1	RACE-W1	TEMP-W6
14	Rest day	LT-W4	AC-W7	AR-W1, 1.25 hr.	AR-W1 or RACE-W2	END-W8	Race or TEMP-W6
15	Rest day	LT-W5	AC-W2	AR-W1, 1.25 hr.	AR-W1	Race	Race
16	Rest day	AR-W1, 1.25 hr.	AR-W1, 1.25 hr.	AR-W1, 1.25 hr.	RACE-W2	Race	Race

라이드(또는 레이스)가, 일요일에는 중장거리 라이드(또는 레이스)가 포함됩니다. 밥의 피트니스는 고전적인 '3주 운동, 1주 휴식' 주기 모델로 구축되며, 변경이 필요한 경우 다운로드를 통해 중간에 여부를 모니터링할 수 있습니다. 그의 워크아웃은 부록에 자세히 설명되어 있습니다.

1-4주차

밥의 트레이닝 프로그램의 첫 번째 부분은 속도 변화를 경험하고, 역치에서 트레이닝 하도록 설계되었습니다. 밥은 단거리 스프린트에 약점을 가지고 있기 때문에 속도 변화 능력을 키우는 데 집중할 것입니다. 그의 역치는 16주 동안과 주말에 집중할 또 다른 영역이 될 것입니다. 물론 그의 FTP는 이미 나쁘지 않습니다.

밥은 2주차 금요일에 몇 가지 빅기어 워크아웃을 합쳐 근력의 한계를 해결하기 시작할 것입니다. 구체적인 운동 방법을 살펴보겠습니다(부록, TEMP-W8 참조). 밥은 파워를 레벨 2(엔듀런스)의 최하위 수준으로, 100 rpm을 유지하면서 5분간 워밍업을 합니다. 이후 역치 파워로 5분간 페달을 밟아 다리를 준비시킵니다. 마지막 30초 동안은 강도를 295 W까지 높여 역치에 도달한 다음, 150 W 이하로 5분간 가볍게 페달을 밟으면 회복합니다.

이후 60분 동안 5분마다 밥은 53:13의 빅기어에서 20초 동안 425-535 W를 유지합니다. 20초간 운동하는 내내 앉은 채로 최대한 빠른 회전을 위해 노력합니다. 이러한 노력은 신경근의 힘을 키우는 데 목적이 있습니다. 밥의 케이던스는 느리게 시작하여 매초마다 빨라질 것이므로 페달을 세게 밟고 최대한 부드럽게 달리는 데 집중해야 합니다. 중간중간 90-100 rpm 범위의 케이던스와 150-200 W 정도의 파워로 5분간 가볍게 라이딩을 합니다. 작은 체인링에서 10-20분간 95-100 rpm을 유지하며 150 W 미만으로 쿨다운 합니다.

보시다시피, 파워를 염두에 두고 노력을 조절하면 밥은 이 워크아웃을 최대한 활용할 수 있을 뿐만 아니라 과도한 짧은 버스트 운동으로 인한 지장을 최대한 예방하여, 다음 워크아웃을 잘 준비할 수 있을 것입니다.

주말은 밥이 장거리 라이딩을 통해 전반적인 유산소 피트니스를 향상시킬 수 있기 때문에 매우 중요합니다. 밥은 주말 라이딩을 즐기지는 않지만, 다리에 더 많은 스테미너를 쌓기 위해 시간을 투자해야 합니다. 첫 4주 사이클이 끝나면 재충전하고 몸이 적응할 수 있도록 휴식 주간을 둡니다. 그는 다음 트레이닝 블록에 더 강해진 모습으로 돌아올 것입니다.

5-8주차

밥은 무산소 능력을 키우기 위해 특정 강도로 이 블록을 시작하며, 역치 파워 인터벌의 길이도 늘려 갑니다. 6주차에는 스프린트 워크아웃과 타임 트라이얼 워크아웃을 통해 스냅과 VO₂max의 파워를 향 상하는 데 집중합니다.

목요일 워크아웃은 화요일과 수요일의 트레이닝 유형과 토요일에 계획된 트레이닝에 따라 달라집니 다. 일반적으로 목요일에는 정해진 패턴이 없습니다. 때때로 밥은 이전 두 번의 워크아웃에서 회복하면서 토요일을 준비하기 위해 목요일에 휴식을 취하기도 합니다. 또 다른 목요일에는 수요일에 쉬었을 수도 있 고, 혹은 3일간의 블록 트레이닝을 하고 있을 수도 있기 때문에 강한 워크아웃을 할 수도 있습니다.

6주차 목요일의 밥의 타임 트라이얼 워크아웃을 살펴봅시다(부록, VO₂-W1). 밥은 레벨 2(엔듀런스) 페이스로 즉, 150-200 W로 스스로 선택한 케이던스로 부드럽게 15분간 페달을 밟으며 총 1.5시간의 라 이드를 워밍업합니다. 워밍업 후에는 여섯 번의 가상의 타임 트라이얼이 이어집니다. 각 타임 트라이얼 은 6분간 진행되지만, 자신의 FTP의 96-102% (255-275 W)를 지켜야 합니다. 밥은 강하게 시작하되 너 무 빠르지는 않아야 하며, 이러한 노력에서 자신의 페이스를 조절하고 와트 수 목표를 유지해야 합니다. 이 타임 트라이얼은 페이스를 찾는 것을 목표로 하며, 견고하고 강력한 리듬을 만들어내기 위해 역치 파 워를 지켜야 합니다. 그는 이 구간을 최대 페이스로 무리하지 않으면서 최대한 빠르게 라이딩합니다. 중 간중간 6-8분간 휴식을 취하며 150 W 이하로 유지합니다. 마지막은 200 W 이하로 유지하면서 쿨다운 합니다.

주말 라이드는 점점 더 길어지며 밥의 엔듀런스 파워는 서서히 증가합니다. 7주차 화요일과 수요일 에는 FTP에서 여러 번 인터벌을 반복하는 집중적인 역치 트레이닝이 있으며, 주말이 지나면 그 다음주 는 휴식 주간입니다.

9~12주차

이 트레이닝 블록은 밥의 역치 파워가 얼마나 향상되었는지 확인하기 위한 테스트 프로토콜로 시작 합니다. 그간의 트레이닝으로 인하여 역치 파워 수치를 높이고 그에 따라 워크아웃을 수정해야 하는 시 점일 수 있기 때문입니다. FTP 테스트는 휴식주에 실시해야 하며, 큰 대회를 8주 앞두고 있으므로 정확 한 역치 파워를 파악하는 것은 매우 중요합니다. 이 테스트 프로토콜은 적어도 8주에 한 번은 실시하는 것이 중요합니다.

테스트 프로토콜은 역치 파워만 확인하는 것이 아닙니다. 네 가지 시간 구간별 파워를 측정하고 그에 따라 파워 프로필도 업데이트 하게 됩니다. 테스트 프로토콜은 그 자체로 훌륭한 워크아웃이므로 밥은 이 프로토콜을 완료해도 트레이닝에 지장이 없습니다.

테스트 프로토콜(부록, 테스트 참조)을 시작하기 위해 밥은 15분 워밍업으로 시작한 후 100 rpm으로 1분간 빠르게 세 번 노력하고 노력 사이에 1분간 휴식을 취합니다. 이러한 인터벌은 다리가 힘을 쓸 수 있게 하고 근육을 워밍업 시키는데 데 도움이 됩니다. 다음으로 180 W 미만으로 3분간 가볍게 탄 후, 5분간 전력을 다해 라이딩을 합니다. 밥은 5분 동안 최대한 세게 페달을 밟아 최대한 높은 와트를 유지합니다. 이때 시작을 너무 세게 하지 않도록 주의해야 합니다. 다음으로 180 W 미만으로 10분간 가볍게 라이딩을 합니다. 다음 노력은 무산소 능력을 테스트하는 운동으로, 1분간 두 번의 노력과 5분간 휴식으로 이루어집니다. 이때 안장에서 일어나 최대 속도까지 강하게 가속한 후 마지막까지 강하게 밀어붙여야 합니다. 두 번째 노력 후에는 180 W 미만에서 5분간 쉬게 됩니다.

밥은 20초간 '슈퍼 점프'를 세 번 하는 신경근력 또는 스프린트 능력을 테스트하는 것으로 짧은 테스트들은 마무리합니다. 이를 위해 그는 안장에서 최대한 힘껏 점프한 다음 마치 경주에서 우승하려는 것처럼 20초 동안 전력 질주해야 합니다. 측정하는 기록은 5초 구간이지만, 이 구간을 통과하려면 20초 동안 온 힘을 다해 최선을 다해야 합니다. 이후 매우 쉬운 페달링(120 W 미만)으로 3분간 휴식을 취한 다음, 150-200 W로 10분간 가볍게 라이딩을 하고 마지막으로 20분간 타임 트라이얼을 완료해야 합니다. 이 시점에서 그는 전체 20분 동안 가능한 한 최고의 평균 와트를 내도록 노력해야 합니다. 너무 세게 시작하면 지칠 수 있기 때문에, 처음 5분 동안은 최선을 다하고 집중하며 강하게 밀어붙이는 것이 중요합니다. 그 후에는 15-30분 동안 가볍게 페달을 밟으며 쿨다운 합니다(약 160 W).

밥은 주말에 레이스를 수행해야 하기 때문에, 주말에는 더욱 레이스에 특화된 형태의 노력을 기울여야 합니다. 주말에는 장거리 트레이닝 라이드와 레이스 모두 역치 파워 트레이닝을 수행합니다. 이 구간은 근지구력과 전반적인 유산소 지구력을 키우는 데 가장 중요한 구간이므로 주말 라이드는 레이스가 아니더라도 이전보다 훨씬 더 길고 강도가 높습니다. 밥은 이제 CTL이 쌓이기 시작했으므로 12주차에 다시 한 번 휴식 주를 가집니다.

13-16주차

밥의 레이스를 앞둔 마지막 블록입니다. 13주차에는 상쾌함의 조절을 위해 3일 연속 강행군으로 시작합니다. 해당 주말에 밥은 자신의 장비와 포지션에 익숙해지고 20 km 평지 타임 트라이얼의 강렬함을 경험하기 위해 연습용 20 km 타임 트라이얼에 참가할 예정입니다. 지금까지 밥은 20분 이상 역치 트레이닝을 해본 적이 없었고, 타임 트라이얼 포지션에서도 그런 트레이닝을 해본 적이 없었기 때문에 이번 트레이닝은 중요한 테스트가 될 것입니다.

14주차에는 또 다른 힘든 트레이닝과 레이스가 이어집니다. 밥은 수요일에 고강도 무산소 능력 워크아웃을 하고, 주말에는 이틀 동안 레이스를 하거나 두 번의 고강도 트레이닝 라이드를 해야 합니다. 밥의 이벤트를 앞둔 직전 한주는 휴식 주간으로, 근육에 글리코겐을 저장하고 몸에 남아 있는 근육통을 없애며 이벤트에 대한 충분한 열정을 가지고 레이스를 맞이할 수 있도록 합니다. 이번 주에는 밥이 무리하지 않는 것이 절대적으로 중요합니다. 무리하게 되면 이번 이벤트에서는 적당히 만족하는 최종 결과를 얻게 될 수 있습니다.

마지막 주가 시작되는 이 시기는 자전거에 정비가 필요한 부분이 있다면 정비할 수 있는 좋은 시기입니다. 오래되고 낡은 부품을 교체하기 위해 이벤트 이틀 전까지 기다리는 것은 초보자나 할 일입니다. 밥은 16주차 월요일에 기계적인 문제를 처리해야 합니다. 며칠 휴식을 취한 후 밥은 거미줄을 털어내고 이벤트 전날 자전거가 아닌 자신의 몸을 위한 탄탄한 레이스 튠업에 들어가야 합니다. 이는 매우 중요한 트레이닝 프로그램이며 다음 날의 격렬한 운동에 대비하여 근육과 심혈관계를 준비시키는 데 도움이 됩니다.

튠업은 간단하면서도 효과적인 워크아웃입니다(부록, RACE-W2). 레벨 2의 상단, 엔듀런스 페이스 (175-200 W)로 1.5시간 동안 라이딩 하는 중간에 1분간 무산소 능력 강도로 3번의 노력을 하고 그 사이에 5분 이상 쉬운 라이딩을 합니다. 이러한 노력은 무작위로 이루어지며 언덕이나 평평한 도로에서 라이딩의 시작, 중간 또는 마지막에 할 수 있습니다. 핵심은 다음 날 이벤트를 위한 다리를 준비하기 위해 정말 세게 밀어붙이는 것입니다. 또한 밥은 이 라이드에서 안장에서 일어나 최소 15초 동안 스프린트를 한 다음 다시 안장에 앉아 30초 동안 결승선까지 달리는 30초 스프린트를 세 번 강하게 하는 것이 중요합니다. 따라서 스프린트 사이에는 엔듀런스 페이스에서 5분간 가볍게 페달을 밟으며 휴식을 취해야 합니다. 앞선 1분 인터벌과 마찬가지로 라이딩 중 언제라도 수행할 수 있습니다. 트레이닝을 마무리하기 전에 최소 15분 이상의 쉬운 회복 라이딩을 진행하는 것이 중요합니다.

이 트레이닝 기간이 끝나면 밥은 근력과 지구력이 향상되어 레벨 4와 5의 노력을 더 오래 유지할 수 있을 것입니다. FTP 증가와 함께 밥은 더욱 완벽한 사이클리스트가 되어 어떤 레이싱 상황에서도 쉽게 대처할 수 있을 것입니다.

질의 8주간의 피크 퍼포먼스 트레이닝 계획

질은 5년 동안 레이스를 해왔지만 주 챔피언십 크리테리움에서 아쉽게 우승을 놓쳤습니다. 결승선에서는 종종 브레이크어웨이에 속했지만, 마지막 스프린트에서 경쟁자에게 밀렸습니다. 그녀는 올해 반드시 우승하겠다고 다짐했습니다.

질은 일주일에 8-12시간 정도 트레이닝합니다. 몸무게는 130파운드(59.1 kg)이고 현재 FTP는 221 W, 즉 3.74 W/kg입니다. 5초 최고 파워는 956W, 1분 최대 파워 452 W, 5분 최대 파워는 260 W로, 질의

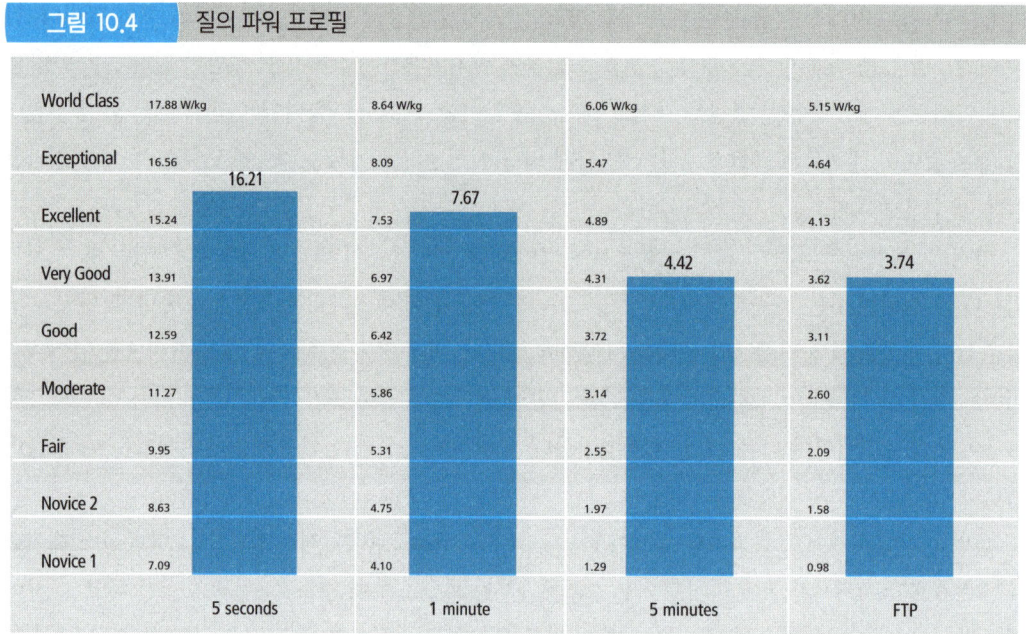

그림 10.4   질의 파워 프로필

	5 seconds	1 minute	5 minutes	FTP
World Class	17.88 W/kg	8.64 W/kg	6.06 W/kg	5.15 W/kg
Exceptional	16.56	8.09	5.47	4.64
Excellent	15.24	7.53	4.89	4.13
Very Good	13.91	6.97	4.31	3.62
Good	12.59	6.42	3.72	3.11
Moderate	11.27	5.86	3.14	2.60
Fair	9.95	5.31	2.55	2.09
Novice 2	8.63	4.75	1.97	1.58
Novice 1	7.09	4.10	1.29	0.98

(막대값: 5 seconds = 16.21, 1 minute = 7.67, 5 minutes = 4.42, FTP = 3.74)

파워 프로필(그림 10.4)은 비교적 평평한 모양을 가지고 있습니다. 이러한 지표를 통해 그녀는 올라운더임을 알 수 있습니다. 참고로 그녀의 뛰어난 자전거 핸들링 기술은 레이스 운영에 도움을 줍니다.

질의 파워 지속 곡선(그림 10.5)은 트레이닝 개선에 대한 몇 가지 단서를 제공합니다. 곡선이 다른 카테고리 라인을 교차하는 부분을 주목하세요. 이 부분이 바로 질이 한계에 직면한 영역입니다.

질은 '우수' 카테고리에 간신히 속할 정도의 스프린트를 가지고 있습니다. 파워 지속 곡선은 약 25초까지 다소 급격하게 떨어집니다. 파워 지속 곡선이 평균 최대 파워 라인을 넘어서는 '혹(bump)'이 26초에서 거의 2분까지 상승하는 것에서 알 수 있듯이 질은 탄탄한 무산소 능력을 가지고 있으며, 이는 '매우 좋음' 범주에 속합니다. 5초에서 28초로 떨어지는 부분은 피로 저항이 떨어지는 부분과 그녀의 독특한 생리학 측면에서 한계가 있음을 보여줍니다. 출력은 956 W에서 509 W로 떨어지므로 긴 스프린트에서 피로 저항이 부족하다는 것을 알 수 있습니다. 물론 총 최대 파워 출력을 높이면 스프린트 우승에 도움이 되겠지만, 이 문제도 해결해야 합니다.

무산소 능력, 즉 레벨 6은 주로 30초에서 2분 사이에 지속되는 노력이므로, 질의 곡선을 보면 26초에서 약 1분 30초까지 계속 상승하기 때문에 무산소 능력이 매우 우수하다는 것을 알 수 있습니다. 다만 그래프 상으로 볼 때 1분 30초 지점에서 유산소 에너지 생산에 의존하는 것으로 전환될 가능성이 높습니다.

질의 무산소 능력을 더 잘 이해하기 위해 무산소 능력 트레이닝의 파워 파일을 살펴보고 이를 크리테리움 레이스 파일과 비교해 보겠습니다(그림 10.6 참조). 크리테리움에서 질은 대부분의 시간을 4사분면

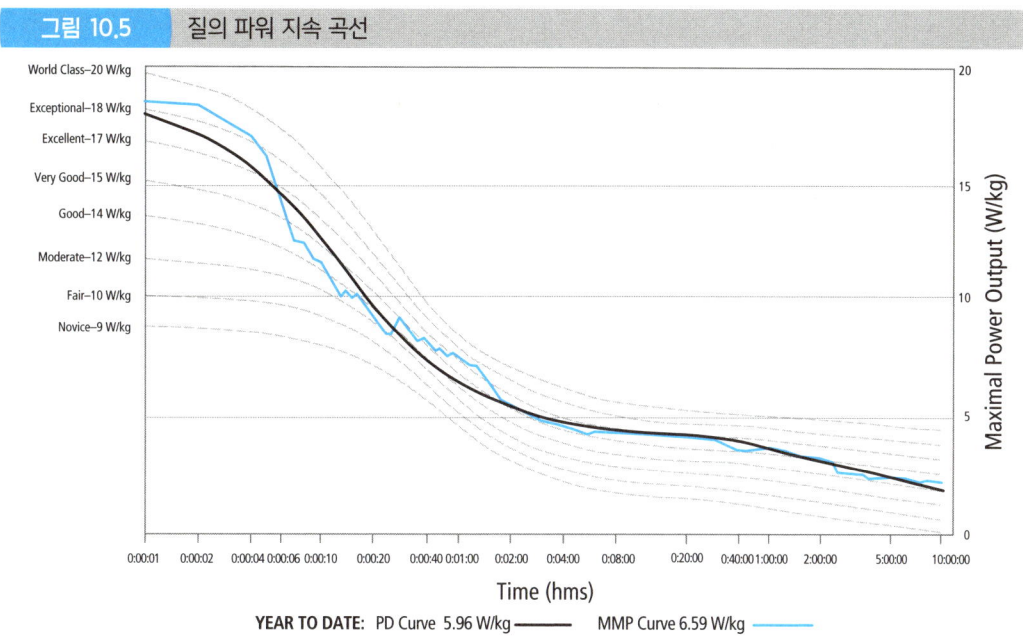

그림 10.5 질의 파워 지속 곡선

파워 지속 곡선이 카테고리 라인 아래로 떨어진 경우 일반적으로 해당 약점이 강해질 수 있다는 것을 나타냅니다. 질의 PDC는 5초에서 28초 영역까지 떨어졌다가 다시 상승하기 시작합니다. 폭발력은 매우 뛰어나지만 스프린트 지속력이 부족합니다.

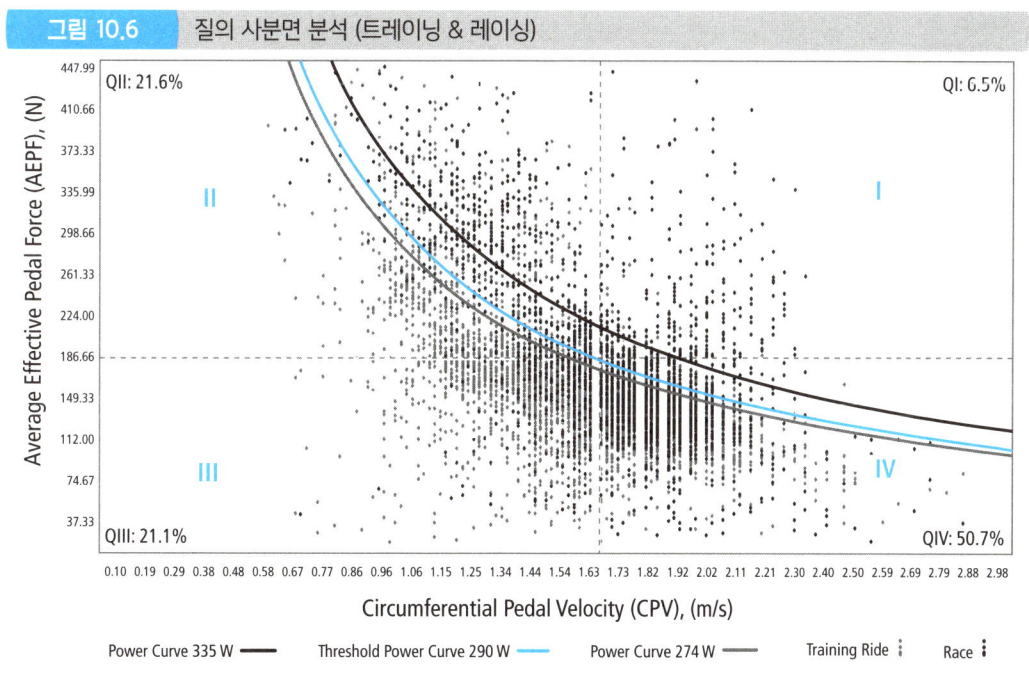

그림 10.6 질의 사분면 분석 (트레이닝 & 레이싱)

에서 보냈지만, 트레이닝에서는 대부분의 시간을 2사분면과 3사분면에서 보냈습니다. 이 두 라이딩은 파워를 생성하는 방식이 확연히 다릅니다. 이는 질이 트레이닝할 때 레이싱의 요구 사항을 고려하지 않는다는 것을 보여줍니다. 이것이 그녀의 레벨 7 파워가 1:30에 지속적으로 갑자기 떨어지는 이유일 수 있습니다.

이 사분면 분석 그래프를 레벨6 시간 구간의 파워 지속 곡선과 함께 살펴보고 내릴 수 있는 결론은 질의 속근이 빨리 피로해진다는 것입니다. 질이 노력을 1분 이상으로 연장하여 높은 와트 수를 유지하기 위해서는 케이던스를 늘려야 합니다(그래도 와트 수는 여전히 급격히 떨어집니다).

이와 같은 시나리오에서는 두 가지 원칙의 적용을 생각해 볼 수 있습니다. ① 운동 생리학적인 관점에서 볼 때, 선수는 1분에서 2분 사이의 구간 동안 105 rpm으로 페달을 밟을 수 있는 능력을 트레이닝하거나 신경근력을 향상시켜 30초 후에 과도한 피로를 느끼지 않도록 해야 하며, ② 레이스 상황에서는 '승부를 걸어야 하는' 상황이기 때문에 선수가 자신의 페이스를 정확하게 맞추는 것이 어려울 수 있으므로 페이스를 조절하는 기술을 트레이닝 하는 것이 중요합니다. 질이 스스로 페이스를 조절하는 방법을 배우면 1분에서 2분 사이 구간의 파워를 향상시키는 부수적인 이점을 얻을 수 있습니다. 질은 무산소 능력 워크아웃(부록, AC-W8)을 통해 이를 달성할 수 있는데, 이 워크아웃은 가능한 한 오랫동안 높은 와트 수를 유지하면서 전체 출력을 낮추는 데 도전하는 약간은 모순적인 워크아웃입니다. 이를 유지할 수 없을 때는 노력을 멈추고 회복한 후 다시 시도합니다.

또한 질이 특히 스프린트할 때 어떤 기어를 선택할 지와 스프린트 기술도 조사해봐야 합니다. 기술과 파워 출력 영역 모두에서 더 많은 연습을 통해 질은 스프린트를 향상시킬 수 있을 것입니다.

질은 주 크리테리움 챔피언십에서 우승하는 것이 1차 목표이고 여러 번 달성할 뻔한 적이 있기 때문에 세 가지 접근 방식을 취할 것입니다. 첫째, 질이 더 폭발적인 스프린트를 할 수 있고 그 강도를 조금 더 오래 유지할 수 있도록 신경근 파워를 향상시킬 것입니다. 여기에는 적어도 일주일에 두 번 스프린트와 빅기어 인터벌이 포함됩니다.

둘째, 질이 레벨 6에서 겪고 있는 과도한 피로를 해소하기 위해 무산소 능력을 향상시킬 것입니다. 질의 '반복 가능성'을 지속적으로 향상시키면서 레벨 6의 전체 와트 수를 높이는 데 초점을 맞춘 워크아웃을 매주 한 번 이상 할 것입니다.

셋째, 질이 마지막 결승 구간에서 스프린트를 하지 않아도 될 수 있도록 FTP를 개선하기 위해 노력할 것입니다. 질이 혼자서 레이스를 완주하고 우승할 수 있다면 정말 좋겠죠! 이를 위해서는 적어도 일주일에 두 번(한 번은 주말에 레이스를 할 수도 있습니다), 10분에서 20분 사이의 스윗스팟과 역치 인터벌에 집중하는 트레이닝을 해야 합니다.

4월 초에 계획을 시작하여 6월 첫 번째 주말의 이벤트까지 총 8주간의 완전한 프로그램을 계획할 것입니다. **표 10.2**에 설명된 이 계획은 밥의 계획에 사용된 것과 유사한 일반적인 패턴을 가지고 있습니다.

표 10.2	8주 피크 퍼포먼스 트레이닝 계획						
Week	Mon.	Tues.	Wed.	Thurs.	Fri.	Sat.	Sun.
1	LT–W10	LT–W9	NP–W2	AR–W1	SUBLT–W4	END–W8	END–W4, 2.5 hr.
2	Rest day	AR–W1	NP–W5	AC–W3	VO$_2$–W6	END–W8	END–W4, 2.5 hr.
3	Rest day	AC–W3	VO$_2$–W6	AR–W1	RACE–W2	RACE–W3	TEMP–W10, 3 hr.
4	Rest day	AR–W1	AR–W1	AR–W1	Rest day	TEMP–W1, 1.5 hr.	Rest day
5	Rest day	AM: NP–W5 PM: AC–W7	VO$_2$–W2	LT–W4	Rest day	VO$_2$–W2	END–W9, 5 hr.
6	Rest day	AR–W1	VO$_2$–W3	VO$_2$–W2	LT–W3	WATTS–W5	SubLT–W3
7	Rest day	AR–W1	Rest day	AR–W1	AR–W1	END–W4, 2.5 hr.	VO2–W5
8	AR–W1	AC–W6	VO$_2$–W6, 5 × 5 min.	AR–W1	AR–W1	Road Race/Crit. RACE–W3	END–W8, 3–4 × 3 min.

질은 매주 월요일에 쉬는 날을 갖습니다. 화요일, 수요일, 목요일 워크아웃이 프로그램의 핵심이며, 금요일은 일반적으로 액티브 리커버리(레벨 1)를 위한 날이지만, 때때로 질은 금요일에 특정 워크아웃을 수행하여 연속된 3일의 강력한 워크아웃을 수행할 수도 있습니다. 주말에는 토요일에 장거리 그룹 라이드(또는 레이스)를, 일요일에는 중장거리 라이드(또는 레이스)를 진행합니다. 3주간의 고강도 트레이닝, 1주간의 휴식, 2주간의 마지막 고강도 트레이닝, 그리고 마지막 2주간의 테이퍼링 기간으로 피트니스를 최고조로 끌어올릴 것입니다. 모든 파워 워크아웃은 부록에서 **표 10.2**에 표시된 코드를 사용하여 확인할 수 있습니다.

강점

보통-매우 좋음: 레벨 2, 3, 4, 5
우수: 브레이크어웨이
매우 좋음: FTP (해당 선수 카테고리 내)
좋음: 지속주 라이딩(추가 트레이닝을 통한 타임 트라이얼의 강점 가능성 보유)
우수: 자전거 핸들링 기술

약점

평균 이하: 레벨 7 파워 출력
짧은 노력에서의 극심한 피로감
좋지 않음: 스프린트에서 피로 저항
스프린트에서 기술적인 문제의 가능성

1-4주차

첫 4주의 계획은 전반적으로 피트니스의 기초를 강력하게 다지는 것에 집중하는 것입니다(전체 계획의 마지막 4주는 특정 노력에 집중하는 형태를 취합니다). 1주차에는 유산소 발달을 돕기 위해 토요일에는 장거리 라이딩을 하는 등 역치 운동에 중점을 둡니다. 핵심 워크아웃은 젖산 역치 크로스 워크아웃입니다(부록, LT-W9).

이 워크아웃에서 질은 서브역치 파워의 인터벌을 사용하여 역치를 개선합니다. 이러한 종류의 운동의 효과를 이해하는 예를 들어보겠습니다. 배수구를 열어 놓은 욕조의 약 4분의 3로 물이 정도 가득 차 있다고 상상해 보십시오. 2분마다 수도를 열어 수위를 최대로 채우고 물이 욕실 바닥에 넘치기 직전에 멈춥니다. 물이 다시 4분의 3으로 줄어들 때까지 물을 뺀 다음 수도를 다시 엽니다. 일정한 속도로만 물이 배수되는 욕조와 달리, 신체는 시간이 지남에 따라 큰 노력으로 인한 피로를 더 빨리 해소하기 시작하여 라이더의 역치를 개선시키게 됩니다. 다시 말해, 이 워크아웃은 배수구의 크기를 개선하는 것입니다.

15분간의 워밍업과 빠른 페달링 인터벌을 마친 후, 총 20분 동안의 십자 조준선 인터벌을 시작합니다. 십자 조준선 인터벌은 FTP의 90% 가까이에서 시작됩니다. 2분 후, 질은 30초 동안 FTP의 120%까지 끌어올린 다음 다시 초기 페이스인 FTP의 85-90%로 회복합니다. 또 다시 다음 30초 동안 FTP의 120%로 노력하기까지 회복하는 동안 파워가 85% 이하로 떨어지지 않도록 주의합니다. 질은 두 번의 십자 조준선 인터벌을 모두 마친 후 10분 동안 회복한 후 약간의 VO_2max 운동 및 쿨다운으로 마무리합니다.

2주차에는 주 초반에 스프린트, 목요일에 중요한 무산소 능력(부록, AC-W3), 금요일에 매우 힘든 '레이스 우승 인터벌' 워크아웃 등 더 짧고 강도 높은 워크아웃에 중점을 두어 질의 피트니스를 단련합니다.

목요일 워크아웃의 목표는 질이 강하게 운동하되, 빠르게 회복하는 능력을 향상시키는 것입니다. 질은 표 5.1의 지침에 따라 인터벌을 중단해야 하는 시점을 정확히 알고 있으며 최소 8회 이상 반복할 계획입니다. 표준 워밍업 후, 질은 파워미터를 조정하여 인터벌 모드에서 평균 파워를 확인할 수 있도록 합니다. 그녀는 2분 노력의 인터벌 라이딩을 시작하여 가능한 한 열심히 라이딩하며 평균 와트를 끝까지 끌어올립니다. 그녀의 목표는 FTP의 130%를 초과하는 평균입니다. FTP의 118% 이하로 떨어지면 인터벌을 중단합니다. 회복 후(필요한 경우 권장 시간인 2분 이상 사용 가능), 질은 평균 FTP의 140%를 넘는 1분간 고강도 노력으로 마무리합니다. 파워가 FTP의 120%를 초과하지 않는 한 세 가지 인터벌을 모두 수행한 다음 쿨다운 합니다. 첫 번째 인터벌에서 120%를 달성하지 못하면 이 워크아웃을 건너뛰고 30분간 더 가볍게 라이딩 한 후 종료합니다.

3주차에는 회복 주간에 앞서 마지막으로 강도 높은 주간입니다. 화요일과 수요일에 각각 수행해야 하는 무산소 능력 워크아웃과 VO_2max 워크아웃은 '반드시 해야 하는' 워크아웃입니다. 주말에는 레벨 3, 템포를 강조하는 두 가지 워크아웃을 수행합니다. 수요일의 핵심 레벨 5, VO_2max 워크아웃은 '레이스 우승' 인터벌을 다루며 레이스에서 승리하기 위한 어택을 시뮬레이션하도록 설계되었습니다.

적절한 워밍업 후, 각 운동은 30초 스프린트(안장 위에서 15초)로 시작되며, 이는 평균적으로 자신의 역치 파워의 약 200%, 최고 300% 이상에 달합니다. 그런 다음 역치 파워의 100-104%로 3분간 라이딩하고 안장 밖에서 10초간 버스트로 마무리하며 역치 파워의 200%에 도달하려고 노력합니다. 노력 사이에 5-6분간 휴식을 취하고 레벨 2에서 15분간 쿨다운을 합니다.

트레이닝 계획 3주차에는 주말에 레이스가 있는 경우를 대비한 계획을 포함했습니다. 플랜 A는 토요일에 레이스가 있는 경우의 계획이고, 플랜 B는 일요일에 레이스가 있는 경우의 계획입니다. 주말에 트레이닝만 하는 경우에는 플랜 C를 따릅니다.

일요일에 진행되는 레벨 3 템포 라이드(주말에 레이스가 없는 경우 플랜 C)는 탄탄한 템포 트레이닝과 약간의 스윗스팟 및 VO$_2$max 트레이닝이 결합되어 있습니다. 이 라이드의 목표는 엔듀런스를 향상시켜 근육이 최대 3시간의 공격적인 라이드에 견딜 수 있는 스테미너를 갖출 수 있도록 하는 것입니다. 질은 총 3시간 이상 라이딩을 하며, 대부분의 라이딩은 FTP의 76-90%에서 수행합니다. 이 라이드에서는 20분 동안 두 차례에 걸쳐 FTP의 88-93%에 해당하는 강도로 수행하며, 만약 이것이 당장 너무 힘들다면 10분간 세 번의 노력으로 시작한 다음, 다른 시도에서 10분간 네 번의 노력, 15분간 세 번의 노력, 마지막으로 20분간 두 번의 노력으로 진행합니다. 이후에는 3분간 VO$_2$max (250-255W)로 4번의 노력을 추가하고, 노력 사이에 3분간 휴식을 취한 후 최종 15분의 쿨다운으로 마무리합니다.

레이싱을 위한 트레이닝 프로그램을 조정하는 방법

플랜 A, 플랜 B 또는 플랜 C를 사용할지 어떻게 알 수 있을까요? 그리고 각 플랜의 워크아웃은 정확히 어떻게 되나요? 다음은 몇 가지 지침입니다.

- **토요일에 레이스를 하는 경우/플랜 A:** 레이스 이틀 전에 휴식의 느낌으로 목요일에는 가볍게 라이딩을 합니다. 금요일에는 레이스 당일의 고강도 트레이닝에 대비하여 다리를 준비시키는 튠업 워크아웃을 수행합니다.
- **일요일에 레이스를 치르는 경우/플랜 B:** 목요일은 엔듀런스 라이드입니다. 무리하지 않되, 다리를 예리하게 유지하기 위해 짧은 버스트를 포함해서 수행합니다. 금요일은 액티브 리커버리로, 토요일은 레이스 준비를 위한 튠업으로 정합니다.
- **레이스에 참가하지 않는 경우/플랜 C:** 목요일은 엔듀런스 라이드이며, 마찬가지로 다리를 예리하게 유지하기 위해 짧은 버스트를 포함합니다. 금요일은 액티브 리커버리 라이드, 토요일은 짧은 노력을 포함하는 템포 라이드입니다. 일요일은 레벨 3 템포 라이드(질의 경우, TEMP-W10)를 진행합니다.

4주차는 화려하지는 않지만 계획에서 매우 중요한 부분입니다. 이 주에 휴식을 취하지 않으면 이전 3주 동안의 노력의 혜택을 누릴 수 없으며, 다음 2주 동안 최적의 트레이닝을 할 수 있을 만큼 충분히 회복하지 못하기 때문입니다. 질은 이번 주에 자전거를 탈 예정이지만, 자전거를 탈 때는 천천히 탈 것입니다. 평지에서 시속 14마일 이상으로 과속하지 않고 FTP의 62% 미만으로 유지하면서 정말 쉽게 라이딩을 해야 합니다.

사실 많은 사람들에게 있어 쉽게 라이딩하는 것은 매우 어려운 일입니다. 실제로는 더 쉽게 라이딩해야 하지만 엔듀런스 페이스로 라이딩하는 사람이 너무 많습니다. 4주차 동안 질은 하루 라이딩 시간을 2시간 이내로 제한했고, 특히 주중에는 1시간 15분으로 제한했습니다. 휴식 주간의 의미는 정말 특정 날짜는 완전히 쉬는 것을 의미하며, 질은 월요일, 수요일, 일요일에 집에서 휴식을 취할 것입니다.

5-8주차

질은 5주차에 트레이닝에 복귀하면서, 레이스에서의 복수를 다짐합니다. 화요일에는 워크아웃 2회, 수요일에는 VO$_2$max 워크아웃, 목요일에는 FTP 워크아웃, 일요일에는 전체 트레이닝 블록 중 가장 긴 5시간의 라이딩을 진행합니다.

질의 FTP 워크아웃(부록, LT-W4)을 자세히 살펴봅시다. 워밍업 후, 질은 10분 간격의 회복시간을 가지는 두번의 20분 FTP 인터벌을 수행합니다. 이후 안장에서 일어나 케이던스를 110 rpm까지 올리면서 10초 버스트 인터벌을 통해 20-30분 동안 템포 운동을 시작합니다. 기어는 한 단만 연속하고 버스트 사이에는 50초 동안 휴식을 취합니다. 이후 다음으로 3회의 모든 것을 쏟아 붙는 5분 인터벌로 메인 워크아웃을 수행합니다. 이때 적어도 파워를 FTP의 106% 이상으로 유지해야 효과를 얻을 수 있습니다.

6주차에는 질의 트레이닝 계획의 마지막 고강도 주간으로, 피트니스을 최고로 끌어올리는 데 도움이 되는 VO$_2$max 운동과 짧지만 강도가 매우 높은 역치 인터벌이 포함되어 있습니다. 목요일의 워크아웃은 피트니스를 최고로 끌어올리는 데 중요한 트레이닝으로, 20분간의 워밍업으로 시작하여 1분간 빠르게 페달을 5회 밟고 1분간 휴식을 취하는 것으로 구성됩니다. 이렇게 하면 240-255 W의 강도로 6분간 5회 노력하는 다음 세그먼트의 강도에 대비해 근육이 준비됩니다. 질은 타임 트라이얼을 한다고 가정하고 자신이 선택한 케이던스로 6분 내내 강하게 페달을 밟고 5분간 휴식을 취합니다. 20분간 템포 (175-200 W)로 마무리하고 15분 동안 쿨다운 합니다.

토요일의 라이드는 헌터가 좋아하는 라이드 중 하나로, 각 시스템에서 트레이닝할 수 있는 모든 것을 제공합니다(부록, WATTS-W5). 이 라이드는 약 4시간 정도 소요됩니다. 라이드의 대부분은 레벨 2에서 진행되지만, 마지막 45분 동안은 5장에서 이야기한 스윗스팟에서 트레이닝을 하게 됩니다. 긴 워밍업 후, 질은 서브 역치에서 두 번의 20분 인터벌을 수행합니다. 이 인터벌은 매우 힘들고, 파워를 유지하기 위해 밀고 나가야 합니다. 인터벌 사이의 10분 동안 회복합니다. 이후 30분 동안 순항한 다음 스프린트를 시작합니다. 작은 체인링에서 느린 속도로 기어를 돌리며 3번의 인터벌, 큰 체인링에서 약 20 mph (300 m 주행)의 속도로 3번, 53:13의 기어비로 스프린트를 진행합니다. 스프린트 사이에는 5분간 휴식을 취합니다. 그런 다음 30분 정도 더 순항합니다.

이후 다양한 길이의 언덕을 여러 번 타는 반복 클라이밍을 5회 수행합니다. 중간중간 충분한 휴식을 취하면서 VO_2max 페이스로 라이딩합니다. 그런 다음 30분 동안 엔듀런스 페이스로 라이딩하면서 5분마다 짧은 버스트를 수행하되 20-30초 동안 케이던스를 110 rpm으로 높입니다. 1시간이 지나면 당분과 카페인(탄산음료 또는 에너지 드링크)을 섭취하기 위해 라이딩을 잠시 멈춥니다. 마지막 45분 동안은 스윗스팟에서 수행합니다. 쿨다운이 끝난 후에는 스트레칭을 통해 다음 날의 회복 속도를 높이는 것이 중요합니다.

헌터는 큰 대회를 앞둔 마지막 주에 휴식 주간을 가져야 레이스에 대비해 충분한 휴식을 취할 수 있다고 굳게 믿고 있습니다. 정점을 찍기 전 주말에 좋은 성적을 거둔 질은 자신감을 갖고 대회에 임할 것이며, 좋은 컨디션과 자신감의 조합은 승리를 이끌게 마련입니다. 따라서 7주차는 주말에 몇 가지 워크아웃이 추가되지만, 4주차와 매우 유사합니다. 토요일에는 2시간 30분의 비교적 짧은 엔듀런스 라이드를, 일요일에는 무산소 능력의 트레이닝을 마무리하기 위해 고안된 짧고 집중적인 인터벌을 수행합니다(부록, VO_2-W5 참조). 이는 15분간의 워밍업과 100 rpm 이상의 케이던스로 1분간 빠르게 페달을 밟는 4번의 인터벌로 시작됩니다. 와트 수에 크게 신경 쓰지 않고 케이던스와 부드러운 페달링에 더 집중할 수 있습니다. 질은 짧은 시간(5분)의 가벼운 스핀을 하는 동안 정신적으로 다음 강도의 노력을 준비합니다. 2분간 6번의 노력 동안 질은 평균 300 W (FTP의 135%) 이상을 목표로 최대한 열심히 라이닝을 합니다.

목표는 매우 강하게 달리되, 마지막 10초 동안 폭발할 수 있도록 자신의 페이스를 유지하는 것입니다. 질은 인터벌 사이에 짧은 휴식(2분)을 취하는 6분 타임 트라이얼 시뮬레이션으로 마무리하고 VO_2max 시스템을 최대로 끌어올립니다. 마지막으로 15분 동안 쿨다운 후 스트레칭을 통해 몸을 회복합니다.

질의 트레이닝 계획의 마지막 주는 튠업 주간으로, 화요일에는 무산소 능력, 수요일에는 아주 중요한 레이스-우승 워크아웃을 수행합니다. 화요일의 워크아웃은 5주차 화요일의 무산소 능력 워크아웃과 비슷하지만 이번에는 인터벌의 수가 적습니다(부록, AC-W6 참조). 여기서 무리할 필요는 없지만, 주말을 대비해 다리를 단련할 수 있는 수준의 강도로 수행합니다. 15분간 준비운동을 한 후, 이전 무산소 능력 워크아웃과 비슷한 와트 수를 목표로 3번의 2분 노력을 수행합니다(질은 이후 해당 워크아웃의 파일을 검토하여 경기당일의 전략을 설정합니다). 세 번의 노력 후, 질은 쉬운 엔듀런스 페이스로 5분간 라이딩을 한 다음 1분간 330 W (FTP의 150%)를 목표로 사이사이에 1분의 휴식을 취하면서 세 번의 노력을 합니다. 마지막으로 FTP의 200%에 해당 파워로 세 번의 30초 노력으로 마무리합니다. 쿨다운과 스트레칭 루틴을 통해 다리의 회복을 돕고 주말의 정점을 위해 다리를 유연하게 유지합니다.

스테이트 챔피언십 크리테리움 레이스 전 마지막 며칠은 편안해야 합니다. 레이스 전 마지막 몇 일은 질이 상쾌하고 휴식을 취하는 동시에 너무 많은 휴식으로 인해 진부한 느낌이 나지 않도록 하는 것이 중요합니다. 그녀의 다리는 에너지로 가득 차 있어야 하며, 휴식 시간이나 스프린트에서 선두로 나서 솔로 우승을 차지할 준비가 되어 있어야 합니다.

조의 12주 70.3 철인3종 레이스 계획

조는 힐클라임이 많은 아이언맨 70.3 레이스를 위해 트레이닝 중입니다. 2년 동안 철인3종 레이스에 출전한 그는 어느 정도 실력이 향상되어 같은 연령대 상위 10위 안에 들기로 결심했습니다. 그는 피트니스 기반이 좋고 엔듀런스가 매우 뛰어나기 때문에 전체 거리는 크게 걱정하지 않습니다. 조는 수영과 달리기를 잘하지만 자전거에 맞는 단련을 위해 파워미터를 구입했고 파워를 기반으로 트레이닝을 시작할 준비가 되어 있습니다. 그는 특히 짧은 힐클라임 능력을 향상시키고 싶어 합니다. 조의 몸무게는 180파운드(81.8 kg)이며, 현재 FTP는 270 W (3.3 W/kg)입니다. 5초 최대 파워는 780 W, 1분은 417 W, 5분은 320 W이며, 조의 파워 프로필(**그림 10.7 참조**)은 우상향 형태입니다. 조는 클래식 철인3종 선수, 지속주 라이더, 타임 트라이얼 선수로 분류됩니다.

조의 파워 지속 곡선(**그림 10.8 참조**)을 보면 비교적 평평한 곡선임을 알 수 있습니다. 조가 짧은 힐클라임을 빠르게 완료하고 회복하는 능력을 향상하려면 무산소 능력과 VO_2max를 모두 개선해야 합니다.

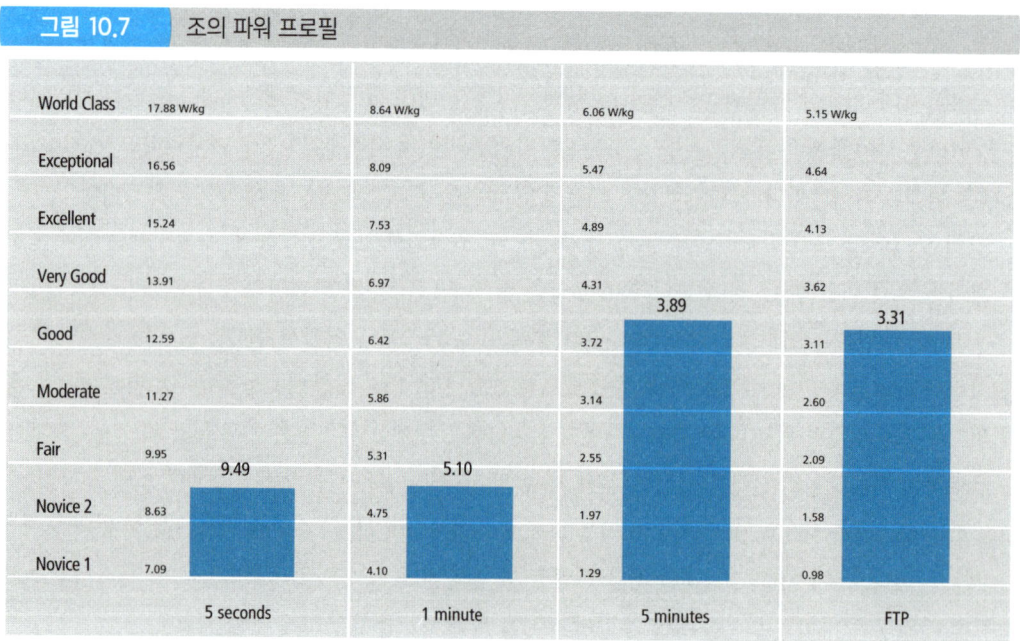

그림 10.7   조의 파워 프로필

	5 seconds	1 minute	5 minutes	FTP
World Class	17.88 W/kg	8.64 W/kg	6.06 W/kg	5.15 W/kg
Exceptional	16.56	8.09	5.47	4.64
Excellent	15.24	7.53	4.89	4.13
Very Good	13.91	6.97	4.31	3.62
Good	12.59	6.42	3.72 (3.89)	3.11 (3.31)
Moderate	11.27	5.86	3.14	2.60
Fair	9.95 (9.49)	5.31 (5.10)	2.55	2.09
Novice 2	8.63	4.75	1.97	1.58
Novice 1	7.09	4.10	1.29	0.98

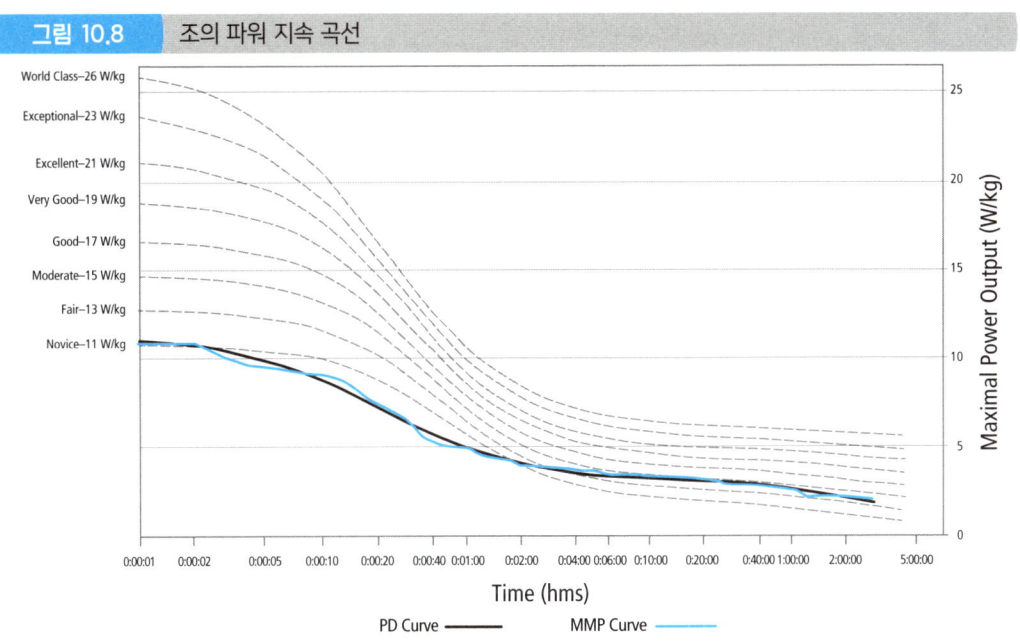

그림 10.8　조의 파워 지속 곡선

조의 파워는 레벨 7에서 급격히 떨어져서 1분 근처까지 감소합니다. 하지만 다시 올라가기 시작할 때는 레벨이 바뀌게 됩니다. 이것은 분명 한계점이지만, 트레이닝할 때 이 점을 고려하지 않습니다. 조는 철인3종에만 집중하기 때문입니다.

물론 FTP를 개선하는 것은 전반적으로 성공의 핵심 요소가 될 것이므로 이것도 신경을 써야 합니다. 파워 지속 곡선을 자세히 살펴보면 신경근/레벨 7 파워가 1분까지 '초보자' 이하로 떨어지고 그 후 평평해지기 시작하는 것을 알 수 있습니다. 이는 조가 철인3종 트레이닝만 해왔기 때문에 자전거로 스프린트를 한 번도 해본 적이 없고, 철인3종용 자전거만 가지고 있어 스프린트가 힘들기 때문일 수도 있습니다. 그는 전적으로 철인3종에만 집중하고 있기 때문에 이것이 약점일 수 있지만, 이를 개선하려고 노력하거나 레벨 7에서 트레이닝 하기위해 시간을 투자하는 것은 의미가 없습니다. 시간을 FTP와 같은 다른 곳에 투자하는 것이 더 낫습니다. 그러나 30초에서 2분 사이의 무산소 능력이 좋지 않은 조는 힐클라이밍을 더 잘하기 위해 곡선의 이 부분을 위쪽과 오른쪽으로 올려야 할 것입니다. 철인3종은 지근을 움직이며 지속주를 유지해야 하는 종목으로, 속근이 적은 선수들이 주로 참가합니다. 조는 자신의 종목을 잘 선택했지만, 철인3종 레이스에는 작은 힐클라임이 많기 때문에 적절한 강도로 언덕을 넘고 다시 이전 페이스로 회복하는 것이 성공에 매우 중요합니다. 무산소 능력과 VO₂max를 더 많이 트레이닝 할수록 해당 시스템을 덜 사용하게 되어 이후 달리기에 필요한 에너지를 보존할 수 있기 때문입니다. 직관적이지 않은 것처럼 보이지만 실제로는 정확한 해결책입니다.

　조의 파워 지속 곡선의 나머지 구간을 보면 한 시간 지점까지 평평한 곡선을 그리다가 완만하게 아래쪽으로 기울어집니다. 조가 70.3을 위해 점점 더 긴 거리를 트레이닝하면 1시간에서 5시간까지 곡선이

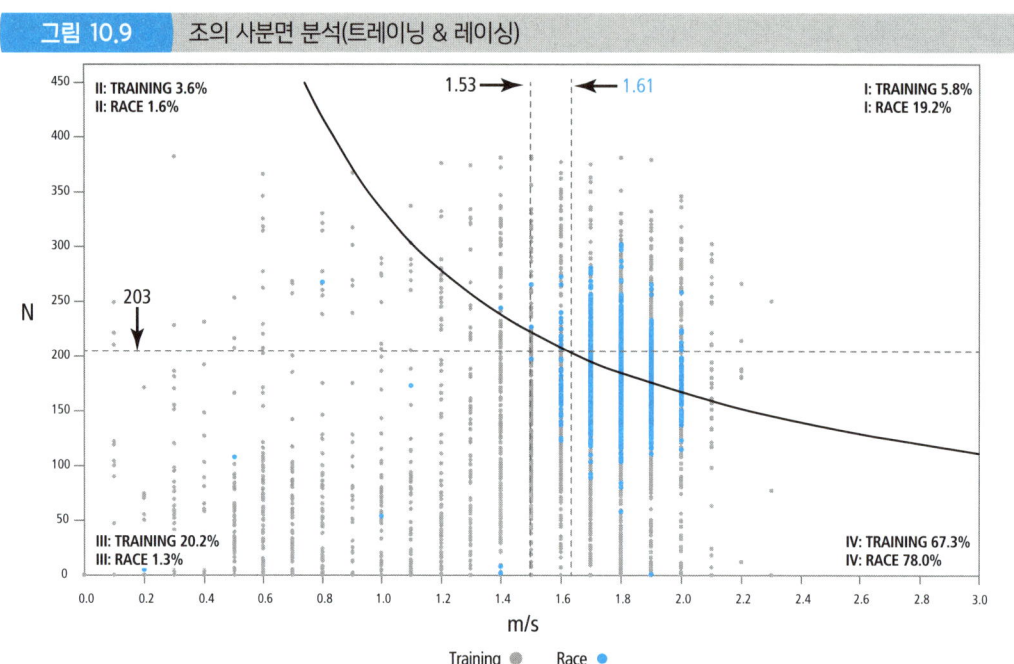

| 그림 10.9 | 조의 사분면 분석(트레이닝 & 레이싱) |

조는 레이싱에 필요한 전략을 완벽히 수행하고 있습니다 – 낮은 힘과 높은 케이던스를 유지하여 달리기를 대비합니다.

더욱 평평해질 것으로 예상됩니다. 그는 FTP에도 계속 신경을 써야 하며, 1시간 이후에도 파워를 유지할 수 있는 능력인 스테미너도 계속 개선시켜야 합니다.

　많은 철인3종 선수들이 빅기어에서 너무 천천히 페달을 밟는데, 이에 대해서는 12장에서 자세히 살펴볼 것입니다. 2사분면에서 자전거 다리에 힘을 많이 쓰면 근육 글리코겐이 고갈되고 달리기 실력을 떨어트릴 수 있습니다. 최근 트레이닝과 레이스를 비교한 조의 사분면 분석(**그림 10.9**)을 보면 조는 다리 근육의 소중한 글리코겐을 보존하기 위한 완벽한 전략인 낮은 힘과 높은 케이던스로 라이딩을 하고 있습니다.

강점

좋음: 지속주 파워

매우 좋음: 엔듀런스

좋음: FTP (체격에 비해서)

매우 좋음: 수영

매우 좋음: 달리기

약점

낮은 파워: 신경근 파워

낮은 파워: 무산소 능력

낮은 파워: VO_2max

표 10.3		12주 철인3종 트레이닝 계획					
Week	Mon.	Tues.	Wed.	Thurs.	Fri.	Sat.	Sun.
1	Rest Day	Swim-W1 Run-W1	TEMPO-W13	Swim-W2 Run-W2	TEMPO-W14	Run-W3 Swim-W3	END-W2 Run-W4
2	Rest Day	Run-W3 Swim-W4	TEST	Run-W5 Swim-W1	AR-W1	Swim-W4 Run-W7	END-W1 Run-W4
3	Rest Day	Swim-W5 Run-W6	AC-W4	Run-W3 Swim-W6	LT-W5	Swim-W7 Run-W8	END-W7 Run-W4
4	Rest Day	Run-W3 Swim-W1	AR-W1	Swim-W2 Run-W1	TEMPO-W14		END-W3 Run-W4
5	Rest Day	Run-W10 Swim-W5	VO$_2$-W4	Run-W3 Swim-W6	SubLT-W10	Run-W8 Swim-W7	WATTS-W1 Run-W4
6	Rest Day	Run-W8 Swim-W8	LT-W7	Run-W3 Swim-W4	TEMPO-W18	Run-W11 Swim-W7	END-W8 Run-W4
7	Rest Day	Rest Day	AR-W1	Run-W3 Swim-W2	P-W2	Run-W1 Swim-W3	END-W3 Run-W4
8	Rest Day	Run-W6 Swim-W8	AC-W7	Swim-W9 Run-W12	Swim-W8 Run-W10	Run-W3 Swim-W6	TEMP-W10 Run-W4
9	Rest Day	Run-W3 Swim-W10	LT-W6	Run-W13 Swim-W4	TEMPO-W13	Run-W3 Swim-W11	WATTS-W4 Run-W4
10	Rest Day	Run-W14 Swim-W8	AR-W1	Run-W3 Swim-W12	LT-W19	Swim-W3 END-W1 Run-W15	END-W3
11	AR-W1	Run-W3 Swim-W13	TEMPO-W15	Run-W6 Swim-W11	LT-W16	Run-W13	END-W3 Run-W4
12	Rest Day	Rest Day	AR-W1	Run-W5 Swim-W2	END-W1	Race	AR-W1

　조의 트레이닝 계획에는 무산소 능력과 VO$_2$max 향상 및 FTP 개선 방안이 꼭 포함되어야 합니다. 특히 동시에 진행해야 하는 수영 및 달리기 워크아웃과 균형을 맞추는 것이 진정한 비결입니다. 조는 힐클라임이 많은 70.3을 준비하기 위해 매주 무산소 또는 VO$_2$max 워크아웃을 해야 합니다. 조는 레이스에 특화된 무산소 또는 VO$_2$max 인터벌 운동을 하기보다는 이러한 핵심 에너지 시스템의 능력을 향상시켜 최고의 퍼포먼스를 낼 수 있도록 준비할 것입니다. 주말에는 철인3종 경기에서의 자전거 구간을 마친 후 목표 페이스로 달리기를 할 수 있는 충분한 지구력과 스테미너를 갖추기 위해 주행 거리를 늘릴 것입니다. 그는 2시간 이상 파워를 생산하고 유지할 수 있는 스테미너를 키우기 위해 주말에 4-5시간 이상의 장거리 라이딩을 할 것입니다. 이것은 엔듀런스 측면에서 수영과 달리기에도 도움이 될 것입니다.

　조는 목표 이벤트 12주 전부터 계획을 시작할 것인데, 4월 초에 시작하여 7월 첫째 주에 정점을 찍도록 할 것입니다. 표 10.3에 제시된 계획은 주당 수영 2-3회, 자전거 워크아웃 3-4회, 달리기 3-4회로 구성되어 있습니다. 해당 주에 중점을 종목에 따라 구성은 달라집니다. 조는 자전거 구간에 집중하여 향상시키를 원하지만 수영과 달리기 워크아웃도 마찬가지로 중요합니다. 4주, 7주, 12주(테이퍼 주간)에는 조에게 좀 더 쉬운 트레이닝을 제시할 것입니다. 이 책에서는 자전거 워크아웃만 설명하지만, 조의 수영 및 달리기 워크아웃 역시 부록에서 확인할 수 있습니다.

1-4주차

1주차 주중에는 두개의 워크아웃을 통해 더 높은 템포(스윗스팟) 워크아웃에 익숙해지도록 했고, 주말에는 브릭(brick; 자전거-달리기) 워크아웃을 수행하도록 구성했습니다. 1주차의 라이딩 들은 수영과 달리기 워크아웃 맞춰 그리 길지 않지만, 조가 체계적인 워크아웃을 시작할 수 있도록 합니다. 2주차에는 수영(화요일), 사이클링(수요일), 달리기(토요일)에서 조의 현 상태의 피트니스를 확인하기 위한 테스트를 겸하며, 강도를 높이기 시작할 것입니다. 특히 3일차의 테스트는 힘들 것입니다. 5분 VO$_2$max 파워 및 20분 동안의 노력을 테스트하는데, 이중 20분 평균 파워에서 5%를 뺀 값을 트레이닝 계획의 FTP로 사용할 것입니다. 5분 테스트는 FRC를 소진시키기 때문에 이후에 일어날 20분 테스트(5% 차감)를 통해 FTP를 더 정확하게 추정할 수 있습니다. 동시에 이는 조의 VO$_2$max 파워를 측정할 수 있는 좋은 시도이며, 이는 FTP의 106-120%인 코건 클래식 레벨보다 높을 지도 모릅니다. 조가 5분 동안의 테스트를 훌륭하게 수행하여 VO$_2$max가 FTP의 150%를 기록한다면, 그는 아이레벨을 트레이닝의 기초로 삼고 싶을 것입니다. 이 두 테스트 모두에서 페이스가 중요합니다. 조는 20분간 진행되는 테스트의 처음 2분 동안은 너무 세게 달리지 않고, 이후 최선을 다해 평균 최고 와트 수를 기록해야 합니다. 3주차 트레이닝은 수요일에 무산소 능력 워크아웃으로 시작하여 금요일에 FTP 워크아웃, 일요일에는 4.5시간의 템포 라이딩으로 이어집니다. 토요일에는 '파워의 시간' 러닝이 더해집니다. 4주차에는 다음 트레이닝 블록을 위한 회복 시간을 보내며 강도와 시간을 모두 줄입니다.

5-8주차

조는 5주차에 다시 본격적으로 복귀합니다. 수요일에 한계를 뛰어넘고 스스로 더 강하게 밀어붙이도록 하는 VO$_2$max 워크아웃을 수행합니다. 그는 각각의 3분 및 2분의 노력에서 VO$_2$max와 무산소 능력 시스템을 모두 소진할 수 있는 와트 수를 기록해야 합니다. 이 워크아웃에는 VO$_2$max와 무산소 운동이 모두 포함됩니다. 일반적인 경우 가장 격렬한 운동은 라이더가 아직 상쾌한 워크아웃 초반에 이루어지기 때문에, 마지막에 무산소 운동을 배치하지는 않습니다. 하지만 이 워크아웃은 조의 피로저항을 키우도록 하여 다가오는 철인3종 레이스에서 일련의 힘든 언덕을 감당할 수 있도록 계획되었습니다. 또한 VO$_2$max 운동은 FTP를 증가시키는 데도 도움이 될 것입니다. 3분 인터벌은 FTP의 115-120% 사이로 신중하게 페이스를 유지해야 하며, 2분 인터벌도 FTP의 135%를 목표로 페이스를 유지해야 합니다. 135% 이하로 떨어지더라도 4번의 인터벌을 모두 완주해야 개선에 필요한 트레이닝 스트레스를 줄 수 있습니다. 주말 중 토요일에는 힘든 달리기와 수영을 하고, 일요일에는 4시간 30분 동안 안장에 앉아 첫 번째 '키친-싱크(kitchen sink)' 워크아웃(모든 것을 던져 넣는다고 해서 붙여진 이름)을 해야 합니다. 이는 피곤한 상태로 마무리되어야 하며 에너지 시스템을 완전히 소진해야 합니다. 라이드가 끝날 무렵 근육이 수축하기 시작하고 경련이 일어날 것 같은 느낌이 든다면, 스스로를 잘 몰아붙여 훌륭하게 워크아웃을 수행했다는 것을 알 수 있습니다. 근육을 손상시키지 않고 근지구력을 소진하면 트레이닝을 통해 큰 적응을 만들어 낼 것입니다.

6주차에는 수영과 달리기 피트니스를 관리하며, 수요일에는 FTP 워크아웃을 수행합니다. 일요일에는 긴 엔듀런스 라이딩(4.5시간)을 합니다. 이쯤 되면 전반적인 피트니스가 향상되는 것을 느낄 수 있습니다. 7주차는 한번 더 편안한 주를 보내는데, 이는 마지막 4주 동안 정말 몰아붙일 수 있게 상쾌함을 주기 위한 전략적인 선택입니다.

8주차에는 헌터가 좋아하는 워크아웃 중 하나인, 18개의 인터벌로 구성된 고강도 무산소 능력 워크아웃으로 다시 트레이닝에 복귀합니다. 6개의 인터벌을 3세트씩 하면 운동을 좀 더 관리할 수 있다고 느껴지며, 워크아웃이 끝나면 정신적으로 큰 돌파구를 경험하게 되어 자신감을 키울 수 있게 됩니다. 처음에 이 워크아웃을 보면 거의 불가능해 보이지만 일단 시작하면 6개의 인터벌로 구성된 첫 번째 세트를 할 수 있다는 것을 알게 되고, 그 다음에는 최소한 두 번째 인터벌 세트는 해봐야겠다고 결심하게 될 것입니다. 나아가 이를 완료하면 조심성은 날려 버리고 마지막 6개의 세트에 도전하게 됩니다. 결국에는 모두 완료한 것에 놀라며 보통의 경우 "그렇게 나쁘지 않았어!"라고 선언하게 됩니다. 이 AC 워크아웃은 조의 피로 저항을 지속적으로 향상시키고 훌륭한 철인3종 선수가 되도록 할 것입니다. 금요일에는 FTP에 집중하는데, 특히 에어로바를 착용하고 각 인터벌을 한계까지 밀어붙여 봅니다. 일요일에는 템포와 스윗스팟에서 라이딩을 하며 4.5시간 동안 다리를 단련합니다.

9–12주차

계획의 마지막 4주 동안은 FTP, 엔듀런스, 그리고 강하게 운동한 뒤 빠르게 회복하는 능력을 강화합니다. 9주차에는 조의 한계를 더욱 확장하기 위해 수요일에 FTP 워크아웃을 수행하는데 이는 FTP를 측정하는 좋은 기회가 될 것입니다. 조가 정해진 와트 수로 이 인터벌을 쉽게 완주한다면 FTP를 높이고 그에 따라 트레이닝 존을 조정할 때입니다. 금요일에는 템포 워크아웃을 하고 일요일에는 레이스에 필요한 심혈관계 적응을 위해 브릭 워크아웃을 수행하는데 달리기 전에는 키친-싱크 워크아웃을 수행합니다.

10주차에는 세 가지 종목 모두에 대해 강도에 집중하여 조가 할 수 있는 한계까지 끌고 가봅니다. 화요일에는 힐클라임을 반복하는 러닝과 힘든 수영을 하고 목요일에는 장거리 수영을 합니다. 금요일에는 페이스를 익히도록 설계된 VO₂max 워크아웃을 실시합니다. 이는 FTP의 106%에서 5×3분 인터벌로 두 세트를 실시하여 짧은 시간 동안 자신의 페이스를 조절하고 빠르게 회복하는 방법을 익히게 합니다. 토요일은 짧게 철인3종 레이스 시뮬레이션을 해보기 위해 세 가지 스포츠를 하는 날입니다.

11주차는 조금 더 칼날을 가다듬을 수 있는 마지막 기회가 주어지는 시점입니다. 조는 수요일에 자신의 스윗스팟에서 한 시간 동안 라이딩하며 템포 워크아웃을 수행합니다. 금요일에는 자신의 기준을 다시 한번 더 확인하기 위해 FTP에서 20분간 2번의 라이딩을 진행하는 클래식 FTP테스트를 수행합니다. 이 라이딩에는 약간의 VO₂max 인터벌이 섞이게 되어 조를 극한까지 밀어붙일 것입니다. VO₂max 운동으로 FTP를 높일 수 있으며, VO₂max의 낮은 레벨에서 트레이닝을 하면 FTP 근처에서의 트레이닝 시간을 늘리면서 효과적인 자극을 줄 수 있습니다. 주말의 워크아웃은 지나치게 힘들지 않은 강도로 수행하여 한 주간의 트레이닝을 마무리합니다.

계획의 마지막 주인 12주차는 대회에 필요한 컨디션을 끌어올리기 위한 테이퍼링 기간입니다. 조는 월요일과 화요일 이틀간 휴식을 취한 후 남은 기간 동안 가벼운 수영, 라이딩, 달리기를 즐길 예정입니다. 대회에 참가하는 조는 힘든 트레이닝 계획에서 벗어났을 때 다리가 무거워지거나 나른해지는 느낌이 생기지 않도록 적당한 상쾌함을 유지해야 합니다. 그는 주 후반에 양질의 워크아웃에 집중하여 최상의 컨디션으로 레이스에 임할 것입니다. 조는 자신의 강점과 약점, 코스의 요구 사항을 고려한 12주간의 종합적인 트레이닝 프로그램을 통해 FTP를 개선하고, 짧고 힘든 힐클라임을 지치지 않고 넘을 수 있는 능력을 키우며, 개인 최고 기록을 달성하는 데 필요한 에너지를 저장할 수 있게 될 것입니다.

빌의 12주 그란폰도 계획

빌은 80마일(128 km) 코스에 세 번의 큰 오르막이 포함된 힘든 그란폰도를 준비하고 있습니다. 빌은 완주까지 최소 5시간이 소요될 것으로 예상되는 이 대회를 위해 충분한 지구력을 갖추는 것을 걱정하고 있습니다. 또한 그는 45분, 30분, 18분으로 예상되는 힐클라임 시간동안 견고한 템포의 페이스로 라이딩하여 동료들을 따라잡기를 희망합니다. 빌은 주중에는 6시간에서 9시간 트레이닝하고, 주말에는 3시간 이상은 힘들더라도, 사전 계획을 세우면 한 달에 두 번 장거리 라이드를 할 수 있습니다. 빌은 자전거를 잘 다루는 클라이머이기 때문에 다운힐은 자신이 있습니다.

빌의 몸무게는 150파운드(68.2 kg)이며 FTP는 235 W (3.45W/kg)입니다. 그의 5초 최대 파워는 803 W (11.8 W/kg), 1분 최대 파워는 381 W (5.6 W/kg), 5분 최대 파워는 261 W (3.8 W/kg)입니다. 파워 프로필은 지속주/클라이머/타임 트라이얼 선수의 파워 프로필처럼 우상향 하며, 빌의 5분 및 20분 파워는 그의 확실한 강점입니다. 다만 스프린트나 1분 파워 출력은 올라운더로 간주될 만큼 뛰어나지는 않습니다.

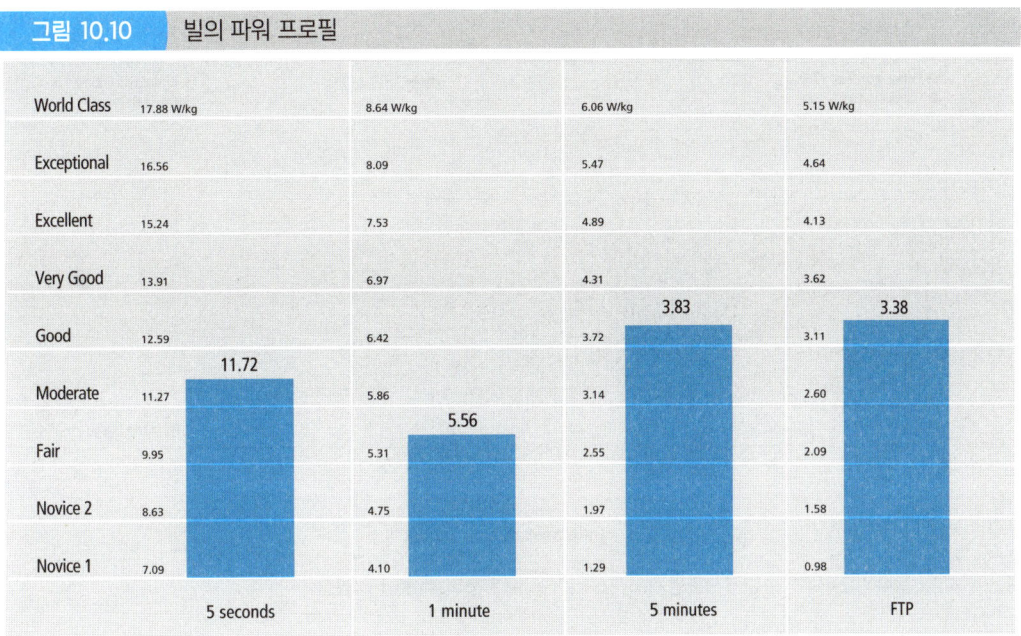

그림 10.10   빌의 파워 프로필

	5 seconds	1 minute	5 minutes	FTP
World Class	17.88 W/kg	8.64 W/kg	6.06 W/kg	5.15 W/kg
Exceptional	16.56	8.09	5.47	4.64
Excellent	15.24	7.53	4.89	4.13
Very Good	13.91	6.97	4.31	3.62
Good	12.59	6.42	3.72	3.11
Moderate	11.27	5.86	3.14	2.60
Fair	9.95	5.31	2.55	2.09
Novice 2	8.63	4.75	1.97	1.58
Novice 1	7.09	4.10	1.29	0.98

빌의 파워 프로필(**그림 10.10 참조**)은 조와 매우 유사하지만, 조보다 스프린트와 레벨 7 신경근 파워가 더 뛰어납니다. 빌의 경우 VO_2max와 FTP가 강점입니다. 스프린트 능력이 있긴 하지만 대단한 수준은 아닙니다. 힐클라임이 많은 장거리 라이드가 그의 강점에 잘 맞습니다. FTP는 높을수록 피트니스가 좋아지며 더 빠르게 힐클라임을 할 수 있기 때문에, 동료들과 함께 빠른 속도로 라이드에 완주할 수 있다는 자신감을 줍니다.

빌의 강점은 5분 VO_2max와 FTP에 있습니다. 그의 파워 지속 곡선(책에 표시되지 않음)은 5분에서 20분까지 상승합니다. 이는 향상의 측면에서 유망하며, 일관성과 집중력을 높여 트레이닝해야 할 첫 번째 영역이 될 것입니다. 빌은 더 짧고 역동적인 다른 이벤트에도 참여하기 때문에, 올라운더로 선수로 거듭나고 싶어합니다. 이를 위해 무산소 능력(레벨 6)과 신경근 파워(레벨 7)도 신경 쓸 것입니다.

빌은 힐클라임을 잘한다고 강조하지만, 사분면 분석을 통해 그의 힐클라임을 살펴보면서 실제로 어떻게 힘을 생성하는지, 그리고 힐클라임을 더 잘 할 수 있는 방법이 있는지 살펴볼 필요가 있습니다.

그림 10.11을 보면, 빌은 비교적 가벼움에도 불구하고 많은 힘이 필요한 2사분면에서 파워를 만들고 있습니다. 체중이 가벼운 라이더는 일반적으로 더 높은 rpm에서 파워를 만들어 내기 위해서 더 큰 기어가 필요하지만, 빌은 가비아 클라임(Gavia Climb)의 40%를 2사분면에서, 53%를 3사분면에서 사용했기 때문에 힐클라이밍 시 낮은 케이던스에서 큰 힘을 가하는 것이 분명합니다. 이는 나중에 회복할 수 있는 단일 언덕이나 레이스 마지막의 언덕에서는 괜찮지만, 그가 준비하고 있는 그란폰도와 같은 복수의 힐클라임 라이드에서는 아주 큰 부담이 될 수 있습니다. 그는 힐클라이밍 시 케이던스를 70대 후반에

　빌의 사분면 분석

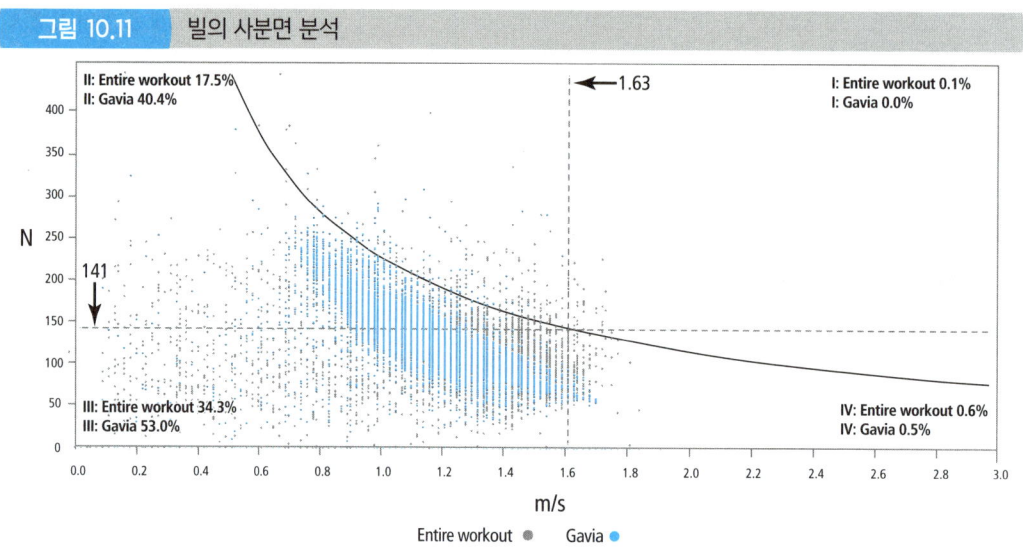

빌은 '가비아 클라임'을 하는 동안 2사분면과 3사분면에서 대부분의 페달링을 했습니다.

　빌의 WAC 스코어 차트

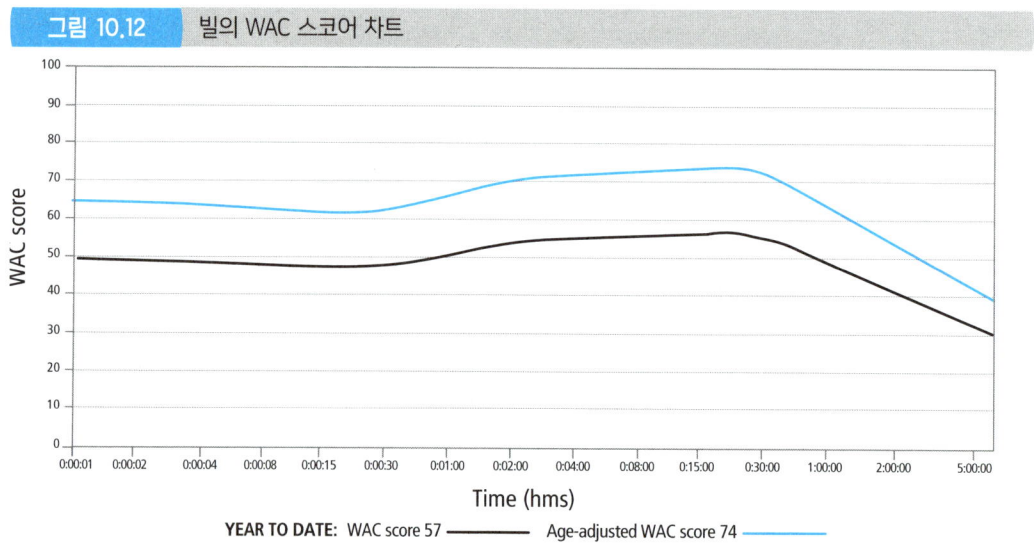

푸른색은 나이 보정 스코어. 검은색은 세계 최고 기록 대비 스코어.

서 80대 초반으로 끌어올려 근육계에서 심혈관계로 부하를 일부 이동시켜야 할 것입니다.

　WAC(윌리엄스, 앨런, 코건) 스코어 차트는 라이더의 기록을 세계 최고 기록과 비교하여 모든 시간 구간에 나이를 고려하여 보정한 스코어를 부여하는 도구입니다. 이는 기본적으로 파워 프로필 차트를 변형한 것으로, 라이더가 프로 등급과 연령 카테고리에서 세계 최고 선수들과 어떻게 비교되는지 파악합니다. 빌의 최고 WAC 점수는 22:48에 74점이며, 이는 같은 시간 동안 세계 챔피언이 기록한 최고 와트의 74% 수준이라는 것을 의미합니다. **그림 10.12**는 5시간이 지나면 43%까지 떨어지기 때문에 빌의 지구력에 대해 이슈가 있음을 보여줍니다. 지구력은 이 도전적인 그란폰도에서 성공적인 성적을 거두는 데 매우 중요한 요소입니다.

강점	약점
좋음: 레벨 5와 4 파워 (카테고리와 나이에 비해)	좋지 않음: 레벨 7과 6 파워
좋음: 클라이머 (클라임 시 더 많은 힘을 사용할 수 있음)	좋지 않음: 낮은 레벨 2와 3 파워(로 인한 활기 없는 스프린트)
탄탄한 자전거 핸들링 기술	

이제 빌의 강점과 약점, 그리고 다가오는 이벤트의 요구 사항을 파악했으므로 그란폰도 이벤트에 필요한 트레이닝을 계획할 수 있습니다.

빌은 장거리 라이딩을 할 시간이 부족하기 때문에 지구력 문제를 해결하는 것이 쉽지 않습니다. 이에 그는 한 달에 두 번 5시간 이상의 라이딩을 하기로 결심했습니다. 성공하려면 라이딩을 마칠 때 지쳐 있어야 하는데, 그렇지 않으면 몇 시간 동안 페달을 세게 밟을 때 오는 깊은 피로를 확인할 수 없고, 개선 효과를 얻을 수도 없습니다. 라이딩의 길이 여부와 상관없이 다양하고 많은 힐클라임을 수행하여 허리, 목, 다리 근육의 긴장에 대비하는 것이 이상적입니다. 빌이 이러한 힐클라임을 수행할 때 스윗스팟 또는 FTP로 10분, 15분, 20분 이상 라이딩할 수 있다면 FTP를 높이는 데 완벽한 자극이 될 것입니다.

빌은 충분한 향상 시간을 확보하기 위해 그란폰도 12주 전에 계획을 시작해야 합니다. **표 10.4**에 설명된 이 계획은 월요일에 휴식을 취하고 화요일, 수요일, 목요일에 워크아웃을 수행하는 밥의 트레이닝 계획에 사용된 것과 동일한 패턴을 따릅니다. 금요일은 일반적으로 액티브 리커버리(레벨 1) 수준의 쉬운 라이딩이지만, 금요일은 한편 3일 연속으로 힘든 날의 일부가 될 수도 있습니다. 주말에는 가족에게 양해를 구할 수 있는 날에 5시간 이상의 라이드를 진행하여 그의 한계를 넘어서는 트레이닝을 할 것입니다.

이 계획은 클래식한 '3주 운동, 1주 휴식' 주기를 따르지 않습니다. 빌은 5주가 열심히 트레이닝 한 뒤 6주차에 회복합니다. 7주차는 다시 열심히 하고, 그 다음 8주차에는 트레이닝을 줄입니다. 이 계획은 빌에게 집중적으로 트레이닝 스트레스를 가한 다음 계획 중간에 조금 더 휴식을 취하도록 설계되어, 계획의 마지막 4주 동안 적응을 하면서 피트니스를 한단계 향상시킬 수 있도록 합니다. 9, 10, 11주차에는 계속해서 빌에게 도전을 주는 동시에 FTP와 엔듀런스를 더욱 향상시키는 것을 목표로 합니다. 12주차에는 그란폰도에서의 완벽한 라이드에 필요한 상쾌함을 위한 테이퍼링 주간이 될 것입니다. 그의 모든 워

표 10.4		12주 트레이닝 계획					
Week	Mon.	Tues.	Wed.	Thurs.	Fri.	Sat.	Sun.
1	AR–W2	END–W1	END–W10	LT–W11	Rest Day	LT–W12	END–W2
2	AR–W1	NP–W4	SubLT–W8	Rest Day	AR–W1	END–W3 or Group Ride	END–W3
	If you are racing on Saturday:			AR–W1	Race–W4	Race	END–W3
	If you are racing on Sunday:			Rest Day	AR–W1	Race–W4	Race
3	Rest Day	Rest Day	NP–W4	P–W1	Rest Day or AR–W1	END–W3 or Group Ride	LT–W14
	If you are racing on Saturday:			AR–W1	RACE–W4	Race	END–W3
	If you are racing on Sunday:			P–W1	Rest Day	RACE–W4	Race
4	Rest Day	NP–W4	NP–W1	LT–W15	AR–W1	Endurance or Group Ride	TEMP–W4
	If you are racing on Saturday:			AR–W11	RACE–W4	Race	TEMP–W4
	If you are racing on Sunday:			LT–W15	AR–W11	RACE–W4	Race
5	AR–W1	Rest Day	END–W1	VO$_2$–W1	Rest Day or Active Recovery	LT–W16	Endurance
	If you are racing on Saturday:			AR–W1	RACE–W4	Race	LT–W16
	If you are racing on Sunday:			VO$_2$–W1	AR–W1	RACE–W4	Race
6	Rest Day	AR–W1	AR–W1	Rest Day	AR–W1	END–W3 or Group Ride	SubLT–W9
	If you are racing on Saturday:			AR–W1	RACE–W4	Race	SubLT–W9
	If you are racing on Sunday:			Rest Day	AR–W1	RACE–W4	Race
7	Rest Day	AR–W1	AC–W6	LT–W6	VO$_2$–W1	LT–W16	LT–W17
	If you are racing on Saturday:				RACE–W4	Race	LT–W17
	If you are racing on Sunday:				VO$_2$–W1	RACE–W4	Race
8	AR–W1	AR–W1	Rest Day	AR–W1	Rest Day	END–W3	TEST
9	AC–W6	VO$_2$–W4	LT–W6	AR–W1	Rest Day	FTP / LT–W18	END–W3
	If you are racing on Saturday:				RACE–W4	Race	END–W3
	If you are racing on Sunday:				Rest Day	RACE–W4	Race
10	Rest Day	AC–W8	AC–W7	Rest Day	AR–W1	LT–W14	END–W3
	If you are racing on Saturday:			AR–W1	RACE–W4	Race	END–W3
	If you are racing on Sunday:			Rest Day	AR–W1	RACE–W4	Race
11	Rest Day	AC–W8	AC–W7	Rest Day	AR–W1	LT–W14	SubLT–W10
	If you are racing on Saturday:			AR–W1	RACE–W4	Race	AR–W1
	If you are racing on Sunday:			Rest Day	AR–W1	RACE–W4	Race Day
12	Rest Day	AR–W1	Rest Day	AR–W1	Rest Day	SubLT–W11	TEST

크아웃은 **표 10.4**의 코드를 참고하여 부록에서 확인할 수 있습니다.

1–4주차

빌은 피트니스 기반이 어느 정도 갖춰져 있으므로 첫 4주에 바로 강도를 높입니다. 수요일에는 힐클라임 반복, 목요일에 버스트가 포함된 FTP, 그 이후에 FTP, 템포 및 VO$_2$max가 혼합된 4시간의 엔듀런스 라이딩을 합니다. 1주차의 목표는 주중 내내 고된 트레이닝으로 인해 약간 피곤한 상태로 주말을 맞이하고, 그 피로를 바탕으로 토요일이나 일요일에 장거리 라이드에서 빌을 더욱 밀어붙이는 것입니다. 첫 주에는 모든 인터벌과 운동에 적응하는 것이 중요합니다. 빌이 주말 워크아웃에서 인터벌에 실패하기 시작하면 계획된 강도를 줄이면서 계속 트레이닝을 하면 됩니다. 1주차에 필요한 것은 완벽한 인터벌 수행이 아니라 누적된 트레이닝 스트레스입니다.

2주차 화요일에는 작은 체인링 스프린트 6회와 큰 체인링 스프린트 6회로 구성된 스프린트 워크아웃이 포함됩니다. 작은 체인링 스프린트는 빌의 폭발력을 향상시키고, 큰 체인링 스프린트는 긴 거리의 스프린트에서 피로저항을 개선시키기 위해 계획되었습니다. 빌의 주말 레이스 여부에 따라 트레이닝 계획을 조정할 수 있습니다(앞장 질의 사례 참고).

3주차 주말에는 지구력을 키우기 위해 더 높은 강도의 라이딩을 계속합니다. 빌의 트레이닝 시간이 제한되어 있기 때문에 1분 1초를 효율적으로 사용해야 하므로 워밍업과 쿨다운 시간을 줄이고 인터벌 사이의 휴식 시간을 단축하여 운동의 불필요한 부분을 줄여야 할 때도 있습니다. 인터벌에서 규정된 와트 수를 맞출 수 있다면 이러한 방식도 괜찮습니다.

4주차에는 역치 파워 향상에 초점을 맞춥니다. 빌은 화요일과 수요일에 서브역치에서 20분씩 2세트에 걸쳐 짧은 버스트를 수행하는 클래식한 FTP 워크아웃을 진행합니다. 주말에는 또 다른 십자 조준선 워크아웃도 준비되어 있습니다.

5-8주차

빌은 휴식 주간을 앞두고 5주차에도 계속 밀어붙여야 합니다. 휴식일을 중요하게 생각하면서 휴식과 운동의 균형을 잘 맞추고 있기 때문에 이러한 도전이 가능합니다. 이번 주는 엔듀런스 라이드에 포커스를 맞추고 있는데, 이를 위해 토요일에 5시간에 걸친 라이드가 예정되어 있습니다. 빌은 이 라이드가 끝날 무렵에 더 강해져 있을 것입니다. 토요일 라이드에는 FTP, 템포, VO$_2$max가 모두 포함되어 어려울 것이지만, 다음 주가 휴식 주간이기 때문에 힘내서 완주할 수 있습니다.

6주차에는 확실하게 휴식을 취하며, 이는 지금까지의 트레이닝만큼이나 중요합니다. 5주차에 충분하게 그리고 열심히 트레이닝하지 않았다면 휴식이 의미가 없기 때문에 귀중한 시간을 낭비하게 될 것입니다. 즉 이번 주 내내 빌은 진정으로 쉬어야 합니다. 파워미터는 빌이 무리한 라이딩을 하지 않도록 도와줄 가이드 역할을 할 것입니다. 이어지는 힘든 한 주를 마친 뒤에는 그는 또다시 휴식을 취하고 싶을 것입니다.

7주차에는 FTP와 VO$_2$max로 라이딩할 수 있는 능력을 향상시키기 위한 VO$_2$max 워크아웃이 포함되어 있습니다. 휴식후는 이러한 인터벌 트레이닝을 하기에 완벽한 시기이며, 빌은 일요일에 가상의 짧은 타임 트라이얼을 할 때에도 모든 구간에서 와트 수치를 최대로 달성할 수 있는 좋은 상태일 것입니다. 목요일에는 다소 힘든 FTP/스윗스팟 워크아웃이 예정되어 있습니다.

8주차에는 또 다른 휴식 주간이 이어집니다. 빌은 지금까지의 트레이닝으로 인해 누적된 피로를 느끼고 있을 가능성이 높기 때문에 이 패턴은 파격적이지만 매우 전략적입니다. 8주차에 더 많은 상쾌함을 주고 TSB를 높임으로써 그의 신체는 계속해서 적응하게 될 것이고, 마지막 4주간의 고강도 트레이닝에 준비될 것입니다.

9-12주차

9주차에는 빌이 기대할 수도 있는 모든 트레이닝 레벨이 결합된 고강도 트레이닝을 진행합니다. 월요일은 무산소성 운동으로 시작하여 화요일에는 VO_2max, 수요일에는 FTP로 이어집니다. 강도 높은 워크아웃은 빌이 가장 상쾌하고 정해진 와트로 워크아웃을 완수할 가능성이 가장 높은 주 초반에 하는 것이 중요합니다.

10주차에는 주말에 두 번의 고강도 키친-싱크 워크아웃과 함께 스윗스팟 및 FTP 운동으로 빌의 피트니스를 다지는 데 중점을 둡니다. 9주차에 고강도 훈련을 했기 때문에 인터벌을 완주할 수 있도록 강도를 약간 낮출 것입니다. 또한 엔듀런스와 스테미너에 도전하기 위해 주말에 마지막 장거리 라이드를 할 것입니다.

11주차는 그란폰도 대회 전 마지막으로 워크아웃을 수행할 수 있는 주간입니다. 바로 다음 주에 막대한 '지출'이 예정되어 있기 때문에 FTP를 최종적으로 개선하고 '은행에 조금 더 많은 돈을 넣을 시간'이 아직 있습니다. 주말에는 두 번의 엔듀런스 라이드가 예정되어 있기에 빌은 다음 주를 위한 자신감을 키울 수 있을 것입니다.

12주차에는 빌이 휴식을 취하면서 피트니스를 단련할 수 있는 마지막 기회가 주어집니다. 빌은 이번 주에 복합 탄수화물 섭취량을 늘려 근육과 간 글리코겐 저장량을 완전히 채울 수 있도록 해야 합니다. 일요일이 되면 그의 다리는 에너지로 가득 차서 오르막에서 강력한 힘을 발휘할 준비가 되어 있을 것입니다. 이벤트가 시작되면 페이싱, 스윗스팟에서의 힐클라임, 먹는 것과 마시는 것, 내리막에서의 에너지 절약, 힐클라임 사이사이의 평지에서 동료들과 함께하기 등을 수행하면 됩니다. 빌의 엔듀런스, FTP, 스테미너는 지난 12주 동안 크게 향상되었을 것이므로 와트 수와 체감 강도로 페이스를 조절하는 것이 중요합니다. 클라이밍에서 이전보다 더 적은 실제 노력 및 체감 강도로 더 많은 와트를 생산할 가능성이 높습니다. 보통은 정확한 페이스를 확인하고 유지하기 위해 테스트를 다시 한번 해야 하지만, 12주차에는 실제 레이스를 위해 에너지를 절약하는 것이 더 좋습니다. 따라서 힐클라임에서 그 어느 때보다 더 많은 파워를 생산하고 있지만 심박수가 낮고 인지강도가 더 낮다면 그 노력을 유지해야 합니다. 정점의 상태에서 수행하는 이벤트를 위해 세 가지 지표를 모두 활용하여 능숙하게 페이스를 조절하는 것이 중요합니다.

파워 기반 트레이닝 계획 개발하기

위에 나열된 계획들의 사례를 확인하면서 트레이닝 요구 사항을 충족하는 여러분만의 계획을 개발하는 방법을 알 수 있기를 바랍니다. 5장에 설명된 워크아웃은 물론 부록에 자세히 설명된 밥, 질, 조, 빌의 계획을 구성하는 워크아웃도 유용할 것입니다.

트레이닝 계획을 만들 때 주의해야 할 몇 가지 함정이 있습니다. 첫 번째는 '데이터를 다운로드하지 않는 것'으로 이는 어떤 경우라도 피해야 합니다. 매번 라이딩을 마친 후 다운로드하는 것을 규칙으로 해야 합니다. 여러분은 이제 회복 라이드에서도 파워미터 데이터를 확인하는 것이 얼마나 중요한지 잘 알고 계실 겁니다. 하지만 파워미터가 제공하는 피드백 없이 라이드를 해야 하는 상황에 직면하더라도, 중요한 순간에 파워미터 수리가 필요하더라도 당황하지 마세요. 우리 모두 오랫동안 이러한 장치 없이 라이드를 해왔기 때문에 이제 400 W가 언덕을 오르는 느낌과 다양한 노력에 따라 심박수가 어떻게 반응하는지에 대해 잘 알고 있을 것입니다. 자신의 인지강도(RPE)와 심박수에 의존하면 데이터가 없는 일시적인 공포를 극복할 수 있을 것입니다.

또 다른 일반적인 함정은 '계획을 무리하게 진행하려는 유혹'입니다. 일부 운동선수들은 놓친 세션을 보충하기 위해 워크아웃을 '쌓아 올리는' 방식으로 이를 수행합니다. 게일 베른하르트(Gale Bernhardt) 코치는 바쁜 운동선수들이 주 초반에 수행하지 못한 워크아웃을 보충하기 위해 주말에 워크아웃을 추가하는 경향을 설명하기 위해 이 용어를 만들었습니다. 이러한 사고방식은 '주말 워리어'의 사고 방식입니다. 예를 들어, 선수가 화요일 워크아웃은 마쳤지만, 그 주의 남은 요일 동안 생활과 업무로 인해 쉬었다고 가정해 봅시다. 레벨 4 운동, 장거리 그룹 라이딩, 언덕, 스프린트를 모두 같은 날에 쌓아서 수행하면 재앙의 원인이 됩니다. 그는 토요일에도 피로로 인해 수행하지 못했던 것들을 만회하기 위해 일요일에 더 많은 인터벌을 수행하며 무리하게 운동할 수 있습니다. 대부분 또는 전부의 워크아웃을 짧은 기간에 몰아치면 질병이나 부상으로 이어질 수 있습니다.

하루를 빼먹었다면 일반적으로 다음 워크아웃으로 넘어가는 것이 좋습니다. 한 가지 주의할 점으로는, 놓친 워크아웃이 매우 구체적인 운동이고 최소 2주 동안 해당 운동을 다시 할 수 없을 것 같다면 이러한 경우에는 가능한 한 빨리 해당 워크아웃을 보충하는 것이 좋습니다.

계획을 수행하는 어느 정도의 유연성은 좋은 트레이닝 계획에 필수적입니다. 필요하다면 화요일과 수요일의 워크아웃을 역순으로 해도 괜찮습니다. 목요일에 수행하는 워크아웃은 대부분의 경우 이틀간

파워 기반 트레이닝 계획을 성공적으로 실행하는 방법

1. FTP를 찾습니다(3장 참조).
2. FTP를 사용하여 트레이닝 레벨을 설정합니다.
3. 샘플 워크아웃을 수행하고 파워미터에서 데이터를 수집합니다.
4. 데이터와 차트/그래프가 알려주는 내용을 이해합니다.
5. 파워 프로필, 파워 지속 곡선 및 사분면 분석을 사용하여 자신의 강점과 약점을 정확히 파악합니다.
6. 트레이닝을 수행할 수 있는 시간의 제약을 확인합니다.
7. 목표 달성에 필요한 개선을 위해 파워 기반 트레이닝 계획을 개발하세요.
8. 트레이닝에 대한 피드백을 위해 정기적으로 파워 데이터를 검토합니다.
9. 피트니스가 향상됨에 따라 FTP 및 트레이닝 레벨을 조정합니다.
10. 추가 휴식이나 적응을 위해 필요에 따라 계획을 수정합니다.

의 힘든 트레이닝이 끝난 다음 날이며, 토요일의 장거리 라이드 또는 레이스 이틀 전인 경우가 많기 때문에 더 쉬워야 합니다. 토요일 레이스에 참가하지 않거나 토요일 그룹 라이드에서 그다지 날카로운 모습을 보이고 싶지 않다면 목요일 운동을 화요일과 수요일 운동으로 바꿀 수도 있습니다.

한 주간의 강했던 트레이닝이 끝날 때 지나치게 피곤하다고 느낀다면 휴식 주를 앞당기는 것을 고려할 수도 있습니다. 반대로 피곤하지 않다면 예정된 휴식 주를 뒤로 미뤄도 괜찮습니다. 많은 경우 운동선수들은 자신을 충분히 강하게 밀어붙이지 않고 조금만 피곤해지면 과잉 트레이닝을 하고 있다고 생각합니다. 운동 능력의 잠재력을 제한하지 않으려면 이러한 기간을 견뎌내야 합니다. 휴식은 매우 중요하지만, 자신이 생각했던 한계를 뛰어넘기 위해 스스로에게 도전하는 것도 중요합니다. 일반적으로 휴식주간은 반드시 계획된 주간 또는 그 이후에 가져가야 합니다.

마지막으로 사이클리스트는 경쟁이 치열한 사람들입니다. 다른 사이클리스트의 다양한 트레이닝 기술이나 라이딩의 이점에 대해 듣고 자신의 프로그램에 추가하고 싶을 수도 있습니다. 하지만 파워 프로필에서 파악한 자신의 강점과 약점을 바탕으로 프로그램을 진행해야 한다는 점을 명심하세요. 신경근 파워가 당신의 약점이 아니라면 자전거를 타는 시간을 더 잘 활용할 수 있을 것입니다.

이제 파워미터로 효과적으로 트레이닝하는 데 필요한 모든 단계를 배웠습니다. 트레이닝 계획을 따르고 파워미터 데이터에서 얻은 피드백에 따라 수정을 한다면 트레이닝이 한 단계 더 정교해질 것입니다.

PEAKS COACHING GROUP 홈페이지(www.peakscoachinggroup.com/featuredtrainingplans)에서 자신의 목표에 맞는 워크아웃을 구매할 수 있습니다. 파워미터 컴퓨터 또는 스마트 트레이너에 다운로 드할 수 있는 워크아웃이 포함된 인터랙티브 온라인 플랜도 있으니 자신에게 가장 적합한 플랜을 선택 하실 수 있습니다. 이 장에 소개된 트레이닝 계획을 구매할 수도 있습니다. 이 장에 소개된 밥의 트레이 닝 계획은 두 가지를 모아 놓은 것입니다: 1-8주차에는 'FTP/파워 역치 개선 1-8주차' 계획에서, 9-16주 차에는 'FTP/파워 역치 개선 9-16주차' 계획에서 가져온 것입니다. 이 장에 나오는 질의 계획은 'FTP/파 워 역치 개선 8주 후 정점 달성'에서 가져온 것입니다. 조의 계획은 '하프 아이언맨 20주' 계획의 첫 12주 에서, 빌의 계획은 '40세 이상의 마스터스 라이더를 위한 그란폰도 계획 12주 계획'에서 발췌한 것입니 다. 부록에서 이 플랜의 워크아웃에 대한 자세한 내용을 확인하세요.

피트니스 변화 추적

파워미터가 발명되기 전까지는 코치와 선수들이 사이클링 피트니스의 변화를 정확하게 추적하기가 어려웠습니다. 사이클링은 개선 사항을 쉽게 측정할 수 있는 다른 스포츠와는 다릅니다. 예를 들어 축구에서는 엔드존에서 캐치 성공 횟수를, 야구에서는 타점을, 골프에서는 버디 수를 쉽게 추적할 수 있습니다. 그러나 사이클리스트는 일반적으로 레이스에서 자신의 기록이나 정기적인 트레이닝 파트너와의 라이딩을 비교하여 자신의 성과를 주관적으로 판단해 왔습니다. 일부는 더 나아가 정해진 코스나 특정 힐클라임에서 정기적으로 자신의 기록을 측정하기도 합니다. 하지만 레이스에서 좋은 성적을 거두는 것은 피트니스 외에도 전술과 운에 달려 있고, 심지어 타임 트라이얼과 같은 '진실의 레이스(race of truth: 'moment of truth'라는 용어에 대한 비유)'에서는 바람과 같은 환경 조건에 따라 성적이 크게 달라질 수 있기 때문에 이러한 방법에는 분명 한계가 있습니다.

파워미터의 등장으로 사이클리스트들은 정량적인 변화를 쉽게 추적할 수 있게 되었습니다. 예를 들어 5분 최대 파워 또는 60분 최대 파워가 얼마나 향상되었는지 확인할 수 있습니다. 간단한 차트 몇 개만 있으면 그래프의 선이 점점 더 높이 올라가는 것으로 노력의 결실을 실제로 확인할 수 있습니다. 이 방식의 장점 중 하나는 변화를 실제 확인할 때 생기는 흥분과 동기 부여입니다. 파워미터를 사용하면 자신이 더 나아졌을지도 모른다는 추측을 할 필요가 없습니다. 확실합니다. 파워미터 소프트웨어에 바로 숫자가 표시되기 때문입니다. 물론 안타깝게도 그 반대일 수도 있으며, 라이딩이 부진할 때는 낙담할 수도 있습니다. 간단히 말해, 때로는 진실이 아플 때가 있습니다! 그러나 이 경우에도 피트니스가 어떻게 감소했는지, 얼마나 감소했는지 정확하게 파악하여 워크아웃을 적절히 변경하여 다시 돌아갈 수 있도록 할 수 있습니다.

몇 번의 간단한 마우스 클릭만으로 개선 사항을 확인할 수 있도록 차트와 그래프의 의미를 이해하는 것이 중요합니다. 각 유형의 소프트웨어에는 데이터를 보는 다양한 옵션과 방법이 있습니다. 이 중 일부는 다른 소프트웨어보다 더 고급이며, 이 책에서 모두 설명하는 것은 이 책의 범위를 벗어납니다. 그러나 매일 이해하고 사용해야 하는 몇 가지 주요 차트가 있습니다. 다른 프로그램을 사용하여 이러한 분석 중 일부를 수행할 수도 있지만, 여기서는 TrainingPeaks WKO 소프트웨어를 사용하여 아이디어를 설명했습니다.

평균 최대 파워의 변화

여러분이 이해해야 할 가장 중요한 차트 중 하나는 평균 최대 파워(MMP) 주기 차트입니다. 이 차트는 특정 기간 동안 수행한 모든 라이딩의 데이터를 취합한 것입니다. 각 데이터 포인트는 선택한 기간 동안의 특정 라이딩에 대한 특정 시간 구간의 MMP(즉, 평균 최대 파워)를 나타냅니다. **그림 11.1**은 두 번째 시즌(파워미터를 사용한 첫 해)에 트레이닝 중인 마스터즈 사이클리스트인 잭(Jack)의 5초, 1분, 5분,

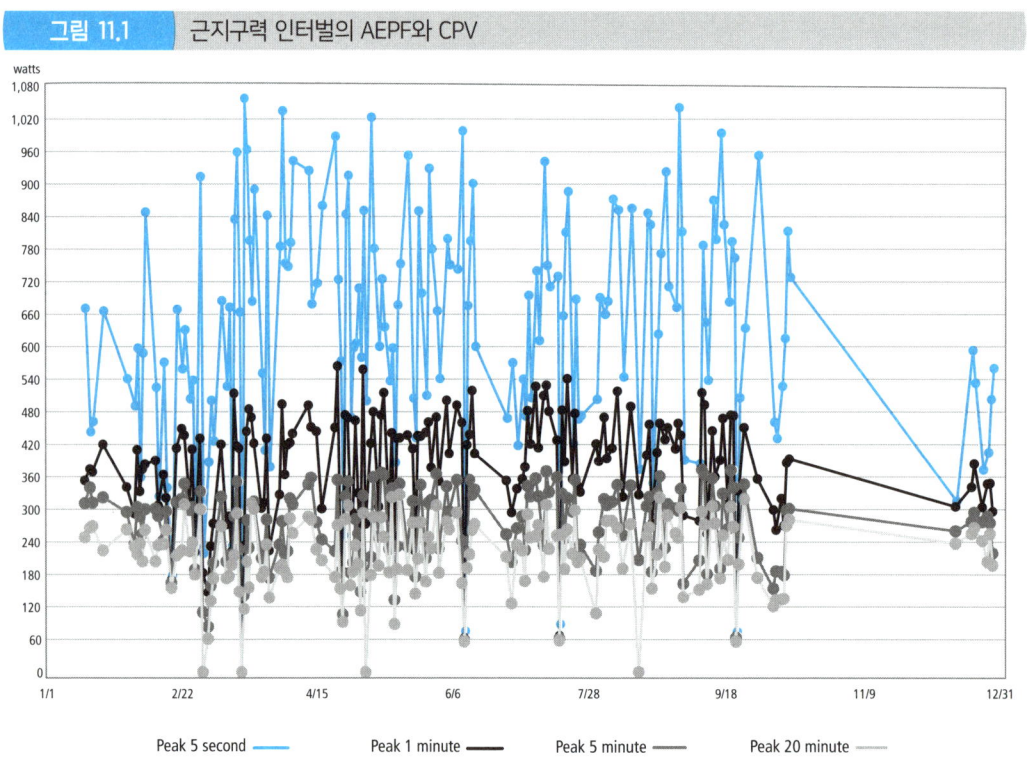

그림 11.1 근지구력 인터벌의 AEPF와 CPV

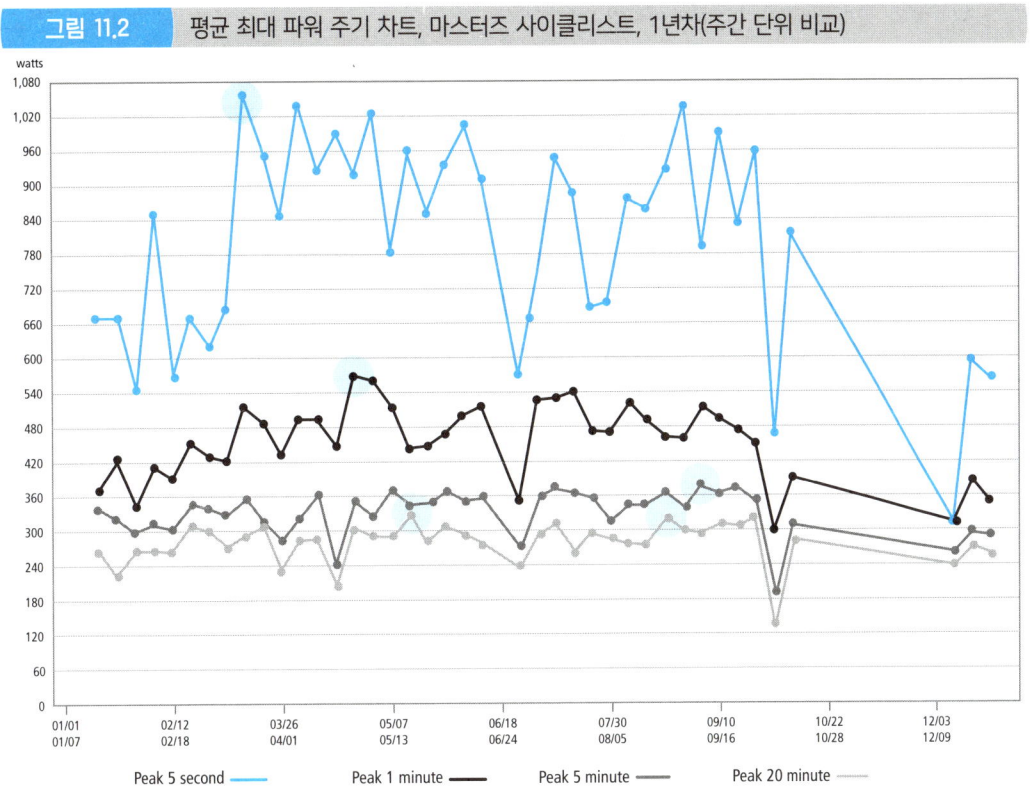

그림 11.2 평균 최대 파워 주기 차트, 마스터즈 사이클리스트, 1년차(주간 단위 비교)

Peak 5 second —— Peak 1 minute —— Peak 5 minute —— Peak 20 minute ——

20분 평균 최대 파워를 보여주는 그래프입니다. 하지만 이 차트를 훑어보기만 해도 알 수 있듯이 데이터가 너무 많아서 이를 통해 잭의 피트니스 변화에 대한 결론을 도출하기는 어렵습니다. 잭의 피트니스가 향상되었나요? 말하기 어렵습니다.

숲의 나무는 어떻게 볼 수 있을까요? 7일에 걸쳐 데이터를 평활화하여 주간 단위로 비교해 볼 수 있습니다(그림 11.2). 이렇게 하면 시간이 지남에 따라 잭의 피트니스가 어떻게 변화했는지 더 잘 파악할 수 있습니다. 이제 각 데이터 포인트는 일주일 전체에 걸쳐 각 시간 구간의 최대 파워를 나타냅니다. 따라서 5초 최대 파워는 해당 주 전체의 5초 최대 파워가 되고, 1분 최대 파워는 전체 주의 1분 최대 파워가 되는 식입니다.

이제 잭의 피트니스가 일 년 동안 어떻게 변화했는지, 그리고 각 기간마다 언제 정점을 달성했는지 더 잘 파악할 수 있습니다. 잭의 연중 최고의 5초 기록은 이른 봄에 1,080 W를 거의 돌파할 뻔한 시기였음을 알 수 있습니다. 시즌 최고의 1분 최대 파워는 5월 초로 560 W이었습니다. 그의 5분 파워는 전체 레이싱 시즌 내내 비교적 동일하게 유지되었으며, 마침내 9월 초에 375 W로 정점을 찍었습니다. 이제 그의 20분 최대 파워를 살펴보세요. 실제로 5월과 8월에 각각 한 번씩 두 번의 피크가 있습니다. 둘 다

각각 327 W와 323 W로 거의 같은 와트입니다.

    두번의 피크를 설명하자면, 잭은 봄에 이루어지는 레이스들과 더불어 마스터즈 내셔널에서도 좋은 성적을 내고 싶었습니다. 8월에 열리는 마스터즈 내셔널의 목표는 350 W의 FTP를 달성하는 것이었습니다. 그는 순조롭게 트레이닝을 수행했고, 봄 시즌에는 8번의 레이스에서 우승하며 멋진 봄 시즌을 보냈습니다. 하지만 안타깝게도 6월 초에 추락해 쇄골이 네 군데나 부러졌습니다(6월에 모든 파워가 급격히 떨어진 것을 주목하세요). 이로 인해 시즌을 위한 피트니스 성장은 사실상 멈췄습니다. 트레이닝에 100% 복귀한 후 피트니스를 이전 수준으로 끌어올릴 수 있었지만, 8월에 열린 마스터스 내셔널 대회에서 목표했던 350W의 FTP를 달성하기에는 시간이 부족했습니다. 그래도 그는 각 종목에서 상위 20위 안에 들었습니다. 11월에는 재충전을 위해 한 달간 완전히 휴식을 취하며 강력한 동계훈련을 준비했습니다.

    이제 이듬해 잭의 성적을 살펴봅시다(그림 11.3). 차트에서 볼 수 있듯이 한 달이 조금 넘는 기간 범위 안에서 5초 기록은 1,015 W, 1분 기록은 575 W, 5분 기록은 387 W, 20분 기록은 333 W를 달성했습니다. 그의 피트니스는 4월과 5월에 가장 좋았으며, 이 기간 동안 6번의 레이스 우승으로 입증되었습니

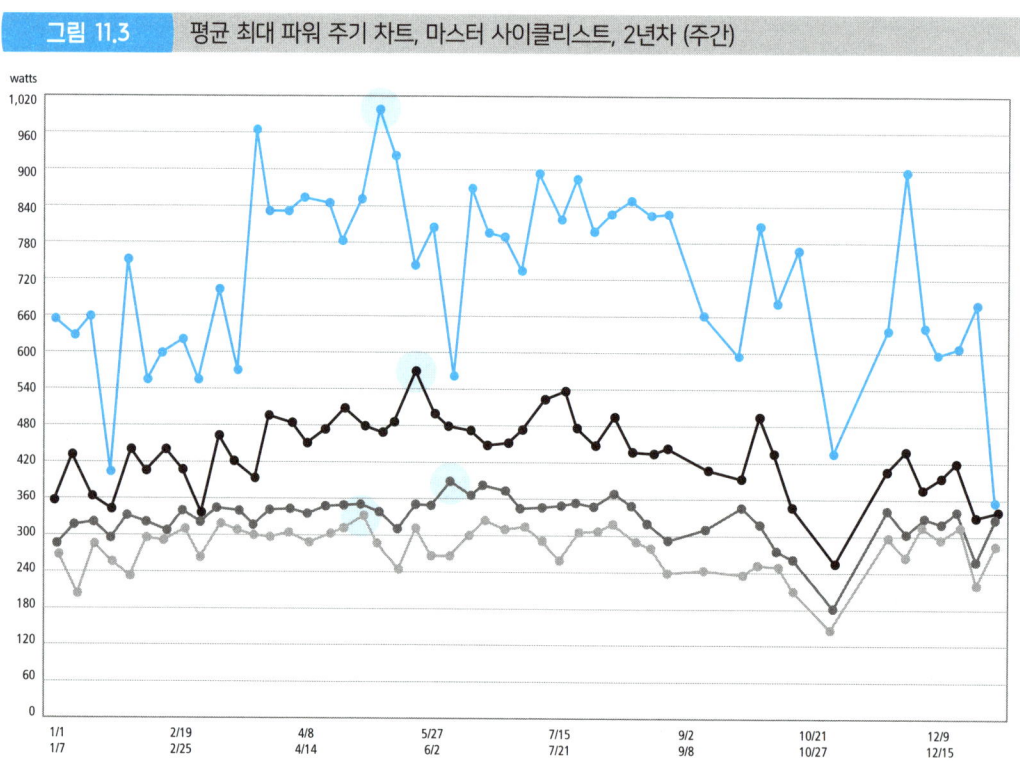

그림 11.3   평균 최대 파워 주기 차트, 마스터 사이클리스트, 2년차 (주간)

다. 하지만 마스터스 내셔널 레이스에서 잘 하지는 못했습니다. 하지만 해당 레이스는 고지대(해발 약 8,000피트)에서 열렸기 때문에 그의 최고 와트는 해수면에서 예상할 수 있는 것보다 낮았습니다. 그는 다른 두 이벤트에서 타임 트라이얼에서 4위를 차지했고, 상위 15위 안에 들었습니다.

마지막으로 연속된 세 번째 시즌을 살펴봅시다(그림 11.4). 이번 시즌 초반에 우리는 그가 마스터스 내셔널 대회에서 최고 기록을 낼 수 있도록 트레이닝을 변경하여 목표 FTP를 375 W로 상승시켰습니다. 올해는 마스터즈 내셔널 대회가 8월 초가 아닌 6월 말에 열릴 예정이었기 때문에 그에 맞춰 트레이닝 일정을 변경했습니다. 그의 피트니스는 시즌 내내 모든 레벨에서 꾸준히 상승하여 6월 중순에 1분 631 W, 5분 417 W, 20분 375 W로 정점을 찍었습니다. 5초 최대 파워 기록은 예년과 마찬가지로 4월 초에 가장 높았는데, 이는 겨울 웨이트 트레이닝 프로그램이 끝난 지 정확히 4주 후였습니다.

그는 마스터스 내셔널에서 12승을 거두며, 좋은 성과로 시즌을 보냈습니다. 마스터스 내셔널은 고지대에서 열렸기 때문에 그의 진정한 정점은 이 대회에서는 달성하지 못했습니다. 하지만 이 대회에서의 성적은 3년 중 최고였습니다. 옴니엄 종합 우승과 크리테리움 우승을 차지했고, 타임 트라이얼에서 같은 연령대 선수 중 가장 빠른 기록을 세웠습니다(출발 시간을 1분 30초나 놓쳤지만 좋은 기록을 세웠

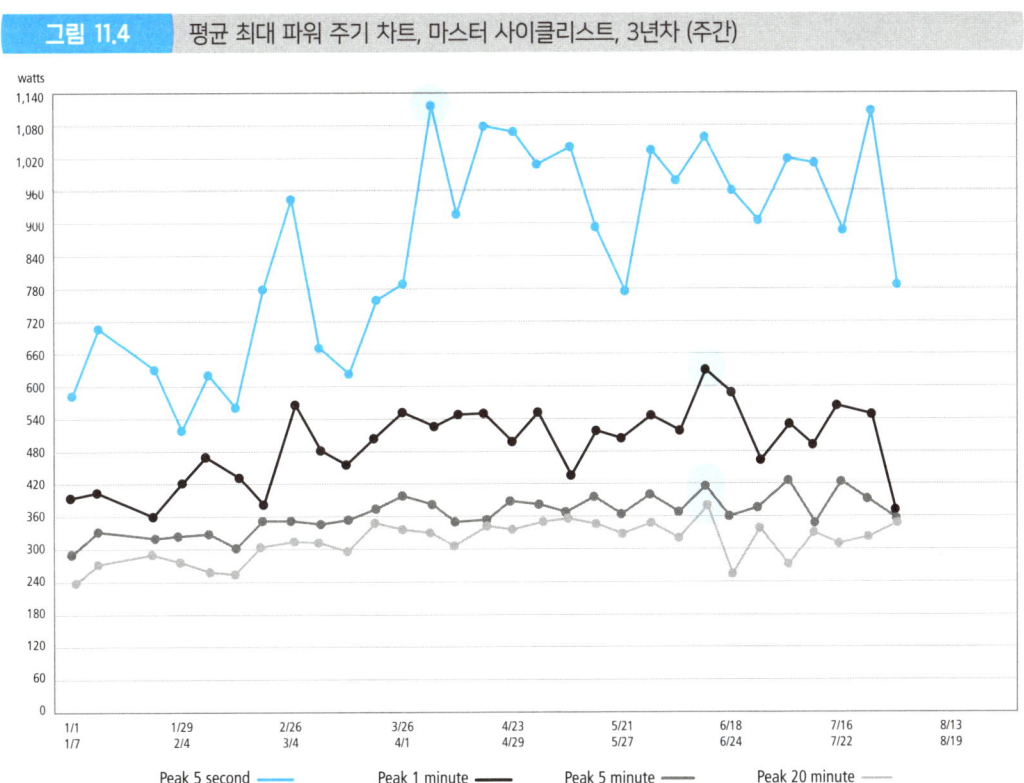

그림 11.4   평균 최대 파워 주기 차트, 마스터 사이클리스트, 3년차 (주간)

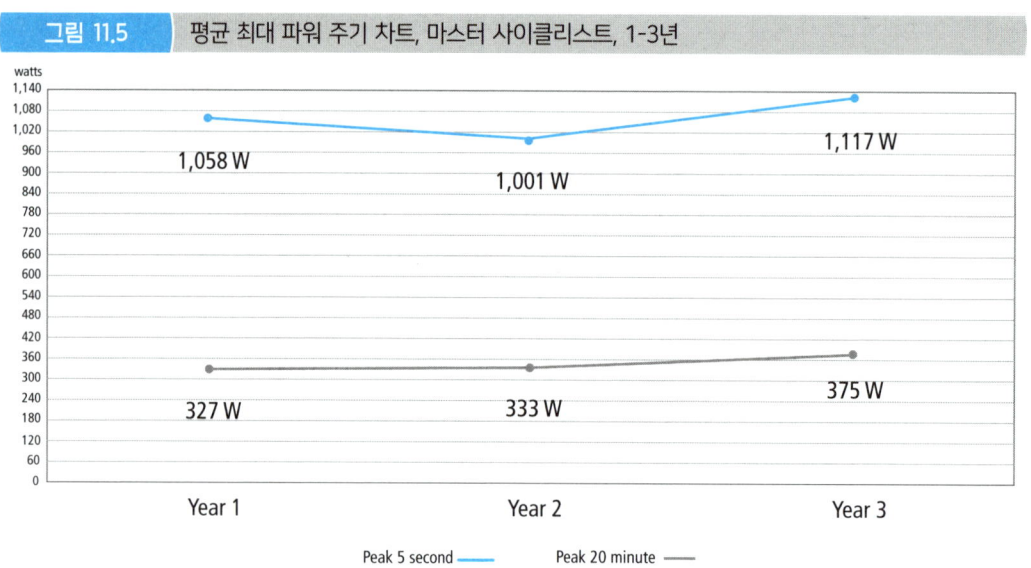

그림 11.5　평균 최대 파워 주기 차트, 마스터 사이클리스트, 1-3년

습니다!).

　세 시즌을 모두 함께 나타내면(그림 11.5), 이 선수가 크게 향상된 것을 알 수 있습니다. 첫 번째 시즌도 매우 좋았지만 두 번째 시즌에는 훨씬 더 극적인 성장을 경험했습니다. 이 성장의 일부는 고지대에서 정점을 찍었기 때문에 가려져 있습니다. 그럼에도 불구하고 3년간의 데이터를 모두 살펴볼 수 있다는 것은 선수뿐만 아니라 코치에게도 매우 큰 도움이 됩니다.

　평균 최대 파워 차트를 사용하면 네 가지 중요한 시간 구간 동안 선수가 얼마나 향상되었는지 확인할 수 있습니다. 이와 연관된 평균 최대 파워(MMP) 곡선은 모든 기간에 걸쳐 선수가 어떻게 향상되었는지 아닌지를 보여줍니다. MMP 곡선을 사용하면 자신이 어떤 유형의 라이더인지에 대해 더 많은 인사이트를 얻을 수 있습니다.

　MMP 곡선은 39초, 56초, 1분 38초, 5분 42초, 1시간 15분 32초 등 모든 최고 기록의 플롯입니다. 선택한 전체 시간 동안의 모든 최고 기록을 그래프로 표시하면 운동 시간이 길어지면서 파워 소모량이 감소하는 정도를 파악할 수 있으며, 가장 빠르게 감소하는 시기를 확인할 수 있습니다. 라이더의 MMP 곡선에서 선의 모양과 경사 변화 영역을 살펴보면 다양한 트레이닝 레벨, 상대적인 강점과 약점, 개선이 필요한 영역을 구분할 수 있습니다. 데이터를 읽는 것만으로도 라이더가 스프린터, 타임 트라이얼 선수 또는 클라이머인지 식별할 수 있습니다.

　평균 최대 파워(MMP) 곡선과 파워 지속 곡선(PDC)의 차이점에 주목할 필요가 있습니다. 파워 지속 곡선은 단순히 MMP 곡선에 가장 잘 맞게 그려진 선이며, 앞서 설명한 여러 지표(FRC, Pmax, 스테미너 및 mFTP 등)를 도출하는 데 사용됩니다. 피트니스 변화를 고려할 때는 이 두 가지를 모두 검토하

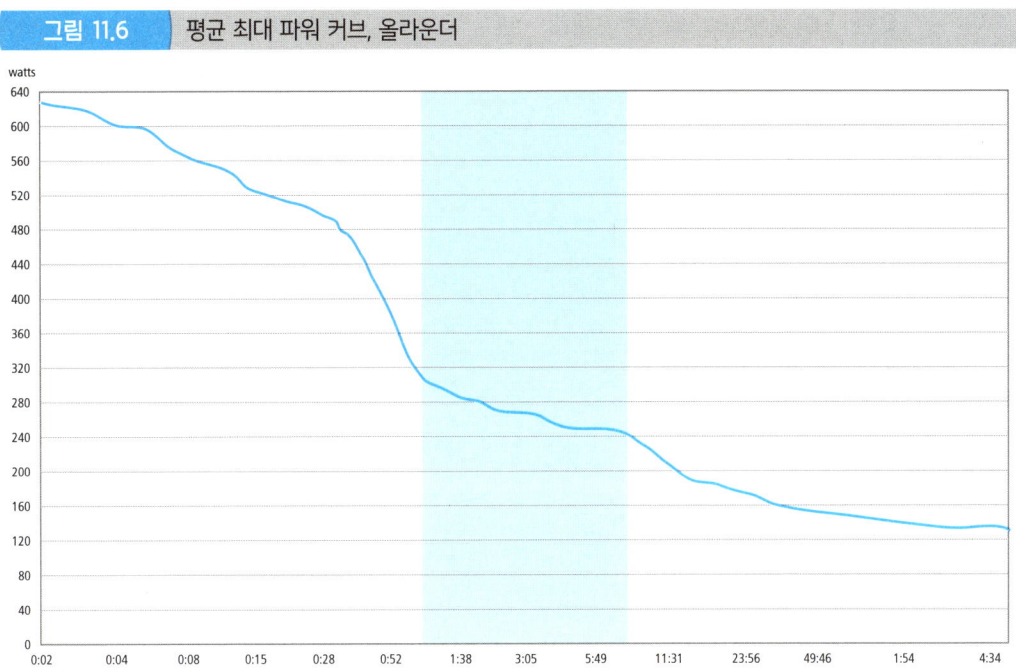

| 그림 11.6 | 평균 최대 파워 커브, 올라운더 |

VO$_2$max 파워가 높은 카테고리 II 여성 사이클리스트. 강조 표시된 시간대(1~8분)는 최소한의 파워 감소를 나타냅니다.

는 것도 중요하지만, 궁극적으로는 MMP 곡선의 실제 파워 데이터가 피트니스, 강점 및 약점을 가장 잘 파악할 수 있습니다.

예를 들어 **그림 11.6**은 VO$_2$max 파워가 높은 올라운더 카테고리 II 여성 사이클리스트의 평균 최대 파워 곡선을 보여줍니다. 약 1분에서 8분 사이에 파워가 거의 감소하지 않는 것을 볼 수 있는데, 이는 이 선수가 고강도 VO$_2$max 유형의 노력을 강조하는 레이스에서 강점을 발휘할 수 있음을 나타냅니다. **그림 11.7**은 스프린터의 곡선을 보여줍니다. 0초에서 5초 사이의 높은 파워 출력을 볼 수 있는데, 이는 매우 좋은 신경근 파워를 나타냅니다. 파워 감소는 약 1분까지 매우 안정적입니다(기울기가 일정합니다). 이 선수는 30초 동안에도 700W 이상의 출력을 내고 있습니다.

MMP 곡선은 짧은 시간 구간 데이터에 중점을 두기 때문에 로그 스케일로 보는 것이 가장 좋습니다. 대부분의 피트니스 변화는 일반적으로 1초에서 30분 사이의 기간에 발생하므로 데이터에 '로그'를 적용하여 살펴보면 자세하게 살펴볼 수 있습니다. 로드 레이서의 로그 스케일 차트인 **그림 11.8**에서 차트의 절반 이상이 평균 최대 파워 데이터의 처음 3분 동안만 표시되어 있음을 알 수 있습니다.

여러분 자신의 곡선을 볼 때 곡선의 기울기가 변화하는 정확한 시간과 그것이 다른 생리적 시스템과 어떻게 관련되는지 확인하세요. 예를 들어, **그림 11.9**에 표시된 MMP 곡선에서 1분 25초에 기울기가 급

그림 11.7	평균 최대 파워 커브, 스프린터

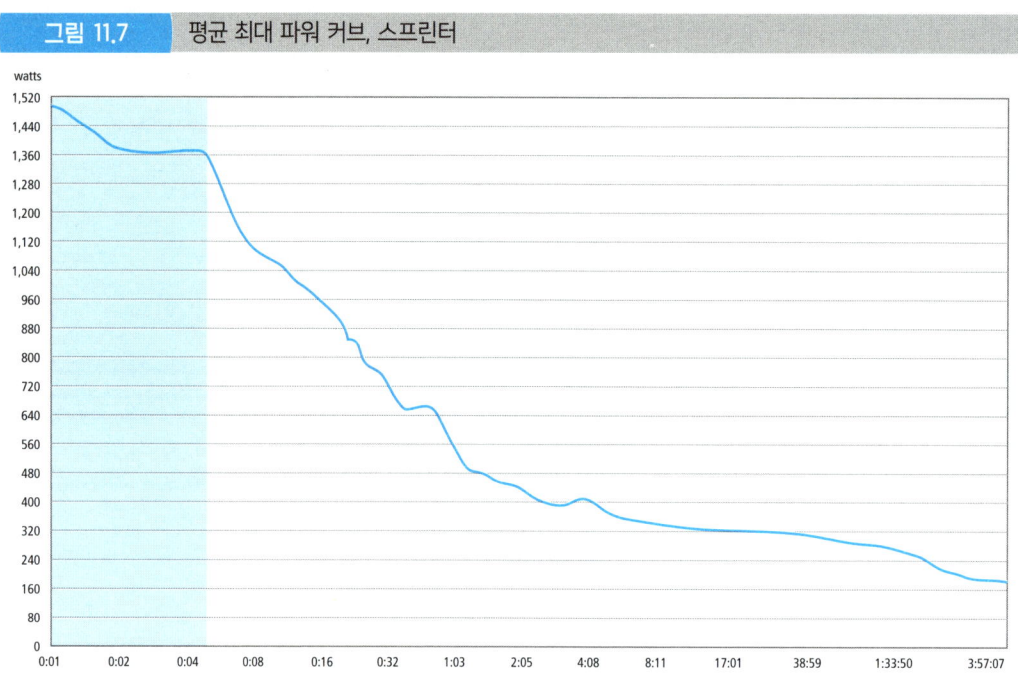

0초에서 5초 사이의 파워는 강한 신경근 파워를 나타냅니다.

그림 11.8	평균 최대 파워 커브, 올라운더

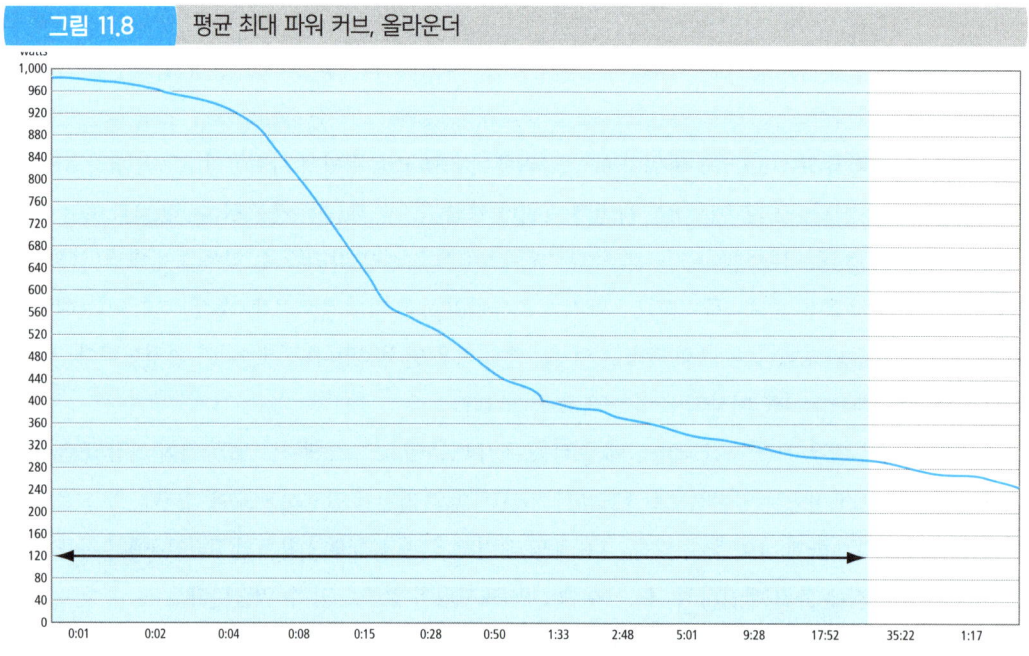

대부분의 피트니스 변화는 일반적으로 1초에서 30분 사이의 기간에 발생하므로, 로그 스케일로 플롯해야 합니다.

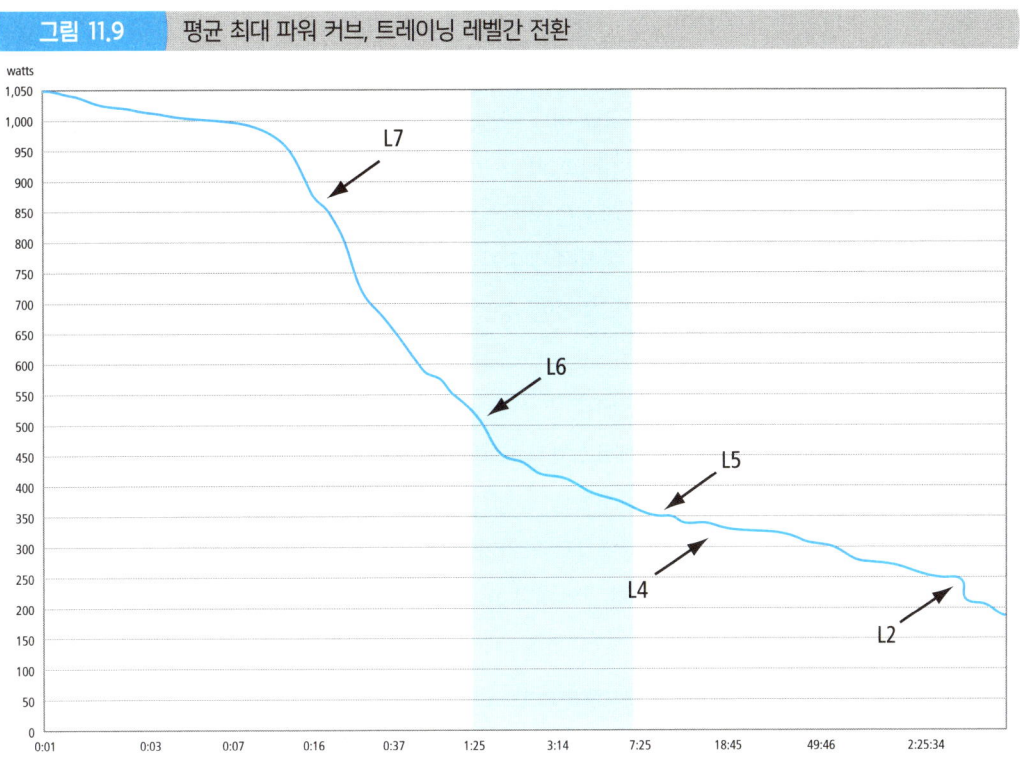

그림 11.9 평균 최대 파워 커브, 트레이닝 레벨간 전환

표시된 부분에서 곡선은 기울기에 큰 변화가 있는데, 이는 무산소 능력에서 VO₂max 시스템으로 전환하는 것을 보여줍니다.

격하게 변화하고 새로운 기울기가 약 7분 25초까지 계속되며, 이 시점에서는 더욱 평탄해지는 것을 알 수 있습니다. 이 기울기는 운동선수가 무산소 능력 시스템에서 VO₂max 시스템으로 이동한 다음 7:25경에 젖산 역치 시스템으로 전환하는 것을 보여 주는 것일 수 있습니다.

경사도 변화를 확인할 때, 급격한 변화는 해당 기간 동안 특정 트레이닝을 통해 해결할 수 있는 사이클링의 약점을 나타낼 수 있습니다. 이러한 경우 커브에 굴곡이 있을 수도 있습니다. 예를 들어 1분 24초 동안 350W를 낼 수 없는데 1분 45초 동안은 같은 와트를 낼 수 있을까요? 낼 수 없습니다. 낸다는 것은 말이 안 됩니다. 어떻게 1분 24초보다 1분 45초에 더 많은 파워를 생산할 수 있을까요? 기억하세요. 이 곡선은 오랜 시간 동안 2초에서 3초 단위로 늘릴 때마다 생산한 최고 와트의 곡선입니다. 1분 45초 동안 약 350W의 파워로 힘든 오르막 인터벌을 수행했지만 1분 24초 동안 최대 파워를 발휘하지 않았을 가능성이 분명히 있습니다. 이로 인해 차트에 더 긴 시간 구간에서 더 높은 와트가 표시될 수 있습니다.

또한 페달을 밟지 않은 시간이 길어질수록 평균 파워는 생산할 수 있는 최대 와트보다 낮아지는데,

이는 페달을 밟지 않은 시간 때문이라는 점을 이해해야 합니다. 즉 약 1시간(또는 일반적으로 가장 길고 평탄한 타임 트라이얼을 마친 후)의 운동에서 정규화된 파워(NP)가 실제 능력을 더 정확하게 측정할 수 있을 것입니다. **그림 11.10**에서 위쪽 선은 평균 최대 파워를, 아래쪽 선은 평균 최대 정규화된 파워를 나타냅니다. 약 7분 25초에 두 선의 위치가 바뀌고 NP가 위쪽 선이 됩니다. 이 곡선은 평균 파워가 실제 능력을 가릴 수 있음을 보여주기 때문에 흥미로운 곡선입니다. 이론적으로는 이 MMP 커브가 오른쪽으로 멀어질수록 결국 0에 도달할 수 있지만, 현실에서는 자전거를 탈 수 없어 병원으로 향하는 순간이 될 가능성이 높습니다. 물론 더 오랜 시간(거의 무기한) 동안 유지할 수 있는 어느 수준의 와트 수가 있긴 합니다.

이 장의 앞부분에 소개한 마스터즈 라이더인 잭은 1년 차에 마지막 스프린트에서 경쟁자가 자신을 간발의 차이로 따돌리는 바람에 많은 레이스에서 패배했습니다. 그래서 2년 차에 그는 자신의 스프린트를 더 길게 만들기 위해 트레이닝을 변경했으며, 이는 MMP 곡선의 윗부분이 평평해진 것을 통해 알 수 있습니다(**그림 11.11 참조**). 1년차에서 2년차로 넘어가면서 처음 16초 동안의 기울기가 급격하게 바뀌었고, 2년차에는 전체 와트는 그다지 높지 않았지만 16초 이상 훨씬 더 높은 와트를 유지할 수 있었습니

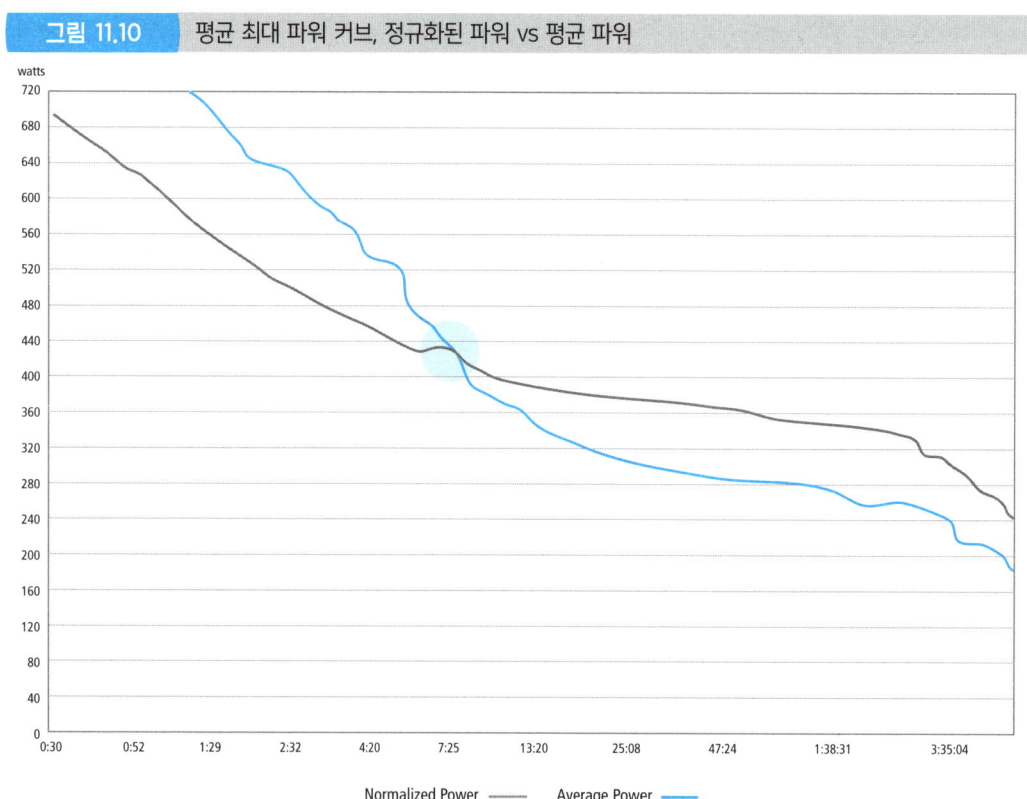

그림 11.10   평균 최대 파워 커브, 정규화된 파워 vs 평균 파워

Normalized Power ——   Average Power ——

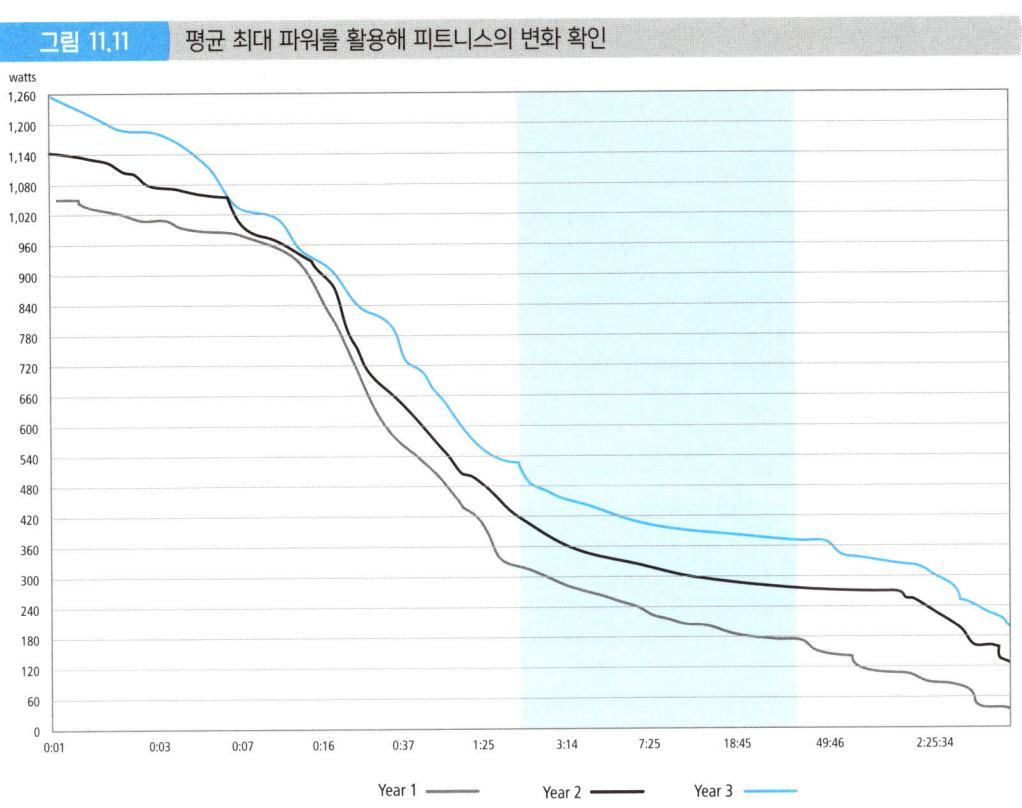

그림 11.11 평균 최대 파워를 활용해 피트니스의 변화 확인

Year 1 ——— Year 2 ——— Year 3 ———

이 마스터즈 사이클리스트는 3년에 걸쳐 첫 16초의 스프린트 능력을 향상시켰습니다. 경사도가 변하지 않은 상태에의 MMP 곡선의 상향 이동은 상당한 피트니스 향상을 나타냅니다(강조 표시된 곡선 참조).

다. 이제 1년차와 2년차의 첫 16초와 3년차의 16초를 비교해 보세요. 기울기는 1년차와 비슷한 패턴으로 다시 바뀌었지만, 와트는 전체적으로 더 높았습니다. 잭이 3년차 때 스프린트 능력이 떨어졌나요? 아니요, 오히려 더 좋아졌습니다! 3년차가 되자 잭은 더 높은 와트를 생산할 수 있었고 이전 년도 보다 더 오래 유지할 수 있었습니다. 이제 약 2분에서 30분까지의 기간을 자세히 살펴보세요. 이 데이터의 기울기는 해마다 크게 변하지는 않았지만, 전반적으로 피트니스가 향상되었음을 나타냅니다.

트레이닝 레벨 분포 변화

여러분은 아마도 시즌의 진행에 따라 트레이닝 레벨의 집중도가 변화함을 확인할 수 있을 것입니다. 예를 들어, 비수기에는 레벨 2(엔듀런스)에 더 많은 시간을 할애하고 봄이 다가올수록 레벨 3(템포)과 4(젖산 역치)에 더 많은 시간을 할애하고 있을 수 있습니다. 이는 자연스러운 것이며, 레이싱 시즌이

그림 11.12   파워 분포 예시 (2월-3월)

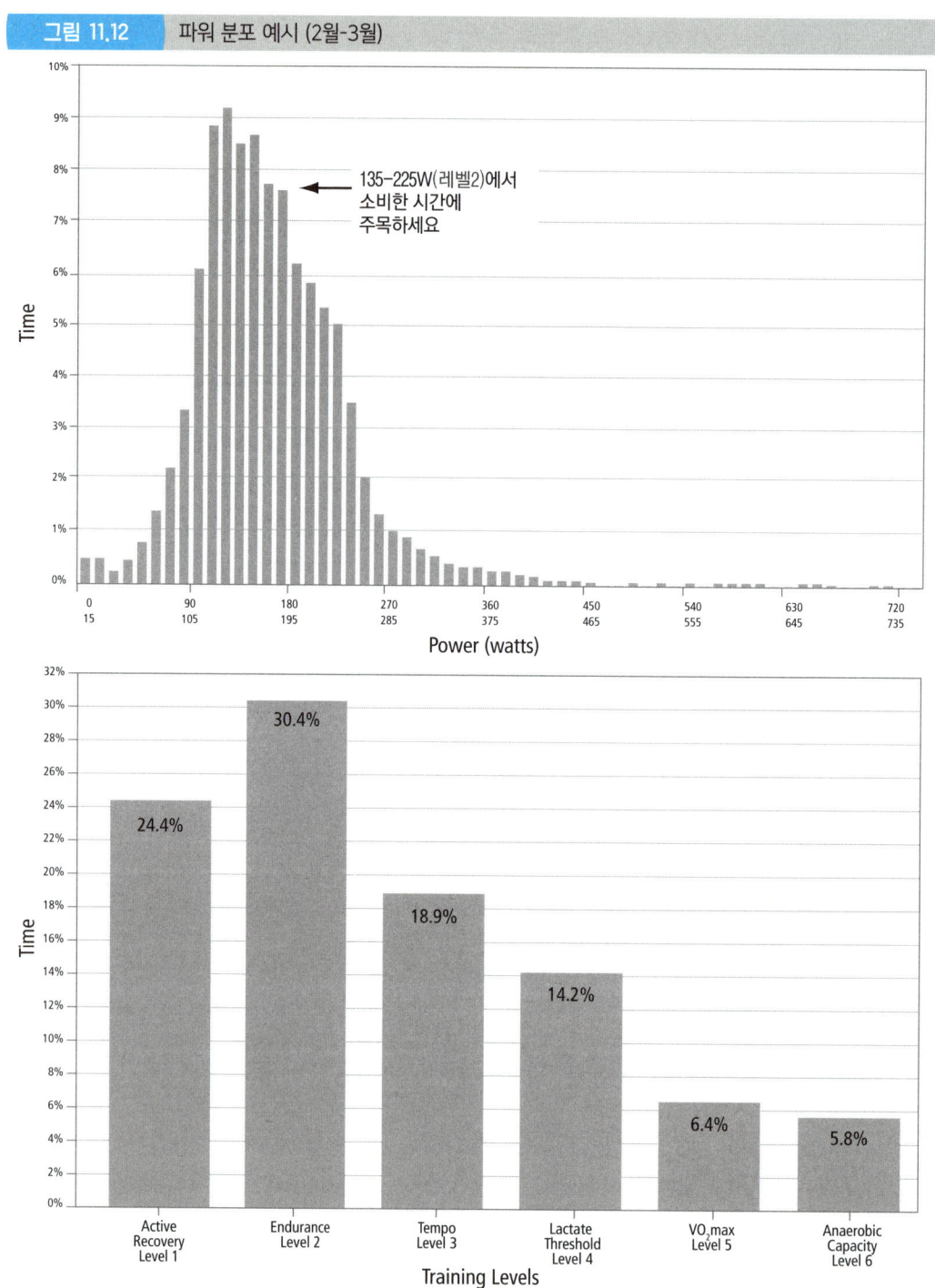

레벨7, 신경근 파워는 차이가 크지 않기에 그림 11.12-11.15에 포함되어 있지 않습니다

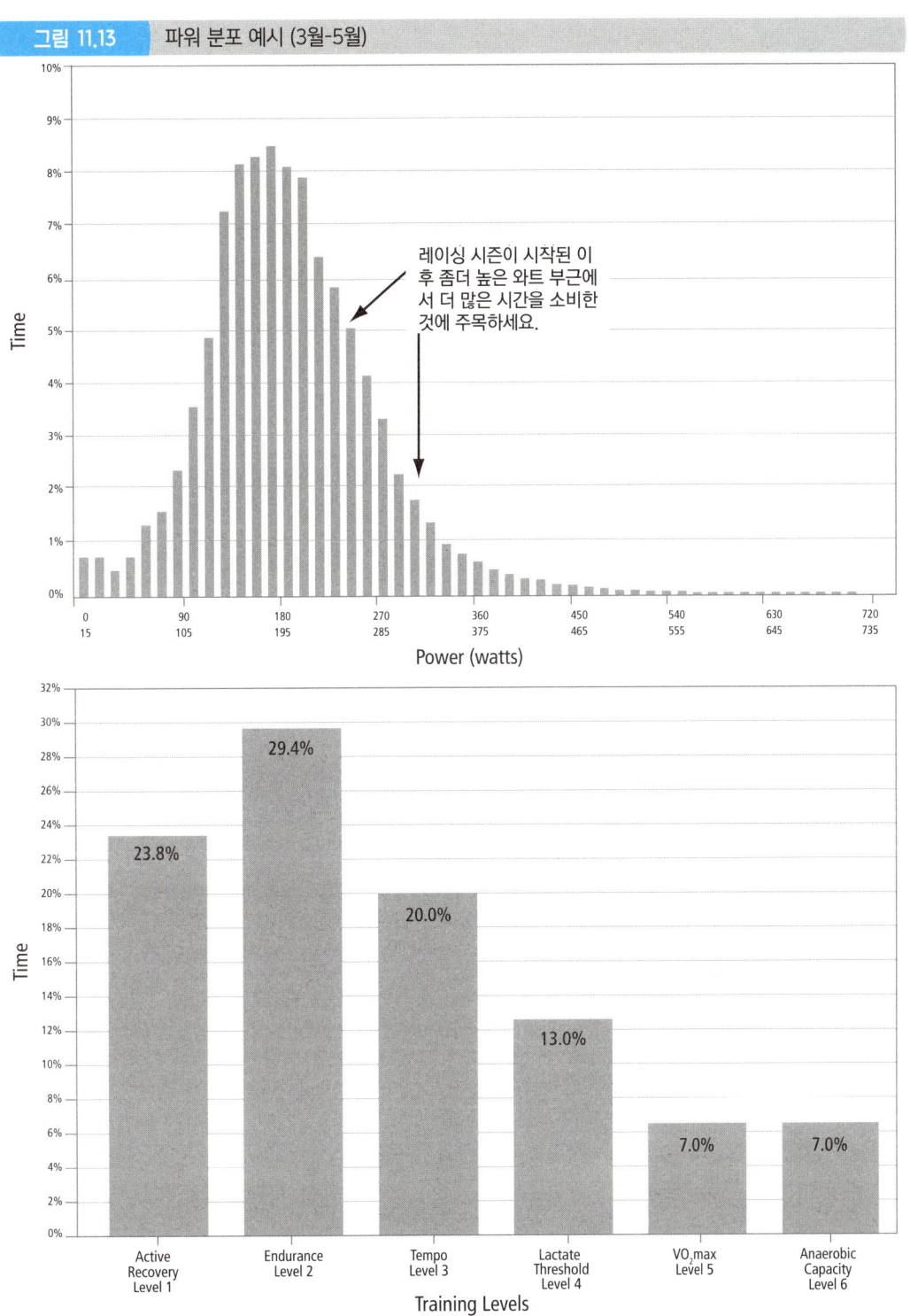

그림 11.13 파워 분포 예시 (3월-5월)

레이싱 시즌이 시작된 이후 좀더 높은 와트 부근에서 더 많은 시간을 소비한 것에 주목하세요.

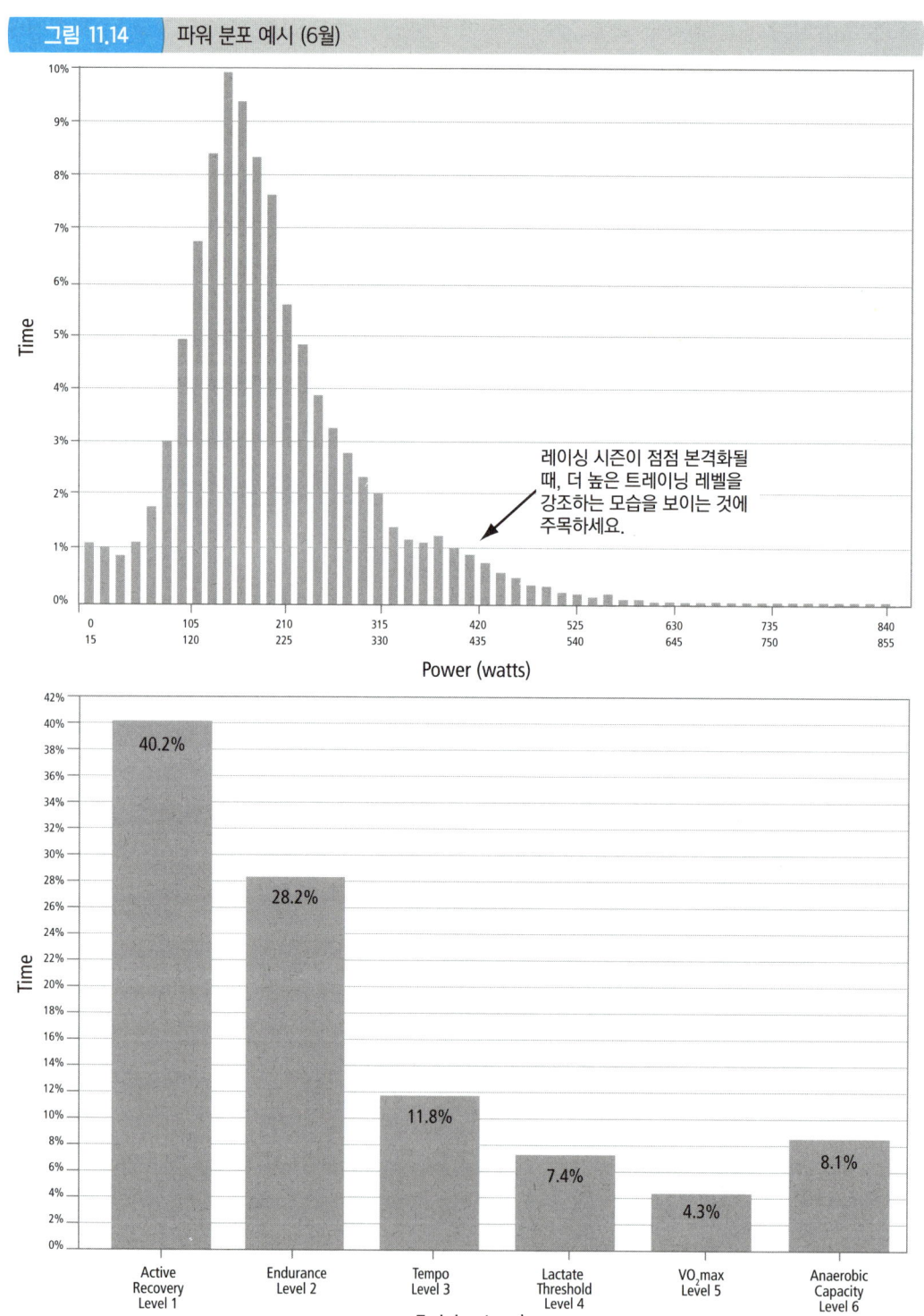

그림 11.14   파워 분포 예시 (6월)

레이싱 시즌이 점점 본격화될 때, 더 높은 트레이닝 레벨을 강조하는 모습을 보이는 것에 주목하세요.

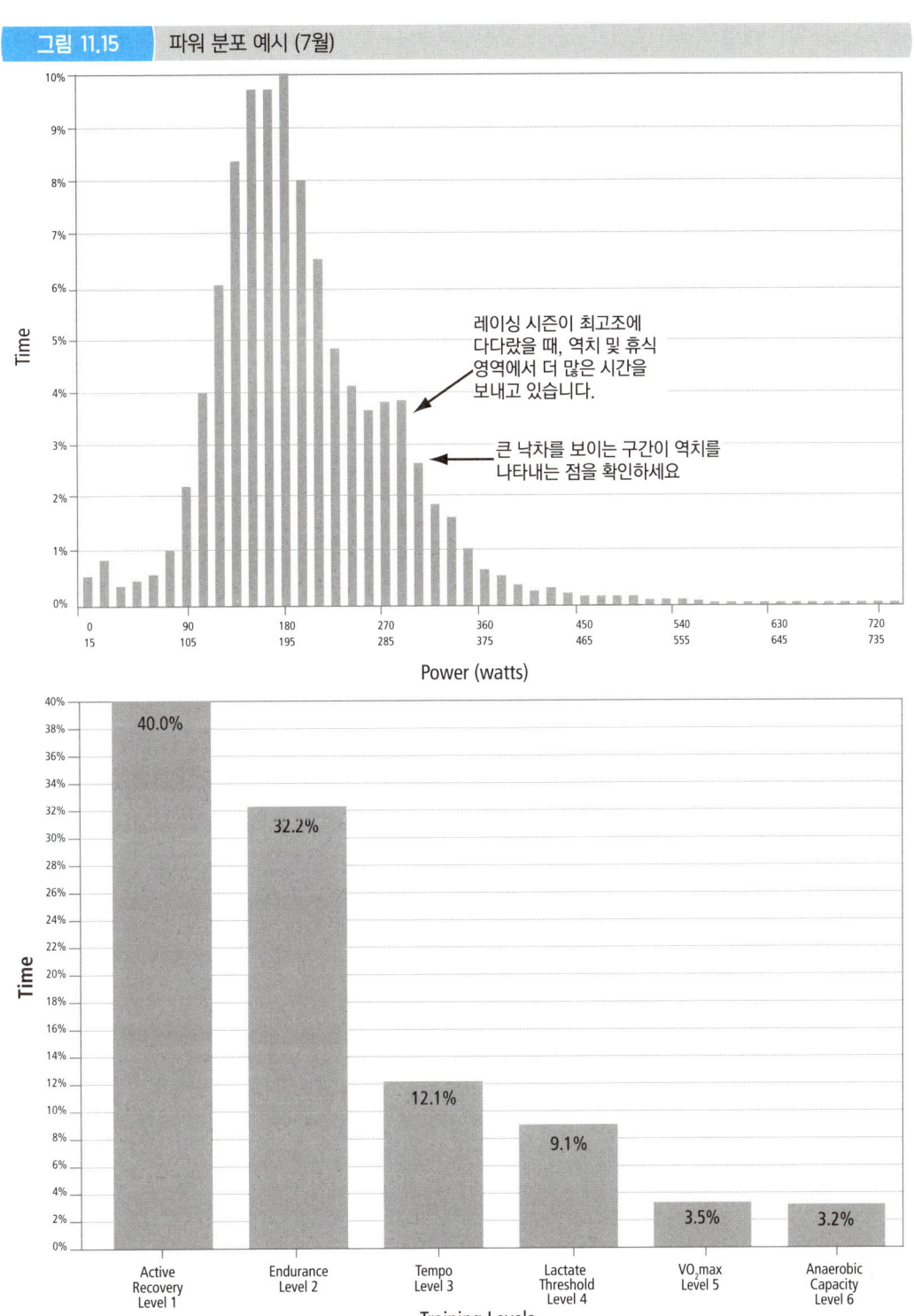

그림 11.15 파워 분포 예시 (7월)

레이싱 시즌이 최고조에
다다랐을 때, 역치 및 휴식
영역에서 더 많은 시간을
보내고 있습니다.

큰 낙차를 보이는 구간이 역치를
나타내는 점을 확인하세요

다가올수록 많은 레이스 맞춤 트레이닝을 수행하며 피트니스를 착실하게 쌓아가고 있음을 나타냅니다. 두 개 이상의 기간에 대한 파워 분포 차트를 만들어 살펴보면 이러한 트레이닝 레벨의 집중도 변화를 확인하거나 혹은 변경할 필요가 있다는 것을 발견할 수 있습니다.

그림 11.12의 파워 분포 차트는 특정 사이클리스트가 1월과 2월에 각 와트 레벨에서 보낸 시간의 백분율과 트레이닝 레벨에서 보낸 시간의 백분율을 보여줍니다. 이 사례에서 라이더는 대부분의 시간을 레벨 1, 2, 3(액티브 리커버리, 엔듀런스, 템포)에서 보내며 피트니스 기반을 구축했습니다. 그림 11.13은 3월부터 5월까지 일어난 일을 보여줍니다. 트레이닝 양이 높은 와트수 구간에서 완만해지기 시작하는 것을 확인할 수 있습니다. 이제 라이더는 레벨 3(템포)에서 더 많은 시간을 보내고 있으며 레벨 5(VO$_2$max)와 레벨 6(AC)에서도 더 많은 시간을 보내고 있습니다.

6월이 되면 레벨 6(AC)에서 보내는 시간이 실제로 증가하고 있습니다(그림 11.14). 또한 레벨 1(액티브 리커버리)에서 보내는 시간이 급격히 증가한 것도 주목할 만합니다. 이 라이더는 더 많은 크리테리움에 참가하기 시작하면서 무산소 능력에 더 많은 비중을 두고 있습니다. 7월의 차트는 레이싱이 FTP 또는 그 근처에서 보내는 시간에 얼마나 많은 영향을 미치는지 보여줍니다(그림 11.15). 레벨 4(젖산 역치) 이후 큰 폭으로 비율이 감소하는 것이 이제 분명하게 드러납니다. 주로 로드 레이스와 타임 트라이얼과 같은 레이싱 데이터가 데이터의 대부분을 구성합니다. 처음에는 레벨 4 라이딩의 증가가 그다지 급격하지 않은 것처럼 보이지만, 2%의 증가는 만성적인 트레이닝 스트레스를 유발한다는 측면에서 크게 유의미한 영향을 줄 수 있습니다(6장의 '레벨별 시간'에 대한 주의 사항을 기억하세요).

케이던스 변화

파워미터에 투자하는 주된 이유는 다양한 상황에서 파워 출력을 살펴보고, 이를 바탕으로 개선하기 위해서이지만, 이와 함께 케이던스를 살펴보는 것 또한 매우 유용합니다. 이전 장의 사분면 분석 설명에서 와트 생산 방식이 와트 생산량만큼이나 중요하다는 것을 확인했습니다. 케이던스 차트를 사용하면 한 번의 라이딩에서 케이던스가 어땠는지 뿐만 아니라 시간이 지남에 따라 어떻게 변화하였는지 추적할 수 있습니다.

헌터와 함께 일했던 프로 철인3종 선수 중 한 명은 트레이닝과 레이스 모두에서 매우 낮은 케이던스로 페달을 밟았고, 그 결과 아이언맨 장거리 레이스의 러닝 부분에서 어려움을 겪었습니다. 사분면 분석을 사용하여 다른 프로 철인3종 선수들의 파일과 비교한 결과, 그는 다른 프로 선수들보다 2사분면에 훨씬 더 많은 시간을 소비한다는 사실을 발견했습니다. 고강도의 저속 페달링이 러닝 중 근육 피로의 원인이라는 것이 분명해졌습니다. 힘에 대한 의존도를 줄여 소중한 근육 글리코겐을 보존할 수 있다면 26.2마일을 달리는 내내 좋은 성적을 거둘 수 있을 것이라고 헌터는 가설을 세웠습니다.

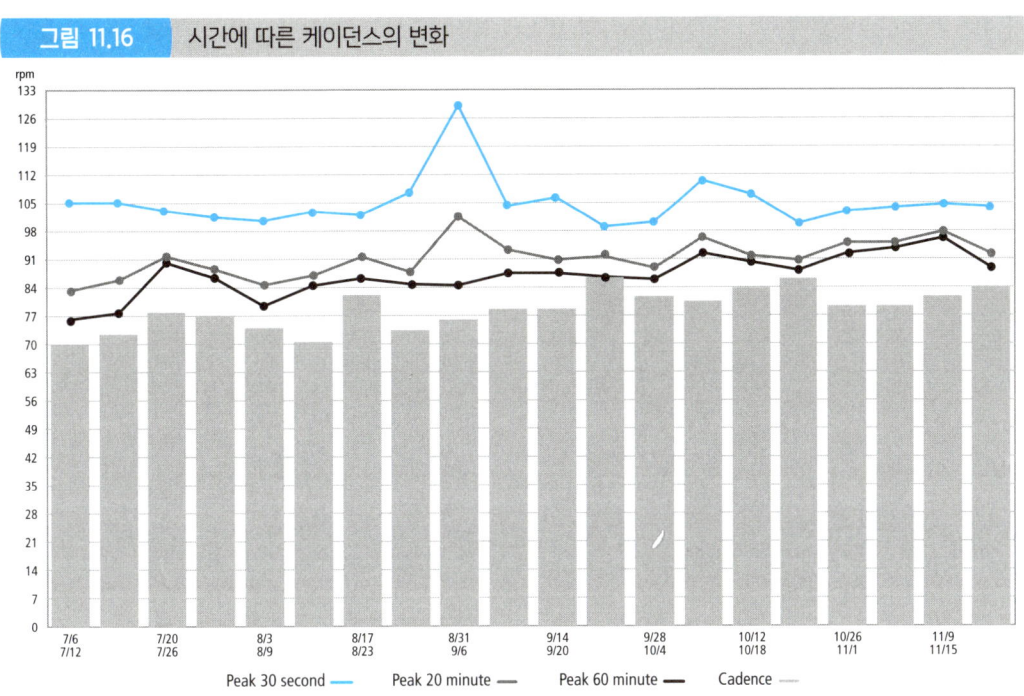

그림 11.16   시간에 따른 케이던스의 변화

이 프로 여자 철인3종 선수는 트레이닝과 레이스에서 자신의 기록을 높이기 위해 의식적으로 노력하는 모습을 보여줍니다. 각 막대는 일주일 동안의 평균 케이던스를 나타내며, 선은 30초, 20분, 60분 동안의 평균 최대 케이던스입니다. 신경을 써서 운동을 하면 케이던스 속도가 빨라지는 경향이 있습니다.

헌터는 모든 트레이닝과 레이스에서 케이던스를 평소 80 rpm에서 90 rpm까지 올리는 데 집중할 것을 권했습니다. 그녀는 더 빨리 페달을 밟기 위해 의식적으로 집중하고 노력해야 했습니다. **그림 11.16**은 일주일 동안의 평균 케이던스 및 30초, 20분, 60분 동안의 평균 최대 케이던스를 변경한 후의 차트입니다. 이 차트는 해당 목표에 대한 그녀의 진행 상황을 추적하는 것을 목적으로 만들었습니다.

케이던스의 평균을 사용할 때, 페달을 밟지 않은 시간(케이던스가 0인 경우)이 모두 포함되므로 인위적으로 수치가 낮아질 수 있다는 점을 기억해야 합니다. 하지만 추세를 찾는다면 이러한 종류의 분석을 유용하게 활용할 수 있습니다. 데이터가 충분하면 케이던스를 변경하기 시작했을 때의 차이를 확인할 수 있습니다. 실제로 **그림 11.16**에서 볼 수 있듯이, 이 특정 선수의 모든 라인과 평균 케이던스 막대가 모두 상승했으며, 이는 이 선수의 트레이닝이 변화했다는 좋은 신호입니다.

워크아웃, 레이스 및 인터벌을 서로 겹쳐서 보면 시간 경과에 따른 개선 사항을 더 자세히 파악할 수 있습니다. MMP 차트를 검토하면 전체 와트 수치의 개선을 즉시 확인할 수 있습니다. 예를 들어, 1년 간격으로 두 번의 타임 트라이얼을 수행하는 등 서로 다른 시점에 수행한 동일한 라이딩의 파워 데이터를 가져와 비교하는 것도 좋습니다. 이렇게 하면 코스의 특정 구간에서 어느 부분이 개선되었는지 정확히 파악할 수 있습니다. 단순히 더 많은 와트를 낼 수도 있지만, 이론적인 유전적 잠재력에 가까워질수록 최상의 공기 역학적 자세를 취하고 파워를 더 효율적으로 생산하는 것이 최적의 퍼포먼스로 이어지는 개선에 더 큰 역할을 할 것입니다. 한 해에서 다음 해로 이어지는 동일한 레이스나 워크아웃을 겹쳐서 보면 이러한 종류의 변화가 운동 능력에 어떤 영향을 미치는지 많은 인사이트를 얻을 수 있을 것입니다. 이 원리를 설명하기 위해 같은 선수가 같은 코스에서 2년 연속으로 수행한 타임 트라이얼을 살펴보겠습니다.

타임 트라이얼 결과는 **그림 11.17**에 나와 있습니다. 세 개의 그래프의 결과는 각각 매우 유사합니다. 두 라이딩의 와트(위쪽)는 거의 동일하며(서로 1 W 이내) 케이던스(가운데)도 마찬가지입니다. 그러나 속도를 나타내는 하단 라인은 연도별로 약간의 차이가 있습니다. 더 어두운 선은 2년차를 나타내는데, 10초나 더 느렸습니다. 이 사이클리스트가 1년차보다 2년차에 더 느려진 이유는 무엇일까요?

추가 분석 결과를 보면, 1년차(밝은 선)의 최고 속도가 더 높다는 것을 알 수 있습니다. 이는 선수가

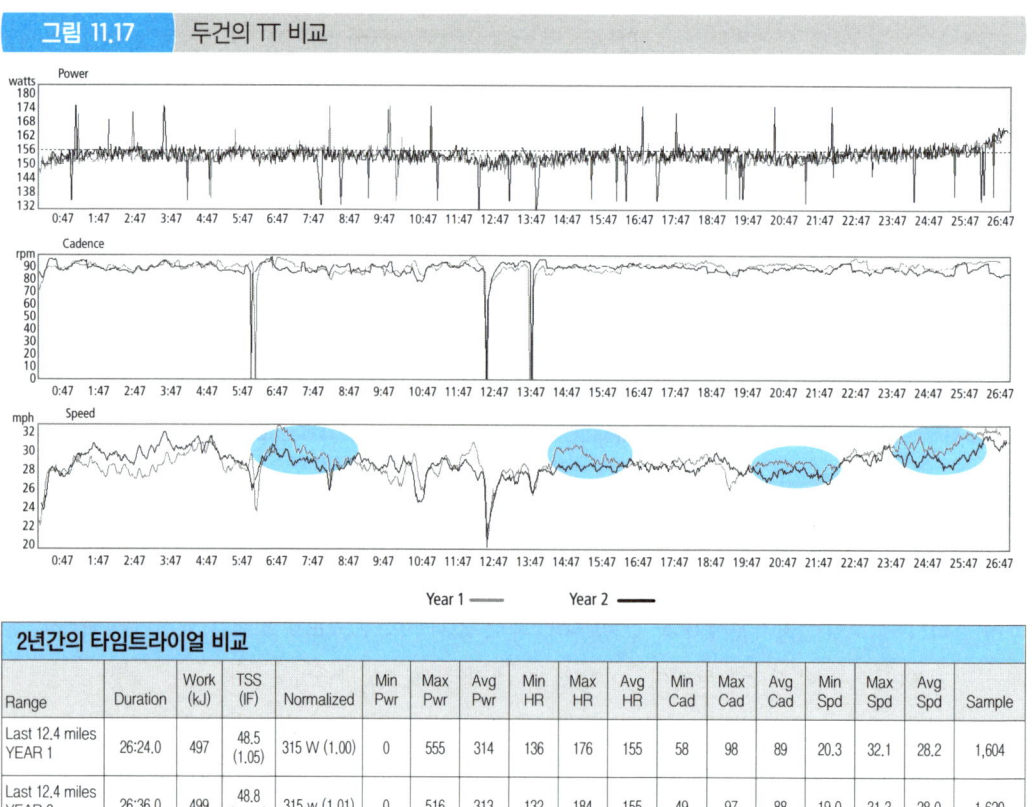

그림 11.17   두건의 TT 비교

Year 1 ——   Year 2 ——

2년간의 타임트라이얼 비교

Range	Duration	Work (kJ)	TSS (IF)	Normalized	Min Pwr	Max Pwr	Avg Pwr	Min HR	Max HR	Avg HR	Min Cad	Max Cad	Avg Cad	Min Spd	Max Spd	Avg Spd	Sample
Last 12.4 miles YEAR 1	26:24.0	497	48.5 (1.05)	315 W (1.00)	0	555	314	136	176	155	58	98	89	20.3	32.1	28.2	1,604
Last 12.4 miles YEAR 2	26:36.0	499	48.8 (1.049)	315 w (1.01)	0	516	313	132	184	155	49	97	88	19.0	31.3	28.0	1,620

약간의 내리막을 이용하여 몇 초 동안 속도를 높이려고 노력한 결과일 가능성이 높습니다. 또한 마지막 3분 동안에는 1년차의 속도가 2년차보다 조금 더 빨랐음을 알 수 있습니다. 타임 트라이얼에서 10초의 차이는 별것 아닌 것 같지만, 분명 우승과 2위를 가르는 차이를 만들 수 있습니다.

파일을 분석하고 선수와 함께 검토한 결과, 이 선수는 첫해에 2년차보다 조금 더 집중한 것 같았습니다. 그녀는 결정적인 마지막 3분뿐만 아니라 내리막길에서 조금이라도 더 속도를 내기 위해 초반에 더 집중했습니다. 2년차에는 집중력이 부족해 두 해의 기록이 거의 같았음에도 불구하고 첫 해보다 20초 느린 기록을 기록했습니다.

파워 지속 히스토리 지표

파워 지속 곡선 모델을 이용하면, 새로운 차트 등, 트레이닝 효과를 측정하는 도구를 활용할 수 있게 되어 피트니스 향상을 확인할 수 있습니다. Pmax에서 FTP에 이르는 피트니스 변화는 불규칙적으로 일어납니다. 즉, 피트니스가 FTP 기준으로 매일 1W씩 증가하는 선형적인 방식으로 개선되는 것이 아니라, 트레이닝하는 동안 한 번에 몇 주 동안 동일하게 유지되다가 휴식을 취한 후 갑자기 10, 15 또는 20 W씩 증가하는 것처럼 보일 수 있습니다. 하룻밤 사이에 일어난 일처럼 보일 수 있습니다. 물론 이러한 개선은 트레이닝 스트레스가 누적되고 휴식 주 동안 피로가 해소된 후 적응이 이루어졌기 때문입니다. 이러한 변화는 모든 다른 에너지 시스템에서 비슷한 방식으로 발생합니다. 앞서 헌터가 언급했듯이 휴식 주간의 중요성은 아무리 강조해도 지나치지 않으며, 휴식 주간의 피트니스 변화를 쉽고 정확하게 추적힐 수 있도록 휴식 주 후에 테스트하는 것도 미친기지로 중요합니다.

그림 11.18에서는 한 선수의 전체 시즌에 걸친 개선 사항을 볼 수 있습니다. 이 선수는 그래프에서 모든 지표가 우상향 한 것처럼 시즌 내내 피트니스의 모든 영역에서 개선을 이루었습니다. 가장 진한 파란색 선은 모델링된 FTP (mTFP)를 나타냅니다. FTP는 개선하는 데 가장 오랜 시간이 걸리고 절대 와트 (176-256 W) 측면에서 변화가 작기 때문에 가장 작은 개선을 보인 반면, Pmax는 더 큰 폭으로 개선되었습니다(743-1,169 W). 파란색 선은 FRC를 나타내며, 많은 경우 FTP의 개선과 반비례 관계를 가질 수 있습니다. 즉, FRC가 개선되면 FTP가 하락할 수 있습니다. 하지만 이 라이더의 경우 FRC가 FTP와 비슷한 속도로 개선되었습니다. 4월 초에 FRC가 10 kJ에서 15 kJ로 크게 상승한 반면 FTP는 제자리걸음을 하고 있는 것을 볼 수 있습니다. 이는 일반적으로 선수가 가장 상쾌할 때 상당한 양의 무산소성 역량을 포함하는 FRC가 최고조에 달하기 때문에 라이더가 최근 휴식 주를 가졌음을 나타내는 지표입니다. 이 라이더의 Pmax도 불규칙적인 방식으로 향상되어 레이스 시즌 중반에 최고조에 달합니다. 시즌이 끝날 무렵에는 한두 가지 요인으로 인해 기록이 떨어집니다: 이 라이더는 시즌 동안 피로가 점점 더 누적되어 충분한 휴식을 취하지 못해 고강도의 힘을 낼 수 있는 능력이 감소했거나, 시즌 막바지에 스프린트

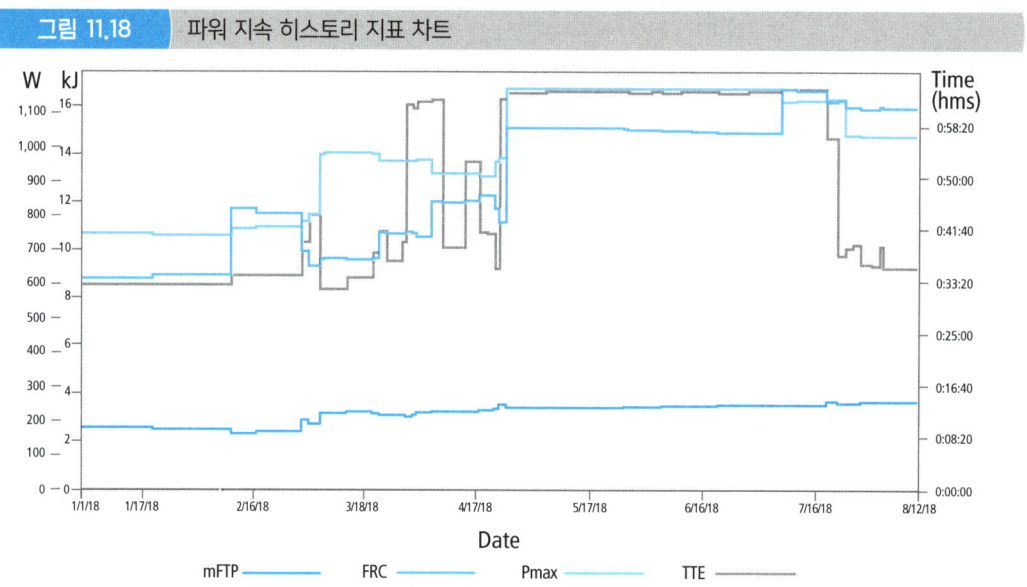

그림 11.18 파워 지속 히스토리 지표 차트

TTE는 FTP의 변화를 견인하는 지표일 수 있습니다. 휴식 주간을 마치고 테스트한 결과, FRC, TTE, Pmax 그리고 mFTP의 향상이 나타납니다.

노력을 다하지 않았을 수 있습니다. 흥미롭게도 TTE(탈진까지 걸리는 시간)는 FTP 개선의 선행 지표가 될 수 있습니다. 1시간에 점점 가까워지거나 심지어 1시간을 초과하는 TTE는 라이더의 FTP가 곧 향상될 수 있음을 나타내는 지표가 될 수 있습니다. FTP가 개선되면 선수가 다시 1시간 동안 해당 파워를 유지할 수 있음을 증명할 때까지 TTE는 다시 더 낮은 시간대로 재설정됩니다.

FRC, Pmax 및 mFTP는 '시소' 관계를 가질 수 있다는 점에 주목해야 합니다. 파워 지속 곡선 아래의 모든 영역을 살펴보면, 만약 휴식 주간을 마친 후에 20분 또는 60분 FTP 파워를 테스트하지 않고, 1분 및 5분 파워를 테스트를 한 결과에서 곡선의 FRC 부분의 상승을 확인했다면, 곡선의 왼쪽은 올라가고 오른쪽(5분 이상의 지속 시간)은 상대적으로 떨어지는 것처럼 보일 것입니다. 이것이 FRC에 대한 새로운 최고치를 기록한 후 mFTP가 떨어지는 현상을 볼 수 있는 이유입니다. 실제로 FTP가 하락한 것이 아니라 PDC가 MMP 곡선에 의해 영향을 받아 다시 그려진 영향일 수 있습니다.

....

이 장의 모든 예시를 참고하면 여러분의 피트니스 변화를 추적할 수 있을 것입니다. 지난 28일 동안의 평균 최대 파워를 살펴보는 것은 여러 영역에서 어떻게 개선되고 있는지 확인할 수 있는 신뢰할 수 있는 방법입니다. 사분면 분석의 복잡한 내용을 배우는 것은 조금 더 복잡하지만, 도구는 이미 준비되어 있고 사용할 수 있습니다. 어떤 상황이든 파워 데이터가 더 많은 것을 달성하는 데 도움이 될 수 있다는 것은 분명합니다. 간단하게 데이터를 수집하는 것은 파워 트레이닝에 대한 중요한 아이디어 중 하나입니다. 라이드하고, 데이터를 수집한 후, 아무것도 추가로 하지 마세요. 이 모토는 단순하게 들릴 수 있지만, 일부 사이클리스트에게는 파워미터를 사용한 트레이닝에 대한 미니멀한 접근 방식이라는 유용한 개념을 제시하기도 합니다. 대부분의 경우 차트와 그래프의 해석은 복잡하지 않으며, 이 장이 피트니스 변화를 추적하는 간단한 방법을 조명하는 데 도움이 되었기를 바랍니다.

철인3종에서의 파워 활용

페이싱(pacing)은 철인3종에서 가장 중요한 역할을 하며, 사실 전체 레이스의 핵심입니다. 물론 수영을 효율적으로 하고, 자전거를 견고하게 타고, 빠르게 달리는 방법을 알아야 하지만, 이러한 기술을 익힌 뒤에 결과적으로 이 종목 자체는 전체 레이스 동안 에너지를 측정하고, 러닝을 힘차게 마무리하는 것입니다. 자전거를 너무 빨리 타면, 러닝을 할 때 심각한 문제가 발생할 수 있지만, 자전거에서 많이 자제한다고 해서 러닝이 항상 더 빨라질 수 있는 것도 아닙니다. 여러 가지 면에서 파워미터는 로드 레이싱보다 철인3종에 사용하기에 훨씬 더 적합합니다. 대부분의 철인3종은 복잡한 레이싱 전술이 없기 때문에 페이싱의 상대적 중요성이 커지며, 대부분 매년 같은 코스에서 진행되므로 미리 페이스를 계획하고 대회 준비 과정에서 자신의 페이스를 테스트할 수 있습니다. 간단히 말해, 페이싱은 철인3종의 성공에 절대적으로 중요합니다.

파워미터를 철인3종 트레이닝 및 레이스에 사용하는 것은 철인3종 선수에게 매우 큰 도움이 될 수 있는데, 이는 앞서 설명한 사이클링에 대한 모든 방법(자신의 강점과 약점 파악, 트레이닝 구역 유지 등)을 철인3종에서도 사용할 수 있을 뿐만 아니라 철인3종에 맞게 구체적인 방법으로도 사용할 수 있기 때문입니다. 이러한 구체적인 방법에는 파워미터를 사용한 트레이닝과 레이스 모두에 대한 원칙이 포함되어 있으며, 이를 적용하기 위해 로켓 과학자나 엘리트 철인3종 선수가 아니어도 됩니다. 지금까지 설명한 파워 트레이닝에 대한 모든 개념은 철인3종 선수에게도 동일하게 적용됩니다. 20분 FTP 테스트를 수행하고, 파워 프로필 테스트를 완료하고, 파워 지속 곡선을 통해 자신의 한계치를 명확하게 이해하고, 파워 트레이닝 구역을 파악하고, 파워 파일을 분석하는 방법을 배워야 하며, 물론 앞 장에서 설명한 대로 실제 도로에 나가 올바르게 트레이닝해야 합니다. 이 장에서는 파워미터를 사용하여 철인3종에 특화된 원리를 트레이닝과 레이스에 적용하는 방법을 배웁니다.

이러한 원칙은 철인3종의 길이와 트레이닝 유형에 따라 영향을 받습니다. 스프린트 레이스를 위한 파워 트레이닝과 아이언맨 장거리 레이스를 위한 파워 트레이닝은 매우 다릅니다. 이러한 차이는 레이스 준비뿐만 아니라 레이스의 운영도 다르게 만듭니다. 먼저 파워미터를 트레이닝에 효과적으로 사용하는 방법을 살펴본 다음, 철인3종 레이스에서 파워미터를 사용하는 원칙에 대해 논의해 보겠습니다.

철인3종을 위한 트레이닝

철인3종 선수와 코치들은 수영 페이싱, 자전거 페이싱, 달리기 페이싱, 음식 섭취량 페이싱, 수분 섭취량 페이싱 등에 대해 많은 이야기를 합니다. 레이스가 길어질수록 페이싱은 성공에 더욱 중요한 영향을 미칩니다. 페이싱은 일상적인 트레이닝과 레이스에서 시행착오를 겪으며 배우는 기술이지만, 파워미터를 사용하여 객관적인 실시간 정보를 확인하면 학습 속도를 높일 수 있습니다. 파워미터는 올바른 페이스를 유지하는 방법을 알려줍니다.

더 나은 페이스를 위한 파워보정

철인3종의 페이싱은 어렵습니다. 올림픽 코스 이상의 레이스에서는 올바른 페이스에서 인지되는 운동강도가 자신이 할 수 있다고 생각하는 것보다 훨씬 낮을 가능성이 높기 때문입니다. 따라서 자신의 인지 강도(RPE)를 파악하고 RPE와 파워 출력을 연관시키는 방법을 배우는 것이 중요합니다. 이 기술을 연마하는 가장 좋은 방법 중 하나는 각 레벨에서 신체적으로 느끼는 느낌에 집중하면서 다양한 강도로 점점 더 긴 인터벌을 해보는 것입니다. 사이클링 코치 찰스 하우(Charles Howe)는 "파워는 인지강도를 보정하고, 인지강도는 파워를 조절합니다."고 말했습니다. 이 말은 페이싱의 기본 원리를 요약한 말입니다: 철인3종에서 적절한 페이싱의 핵심은 자전거 구간을 잘 수행하기 위해 유지해야 하는 와트 출력을 파악한 다음, 이를 정확한 인지강도로 보정하는 것입니다.

이 보정의 문제점은 RPE가 매일 변하고 심박수와 마찬가지로 수면, 스트레스 수준, 수분 섭취량 등에 영향을 받는다는 것입니다. 레이스 당일에는 동일한 노력을 기울였을 때 트레이닝할 때보다 RPE가 낮을 수 있습니다. 이는 파워미터가 영향을 미치는 부분이며, 이에 대해서는 잠시 후에 자세히 설명하겠습니다. 레이스 당일에 자신의 페이스를 조절하려면 저희들이 '파워 보정'이라고 부르는 과정을 거쳐야 합니다. 이 과정을 시작하려면 10분 인터벌을 3-4회, 인터벌 사이에 5분 휴식을 취하며 10일 동안 5회 반복합니다:

Session	%of FTP
Day 1	70-72
Day 3	75-76
Day 5	80-82
Day 8	88-93(Sweet Spot)
Day 10	100

파워 보정을 제대로 수행하려면, 각 트레이닝 레벨에서 인지되는 운동량을 정확하게 습득하고 있어야 합니다. 하루에 한 번 이상 세션을 수행하면 각 레벨을 구분하는 방법을 배우지 못하고, 다른 레벨에 대한 신체 반응을 혼동하게 될 수 있습니다. 따라서 가능하면 매번 같은 도로에서 상기 세션을 수행하여 다른 강도 레벨에서의 느낌이 영향을 줄 수 없도록 하세요. 즉, 다른 요인을 최소화해야 합니다. 각 세션이 끝나면 세션에 대한 기록을 꼭 남기도록 합니다.

만약, 각 강도에서 이 운동을 적어도 두 번 이상 수행한 후에는 인터벌 시간을 늘리고 각 강도 레벨에서 20분씩 두 번 수행하여 더 긴 거리에 맞게 재보정합니다. 제안된 강도는 레이스에서 경험할 수 있는 강도이며(레이스 길이에 따른 구체적인 강도를 선택할 수 있음), 인터벌을 길게 하면 더 높은 강도에서 더 일관되게 자신을 밀어붙이는 방법을 배우는 데 도움이 됩니다. 인터벌 시작 시점의 RPE는 인터벌 종료 시점의 RPE와 다를 수 있습니다.

파워보정을 완료하려면 운동 시간을 60분으로 늘리고 각 강도 레벨에서 이 과정을 최소 두 번 더 반복하는 것이 좋습니다. 페이싱의 기초를 마스터한 후에는 이벤트의 특정 요구 사항에 집중합니다.

특화 트레이닝

무엇보다도 철인3종은 고강도 유산소 운동이므로 FTP가 성공에 매우 중요합니다. 하지만 절대적인 스테미너 또한 더욱 중요합니다. 보통의 경우 한 번에 한 시간씩만 강하게 트레이닝하기 마련이므로, 상대적으로 높은 FTP를 가질 수 있습니다. 스프린트 코스에만 참가하는 경우에는 괜찮지만, 장거리 이벤트에서는 큰 근육 피로 없이 더 멀리 라이딩할 수 있어야 하므로 뛰어난 엔듀런스가 필요합니다. 지희는 이 두 가지 접근 방식을 바탕으로 워크아웃을 고안했습니다. 다음 두 가지 워크아웃은 이러한 핵심 요소를 각각 다룹니다. 이에 대해 설명한 후 두 가지를 결합한 세 번째 고급 워크아웃을 소개하고, 마지막으로 특정 항목에서 짧은 시간 동안 고강도 트레이닝을 할 수 있는 네 번째 워크아웃을 소개합니다. 부록에서 추가적인 워크아웃도 확인할 수 있습니다.

FTP

워밍업 후 20분 인터벌 두 번(FTP의 95-100%)을 수행하는데, 4분마다(20분 노력당 5회) 짧은 버스트를 수행합니다. 버스트를 할 때는 기어를 한 단 낮추고 댄싱으로 10초간 스프린트한 다음 이전 페이스로 돌아갑니다. 버스트는 지형이나 느린 라이더 추월로 인해 레이스에서 페이스가 바뀔 수 있는 상황을 시뮬레이션합니다. 20분 노력 사이에 10분을 쉽니다. 스윗스팟에서 20분간 라이딩을 마친 후 쿨다운 합니다.

워크아웃	FTP			
	Time	Description	% of FTP	% of FTHR
Warm-up	15 min.	Easy riding	56 – 75	69 – 83
Main set	2 × 20 min. (10 min. RI)	Threshold with 10-sec. bursts every 4 min.	95 – 100	100 – 102
	20 min.	Sweet Spot	88 – 93	95 – 99
Cooldown	10 min.	Easy riding	56 – 75	69 – 83

엔듀런스

엔듀런스를 향상하려면 평소 라이딩 거리보다 최소 50% 더 긴 거리를 최소 3시간 이상 라이딩 해야 합니다. 라이딩의 첫 1시간 동안 템포에서 최소 두 번 이상의 노력을 통해 유산소 효과에 집중하세요. 해당 노력은 평지 또는 오르막에서 할 수 있으며, 최소 20분 이상 지속해야 합니다.

첫 1시간이 지나면 2-3분씩 10회, 가급적이면 많은 힘을 필요로 하는 힐클라임에 도전하세요. 평지에 거주하는 경우 바람을 맞으며 라이딩하는 것이 좋습니다. 각각 FTP(레벨 5)의 115%를 목표로 합니다. 휴식 시간은 다양할 수 있으며, 라이딩 내내 임의적으로 분산시켜도 됩니다. 이 짧은 인터벌 사이에는 엔듀런스 페이스의 상단에 맞춰 라이딩합니다. 힐클라임을 마친 후에는 엔듀런스 페이스의 상단으로 45분간 다시 라이드를 시작합니다. 마지막으로, 1시간이 남았을 때 스윗스팟에서 45분 동안 근육을 한계까지 자극하여 라이딩하고, 남은 15분은 쿨다운으로 마무리합니다. 이 워크아웃의 목표는 다리 근육을 피로하게 하여 향후 라이드에 적응시키고, 더 많은 엔듀런스를 확보하는 것입니다.

워크아웃	엔듀런스			
	Time	Description	% of FTP	% of FTHR
Warm-up	15 min.	Easy riding	56 – 75	69 – 83
Main set	2 × 20 min. (10 min. RI)	Tempo	76 – 90	85 – 95
	45 min.	Upper endurance	70 – 75	80 – 85
	10 × 2-3 min.	*Hard efforts*	115	>105
	45 min.	Upper endurance	70 – 75	80 – 85
	45 min.	Sweet Spot	88 – 93	95 – 99
Cooldown	15 min.	Easy riding	56 – 75	69 – 83

FTP + 엔듀런스

FTP와 엔듀런스가 결합된 이 워크아웃은 이전 워크아웃의 노력을 더욱 확장합니다. 이 운동은 100마일(162 km)을 라이딩하는 것이 목표이므로 이 워크아웃을 시도하기 전에 위에 언급한 워크아웃을 쉽게 소화할 수 있는지 확인하세요.

이 워크아웃의 첫 1시간은 FTP의 76% 미만으로 유지합니다. 그 이후 1시간 동안에는 에어로바를 잡고 자세를 유지하면서 FTP의 70-80%로 유지하면서, 매 5분마다 30초 동안 작은 버스트를 반복합니다. 버스트를 할 때마다 기어를 높이고 케이던스를 10 rpm 떨어뜨려 근력을 더 키울 것입니다.

이후 세 번째 1시간 동안은 스윗스팟에서 최소 세 번의 노력을 통해 젖산 역치에 지속적으로 스트레스를 가하도록 합니다. 이러한 노력은 평지 또는 오르막에서 할 수 있습니다. 운동 사이에 10분간 휴식을 취합니다. 이 세트가 끝나면 피로가 찾아올 것입니다.

회복을 위해 15분 동안 엔듀런스 페이스로 라이딩합니다. 음식과 음료는 반드시 섭취하세요(편의점에 들러 카페인이 함유된 탄산음료를 마시면 정신 집중력을 회복하고 마지막 고강도 운동 전에 빠르게 당분을 보충할 수 있습니다). 라이딩이 끝날 무렵에는 피곤할 수 있지만, 마지막으로 쥐어짜는 것은 몸을 더 강하게 만들고 엔듀런스를 높여줄 것입니다. 마지막 45분 동안에는 FTP의 85-90%까지 강도를 늘립니다. 라이드가 끝나면 쿨다운하고 스트레칭을 할 시간을 가지세요.

워크아웃	FTP와 엔듀런스			
	Time	Description	% of FTP	% of FTHR
Warm-up	60 min.	Easy riding	<76	<83
Main set	60 min.	Ride in aero position with bursts every 5 min.	70–80	80–84
	30 sec.	*Bursts*	120	100+
	3 × 20 min. (10 min. RI)	Hard efforts	88–93	95–99
	45 min.	Sweet Spot	88–93	95–99
Cooldown	15 min.	Easy riding	55–65	69–83

무산소 능력(AC)

로드 레이싱 라이더는 단거리 스프린트와 짧은 시간 동안 격차를 벌리기 위해 매우 강하게 달릴 수 있는 능력을 트레이닝해야 합니다. 또한 힐클라임을 공략할 수 있는 힘과 100마일 이상을 라이딩 할 수 있는 엔듀런스도 필요합니다. 로드 레이싱에는 다양한 생리적 에너지 시스템이 통합되어 있으며, 3장에서 파워 트레이닝 레벨에 대해 설명한 것처럼 레벨 5, 6, 7은 레벨 1, 2, 3, 4만큼이나 로드 레이싱에서 성공하는 데 중요합니다. 하지만 철인3종은 유산소 운동이 더 많이 필요하기 때문에 이야기가 달라집니다. 철인3종에서 필드 스프린트를 한 번도 본 적이 없습니다. 드래프트가 허용되는 레이스에서는 앞선 그룹과의 갭을 메우는 것을 고려해야 할 수도 있지만, 일반적으로 철인3종 레이스에서는 강력한 FTP가 완주 순위의 핵심입니다.

따라서 대부분의 철인3종 선수는 신경근 파워 레벨(레벨 7), 무산소 능력 레벨(레벨 6) 또는 VO$_2$max 레벨(레벨 5)로 트레이닝하는 것이 그다지 중요하지 않습니다. 물론 드래프트 허용 레이스의 경우, 균형 잡힌 피트니스 수준을 높이기 위해 이러한 레벨에 도전하는 것이 좋습니다. 또 다른 주의 사항은 100개 이상의 언덕으로 구성된 아이언맨 위스콘신 레이스와 같이 짧은 시간 동안 고강도 운동을 해야 하는 코스로, 각 언덕을 완주하는 데 10초에서 5분이 걸리며 대부분 30초에서 90초 범위의 시간이 소요됩니다. 이러한 유형의 코스에 참가하는 경우, 아래의 무산소 능력 워크아웃을 트레이닝에 추가하는 것도 고려할 수 있을 것입니다.

워밍업으로 시작하여 격렬한 워크아웃에 대비하여 다리를 준비합니다. 이후 5분간 고강도로 노력한 후 이후 5분간 가볍게 회복하세요. 가능하면 인터벌 모드에서 평균을 볼 수 있도록 파워미터를 설정하세요. 이렇게 하면 각 인터벌을 검토하여 다음 인터벌에 대한 목표를 세우거나 언제 중단해야 하는지 알 수 있습니다. 그런 다음 가능한 한 열심히 2분 인터벌을 6-12회(또는 그 이상) 수행합니다. 목표는 평균적으로 역치 파워의 130% 이상을 달성하는 것입니다. 목표에 도달하되, 평균이 FTP의 118% 미만으로 떨어지면 운동을 중단합니다. 각 노력 후 최소 3분 동안 회복합니다. 회복 시에는 스스로 선택한 케이던스로 라이딩하거나 자신에게 맞는 케이던스로 라이딩합니다. 마지막으로 쿨다운 합니다.

워크아웃	무산소 능력			
	Time	Description	% of FTP	% of FTHR
Warm-up	15 min.	Easy riding	56 – 70	69 – 83
Main set	5 min.	High intensity	90 – 95	85 – 105
	5 min.	Recovery interval	<56	<75
	6 – 12 × 2 min. (3 min. RI)	Hard as you can	avg. 130+	>120
Cooldown	10 min.	Easy riding	56 – 70	69 – 83

러닝을 위한 에너지 보존

철인3종을 위해 트레이닝할 때는 러닝을 위해 소중한 근육 글리코겐을 보존하도록 신체를 트레이닝 해야 합니다. 위에서 설명한 것과 같은 워크아웃으로 꾸준히 트레이닝하면 근육 글리코겐을 더 많이 저 장하고 더 효율적으로 사용할 수 있습니다. 하지만 코스에 나갈 때는 가능한 한 많은 글리코겐을 비축해 야 하며, 트레이닝에서 이를 연습하는 것은 페이스를 연습하는 것만큼이나 중요합니다. FTP 등의 인터 벌을 통해 자신을 최대치로 밀어붙이지 않는 날에는 효율적으로 페달을 밟고 있는지 확인하세요. 사분 면 분석을 통해 자전거 구간에서 에너지를 효율적으로 잘 사용하고 있는지 판단할 수 있습니다(7장 참 조). 대부분의 철인3종 레이스는 3사분면(낮은 힘, 느린 속도 케이던스)과 4사분면(낮은 힘, 빠른 속도 케이던스)에서 완주해야 하는데, 이는 페달에 힘을 적게 주고 기어를 조절하여 페달을 더 느리게 또는 더 빠르게 밟는 것을 의미합니다. 이 주제는 아래에서 자세히 설명합니다.

철인3종 레이스

자신의 한계를 시험하는 트레이닝을 통해 고생스럽게 피트니스를 쌓았다면, 이제는 이를 모두 레이 스에서 발휘할 수 있도록 최선을 다할 준비를 해야 합니다. 특히 자전거 위에서 올바른 페이스를 유지하 는 것이 중요합니다. 대부분의 철인3종 선수들은 자전거 구간에서 너무 빨리 달리는 것이 얼마나 쉬운 행동인지 그 이유를 이해하지 못하는데, 이는 철인3종에서 DNF의 가장 큰 원인입니다. 자전거 구간에 서 좋은 페이스로 라이딩 하는 것과 그렇지 않은 것의 차이는 대회 평균 15 W (NP 기준)에 불과할 수 있 습니다. 단순히 평균 와트만 중요한 것이 아니라, 그 와트를 어떻게 생산하는지, 얼마나 많이 순간적으 로 속도를 내는지, 초반에 더 세게 달리는지 아니면 피니시를 위해 일부를 아껴두는지에 따라 달라집니

표 12.1	철인3종에 대한 일반적인 가이드라인			
Type of Triathlon	Distance	Intensity Factor (fraction of NP)	Average Power (% of FTP)	Training Level
Sprint	10 km (6.2 mi.)	1.03 – 1.07	100 – 103	4
Olympic	40 km (24.8 mi.)	0.95 – 1.00	95 – 100	4
Half-Ironman	90 km (56 mi.)	0.83 – 0.87	80 – 85	3
Ironman	180 km (112 mi.)	0.70 – 0.76	68 – 78	2 – 3
Double Ironman	361 km (224 mi.)	0.55 – 0.67	56 – 70	2

다. 이러한 모든 요소가 러닝에 큰 영향을 미칠 수 있습니다.

철인3종의 페이싱을 위해서는 지형을 고려하고 부드럽고 안정적으로 페달링에 집중할 수 있도록 거리와 상관없이 정규화된 파워(NP)를 사용하는 것이 가장 좋습니다. 헤드 유닛에 NP가 표시되는 파워미터가 있다면 큰 도움이 될 수 있습니다. 헤드 유닛에 NP를 표시할 수 없다면 차선으로 평균 파워를 FTP 백분율로 계산하여 페이스를 조절해야 합니다.

일반적인 페이싱 가이드라인은 **표 12.1**을 참조하세요. 하지만 표에 제시된 레벨이 자신에게 정확히 맞지 않을 수도 있다는 점을 명심하세요. 참가하려는 이벤트의 거리에 따라 특정 수준의 강도를 유지하는 리허설 라이딩을 해보는 것이 중요합니다. 이벤트가 올림픽 거리보다 긴 경우, 레이스 거리의 절반 동안 특정 페이스를 유지하면서 라이딩 한 후, 러닝 코스의 절반을 달리는 브릭 워크아웃을 수행할 수도 있습니다. 이를 통해 러닝 시작 시점과 러닝 종료 시점에 남은 에너지의 양을 정확히 파악할 수 있을 것입니다.

와트 생성: 모든 와트가 동일한 방식으로 생성될까요?

어떤 방식으로 와트를 생성시킬지 결정하는 것은 철인3종 레이싱 전략을 개발할 때 가장 먼저 고려해야 할 사항입니다. 모든 와트가 동일한 방식으로 생성되지는 않기 때문입니다. 7장의 사분면 분석에 대한 논의를 떠올려 보세요. 53:12의 기어로 매우 높은 힘, 느린 속도로 페달을 밟아 1,000 W를 생산할 수도 있고, 낮은 힘으로 매우 빠른 케이던스로 39:21 기어로 페달을 밟아 1,000 W를 생산할 수도 있습니다. 결국 와트는 동일하지만 각 노력은 매우 다른 근섬유 유형을 요구합니다. 2사분면에 있거나 높은 힘, 낮은 케이던스 상황에서 페달을 밟을 때는 더 많은 속근(Type II)이 모집되는 반면, 4사분면 또는 낮은 힘, 높은 케이던스 상황에서는 더 많은 지근(Type I) 섬유가 모집됩니다.

이는 철인3종에서 중요한데, 각 상황에서의 에너지 소비가 상당히 다르기 때문입니다. 속근이 모집되면 지근이 모집될 때보다 더 많은 근육 글리코겐이 근수축에 사용됩니다. 철인3종에서는 가능한 한 부드럽고 안정적으로 페달을 밟는 것이 중요합니다. NP와 평균 파워를 최대한 비슷하게 유지하면 러닝에 필요한 에너지를 절약할 수 있습니다. NP가 평균 파워에 비해 매우 높거나 가변성 지수가 높다는 것은 파워의 변동이 너무 심하다는 뜻입니다. 언덕에서 부드럽게 페달을 밟고 급격한 파워 소비를 피하면 가변성 지수를 낮게 유지하여 자전거 다리에서 사용되는 근육 글리코겐의 양을 줄일 수 있습니다.

　사분면 분석과 부드러운 페달링을 고려할 때, 1사분면 또는 2사분면에 완전히 속해 있지 않은 노력이라고 하더라도 예상되는 것보다 더 많은 소비를 하게 하며, 이러한 심각한 근육 글리코겐 낭비는 러닝에 부정적인 영향을 미칠 수 있습니다. 자동차를 운전할 때 매끄럽고 일관성 있게 운전하는 것보다 틈만 나면 급가속을 반복하면 연료 소비가 훨씬 더 많아지는 것처럼, 자전거를 탈 때도 낮은 힘과 높은 힘 사이에서 파워를 변동시킬 때 근육 글리코겐 소비가 가장 많아집니다. 우리는 철인3종에서 반드시 높은 케이던스를 옹호하는 것이 아니라 레이스에서 와트를 생성하는 방법에 대해 더 많은 주의를 기울일 것을 조언하는 것입니다. 페달을 가볍게 밟고, 기어를 사용하여 케이던스를 일정하게 유지하며, 만약 큰

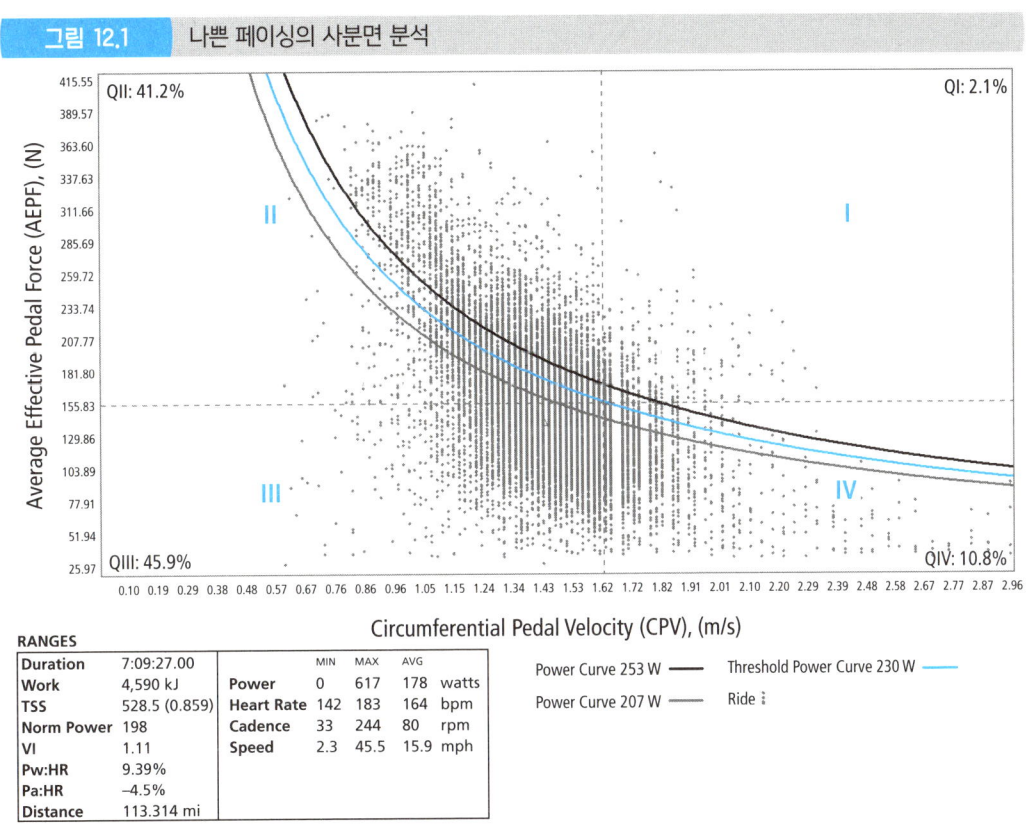

그림 12.1　나쁜 페이싱의 사분면 분석

이 사분면 분석은 너무 큰 기어를 사용하고 너무 강하게 라이딩한 철인3종 선수의 것입니다. 결국 그는 러닝에서 걷게 되었습니다. 그는 2사분면에서 41.2%의 시간을 보냈는데, 이는 높은 힘과 낮은 케이던스로 근육 글리코겐 사용량이 많다는 것을 의미합니다.

기어를 밟는 스타일이라면 보다 일관되고 부드러운 페달링 스트로크를 위해 많은 시간을 트레이닝에 투자하세요.

페이싱 전략을 계획할 때는 과도한 글리코겐 사용을 최소화할 수 있도록 올바른 기어를 선택해야 합니다.

이 점을 더 잘 설명하기 위해 아이언맨 이벤트의 두 가지 레이스 파일을 살펴봅시다. **그림 12.1**에서 선수는 레이스의 41% 이상을 높은 힘과 낮은 케이던스를 나타내는 2사분면에서 보냈습니다. 에너지 절약 관점에서 볼 때 이 구간은 최악의 구간입니다: 2사분면은 특히 많은 양의 근육 글리코겐을 필요로 합니다.

그림 12.2에 표시된 사분면 분석에서는 와트를 생성할 수 있는 훨씬 더 좋은 예를 볼 수 있습니다. 이

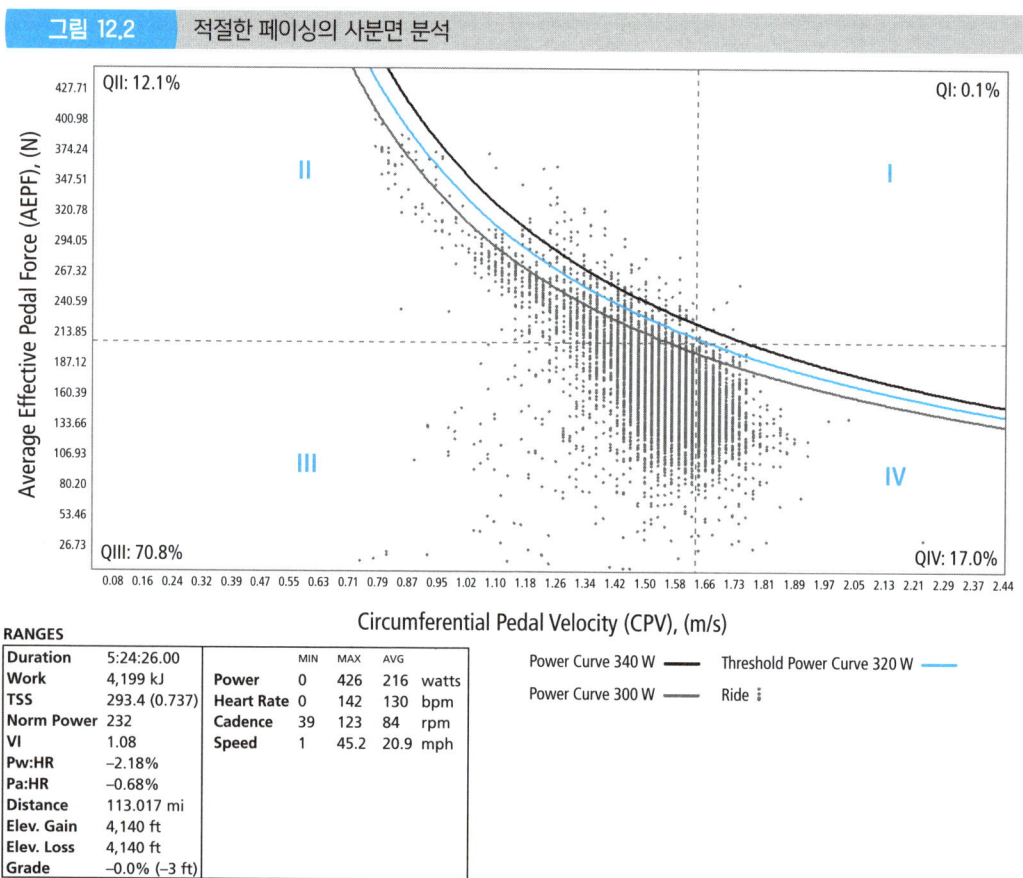

그림 12.2   적절한 페이싱의 사분면 분석

RANGES			MIN	MAX	AVG	
Duration	5:24:26.00					
Work	4,199 kJ	Power	0	426	216	watts
TSS	293.4 (0.737)	Heart Rate	0	142	130	bpm
Norm Power	232	Cadence	39	123	84	rpm
VI	1.08	Speed	1	45.2	20.9	mph
Pw:HR	−2.18%					
Pa:HR	−0.68%					
Distance	113.017 mi					
Elev. Gain	4,140 ft					
Elev. Loss	4,140 ft					
Grade	−0.0% (−3 ft)					

Power Curve 340 W ——   Threshold Power Curve 320 W ——
Power Curve 300 W ——   Ride ⋮

이 사분면 분석은 적절한 기어 선택으로 잘 진행했던 아이언맨 코스 레이스를 보여줍니다. 이 선수는 전체 시간의 12%만 2사분면에서, 70%는 3사분면에서 보냈다는 점에 주목하세요. 이러한 방식으로 많은 글리코겐을 보존하여 결과적으로 러닝 개인 기록을 세웠습니다. 그는 자신의 연령대에서 쉽게 우승했습니다.

선수는 레이스의 70% 이상에서 거의 완벽한 와트 생성을 보여줍니다. 그는 회복/엔듀런스 라이딩에서와 같이 낮은 힘과 느린 케이던스로 페달을 밟으며 3사분면에 머물렀습니다. 급격한 파워 스파이크를 피하고 라이딩 내내 편안하고 일정한 페이스를 유지하여 러닝하기 위해 저장된 글리코겐을 보존할 수 있었습니다. 실제로 그는 러닝에서 개인 신기록을 세우고 자신의 연령대에서도 쉽게 우승할 수 있었으며, 힘든 대회인 아이언맨 캐나다에서도 우승했습니다. 가능한 한 부드럽게 라이딩하고, 라이딩 내내 급격한 파워 출력을 피하고, 큰 기어를 사용하지 않으면 러닝에 필요한 에너지를 절약하는 능력을 크게 향상시킬 수 있습니다. 최고의 철인3종 선수들은 빠르게 달릴 뿐만 아니라 에너지를 절약하기 위해 와트를 생성하는 방법을 정확히 알고 있으며, 이렇게 절약한 에너지는 러닝을 위해 사용할 것입니다.

페이싱에 대한 수학적 접근

페이싱은 성공적인 철인3종 레이스에서 매우 중요한 부분이기 때문에 모든 철인3종 코치들은 페이싱을 우선순위에 둡니다. 하지만 이 기술을 가르치고 선수가 레이스에서 이를 적용하도록 하는 방법은 모두 다릅니다. 파워미터는 페이싱 기술을 습득하는 방식에 큰 차이를 만들어냅니다. 이 장의 앞부분에서 설명한 파워보정 프로세스는 파워미터가 페이스를 설정하는 데 어떻게 도움이 되는지 보여주는 한 가지 예에 지나지 않습니다. 코치와 참가자 모두 충분한 에너지로 러닝에 임할 수 있도록 몇 가지 훌륭한 도구와 전략을 개발했습니다.

엔듀런스네이션(EnduranceNation.us)의 리치 스트라우스(Rich Strauss)와 패트릭 맥크란(Patric Mc-Crann)은 페이싱에 대한 흥미로운 수학적 접근법을 개발했습니다. 이들은 철인3종 레이스에 있어 선수에게 최대 TSS 예산을 300점 부여합니다. 여기에서 선수는 자신의 완주 시간을 예측하거나 이벤트의 목표 시간을 설정합니다. 알려진 TSS와 알려진 시간이 있으면 강도 계수(IF)를 풀고 정확한 와트 수를 계산할 수 있습니다. 예를 들어, 아이언맨을 6시간 안에 완주할 계획이고 예산이 300 TSS, FTP가 275W인 경우 해당 이벤트의 IF는 0.71이 됩니다. 하지만 리치와 패트릭에 따르면 300 TSS 아이언맨은 최대 예산으로, 레이스 전체를 완주할 수 없는 위험 지대에 놓이게 됩니다. 보다 현실적인 TSS 예산은 280입니다. TSS가 280이면 IF는 0.68로 감소합니다.

직접 계산하려면 다음 단계를 따르세요:

1. **시간당 TSS를 계산합니다:** 총 TSS를 레이싱 시간 수로 나누기만 하면 됩니다(이 예에서는 280을 6으로 나누면 46.7이 됩니다).
2. **강도 계수를 구합니다:** 시간당 TSS(방금 고정시킨 숫자)는 강도 계수의 제곱에 100을 곱한 값과 같습니다. 따라서 이 예제에서는:

$$IF^2 \times 100 = 46.7$$

그런 다음 방정식을 풀어 IF2가 46.7을 100으로 나눈 값과 같다는 것을 계산할 수 있습니다:

$$IF^2 = 46.7 \div 100, \text{ 즉 } IF^2 = 0.47 \text{ 입니다.}$$

따라서 다시 방정식을 풀면, IF는 0.47의 제곱근, 즉 IF = 0.68이 된다는 것을 알 수 있습니다.

3. IF를 유지하는 데 필요한 평균 NP를 계산합니다: 강도 계수는 NP를 FTP로 나눈 값과 같습니다:

$$IF = \text{평균 } NP \div FTP$$

따라서 평균 NP는 IF에 FTP를 곱한 값입니다:

$$\text{평균 } NP = IF \times FTP$$

따라서 이 예에서는 IF (0.68)에 FTP (275)를 곱하면 평균 NP 187 W를 계산할 수 있습니다.

따라서 이 예제에서는 아이언맨 장거리 레이스의 페이싱 목표가 187 W가 됩니다. 6시간 동안 정확히 187 W를 유지하는 것은 비현실적이지만, 다행히도 인듀어런스네이션의 리치와 패트릭 덕분에 배울 수 있는 경험에서 얻은 몇 가지 방식이 있습니다. 이들은 아이언맨 및 하프 아이언맨 레이스에 대한 일련의 페이싱 가이드라인을 제시합니다.

레이스의 첫 30-45분 동안은 목표 와트수의 95%를 유지하고, 그 이후에는 목표 와트수에 최대한 가깝게 라이딩하세요. 힐클라임에서는 길이에 따라 목표 와트수 이상으로 강도를 조절합니다. 3분 이상의 힐클라임이라면 목표 와트수의 105%, 30초에서 2분 정도 오르막이라면 목표 와트수의 110%로 라이딩하세요.

일반적으로 레벨 5에서 3분간 모든 힘을 다할 때는 FTP의 115-120%, 30초-2분간은 FTP의 120-150% 범위에서 라이딩하게 됩니다. 각각 105%와 110%를 유지하면 언덕에서 순간적인 파워 상승을 최소화할 수 있습니다. 리치와 패트릭은 이러한 페이싱 가이드라인과 함께 가변성 지수를 사용하여 라이딩이나 레이스에서 얼마나 부드럽게 페달을 밟는지를 판단하는 사후 측정 용도로 사용합니다. 이들은 자전거 라이딩의 가변성 지수가 1.04-1.07인 철인3종 선수에 대해 전체 라이드 동안 부드럽게 페달을 밟고 급격한 변화를 적절히 제한했다고 설명합니다(가변성 지수에 대한 자세한 내용은 7장 참조).

힐클라임을 할 때마다 공격적으로 댄싱을 하지 않고, 평지에서 힐클라임으로 바뀔 때 파워를 부드럽게 전환합니다. 가속하거나 더 빠른 라이더를 따라잡고 싶은 유혹에서 벗어나야 합니다. 이 조언은 철인3종 레이스에 대한 사분면 분석 목표와 일치합니다. TrainingPeaks WKO 소프트웨어의 사분면 분석 차트에 표시된 가변성 지수가 낮은 레이스는 대부분의 라이딩이 3사분면과 4사분면에 속할 것입니다.

이 가이드라인은 아마추어 선수를 염두에 두고 설계되었습니다. 프로 선수들은 훨씬 더 높은 IF로 라이딩하고 더 큰 TSS를 생성하면서도 여전히 개인 최고 기록 수준의 페이스로 라이딩 할 수 있습니다. 일부 엘리트 철인3종 선수들은 0.83의 IF에서 390에 가까운 TSS를 생성하고 뛰어난 기록으로 완주하지만, 이들은 프로 선수로서 일주일에 30시간 이상 트레이닝하며 유전적으로 상당히 우수한 경우가 많습니다.

실제 레이스에서의 페이싱

지금까지 파워미터가 라이더의 정확한 페이스 유지를 위해 자전거 구간에서 파워의 급격한 출력을

그림 12.3　아이언맨 코스에서 나쁜 페이싱의 파워 그래프

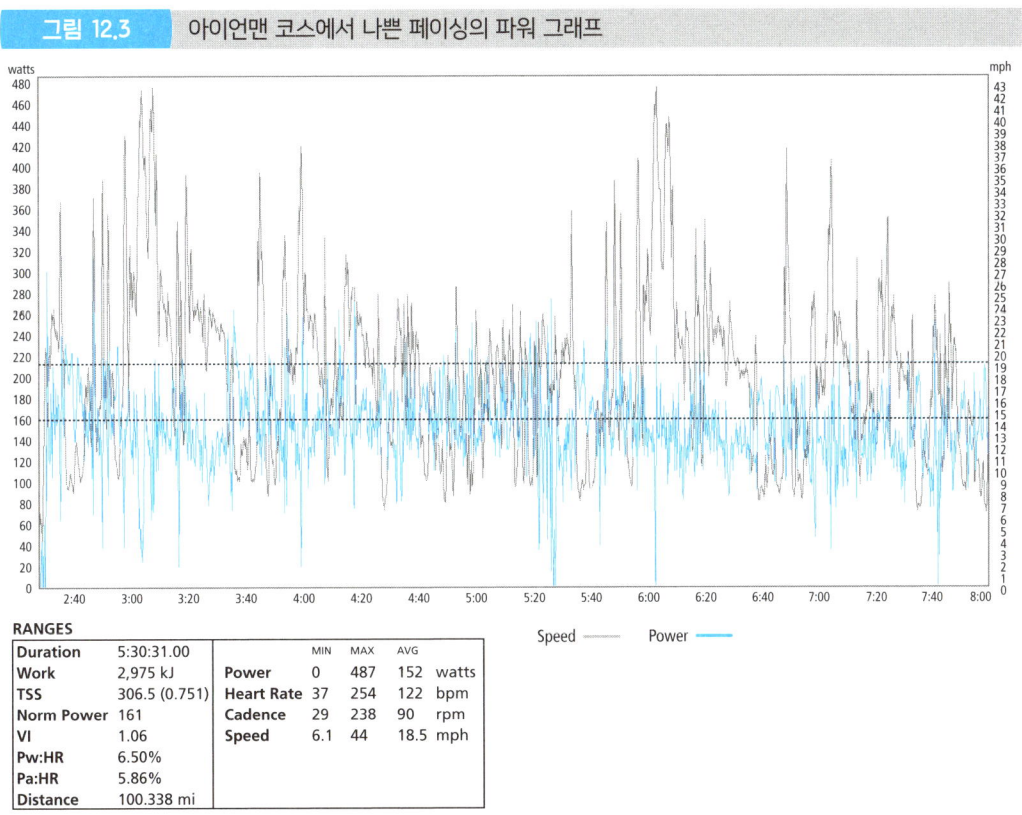

RANGES				MIN	MAX	AVG	
Duration	5:30:31.00		Power	0	487	152	watts
Work	2,975 kJ		Heart Rate	37	254	122	bpm
TSS	306.5 (0.751)		Cadence	29	238	90	rpm
Norm Power	161		Speed	6.1	44	18.5	mph
VI	1.06						
Pw:HR	6.50%						
Pa:HR	5.86%						
Distance	100.338 mi						

위쪽 라인은 이 선수의 FTP (215 W)이며, 아래쪽 라인은 NP (161 W) 입니다. IF는 0.751로 표시되어 있으며, 이는 NP의 75%에 해당합니다.

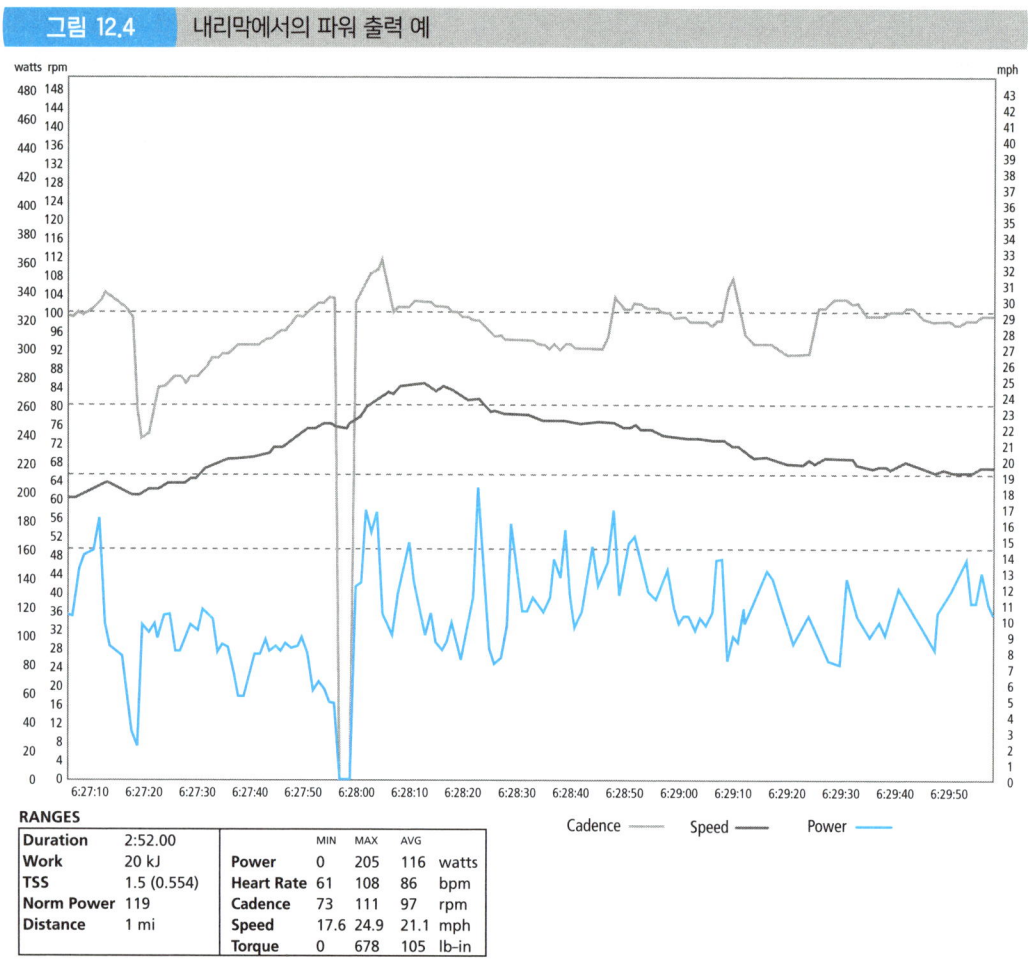

그림 12.4   내리막에서의 파워 출력 예

RANGES

Duration	2:52.00		MIN	MAX	AVG	
Work	20 kJ	Power	0	205	116	watts
TSS	1.5 (0.554)	Heart Rate	61	108	86	bpm
Norm Power	119	Cadence	73	111	97	rpm
Distance	1 mi	Speed	17.6	24.9	21.1	mph
		Torque	0	678	105	lb-in

Cadence ——   Speed ——   Power ——

속도가 빨라질수록 케이던스는 증가하지만 와트는 떨어지는 것을 보면 내리막길에서 파워를 내는 것이 상당히 어렵다는 것을 알 수 있습니다.

조절하는 데 얼마나 중요한 역할을 하는지 살펴보았습니다. 특히 파워미터는 레이스 당일 전략을 실행하는 데 정말 중요한 역할을 합니다. 전략을 세우고 파워미터를 사용하는 것은 좋은 경험과 나쁜 경험의 차이를 만들 수 있습니다. **그림 12.3**과 12.4에 설명된 두 가지 사례 연구를 통해 그 차이를 확인할 수 있습니다.

페이싱이 좋지 않은 예부터 살펴보겠습니다. **그림 12.3**은 레이크 플래시드 아이언맨 레이스의 데이터를 보여줍니다. 이 선수는 40-44세 연령 그룹에서 강한 선수입니다. FTP는 215 W이며 파워 프로필은 우상향 하는 형태인데, 이는 유산소 운동은 잘하지만 무산소 운동은 잘 하지 않는 대부분의 철인3종 선수에게 나타나는 일반적인 현상입니다. 철인3종 선수들은 종목에서 전력 질주를 거의 하지 않기 때문에 무산소 및 신경근 능력을 트레이닝할 기회가 적고, 그 결과 모든 레벨에서 잠재력을 최대한 발휘하지 못하는 경우가 많습니다.

이번 레이스에서 그녀의 목표는 하와이 아이언맨 세계 선수권 대회 출전권이었습니다. 그녀의 말을 빌리자면, "저는 자전거 구간에서 전력을 다했습니다. 제 전략은 제가 만난 거의 모든 사람들의 조언과는 정반대였어요. 하와이 출전권 한 장을 제외하고는 잃을 것이 없다고 생각했죠. 결과적으로 제 몸은 지쳐 있었고 러닝 기록은 원래 기록보다 10-15분 정도 늦어졌습니다." 자전거에 전력을 다했음에도 불구하고 그녀는 강력한 러닝을 펼쳤고, 4위를 차지하며 하와이행 티켓을 거머쥐었습니다!

그녀의 파워 출력을 보면 이 코스에 얼마나 많은 언덕이 있는지 알 수 있습니다. 속도를 나타내는 선이 올라가거나 내려가는 것은 오르막이나 내리막과 같은 큰 속도 변화를 나타냅니다. 이는 이 레이스에서 페이싱이 평소보다 더 어렵고 두 배로 중요하다는 뜻입니다. 언덕에서 너무 세게 달리면 근육 글리코겐을 너무 많이 사용하게 되어 나중에 사용할 수 있는 비축된 에너지를 모두 소진할 위험이 있습니다. 둘째, IF가 0.75로 NP가 FTP의 75%를 유지했음을 나타냅니다. 이는 아이언맨의 페이싱 상한선에 근접한 수치입니다(표 12.1 참조). 리치와 패트릭에 따르면 그녀의 TSS는 306이었는데, 이는 검증된 강인한 아이언맨 러너들만 기록할 수 있는 TSS입니다. 이 선수는 실제로 재능 있는 선수이지만, 스스로 인정한 바에 따르면 이 페이스는 너무 빨랐고 러닝을 하기에 충분한 에너지가 남아있지 않았습니다.

페이스가 잘못되었다고 명확하게 지적할 수 있는 포인트는 없습니다. 하지만 그녀의 가변성 지수는 1.06으로, 레이스 내내 부드럽게 페달을 밟았지만 너무 세게 밟았습니다. 초반 30분 동안 평균 170 W, 즉 자신의 FTP의 약 80%에 달하는 파워로 약간 더운 날씨에 출발했습니다. 더 긴 힐클라임 구간(레이스 중반)에서는 파워가 더 높아졌고(NP 170 W), 이 시점의 파워는 레이스의 다른 어떤 구간보다 FTP에 근접한 상태를 유지했습니다. 이 구간에서 너무 강하게 달렸다는 의견도 있을 수 있지만, 저희는 이 구간에서의 페이스는 적절했다고 생각합니다.

힐클라임을 할 때는 거의 모든 상황에서 철인3종이나 타임 트라이얼의 다른 구간보다 더 많은 와트의 출력을 감당할 수 있습니다. 견뎌야 할 저항이 더 많을 뿐 아니라, 내리막에서는 아무리 노력해도 같은 수준의 힘을 낼 수 있는 기어비 조합이 없고, 아무리 노력해도 내리막길을 달릴 때 근육은 회복을 할 수밖에 없기 때문입니다. 이 사례에서와 같이 FTP가 215 W이고, 긴 오르막에서는 FTP에서 바로 라이딩하거나 짧은 오르막에서는 그 이상(106% 또는 230 W)으로 라이딩하고, 내리막에서는 운이 좋으면 120 W만 낼 수 있다고 가정해 보겠습니다. 이는 FTP의 약 55%에 해당하며, 이는 레벨 1 또는 액티브 리커버리 속도에 해당합니다.

그림 12.4는 아무리 열심히 노력해도 내리막길에서 와트를 생산하기 어렵다는 점을 보여줍니다. 따라서 오르막에서는 페이스가 FTP보다 높을 수 있지만 내리막에서는 경쟁자에게 시간을 잃지 않고 회복할 수 있습니다. 이를 고려하여 해당 철인3종 선수의 트레이닝을 언덕의 수와 길이에 더 잘 대비하고 와트

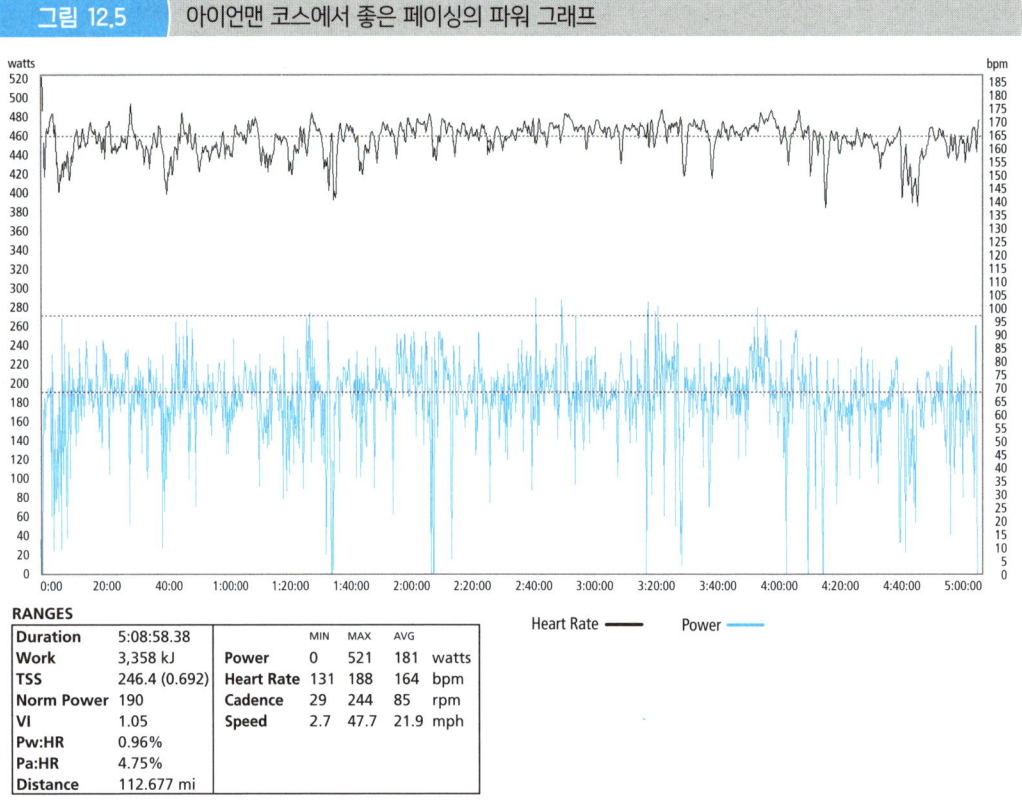

| 그림 12.5 | 아이언맨 코스에서 좋은 페이싱의 파워 그래프 |

RANGES

Duration	5:08:58.38		MIN	MAX	AVG	
Work	3,358 kJ	Power	0	521	181	watts
TSS	246.4 (0.692)	Heart Rate	131	188	164	bpm
Norm Power	190	Cadence	29	244	85	rpm
VI	1.05	Speed	2.7	47.7	21.9	mph
Pw:HR	0.96%					
Pa:HR	4.75%					
Distance	112.677 mi					

가운데 선은 라이더의 FTP (275 W)를 표시하고, 가장 아래 선은 라이더의 NP (190 W)을 나타냅니다. IF가 0.692인 것을 확인할 수 있는데, 이는 아이언맨 위스콘신에서 25-29세 그룹에서 우승하는 데 도움이 된 그의 목표였습니다.

수 목표에 더 세밀하게 맞출 수 있도록 원점에서부터 다시 수정할 수 있습니다. 하와이 여행 전에 페이스를 연습하는 것이 중요할 것입니다. 또한 하와이에서 자신의 연령대에서 우승할 수 있는 기회를 잡으려면 FTP를 개선해야 합니다.

이제 무엇을 하지 말아야 하는지 알았으니 무엇을 해야 하는지 살펴보겠습니다. **그림 12.5**는 아이언맨 위스콘신 레이스가 잘 진행되고 있는 모습을 보여줍니다. 이 선수는 전년도에 이 대회에 참가했는데 자전거를 너무 세게 탔습니다. 결국 그는 러닝 구간에서 걷게 되었습니다. 다음 해에는 더 건강하고 강해져서 더 현명한 자전거 전략으로 돌아오기로 결심한 그는 250 TSS를 목표로 예산을 세웠고, 0.70의 IF를 목표로 대회에 참가했습니다.

FTP를 초과하는 와트가 거의 없고, FTP를 초과하는 와트도 시간이 매우 짧다는 점을 주목하세요. 이 레이스에서 그의 가변성 지수는 1.05로, 지형 특성상 라이더의 페이스를 고려하지 않고도 가변성 지수가 1.10을 넘을 수 있는 이 레이스의 특성을 고려하면 매우 낮은 수치입니다. 그의 레이스를 사분면으

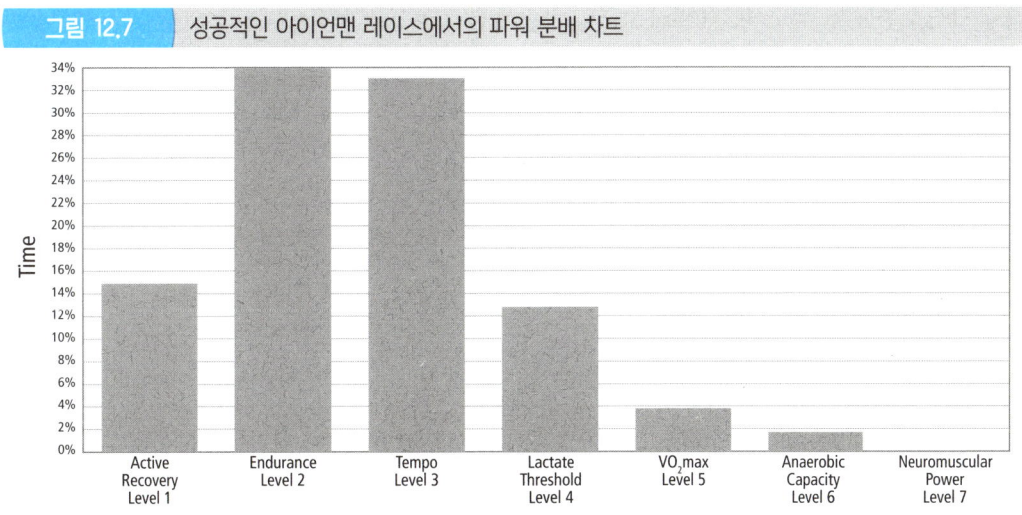

그림 12.6 | 아이언맨 코스에서 좋은 페이싱의 파워 그래프

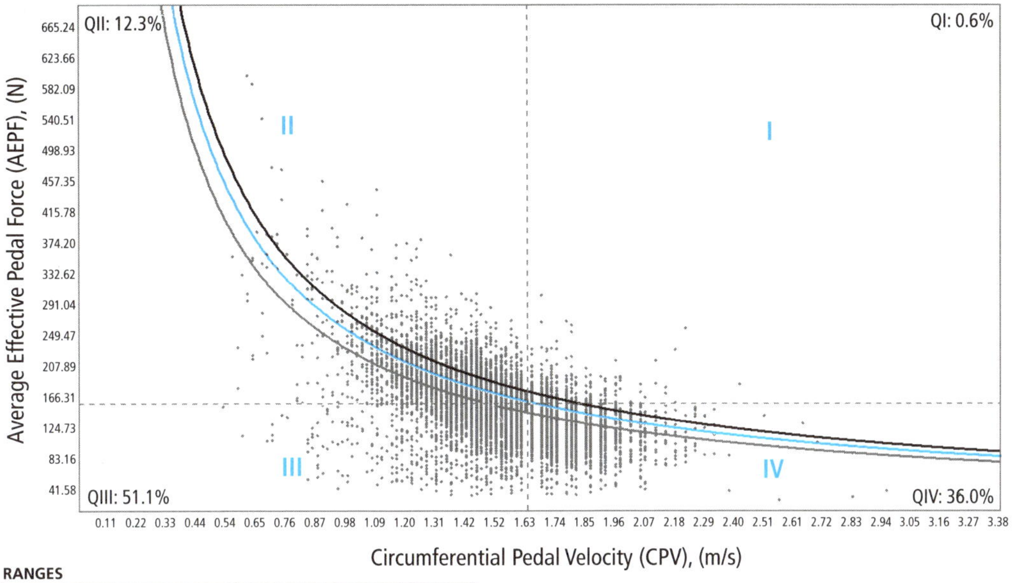

RANGES			MIN	MAX	AVG	
Duration	5:08:58.38					
Work	3,358 kJ	Power	0	521	181	watts
TSS	352.2 (0.827)	Heart Rate	131	188	164	bpm
Norm Power	190	Cadence	29	244	85	rpm
VI	1.05	Speed	2.7	47.7	21.9	mph
Pw:HR	0.96%					
Pa:HR	4.75%					
Distance	112.677 mi					

Power Curve 315 W ▬▬ Threshold Power Curve 285 W ▬▬
Power Curve 255 W ▬▬ Ride ⋮

3사분면에서는 51%, 4사분면에서는 36% 이상으로 파워를 생산했습니다. 이는 와트를 생성하는 방법의 중요성을 잘 보여줍니다.

그림 12.7 | 성공적인 아이언맨 레이스에서의 파워 분배 차트

트레이닝 레벨별 파워 분포 차트는 성공적인 아이언맨 코스의 철인3종 레이스에서 레벨 2와 3에 소비한 시간을 보여줍니다.

로 분석한 결과(그림 12.6 참조), 3분면에서는 51% 이상, 4분면에서는 36% 이상을 차지하여 페달을 밟는 힘이 매우 적었기 때문에 러닝에 필요한 소중한 글리코겐을 절약할 수 있었음을 확인할 수 있었습니다. 그는 "자전거를 두려워하지 않았기에 너무 세게 달리지 않았습니다. 올해는 큰 기어를 사용하지 않고 200 W의 와트 상한선을 지키기 위해 매우 조심했습니다. 제 FTP가 작년보다 20 W 높았기 때문에 조금 더 빨리 갈 수 있다는 것을 알았지만 올해는 더 부드럽게 페달을 밟아야 한다는 것도 알았습니다. 작년 에는 기어를 너무 세게 올리고 언덕을 공략하다 낭패를 봤고, 그 때문에 러닝에 지쳐버렸죠."라고 말했 습니다.

그가 자신의 트레이닝 레벨에서 정확한 시간을 보냈는지 확인하는 또 다른 좋은 방법은 트레이닝 레 벨별 파워 분포 차트를 확인하는 것입니다(그림 12.7 참조). 이 차트는 10장에서 자세히 설명한 대로 각 트 레이닝 수준에서 그가 소비한 시간을 표시합니다. 이 선수는 몇번의 큰 트레이닝 세션을 수행하지 못했 지만, 뛰어난 페이싱 전략, 부드러운 페달링, 파워미터의 현명한 사용 덕분에 이번 레이스에서 좋은 성 적을 거둘 수 있었습니다. 그는 자전거 구간에서 뛰어난 20명 이상의 경쟁자들을 제치고, 러닝 구간에서 개인 기록을 세우면서 손쉽게 자신의 연령대에서 우승을 차지했으며 비교적 수월하게 하와이행 티켓을 확보할 수 있었습니다.

피트니스 정점 타이밍

이벤트를 위한 피트니스 정점을 조절하는 것은 철인3종 선수가 파워미터를 매우 유용하게 사용하는 방법중 하나입니다. 철인3종의 흥미로운 점 중 하나는 자전거 라이딩과 러닝 모두에서 데이터를 기록할 수 있다는 점입니다. 페이스(마일당 분)는 자전거의 파워와 매우 유사합니다.

이번 3판의 공동 저자이자 이스턴 미시간 대학교의 교수인 스티븐 맥그리거 박사는 러닝으로 인한 트레이닝 스트레스를 정량화하기 위해 러닝 트레이닝 스트레스 스코어(rTSS)를 개발했습니다. 공동 저 자인 앤드류 코건의 TSS 연구를 기반으로 한 rTSS는 러닝 분야에서 트레이닝 스트레스를 측정하는 일 반적인 방법이 되었습니다. 스티븐은 사이클링에 사용되는 1시간 척도에 대해 자전거에서의 100점이 러닝에서 100점과 동일한 수준의 트레이닝 스트레스를 받도록 하는 접근 방식을 택했습니다. 러닝에는 포장 도로에 발을 딛는 데 따른 추가적인 근골격계 구조적 위험(발이 땅에 닿을 때마다 몸무게가 지면 에 떨어지는 중력)이 있기 때문에 기능적 역치 페이스(FTp) (파워 대신 소문자 'p'를 사용하여 속도를 나 타냄)로 1시간을 달리면 자전거로 한 시간보다 트레이닝 스트레스가 더 커지고 결과적으로 회복 시간이 더 필요하게 됩니다. 따라서 대략적으로 45분 동안 FTp로 달리거나 15킬로미터를 평탄하게 달리는 것 은 자전거로 1시간을 FTP로 달리는 것과 같을 것입니다.

TSS가 사이클링과 러닝에 미치는 영향을 이해하면 철인3종 선수가 감당할 수 있는 트레이닝량에서

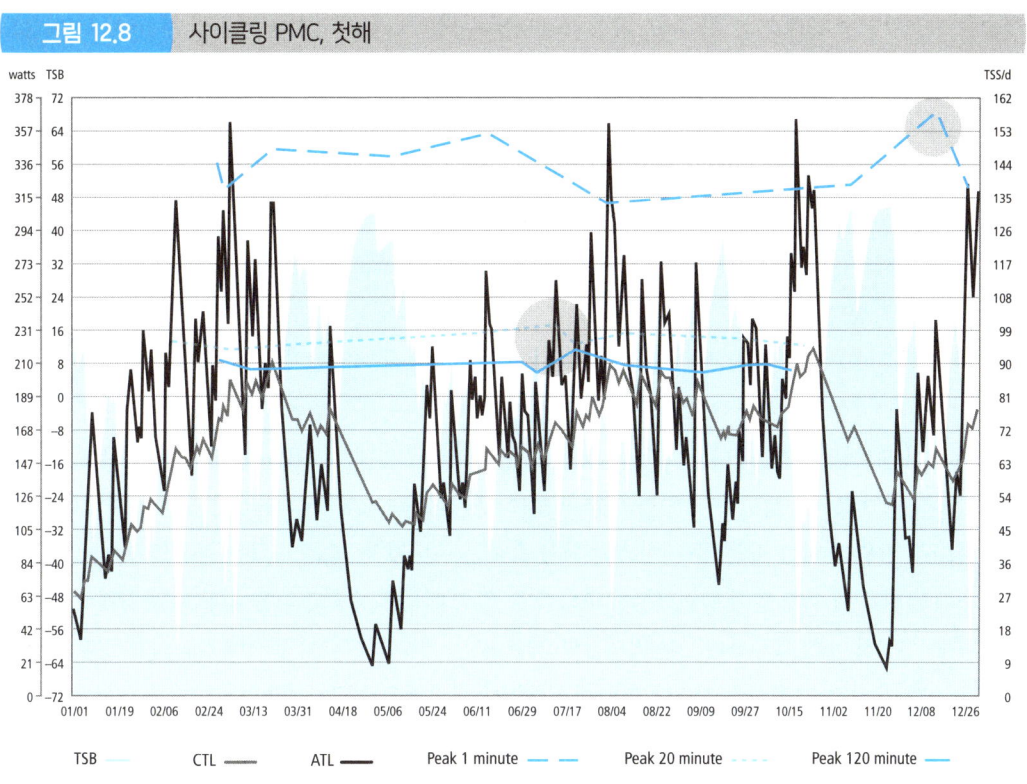

그림 12.8   사이클링 PMC, 첫해

이 선수의 자전거 최고 출력은 1분 최대 파워 368W, 20분 최대 파워 235W, 120분 최대 파워 217W였습니다.

차이점을 만들어 낼 수 있고, 완벽한 테이퍼링을 예측하는 데 도움이 됩니다. 파워 분석 소프트웨어에서
는 러닝 시 GPS 장치의 데이터와 자전거 라이딩의 파워 데이터를 입력한 다음 각각과 관련된 차트와 그
래프를 볼 수 있습니다. 이러한 그래프와 차트를 모두 설명하는 것은 이 장의 범위를 벗어나지만, 퍼포
먼스 매니저 차트(PMC)에 대한 사례 연구를 통해 다가오는 철인3종 레이스에 적합한 테이퍼링과 그에
맞는 피트니스 정점을 만드는 방법에 대한 몇 가지 인사이트를 제공하고자 합니다.

　　그림 12.8, 12.9 및 12.10에 표시된 PMC는 주로 아이언맨 장거리 종목에 출전하는 연령대에 속한 선수
의 것입니다. 그녀는 운이 좋게도 거의 풀타임으로 트레이닝할 수 있으며 수년 동안 철인3종 레이스를
해왔습니다. 데이터에 매우 집착하는 그녀는 거의 모든 운동에 파워미터와 GPS 장치를 사용하며, 오픈
워터 수영을 할 때는 수영모에 장착하기도 합니다. 이 방대한 데이터 저장소를 통해 6시즌 동안의 데이
터를 분석하여 그녀를 움직이게 하는 포인트를 이해할 수 있었습니다. 이전 장에서 읽은 것처럼, 퍼포먼
스 매니저 차트는 테이퍼링을 하거나 피트니스를 정점에 달하게 하는 계획을 세우는 데 매우 유용한 도
구가 될 수 있습니다. 우리는 전년도 데이터를 검토하여 그녀가 가장 잘 달렸던 라이딩을 파악하고 해당

정보를 트레이닝 스트레스 균형(TSB), 만성 트레이닝 부하(CTL) 및 급성 트레이닝 부하(ATL)와 상호 연관시켰습니다. 이러한 방식으로 최고의 피트니스를 만드는 데 필요한 정확한 트레이닝 부하와 최상의 라이딩과 러닝을 할 때의 TSB를 파악할 수 있었습니다. 철인3종 선수는 TrainingPeaks WKO 소프트웨어 내에서 사이클링 전용 PMC, 러닝 전용 PMC, 러닝과 사이클링을 모두 포함하는 복합 PMC 등 세 가지 퍼포먼스 매니저 차트를 만들어야 합니다. 이를 통해 어떤 워크아웃이 최고의 피트니스를 발휘할 수 있게 하는지, 어떤 워크아웃에서 가장 높은 수준의 트레이닝 스트레스를 경험할 수 있는지, 트레이닝 기간 중 언제 가장 높은 수준의 트레이닝 스트레스를 경험할 수 있는지, 마지막으로 어떤 워크아웃이 어떤 비율로 트레이닝 스트레스 전체에 가장 크게 기여하는지 더 잘 이해할 수 있습니다.

그림 12.8에서 이 선수의 사이클링 PMC를 볼 수 있습니다. 이 차트에 '최고 기록'을 표시하기 위해 세 가지 데이터 세트를 추가했습니다. 추가한 것은 평균 최대 파워 수치로 NP로 나타냈으며, 1분, 20분 및 120분 시간 구간의 데이터입니다. 이를 통해 피트니스와 엔듀런스가 가장 높았던 시기를 파악할 수 있습니다. 1분 파워 수치는 철인3종 레이스의 핵심 요소는 아니지만, 많은 휴식을 취하고 무산소 능력이 최고조에 달했을 때 어떤 일이 일어났는지 파악할 수 있기 때문에 종종 살펴봅니다. 이는 최적의 트레이닝 부하를 결정하는 데 유용하며, 1분 최대값과 20분 또는 60분 최대값이 동시에 나타나는 경우가 종종 있는데, 이는 유산소 및 무산소 시스템이 함께 최대치에 도달했음을 나타냅니다.

또한 차트에서 그녀는 충분한 휴식 기간을 가진 후인 12월 14일에 1분 최고 기록, 7월 12일에 20분 최고 기록, 7월 20일에 120분 최고 기록을 기록했음을 알 수 있습니다. 그녀가 최고 기록을 세우려고 했던 레이스는 아이언맨 애리조나(4월 초), 아이언맨 위스콘신(9월 초), 아이언맨 하와이(10월 중순)였습니다. 따라서 그녀의 정점은 우리가 익히 알고 있는 방식으로 보면 그녀의 레이스와 일치하지 않습니다. 일반적으로 우리는 선수가 원하는 날, 즉 일반적으로 레이스가 있는 날에 정점에 달한 모습을 볼 수 있습니다. 하지만 아이언맨은 20분 동안 최고 파워를 내는 것보다 지구력에 더 중점을 둡니다. 1분, 20분, 120분 값만으로는 아이언맨 철인3종 선수의 레이스 당일 노력도를 판단할 수 없습니다. 따라서 이러한 수치를 통해 시즌 동안 선수의 피트니스가 어떻게 변화하는지 파악할 수 있지만, 사실 중요한 것은 레이스 당일 선수의 TSB가 과거, 현재, 또는 앞으로 어떻게 될지 파악하는 것입니다.

TSB가 높다는 것은 선수가 너무 상쾌해서 피트니스가 떨어진 상태라는 뜻이고, TSB가 낮다는 것은 선수가 너무 피곤해서 좋은 성적을 낼 수 없다는 뜻입니다. 따라서 아이언맨 철인3종 선수의 경우 TSB 지표를 주의 깊게 살펴보는 것이 중요합니다. **그림 12.8**에서 이 선수는 자신의 목표 레이스에 대해 잘못된 시점에 정점을 기록한 것으로 보입니다. 애리조나 레이스의 전주에 20분 최대 파워가 올해 세 번째로 높았기 때문에 이 선수는 자신의 최고치에 매우 근접했을 가능성이 높습니다. 6-8주 동안 최고 기록을 유지하는 것은 가능하지만, 그렇게 시도하는 것은 바람직하지 않습니다. 만약 그녀가 이 대회 2주 전에 큰 기록을 세웠다면 적절한 시기에 피트니스의 정점을 찍었을 것이라고 확신할 수 있었을 것입니다. 이 사례는 아무리 경쟁이 치열한 선수라도 적절한 시기에 정점을 찍는 것이 얼마나 어려운지 잘 보여줍니다.

철인3종 선수는 사이클링뿐만 아니라 러닝에서도 PMC를 확인해야 합니다. 다행히도 이 철인3종 선수는 아이언맨 위스콘신 대회에 참가하기 전까지 모든 러닝에 Garmin GPS를 사용했기 때문에 검토할 수 있는 좋은 데이터 세트가 있었습니다.

그녀의 러닝 PMC(그림 12.9)를 살펴보면, 올해 최고의 기록 10번 중 4번이 모두 아이언맨 애리조나 대회 15일 이내에 기록되었기 때문에 8월의 기록보다 4월의 기록이 훨씬 더 좋았다는 것을 알 수 있습니다. 하지만 8월까지 20분 또는 120분 개인 최고 기록은 그리 많지 않았습니다. 그 당시에는 아이언맨 위스콘신 대회에서 좋은 기록에 가까웠을 가능성이 있지만 확신하기는 어렵습니다. 하지만 러닝 PMC를 검토하면서 알 수 있었던 한 가지는 두 가지를 동시에 트레이닝 하더라도 한 종목에서는 최고 기록을 달성하고 다른 종목에서는 최고 기록을 달성하지 못할 수 있다는 점입니다. 물론 가장 이상적인 것은 이 두 가지 피트니스의 최고점을 합쳐서 자전거와 러닝 모두에서 최고의 기록을 달성하는 것이지만, 그것

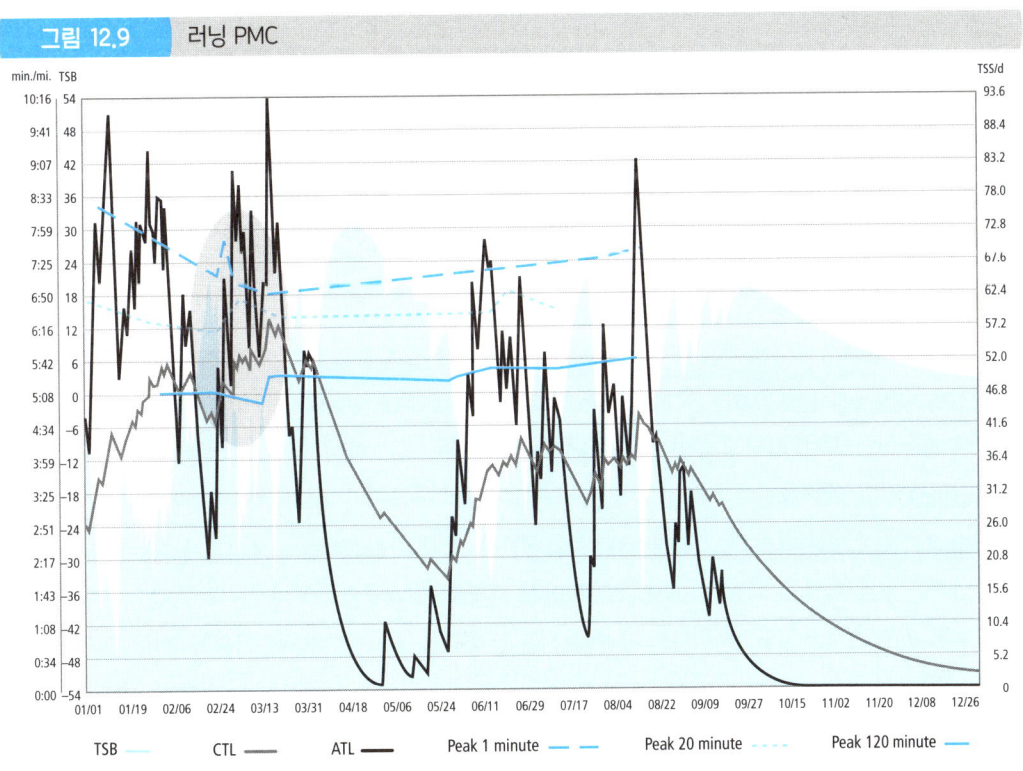

그림 12.9   러닝 PMC

이 선수의 올해 최고 기록은 모두 아이언맨 코스 레이스를 앞두고 나온 것으로, 시즌 메인 이벤트에서 좋은 폼을 유지하고 있다는 증거입니다.

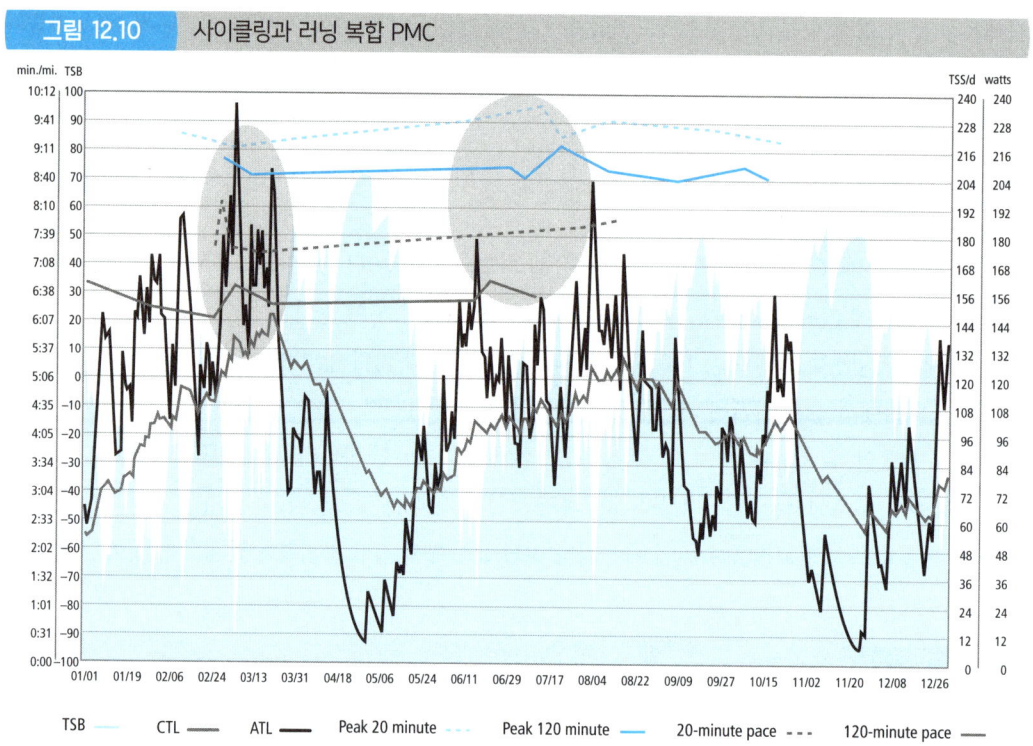

그림 12.10   사이클링과 러닝 복합 PMC

| TSB — | CTL — | ATL — | Peak 20 minute - - - | Peak 120 minute — | 20-minute pace - - - | 120-minute pace — |

두 개의 짧은 회색 선은 페이스를, 두 개의 파란색 선은 파워를 나타냅니다. 이 라이더의 페이스와 파워에 대한 개인 최고 기록은 모두 정점을 찍는 이벤트를 앞두고 달성한 것이지만, 너무 일찍 폼을 만들었을 가능성도 있습니다. 이런 경우 목표한 이벤트에서 폼을 유지하기가 어려울 수 있습니다.

이 항상 쉬운 일은 아닙니다.

이제 두 퍼포먼스 매니저 차트를 개별적으로 살펴봤으니 두 차트를 합쳐서 각 스포츠가 큰 그림에 어떤 영향을 미쳤는지 살펴봅시다. 어떤 스포츠가 트레이닝 스트레스를 가장 많이 유발했나요? 개별적으로 볼 수 없는 피트니스 패턴이 있었나요? 트레이닝 스트레스의 조합이 실제로 그녀에게 부정적인 영향을 미쳤나요?

그림 12.10을 보면 파워와 러닝 페이스에 대한 개인 최고 기록에서 패턴이 보이기 시작합니다. 이러한 최고 기록은 주로 휴식 주 이후, 피크 이벤트를 앞둔 고강도 트레이닝 단계에서 기록되었습니다. 그녀의 거의 모든 최고 기록은 힘든 한 주간의 트레이닝 중 정상적인 휴식 주 직후에 나왔습니다. 이는 이 선수가 일 년 내내 상대적으로 높은 피트니스를 유지하고 있으며 실제로 정점을 만들기 위한 집중 트레이닝이 필요하지 않다는 것을 의미할 수 있습니다. 둘째, 아이언맨 이벤트는 주로 엔듀런스를 기반으로 하는데, 20분 또는 120분의 최고의 피트니스를 유지했지만, 아이언맨 장거리 이벤트를 완주하는 데 필요한 엔듀런스 피트니스를 갖추지 못하고 있을 수도 있습니다. 결국, PMC가 말하지 않는 것을 이해하고 인

식하는 것도 중요합니다.

만약 우리가 이 선수를 코치한다면, 대회 전 오랜 기간 동안 엔듀런스 운동을 충분히 한 다음 4주 동안 강도 높은 운동을 하고 약간의 휴식을 취한 다음 아이언맨 대회 직전에 1주일 동안 엔듀런스와 강도 높은 운동을 할 것을 권장할 것입니다. 이렇게 하면 너무 일찍 정점에 도달하는 것을 피하고 필요한 유산소 피트니스를 키울 수 있습니다. 대회 직전에 트레이닝 스트레스를 많이 받고 충분한 휴식을 취하면 레이스 당일에 엔듀런스와 피트니스를 모두 갖출 수 있습니다.

마지막으로 한 가지 더, 그리고 여기서 분명히 알아야 할 것이 있습니다: 여기서는 철인3종 트레이닝에서 수영 부분을 추적하지 않았지만, 수영 역시 최고점과 누적 트레이닝 스트레스에 중요한 역할을 합니다.

....

파워미터가 철인3종 선수의 성공에 매우 큰 역할을 할 수 있다는 것은 분명합니다. 올림픽 코스 레이스의 페이싱 방법을 배우든, 아이언맨 코스에서 정확한 와트를 생성할 수 있는지 확인하든, 최고 기록을 조정하든, 파워미터와 파워미터가 제공하는 데이터는 철인3종 선수에게 필수적인 요소입니다.

13

파워미터를 활용한 레이스 운영

파워미터를 사용하여 레이싱 전략, 영양 섭취량 및 페이스를 조절하는 데 활용할 수 있다고 생각하면 흥미진진합니다. 자전거 레이스는 kg당 가장 많은 와트를 생산할 수 있는 사람에게 상을 주는 것이 아닙니다. 가장 먼저 완주한 사람에게 상을 줍니다. 파워미터는 레이스 후 분석 도구로도 사용할 수 있으며, 선수가 코치와 레이스 경험에 대해 더 효과적으로 소통할 수 있도록 도와줍니다. 실제로 레이스 파워 데이터는 수집할 수 있는 가장 가치 있는 데이터 중 하나입니다.

우선, 파워미터와 함께 레이스하는 것은 레이스의 까다로운 구간에서 자신의 페이스를 조절하는 데 도움이 됩니다. 브레이크어웨이에서 라이드할 때 끌어야 하는지 아니면 그냥 '앉아 있어야 하는지(즉, 앞선 라이더의 뒤에서 드래프트를 하며 도움을 주지 않는 것)'를 어떻게 알 수 있을까요? 얼마나 강하게 끌어야 할까요? 너무 세게 끌면 나중에 낙오될 위험이 있지만, 충분히 세게 끌지 않으면 펠로톤에게 따라잡힐 것입니다. 파워미터는 단체 출발 레이싱 이벤트나 타임 트라이얼에서 훌륭한 페이싱 도구입니다. 둘째, 파워미터를 착용하고 레이싱을 하면 이벤트의 생리적 요구 사항을 정의할 수 있습니다. 경쟁하는 동안 파워미터로 데이터를 확인하는 것만으로도 펠로톤에서 라이딩하고, 펠로톤에서 탈출하고, 심지어 레이스에서 승리하는 데 필요한 것이 무엇인지 이해할 수 있습니다. 마지막으로 레이스가 끝난 후 데이터를 검토하면 다음 레이스와 내년 레이싱 시즌을 더 잘 준비할 수 있습니다.

이전 장에서는 철인3종 레이스의 파워미터 데이터를 분석하여 한 가지가 아닌 세 가지 종목에서 최고의 퍼포먼스를 내는 방법을 확인했습니다. 이번 장을 통해 다양한 레이스와 이벤트의 파워미터 파일을 살펴보고 그 비하인드 스토리를 통해 파워미터를 사용하여 성공하는 방법을 살펴보도록 하겠습니다. 사실, 파워미터 데이터는 각 라이드의 '스토리'가 없다면 불완전하므로 각 레이스가 끝난 후 몇 분간 시간을 내어 라이드 일지에 라이드 스토리를 작성하는 것이 중요합니다. 논문을 작성할 필요는 없지만, 라이딩의 핵심 포인트, 복습해야 할 중요한 부분, 나중에 참고할 수 있는 레이스의 중요한 순간에 대한 설명이 포함되어야 합니다.

페이싱(Pacing): 우리가 결코 이야기하지 않았던 기술

사이클링에서 페이싱은 개선이 가장 간과되는 분야 중 하나일 것입니다. 우리는 최신 카본 장비나 최신 에어로 헬멧에 너무 신경을 쓰는 덕분에 페이스 전략을 세우고 파워를 원활하게 측정할 수 있는 능력을 갖추지 못하면 새 에어로 헬멧이 아무런 소용이 없다는 사실을 고려하지 못합니다. 페이싱은 분명 학습해야 하는 기술입니다. 물론 선천적으로 페이싱을 할 수 있는 사람도 있지만 소수에 불과합니다. 사이클링에서는 타임 트라이얼뿐만 아니라 많은 레이스에서 페이싱 기술 부족으로 인해 패배합니다! 페이싱은 사이클링에서 매우 중요한 역할을 하므로 모든 레이서가 우선순위로 삼아야 합니다. 페이싱 기술을 연습하지 않았거나 페이싱이 그렇게 큰 문제라고 생각하지 않는다면 다시 생각해 보세요. 이 섹션에서는 사이클링에서 페이싱이 얼마나 중요한지, 그리고 파워미터를 사용하여 이 부분을 개선할 수 있는 방법에 대해 몇 가지 예를 들어 설명해 드리겠습니다.

친구들과 장거리 그룹 라이드에 나섰을 때 초반에는 기분이 좋았는데, 그 결과 처음 40마일(65 km)을 힘차게 달렸지만 마지막 20마일(32 km)에서 무너진 적이 몇 번이나 있으신가요? 반면 그룹에 속한 다른 라이더(자신보다 약하다고 생각되는 라이더)는 점점 더 강해집니다. 갑자기 다른 라이더가 페이스를 끌어올리고 있고 여러분은 필사적으로 버티고 있습니다. 이 라이더가 정말 나보다 피트니스가 좋은 걸까요? 아니면 그냥 자신의 페이스를 더 잘 유지한 것일까요?

페이싱의 중요성은 센추리 라이드(century ride, 동호인들의 100마일 이상 라이드)에서 가장 분명하게 드러날 수 있습니다. 많은 초보자들은 처음 40-50마일(65-80 km)에서는 페이스를 높게 유지하지만 마지막 50마일(80 km)에서는 휴게소마다 쉬면서, 속도를 시속 10마일(16 km/h)까지 떨어뜨리면서 결국 10시간이 되어서야 완주합니다. 이들은 라이딩 초반에 모든 에너지를 소진합니다.

투르 드 프랑스와 같은 스테이지 레이스의 경우 쏟아 부어야 하는 것은 더 크겠지만 페이싱의 중요성은 동일합니다. 스테이지 초반에 선두에서 이탈하는 라이더에게 큰 보상이 주어지나요? 아닙니다. 이 전략을 택한 라이더는 마지막 40 km를 남기고 추월당해 결과적으로 10분 정도 뒤처질 가능성이 더 높습니다. 실제로 투르 드 프랑스 우승자는 이런 전략을 택하지 않습니다. 투어 전체는 어떨까요? 첫 5-8개 스테이지에서 선두를 달리는 라이더와 스테이지 8 이후 상위 10위 안에 드는 라이더가 다르다는 사실을 눈치채신 적이 있으신가요? 보통 이런 선수들은 전체 레이스의 초반 1/3에서 너무 많은 에너지를 소비하고 후반 1/3에서는 완주하지 못할 위험에 처하게 됩니다.

하지만 페이싱은 투르 드 프랑스에 출전하는 선수들뿐만 아니라 모든 레벨의 레이서들에게 중요합니다. 그리고 이는 장거리 이벤트뿐만 아니라 단거리 이벤트에서도 중요합니다. 예를 들어 브레이크어웨이 초반에 스스로를 너무 강하게 밀어붙이면 스스로 포기하거나 동료들과 함께 초기의 빠른 페이스를 유지할 수 없어 펠로톤에 잡히게 됩니다. 트랙에서 추발전을 위한 페이스는 어떨까요? 아니면 4분도 채 되지 않는 이벤트에서 페이싱은 어떨까요? 물론 짧은 종목에서는 페이싱이 덜 중요하다고 생각할 수 있습니다. 하지만 페이스는 긴 스테이지 레이스보다 짧은 이벤트에서 훨씬 더 중요할 수 있습니다. 추발전에서 너무 강하게 출발하여 두 번째 랩에서 모든 에너지를 소모하면 파워가 너무 빨리 떨어지고 기록이 나빠질 수 있습니다. 추발 및 짧은 트랙 레이스에서도 페이싱은 레이스 결과에 결정적인 영향을 미칠 수 있습니다. 실제로 트랙 레이서들이 올바른 페이스 전략을 배우는 데 가장 많은 시간을 투자해야 한다고 감히 말할 수 있을 정도로 매우 중요합니다.

10장에서 이야기했듯이 철인3종에서도 좋은 페이스는 필수적입니다. 자전거 구간에서 무리하게 힘을 주면 달리기 구간을 걷게 되어 전체 기록이 나빠지게 됩니다. 철인3종 레이스에서는 단지 10 W라도 페이싱이 매우 치명적일 수 있습니다. 예를 들면, 아이언맨 코스에서 250 W 대신 240 W로 라이드 하는 것은 마지막 달리기 구간에서 걷지 않고 꾸준히 달리도록 만들 수 있습니다.

크리테리움에서의 페이싱

그림 13.1은 크리테리움 레이스의 스토리를 보여주며 이러한 유형의 이벤트에서 파워미터를 효과적으로 사용하는 방법에 대한 예를 보여줍니다. 이 선수는 매우 강력한 스프린트와 탄탄한 피트니스를 갖춘 카테고리 II 레이서입니다. 역치 파워는 350 W, 몸무게는 175파운드이며 파워 프로필은 스프린터의 전형적인 형태인 우하향 모양을 가지고 있습니다.

레이스 초반에는 이 라이더의 심박수가 비교적 낮았습니다. 또한 라이드 파일에서 2시간이 지나면서 파워가 급상승하는 것을 볼 수 있습니다(그래프 시간에는 워밍업이 포함). 바로 이 지점에서 프라임(상금이 걸린 스프린트)을 위한 벨이 울렸습니다. 이 라이더는 필드 밖으로 공격하여 프라임을 향해 스프린트했고, 성공했습니다. 이 시점에서 그는 프라임 스프린트 이후 자신이 솔로 선두로서 20초 차이를 벌린 것을 발견했습니다. 남은 레이스에서 솔로로 달리고 싶지 않았지만, 동시에 이 20초의 여유가 주는 기회를 놓치고 싶지 않았던 그는 자신의 서브역치 파워에서 페달을 밟았습니다.

한 바퀴도 채 지나지 않아 세 명의 라이더가 그에게 다가와 맹렬히 추격하기 시작했습니다. 그는 기차 뒤편에 올라타 즉시 로테이션을 시작했습니다. 하지만 몇 바퀴를 돌고 나서야 그는 자신이 500 W 이상의 파워를 내고 있다는 사실을 인지했고, 드리프팅으로 회복할 때도 여전히 400 W를 내야 했습니다. 자신의 FTP에 대한 예리한 이해를 바탕으로 간단한 계산을 한 결과, 그는 자신이 조만간 빠르게 뒤처질

그림 13.1   크리테리움 레이스에서의 좋은 페이스의 파워 그래프

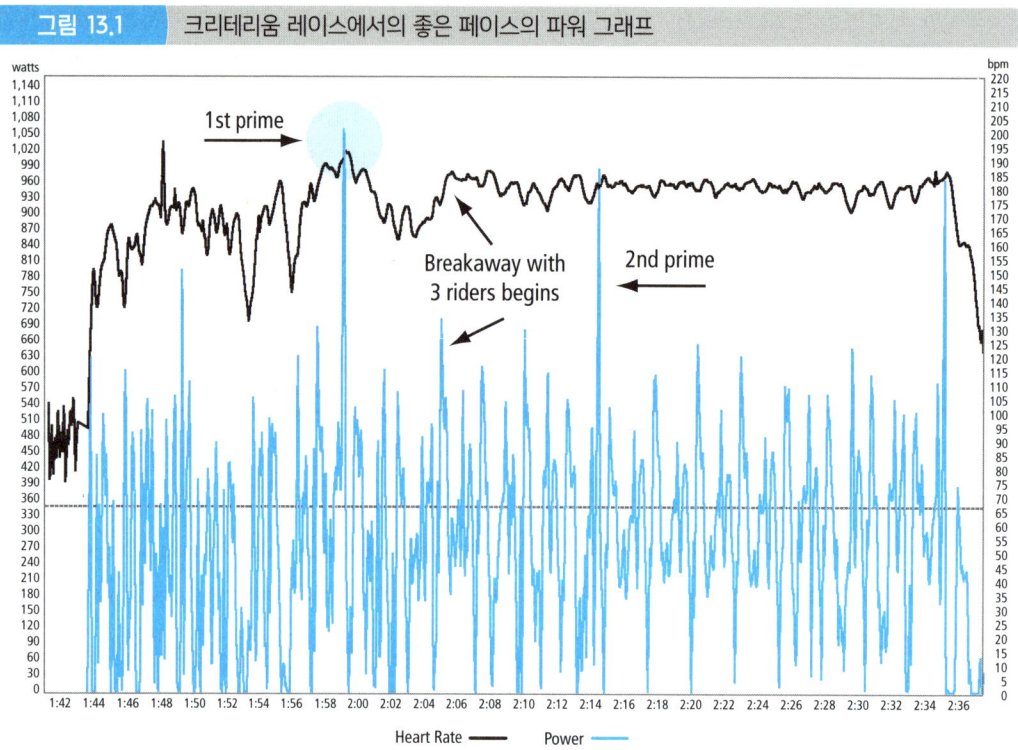

라이딩 2시간 후 라이더의 파워가 급상승합니다. 그의 첫 번째 프라임에서는 13초 동안 최대 1065 W, 평균 913 W이었고, 두 번째 프라임에서는 11초 동안 최대 1007 W, 평균 711 W이었습니다.

것이라는 결론에 도달했습니다. 그는 FTP를 넘는 파워를 내면서 이 브레이크어웨이를 계속 유지한다면, 결국 이를 할 수 있는 시간이 제한될 것이라고 추론했습니다. 그래서 그는 이런 상황에서 모든 훌륭한 라이더가 해야 할 일을 했습니다. 그냥 브레이크어웨이를 따라가기만 했습니다. 자신이 브레이크어웨이를 계속 끄는 것은 말이 안 되며, 그렇게 한다면 결과적으로 브레이크어웨이의 뒤쪽에서 자신을 뺄어내게 될 것입니다. 이 라이더는 다른 세 명의 라이더도 FTP를 넘어서고 있으며 문제가 임박했다는 직감을 가지고 있었습니다.

비록 다른 라이더들에게 단지 따라가기만 했다는 이유로 약간의 비난을 받았지만, 브레이크어웨이에서 낙오되는 것보다는 낫다는 것을 알고 있었습니다. 두 번째 프라임을 알리는 종소리가 울렸고, 댄싱에 익숙했던 다른 뛰어난 스프린터들처럼 그는 브레이크어웨이 트리오의 뒤쪽에서 폭발적으로 질주하며 손쉽게 두 번째 프라임을 획득했습니다(그림 13.2 참조). 프라임이 끝나고 주위를 둘러보니 트리오는 어디에도 보이지 않았습니다. 그들은 빠르게 펠로톤으로 후퇴하고 있었습니다. 이제 그는 상당히 곤경에 처했습니다: 선두 그룹과 45초 이상 차이가 났고, 혼자서 스프린터로 달리고 있었으니까요! 그는 남

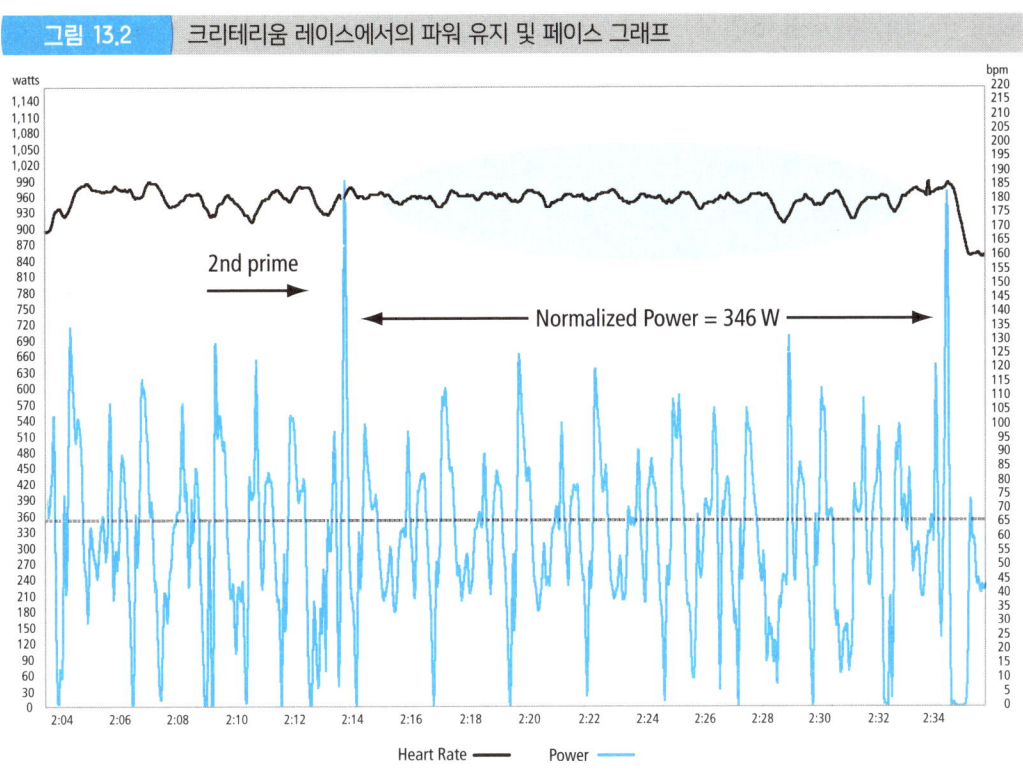

그림 13.2 크리테리움 레이스에서의 파워 유지 및 페이스 그래프

선두에서 솔로로 달릴 때 라이더의 심박수가 얼마나 안정적으로 유지되는지 주목하세요. NP는 결승선이 보일 때까지 350 W인 FTP 바로 아래에 머물러 있습니다.

은 레이스 동안 350 W로 달리는 것이 최선이라고 생각했고, 만약 선두 그룹이 그를 잡으면 잡힐 것이라고 생각했습니다. 360 W 이상을 유지하려고 하면 결국 에너지가 모두 고갈되고, 확실히 따라 잡힐 것이라는 것을 알고 있었습니다. **그림 13.2**에서 그가 선두에서 솔로로 나섰을 때 그의 파워가 얼마나 부드러워졌는지, 그리고 심박수도 안정적으로 유지되었는지 알 수 있습니다.

이것이 이 시점에서 그가 선택할 수 있는 유일한 전략이었습니다. 파워미터를 사용하여 자신의 페이스를 정확하게 조절하여 무리하지 않았고, 운 좋게도 결승선에서 약 10초 차이로 선두 그룹을 따돌릴 수 있었습니다. 마지막 4-5분 동안 그의 파워가 증가한 것을 주목하세요. 그는 마지막에서 자신의 한계치보다 조금 더 높은 파워 출력을 유지할 수 있다는 것을 알았기 때문에 피니시를 위해 파워 출력을 360-370 W 범위까지 올렸습니다. 이것이 그의 성공에 결정적인 페이싱이 되었습니다. 그는 레이스의 거의 모든 랩에서 파워미터를 사용하여 자신이 처한 상황에 맞는 페이스를 유지했기 때문에 성공적인 결과를 만들어낼 수 있었습니다.

타임 트라이얼에서의 페이싱

'진실의 레이스'라고 불리는 타임 트라이얼은 파워미터가 정말 빛을 발할 수 있는 곳입니다. 타임 트라이얼에서는 파워미터를 사용하여 이벤트 초반에 와트를 조절하고, 힐클라임에서 자신의 페이스를 조절하고, 이벤트 막바지에 얼마나 더 큰 강도를 견딜 수 있는지 알아볼 수 있습니다. 힐클라임, 낙타등, 평지, 등 다양한 종류의 타임 트라이얼이 있으며 거리도 매우 다양합니다. 참가하는 타임 트라이얼의 유형에 의해 이벤트 내내 자신의 페이스를 어떻게 유지할 지가 결정됩니다. 다양한 유형의 타임 트라이얼이 페이스와 레이싱 전략에 어떤 영향을 미치는지 살펴보기 전에 우선 일반적인 타임 트라이얼 상황을 살펴봅시다.

타임 트라이얼이 시작되기 10분 전의 상황을 상상해 봅시다. 에어로 헬멧을 착용하고 신발 커버는 제자리에 있으며, 간신히 입은 스킨슈트는 워밍업으로 흘린 땀으로 이미 젖어 있고, 에스프레소를 몇 잔 마신 후 흥분과 긴장, 카페인이 가득한 상태입니다. 출발 시간이 다가오면 긴장을 풀기 위해 심호흡을 몇 번 하지만 곰이 쫓아오는 것과 같은 양의 아드레날린이 혈관을 통해 뿜어져 나오기 때문에 별 소용이 없습니다.

카운트다운이 0에 가까워지면서 출발선을 향해 힘차게 출발할 준비가 되었습니다. 그리고 소리가 들립니다. "출발!" 가속 페달을 밟아 빠르게 속도를 올리면 아드레날린과 카페인이 혈관을 통해 뿜어져 나오기 때문에 페달을 얼마나 세게 밟고 있는지조차 느낄 수 없습니다. 속도계를 내려다보면 시속 29마일(46 km)이 표시되고 '아, 이번 TT에서 우승할 수 있겠구나'라고 생각하게 됩니다. '경쟁자들을 박살낼 거야'라고 생각하죠. 그러다가 27 mph, 26.5 mph, 25 mph, 23 mph 등 속도가 떨어지기 시작하고, 결국에는 트레이닝에서 24 mph을 여러 번 달렸음에도 불구하고 22.3 mph의 속도에 안착하게 됩니다. 어떻게 된 걸까요? 여러분도 우리 모두와 같은 실수를 저지른 것입니다. 너무 강하게 시작한 것입니다. 레이스 초반에는 인지된 운동량(RPE)이 실제 운동량과 일치하지 않습니다.

아드레날린, 엔돌핀, 카페인 또는 단순한 흥분으로 인해 4-5분 정도 지나면 실제 노력의 강도는 뒤로 가려지고, 이것들이 자신을 붙잡게 됩니다. 그때는 페이스를 고치기에는 너무 늦어 고통의 동굴에서 빠져나올 방법이 없습니다. 물론 몇 분 동안 페달링을 멈추고 몸이 회복한 후 훨씬 더 합리적인 페이스로 다시 시작한다면 더 좋은 성적을 거둘 수 있겠지만, 레이스에서는 출발할 수 있는 기회가 한 번 밖에 없기 때문에 불가능할 것입니다. 회복은 할 수 있을지 몰라도 완주 시간은 되돌릴 수 없습니다.

페이싱의 중요성은 타임 트라이얼의 두 번째 규칙으로 요약됩니다. '너무 강하게 출발하지 말고, 너무 세게 출발하지 말고, 너무 힘차게 출발하지 말 것(타임 트라이얼의 첫 번째 규칙은 '출발 시간에 정확하게 도착할 것'입니다)'. 타임 트라이얼에서 너무 강하게 출발하면 조금 더 현실적인 페이스로 출발했을 때보다 느린 타임 트라이얼을 하게 될 가능성이 높습니다. 이때 파워미터가 큰 도움이 될 수 있습니

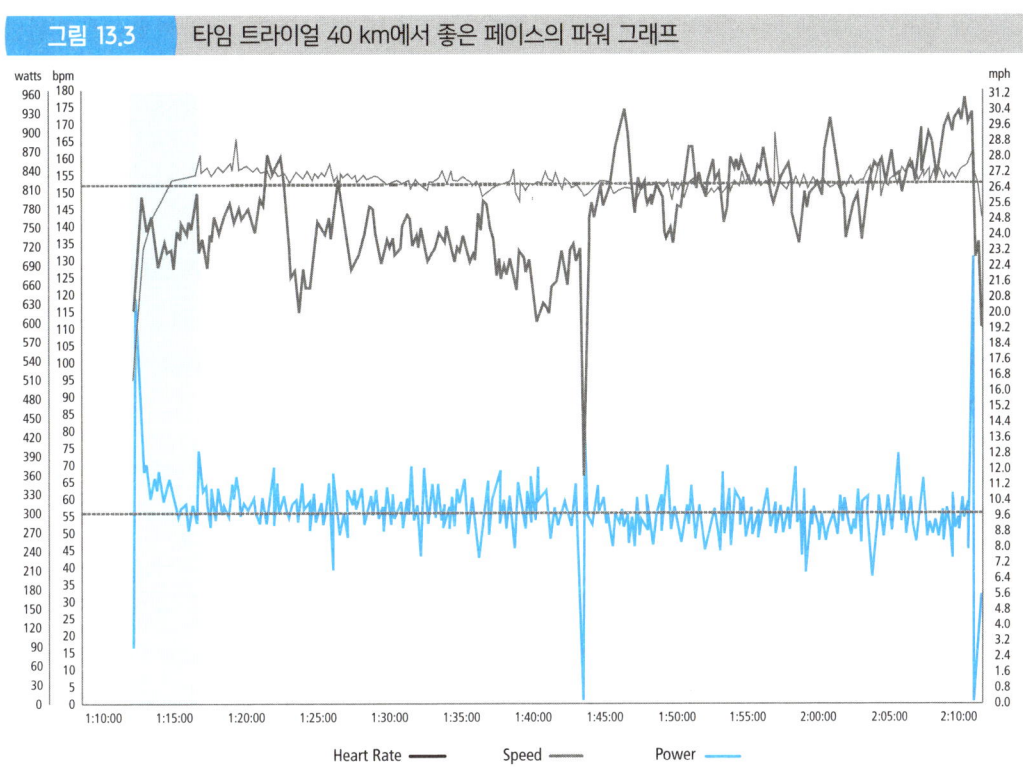

그림 13.3 타임 트라이얼 40 km에서 좋은 페이스의 파워 그래프

처음 5분은 좋은 페이스를 만드는 데 결정적인 시간이었습니다. 심박수는 천천히 역치에 도달하지만 파워는 라이더의 FTP에 빠르게 안착하는 것을 확인할 수 있습니다.

다. 파워미터는 거짓말을 하지 않습니다.

파워미터가 출발 경사로에서 처음 300 미터를 내려올 때 800 W를 내고 있다고 표시하는 것은 라이더의 기분을 좋게 하기 위해 그렇게 알려주는 것이 아니라 800 W를 내고 있기 때문에 그렇게 알려주는 것입니다. 타임 트라이얼 초반에 그렇게 세게 달릴 이유가 없습니다. 타임 트라이얼의 목표 와트 수가 250 W인 경우, 처음 15-30초 동안은 속도를 끌어올리는 데 사용하고 나머지 시간 동안은 250-260 W로 와트 수를 유지하는 것이 핵심입니다. 최대한 그 상태를 유지하세요. 이렇게 하면 전체 TT에서 22.3마일이 아닌 평균 24마일을 기록할 수 있습니다. 그리고 마지막 5분 동안 조금 더 강하게, 결승선까지 최대한 힘차게 달리게 될 수 있습니다.

그림 13.3은 한 라이더가 역치 이상으로 페이스를 유지하다가 자신의 FTP에서 리듬을 찾은 과정이 일어나는 몇 분 동안의 과정을 보여줍니다. 심박수가 역치 심박수까지 올라가는 데 걸린 시간이 5분 가까이 걸렸음을 알 수 있는데, 이는 이 라이더가 타임 트라이얼 초반에 적절하게 조절된 노력을 기울였다는 것을 나타냅니다.

타임 트라이얼 초반에 자신의 페이스를 올바르게 유지하는 것은 타임 트라이얼의 거리와 많은 관련이 있습니다. 위의 예와 같이 타임 트라이얼이 40 km인 경우, 처음 5분 동안은 참는 것이 좋습니다. 10 km와 같이 더 짧은 거리라면 그다지 많이 참을 여유가 없지만, 처음 2분 동안은 참을 수 있습니다. 4 km를 달리는 경우라면 참을 수 있는 시간이 거의 없으며, 마지막에 얼마나 버틸 수 있느냐가 관건입니다. 일반적으로 이벤트가 짧을수록 더 적게 버텨야 합니다.

그런데 파워미터를 사용하면 타임 트라이얼에서 올바르게 출발하는 데 사용할 수 있을 뿐만 아니라, 남은 시간 동안 자신의 페이스를 조절하는 데도 활용할 수 있습니다. 평지 타임 트라이얼이나 힐클라임이 많은 타임 트라이얼에 이상적인 페이스는 무엇이며, 또 다운힐은 어떻게 페이스를 조절해야 할까요? 바람의 영향은 고려해야 할 또 다른 문제입니다.

평지 타임 트라이얼

먼저 바람이 불지 않는 평지 타임 트라이얼에 도전하고, 이를 말 그대로 '컨트롤'로 삼아 이야기를 해보겠습니다. 이 구간에서의 페이스 전략은 매우 간단합니다. 3-5분 정도의 시간이 남을 때까지 FTP로 라이딩을 하고, 이후 결승선에 도착할 때까지 페이스를 상승시키는 것입니다. 이 '동일파워' 전략은 모든 타임 트라이얼의 기본 전략입니다: 가능한 한 부드럽고 일관된 페이스를 유지하는 것을 목표로 삼아 자신의 FTP로 라이딩 합니다.

하지만 가변 페이스 전략이 도움이 될 수 있는 경우가 있을 수 있는데, 가변 페이스 전략은 매우 복잡한 주제이므로 이 섹션에서는 이 주제를 자세히 다루기에는 너무 짧지만 몇 가지 고려해야 할 사항이 있습니다. 예를 들어 평평한 타임 트라이얼의 아웃 구간에서 역풍이 불어오는 경우 페이스를 변경하는 것이 좋습니다. 맞바람이 불면 뒷바람도 불기 마련이고, 특히 뒷바람은 라이더 간의 피트니스 차이를 어느 정도 줄여주는 효과를 가져옵니다. 속도계를 내려다보며 시속 32마일을 보고 "와, 이번 TT에서 우승할 수 있겠어!"라고 생각하면 전략에 집중하고 그에 따라 움직이기는 것 보다, 긴장을 풀 가능성이 높습니다. 하지만 사실은 뒷바람이 불기 때문에 다른 모든 선수들도 FTP가 어떻든 간에 시속 32마일 또는 그에 근접한 속도로 달리고 있는 것입니다.

뒷바람이 불면 FTP 수준의 와트를 생산하기가 매우 어렵습니다. 이는 ① 기어가 너무 작아서 기어를 충분히 빨리 돌릴 수 없거나, ② 빠르게 달릴 때 높은 출력을 내는 데 익숙하지 않을 수 있기 때문입니다. 결과적으로 340 W의 FTP를 가진 사람은 뒷바람이 불 때 320 W를 내며 32.5 mph의 속도로 라이딩할 수 있고, 320 W의 FTP를 가진 사이클리스트는 뒷바람이 불 때 300 W 정도만 내며 평균 32.1 mph의 속도로 라이딩할 수 있다는 뜻이 됩니다. 40 km TT에서 20 km 거리에서의 이 작은 속도 차이로 인해 빠른 라이더는 느린 라이더보다 고작 17초만 더 빨리 달릴 수 있습니다.

코스의 역풍 구간에서 340 W의 파워를 가진 라이더는 20 km 전체 구간을 시속 22마일로 달릴 수 있지만, 320 W의 파워를 가진 라이더는 같은 구간에서 평균 20.5마일에 불과합니다. 따라서 FTP에서 340 W를 사용하는 라이더는 해당 코스 구간에서 194초의 이점을 얻을 수 있습니다. 이는 다른 모든 조건이 동일하다면 역풍 속에서도 타임 트라이얼에서 승리할 수 있다는 것을 보여줍니다.

힐클라임 타임 트라이얼

큰 힐클라임, 낙타등 또는 중요하지만 비교적 짧은 언덕이 몇 개 있는 타임 트라이얼에서는 다소 다른 페이스 전략을 사용할 수 있습니다. 하지만 이는 모두 마주하게 될 힐클라임의 종류에 따라 달라집니다. 짧고 가파른 경우나 길고 완만한 경우는 각각 어떨까요? 힐클라임 끝에 평지가 있는 경우와 반대편에 내리막길이 있는 경우는 어떨까요?

먼저, 경사가 비교적 균일한 힐클라임에서 페이스를 유지하는 방법에 대해 생각해 봅시다. 이 시나리오에서는 내리막에서 회복할 수 있는 기회가 있기 때문에 오르막 구간에서 조금 더 강하게 밀 수 있습니다. 페달을 FTP보다 얼마나 강하게 밟아야 하는지는 힐클라임에 걸리는 시간(또는 거리)과 경사에 따라 달라집니다. 걸리는 시간이 1분 미만이고 경사가 매우 가파른 경우, 5분 정도 걸리지만 완만한 경우보다 훨씬 더 강하게 페달을 밟아도 됩니다. 힐클라임에서 더 오래 페달을 밟으면 내리막에서 회복하는 데 더 오랜 시간이 걸리는 반면, 짧고 강하게 페달을 밟았을 때 다리의 힘이 빨리 소모되지만, 빠르게 회복할 수 있기 때문입니다.

힐클라임을 하는 것은 절대적인 한계를 마주치는 상황이기 때문에, FTP 이상으로 더 힘들게 타는 것에 대해 주의해야 합니다. 특히 정상 근처에서 멋지게 폭발하듯이 오른다면, 그동안의 멋진 노력이 끝날 수도 있습니다. 어떤 강도로 힐클라임을 수행할지 잘 모르겠다면 파워 트레이닝 레벨에 대해 생각해 보면 답을 얻을 수 있을 것입니다. 예를 들어 3분짜리 힐클라임의 경우를 이야기해보겠습니다. 트레이닝 레벨에 따라 컨디션이 좋을 때 무너지지 않고 3분 동안 FTP의 115%를 유지할 수 있다는 것을 알고 있을 것입니다. 따라서 그중 5-10%를 줄이고 105%에 도전할 수 있을 것입니다. 이 전략은 페이싱을 시작하기에 좋은 방법이지만, 이전 장에서 설명한 파워 트레이닝 레벨을 철저히 이해하고 있어야 합니다.

내리막이 있는 경우에는 평지의 타임 트라이얼에서보다 더 강하게 밀어붙일 수 있지만, 정상에서 일정 구간 평지가 나타나는 경우나 고원에서는 오르막 구간에서 FTP 또는 그 이상을 유지하는 것에 매우 주의해야 합니다. 언덕을 오르자마자 다시 가속 페달을 밟아 속도를 회복하고 싶을 것입니다. 더 빨리 속도를 낼수록 더 좋은 기록을 낼 수 있습니다. 이러한 유형의 힐클라임은 일부 레이서들을 정말 당황하게 만듭니다. 그들은 힐클라임을 힘껏 수행했다가 정상에 도착했을 때 지쳐서 다시 속도를 내기 위해 노력해야 합니다. 이런 종류의 힐클라임에서는 자신의 노력을 꼭 측정해야 합니다. 오르는 중에 FTP에 도달해도 괜찮습니다. 기억하세요. 오르막이 끝나고 나오는 평지에서 회복할 시간이 없으며, 힐클라임의 정상을 지나 평지에서 FTP 이하로 시간을 보내게 된다면, 경쟁자에게 뒤처지게 되는 것입니다.

파워미터로 타임 트라이얼에서 페이스를 조절하면 확실한 이점을 얻을 수 있습니다. 코스의 지형, 조건 및 거리와 관련하여 노력을 조절할 수 있으며 코스 내 특정 구간에서 자신의 페이스를 조절할 수 있습니다. 타임 트라이얼을 시작할 때 RPE는 실제 운동량을 알려주지 못하기에, 너무 강하게 시작하지 않도록 파워미터에 의존해야 합니다. 가이드라인과 팁을 활용하고, 다양한 유형의 타임 트라이얼 코스에서 파워미터를 사용하여 페이싱 전략을 테스트하고 빠른 기록을 달성해 보세요.

레이싱과 트레이닝의 요구 사항 비교

레이싱 퍼포먼스를 향상시키는 또 다른 방법은 참가하려는 이벤트의 요구 사항을 파악하고, 그에 맞게 트레이닝하는 것입니다. 예를 들어, 크리테리움 코스를 20바퀴 돌아야 하고 각 바퀴마다 20초의 언덕이 있다는 것을 알고 있다면, 20초씩 20번의 언덕을 반복하는 방식으로 트레이닝할 수 있습니다. 또한 레이스의 사분면 분석 차트를 보고 이를 일반적인 트레이닝의 경우와 비교할 수도 있습니다. 언덕이나 가속 횟수만 보고 신경근의 요구 사항을 고려하지 않는다면 매우 중요한 요소를 놓치고 있을 수도 있습니다.

또한 이벤트를 위해 얼마나 많은 킬로줄의 에너지를 생산해야 하는지도 고려해야 합니다. 파워미터 데이터의 에너지 관련 항목은 다음 레이스에서의 영양 섭취량을 알려줄 수 있습니다. 여기서 중요한 것은 인터벌 또는 랩의 시작과 함께 지친 지점을 표시하는 것입니다(이 작업을 잊어버린 경우 데이터를 다운로드한 후에도 파일에서 이 지점을 찾을 수도 있습니다). 레이싱 데이터를 다운로드하면 지치기 전에 몇 킬로줄의 에너지를 소비했는지, TSS를 획득했는지 확인할 수 있으며, 다음 레이스에서 얼마나 많은 칼로리를 소비해야 하는지 결정할 수 있습니다. 예를 들어, 2.5시간 동안 레이스를 하고 레이스 중에 500 kcal를 섭취했는데 레이스 파일을 다운로드한 결과 2,000 kJ (약 2,200 kcal)를 소비한 것으로 나타났다면 다음 레이스에서 더 많이 먹거나 레이스에 앞서 며칠 동안 탄수화물 섭취를 늘릴 계획을 세워야 할 것입니다.

이 섹션에서는 동일한 산악 자전거 라이더의 일반적인 트레이닝 파일과 레이스 파일을 살펴보고 사분면 분석을 사용하여 레이스의 실제 신경근 요구량을 트레이닝과 비교합니다.

그림 13.4는 선수의 트레이닝 그래프로, 파워 변화가 크다는 것을 쉽게 알 수 있습니다. 그는 상당 시간 동안 자신의 역치에 가깝게 라이딩하고 있었고, 다른 시간에는 역치를 약간 상회하기도 했습니다. 선수의 말을 빌리자면, "오늘 기분이 좋았어요! 피곤하고 지친 상태였기 때문에 헌터가 예정한 워크아웃이 조금 두려웠는데요. 와우, 좋은 파워와 이를 유지하는 뛰어난 능력을 느꼈습니다. 밥의 집에서 템포 워

그림 13.4 산악자전거 라이더의 트레이닝 파일

Power ——   Cadence ——

크아웃을 마친 뒤, 우리는 어퍼 스프링스(Upeer Springs)라는 가장 가파른 언덕으로 향했습니다. 처음 2분 동안은 350 W까지 올렸고, 그 다음부터는 가파르게 올라갔습니다. 사실 제가 타고 있던 32:27 기어비로는 충분하지 못한 급경사의 힐클라임이었습니다. 아야! 경사는 20% 이상으로 치솟았고 저는 바퀴를 계속 돌리기 위해 파워를 과하게 사용했습니다. 이번 트레이닝에서는 낮은 케이던스와 높은 힘에 집중하려고 노력했지만, 충분히 했는지 잘 모르겠습니다."

이 선수의 트레이닝과 거의 같은 시간 동안의 레이스 파일을 비교해 보겠습니다(그림 13.5). 레이스가 트레이닝보다 얼마나 더 복잡한지 즉시 알 수 있습니다. 레이스의 케이던스와 와트 변동이 커서, 트레이닝에서의 그것들은 상대적으로 매끄럽게 보입니다. 선수의 코멘트는 "굉장한 날이었어요!! 텍사스의 플랫 록 랜치(Flat Rock Ranch in Texas)에서 맑은 하늘을 만끽했습니다. 정말 재미있는 레이스였습니다! TV에서 보던 것보다 더 탁 트인 텍사스 구릉지대를 달렸어요. 언덕 꼭대기에 바위가 많고 싱글 트랙이 있는 힘든 레이스였어요. 텍사스는 생각했던 것보다 더 기술적인 곳이었어요. 좋은 승리를 거뒀고 레이스 내내 최선을 다했음에도 불구하고 마지막에 여전히 힘이 남아있었습니다."

그림 13.5 산악자전거 라이더의 레이스 파일

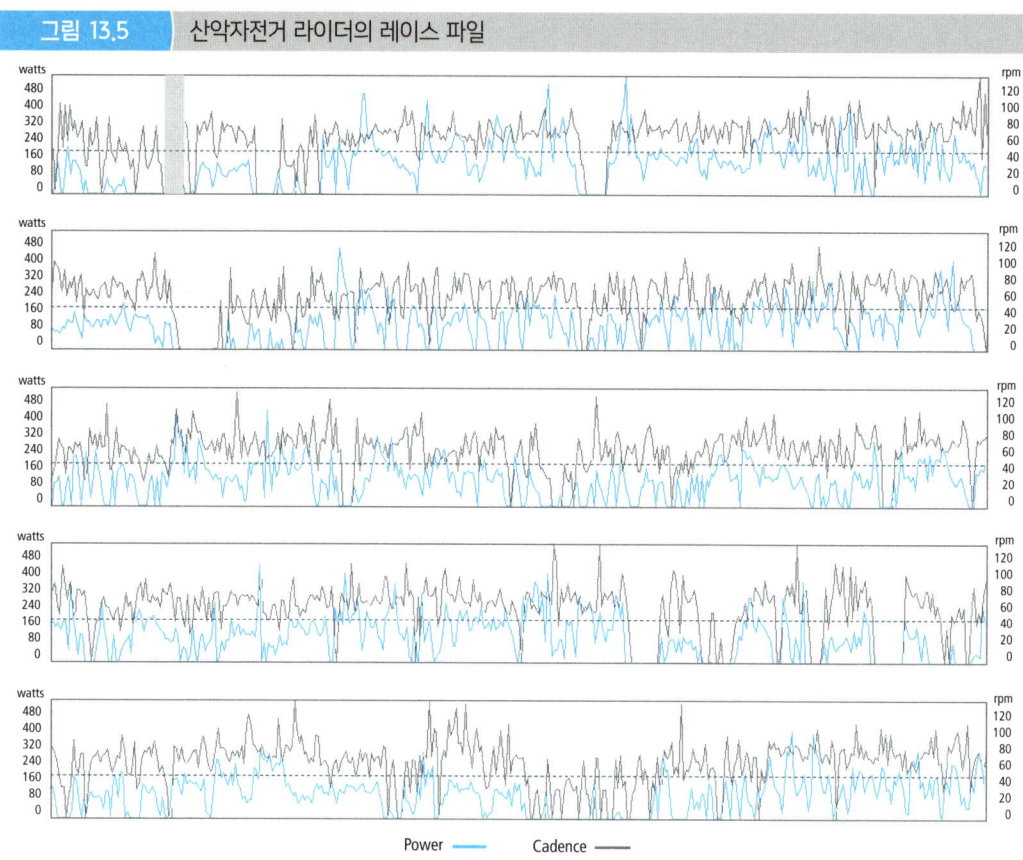

Power ——   Cadence ——

이제 사분면 분석을 사용하여 동일한 두 개의 파워 파일을 비교하고 신경근 시스템을 구체적으로 다루기 위해 올바르게 트레이닝 했는지 확인해 보겠습니다(그림 13.6 및 13.7). 1사분면은 높은 힘과 높은 케이던스, 2사분면은 높은 힘과 낮은 케이던스, 3사분면은 낮은 힘과 낮은 케이던스, 4사분면은 낮은 힘과 높은 케이던스입니다. 전반적으로 트레이닝에서 이 산악자전거 선수의 목표는 역치 이하로 많이 달리는 것이었고, 그런 관점에서 볼 때 큰 성공을 거두었다는 것을 쉽게 알 수 있습니다. 거의 모든 포인트가 FTP를 나타내는 선 바로 아래에 있습니다. 그러나 페달링의 대부분은 상대적으로 적은 힘이지만 빠르고 느린 케이던스를 모두 필요로 하는 3사분면과 4사분면에 속했습니다. 따라서 이 트레이닝은 그의 대사 피트니스를 강조하는 목표를 달성했지만, 그의 Type II 즉 속근을 사용하는 데는 큰 중점을 두지 않았습니다.

레이스는 트레이닝보다 훨씬 더 많은 신경근 역량을 요구한 것이 분명합니다. 레이스의 '샷건 폭발'은 우승에 필요한 신경근 및 심혈관 능력에 높은 수준의 가변성이 있음을 나타냅니다. 대부분의 라이딩이 3사분면에서 이루어졌지만 2사분면에서도 꽤 많은 노력이 필요했습니다. 산악자전거 레이스에서는

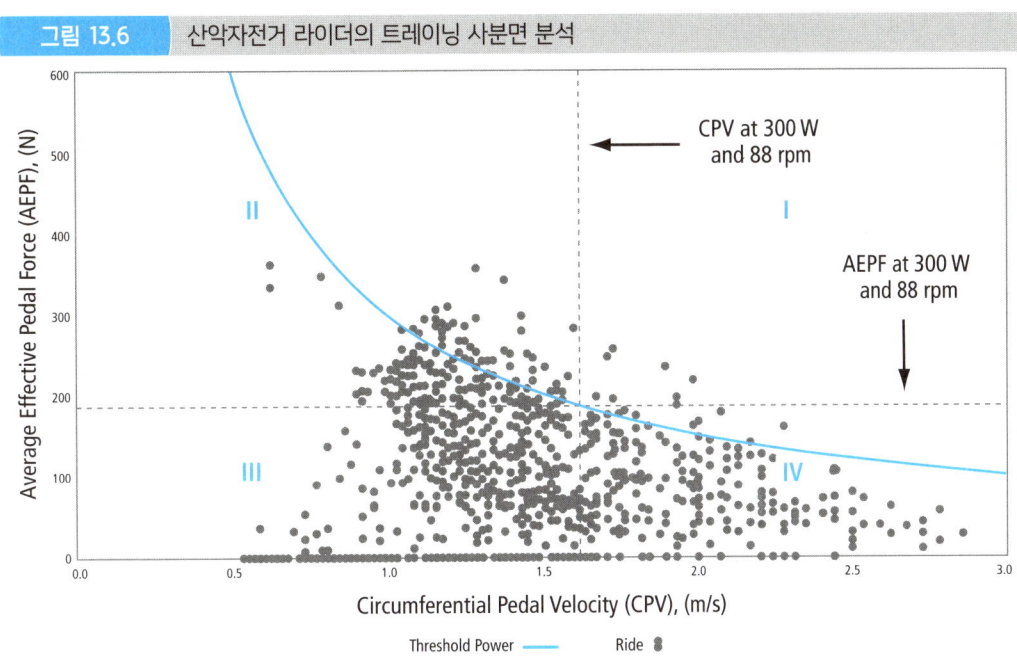

그림 13.6   산악자전거 라이더의 트레이닝 사분면 분석

대부분의 데이터가 FTP의 아래에 있고, 3사분면 및 4사분면에 있습니다.

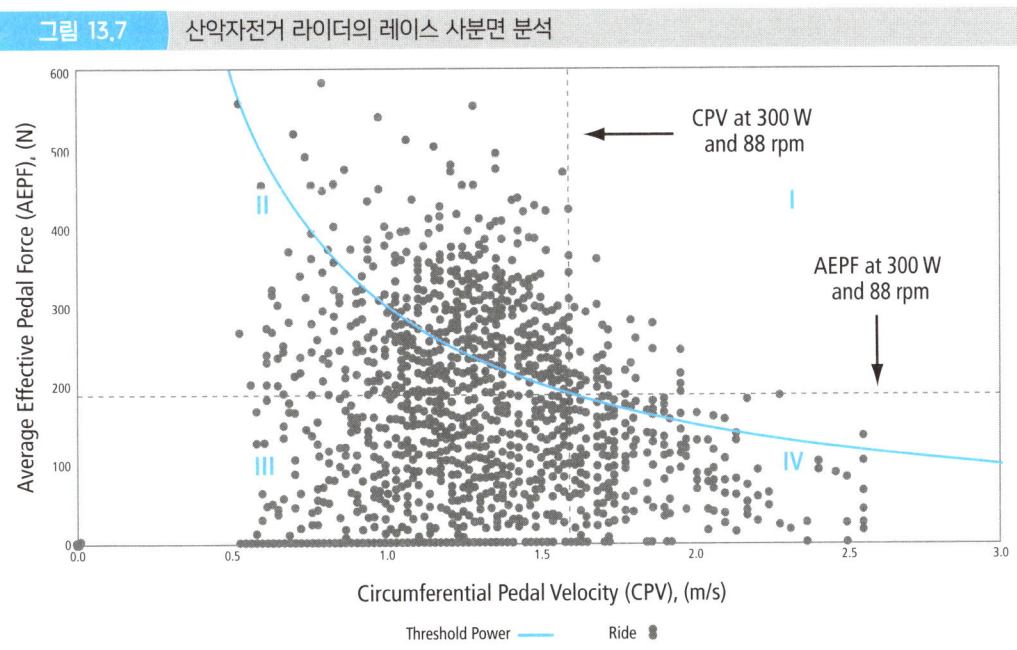

그림 13.7   산악자전거 라이더의 레이스 사분면 분석

라이더는 트레이닝에 비해 2사분면과 3사분면에서 더 많은 시간을 보냈고, FTP 이상에서 더 많은 시간을 소비했습니다. 레이스에서는 트레이닝에 비해 데이터의 분포가 더 넓게 퍼져 있습니다. 이는 레이스가 더 많은 파워 변동을 수반하는 것을 의미합니다.

장애물을 넘고, 가파른 경사면에서 접지력을 유지하며, 추진력을 계속 유지하기 위해 여러 번 강하고 빠르게 밀어붙여야 하기 때문에 이는 당연한 결과입니다. 이 분포는 라이더가 자신의 한계 파워를 초과하여 얼마나 많은 노력을 기울였는지, 그리고 그 당시 근육이 어떻게 작동했는지를 정확하게 보여줍니다. 이 레이스에서 이 선수는 자신의 FTP 이상에서 라이딩할 때 대부분의 시간을 2사분면에서 보낸 것으로 보이며, 이를 통해 이 이벤트의 요구 사항에 대한 추가 인사이트를 얻을 수 있습니다.

이 선수가 출전하는 레이스를 위해 더 확실하게 트레이닝하려면 어떻게 해야 할까요? 우선, 그는 2사분면에 초점을 맞춘 몇 가지 워크아웃을 개발해야 합니다. 레이스가 시작되면 낮은 케이던스와 높은 심혈관계 부담으로 많은 양의 힘을 낼 수 있도록 더 잘 준비해야 합니다. 둘째, 산악자전거에서 요구되는 속도와 힘의 변화에 대비하기 위해 라이드에 더 많은 가변성을 도입해야 합니다. 이를 달성하는 가장 쉽고 합리적인 방법은 오프로드 라이딩을 하면서 레이스와 같은 노력을 더 많이 하는 것입니다. 예를 들어, 기술적으로 까다로운 루프에서 타임 트라이얼을 할 수 있습니다. 또는 큰 기어를 사용한 마이크로 버스트 또는 모터페이싱(motorpacing)과 같은 특정 인터벌 워크아웃을 통해 이 목표를 달성할 수도 있습니다.

피로 저항

모든 에너지 시스템 전반에 걸친 피로 저항은 레이스에서 승패에 큰 영향을 미칩니다. 레이스에서 우승을 달성한 선수가 2위 선수를 앞지를 수 있는 이유는 결승선까지 지치지 않고 높은 파워를 유지할 수 있었기 때문입니다. 7시간 동안 진행되는 울트라-엔듀런스 산악자전거 레이스에서는 우승자가 경쟁자보다 평균 10W 높은 파워를 유지할 수 있었기 때문에 우승하게 됩니다. 또 다른 예로, 12주간의 그란폰도 트레이닝 계획이 끝날 무렵, 그란폰도의 긴 힐클라임에서 지치지 않고 높은 파워를 유지할 수 있게 된 사이클리스트 빌(Bill)의 사례를 들 수 있는데, 그는 해당 이벤트 이전까지만 해도 함께 달리던 친구들을 앞지르는 잘못된 페이스 전략을 수행했었습니다. 피로 저항은 투르 드 프랑스부터 친구들과 함께 하는 토요일 그룹 라이드까지 모든 사이클링 종목과 라이드 유형에 적용됩니다. 피로 저항이 높을수록 이벤트가 끝날 때 더 강한 라이더가 될 수 있습니다.

상쾌할 때와 일정량의 트레이닝을 마친 후의 파워 지속 곡선을 비교하여 피로 저항을 향상시킬 수 있는 부분을 정확히 파악하고 이를 더 스마트한 레이싱/라이딩 전략으로 전환할 수 있습니다. 상쾌할 때는 20분 동안 300 W를 낼 수 있지만, 만약 2,000 kJ의 운동을 완료한 후에는 어떻게 할 수 있을까요? 또한 스프린트에 대한 피로 저항을 살펴봄으로써 폭발력에 집중해야 하는지 피로 저항에 집중해야 하는지 결정할 수 있습니다.

그림 13.8에서 빌의 피로 저항 차트는 라이드 초반의 최고 5분 파워와 20분 파워가 2,000 kJ를 사용

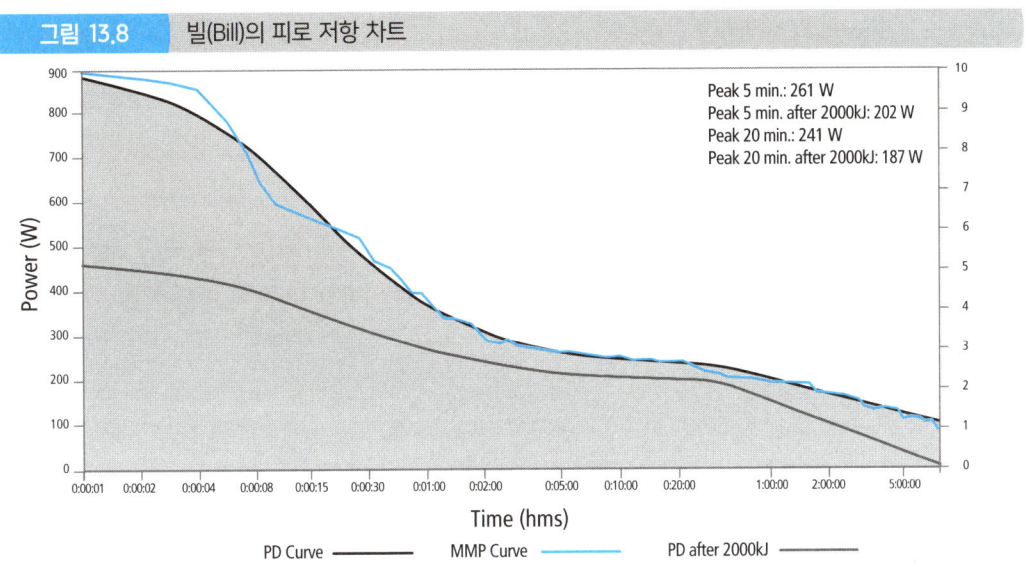

그림 13.8　빌(Bill)의 피로 저항 차트

Peak 5 min.: 261 W
Peak 5 min. after 2000kJ: 202 W
Peak 20 min.: 241 W
Peak 20 min. after 2000kJ: 187 W

PD Curve ——————　MMP Curve ——————　PD after 2000kJ ——————

MMP 곡선이 표시된 상단의 PDC는 상쾌할 때 수행된 역대 최고의 파워를 보여줍니다. 하단의 PDC는 선수가 2000 kJ 의 운동을 완료한 후이므로 상대적으로 피곤한 상태입니다. 이는 스테미너 또는 피로 저항을 높여야 할 필요성을 보여 줍니다.

한 후와 비교했을 때 극적인 차이가 있음을 보여줍니다. 5분 파워는 261 W에서 202 W로, 20분 파워는 241 W에서 187 W로 떨어집니다. 이러한 현저한 파워 감소는 그란폰도 기간 동안 빌이 스테미너에 대해 걱정하는 원인이었습니다. 그래서 빌은 헌터와 함께 FTP와 스테미너를 모두 개선하기 위한 트레이닝 계획을 세웠습니다. 빌의 라이드 시간을 늘리고 장거리 라이드 동안 키친-싱크 워크아웃을 점점 더 많이 함으로써 빌은 피로한 상태(즉, 2,000 kJ의 운동을 완료한 후)에서 5분과 20분 동안의 최고 파워를 향상시킬 수 있었습니다. 3시간 이상 라이드 또는 레이싱을 하는 경우, 이 차트를 검토하고 사용하여 자신의 파워 트레이닝 계획에 적합한 방법을 결정하는 데 도움을 받으시기 바랍니다.

　　이제 스프린터의 피로 저항 차트를 살펴보고 무엇이 그를 스프린터로 만들었는지에 대한 이유와 스프린터 유형에 대해 설명해 보겠습니다. 그림 13.9에서는 선수의 파워 지속 곡선의 첫 1분만 차트로 표시하고 최대 파워에서 파워 저하를 백분율로 표시한 피로 저항도를 포함했습니다. 이 선수는 1,500 W의 순수 스프린트는 아니지만, 15초간의 긴 스프린트를 가정 시, 1,274 W에서 시작하여 15초 후에 20%만 떨어지는 매우 우수한 피로 저항을 보입니다. 스프린트 시작 후 35초가 지나면 41%까지 감소하는데, 이는 거의 600 m 스프린트에 해당하며 여전히 800 W 이상을 생산하고 있습니다! 이 선수는 결승선까지 300 m 이상 남았을 때 스프린트를 시작해야 하며, 대부분의 경쟁자보다 오래 버틸 수 있을 것입니다. 또는 결승선으로부터 600 m 지점에서 모든 사람을 놀라게 할 수 있는 능력을 가지고 있으며, 아주 오랫

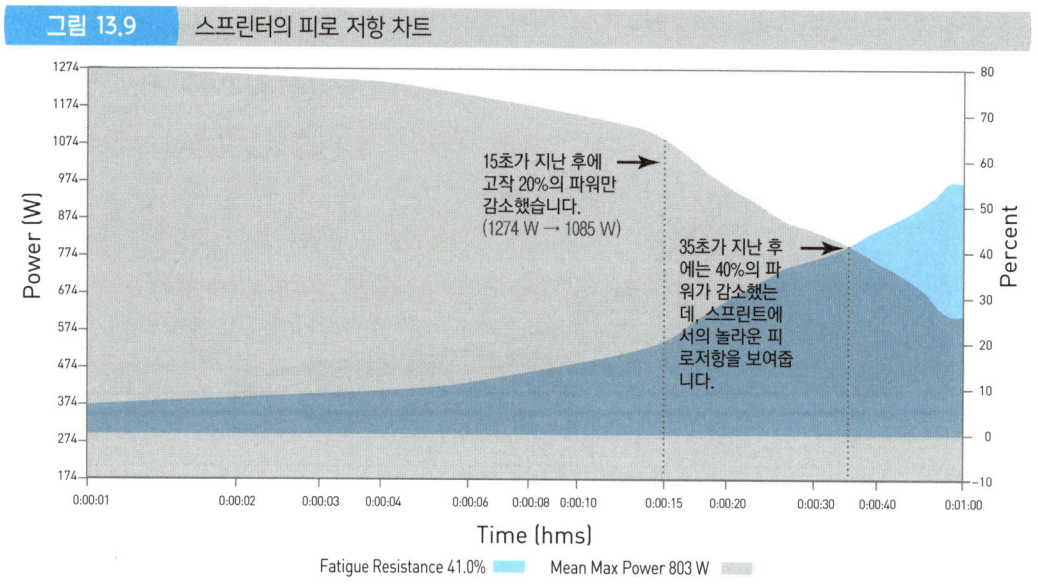

그림 13.9   스프린터의 피로 저항 차트

15초가 지난 후에 고작 20%의 파워만 감소했습니다. (1274 W → 1085 W)

35초가 지난 후에는 40%의 파워가 감소했는데, 스프린트에서의 놀라운 피로저항을 보여줍니다.

Fatigue Resistance 41.0%   Mean Max Power 803 W

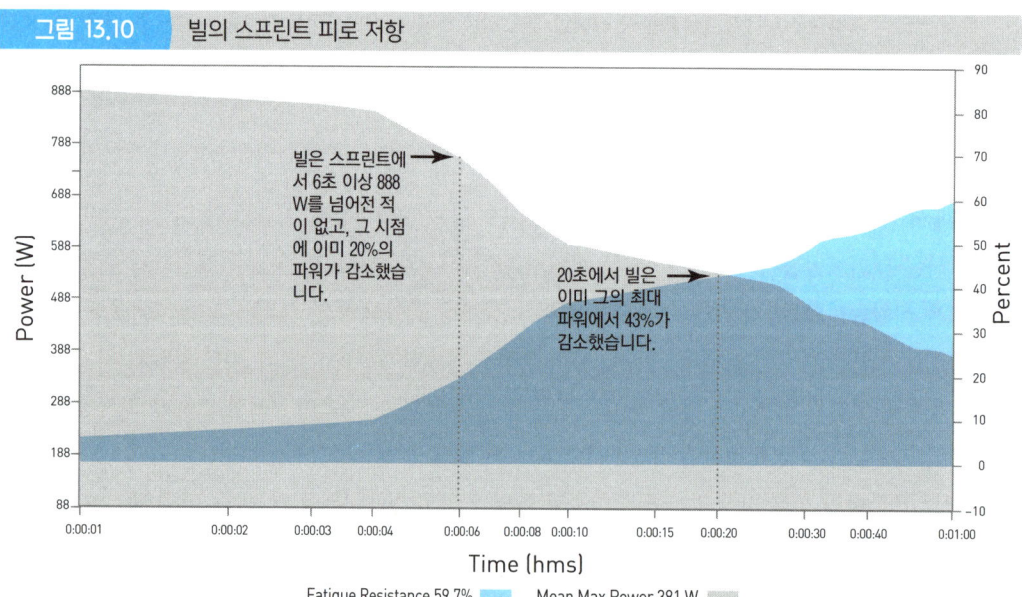

그림 13.10   빌의 스프린트 피로 저항

빌은 스프린트에서 6초 이상 888 W를 넘어전 적이 없고, 그 시점에 이미 20%의 파워가 감소했습니다.

20초에서 빌은 이미 그의 최대 파워에서 43%가 감소했습니다.

Fatigue Resistance 59.7%   Mean Max Power 381 W

동안 질주하여 결승선을 통과할 때까지 버틸 수 있습니다.

　이를 빌 마스터스의 스프린터 피로 저항력 차트와 대조해 보세요. 10장의 사례에서 알 수 있듯이 빌은 좋은 스프린터가 아닙니다. 그의 절대 파워는 낮고 스프린트를 오랫동안 유지할 수 없습니다. 그의 스프린트 피로 저항 차트에 따르면 그는 클라이밍에 집중해야 합니다.

유산소 및 무산소 에너지 생산량 측정

트랙 사이클링의 대표적인 레이스 중 하나인 개인추발 레이스를 예로 들어 파워미터 데이터가 선수의 기록 단축에 어떻게 도움이 되는지 살펴봅시다. 개인추발은 언뜻 보기에 벨로드롬(남자 4 km, 여자 3 km)에서 펼쳐지는 짧은 타임 트라이얼 레이스이기 때문에 매우 간단한 레이스처럼 보일 수 있습니다. 그러나 실제로는 이러한 레이스에서 우승자의 격차는 매우 작고 퍼포먼스에 중대한 영향을 미칠 수 있는 수많은 신체적 및 생리적 요인이 있기 때문에 단순하다고 생각하는 것은 레이스에 대한 기만일 수 있습니다.

랩 타임만으로도 정확한 페이싱 방법을 배울 수 있지만, 레이스 후 파워미터 파일을 분석하면 레이스 전반에 걸친 노력의 분포에 대한 객관적인 데이터를 제공하여 피드백 프로세스를 가속화할 수 있습니다. 또한 파워미터는 공기 역학적 관점에서 신체 위치를 미세하게 조정할 때에도 사용할 수 있는데, 이는 추발 경기 파워 출력의 약 85%가 바람의 저항을 극복하는 데 사용되기 때문에 매우 중요합니다. 이것에 대해서는 이 장의 뒷부분에서 자세히 살펴볼 것입니다(관성, 구름 저항, 구동계 및 베어링 마찰과 같은 다른 저항의 원인은 각각 약 8%, 5%, 2%를 차지합니다).

물론 파워미터의 데이터는 트레이닝 프로그램이 원하는 효과를 내고 있는지, 즉 다양한 시간 구간 동안(특히 3.5-5분 동안의 추격 시간) 선수의 파워 생성 능력이 실제로 증가하고 있는지를 판단하는 데에

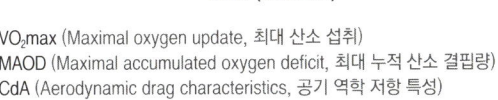
그림 13.11   3 km 추발 퍼포먼스에 영향을 끼치는 MAOD와 CdA

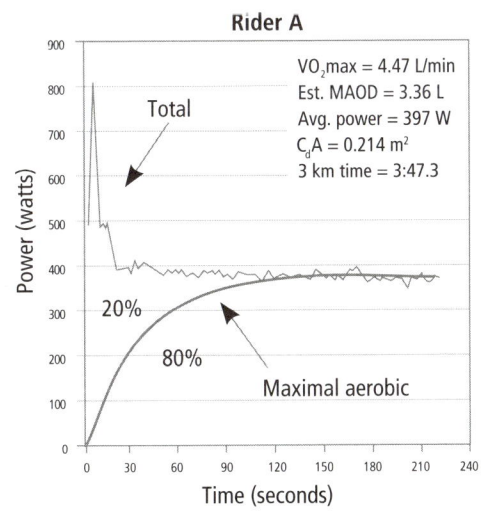
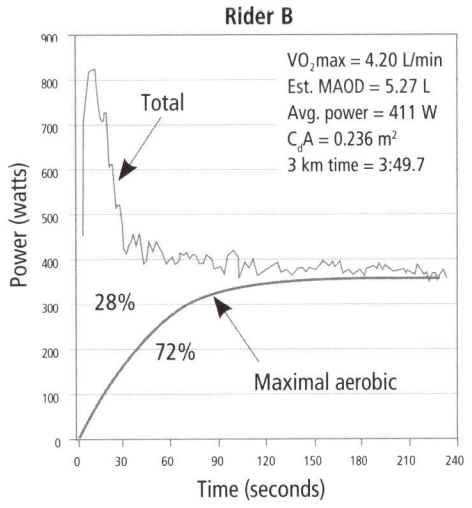

VO₂max (Maximal oxygen update, 최대 산소 섭취)
MAOD (Maximal accumulated oxygen deficit, 최대 누적 산소 결핍량)
CdA (Aerodynamic drag characteristics, 공기 역학 저항 특성)

도 사용할 수 있습니다. 그러나 그에 못지않게 중요한 것은 파워미터 데이터를 사용하여 특정 라이더가 어떻게 파워를 생성하는지, 즉 주로 유산소 운동이 진행되는 동안 유산소 및 무산소 에너지 대사에 대한 상대적 의존도를 파악할 수 있다는 것입니다. 이 정보는 강점을 강화하는 동시에 약점을 개선하여 라이더의 트레이닝 프로그램을 미세 조정하는 데 사용할 수 있습니다.

그림 13.11에 표시된 두 명의 라이더를 봅시다. 라이더 A는 남성 마스터즈 레이서로서 로드 레이스와 장거리 타임 트라이얼에서 뛰어난 능력을 발휘하지만 스프린트 능력이 매우 떨어지고 무산소 능력이 제한적입니다. 반면에 라이더 B는 추발이 특기인 엘리트 여성 트랙 사이클리스트입니다. 그림에서 볼 수 있듯이 두 선수의 추발 시 평균 파워는 상당히 비슷하며, 동일한 야외 콘크리트 333.3 m 벨로드롬에서의 개인 최고 기록인 3 km 기록도 비슷합니다(라이더 A가 라이더 B보다 파워를 덜 내지만, 라이더 A가 공기 역학적으로 조금 더 뛰어나기 때문에 조금 더 빠르게 달릴 수 있습니다). 그러나 파워를 생성하는 방법과 그에 따른 퍼포먼스는 크게 다릅니다. 특히, 라이더 A는 유산소 대사를 통해 더 많은 파워를 생성하는 반면, 라이더 B는 우수한 무산소 능력에 더 많이 의존합니다.

이러한 파워의 차이는 그래프에 표시된 선 아래의 영역을 비교하여 확인할 수 있습니다. 두 그래프에서 아래에 있는 매끄러운 선은 실험실에서 측정한 VO_2max와 라이더의 효율성으로 계산한 라이더의 이론상 최대 유산소 파워 출력을 나타내며, 울퉁불퉁한 선은 파워미터로 직접 측정한 라이더의 총 파워 출력을 나타냅니다. 라이더 A의 경우 파워미터 선 아래의 면적은 전체 면적의 80%를 차지하며(즉, 80%의 운동이 유산소 운동으로 수행되었다는 의미), 20%만 설명되지 않았으므로 무산소 대사 에너지(인산크레아틴/아데노신 삼인산 또는 PCr/ATP 및 젖산 생성)에서 나온 것임에 틀림없습니다. 이 에너지를 유산소 대사로 생성하기 위해 추가로 섭취해야 하는 산소의 양으로 표현하면 3.36 L로 표현할 수 있으며, 즉 라이더 A의 최대 누적 산소 결핍량(MAOD)을 3.36 L로 추정할 수 있습니다.

반면, 라이더 B의 경우 최대 유산소 파워 출력선 아래의 면적은 전체 면적의 72%에 불과합니다(최대 72%만 유산소 에너지로 생성했을 수 있습니다). 따라서 나머지 28%는 무산소 대사에서 발생했을 것이며, 따라서 MAOD는 5.27 L로 되는데, 이는 라이더 A보다 훨씬 더 큰 수치입니다: 라이더 B의 VO_2max는 4% 더 낮지만(B: 4.20 L/min, A: 4.47 L/min), 무산소 능력이 훨씬 더 크기 때문에 3 km를 달리는 동안 4% 더 많은 파워(B:411 W, A: 397 W)를 생성할 수 있습니다(평균적으로 무산소 능력이 남성보다 여성이 더 낮다는 점을 고려하면 이 차이는 근육량과 비교했을 때 더욱 두드러집니다). 만약 라이더 B가 라이더 A만큼 공기 역학적으로 뛰어나다면 무산소 운동으로 생성할 수 있는 추가 파워로 3 km를 약 3분 43초, 즉 라이더 A보다 약 4초 빠르게 완주할 수 있을 것입니다.

라이더 A와 B가 추발 경기 중 파워를 생성하는 방식에 차이가 있다는 점을 고려하면, 같은 종목을 위해 트레이닝 하더라도 트레이닝 프로그램은 달라야 한다는 결론을 내릴 수 있습니다. 특히 A 라이더는 무산소 능력이 약하기 때문에 목표 대회(예: 지역 선수권 대회)를 앞두고 매우 높은 강도(즉, 레벨 6)의 인터벌에 집중할 경우 레이스력이 가장 향상될 가능성이 높습니다. 반면에 라이더 B는 무산소 능력이 매우 뛰어나기 때문에 고강도 트레이닝을 추가로 해도 크게 향상될 가능성이 낮습니다. 따라서 그녀는 레벨 3, 4, 5(특히 오프시즌과 프리시즌 기간에)의 트레이닝을 통해 VO_2max(뿐만 아니라, 한계를 시험하는 운동에서도 근육 피로 저항력을 결정하는 중요한 요소인 FTP도 같이)를 키우는 것에 더 중점을 두어야 합니다. 실제로 B 라이더는 트레이닝 프로그램에 이러한 변화를 준 후 개인 최고 기록을 4초 이상 단축하고 추발 부문 전국 챔피언십에서 우승했습니다.

이 예에서는 라이더의 최대 유산소 파워 출력을 계산하기 위해 실험실에서 측정한 VO_2max와 라이더의 효율성을 사용했지만, 페이스가 잘 형성된 추발의 1.5-2.5분 이후 발생하는 파워의 준 고점의 평평한 지점을 이용하여 쉽게 측정할 수도 있습니다. 그림에서 볼 수 있듯이 무산소 능력(최대 누적 산소 결핍량으로 측정)은 일반적으로 이 시간이 지나면 완전히 소진되므로, 이는 라이더의 VO_2max 파워로 예상할 수 있습니다. 따라서 이 시점부터는 '지불한 만큼 가는' 방식으로만 추가 운동을 수행할 수 있습니다(즉, 100% 유산소 운동을 의미합니다).

파워미터를 이용한 공기 역학 테스트

로드 타임 트라이얼 선수, 트랙 레이서(예: 추발, 1 km 또는 500 m 라이더) 또는 철인3종 선수라면 파워미터를 보유함으로써 얻을 수 있는 이점 중 하나로 필드 테스트를 통해 공기 저항을 확인할 수 있다는 것을 들 수 있습니다. 실제로 최적의 장소와 세심한 주의를 기울이면 유효 전면적 또는 CdA(즉, 무차원 저항 계수인 Cd와 평방미터(m^2) 단위로 측정된 전면적 A의 곱)를 풍동을 사용하는 것만큼 정밀하게 또한 더 편리하게 측정할 수 있습니다. 따라서 파워미터를 사용하여 얻은 데이터는 라이더의 자전거 위치나 장비 선택에 대한 결정을 내리는 데 사용되어 주어진 파워 출력에서 퍼포먼스를 극대화할 수 있게 됩니다. 이러한 테스트를 가장 잘 수행하는 방법에 대한 자세한 설명은 이 책의 범위를 벗어나지만 일반적으로 등속(또는 등파워)법, 회귀 분석법 또는 가상 고도법의 세 가지 접근 방식을 사용할 수 있습니다. 알파맨티스 테크놀로지(Alphamantis Technology, 2017년에 가민에 인수됨)가 만든 에어로 스틱(Aero stick) 또는 아이바이크의 엔지니어들이 만든 에어로팟(AeroPod)과 같이 CdA를 결정하는 데 사용할 수 있는 상용 제품도 있습니다.

등속(또는 등파워)법

CdA를 결정하는 가장 간단한 방법은 라이더가 일정한 속도(또는 속도를 측정하는 동안 일정한 파워)로 알고 있는 경사도(완전히 평평한 것이 이상적이지만 반드시 필요한 것은 아님)의 바람이 없는 도로 구간(또는 실내의 달리기 트랙이나 벨로드롬)을 따라 양방향으로 한 번 이상 테스트 주행을 수행하면서 파워 출력을 측정하는 것입니다. 측정은 최소 500 m 이상 거리에서 이루어져야 하며, 시작 속도와 종료 속도의 미세한 변화에 대해 (다운로드 후) 파워 데이터를 보정해야 합니다(운동 에너지의 변화를 보정하기 위해). 이 작업은 속도가 동일했던 각 주행의 시작점과 종료점을 선택하면 가장 쉽게 수행할 수 있습니다(트랙에서 테스트하는 경우 회전이 아닌 직선 구간을 선택). 도로가 완벽하게 평평하지 않은 경우, 각 주행 중 위치 에너지의 변화에 따라 데이터도 보정해야 합니다. 마지막으로 SRM, Quarq 또는 Polar 파워미터를 사용하는 경우 구동계의 효율에 맞게 데이터를 보정해야 합니다(PowerTap은 체인의 '다운스트림' 파워를 측정하기 때문에 제공되는 파워 값은 자전거를 앞으로 주행할 때의 파워 값과 같다고 간주합니다).

첫 번째 근사치로, 보정된 파워 자체는 (속도, 공기 밀도, 구름 저항이 여러 번의 시합에서 일정하다고 가정할 경우) 라이더의 공기 저항(또는 공기 저항의 변화)을 대략적으로 나타내는 지표로 간주할 수 있습니다. 모든 시험에서 정확히 동일한 평균 속도를 달성하기는 어려울 수 있습니다. 또한 실외에서 테스트할 때는 기압, 온도, 습도, 바람 등 환경 조건이 상당하게 변화할 수 있으며, 이는 공기 밀도에 영향을 미치고 따라서 필요한 파워에 영향을 미칩니다. 따라서 단시간 내에 모든 측정을 완료하는 것이 가장 좋습니다. 이렇게 할 수 없는 경우 정확한 환경 조건을 기록하여 공기 밀도를 파악한 다음 라이더의 실제 CdA를 계산해야 합니다[톰 콤튼(Tom Compton)의 웹사이트(www.analyticcycling.com)에서 제공되는 무료 계산기등을 활용 가능]. 이 방법을 사용할 때 더 중요한 것은 구름 저항 계수(Crr)의 값을 가정하고, 구름 저항을 극복하는 데 필요한 파워를 고려하기 위해 라이더와 라이더의 모든 장비의 무게를 정확하게 측정해야 한다는 점입니다. 테스트마다 다른 타이어나 휠을 사용하거나 타이어 공기압이나 온도가 크게 달라지면 타이어 공기압과 온도에 따라 구름 저항이 달라지기 때문에 결과에 문제가 발생할 수 있습니다.

회귀 분석법

CdA를 결정하기 위한 다소 복잡한 접근 방식으로 라이더가 동일한 유형의 코스를 초당 5-15 m 범위의 다양한 속도로 여러 차례(6-9회) 통과하도록 하거나, 필요한 거리와 시간 동안 라이더가 유지할 수 있고, 재현할 수 있는 최고 속도를 측정하는 것입니다. 코스가 평평하지 않거나 바람이 있는 경우, 이를 고려하거나 최소한 감지하기 위해 각각의 방향으로 동일한 횟수만큼 달리는 것이 좋습니다. 이러한 여러 시행에서 보정된 정상 상태의 파워(와트)를 그래프의 Y축에, 속도에 대한 것을 X축에 그래프로 표시하면 다음과 같은 형태의 함수로 관계가 잘 설명됩니다:

$$Y = aX + bX^3$$

여기서 'a'는 구름 저항(뉴턴 단위, N)을 나타내는 상수이고 'b'는 공기 밀도(리터당 그램 단위, g/L)의 1/2에 CdA를 곱한 값에 비례합니다.

또는 이 방정식을 선형 방정식으로 변환하여 Y축에는 각 시행의 파워를 속도로 나눈 결과를 X축에는 속도의 제곱(m^2/s^2단위)을 표시할 수 있습니다. 이 결과는 직선을 형성하며, 이 데이터의 절편은 다시 구름 저항이 되고 기울기는 공기 밀도와 CdA의 곱의 1/2에 비례하게 됩니다. 따라서 테스트 당시의 환경 조건에 따라 공기 밀도를 계산할 수 있으며, 이를 통해 CdA를 도출할 수 있습니다. 등속(또는 등파워) 접근 방식과 비교하여 회귀 방법을 사용하면 두 가지 장점이 있습니다. 첫째, 구름 저항의 변화와 공기 저항의 변화를 구분할 수 있어 장비 선택에 유용할 수 있습니다. 예를 들어 특정 휠 세트를 사용하는 것이 더 빨라 보이는 경우 회귀 방법을 사용하면 해당 휠이 더 공기 역학적인지 아니면 타이어가 더 잘 굴러가기 때문인지 파악할 수 있습니다. 둘째, 회귀 분석법은 여러 측정값을 기반으로 자동으로 도출된 값이기 때문에 더 정확한 CdA 추정치를 제공할 수 있습니다.

가상 고도법

로버트 정 박사(Dr. Robert Chung)는 위에서 설명한 것과 같은 이상적인 장소를 쉽게 구할 수 없을 때 CdA를 추정하기 위한 수단으로 가상 고도법을 개발했습니다. 이 방법에서 위에서 설명한 두 가지 방법과 비슷하게 속도나 파워에 제약을 두지 않고, 라이더가 그저 같은 도로 구간을 평소와 같이 반복적으로 주행하면서 속도와 파워 데이터를 수집하기만 하면 됩니다. 그런 다음 이러한 데이터를 총 질량 및 기타 요소와 함께 사용하여 사이클링의 물리학에 기반한 가상 고도 프로필을 계산합니다(CdA 및 Crr의 합리적인 시작 값을 가정). 이후 CdA 및 Crr을 필요에 따라 조정하여 시각적으로 수평으로 움직인 것처럼 보이게 합니다. 즉 경로를 따라 각 지점에서 반복적으로 측정한 값이 일정한 고도에 있는 것처럼 보이도록 합니다.

또는 보다 수학적이고 및 통계적인(그래픽이 아닌) 방법을 사용하여 해당 데이터를 가장 잘 설명하는 CdA와 Crr의 조합에 도달할 수도 있습니다. 이 방법은 위에서 설명한 등속(등 파워) 방법과 마찬가지로 장시간 동안 수집한 데이터에서 CdA를 추정하는 데 적용할 수 있지만, 특정 지점의 가상 고도를 더 많이 추정할 수 있는 짧은 왕복코스가 가장 효과적입니다. 제동을 피해야 하기 때문에(또는 제동 중에 수집된 데이터는 분석에서 제외), 특히 유용한 접근 방식 중 하나는 '하프 파이프' 코스(양쪽 끝에 적당히 가파른 언덕이 있는 짧은 도로 구간)를 사용하는 것인데, 이는 제동의 필요성을 없애거나 최소한 최소화하는 동시에 CdA와 Crr을 실제로 구분하는 데 필요한 속도 변화를 제공하기 때문입니다.

위에서 설명한 바와 같이 이 방법의 가장 큰 장점은 도로의 경사가 0이거나 일정할 필요가 없으며, 실제로 이동 경로의 정확한 프로필을 알 필요도 없다는 것입니다(실제로 파워미터를 사용하여 수집한 데이터로 코스 프로필을 추정하는 것도 '가상 고도법'의 또 다른 응용 분야입니다). 또한 데이터를 평균화하지 않고 지점별로 활용하기 때문에 돌풍이나 라이더의 위치 변화 등으로 인한 이상 징후를 더 쉽게 식별할 수 있습니다. 그러나 때때로 CdA의 변화와 Crr의 변화를 구분하기 어려울 수 있으며, 그 반대의 경우도 마찬가지입니다. Crr이 일정하다고 가정할 수 있는 조건(즉, 동일한 질량을 싣고 동일한 온도에서 동일한 표면을 동일한 압력으로 팽창시킨 동일한 타이어 세트를 사용하여 동일한 표면을 구르는 조건)에서 테스트하면 이 문제를 피할 수 있지만, 다른 타이어 또는 휠을 비교하거나 한 위치에서 수집한 데이터와 다른 위치에서 수집한 데이터를 비교하는 것이 복잡해지는 경향이 있습니다.

공기 역학 테스트의 정밀도

어떤 접근 방식을 사용하든 이상적인 조건에서는 이러한 현장 테스트를 통해 2% 미만의 측정 오차로 CdA를 정량화할 수 있습니다. 이는 풍동 테스트에서 얻은 결과와 비슷하며 파워미터 자체의 해상도 한계에 근접한 수준입니다. 그러나 이 정도의 정밀도를 얻으려면 (일반적으로 자동차 한 대가 지나가는 경우에도 몇 분 동안 측정에 영향을 미칠 정도로 공기를 교란시킬 수 있으므로) 바람이나 자동차 통행량이 많지 않은 상태에서 테스트를 수행해야 합니다.

적절한 장소를 찾을 수 있다고 가정하면, 해가 뜬 직후 바람이 불기 시작하거나 교통량이 증가하기 전인 이른 아침에 이 현장 테스트를 수행하도록 계획해야 합니다. 좋지 않은 날씨나 기타 조건으로 인해 데이터를 사용할 수 없게 될 수 있으므로 최적의 에어로바 높이를 결정하는 데 필요한 데이터를 얻으려면 여러 날에 걸친 테스트가 필요할 수 있습니다. 데이터의 정확성을 확인하려면 특정 세션 내에서 각각의 왕복 데이터를 비교하고 세션 간에 데이터를 비교해야 합니다.

이러한 테스트는 바람이 거의 없을 때만 수행해야 하므로 얻어낸 CdA 값은 바람이 정면(즉, 요도 0도 또는 거의 0도)에서 오는 경우만 반영됩니다. 이는 여러 요도에 걸쳐 빠르고 편리하게 CdA를 측정할 수 있는 풍동에서 측정하는 것과는 대조적입니다. 공기 역학적으로 설계된 사이클링 장비의 이점은 일반적으로 바람이 정면이 아닌 비스듬히 불어올 때 가장 크기 때문에 이러한 구분을 확실히 이해해야 합니다. 그럼에도 불구하고 마지막 한 방울의 속도까지 끌어올리는 데 관심이 있는 프로 레이서라면 CdA를 측정하는 필드 테스트를 통해 파워미터를 매우 유용하게 활용할 수 있습니다.

....

파워미터와 함께 레이스를 시작하면 파워미터가 제공하는 모든 기능을 최대한 활용하게 될 것입니다. 레이스에서 자전거를 타는 동안 수집한 정보는 최고의 퍼포먼스를 만들어내는 데 많은 도움이 됩니다. 40 km 타임 트라이얼에 참가하거나 크리테리움에서 선두로 독주하여 결승선을 통과하거나 펠로톤에서 드래프트를 할 때 효율적으로 페이스를 유지하는 방법을 배우는 데 도움이 될 것입니다. 트랙 레이싱과 같은 단거리 이벤트에서는 파워미터 데이터를 기반으로 페이싱 또는 레이싱 전략과 기어세팅을 쉽게 조정할 수 있으므로 다음 레이스에서 최고의 퍼포먼스를 발휘하는 데 필요한 사항을 얻을 수 있습니다.

파워미터를 사용하여 레이스에서 에너지 소비량을 파악하는 것은 챔피언으로서 포디움에 서는 것과 그저 평범한 라이더로 남는 것의 차이를 만들 수 있습니다. 이벤트의 요구 사항과 성공을 위한 요건에 대해 더 많이 알게 되면 각 이벤트에 대해 더 구체적이고 효율적으로 트레이닝 할 수 있습니다. 최적의 에너지 보존을 위해 영양을 조절하는 방법부터 해당 종목의 신경근 요구 사항을 이해하는 것까지, 종목의 요구 사항을 정의하는 것은 승리하는 데 큰 영향을 미칠 수 있습니다.

14

사이클로크로스, 트랙, 울트라-엔듀런스

지난 몇 년 동안 점점 더 많은 사이클리스트들이 도로 및 산악 자전거에서 파워미터를 사용하기 시작했지만, 사이클링에는 다른 많은 분야가 있으며, 이러한 모든 전문 분야의 애호가들은 파워미터를 사용하여 와트 수로 트레이닝 하면서 이점을 얻을 수 있습니다. 사이클로크로스, 트랙, 울트라-엔듀런스 산악 자전거는 모두 파워미터의 잠재력이 매우 큰 사이클링 분야입니다.

이러한 모든 분야에서 파워미터를 올바르게 활용하기 위한 방법은 다음과 같습니다:

1. 파워 데이터와 이벤트를 성공적으로 완주하는 데 필요한 노력을 기록하여 이벤트의 요구 사항을 결정합니다.
2. 이벤트의 요구 사항과 관련하여 자신의 강점과 약점을 이해합니다.
3. 이벤트의 요구 사항과 자신의 약점을 모두 고려하여 트레이닝 합니다(약점의 극복이 이벤트 성공에 영향을 미칠 수 있다고 가정).
4. 트레이닝 세션의 결과를 검토하고 레이스에서 수집한 데이터와 비교합니다.

이 장에서 다루는 세 가지 분야를 논의할 때 이러한 단계를 염두에 두세요. 이 장의 한 가지 목표는 참가자가 특정 이벤트에서 파워미터를 효과적으로 사용할 수 있는 방법을 보여주는 것입니다. 따라서 각 종목별로 실제 라이더들이 파워미터를 어떻게 사용했는지에 대한 사례를 제시했습니다. 이 모든 종목에 관심이 없더라도 이 장에서 소개하는 아이디어는 대부분의 사이클링 종목에 적용될 수 있으므로 이 장을 읽어보시면 유용할 것입니다.

사이클로크로스

사이클로크로스는 독특한 요구 사항을 가지고 있습니다. 참가자는 작은 장애물을 빠르게 뛰어넘거나 자전거에서 뛰어내려 30초 정도의 구간을 자전거를 메고 달릴 수 있어야 하며, 40-75분 동안 FTP 이상의 페이스를 유지해야 합니다. 사이클로크로스 레이스의 파워미터 파일은 일반적으로 선수의 실제 FTP보다 평균 20-40 W 낮은 수치를 보여줍니다. 그 이유 중 하나는 기술이 필요한 언덕을 내려오거나 자전거를 타고 내리막을 달리는 등 파워를 쓰지 않는 구간이 너무 많기 때문입니다. 또 다른 이유는 많은 코스가 진흙, 모래 구덩이 등을 가로지르기 때문에 트랙션이 좋지 않기 때문이기도 합니다.

지면이 단단하지 못해 힘을 받아주지 못하면 파워가 왜곡될 수 있기 때문에 사이클로크로스 파워 파일을 검토할 때 이 점을 고려해야 합니다. 코스의 달리기 구간 및 코스팅 구간으로 인해 사이클로크로스의 정확한 근력 요구량을 파악하는 것도 어렵습니다. 사분면 분석 그래프로 보면 사이클로크로스 레이스는 주로 느린 페달링과 높은 힘을 나타내는 2사분면에 속하지만, 3사분면 과 4사분면도 사이클로크로스에 크게 관여하는 것으로 나타납니다(**그림 14.1 참조**).

어떤 면에서 사이클로크로스 레이스의 파워 파일은 어느 정도 규칙성이 보이는 파워 스파이크, 쉽게 구분할 수 있는 랩, '레이스 우승'을 이끌어 내기 위해 필요한 큰 노력 때문에 크리테리움의 파워 파일과 비슷할 수 있습니다. 하지만 사이클로크로스 파워 파일에는 파워 버스트, 각 랩에서 파워가 감소하는 기간, 누적된 전반적인 트레이닝 스트레스 등 몇 가지 흥미로운 차이점이 있습니다. 라이더가 하차, 달리기, 승차할 때는 파워가 기록되지 않지만, 이는 분명히 사이클로크로스의 생리적(및 기술적) 요구에 기여한다는 점을 명심하세요. 사이클로크로스 파워 파일에서 확인해야 할 중요한 사항 중 하나는 FTP 이상의 파워가 사용된 노력의 수와 각 노력의 길이, 즉 사이클로크로스 레이서가 얼마나 많은 '성냥'을 태웠는가입니다. 하지만 사이클로크로스 레이스는 로드 레이스나 크리테리움 레이스와는 조금 다른데, 레이서가 힘든 노력을 해야 하는 상황이 발생했을 때 이미 FTP에 도달한 경우가 많기 때문입니다. 이 경우 레이스는 이미 활활 타오르는 불에서 불길이 솟구치는 것과 비슷합니다! 이러한 불꽃을 식별하고 그 강도를 인식하면 사이클로크로스에 필요한 노력의 종류에 대해 보다 구체적으로 트레이닝할 수 있습니다. **그림 14.2**는 한 가지 예를 보여줍니다.

수백 개의 사이클로크로스 레이스 및 트레이닝 파워 파일을 검토한 후, 사이클로크로스 레이서들에게 레벨 7 마이크로 버스트 워크아웃의 또 다른 변형을 트레이닝 계획에 추가하도록 조언하기 시작했습니다(아래의 워크아웃 참조). 이는 30-30-30 워크아웃이라고 불리는데, 30초 동안 FTP의 150%에서, 30초 동안 코스팅(FTP의 0%), 30초 동안 러닝을 반복합니다. 인터벌을 15초에서 30초로 늘리면 트레이닝 레벨은 7에서 6으로 떨어집니다. 30초가 되면 무산소 능력 시스템이 활용되지만 신경근에 필요한 파워 요구량은 감소합니다. 30-30-30 워크아웃은 10분 동안 연속적으로 수행됩니다. 10분 간격으로

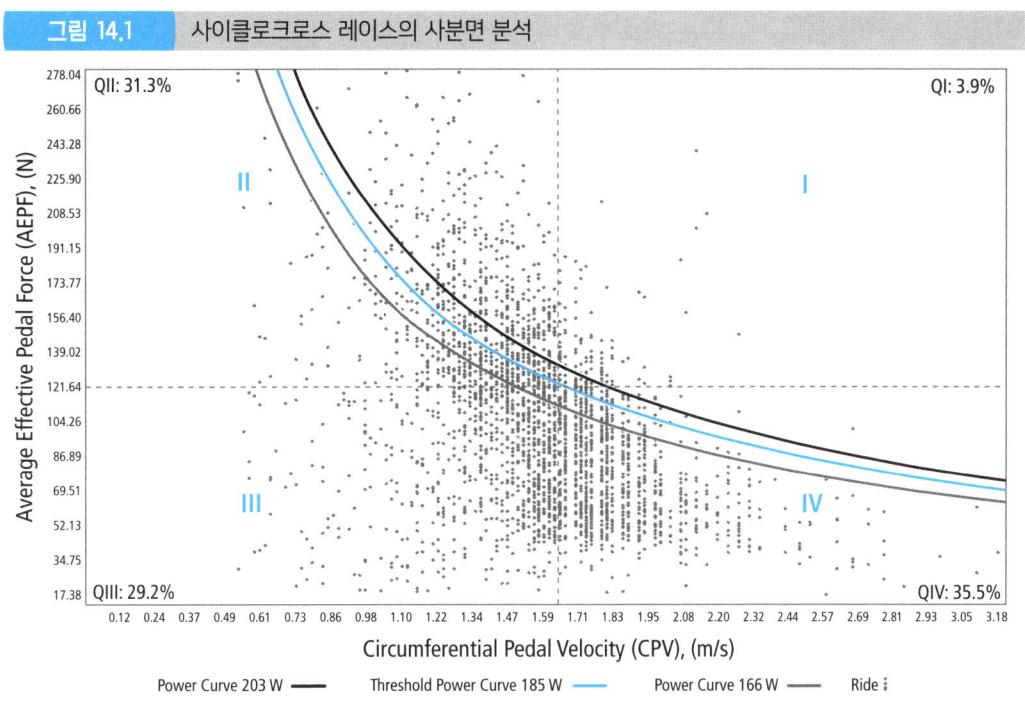

그림 14.1 | 사이클로크로스 레이스의 사분면 분석

일반적인 사이클로크로스 레이스의 경우로, 2사분면 3사분면 4사분면에서 거의 동일한 수의 데이터 포인트를 확인할 수 있습니다.

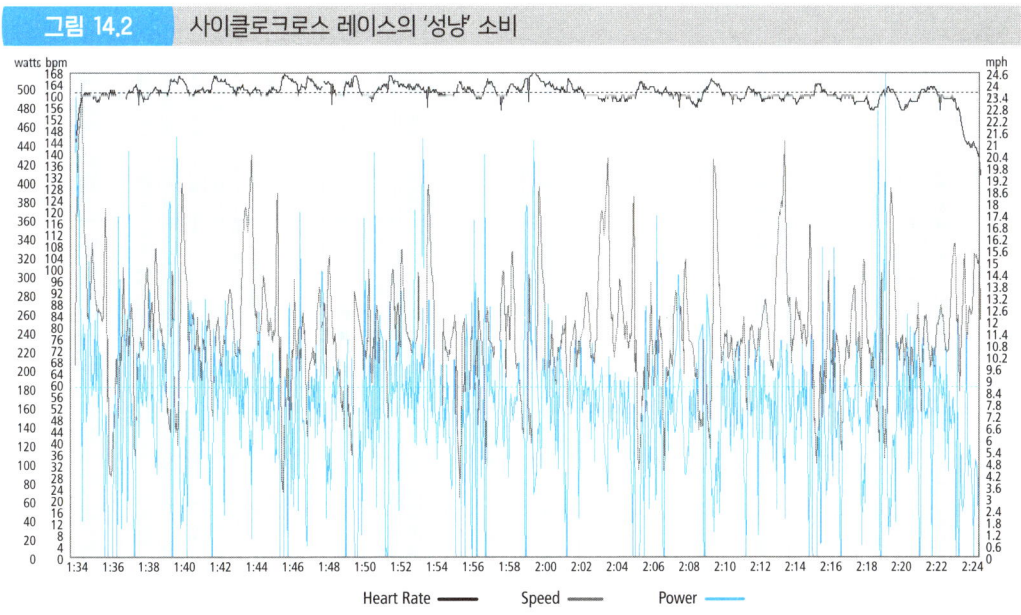

그림 14.2 | 사이클로크로스 레이스의 '성냥' 소비

사이클로크로스 레이스에서 성냥이 타는 모습과 불꽃을 모두 볼 수 있습니다. 더 강한 힘을 지속적으로 노력하면 다리가 타는 듯한 물꽃늘 반늘어 냅니다.

3-5회 반복하고 중간중간 5분간 휴식을 취한 후 쿨다운 합니다.

워크아웃	사이클로크로스를 위한 30-30-30 워크아웃			
	Time	Description	% of FTP	% of FTHR
Warm-up	20 min.	Easy riding	56 – 75	69 – 83
Main set	3–5 × 10 min. (5 min. RI)	Micro-bursts		
	30 sec.	*"On"*	*150*	*90 – 100*
	30 sec.	*"Off"/coasting*	*0*	*90 – 100*
	30 sec.	*Running (quick pace, but not sprinting)*	*N/A*	*90 – 100*
Cooldown	15 min.	Easy riding	<56	<69

이 워크아웃은 이벤트의 요구 사항에 매우 적합합니다. 30-30-30 워크아웃은 고도의 기술(자전거에서 내리고, 자전거를 들고 달리고, 다시 자전거에 타는 과정)과 함께 강력한 무산소 능력에 대한 요구 사항을 해결하기 때문에 사이클로크로스에 적합한 트레이닝입니다. 또한 사이클로크로스는 강력한 FTP를 요구하기 때문에 성공적인 사이클로크로스 레이서가 되기 위해서는 클래식 레벨 4 FTP 워크아웃이 중요합니다. 매주 하는 트레이닝에서 필요한 역치 워크아웃을 하려면 10분씩 4번 또는 15분씩 3번 또는 20분씩 2번의 FTP 노력을 포함하는 것이 좋습니다.

Peaks 코칭 그룹의 코치이자 엘리트 크로스컨트리 선수인 샘 크리그(Sam Krieg)는 30-30-30 워크아웃이 가장 마음에 든다고 말합니다. 그는 이 워크아웃이 제공하는 구조와 자신의 크로스컨트리 레이스와의 거의 동일한 유사성을 좋아합니다. "10분 세트 내내 열심히 하도록 유도합니다."라고 그는 말합니다. 2009년 마스터즈(45-49세) 타임 트라이얼과 2008년과 2009년 마스터즈 사이클로크로스 종목의 내셔널 챔피언인 크리스 워커(Kris Walker) 역시 이러한 트레이닝이 도움이 된다고 말하며, "클래식 지속주 라이더로서 저의 장점은 레이스 내내 일정한 파워를 유지하는 능력인데, 사이클로크로스는 저의 약점인 무산소 능력을 트레이닝 해야 하기 때문에 매우 도전적인 종목입니다. 헌터와 함께 제 파워 파일을 검토한 후 사이클로크로스 내셔널 챔피언십 포디움의 정상에 서기 위해 얼마나 많은 무산소 운동이 필요한지 정확히 파악할 수 있었습니다."라고 이야기했습니다.

사이클로크로스는 사이클링의 또 다른 분야로, 레이서들은 파워미터를 사용하여 보다 정량적으로 트레이닝하고 레이스의 요구 사항에 따라 보다 구체적으로 트레이닝 하게 되었습니다. 사이클로크로스에서 파워미터를 통해 개선할 수 있는 부분은 다가오는 사이클로크로스 레이스의 요구 사항을 확인하고 그에 따른 트레이닝 루틴을 개발할 수 있는 선수의 능력에 달려 있습니다. 사이클로크로스의 인기가 높아지면서 더 많은 레이서들이 파워미터를 사용하여 데이터를 수집하고, 레이스의 요구 사항을 분석하고, 트레이닝 방식을 바꾸게 될 것입니다.

트랙 사이클링

트랙 레이서들은 트레이닝의 상당 부분과 모든 레이스를 실내 또는 실외 트랙에서 비교적 잘 통제된 조건에서 수행하기 때문에 과거에는 간단한 스톱워치만으로도 라이더의 트레이닝과 퍼포먼스를 정량화하는 데 매우 유용했습니다. 하지만 최근 몇 년 동안 트랙 사이클리스트들은 파워미터 데이터와 이벤트의 특정 요구 사항을 기반으로 정교한 트레이닝 프로그램을 설계했습니다.

이제 트랙 사이클리스트도 다른 유형의 사이클리스트만큼, 혹은 그 이상으로 파워미터를 사용하여 혜택을 누릴 수 있습니다. 그 이유는 무엇일까요? 첫째, 대부분의 트랙 사이클링 이벤트는 거리와 시간이 짧기 때문에 승패의 차이가 극히 작은 경우가 많아 경쟁자보다 조금만 유리한 고지를 점령해도 승부가 갈릴 수 있습니다. 또한, 적어도 엘리트 수준에서는 많은 레이스가 전술과 같은 요소보다는 라이더의 신체 능력에 더 중점을 두는 타임 트라이얼(TT) 형식으로 진행됩니다. 마지막으로, 실내 트랙에서도 환경 조건(예: 공기 밀도)은 실제 퍼포먼스, 즉 파워 출력이 일정하게 유지되더라도 라이더의 TT 기록에 상당한 차이를 초래할 만큼 충분히 달라질 수 있습니다. 이러한 모든 이유로 파워미터는 트랙 사이클리스트에게 매우 유용한 도구가 될 수 있습니다.

트랙 사이클리스트가 파워미터를 사용하는 방식은 로드 레이서가 파워미터를 사용하는 방식과는 다소 다릅니다. 예를 들어, 트랙 사이클리스트는 ① 트랙 트레이닝과 레이스에서 짧은 시간 동안 고강도로 페이싱 없이 노력하는 경우가 많고, ② 트랙의 빠른 속도와 잦은 회전으로 인해 어느 정도 페이싱이 필요한 긴 인터벌이나 레이스(예: 개인 추발)에서도 파워미터 디스플레이를 읽기 어려울 수 있으므로 페이싱 목적으로 파워미터를 사용하지 않을 가능성이 높습니다. 또한 일부 엔듀런스 레이스(포인트 레이스 또는 매디슨 등)를 제외한 대부분의 트랙 레이스는 NP를 의미있는 데이터로 해석하기에는 너무 짧습니다.

그럼에도 불구하고 파워미터의 데이터는 특정 이벤트의 정확한 요구 사항을 결정하고, 따라서 레이서의 트레이닝 프로그램 및 포지션, 장비, 레이스에서 사용할 전략을 최적화하는 데 절대적으로 유용할 수 있습니다. 실제로 파워미터의 데이터를 사용하여 트랙 레이스 준비를 미세 조정할 수 있는 기회는 매우 많기 때문에 이 짧은 섹션에서 모두 설명하는 것은 불가능합니다. 대신 트랙 사이클리스트가 파워미터를 활용할 수 있는 몇 가지 잠재적인 활용 방법을 아래에 간단히 나열했습니다.

공기 역학 테스트

트랙 사이클링의 전형적인 빠른 속도는 공기저항이 다른 종목보다 라이더가 직면하는 전체 저항에서 훨씬 더 큰 비중을 차지한다는 것을 의미합니다. 이 때문에 트랙 레이서들은 단체 출발 이벤트에서도 가능한 한 공기 역학적으로 가장 잘 설계된 장비(예: 디스크 휠)를 사용하는 것이 일반적입니다. 그러나 파워미터와 몇 가지 신중한 테스트(13장의 '파워미터를 사용한 공기 역학 테스트' 참조)를 통해 이론과 제조업체의 주장이 아닌 실제 데이터를 기반으로 장비를 선택할 수 있습니다. 더 중요한 것은 이러한 테스트를 통해 라이더의 포지션을 개선할 수 있으며, 이는 200미터 스프린트 레이스에서 중요한 0.1초나 또는 팀 추발에서 몇 초를 절약할 수 있다는 가능성을 가진다는 것입니다.

벨로드롬의 어느 정도 통제된 환경은 레이스와 동일한 조건에서 테스트를 수행할 수 있기 때문에 이러한 테스트를 위한 훌륭한 장소이기도 합니다. 따라서 테스트와 레이싱이 서로 다른 환경에서 진행될 때 발생하는 바람의 각도와 공기 역학 저항 특성의 차이에 대한 우려를 최소화할 수 있습니다. 트랙에서 테스트할 때는 결과에 영향을 줄 수 있는 다른 요인도 제거됩니다: 자동차, 개, 도로의 요철 등에 대해 걱정할 필요가 없습니다. 그러나 안전상의 이유뿐만 아니라 한 번에 많은 라이더가 트랙에 있으면 데이터에 영향을 줄 정도로 공기가 교란될 수 있으므로 트랙이 비어 있거나 거의 비어 있을 때만 이러한 테스트를 수행하는 것이 중요합니다.

트레이닝 부하 모니터링 및 관리

위에서 언급했듯이, 트랙 레이스는 일반적으로 매우 짧기 때문에 트랙 레이스의 NP 데이터를 해석하기가 어려운 경우가 많습니다. 하지만 트레이닝 스트레스 스코어의 일반적인 개념은 여전히 유효하며, 퍼포먼스 매니저 접근 방식은 라이더의 전반적인 트레이닝 부하를 모니터링하고 적절한 테이퍼를 계획하고 실행하는 데 여전히 효과적으로 사용될 수 있습니다(실제로 이 방법을 처음 사용한 것은 내셔널 챔피언 추발 선수의 트레이닝 양을 정량화하기 위해서였습니다). 다만 트랙 워크아웃을 분석할 때는 파일에서 라이더가 적극적으로 페달을 밟지 않은 상당한 부분을 삭제해야 합니다. 그렇지 않으면 TSS가 인위적으로 부풀려질 수 있으므로 주의해야 합니다.

레이스 요구 사항 결정

파워미터는 특정 레벨의 퍼포먼스(예: 시간 또는 순위)에서의 파워 및 이를 달성한 케이던스를 기록하는 데 매우 유용합니다. 이 정보는 특정 이벤트의 요구 사항을 더 잘 충족하도록 트레이닝과 장비 선택을 조정하는 데 사용할 수 있습니다. 예를 들어, 유타(Utah) 대학교의 짐 마틴 박사(Dr. Jim Martin)는 호주 스포츠 연구소와 협력하여, 세계적인 수준의 스프린터들은 플라잉 200 m 타임 트라이얼에서 최대 파워 출력을 낼 수 있는 특정 케이던스에서 격렬해지기 시작하는 경향이 있으며, 이 시점 이후부터는 최

그림 14.3　　포인트 레이스와 30분 크리테리움 레이스의 사분면 분석

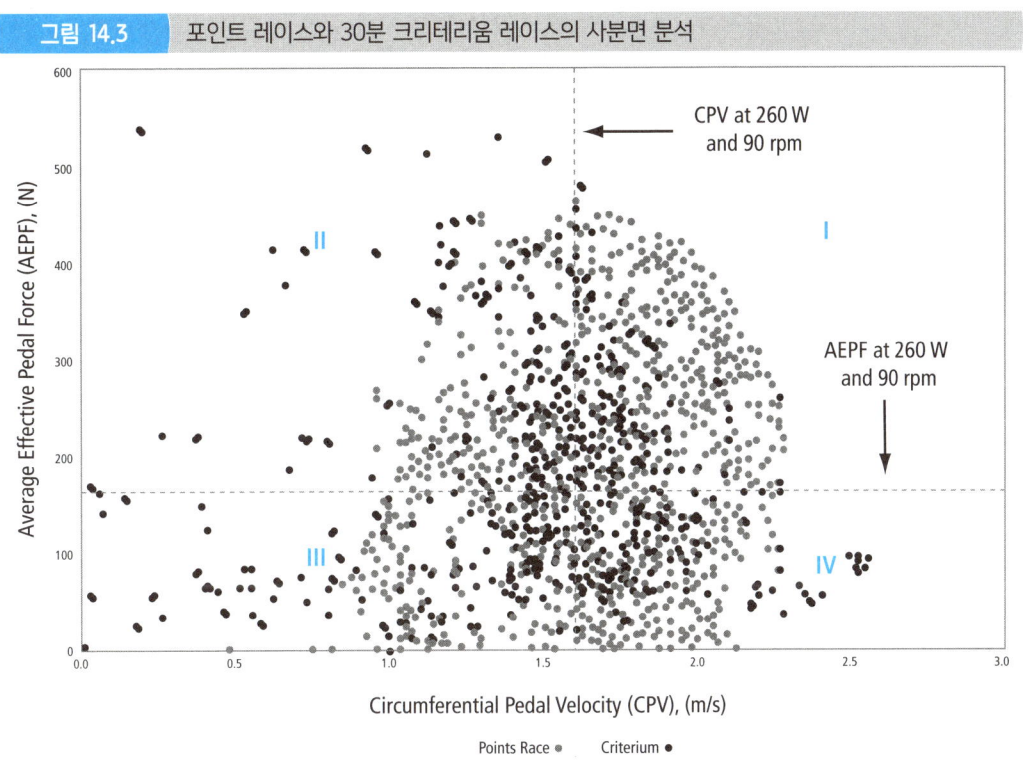

트랙에서 20 km 포인트 레이스와 도로에서 30분 크리테리움에 출전한 국가대표급 여성 트랙 사이클리스트의 파워미터 데이터를 사분면으로 분석한 그래프입니다. 이 두 레이스의 평균 파워와 케이던스는 거의 동일했지만, AEPF와 CPV의 패턴은 크게 달랐습니다.

적의 케이던스를 넘어서는 케이던스 증가와 피로로 인해 파워가 지속적으로 감소한다는 사실을 밝혀냈습니다. 이러한 데이터는 이러한 라이더가 최대 파워를 높이는 것뿐만 아니라 매우 높은 케이던스(예: 140-160 rpm)에서도 최대한 피로에 저항하도록 트레이닝 하는 것이 중요한 이유를 보여줍니다. 또한 예선에서는 (실제 레이스 스프린트 라운드에 비해) 더 큰 기어를 사용하는 것이 최적의 케이던스를 유지하여 더 많은 노력을 만드는 것에 도움이 될 수 있다고 제안합니다.

　단순히 파워와 케이던스를 측정하는 것만으로도 레이스 요구 사항에 대한 상당한 인사이트를 얻을 수 있지만, 사분면 분석과 같은 도구를 사용하여 파워미터 데이터를 분석하면 훨씬 더 많은 정보를 얻을 수 있습니다. **그림 14.3**에 표시된 데이터는 동일한 라이더가 수행한 트랙에서의 20 km 포인트 레이스와 도로에서 약 30분 동안 수행한 크리테리움 레이스를 사분면 분석으로 나타낸 차트입니다. 이 두 레이스는 평균 파워와 케이던스가 거의 동일하기 때문에 분석을 위해 특별히 선택되었습니다.

　그러나 차트에서 바로 알 수 있듯이 트랙에서의 포인트 레이스는 고정 기어를 사용했기 때문에 페달

에 가해지는 힘과 페달이 움직이는 속도 모두에서 크리테리움보다 훨씬 더 많은 변화가 수반되었습니다. 실제로 트랙 레이스 파일의 데이터 포인트를 선으로 순차적으로 연결하면 일관된 시계 방향 패턴을 볼 수 있습니다. 라이더의 동작이 소강상태에 접어들면 페달을 쉽게 밟거나 상대적으로 느리게 페달을 밟는 것 (3사분면), 갑작스러운 어택을 시작하거나 뒤따를 때 낮은 케이던스에서 높은 힘을 생성하는 것 (2사분면), 스프린트 또는 브레이크어웨이 중 높은 케이던스에서 높은 힘을 생성하는 것 (1사분면), 페달에서 발을 떼지만 이후에는 속도를 줄이면서 빠르게 페달을 계속 밟는 것(4사분면) 등으로 나타납니다.

반면 크리테리움의 데이터 포인트를 같은 방식으로 연결하면 일관된 패턴이 드러나지 않고 엉킨 매듭처럼 보일 뿐입니다. 트랙 레이싱과 로드 레이싱 사이의 이러한 '파워 경로'의 모양 차이는 직관적으로 분명해 보일 수 있지만, 파워미터의 데이터를 분석하면 그 차이를 명확하게 알 수 있습니다. 또한 트랙 레이싱의 특정 요구 사항을 충족하기 위해 트랙에서 구체적으로 트레이닝하거나 적어도 특정 트레이닝을 수행하는 것이 얼마나 중요한지를 보여줍니다. 13장에서 살펴본 것처럼 파워미터는 특정 종목의 요구 사항을 파악하는 다른 방법으로도 사용할 수 있습니다('유산소 및 무산소 에너지 생산량 측정' 참조).

신체적 퍼포먼스 평가

역사적으로 퍼포먼스는 라이더의 기록이나 순위를 기준으로 정의되어 왔으며, 실제로 레이스의 결과는 그렇게 결정됩니다. 그러나 앞서 언급했듯이 선수의 파워 출력, 즉 신체적 퍼포먼스가 속도로 변환되는 방식은 트랙마다, 심지어 같은 트랙 내에서도 시간대별로 상당한 차이가 있을 수 있습니다. 따라서 트레이닝 방식, 장비 선택 및 기타 요인에 대한 특정 변화가 긍정적인 영향을 미쳤는지, 중립적인 영향을 미쳤는지, 심지어 부정적인 영향을 미쳤는지 확실하게 판단하기 어려울 수 있습니다. 하지만 파워미터를 사용하여 트레이닝하는 사이클리스트, 특히 레이스에 참가하는 사이클리스트의 경우 파워 데이터를 통해 특정 상황에서 역할을 얼마나 잘 수행했는지 확인할 수 있기 때문에 이러한 문제가 훨씬 덜 발생합니다. 또한, 특정 퍼포먼스가 달성된 조건을 주의 깊게 기록하면 기록된 속도가 현저하게 다르더라도 서로 다른 트랙의 결과를 비교할 수 있는 경우가 많습니다.

후자의 접근 방식에 대한 예는 **표 14.1**에 나와 있으며, 동일한 라이더가 수행한 두 번의 3 km 추발 레이스 결과를 비교한 것입니다. 해수면에서의 레이스는 333.3 m 콘크리트 트랙에서 진행되었고, 고지대에서의 레이스는 매우 유사한 트랙에서 진행되었습니다. 고지대에서는 라이더가 거의 6초 가까이 더 빨리 달렸습니다. 하지만 대기압 감소가 공기 저항과 유산소 파워 출력에 미치는 영향을 고려하여 데이터를 조정하면 예측된 파워와 기록은 해수면에서의 기록과 동일합니다. 따라서 같은 거리를 이동하는 데 필요한 시간에는 상당한 차이가 있지만 두 퍼포먼스는 본질적으로 동일합니다. 물론 두 트랙에서 레이스를 펼친 수많은 라이더의 기록만 조사해도 비슷한 결론에 도달할 수 있습니다. 하지만 이러한 데이터를 항상 구할 수 있는 것은 아니며, 보통 이러한 종류의 데이터는 평균 차이만을 측정하기 마련이기에, 특정 개인의 성과 측정에 활용될 수도 있고 그렇지 않을 수도 있습니다.

표 14.1	크랙사이클리스트의 3 km 추월 퍼포먼스 비교	
	Sea Level	Altitude
Total time (min.:sec.)	03:55.9	03:50.2
Average power (W)	386	360
Time for 1st lap (min.:sec.)	00:30.0	00:30.0
Time laps 2 – 9 (min.:sec.)	03:25.9	03:20.2
Average power laps 2 – 9 (W)	358	333
Air density (g/mL)	1.159	0.97
C_dA (m^2)	0.24	0.24
Sea-level equivalent power (W)	358	358
Sea-level equivalent time (min.:sec.)	03:55.9	03:55.9

기술 퍼포먼스 평가

트랙 레이스는 고유한 기술이 필요하며, 특정 기술의 중요성은 종목에 따라 달라집니다. 예를 들어, 팀 스프린트 사이클리스트는 특히 리드 라이더가 될 경우 스탠딩 스타트에 매우 능숙해야 하지만, 격렬하고 총력전이 펼쳐지는 이벤트에서 자신의 페이스를 조절하는 방법을 배울 필요는 없습니다. 반대로 개인 추발의 경우, 최종 기록은 스타트 기술에 거의 의존하지 않지만(넘어지는 경우 제외) 자신의 페이스를 얼마나 잘 유지하느냐에 따라 크게 영향을 받습니다. 이러한 맥락에서 파워미터는 다시 한번 유용한 도구가 될 수 있습니다.

예를 들어, 파워미터 데이터(파워와 케이던스뿐만 아니라 속도를 포함)를 스탠딩 스타트 동안 굉장히 높은 기록 빈도로 기록하면, 전자 타이밍 테이프를 사용하여 25 m와 같이 매우 짧은 거리에서 기록하여 단순히 스플릿 시간을 보는 것보다 기술 변화(예: 크랭크에 대한 엉덩이의 위치)가 라이더의 퍼포먼스에 미치는 영향에 대해 더 많은 인사이트를 얻을 수 있습니다. 같은 맥락에서 개별 추발 중 라이더의 실제 파워, 특히 시간이 지남에 따라 파워가 어떻게 변하는지를 아는 것은 특히 환경 조건이 가변적인 경우(예: 야외 트랙에서 바람의 변화가 있을 수 있음) 라이더의 스플릿을 아는 것보다 페이스 전략을 평가하는 데 더 유용할 수 있습니다.

파워미터를 사용하여 라이더의 기술 퍼포먼스를 평가하는 또 다른 예는 1996년 애틀랜타 올림픽을 준비하기 위한 미국 사이클링의 프로그램인 '프로젝트 96'의 일환으로 콜로라도 대학의 제프 브로커 박사(Dr. Jeff Broker)와 다른 사람들이 수집한 데이터에서 찾아볼 수 있습니다. 제프와 그의 동료들은 팀 추발 선수들의 페이스라인 내 다양한 위치에서 발생하는 파워와 교대 시 파워를 측정했습니다. 그 결과 2, 3, 4위 포지션의 라이더는 선두 라이더에게 필요한 파워의 64-71%만 필요한 것으로 나타났습니다. 이는 놀라운 일이 아니지만, 연구팀은 라이더의 드래프트 실력에 따라 필요한 파워가 크게 달라진다는 사실도 발견했습니다.

라이더가 대열에 들어가기 위해 필요한 파워의 양은 처음에는 상당히 높았지만, 드래프팅에 익숙해지고 팀원들의 뒤를 더 가깝게 드래프팅할 수 있게 되면서 그 양은 급격히 감소했습니다. 더 놀라운 것은 코치들이 일반적으로 나쁜 교체라고 생각했던 것이 파워미터를 사용하여 확인해 본 결과, 결국 그렇게 나쁘지 않다는 것을 알아냈다는 것입니다. 선두에서 턴을 완료한 후 트랙을 너무 일찍 내려와서 라인의 세 번째 라이더와 잠시 겹친 후 살짝 뒤로 드래프트하여 그의 바퀴에 끼어드는 것은 바로 라인으로 내려오는 완벽한 교환보다 더 많은 파워가 필요하지 않았습니다(반면에 너무 늦게 내려와서 드래프트의 일부를 잃고 다시 대열에 들어가기 위해 가속해야 하는 경우, 예상대로 훨씬 더 많은 파워가 필요한 것으로 나타났습니다). 물론 팀 추발에서 순서를 교체하는 동안 바퀴가 겹치는 것은 위험할 수 있으므로, 라이더는 파워에 관계없이 최소한 완벽한 교체를 목표로 해야 합니다.

트레이닝 방법 평가

트랙 사이클링의 요구 사항이 다른 종목과 다르며 더 다양한 경향이 있는 것처럼, 요구 사항을 해결하기 위한 워크아웃도 다양합니다. 다행히도 파워미터는 특정 워크아웃이 의도한 목표를 달성할 수 있는지 여부를 판단하는 데 매우 유용한 도구입니다. 예를 들어, 파워미터의 데이터를 사용하여 2,000 m 플라잉 스타트 워크아웃에서 각 노력이 의도한 대로 라이더의 무산소 능력에 적절한 스트레스를 줄 수 있도록 노력 사이에 충분한 휴식을 취했는지 평가할 수 있습니다(그렇지 않으면 피로가 누적되어 워크아웃을 수행하는 것이 최적의 VO_2max 트레이닝을 방해할 수도 있습니다). 또한 임계 파워 접근법(3장 참조)을 사용하여 시간 경과에 따른 라이더의 무산소성 능력 변화를 추적하여 피트니스의 해당 측면이 개선되고 있는지 확인할 수 있습니다.

이 주제를 계속 살펴보면, 트랙 사이클리스트가 레이스 시 일반적으로 사용되는 것보다 더 큰 기어를 사용하여 스탠딩 스타트 노력을 수행하는 경우가 드물지 않습니다. 이는 신경근계에 더 큰 과부하를 발생시켜 일반적인 레이스 기어를 사용할 때보다 사이클링에 특화된 힘 또는 파워를 더 효과적으로 증가시킬 수 있다는 가정을 바탕으로 합니다. 그러나 **그림 14.4**에서 볼 수 있듯이 이는 사실이 아닙니다. 오히려 상당히 넓은 범위 내에서 스탠딩 스타트에 사용되는 기어는 특정 케이던스에서 크랭크에 가해지는 힘에 아무런 영향을 미치지 않습니다. 페달링 시 힘-속도 관계를 결정하는 것은 주로 사이클리스트 근육의 수축 특성(그리고 그보다 덜하지만 기술)이며, 테스트(즉, 스탠딩 스타트)가 수행되는 정확한 조건은 훨씬 덜 중요하기 때문입니다.

다시 말해 합리적인 범위 내에서 기어비를 변경해도 라이더의 근육이 특정 속도에서 생성할 수 있는 힘에는 영향을 미치지 않습니다. 단지 라이더가 출발점에서 가속할 때 페달 스트로크에 따른 최대 힘 속도 라인에서 얼마나 빨리 '홉(hop), 스킵(skip), 점프(jump)'를 할 것인지를 결정할 뿐입니다. 이러한 지식으로 무장된 현명한 라이더와 코치는 트레이닝에서 체인링이나 톱니바퀴를 계속 교체하는 대신 라이

그림 14.4	스탠딩 스타트 시 힘-속도 곡선

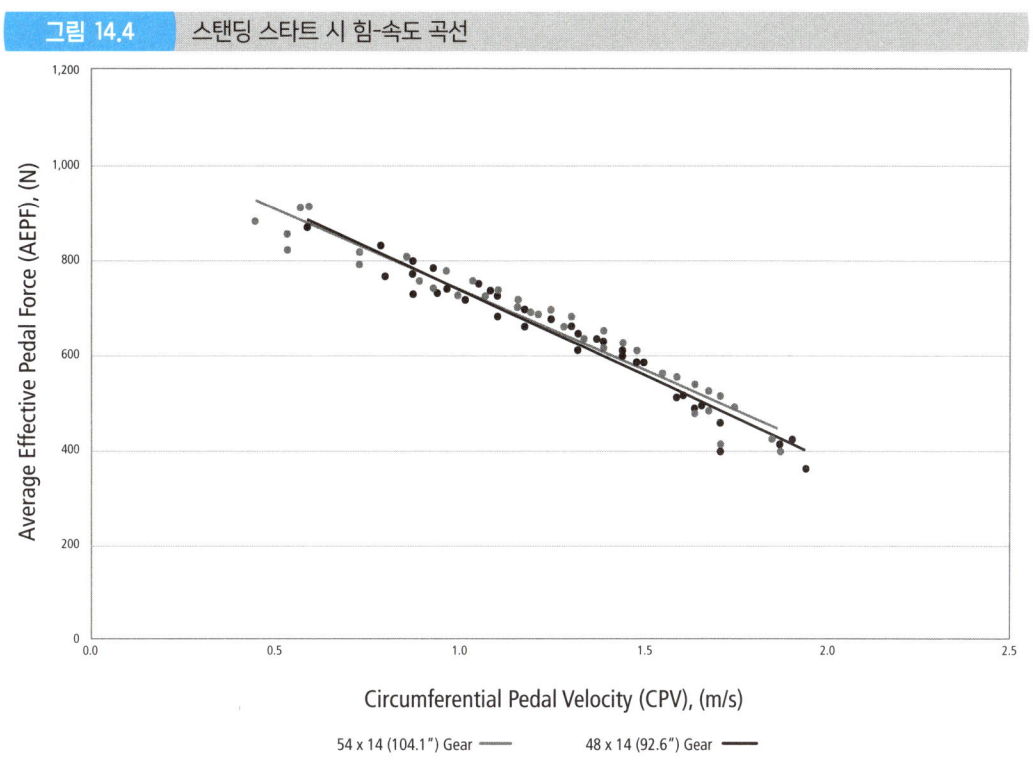

54 x 14 (104.1") Gear ——   48 x 14 (92.6") Gear ——

두 가지 다른 기어비를 사용할 때 스탠딩 스타트 노력을 수행하는 트랙 사이클리스트의 CPV 대비 AEPF 그래프입니다. 그림에서 볼 수 있듯이 두 트레이닝 세션에서 힘-속도 곡선은 본질적으로 동일하며, 기어 선택이 워크아웃의 요구사항에 영향을 미치지 않음을 보여줍니다.

더의 모티베이션을 관리하는 등 스탠딩 스타트 노력을 수행할 때의 라이더의 에너지를 다른 곳에 집중하게 할 것입니다(예를 들자면, 라이더끼리 짝을 이루거나 한 라이더가 다른 라이더를 추격하게 하는 핸디캡 스타트 적용 등). 또한 높은 힘과 낮은 케이던스에서의 체류 시간을 크게 늘리게 되는 형태로 스탠딩 스타트 노력이 수행될 수도 있는데, 예를 들어, 매우 큰 기어를 사용하거나 라이더가 뱅킹을 타고 올라가서 중력과 관성을 이용해 가속 속도를 늦추게 하는 방식으로 트레이닝 하는 것입니다.

울트라-엔듀런스 산악 자전거

산악 자전거는 바위가 많은 긴 오르막부터 좁고 진흙탕이 많은 트랙, 머리카락이 쭈뼛 서는 내리막길까지 독특한 도전 과제를 안고 있습니다. 산악 자전거는 높은 힘, 낮은 케이던스(2사분면)를 요구하며, 파워미터는 산악 자전거를 타는 사람이 정확한 사분면에서 트레이닝하고 적절한 트레이닝 스트레스를 가질 수 있도록 도와줍니다.

지난 몇 년 동안 울트라-엔듀런스 산악자전거 레이스와 산악자전거 스테이지 레이스가 점점 인기를 얻고 있습니다. 미국에서는 셰넌도아 100 (Shenandoah 100), 리드빌 100 (Leadville 100), BC 바이크 레이스(BC Bike Race), 올드 푸에블로(Old Pueblo) 24시 등이 근력 및 유산소 피트니스 측면에서 매우 까다로운 이벤트입니다. 코스타리카에서 열리는 라 루타 데 로스 콘퀘이스타도르스(La Ruta de los Conquistadores)와 같은 장대한 스테이지 레이스도 있는데, 이는 6시간이 넘는 스테이지로 구성된 몇일간의 이벤트입니다. 이러한 장거리 이벤트는 사이클링 기술과 함께 근력 및 유산소 피트니스를 중요시합니다. 이번 글에서는 울트라-엔듀런스 산악자전거 대회에 대해 알아보고, 이벤트에 가장 적합한 트레이닝 방법을 결정하며, 또한 전략을 살펴볼 것입니다. 파워미터를 페이싱 장치로 사용하는 방법, 트레이닝 및 이벤트 참가를 위한 소프트웨어 사용 방법, 그리고 이러한 이벤트에 대한 사분면 분석을 중점적으로 살펴볼 것입니다.

울트라-엔듀런스 산악자전거는 어떤 면에서 타임 트라이얼과 유사합니다. 산악자전거 코스는 드래프트를 거의 하지 않으며, 사실 처음 15분 정도만 지나면 각 산악자전거 레이서들은 결승점까지 자신만의 타임 트라이얼 세계에 빠져들게 됩니다. 하지만 페이스(초반에 힘을 빼고 끝까지 에너지를 비축하는 것)는 이 두 가지 전문 종목에서 같은 방식으로 작동하지 않습니다. 완주를 위해 에너지를 절약하기 위해 너무 강하게 출발하지 말아야 한다는 타임 트라이얼 규칙은 적용되지 않습니다.

알렌 효과(Allen effect)를 생각해 보세요. 알렌 효과는 경쟁자가 코스의 느린 구간을 통과할 때 훨씬 빠른 구간이 다가올 것을 알고 가속할 때 발생합니다. 경쟁자가 더 빠른 구간에 도달하여 속도를 높이면 뒤의 경쟁자와의 격차가 더 커질 수 있습니다. 반면에 뒤에 있는 경쟁자는 여전히 코스의 느린 구간에서 라이딩을 계속해야 합니다. 이 효과를 흔히 볼 수 있는 상황은 경쟁자가 가파른 언덕에서 먼저 오르막을 넘기 위해 어택한 다음, 언덕 뒤쪽에서 평균 시속 30마일 이상으로 달리는 반면 다른 라이더는 언덕의 마지막 부분을 조심스럽게 올라가는데도 평균 시속 4마일에 불과할 때입니다. 앨런 효과로 인해 언덕을 오르고 있는 라이더가 그 격차를 좁히는 것이 불가능해질 수 있습니다.

이 격차는 처음에는 거리 격차로 시작되며, 시간 격차가 동일하게 유지되는 동안에 라이더 간의 거리는 변동될 수 있습니다. 뒤따라오는 라이더가 그 격차가 실제로 시간 격차가 아닌 거리 격차라는 것을 깨닫는 것은 심리적으로 큰 힘이 될 수 있습니다. 그러나 대부분의 자전거 레이스에서 승자를 결정하는 것은 라이더 간의 거리입니다. 어쨌든 산악자전거 레이스 초반에 힘을 아끼는 것은 결국에는 거의 도움이 되지 않습니다. 앨런 효과는 레이스 내내 계속 누적됩니다. 이 시나리오에서 선두 주자는 레이스가 끝날 무렵 페이스가 급격히 느려지지만, 그때까지 다른 라이더가 차이를 만회하기에는 시간이나 공간이 충분하지 않습니다. 레이스 전반부에 발생한 앨런 효과는 후반부에도 해당 라이더를 선두로 유지합니다. 이 효과는 울트라-엔듀런스 산악자전거 레이스에서 더욱 두드러집니다.

24시간 레이스

24시간 레이스 선수들의 파워 파일에 따르면 레이스의 첫 4시간 동안 더 많은 와트를 생산하여 경쟁자와의 격차를 벌리는 것이 레이스 후반에 큰 이점이 될 수 있습니다. 24시간 레이스에서 대부분의 선수는 다음 18시간 동안 같은 속도로 피로를 느끼기 때문에 첫 6시간이 지났을 때 라이더 1과 라이더 2의 격차가 45분이면 다음 18시간 동안 그 격차가 유지될 가능성이 높습니다. 물론 수분 섭취 부족, 부적절한 영양 섭취, 자전거의 기계적 결함 등으로 인해 상황이 달라질 수 있지만, 이러한 요소를 제외하면 중요한 첫 6시간에 형성된 시간 격차가 레이스의 나머지 시간 동안 유지될 가능성이 높습니다.

그림 14.5는 프로 울트라-엔듀런스 산악자전거 선수인 데이브 해리스(Dave Harris)의 레이스 시작 후 첫 6시간 동안의 파워를 보여줍니다. 그는 레이스 내내 유지할 수 있다고 생각한 수준보다 약간 높은 파워를 유지했습니다. 실제로 데이브의 첫 네 바퀴 동안의 파워는 한 바퀴에서 다음 바퀴까지 거의 동일했으며, 이는 뛰어난 라이딩 방식과 파워미터를 사용하여 자신의 페이스를 조절하는 능력을 보여줍니다.

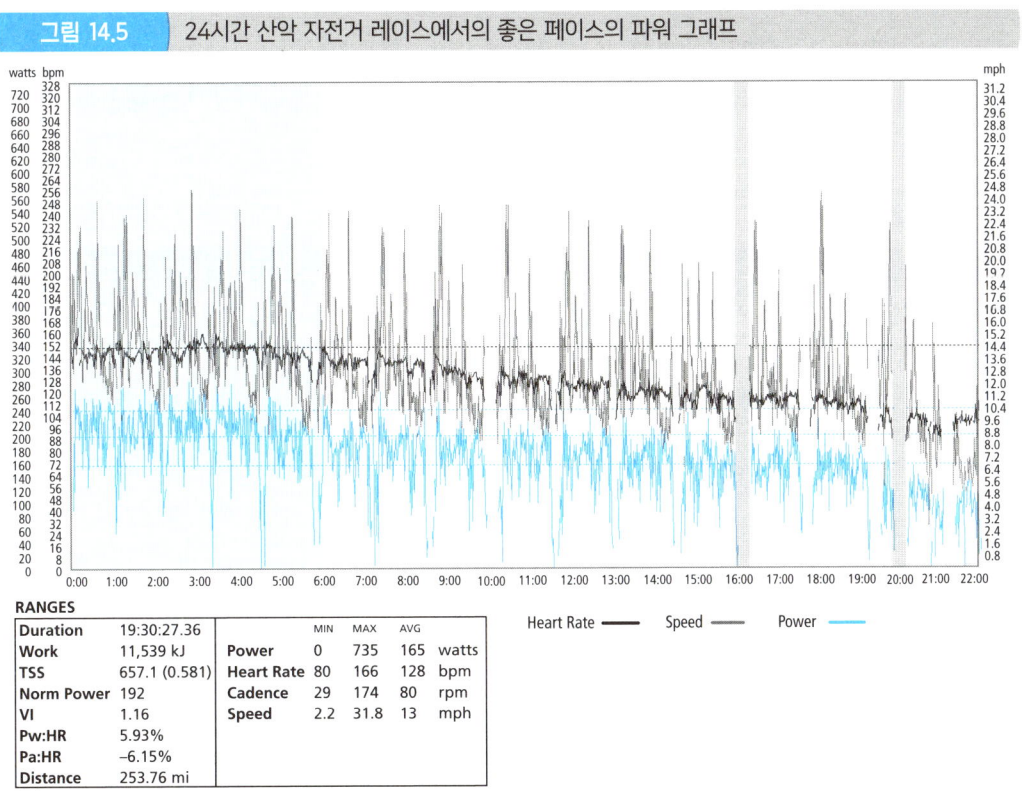

그림 14.5　**24시간 산악 자전거 레이스에서의 좋은 페이스의 파워 그래프**

RANGES			MIN	MAX	AVG	
Duration	19:30:27.36					
Work	11,539 kJ	Power	0	735	165	watts
TSS	657.1 (0.581)	Heart Rate	80	166	128	bpm
Norm Power	192	Cadence	29	174	80	rpm
VI	1.16	Speed	2.2	31.8	13	mph
Pw:HR	5.93%					
Pa:HR	–6.15%					
Distance	253.76 mi					

Heart Rate ——　Speed ——　Power ——

24시간 울트라-엔듀런스 산악 자전거 레이스에서 데이브의 파워 파일입니다. 레이스 초반 6시간 동안의 높은 파워에 주목하세요. 이는 데이브와 뒤따라오는 라이더들 사이의 격차를 벌려 데이브가 끝까지 완주할 수 있도록 하기 위해서였습니다.

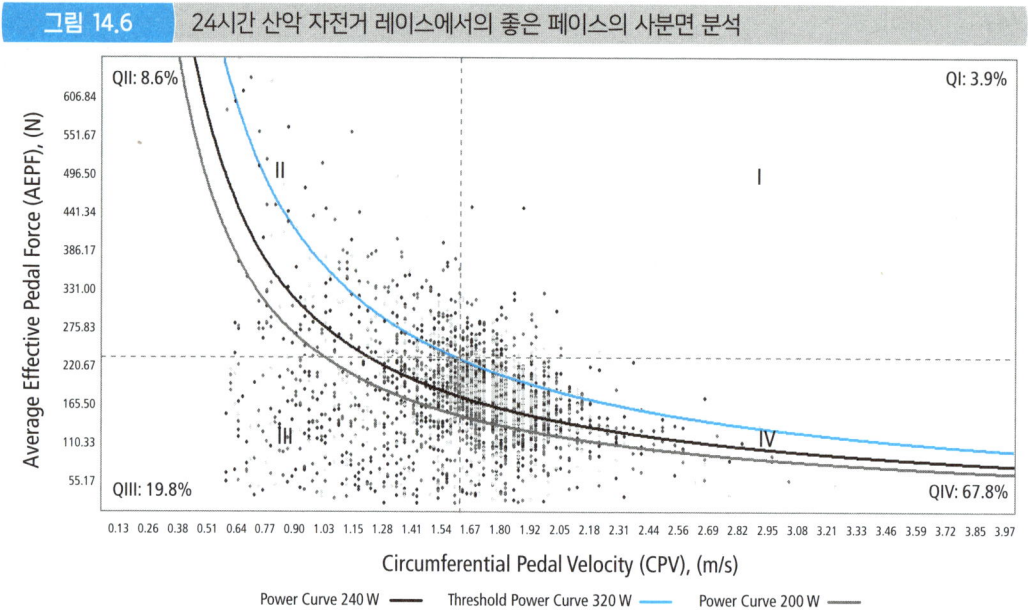

그림 14.6   24시간 산악 자전거 레이스에서의 좋은 페이스의 사분면 분석

24시간 울트라-엔듀런스 산악자전거 레이스에서 최고의 라이더들은 파워 출력을 조절하여 상대적으로 낮은 힘과 높은 케이던스를 사용하는 4사분면에 대부분의 시간(50% 이상)을 할애합니다. 이렇게 하면 후반부에 사용할 근육 글리코겐을 보존할 수 있습니다.

표 14.2   24시간 산악 자전거 레이스에서의 첫 5랩 분석

mt. bike race																
Range	Duration	Work (kJ)	TSS (IF)	Normal-ized	Min Pwr	Max Pwr	Avg Pwr	Min HR	Max HR	Avg HR	Min Cad	Max Cad	Avg Cad	Min Spd	Max Spd	Avg Spd
Lap 1	1:05:26.16	814	51 (0.684)	226 w (1.09)	0	568	208	130	134	146	30	174	85	5.3	31.3	15.3
Lap 2	1:08:07.44 (1:09:26.08)	839	50.8 (0.67)	221 w (1.07)	0	650	206	115	161	146	29	152	86	2.7	31.8	15.0
Lap 3	1:08:57.84 (1:09:10.36)	852	53.7 (0.684)	226 w (1.09)	0	553	206	125	166	150	29	146	85	2.9	29.7	14.9
Lap 4	1:08:57.84 (1.13.10.96)	855	53.1 (0.68)	224 w (1.08)	0	735	207	117	160	150	29	159	84	2.2	29.3	14.8
Lap 5	1:13:35.04 (1.19.53.00)	827	47.5 (0.623)	206 w (1.10)	0	497	188	113	157	144	29	163	83	4.4	28.2	13.9

그림 14.6은 동일한 라이딩을 사분면 분석으로 보여줍니다. **표 14.2**는 레이스의 첫 다섯 바퀴를 보여줍니다. 데이브의 NP는 처음 4랩(1시간 7분-1시간 9분) 동안 평균 224 W였으며, 5랩에서는 206 W (1시간 10분)로 떨어졌습니다. 이는 레이스의 남은 19시간 동안 지속할 수 있는 파워에 근접한 수치입니다. 이는 레이서가 전체 레이스 우승 전략의 일환으로 어떻게 자신과 다음 경쟁자 사이의 거리 격차를 만들 수 있는지에 대한 교과서적인 예입니다. 처음에는 24시간 동안 버틸 수 있는 힘보다 더 세게 달리는 것이

의심스러워 보이지만, 앨런 효과의 누적 효과를 고려하면 이 전략이 훌륭한 전략임을 알 수 있습니다.

100마일 레이스

엘리트 프로 산악자전거 선수이자 2008년 전국 마라톤 산악자전거 챔피언이며 셰넌도아 100마일 이벤트를 포함한 여러 울트라-엔듀런스 산악자전거 레이스에서 우승한 제레미아 비숍(Jeremiah Biship)의 파워 파일을 살펴보겠습니다. 이 이벤트는 24시간 산악자전거 레이스보다 훨씬 짧지만 울트라-엔듀런스 이벤트로 간주됩니다. 2009년 셰넌도아 100에서 제레미아가 세운 기록의 파워 파일(**그림 14.7 참조**)은 우리에게 많은 교훈을 줄 수 있습니다. 제레미아는 이 레이스에 여러 번 참가 했었기 때문에 코스에 대해 잘 알고 있었습니다.

프로로서 제레미아의 FTP는 390 W로 매우 인상적입니다. **그림 14.7**의 점선 세 개 중 가장 높은 선이

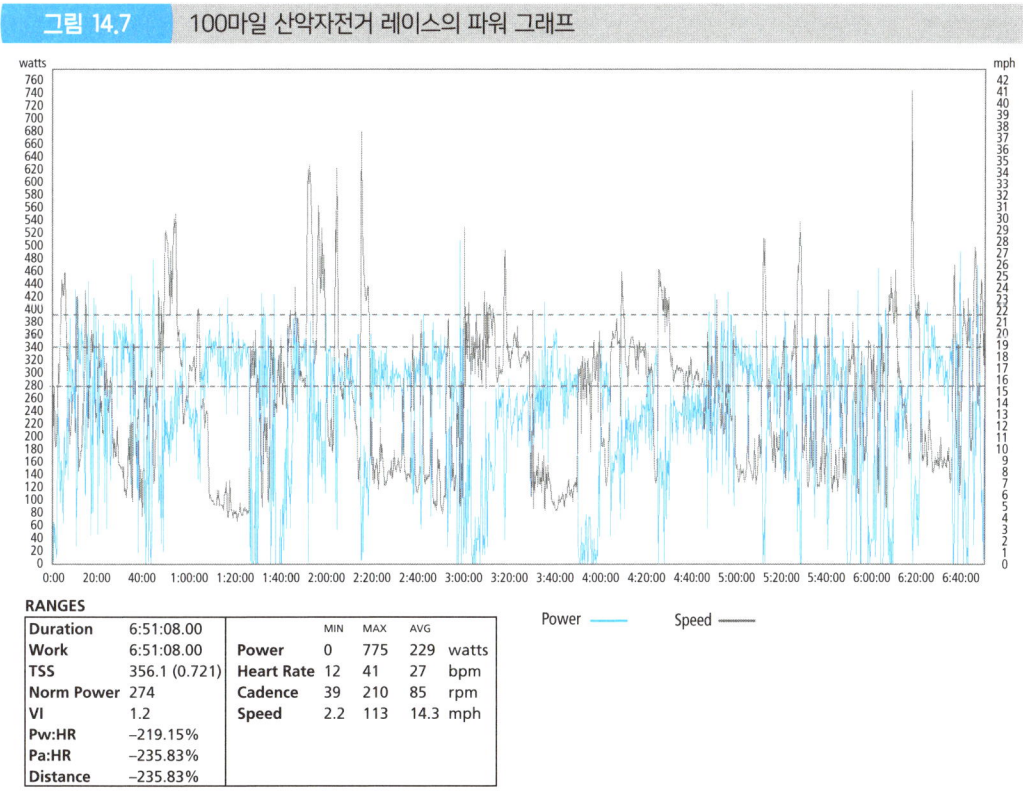

그림 14.7 100마일 산악자전거 레이스의 파워 그래프

RANGES

Duration	6:51:08.00		MIN	MAX	AVG	
Work	6:51:08.00	Power	0	775	229	watts
TSS	356.1 (0.721)	Heart Rate	12	41	27	bpm
Norm Power	274	Cadence	39	210	85	rpm
VI	1.2	Speed	2.2	113	14.3	mph
Pw:HR	−219.15%					
Pa:HR	−235.83%					
Distance	−235.83%					

Power ——   Speed ——

제레미아 비숍의 셰넌도아 100 산악자전거 레이스 기록 파일입니다. 390 W(위쪽 점선)의 FTP와 340 W(중간 점선)가 표시된 이 파일은 짧은 울트라-엔듀런스 레이스가 얼마나 격렬할 수 있는지 보여줍니다. 아래 표 안의 수치는 레이스의 난이도를 보여줍니다.

FTP를 의미합니다. 중간 점선은 340 W입니다. 제레미아의 강도가 이 범위에 속하는 횟수를 살펴보면, 짧은 울트라-엔듀런스 레이스가 얼마나 강렬할 수 있는지 알 수 있습니다. NP가 274 W(가장 아래의 점선)입니다. 7시간에 가까운 시간 동안 TSS가 356을 기록한 이번 우승은 투르 드 프랑스 스테이지 우승 만큼이나(그보다 더 어렵지는 않더라도) 어려운 일이었습니다.

제레미아의 페이스 전략을 이해하려면 이번 레이스에서 치열한 경쟁이 있었다는 사실을 알고 있어야 합니다. 레이스의 첫 2시간이 지나자 5명의 라이더로 구성된 선두 그룹이 형성되었습니다. 제레미아와 다른 4명의 라이더는 그래블 구간에서 평균 시속 30마일이 넘는 속도로 페이스를 유지하면서 로테이션 했습니다. 초반의 빠른 구간에서 라이더 팀이 수행하는 필수적인 작업은 여러 유형의 레이스에서 기록적인 성적을 거두는 데 핵심적인 역할을 합니다. 평소보다 빠른 초반 2-3시간 동안 제레미아는 무리한 노력과 급격한 체력 소모를 제한하여 글리코겐이 조기에 고갈되는 것을 피했습니다. 제레미아는 최대한 부드럽게 페달을 밟고, 필요할 때는 더 높은 케이던스를 돌려 피로를 최소화했습니다. 실제로 그의 파워 파일을 살펴보면 6시간 51분이라는 기록적인 라이딩을 하는 동안 500 W 이상의 파워를 여러 번 기록했는데, 각 파워를 60초 미만으로 유지한 것을 확인할 수 있습니다.

그림 14.8에 설명된 노력의 보존은 제레미아가 설명할 수 있는 몇 가지 다른 인사이트를 기반으로 합니다: "쇼트트랙부터 크로스컨트리, 100마일에 이르는 장거리 레이스에서 파워미터를 사용해 본 결과,

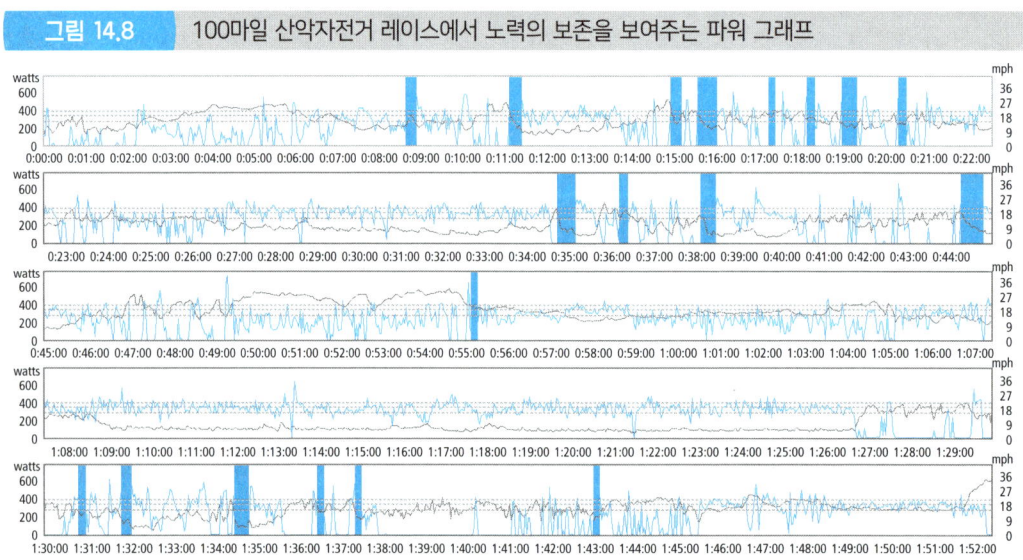

그림 14.8   100마일 산악자전거 레이스에서 노력의 보존을 보여주는 파워 그래프

노력 보존: WKO 소프트웨어의 '빠른 찾기' 기능을 사용하여 100마일 레이스에서 제레미아가 500 W를 초과한 횟수는 33회뿐이며, 이 중 19회는 처음 2시간 동안 발생한다는 것을 확인했습니다. 이 정도 긴 레이스에서는 매우 적은 횟수일 뿐만 아니라 각 노력의 시간도 10초에서 60초에 불과했습니다. 1시간 크리테리움에서는 100번의 파워 스파이크가 발생하기도 합니다.

특히 치열한 접전이 벌어지는 레이스에서는 레이스의 마지막 30마일에 '탱크'에 얼마나 많은 에너지가 남아 있는지가 승자를 결정짓는다는 사실을 알게 되었습니다. 물론 첫 4시간 동안의 평균보다 높은 페이스가 승패를 가를 수 있지만(특히 24시간 동안 진행되는 장거리 레이스에서는 더욱 그렇습니다), 6-8시간 범위의 레이스는 경쟁이 더 치열하고 장거리 로드 레이스와 비슷하여 레이스 막바지에 승부가 갈리는 경우가 많습니다."

이러한 보존 전략을 염두에 두더라도 울트라-엔듀런스 산악자전거 레이스는 일반 산악자전거 레이스와 마찬가지로 엄청난 힘을 필요로 합니다. 울트라-엔듀런스 산악자전거의 생리적 요구 사항은 일반 크로스컨트리 레이스와 크게 다르지 않지만, 그 양은 크게 증가합니다. 근지구력과 파워, 심혈관 피트니스 측면에서 이러한 양적 증가는 울트라-엔듀런스 산악자전거 레이스의 핵심 요소이며, 모든 라이더가 반드시 고려해야 할 사항입니다. 제레미아의 레이스에 대한 사분면 분석 결과, 라이드의 21%가 느린 케이던스와 높은 힘을 나타내는 2사분면에 속해 있었으며, 따라서 Type II 섬유의 강한 피로저항이 그의 성공에 결정적인 요인이었음을 알 수 있었습니다.

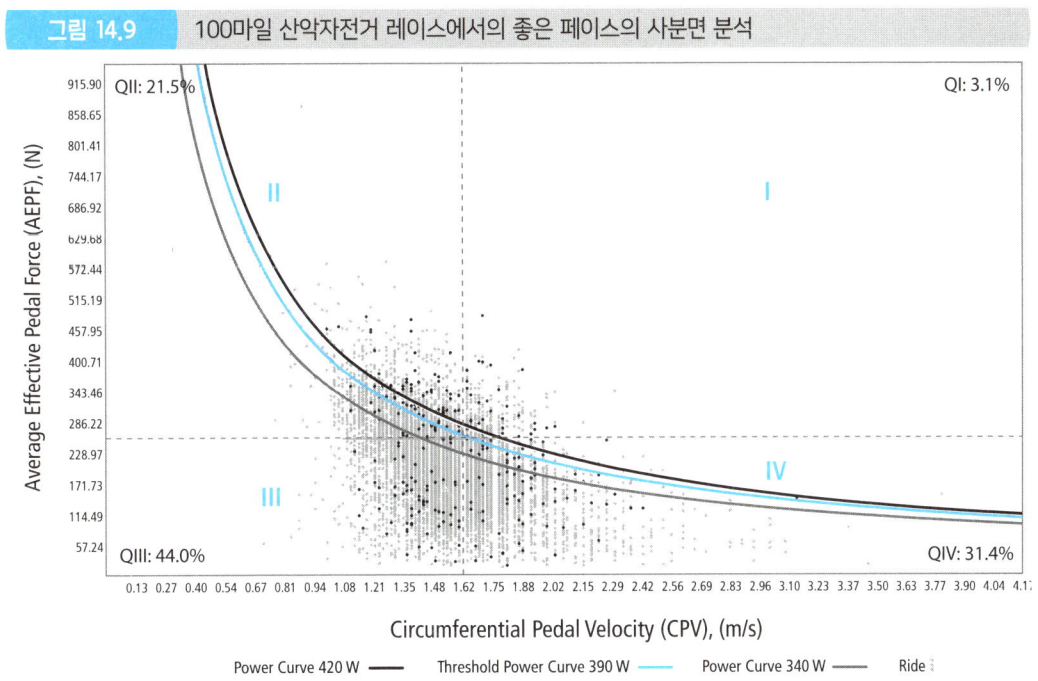

그림 14.9   100마일 산악자전거 레이스에서의 좋은 페이스의 사분면 분석

3사분면과 4사분면에 대부분의 노력을 기울인 제러마이어는 마지막 구간을 위해 다리를 보존했습니다. 더 검은 점은 100마일 레이스의 마지막 1시간을 나타냅니다. 대부분의 포인트가 그의 FTP를 넘었으며, 상당수(21%)가 2사분면에 있다는 점에 유의하세요. 이런 유형의 레이스에서는 마지막 구간에서 근력이 뒷받침되어야 우승할 수 있는 기회가 주어집니다.

다시 보존 전략으로 돌아가서, 제레미아의 라이딩 중 거의 75%가 3사분면과 4사분면에 있음을 확인할 수 있습니다. 이를 통해 제레미아가 전체 라이딩 동안 자신의 페이스를 매우 잘 유지했음을 알 수 있습니다. 그림 14.9에서 어두운 점은 레이스의 마지막 36분을 나타냅니다. 어두운 점의 대부분(21%)이 2사분면에 속하는 것을 알 수 있는데, 이는 2위 라이더를 떨어뜨리기 위한 제레미아의 엄청난 노력임을 알 수 있습니다. 이벤트의 마지막 마일에는 엄청난 힘이 필요했습니다. 이 사분면 분석에서 데이터 포인트의 양이 엄청나게 많은 것도 주목할 만합니다. 너무 뻔한 이야기일지 모르지만, 라이딩 횟수가 많을수록 더 많은 데이터를 보여주고, 이는 곧 근육의 피로도도 증가한다는 것을 의미합니다.

울트라-엔듀런스 산악자전거는 분명 특별한 트레이닝이 필요합니다. 이 종목에서 뛰어난 성적을 내고자 하는 사이클리스트는 레이스 중 엄청난 양의 근육 수축을 감당할 수 있도록 하는 트레이닝을 통해 근지구력을 더욱 강화해야 합니다. 또한, 2사분면에서 탄탄한 근력 운동을 하고 역치 운동으로 마무리한 다음 신중한 페이스 전략과 레이스 내내 에너지를 보존하는 방법에 대한 이해와 함께 이 모든 것을 종합해야 합니다. 이러한 모든 이유로 파워미터는 울트라-엔듀런스 산악자전거 라이더에게 필수적인 도구입니다.

에필로그: 종합 정리

이 책에 수록된 정보를 통해 파워미터 기술을 잘 활용하여 트레이닝과 레이스에서 경쟁력을 높일 수 있기를 바랍니다. 이제 여러분은 다음과 같은 질문으로 퍼포먼스 향상을 이끌어낼 수 있을 것입니다. "파워 프로필에 따르면 저는 스프린터이고 FTP에서 킬로그램당 4.5 W를 낼 수 있는데, 어떻게 하면 VO2max 파워를 늘릴 수 있을까요?" 궁극적으로 이 책이 파워미터와 함께 여러분의 피트니스 목표를 달성하는 데 도움이 되기를 바랍니다.

지금까지 파워미터 사용을 시작한 뒤 취할 수 있는 단계와 파워미터에 익숙해지면 사용할 수 있는 몇 가지 고급 도구 및 기술에 대해 설명했습니다. 이제 이 모든 것을 종합하고 정리할 차례입니다. 큰 흐름은 다음과 같습니다.

1단계: 데이터 수집 및 역치 파워 결정하기

파워미터를 사용하기 시작할 때 FTP를 테스트하는 것은 가장 중요한 단계입니다. 이를 통해 앞으로의 모든 트레이닝 강도를 결정할 수 있습니다. 여러 코스 또는 레이스에서 라이딩 데이터를 수집하면 특정 유형의 라이드에서 특정 와트로 라이딩할 때 어떤 의미가 있는지 더 많이 알 수 있습니다. 6-8주마다 또는 피트니스에 변화가 있다고 생각될 때마다 이 테스트를 반복하는 것을 잊지 마세요(3장 참고).

2단계: 트레이닝 레벨 설정하기

자신의 역치 파워를 알고 나면 올바른 수준의 트레이닝을 통해 성공으로 나아갈 수 있습니다. 각 레벨에서 트레이닝 할 때 생리적으로 어떤 일이 일어나는지 이해하면 해결해야 할 약점을 쉽게 공략할 수 있습니다(3장 참고).

3단계: 강점과 약점 파악하기

강점과 약점을 어떻게 정의하는지도 트레이닝의 지침이 될 것입니다. 파워 프로필을 작성하면 동료들과 비교했을 때 자신이 어떤 위치에 있는지 알 수 있을 뿐만 아니라 어떤 생리적 시스템을 트레이닝해야 하는지 더욱 정확하게 알 수 있습니다. 또한 파워 지속 곡선은 피로 저항을 개선해야 하는 특정 영역이 있는지 판단하는 데 도움이 되므로 매우 중요합니다. 이러한 지식은 마지막 10%의 도약을 위해 트레이닝을 변화시키는 데 도움이 될 수 있습니다(4장 참고).

4단계: 워크아웃을 만들고 트레이닝 시작하기

반드시 워크아웃을 해야 합니다. 따라서 새로운 지식을 활용하여 자신의 피트니스 요구 사항과 목표를 해결하고 특정 트레이닝 레벨을 목표로 하는 워크아웃을 만들고 실행에 옮기세요. 실제로 향상하려면 트레이닝을 해야 하고 또 열심히 트레이닝 해야 합니다. 아프고 그만두고 싶을 것입니다. 하지만 헌터가 가장 좋아하는 말 중 하나가 여기에 적용됩니다. "그만두는 사람은 절대 이기지 못하고, 이기는 사람은 절대 그만두지 않는다." 가서 자전거를 타세요. 더 빨리(5장 참고).

5단계: 데이터 해석

모든 라이딩, 모든 레이스, 자전거 위에 다리를 올릴 때마다 데이터를 다운로드하세요. 데이터는 중요하며, 데이터를 올바르게 해석하면 다음 날의 트레이닝, 다음 달의 트레이닝, 심지어 내년의 트레이닝에 대해 올바른 결정을 내리는 데 도움이 됩니다. 데이터가 알려주는 내용을 이해하는 데 필요한 시간을 투자하세요(6장 참고).

6단계: 데이터 분석 도구 사용

TSS, IF, NP, FRC, Pmax, 사분면 분석 등의 고급 도구를 사용하면 사이클링에 대한 더 많은 인사이트를 얻고 트레이닝과 레이싱을 미세 조정하는 데 도움이 됩니다. 이벤트의 요구 사항을 정의하고 성공에 필요한 추가 요소를 찾아내는 데 도움이 될 수 있습니다. 사이클링은 미지의 요소가 많은 엄청나게 복잡한 스포츠이며, 미지의 요소를 많이 제거할수록 성공 확률이 높아집니다(7장, 9장, 10장 참고).

7단계: 파워미터로 레이스하기

최고의 데이터는 레이스에서 나오고, 최고의 노력은 레이스에서 나오며, 레이스 데이터에서 가장 많은 것을 배울 수 있습니다. 여러분이 생각하는 것과는 달리, 최고의 데이터 중 일부는 실패에서 얻을 수 있습니다. 실패한 이유를 정확히 알게 되면 같은 실수를 반복하지 않기 위한 조치를 취할 수 있습니다. 또한 페이싱이 이 스포츠에서 가장 중요한 성공 요소인 이유도 알게 될 것입니다(12장, 13장, 14장 참고).

8단계: 목표 달성을 위한 변화 만들기

파워미터를 사용한 트레이닝은 결과에 관한 것입니다. 무엇을 해야 하는지 명확하게 이해한 경우에만 할 가치가 있습니다. 이제 수행해야 할 작업에 대해 잘 알고 있으므로 변화할 준비가 되어 있을 것이며, 따라서 기꺼이 변화해야 합니다. 따라서 위에 나열된 단계를 수행하면서 배운 내용을 바탕으로 필요한 변화를 시도하고 사이클링 실력이 향상되는 것을 지켜보세요.

....

파워미터로 트레이닝하거나 레이싱을 할 때, '분석에 의한 마비' 증후군을 피해야 합니다. 파워미터로 트레이닝 하는 것은 매우 쉬울 수 있지만, 장치에 문제가 생기거나 처음에 기술적인 어려움을 겪으면 큰 좌절감을 느낄 수 있습니다. 때로는 파워미터가 그 가치에 비해 번거로운 것처럼 보일 수도 있습니다. 하지만 큰 그림을 봐야 합니다. 개별 트레이닝은 전체 목표에 부합하는 것입니다. 라이드를 다운로드하고 데이터베이스에 보관했지만, 때로는 실제 운동 파일은 보지 않고 싶을 수도 있습니다. 가끔 그렇게 해도 괜찮습니다. 하지만 장기적인 그래프를 계속 살펴보면서 모든 시스템이 어떻게 개선되고 있는지 감각을 익혀야 합니다. 결국에는 데이터에 그다지 관심이 없거나, 데이터 파일을 살펴보는 데 시간을 낭비하고 싶지 않을 수도 있습니다. 그것도 괜찮습니다. 또한 자전거에 달린 파워미터를 궁극적인 페이싱 도구로 사용하여 여전히 이익을 얻을 수 있습니다. 레이스 트랙에서 한계를 시험해보지 않아도 페라리를 운전하는 것은 여전히 재미있는 일입니다! 새로운 정보에 근거하여 트레이닝 방법을 바꾸는 것에 대해 열린 마음을 가지세요. 이러한 변화를 시작하면, 피트니스가 향상되는 것을 볼 수 있을 것이고, 이는 만족스럽고 보람찬 일입니다. 더 나아가 그 향상을 정량화할 수 있는 능력을 가지는 것은 두 배로 보람찬 일입니다. 파워미터로 트레이닝하고 레이싱하면, 자신의 노력이 보상받고 있다는 것을 진정으로 알 수 있을 것입니다.

참고 문헌

7장 평균 파워 넘어

1. Carpes, Felipe P., Mota, Carlos B., Faria, Irvin E., "On the Bilateral Symmetry during Running and Cycling: A Review Considering Leg Preference," Physical Therapy in Sport 11 (2010): 136–142.
2. Coyle, E. F. et al., "Physiological and Biomechanical Factors Associated with Elite Endurance-Cycling Performance," Medicine and Science in Sports and Exercise 23, no. 1 (1991): 93–107.
3. Edwards, L. M. et al., "Whole-Body Efficiency Is Negatively Correlated with Minimum Torque per Duty Cycle in Trained Cyclists," Journal of Sports Sciences 27, no. 4 (2009): 319–325.
4. Korff, T. et al., "Effect of Pedaling Technique on Mechanical Effectiveness and Efficiency in Cyclists," Medicine and Science in Sport and Exercise 39, no. 6 (2007): 991–995.

8장 파워 지속 곡선 모델로의 전환

1. Bosquet, Laurent, Léger, Luc, and Legros, Patrick, "Methods to Determine Aerobic Endurance," Sports Medicine 32, no. 11 (2002): 675–700.
2. Monod, H., and Scherrer, J., "The work capacity of a synergic muscular group," Ergonomics 8 (1965): 329–338.
3. Ruiz, J.R., Arteta, D., Buxens, A., Artieda, M., Gómez-Gallego, F., Santiago, C., Yvert, T., Morán, M., Lucia, A., "Can we identify a power-oriented polygenic profile?" Journal of Applied Physiology 108, no. 3 (2010): 561–566.
    Weyerstraß, J., Stewart, K., Wesselius, A., Zeegers, M., "Nine genetic polymorphisms associated with power athlete status—A Meta-Analysis," Journal of Science and Medicine in Sport 21, no. 2 (2018): 213–220.
    Macková, E., Melichna, J., Havlíčková, L., Placheta, Z., Blahová, D., Semiginovský, B., "Skeletal muscle characteristics of sprint cyclists and nonathletes," International Journal of Sports Medicine 7, no. 5 (1986): 295–297.
    Trappe, S., Luden, N., Minchev, K., Raue, U., Jemiolo, B., Trappe, T.A., "Skeletal muscle signature of a champion sprint runner," Journal of Applied Physiology 118, no. 12 (2015): 1460–1466.
4. Williams, Camilla J., Williams, Mark G., Eynon, Nir, Ashton, Kevin J., Little, Jonathan P., Wisloff, Ulrik, and Coombes, Jeff S., "Genes to predict VO2max trainability: A systematic review," BMC Genomics 18, Suppl. 8 (2017): 83.

부록: 워크아웃 가이드

파워 기반 트레이닝 레벨에 대한 자세한 내용은 **표 3.1**을 참조하세요. 아래에 이어지는 표에서 RI는 운동 사이의 휴식을 의미합니다(rest interval).

LEVEL 1: ACTIVE RECOVERY (<55 OF FTP)

AR-W1   Spin
예상 소요 시간: 1 시간

액티브 리커버리 페이스에서 보통의 케이던스(빠르지도 느리지도 않은 속도)로 다리를 돌리기만 하면 됩니다. 페달에 힘을 주거나 다리에 젖산이 쌓이지 않도록 주의하세요. 목표는 다리와 근육의 '느낌'을 유지하되 정말 쉽게 가는 것입니다. 파워와 심박수는 낮게 유지해야 합니다.

AR-W1	Time	Description	% of FTP	% of FTHR
Ride	1 hr. (or as specified in plan)	Spinning	<55	<68

AR-W2   Longer Spin
예상 수요 시간: 1.5 시간

액티브 리커버리 페이스에서 일반적인 케이던스로 다리를 회전합니다. 자전거 위에서 긴장을 풀고 라이딩을 즐기는 데 집중하세요. 언덕을 오를 때는 더 쉬운 기어를 사용하고 페달을 세게 밟지 말고 힘을 적당히 조절하세요. 목표는 이전 워크아웃에서 회복하고 다음 고강도 운동을 준비할 수 있도록 하는 것입니다. 파워와 심박수는 낮게 유지해야 합니다.

AR-W2	Time	Description	% of FTP	% of FTHR
Ride	90 min.	Spinning	<55	<68

LEVEL 2: ENDURANCE (56–75% OF FTP)

END-W1   Endurance Recovery
예상 소요 시간: 1 시간

워밍업을 하고 일정한 페이스로 라이딩합니다. 케이던스를 85–95 rpm으로 높게 유지합니다. 가끔 언덕을 오를 때는 파워를 높일 수 있지만, 일반적으로 평균적으로 FTP의 56-75% 사이를 유지합니다. 쿨다운 하세요.

END-W1	Time	Description	% of FTP	% of FTHR
Warm-up	15 min.	Easy riding	56 – 75	69 – 83
Main set	45 min. – 1 hr.	Endurance, 85 – 95 rpm	<75	<83
Cooldown	15 min.	Easy riding	56 – 75	69 – 83

END-W2   Basic Endurance Ride 1   예상 소요 시간: 2 시간

액티브 리커버리와 거의 비슷하지만 그보다는 긴 시간입니다. 워밍업을 통해 다리의 긴장을 풀어줍니다. 오늘은 2시간에서 2시간 30분 정도 라이딩을 시도해 보세요. 그래도 무리하지 말고 편안하게 라이딩하세요. 케이던스를 85-95 rpm으로 높게 유지합니다. 파워는 FTP의 80%를 넘지 않아야 합니다. 가끔 언덕에서 파워가 80%를 넘어가도 괜찮지만, 엔듀런스를 키우는 데 초점을 맞춰 라이딩을 유지하세요. 쉬운 페달링으로 쿨다운하세요.

END-W2	Time	Description	% of FTP	% of FTHR
Warm-up	10 – 15 min.	Easy riding	56 – 75	69 – 83
Main set	1.5 – 2 hr.	Endurance, 85 – 95 rpm	<80	<85
Cooldown	10 – 15 min.	Easy riding	56 – 75	69 – 83

END-W3   Basic Endurance Ride 2   예상 소요 시간: 3 시간

이 라이딩은 마일리지를 약간 늘리고 엔진을 강화합니다. 견고한 엔듀런스/템포 라이딩은 유산소 능력을 향상시킵니다. 워밍업 후 약 2시간 30분 동안 FTP의 60-70% 파워와 90-95 rpm 범위의 케이던스로 라이딩하세요. 어떤 때는 쉽게, 어떤 때는 견고하고 빠른 속도로 라이딩할 수 있습니다. FTP의 70% 이상에서 많은 시간을 보내지 않도록 하세요. 10~15분간 가벼운 라이딩으로 쿨다운 한 이후, 스트레칭으로 회복합니다.

END-W3	Time	Description	% of FTP	% of FTHR
Warm-up	15 min.	Easy riding	56 – 75	69 – 83
Main set	2.5 – 3.5 hr.	Endurance, 90 – 95 rpm	60 – 70	75 – 80
Cooldown	10 – 15 min.	Easy riding	56 – 75	69 – 83

END-W4   Endurance with 8-second Bursts   예상 소요 시간: 2.5 시간

90-100 rpm의 케이던스로 워밍업을 합니다. 그런 다음 2-3레벨의 와트로 2-2.5시간 동안 일정한 페이

스로 라이딩을 시작합니다. 이 엔듀런스 페이스를 통해 강하게 마무리할 수 있고 유산소 운동 효과도 얻을 수 있습니다. 엔듀런스 세트에서는 안장 위에서 8초간 짧은 버스트를 10회 실시합니다. 이 버스트 노력은 풀 스프린트 운동의 80% 수준입니다. 신경근 능력을 향상시킬 수 있는 강하고 날카로운 노력을 하려면 케이던스를 높게(105 rpm 이상) 유지해야 합니다. 이러한 버스트는 라이딩 내내 무작위로 수행합니다. 쿨다운 하세요.

END-W4	Time	Description	% of FTP	% of FTHR
Warm-up	15 min.	Easy riding, 90 – 100 rpm	56 – 75	69 – 83
Main set	2 – 2.5 hr.	Endurance/Tempo with bursts, 90 – 95 rpm	70 – 85	84 – 90
	10 × 8 sec.	*Bursts at hard effort, 105+ rpm*	*150*	*n/A*
Cooldown	10 – 15 min.	Easy riding	56 – 75	69 – 83

END-W5   Endurance with Tempo Drill   예상 소요 시간: 4.25 시간

이 워크아웃의 메인 세트는 3시간 30분입니다. 그냥 라이딩을 즐기세요. 끝까지 완주하고, 라이딩 내내 충분한 수분과 체력을 유지하세요. 워밍업을 하고 첫 1시간은 FTP의 75% 미만의 파워로 시작하세요. 이후 2시간 동안은 5분마다 10초간 스프린트(53:17 기어)를 포함하여 80-85% 이내로 유지하세요. 이렇게 하면 2시간 동안 총 24회의 스프린트가 추가됩니다. 1시간이 남았다면 편의점에 들러 카페인 음료를 마십니다. 마지막 한 시간 동안은 강한 페이스를 유지하면서 스윗스팟에서 라이딩을 시도합니다. 집에 도착하기 전 15분 동안 가볍게 페달을 밟아 쿨다운 하세요.

END-W5	Time	Description	% of FTP	% of FTHR
Warm-up	30 min.	Easy riding	56 – 75	69 – 83
Main set	30 min.	Endurance	<75	<78
	2 hr.	Tempo with bursts	80 – 85	90 – 93
	10 sec.	*Burst every 5 min.*	*150*	*n/a*
	1 hr.	Sweet Spot	88 – 93	92 – 98
Cooldown	15 min.	Easy riding	56 – 75	69 – 83

END-W6   Endurance with Cadence Drills   예상 소요 시간: 1.25 시간

케이던스 훈련은 페달링을 개선하기 위한 것입니다. 속도, 파워 또는 심박수에 대해 걱정하지 마세요. 궁극적으로는 높은 케이던스에서 파워와 심박수를 낮게 유지하여 더 힘든 노력을 할 때 더 효율적으로 할 수 있기를 바랍니다. 케이던스가 너무 빨라지지 않도록 꾸준히 케이던스를 구축하세요.

90-95 rpm 범위의 케이던스로 워밍업을 합니다. 1분 '켜기', 1분 '끄기'의 빠른 페달링 케이던스 운동을

6회 반복하는 것으로 메인 세트를 시작합니다. 10분간 쉽게 라이딩한 다음 5분간 두 번의 노력을 통해 파워를 FTP로 유지합니다. RPE는 5가 되어야 하며, 케이던스는 100 rpm으로 유지합니다. 인터벌 사이에 5분간 휴식을 취합니다. 1분 '켜기' 및 1분 '끄기' 케이던스 훈련을 두 번 더 실시하여 마무리합니다. 쿨다운 하세요.

END-W6	Time	Description	% of FTP	% of FTHR
Warm-up	15 min.	Fast riding, 90–95 rpm	70–75	69–83
Main set	6 × 2 min.	Cadence drill		
		1 min. "on": 105 rpm	<90	<85
		1 min. "off": 85 rpm	<56	<69
	10 min.	Easy riding	56–75	69–83
	2 × 5 min. (5 min. RI)	Threshold, 100 rpm	91–105	95–105
	2 × 2 min.	Cadence drill		
		1 min. "on": 105 rpm	<90	<85
		1 min. "off": 85 rpm	<56	<69
Cooldown	10–15 min.	Easy riding	56–75	69–83

END-W7   Endurance with FTP Hills   예상 소요 시간: 3.5 시간

힐클라임을 하세요. 낙타등, 한 번의 긴 힐클라임(20분 이상) 또는 여러 번의 짧은 힐클라임으로 3.5-4시간 동안 30분 동안 임계치 운동을 수행할 수 있어야 합니다. 언덕이 없는 경우에는 바람을 맞으며 라이딩하여 힐클라임을 시뮬레이션합니다. 대부분의 라이딩에서는 페이스를 레벨 2, 엔듀런스로 유지합니다. 쿨다운하고 스트레칭 하세요.

END-W7	Time	Description	% of FTP	% of FTHR
Warm-up	15 min.	Easy riding	56–75	69–83
Main set	3–3.5 hr.	Endurance/Tempo, with Threshold interval	64–94	70–98
	30 min. (10 min. RI)	Threshold	100–105	95–105
Cooldown	15 min.	Easy riding	56–75	69–83

END-W8   Endurance with Tempo and VO$_2$max Intervals   예상 소요 시간: 4 시간

다양한 지형에서 4시간 동안 엔듀런스/템포 라이드가 진행됩니다. 언덕이 많은 지역에 거주한다면 힐클라임에서 노력을 측정하세요. 엔듀런스/템포 페이스로 라이딩하고 다양한 운동을 즐기세요. VO$_2$max 노력으로 장시간 라이딩을 하면 심혈관계와 근육에 피로를 주는 와트에 도달할 수 있습니다.

워밍업 후 스윗스팟에서 1시간 동안 라이딩을 시작한 다음 20~30분간 엔듀런스 라이딩을 합니다. 그후

20분 인터벌로 두 번 반복하고, 중간중간 10분간 회복하면서 자신의 FTP를 유지합니다. 엔듀런스 페이스로 30분간 더 크루징합니다. 1시간이 남았다면 카페인 음료를 마시며 마지막 3분 간격의 6번의 VO$_2$max 인터벌을 위해 준비합니다. 그 사이에 5분간 엔듀런스 페이스로 라이딩합니다. 쿨다운하세요.

END–W8	Time	Description	% of FTP	% of FTHR
Warm–up	15 min.	Easy riding	56 – 75	69 – 83
Main set	1 hr.	Sweet Spot	88 – 93	93 – 95
	20 – 30 min.	Endurance	56 – 75	69 – 83
	2 × 20 min. (10 min. RI)	Threshold	100 – 105	95 – 105
	30 min.	Endurance	56 – 75	69 – 83
	6 × 3 min. (5 min. RI)	VO$_2$max	113 – 118	102 – 104
Cooldown	15 min.	Easy riding	56 – 75	69 – 83

END-W9 100-mile Ride 예상 소요 시간: 5+ 시간

지금 바로 안장에 올라 100마일(161 km)의 목표를 향해 라이딩을 시작하세요.

첫 1시간은 FTP의 75% 미만으로 유지하세요. 두 번째 1시간에는 15초간 스프린트를 하고, 스프린트 사이에 4분간 휴식을 취합니다. 스프린트 사이에 템포를 유지합니다.

3시간째과 4시간째에는 스윗스팟에서 20분간 스프린트를 3회 이상 수행하여 이 시스템을 지속적으로 발전시키는 것이 중요합니다. 평지 또는 오르막에서 수행합니다. 노력 사이에 10분간 휴식을 취합니다.

마지막 45분은 라이딩에서 가장 중요한 부분으로, 이 시간 동안 더 강하고 더 나은 라이더가 될 수 있습니다. FTP의 85~90%에서 라이딩 합니다. 쿨다운하고 스트레칭하세요.

END–W9	Time	Description	% of FTP	% of FTHR
Warm–up	10 min.	Easy riding	56 – 75	69 – 83
Main set	50 min.	Endurance pace	<75	<83
	1 hr.	Steady with sprints every 4 min.	70 – 80	84 – 90
	15 × 15 sec.	*Sprints*	*120*	*n/a*
	2 hr.	Tempo with Sweet Spot efforts	76 – 90	84 – 93
	3 × 20 min. (10 min. RI)	*Sweet Spot*	*88 – 93*	*92 – 98*
	45 min.	Tempo	85 – 90	90 – 93
Cooldown	15 min.	Easy riding	56 – 75	69 – 83

END-W10   Endurance with AC Hill Jams   예상 소요 시간: 2 시간

15분 동안 워밍업을 하고, 액티브 리커버리 페이스에서 엔듀런스 페이스로 전환한 후 1분간 빠른 페달링(110+rpm)을 두세 번 반복하여 다리를 깨웁니다. 다음 90분 동안은 '언덕을 질주'합니다. 최소 3개의 언덕, 이상적으로는 8개의 언덕을 오르도록 합니다. 언덕을 오를 때마다 무산소 능력(AC) 레벨에서 30초에서 2분간 FTP의 135%에 해당하는 강도로 노력합니다. 노력 사이의 나머지 시간은 엔듀런스 레벨에서 라이딩합니다. 무산소 노력의 케이던스는 일부는 100-115 rpm으로, 일부는 65-80 rpm으로 다양하게 조절합니다. 쿨다운 하세요.

END-W10	Time	Description	% of FTP	% of FTHR
Warm-up	15 min.	Easy riding, with 2–3 × 1 min. fast pedaling, 110+ rpm	56–75	69–83
Main set	90 min.	Endurance on rolling terrain	56–75	69–83
	3–8 × 30 sec. to 2 min.	*Vary cadence on hills, both high (100–115 rpm), and low (65–80 rpm)*	*135*	*N/A*
Cooldown	15 min.	Easy riding	<55	<68

LEVEL 3: TEMPO (76–90% OF FTP)

TEMP-W1   Basic Tempo Ride 1   예상 소요 시간: 1 시간

95-105 rpm의 높은 케이던스로 워밍업합니다. 35분간 꾸준히 템포 노력을 합니다. 강도와 재미를 같이 느껴보세요 – 이 페이스는 빠르지만 달성할 수 있는 수준입니다. 케이던스를 90-95 rpm 범위로 유지하고 호흡 리듬을 유지하세요. 템포가 끝나면 레벨 2, 엔듀런스 페이스로 라이딩합니다. 쿨다운 하세요.

TEMP-W1	Time	Description	% of FTP	% of FTHR
Warm-up	15 min.	Fast pedaling, 95–105 rpm	<75	<83
Main set	35 min.	Tempo, 90–95 rpm	76–90	84–93
	Remaining time	Endurance	56–75	69–83
Cooldown	15 min.	Easy riding	<68	<75

TEMP-W2   Basic Tempo Ride 2   예상 소요 시간: 2 시간

이 라이딩은 탄탄한 엔듀런스/템포 트레이닝을 통해 유산소 능력을 향상시킵니다.

95-105 rpm의 높은 케이던스로 워밍업합니다. 목표는 FTP의 70-90% 파워와 90-95 rpm의 케이던스로 2-3시간 라이딩하는 것입니다. FTP의 90%를 넘지 않도록 합니다. 쿨다운 하고 스트레칭하세요.

TEMP-W2	Time	Description	% of FTP	% of FTHR
Warm-up	15 – 20 min.	Fast pedaling, 95 – 105 rpm	70 – 75	<83
Main set	1.5 – 2.5 hr.	Endurance/Tempo, 90 – 95 rpm	70 – 90	85 – 95
Cooldown	15 min.	Easy riding	<75	<83

TEMP-W3　　　　Tempo with Anaerobic Capacity Intervals　　　　예상 소요 시간: 1.5 시간

부드럽고 효율적인 페달링을 연습하세요. 발이 페달 스트로크의 바닥에 닿았을 때 신발 바닥에 묻은 진흙을 긁어낸다고 생각하세요. 페달 스트로크의 상단에서 대퇴사두근을 수축하고 무릎을 핸들바를 향해 앞으로 보냅니다.

높은 케이던스로 워밍업합니다. FTP의 76-94%로 45분간 꾸준히 노력합니다. 빠른 속도이지만 달성할 수 있는 수준이어야 합니다. 케이던스를 90-95 rpm 범위로 유지하고 호흡 리듬이 잘 맞는지 확인하세요. 기분이 좋으면 2분 간격으로 3번의 힘든 인터벌을 수행하세요. 최대 심박수의 80%에서 회복하고 그 이하로 떨어지지 않도록 하면서 쿨다운 하세요.

TEMP-W3	Time	Description	% of FTP	% of FTHR
Warm-up	15 min.	Fast pedaling, 95 – 105 rpm	<75	<83
Main set	45 min.	Tempo pace, 90 – 95 rpm	76 – 94	84 – 94
	3 × 2 min. (3 min. RI)	Anaerobic Capacity	120 – 150	N/A
Cooldown	15 min.	Easy riding	56 – 75	69 – 83

TEMP-W4　　　　Tempo with 10-minute FTP Intervals　　　　예상 소요 시간: 2 시간

워밍업 후, FTP의 76-94%로 45분간 견고하게 노력합니다. 그런 다음 액티브 리커버리 페이스로 10분간 라이딩합니다. 그런 다음 필요하면 회복을 수행하면서 10분 동안 FTP노력을 한 번 이상 수행합니다. 가능하면 두 번째 인터벌을 수행합니다. 15분간 쉬운 라이딩으로 몸을 식힙니다.

TEMP-W4	Time	Description	% of FTP	% of FTHR
Warm-up	15 min.	Fast pedaling, 95 – 105 rpm	<75	<83
Main set	45 min.	Tempo pace	76 – 94	84 – 94
	10 min.	Active Recovery	<55	<68
	1 – 2 × 10 min. (RI as needed)	Threshold, +5 rpm	100 – 105	99 – 105
Cooldown	15 min.	Easy riding	56 – 75	69 – 83

TEMP-W5   Tempo with Anaerobic Capacity Bursts   예상 소요 시간: 2 시간

템포 페이스에서 라이딩하면 속도를 증가시키게 될 것입니다. 페달링 스트로크에 집중하세요. 스트로크 하단을 가로질러 뒤로 당기고 스트로크 상단의 핸들바를 향해 무릎을 움직이면서 발바닥의 진흙을 긁어내는 느낌으로 페달을 밟으세요.

워밍업을 하고, 3분 동안 모든 것을 쏟아부어 라이딩합니다. 이후 1분간 빠르게 페달을 밟고 1분간 쉬는 인터벌을 5회 반복합니다. 엔듀런스 페이스로 20분 동안 케이던스를 5회씩 증가시키면서 라이딩합니다. 다리가 원하는 속도보다 조금 더 빠르게 회전해야 합니다. 다음에는 템포 페이스로 1시간 동안 라이딩합니다. 힘들게 느껴지지만 불편하지는 않아야 합니다. 이 60분 동안 FTP로 20회, 각 20초간 버스트를 한 후 회복합니다. 적어도 10분 동안은 쿨다운 합니다.

TEMP-W5	Time	Description	% of FTP	% of FTHR
Warm-up	15 min.	Easy riding	56 – 75	69 – 83
Main set	3 min.	All-out	115 – 120	>105
	5 × 1 min. (1 min. RI)	Fast pedaling, 110+ rpm	56 – 75	69 – 83
	20 min.	Endurance pace, +5 rpm	56 – 75	69 – 83
	1 hr.	Tempo with bursts	76 – 90	85 – 94
	20 × 20 sec. (2.5 min. RI)	*Bursts*	*100*	*n/a*
Cooldown	10 min.	Easy riding	56 – 75	69 – 83

TEMP-W6   Tempo with Anaerobic Capacity Bursts and Hills   예상 소요 시간: 3.5 시간

첫 1시간 동안 엔듀런스 페이스로 부드럽고 안정적으로 라이딩을 수행합니다. 두 번째 1시간 동안에는 강도를 템포 페이스로 높입니다. 이 시간 동안 30초간 15번의 버스트를 통해 FTP의 150%까지 끌어올린 다음 다시 80-85%의 FTP로 돌아오세요. 마지막 1시간은 8개의 힐클라임을 오르고 산 정상까지 15 m가 남았을 때 전력 질주하여 마무리합니다. 20분 동안 쿨다운 합니다.

TEMP-W6	Time	Description	% of FTP	% of FTHR
Warm-up	15 min.	Easy riding	56 – 75	69 – 83
Main set	1 hr.	Endurance	<75	<83
	1 hr.	Tempo with bursts	80 – 85	84 – 92
	15 × 30 sec.	*Bursts*	*150*	*n/a*
	1 hr.	Hill intervals, sprint over crest	76 – 90	84 – 94
Cooldown	20 min.	Easy riding	56 – 75	69 – 83

TEMP-W7   Tempo with Endurance Intervals   예상 소요 시간: 4 시간

워밍업 후 라이딩 첫 1시간 동안은 파워를 FTP의 90% 미만으로 유지하세요. 긴 시간(1.5–2시간) 동안 FTP의 64–80% 이내로 유지합니다. 마지막 한 시간 동안은 FTP의 90–94% 사이로 강한 페이스를 유지합니다. 쿨다운 하세요.

TEMP–W7	Time	Description	% of FTP	% of FTHR
Warm–up	15 min.	Easy riding	56 – 75	69 – 83
Main set	1 hr.	Tempo	<90	<95
	1.5 – 2 hr.	Endurance/Tempo	64 – 80	75 – 94
	1 hr.	Tempo	90 – 94	94 – 98
Cooldown	10 – 15 min.	Easy riding	56 – 75	69 – 83

TEMP-W8   Tempo with VO$_2$max and Neuromuscular Power Intervals   예상 소요 시간: 1.5 시간

90–100 rpm으로 15분간 워밍업을 합니다. 이후 5분간 FTP로 노력하여 나머지 라이딩을 위해 다리를 준비합니다. 이때 마지막 30초는 강도를 높여 FTP 이상으로 노력합니다. 휴식 후 다음 1시간 동안 5분마다 53:13 기어에서 20초간 스프린트하되, 매초마다 케이던스를 높입니다. 10–20분간 작은 기어에서 스피닝으로 쿨다운 합니다.

TEMP–W8	Time	Description	% of FTP	% of FTHR
Warm–up	15 min.	Fast pedaling, 90 – 100 rpm	<75	<83
Main set	5 min.	Hard effort, burst in last 30 sec.	100 – 110	N/A
	5 min.	Recover	<68	<75
	1 hr.	Tempo with 20–sec. sprints every 5 min.	68 – 80	80 – 90
	12 × 20 sec.	*Seated big-ring sprint (53:13)*	*160 – 200*	*N/A*
Cooldown	10 – 20 min.	Spinning in small ring	<55	<68

TEMP-W9   Tempo and Aerobic Building, Ride 1   예상 소요 시간: 3 시간

트레이닝 초기에 이 라이드가 예정되어 있다면 획기적인 라이드가 될 가능성이 높습니다. 마지막 템포 인터벌을 유지할 수 있을 만큼 충분히 영양과 수분을 섭취해야 합니다.

3–3.5시간의 라이드를 위하여 다리를 느슨하게 풀어주며 워밍업을 합니다. FTP에서 15분 간격으로 두 번 노력합니다. 인터벌 사이에 10분간 휴식을 취하며 가볍게 페달을 밟습니다. 마지막에는 템포 페이스로 40분간 라이딩합니다. 즐거운 시간이 될 것입니다! 쿨다운 하고 스트레칭을 합니다.

TEMP–W9	Time	Description	% of FTP	% of FTHR
Warm–up	15 min.	Easy riding	56 – 75	69 – 83
Main set	2.5 – 3 hr.	Endurance, with Threshold and Tempo intervals	70 – 84	80 – 90
	2 × 15 min. (10 min. RI)	*Threshold*	*95 – 100*	*98 – 103*
	40 min.	*Tempo*	*76 – 90*	*84 – 94*
Cooldown	15 min.	Easy riding	56 – 75	69 – 83

TEMP-W10   Tempo and Aerobic Building, Ride 2   예상 소요 시간: 4 시간

이 라이딩을 위한 코스로 계속 밀어붙일 수 있는 비교적 꾸준히 평탄한 경로를 선택하세요.

4시간 동안의 라이딩에 대비하여 워밍업을 하고 다리를 풀어줍니다. 시작하려면 스윗스팟에서 20분 인터벌로 두 번 노력합니다. 각각 10분간 휴식을 취합니다. 이후 60분 동안 크루즈하되, 3분간의 VO2max노력을 4회 이상 추가하여 시스템을 채웁니다. 이때 중간중간 3분간 휴식을 취합니다. 이제 엔듀런스/템포 페이스로 라이딩을 즐기세요. 쿨다운 하고 스트레칭을 합니다.

TEMP-W10	Time	Description	% of FTP	% of FTHR
Warm–up	15 min.	Easy riding	56 – 75	69 – 83
Main set	2 × 20 min. (10 min. RI)	Sweet Spot	88 – 93	92 – 98
	1 hr.	Cruise with VO2max	80 – 85	89 – 91
	4 – 6 × 3 min. (3 min. RI)	*VO2max efforts*	*115*	*>105*
	30 min. – 1.5 hr.	Endurance/Tempo	70 – 85	80 – 90
Cooldown	15 min.	Easy riding	56 – 75	69 – 83

TEMP-W11   Endurance/Tempo with NP Attacks   예상 소요 시간: 4 시간

15분 동안 워밍업을 한 뒤, 엔듀런스 페이스로 몸을 풀면서 한 시간 동안 계속 라이딩합니다. 다음 2시간 동안은 엔듀런스/템포 페이스를 유지합니다. 매 5분 블록이 끝날 때마다 53:17 기어에서 10초간 최대 파워 스프린트를 짧게 실시하여 총 24번의 스프린트를 실시합니다. 1시간이 남았을 때 카페인(에너지 드링크, 콜라 등)을 섭취한 다음 마지막 30분 동안 템포 페이스로 라이딩합니다. 15분간 액티브 리커버리 페이스로 쿨다운 합니다.

TEMP-W11	Time	Description	% of FTP	% of FTHR
Warm-up	15 min.	Easy riding	56 – 75	69 – 83
Main set	1 hr.	Endurance	56 – 75	69 – 83
	2 hr.	Endurance with max power sprints	<75	<83
	24 × 10 sec.	*Max power sprints in the big ring (53:17) at the end of every 5 min.*	*135*	*N/A*
	30 min.	Tempo	76 – 90	84 – 94
Cooldown	15 min.	Easy riding	<55	<68

TEMP-W12   Endurance-Tempo Progression   예상 소요 시간: 2 시간

1분간 빠르게 페달 밟는 인터벌을 3번 수행하고, 그 사이에 1분간 휴식을 취하여 다리를 풀어주면서 엔듀런스 페이스를 준비하는 워밍업을 합니다. 이후 엔듀런스 페이스로 편안하게 케이던스 90-100 rpm을 유지하며 라이딩합니다. 라이딩이 끝날 무렵에는 75-85 rpm의 케이던스로 템포 페이스를 유지하며 1시간을 달립니다. 만약 더 오래 달릴 수 있다면 템포 레벨 안에서 중간-상단을 유지하면서 라이딩 시간을 30-60분 더 늘립니다. 액티브 리커버리 페이스에서 최소 10분 동안 쿨다운 합니다.

TEMP-W12	Time	Description	% of FTP	% of FTHR
Warm-up	10 min.	Easy riding, with 3 × 1 min. fast pedaling, 110+ rpm	56 – 75	69 – 83
Main set	40 min.	Endurance on flat or rolling terrain, 90 – 100 rpm	<75	<83
	1+ hr.	Tempo in gear for 75 – 85 rpm	76 – 90	84 – 94
Cooldown	10 min.	Easy riding	<55	<68

TEMP-W13   Tempo and Aerobic Building, Ride 3   예상 소요 시간: 1.25 시간

이 라이딩은 템포와 FTP 파워를 모두 향상시키는 데 도움이 됩니다. 엔듀런스에서 5분간 워밍업을 한 후, 25분 인터벌로 두 번의 템포 라이딩을 하고 그 사이에 5분간 엔듀런스 페이스로 회복하며 케이던스를 85-105 rpm 사이로 유지합니다. 시간이 허락한다면 세 번째 또는 네 번째 인터벌을 추가합니다. 낙타등 도로에서 라이딩하며, 올라갈 때는 파워가 너무 커지지 않게 잘 억제하고, 반대로 내려올 때는 범위 내에 파워가 있을 수 있게 신경씁니다. 5분 동안 쿨다운 합니다.

TEMP-W13	Time	Description	% of FTP	% of FTHR
Warm-up	5 min.	Easy riding	56 – 75	69 – 83
Main set	2 – 4 × 25 min. (5 min. RI)	Tempo with varied cadence on flat to rolling terrain, 85 – 105 rpm	85 – 90	84 – 94
Cooldown	5 min.	Easy riding	<55	<68

TEMP-W14   Tempo and Aerobic Building, Ride 4   예상 소요 시간: 1 시간

유산소 피트니스를 향상시키려면 템포 페이스에서 보내는 시간을 늘리는 것이 중요하며, 이 라이딩은 이것에 도움이 될 것입니다. 15분 동안 워밍업으로 엔듀런스를 키우세요. 빠르게 페달을 밟는 1분 인터벌을 3번 수행하면서 워밍업을 합니다. 이후 케이던스를 90 rpm 정도로 유지하면서 템포 파워로 15분 인터벌로 두 번 수행합니다. 인터벌 사이에는 5분씩 휴식을 취합니다. 쿨다운 하세요.

TEMP–W14	Time	Description	% of FTP	% of FTHR
Warm-up	15 min.	Easy riding, with 3 × 1 min. fast pedaling, 110+ rpm	56 – 75	69 – 83
Main set	2 × 15 min. (5 min. RI)	Tempo, 90 rpm	85 – 90	84 – 94
Cooldown	10 min.	Easy riding	<55	<68

TEMP-W15   Endurance-Tempo Intervals   예상 소요 시간: 2.5 시간

이 워크아웃은 템포 페이스에서 한 시간 동안 수행하는 훌륭한 워크아웃입니다. 특히 힘들어지더라도 계속 밀고 나가면서 집중해야 합니다.

30분 동안 워밍업을 하며 엔듀런스 파워를 높입니다. 엔듀런스/템포 강도로 60분간 노력한 다음, 강도를 낮춰 엔듀런스에서 10분간 노력합니다. 다음으로, 템포 페이스에서 1분간의 높은 케이던스(100회 이상) 인터벌을 10회 반복하고, 그 사이에 엔듀런스 페이스에서 1분간 회복합니다. 액티브 리커버리 페이스로 30분간 쿨다운 합니다.

TEMP–W15	Time	Description	% of FTP	% of FTHR
Warm-up	30 min.	Endurance	56 – 75	69 – 83
Main set	1 hr. (10 min. RI)	Upper Endurance/Tempo pace Recover at Endurance pace	70 – 90	80 – 94
	10 × 1 min. (1 min. RI)	Tempo, 100+ rpm	76 – 90	84 – 94
Cooldown	30 min.	Easy riding	<55	<68

TEMP-W16   Tempo and FTP Intervals   예상 소요 시간: 1 시간

이 라이드는 낙타등의 지형에 이상적입니다. 엔듀런스로 5분간 워밍업을 합니다. 이후 템포 페이스로 20분 인터벌로 두 번 노력하고, 각 인터벌 사이에 5분간 휴식을 취합니다. FTP로 5분간 강렬하게 마무리한 후 5분간 쿨다운으로 휴식을 취합니다. 라이딩 내내 케이던스를 85-105 rpm 사이에서 다양하게 시도해 봅니다.

TEMP-W16	Time	Description	% of FTP	% of FTHR
Warm-up	5 min.	Endurance	56 – 75	69 – 83
Main set	2 × 20 min. (5 min. RI)	Tempo with varied cadence, 85 – 105 rpm	76 – 90	84 – 94
	5 min.	FTP	100 – 103	100 – 105
Cooldown	5 min.	Easy riding	<55	<68

TEMP-W17　　More Endurance-Tempo Intervals　　예상 소요 시간: 3 시간

엔듀런스를 키우기 위해 30분간 워밍업한 뒤, 엔듀런스/템포 레벨의 상단 구간에서 강하게 60분간 노력합니다. 해당 60분간 내내 페이스를 유지해야 합니다. 그 후 엔듀런스 페이스에서 10분간 회복합니다. 마지막으로 80 rpm으로 1분간 높은 케이던스(100회 이상)를 10회 반복하고 인터벌 사이에 1분간 엔듀런스 페이스로 휴식을 취합니다. 30분 동안 액티브 리커버리 페이스로 쿨다운 합니다.

TEMP-W17	Time	Description	% of FTP	% of FTHR
Warm-up	30 min.	Endurance	56 – 75	69 – 83
Main set	1 hr. (10 min. RI)	Upper Endurance/Tempo pace Recover at Endurance pace	70 – 90	80 – 94
	15 – 20 × 1 min. (1 min. RI)	Tempo at 100+ rpm Recover at Endurance, 80 rpm	76 – 90	84 – 94
Cooldown	30 min.	Easy riding	<55	<68

TEMP-W18　　Tempo with Quick FTP work　　예상 소요 시간: 1.25 시간

이는 훌륭한 워크아웃입니다. 속도를 계속 유지하려면 집중력과 결단력이 필요합니다. 이 워크아웃을 통해 피트니스를 크게 향상시킬 수 있습니다.

엔듀런스 페이스에서 15분간 워밍업을 합니다. 템포에서 15분 인터벌을 두 번의 수행한 후, 각 인터벌 사이에 5분간 휴식을 취합니다(15분이 너무 힘들다면 10분으로 3세트로 나누어 진행합니다). 다음으로, 페달에 가하는 압력을 유지하려고 노력하며, FTP에서 5분간 노력합니다. 액티브 리커버리에서 15분간 쿨다운 합니다.

TEMP-W18	Time	Description	% of FTP	% of FTHR
Warm-up	15 min.	Endurance	56 – 75	69 – 83
Main set	2 × 15 min. (5 min. RI)	Tempo Recover at Endurance pace	85 – 90	90 – 94
	5 min.	Threshold	91 – 105	95 – 105
Cooldown	15 min.	Easy riding	<55	<68

LEVELS 3 AND 4: SWEET SPOT (88–93% OF FTP)

SubLT-W1   Basic Sweet Spot Ride 1   예상 소요 시간: 1.25 시간

워밍업 후, 5분간 파워를 한계치 이상으로 끌어올리는 '블로우 아웃' 노력을 수행한 뒤, 5분간 쉬운 라이딩으로 회복합니다. 이후 케이던스를 90–100 rpm으로 유지하면서 스윗스팟에서 10분 인터벌을 2회 수행합니다. 이 인터벌에서 너무 빠르게 시작하지 않도록 주의하세요. 처음 1분간은 속도를 올리는 데 써야 합니다. 인터벌 사이에 5분간 휴식을 취합니다. 쿨다운 하세요.

sublt–w1	Time	Description	% of FTP	% of FTHR
Warm–up	15 min.	Easy riding	56 – 75	69 – 83
Main set	5 min. (5 min. RI)	Blow-out effort	100 – 105	>105
	2 × 10 min. (5 min. RI)	Sub-Lactate Threshold , 90 – 100 rpm	88 – 93	95 – 98
Cooldown	15 min.	Easy riding	56 – 75	69 – 83

SubLT-W2   Basic Sweet Spot Ride 2   예상 소요 시간: 2.25 시간

워밍업 후 1분간 케이던스 110 rpm 이상의 빠른 페달링으로 5번의 인터벌을 수행합니다. 중간중간에 1분간 휴식을 취합니다. 다음으로 20분간 스윗스팟 인터벌을 2회 실시합니다. 중간에 5분 인터벌 휴식을 취합니다. 강하지 않은 템포 라이딩을 45분 하는 것으로 마무리합니다. 쿨다운 하세요.

sublt–w2	Time	Description	% of FTP	% of FTHR
Warm–up	15 min.	Easy riding	56 – 75	69 – 83
Main set	5 × 1 min. (1 min. RI)	Fast pedaling, 110+ rpm	<80	<90
	2 × 20 min. (5 min. RI)	Sweet Spot	88 – 93	92 – 98
	45 min.	Tempo	76 – 80	84 – 89
Cooldown	15 min.	Easy riding	56 – 75	69 – 83

SubLT-W3   Cadence and Tempo Work   예상 소요 시간: 2.25 시간

워밍업 후 1분간 케이던스 110 rpm 이상의 빠른 페달링으로 5번의 인터벌을 수행합니다. 중간중간에 1분간 휴식을 취합니다. 다음으로 10분간 스윗스팟 인터벌을 3회 실시합니다. 중간에 5분 인터벌 휴식을 취합니다. 강하지 않은 템포 라이딩을 45분 하는 것으로 마무리합니다. 쿨다운 하세요.

sublt-w3	Time	Description	% of FTP	% of FTHR
Warm-up	15 min.	Easy riding	56 – 75	69 – 83
Main set	5 × 1 min. (1 min. RI)	Fast pedaling, 110+ rpm	<80	<90
	3 × 10 min. (5 min. RI)	Sweet Spot	88 – 93	92 – 98
	45 min.	Tempo	76 – 80	84 – 88
Cooldown	15 min.	Easy riding	56 – 75	69 – 83

SubLT-W4   Single-Leg Drills   예상 소요 시간: 1.5 시간

간단한 워밍업 후 30분 동안 부드럽고 일정한 페이스로 케이던스를 85-90 rpm으로 유지하며 라이딩합니다. 그런 다음 왼쪽과 오른쪽 다리를 번갈아 가며 1분 동안 한 다리로만 페달을 밟고 반대쪽 다리는 휴식을 취합니다. 어느 쪽 다리가 더 빨리 힘들어지는지 확인하여 약한 다리를 파악합니다. 그 다리로 인터벌을 5회 더 수행합니다. 다리의 균형을 찾는 데 집중하면서 15분간 부드럽고 꾸준한 라이딩으로 쿨다운 합니다. 이 워크아웃에서는 파워 보다는 케이던스(최소 90 rpm)를 위주로 합니다.

sublt-w4	Time	Description	% of FTP	% of FTHR
Warm-up	10 min.	Easy riding	56 – 75	69 – 83
Main set	30 min.	Tempo, 85 – 90 rpm	80 – 85	88 – 92
	10 × 1 min.	Single-leg drill, right leg, 90+ rpm	80	<90
	10 × 1 min.	Single-leg drill, left leg, 90+ rpm	80	<90
	5 × 1 min. (I min. RI)	Single-leg drill, weaker leg, 90+ rpm	80	<90
Cooldown	15 min.	Easy riding	56 – 75	69 – 83

SubLT-W5   Downhill Intervals   예상 소요 시간: 1.5 시간

이 라이딩에서는 완만한 내리막길에서 힘을 강하게 내면서도 빠른 케이던스를 유지할 뿐 아니라 빠르게 주행할수 있도록 합니다.

워밍업을 마친 후에, 심박수를 높이기 위해 5분간 모든 것을 쏟아 붙습니다. 10분간 가벼운 라이딩으로 휴식을 취합니다. 1분 인터벌로 내리막을 6번 강하게 출발하면서 (즉, 스프린트 스타트) 각 노력에 대해 케이던스를 105 rpm 이상으로 높입니다. 회복을 위해 내리막 사이사이에 20-40초 동안 페달을 가볍게 밟습니다. 다시 반복하세요. 세트를 완료한 후 10분간 쉬면서 내리막길을 6회 더 달립니다. 이번에는 45초 인터벌로 진행합니다. 10분간 휴식 라이딩을 한 후 이번엔 30초 간격으로 6회 반복합니다. 다음으로 평지에서 2분간 강하게 밀어붙이면서 3번의 내리막으로 마무리합니다. 이때 인터벌 사이에 2분간 휴식을 취합니다. 이제 집으로 돌아갈 때는 템포 페이스 이동합니다. 이 마지막 노력은 최고 속도를 높이고 근육에 너무 많은

스트레스를 주지 않으면서 무산소 능력을 향상시킵니다. 쿨다운 하세요.

sublt-w5	Time	Description	% of FTP	% of FTHR
Warm-up	15 min.	Easy riding	56 – 75	69 – 83
Main set	5 min. (10 min. RI)	All-out	115 – 120	>105
	6 × 1 min. (20 – 40 sec. RI)	Downhill, 105+ rpm	88 – 93	95 – 98
	10 min.	Easy riding	56 – 75	69 – 83
	6 × 45 sec. (20 – 40 sec. RI)	Downhill, 105+ rpm	88 – 93	95 – 98
	10 min.	Easy riding	56 – 75	69 – 83
	6 × 30 sec. (20 – 40 sec. RI)	Downhill, 105+ rpm	88 – 93	95 – 98
	3 × 2 min. (2 min. RI)	Hard	>120	>105
	Remaining time	Tempo	80 – 85	88 – 92
Cooldown	15 min.	Easy riding	56 – 75	69 – 83

SubLT-W6   Crisscross and Neuromuscular Power Sprints   예상 소요 시간: 1.5 시간

워밍업 후 3분간 강한 강도의 노력을 수행한 후 5분간 휴식합니다. 파워를 스윗스팟에 도달시킨 후 20분간 유지하면서 10초간 7번의 버스트를 통해 FTP의 150%까지 파워를 끌어올리되, 버스트가 끝날 때마다 스윗스팟으로 돌아옵니다. 허용된 휴식 인터벌 시간인 2분 이내에 회복하도록 노력하세요. 회복 시 처음에는 노력을 대폭 줄이되, 다음 버스트 전에 파워가 너무 많이 떨어지지 않도록 다시 끌어 올립니다. 20분간의 인터벌이 끝나면 5분간 편안하게 라이딩합니다. 시속 12-31마일(20-50 km/h)의 빅기어(53:13) 스프린트를 5회 반복하며 마무리합니다. 앉아서 라이딩을 하되, 시작하기 코어근육에 힘을 줍니다. 심박수는 신경 쓰지 마세요. 10분간 가벼운 스피닝으로 마무리합니다.

sublt-w6	Time	Description	% of FTP	% of FTHR
Warm-up	15 min.	Easy riding	56 – 75	69 – 83
Main set	3 min. (5 min. RI)	All-out	115 – 120	>105
	20 min.	Sweet Spot with bursts	88 – 93	92 – 98
	7 × 10 sec. (2 min. RI)	Bursts	>150	69 – 83
	5 min.	Easy riding	56 – 75	69 – 83
	5 × 300 m (3 – 5 min. RI)	Big-ring sprints (53:13) from 12 to 31 mph	>150	N/A
Cooldown	10 min.	Easy riding	56 – 75	69 – 83

SubLT-W7   Hill Repeats   예상 소요 시간: 1.75 시간

워밍업을 하고 스윗스팟에서 10분 인터벌을 3번 수행합니다. 회복을 위해 인터벌 사이에 3분간 가볍게 페달을 밟습니다. 이후 3-4분 정도 소요되는 힐클라임을 4회 반복합니다. 내리막길에서는 브레이크를 잡으면서 큰 기어로 천천히 페달을 밟아 다리를 풀어주세요. 노력 사이에 4분 정도의 휴식 인터벌을 두세요. 마지막으로 빠른 케이던스의 1분 인터벌을 5회 수행하면서 중간중간 1분간 휴식을 취합니다. 쿨다운 하세요.

sublt-w7	Time	Description	% of FTP	% of FTHR
Warm-up	15 min.	Easy riding	56 – 75	69 – 83
Main set	3 × 10 min. (3 min. RI)	Sweet Spot	88 – 93	92 – 98
	4 × 3 – 4 min. (4 min. RI)	Hill	110 – 115	84 – 88
	5 × 1 min. (1 min. RI)	Fast pedaling, 110+ rpm	<90	<80
Cooldown	10 min.	Easy riding	56 – 75	69 – 83

SubLT-W8   Race-Winning Intervals   예상 소요 시간: 1.5 시간

레이스-위닝 스윗스팟 인터벌은 대부분의 로드 레이스에서 브레이크어웨이로 승리하는 방식을 재현합니다. 평지 또는 낮은 등급의 힐클라임에서 라이딩하세요. 15분간 엔듀런스를 키우는 워밍업으로 시작하는데, 이때 1분간 빠른 페달링(110 rpm) 인터벌을 3회 실시하여 다리를 깨웁니다. 그런 다음, 스윗스팟에서 15분간 세 번의 노력을 하되, 각 노력은 첫 30초의 댄싱 스프린트로 시작합니다. 인터벌의 마지막 30초 동안에도 결승선을 향해 전력 질주하듯 이 동작을 반복합니다. 노력 사이에 5분간 휴식 인터벌로 가볍게 페달을 돌립니다. 15분간 쿨다운 합니다.

SubLT-W8	Time	Description	% of FTP	% of FTHR
Warm-up	15 min.	Build to Endurance with 3 × 1 min. fast pedaling, 110+ rpm	56 – 75	69 – 83
Main set	3 × 15 min. (5 min. RI)	Sweet Spot effort with 30-sec. out-of-the-saddle sprint to start and finish each interval Recover at Endurance pace	88 – 93	92 – 98
Cooldown	15 min.	Easy riding	<55	<68

SubLT-W9   Crisscross Intervals   예상 소요 시간: 1.5 시간

크리스크로스 인터벌은 젖산 제거 능력을 키우는데 도움이 되는 다양한 강도의 노력을 포함합니다. 이는 도전적인 워크아웃이므로 마친 이후 피로가 쌓일 수 있습니다.

엔듀런스 레벨에서 15분간 워밍업으로 시작하는데, 다리를 깨우기 위해 1분간 높은 케이던스 노력을 세

번 실시합니다. 이후 15분 인터벌을 스윗스팟에서 2회 수행하되, 매 2분마다 30초씩 최대 파워의 120%까지 파워를 높였다가 다시 스윗스팟으로 돌아가 FTP의 85% 이하로 떨어지지 않도록 합니다. 인터벌 사이에 5분간 휴식을 취합니다. 다음으로 5분 인터벌의 VO$_2$max 노력을 2회 수행하는데, 그 사이에 3분간 휴식을 취합니다. 노력이 FTP 이하로 떨어지면 시간을 짧게 줄이세요. 이를 위해 멈추지 않고 길게 완주할 수 있는 도로에서 라이딩합니다. 마지막으로 75-85 rpm의 다양한 케이던스에서 45분간 템포 강도에서 노력합니다. 15분간의 액티브 리커버리로 쿨다운 합니다.

SubLT-W9	Time	Description	% of FTP	% of FTHR
Warm-up	15 min.	Build to Endurance with 3 × 1 min. fast pedaling, 110+ rpm	56 – 75	69 – 83
Main set	2 × 15 min. (5 min. RI)	Sweet Spot with 30-sec. bursts every 2 min.	88 – 93	92 – 98
	6 × 30 sec.	Hard, out-of-the-saddle burst	120	105
	2 × 5 min. (3 min. RI)	VO$_2$max	106 – 120	>106
	45 min.	Tempo with varied cadence, 75 – 85 rpm	76 – 90	84 – 94
Cooldown	15 min.	Easy riding	<55	<68

SubLT-W10   Endurance and Sweet Spot Intervals   예상 소요 시간: 1 시간

이 워크아웃은 트레이너나 낙타등 같은 도로에서 하세요. 엔듀런스 노력으로 10분간 워밍업 하고 1분간 높은 케이던스 인터벌을 2회 실시합니다. 그런 다음 스윗스팟 파워로 20분간 두 번 노력하고 중간중간 엔듀런스로 5분간 회복합니다. 10분간 쿨다운 합니다.

SubLT-W10	Time	Description	% of FTP	% of FTHR
Warm-up	10 min.	Build to Endurance with 2 × 1 min. fast pedaling, 110+ rpm	56 – 75	69 – 83
Main set	2 × 20 min. (5 min. RI)	Sweet Spot effort Recover at Endurance pace	88 – 93	92 – 98
Cooldown	10 min.	Easy riding	<55	<68

SubLT-W11   Sweet Spot Power Ramp   예상 소요 시간: 1 시간

이 라이딩은 지속적으로 파워를 증가시키도록 하며 유산소 엔듀런스와 전반적인 피로저항을 높이는 데 도움이 됩니다. 메인 세트에서는 10분마다 파워를 5%씩 증가시키게 됩니다.

워밍업은 액티브 리커버리에서 엔듀런스로 이어지며, 엔듀런스/템포 페이스에서 10분간 수행합니다. 이후 템포에서 10분간 노력하고, 다시 템포에서 10분간 운동하되 강도를 5% 더 높입니다. 스윗스팟에서 20분을 노력하면서 마무리합니다. 5분간 액티브 리커버리로 쿨다운 합니다.

SubLT-W11	Time	Description	% of FTP	% of FTHR
Warm-up	5 min.	Build to Endurance with 2 × 1 min. fast pedaling, 110+ rpm	56 – 75	69 – 83
Main set	10 min.	Endurance/Tempo	75	83
	10 min.	Tempo	80	88
	10 min.	Tempo	85	91
	20 min.	Sweet Spot effort	88 – 93	92 – 98
Cooldown	5 min.	Easy riding	<55	<68

LEVEL 4: LACTATE THRESHOLD (91–105% OF FTP)

LT-W1　　　　Basic Lactate Threshold Ride 1　　　　예상 소요 시간: 1.25 시간

15분간 워밍업을 한 뒤, 빠르게 페달을 돌리는 1분 인터벌을 3회 수행합니다. 이 노력은 앉아서 합니다. 노력 사이에 1분간 휴식을 취합니다. 그 후 10분간 FTP의 80–90%로 페달을 밟습니다. 젖산 역치 인터벌을 10분으로 2회 실시하고, 인터벌 사이에 5분간 휴식을 취합니다. 이러한 노력은 정확히 역치에서 이루어져야 하며, 원한다면 10분간 힐클라임을 통해 할 수도 있습니다. 쿨다운 하세요.

lt-w1	Time	Description	% of FTP	% of FTHR
Warm-up	15 min.	Endurance	56 – 75	69 – 83
Main set	3 × 1 min. (1 min. RI)	Fast pedaling, 100+ rpm	<80	<90
	10 min.	Cruise	80　90	85　94
	2 × 10 min. (5 min. RI)	Threshold, +5 rpm	100 – 105	>105
Cooldown	15 min.	Easy riding	56 – 75	69 – 83

LT-W2　　　　Basic Lactate Threshold Ride 2　　　　예상 소요 시간: 1.25 시간

빠른 페달링의 인터벌은 근육이 언제든지 속도 변화에 대비할 수 있도록 합니다. 또한 너무 많은 피로를 유발하지 않는 수준의 힘든 인터벌을 수행할 때 좋은 워밍업입니다. 목표는 와트 수가 아닌 케이던스를 기준으로 하므로 이를 수행할 때는 파워를 낮게 유지해야 합니다.

워밍업 후 케이던스를 100 rpm 이상으로 유지하면서 1분 인터벌을 수행합니다. 중간중간 1분간 휴식을 취합니다. 회복을 위해 10분간 편안하게 라이딩합니다. 이후 젖산 역치에서 15분 인터벌 두 번, 인터벌 사이에 5분 휴식을 취합니다. 쿨다운 합니다.

(참고: 언급된 인터벌은 최소 횟수를 나타냅니다. 시즌이 진행됨에 따라 또는 시간이 허락하는 대로 인

터벌을 추가하여 자신의 능력을 확장하세요.)

lt-w2	Time	Description	% of FTP	% of FTHR
Warm-up	10 min.	Easy riding	56 – 75	69 – 83
Main set	5 – 10 × 1 min. (1 min. RI)	Fast pedaling, 100+ rpm	<80	<90
	10 min.	Easy pace	56 – 75	69 – 83
	2 – 3 × 15 min. (5 min. RI)	Threshold	100 – 105	100 – 103
Cooldown	10 – 15 min.	Easy riding	56 – 75	69 – 83

LT-W3   Tempo and Sweet Spot   예상 소요 시간: 4 시간

엔듀런스 페이스로 한 시간 동안 워밍업 합니다. 모든 것을 쏟아 붇는 1분 인터벌을 8회 수행하되, 중간 중간 1분간 휴식을 취합니다. 15분 정도 크루즈를 한 다음 역치에서 10분 인터벌을 4회 수행하는데, 케이던스를 5회씩 높입니다. 인터벌 사이에 10분간 휴식을 취합니다. 역치 바로 아래, 스윗스팟에서 45분간의 라이딩으로 마무리합니다. 쿨다운하세요.

lt-w3	Time	Description	% of FTP	% of FTHR
Warm-up	1 hr.	Endurance	56 – 75	69 – 83
Main set	8 × 1 min. (1 min. RI)	All-out	>150	N/A
	15 min.	Cruise	75 – 85	84 – 88
	4 × 10 min. (10 min. RI)	Threshold, +5 rpm	100 – 105	98 – 103
	45 min.	Sweet Spot	88 – 93	92 – 98
Cooldown	15 min.	Easy riding	56 – 75	69 – 83

LT-W4   Tempo with Neuromuscular Power Bursts and VO$_2$max Intervals   예상 소요 시간: 3 시간

워밍업 후, 임계치에서 20분 인터벌을 두 번 수행하되 중간중간 10분의 휴식을 취합니다. 그런 다음 10초 버스트 20회가 포함된 20-30분 동안의 템포 라이딩을 수행합니다. 버스트를 할 때는 댄싱으로 케이던스를 110 rpm으로 올리고 변속을 한 번만 합니다. 각 버스트가 끝나면 50초간 휴식을 취한 후 다음 버스트를 시작하세요. 마지막으로 5분 인터벌을 3번 수행합니다. FTP의 110-115%를 유지하도록 노력하되, 최선을 다해 노력하세요. 만약 FTP의 106% 이상을 계속 유지할 수 있다면, 올바르게 하고 있는 것입니다. 인터벌 사이에 5분간 휴식을 취합니다. 쿨다운 하세요.

lt-w4	Time	Description	% of FTP	% of FTHR
Warm-up	15 min.	Easy riding	56 – 75	69 – 83
Main set	2 × 20 min. (10 min. RI)	Threshold	100 – 105	98 – 103
	20 – 30 min.	Tempo with bursts every minute	80 – 85	90 – 98
	20 × 10 sec. (50 sec. RI)	*Bursts, 110+ rpm*	*>140*	*n/a*
	3 × 5 min. (5 min. RI)	All-out effort	110 – 115	>105
Cooldown	15 min.	Easy riding	56 – 75	69 – 83

LT-W5   Threshold Intervals with Neuromuscular Power Bursts   예상 소요 시간: 1.5 시간

워밍업 후, 역치에서 10분간 노력하고 10분간 회복합니다. 그런 다음 20-30분간 역치에서 다시 라이딩한 후 10회의 버스트를 20초간 수행합니다. 버스트 사이에는 엔듀런스 페이스로 라이딩합니다. 버스트를 할 때는 안장에서 일어나서 케이던스를 100 rpm까지 끌어올려서 힘껏 밀어붙이세요. 인터벌 사이에 2-3분간 휴식을 취합니다. 쿨다운하세요.

lt-w5	Time	Description	% of FTP	% of FTHR
Warm-up	15 min.	Easy riding	56 – 75	69 – 83
Main set	10 min.	Lactate Threshold, TT effort	98 – 105	98 – 103
	10 min.	Easy riding	56 – 75	69 – 83
	20 – 30 min.	Threshold	100 – 105	98 – 103
	10 × 20 sec. (2 – 3 min. RI)	Bursts, 100+ rpm	>135	n/a
Cooldown	10 – 15 min.	Easy riding	56 – 75	69 – 83

LT-W6   4 × 10-minute Threshold Intervals with Sub–Lactate Threshold and Neuromuscular Power Bursts   예상 소요 시간: 2.75 시간

20분 동안 워밍업을 한 다음, 역치에서 10분 인터벌을 4회 수행하고 그 사이에 5분간 회복합니다. 이후 20분간 편안하게 라이딩합니다. 그런 다음 스윗스팟으로 파워를 끌어올리고, 10초간 FTP의 200%까지 10회 버스트를 포함한 20분의 노력을 수행합니다. 30분간 크루징하고 쿨다운 합니다.

lt-w6	Time	Description	% of FTP	% of FTHR
Warm-up	20 min.	Easy riding	56 – 75	69 – 83
Main set	4 × 10 min. (5 min. RI)	Threshold	100 – 105	98 – 103
	20 min.	Easy riding	70 – 80	88 – 91
	20 min.	Sweet Spot with bursts	88 – 93	92 – 98
	10 × 10 sec.	*Bursts*	*200*	*n/a*
	30 min.	Cruise	70 – 85	80 – 88
Cooldown	15 min.	Easy riding	56 – 75	69 – 83

LT-W7   Lactate Threshold with Cadence Drills and Hills   예상 소요 시간: 4 시간

워밍업을 한 뒤, 메인세트의 첫 1시간 동안은 1분간 빠른 페달링 5회와 3분간 힘든 언덕 2회를 포함시키며 부드럽고 안정적으로 라이딩합니다. 두 번째 시간이 시작되면 20분간 최선을 다하는 역치 노력을 두 번 하세요! 그 다음에는 2분의 짧은 힐클라임을 10회 오르세요. 이때 파워는 FTP의 130% 이상이 되어야 합니다. 오를 때마다 최소 2-3분간 휴식을 취하세요. 스윗스팟에서 30-45분 동안 마무리합니다. 쿨다운하세요.

lt-w7	Time	Description	% of FTP	% of FTHR
Warm-up	15 min.	Easy riding	56 – 75	69 – 83
Main set	1 hr.	Smooth with cadence and hill work	80 – 95	90 – 98
	5 × 1 min. (1 min. RI)	*Fast pedaling, 100+ rpm*	*<80*	*<90*
	2 × 3 min.	*Hard hills*	*>115*	*>105*
	2 × 20 min. (10 min. RI)	Threshold	100 – 105	98 – 102
	10 × 2 min. (2 – 3 min. RI)	Short hills	>130	>105
	30 – 45 min.	Sweet Spot	88 – 93	92 – 98
Cooldown	10 min.	Easy riding	56 – 75	69 – 83

LT-W8   Lactate Threshold on Mountain Passes and Short Hills   예상 소요 시간: 5 시간

워밍업을 마친 뒤 첫 1시간 정도는 부드럽고 안정적으로 라이딩합니다. 가능하면 두 개의 산길을 모두 역치 파워로 라이딩하는 계획을 세우세요. 30분 정도 소요됩니다. 라이딩 후반부에는 각각 30초에서 2분 정도 지속되는 힐클라임을 10회 오르내립니다. 파워는 FTP의 120% 이상이어야 하며, 모든 것을 쏟아 붙는 노력을 하는건 아닙니다. 힐클라임 사이사이에 2-3분간 휴식을 취합니다(힐클라임을 할 수 없는 경우 바람을 맞으며 라이딩할 수 있습니다). 쿨다운 하세요.

lt-w8	Time	Description	% of FTP	% of FTHR
Warm-up	30 min.	Easy riding	56 – 75	69 – 83
Main set	4 hr.	Smooth with hill work	70 – 85	80 – 92
	2 × 30 min. (10 min. RI)	*Threshold*	*98 – 100*	*99 – 103*
	10 × 30 sec. – 2 min. (2 – 3 min. RI)	*Short hills*	*>120*	*>105*
Cooldown	30 min.	Easy riding	56 – 75	69 – 83

LT-W9   Crisscross to Anaerobic Capacity   예상 소요 시간: 2 시간

15분간 워밍업을 한 다음 1분간 빠르게 페달을 밟는 인터벌을 3회 실시합니다. 2번의 20분 인터벌 크리스크로스 FTP를 수행하되, 2분마다 30초간 버스트를 포함시켜 파워를 FTP에서 무산소 능력으로, 다시 FTP로 전환하는 연습을 합니다. 파워가 FTP의 90% 이하로 떨어지지 않도록 주의하세요. 20분씩 인터벌 사이에 5분의 회복 시간을 둡니다. 이후 각 5분의 휴식이 포함된 5분의 VO₂max 인터벌로 2회로 마무리합니다. 15분간 쿨다운 합니다.

lt-w9	Time	Description	% of FTP	% of FTHR
Warm-up	15 min.	Easy riding	56 – 75	69 – 83
	3 × 1 min. (1 min. RI)	Fast pedaling, >110 rpm	<80	<90
Main set	2 × 20 min. (5 min. RI)	Crisscross, FTP to AC	85 – 90	98 – 105
	30 sec.	*Burst every 2 min.*	*120*	*102 – 103*
	10 min.	Recover	56 – 75	69 – 83
	2 × 5 min. (5 min. RI)	VO₂max	115	103
Cooldown	15 min.	Easy riding	56 – 75	69 – 83

LT-W10   Lactate Threshold with Anaerobic Capacity Intervals
and Cadence Drills   예상 소요 시간: 2 시간

레벨 2에서 15분간 워밍업을 합니다. 1분 내내 110 rpm이상의 케이던스 유지를 목표로 빠른 페달링 인터벌로 메인세트를 시작합니다. 파워나 심박수는 신경 쓰지 마세요. 인터벌 사이에 1분간 휴식을 취합니다. 이후 힘껏 페달을 밟아 FTP의 100%를 유지하고, 케이던스는 5 rpm씩 높여가면서 4회의 10분 인터벌을 수행합니다. 노력 사이에 5-10분간 휴식을 취합니다. 이후 4회의 1분 인터벌을 수행합니다. 각 인터벌을 시작할 때 최대한 세게 모든 것을 쏟아 붓습니다. 노력 사이에 2분간 휴식을 취합니다. 15분간의 쿨다운으로 라이딩을 마무리합니다.

lt-w10	Time	Description	% of FTP	% of FTHR
Warm-up	15 min.	Easy riding	56 – 75	69 – 83
	3 × 1 min. (1 min. RI)	Fast pedaling, 110+ rpm	<80	<90
Main set	4 × 10 min. (5 – 10 min. RI)	FTP, +5 rpm	100 – 103	100 – 105
	4 × 1 min. (2 min. RI)	All-out effort	>140	>105
Cooldown	15 min.	Easy riding	56 – 75	69 – 83

LT-W11   FTP with AC Bursts   예상 소요 시간: 1.25 시간

이 인터벌은 그룹 내에서 끊임없이 파워의 순간적인 증가를 맞춰야 하는 로드 레이스의 공격적인 페이스를 시뮬레이션합니다.

15분 동안 엔듀런스 페이스에서 워밍업을 하는데, 중간에 1분간 높은 케이던스 인터벌을 3회 포함시켜 다리를 예열시킵니다. 이후 FTP범위의 하단에서 라이딩하면서 15분, 2회의 인터벌을 완료합니다. 인터벌 시작 후 50초가 지나면, 110 rpm의 케이던스로 FTP의 130%에서 10초간 버스트를 실시합니다. 이 동작을 인터벌 내내 15회 반복하고, 항상 50초 시점에서 시작합니다(0:50, 1:50, 2:50 등에 버스트). 버스트가 끝날 때마다 FTP의 하단 영역에서 라이딩을 재개합니다. 각 인터벌 사이에 5-10분간 엔듀런스 페이스에서 휴식을 취합니다. 15분 동안 쿨다운 합니다.

LT-W11	Time	Description	% of FTP	% of FTHR
Warm-up	15 min.	Build to Endurance with 3 × 1 min. fast pedaling, 110+ rpm	56 – 75	69 – 83
Main set	2 × 15 min. (5 – 10 min. RI)	Low FTP effort, 85 – 105 rpm with 10-sec. burst to finish every minute	91 – 100	95 – 100
	15 × 10 sec.	*Bursts, 110 rpm, out of the saddle*	*130*	*N/A*
Cooldown	15 min.	Easy riding	<55	<68

LT-W12   FTP, Tempo, and VO₂max Work   예상 소요 시간: 3.5 시간

이는 다양한 강도로 수행하는 힘든 라이딩으로, FTP와 VO₂max를 높이는데 도움을 줍니다.

15분 동안 하는 워밍업은 3회에 걸쳐 엔듀런스 페이스로 1분간 빠르게 페달을 밟고 그 사이에 1분간 쉬는 인터벌을 포함합니다. 다음 1시간 동안은 낙타등에서 90-100 rpm의 케이던스로 엔듀런스 구간에서 편안하게 라이딩합니다. 두 번째 1시간에서는 2번의 15분 FTP 인터벌을 수행하되, 그 사이사이에 엔듀런스 페이스에서 10분간 휴식을 취합니다. 다음 한시간은 먼저 템포로 30분간 라이딩한 뒤, 3분간의 VO₂max 노력을 6회 실시합니다. 각 노력 사이에 3-5분간 엔듀런스 페이스로 휴식을 취합니다. 15분 동안 쿨다운 합니다.

LT-W12	Time	Description	% of FTP	% of FTHR
Warm-up	15 min.	Build to Endurance with 3 × 1 min. fast pedaling, 110+ rpm	56 – 75	69 – 83
Main set	1 hr.	Endurance on flat to rolling terrain, 90 – 100 rpm	56 – 75	69 – 83
	1 hr.	Endurance, 90 – 100 rpm, with FTP efforts	56 – 75	69 – 83
	2 × 15 min. (10 min. RI)	*FTP*	*91 – 105*	*95 – 105*
	1 hr.	Endurance, 90 – 100 rpm, with Tempo and VO$_2$max efforts	56 – 75	69 – 83
	30 min.	*Tempo*	*76 – 90*	*84 – 94*
	6 × 3 min. (3 – 5 min. RI)	*VO$_2$max*	*115 – 118*	*>105*
Cooldown	15 min.	Easy riding	<55	<68

LT-W13　　　　Building Endurance and FTP　　　　예상 소요 시간: 2.5 시간

　15분 동안 하는 워밍업은 3회에 걸쳐 엔듀런스 페이스로 1분간 빠르게 페달을 밟고 그 사이에 1분간 쉬는 인터벌을 포함합니다. 이어지는 1시간 동안 낙타등 지형에서 2번의 20분 FTP 인터벌을 수행하되, 그 사이사이에 엔듀런스 페이스에서 10분간 휴식을 취합니다. 두 번째 1시간에서는 자신을 밀어붙여 3분간 VO$_2$max에 해당하는 파워로 3번 수행하는 인터벌을 포함하되, 각 인터벌 사이에 5분간 휴식을 취합니다. 이때 파워가 FTP 와트 이하로 떨어지면 중단합니다. 15분 동안 쿨다운 합니다.

LT-W13	Time	Description	% of FTP	% of FTHR
Warm-up	15 min.	Build to Endurance with 3 × 1 min. fast pedaling, 110+ rpm	56 – 75	69 – 83
Main set	1 hr.	Endurance, 90 – 100 rpm, with FTP efforts	56 – 75	69 – 83
	2 × 20 min. (10 min. RI)	*FTP*	*91 – 105*	*95 – 105*
	1 hr.	Endurance, 90 – 100 rpm, with VO$_2$max efforts	56 – 75	69 – 83
	3 × 3 min. (5 min. RI)	*VO$_2$max efforts Stop if power falls below FTP*	*115 – 118*	*>105*
Cooldown	15 min.	Easy riding	<55	<68

LT-W14　　　　More FTP, Tempo, and VO$_2$max Work　　　　예상 소요 시간: 3.5 시간

　이는 워크아웃 LT-12와 유사하지만 FTP 파워에서 더 긴 시간을 보냅니다. 낙타등 지형에서 라이딩합니다.

15분 동안 하는 워밍업은 3회에 걸처 엔듀런스 페이스로 1분간 빠르게 페달을 밟고 그 사이에 1분간 쉬는 인터벌을 포함합니다. 다음 1시간 동안은 엔듀런스 구간에서 긴장을 풀고 높은 케이던스(90-100 rpm)를 유지하며 라이딩합니다. 두 번째 1시간에서는 2번의 20분 FTP 인터벌을 수행하되, 그 사이사이에 엔듀런스 페이스에서 10분간 회복합니다. 마지막 1시간에서는 먼저 템포로 30분간 라이딩한 뒤, 3분간의 VO2max노력을 6회 실시합니다. 각 노력 사이에 3-5분간 엔듀런스 페이스로 휴식을 취합니다. 15분 동안 쿨다운 합니다.

LT-W14	Time	Description	% of FTP	% of FTHR
Warm-up	15 min.	Build to Endurance with 3 × 1 min. fast pedaling, 110+ rpm	56 – 75	69 – 83
Main set	1 hr.	Endurance, 90 – 100 rpm	56 – 75	69 – 83
	1 hr.	Endurance, 90 – 100 rpm, with FTP efforts		
	2 × 20 min. (10 min. RI)	*FTP*	*91 – 105*	*95 – 105*
	1 hr.	Endurance, 90 – 100 rpm, with Tempo effort	56 – 75	69 – 83
	30 min.	*Tempo*	*115 – 118*	*>105*
	6 × 3 min. (3 – 5 min. RI)	*VO2max efforts*	*115 – 118*	*>105*
Cooldown	15 min.	Easy riding	<55	<68

LT-W15   FTP with AC Bursts
예상 소요 시간: 1.25 시간

이 워크아웃은 그룹 라이딩에서 갑작스러운 파워 증가를 맞이하는 상황에 대한 시뮬레이션에 도움을 줍니다.

15분 동안 하는 워밍업은 3회에 걸처 엔듀런스 페이스로 1분간 빠르게 페달을 밟고 그 사이에 1분간 쉬는 인터벌을 포함합니다. FTP 범위 하단에서 20분간 두 번의 인터벌을 하되, 매 1분마다 안장에서 일어나 10초간 FTP의 130%까지 급상승시키는 버스트를 110 rpm으로 수행합니다. 급격히 파워를 증가시키는 사이사이에는 다시 FTP범위 하단의 노력으로 돌아갑니다. 인터벌 사이사이에 5-10분간 엔듀런스 페이스로 회복하고 그 외의 시간도 엔듀런스 페이스로 라이딩합니다. 15분간 쿨다운 합니다.

LT-W15	Time	Description	% of FTP	% of FTHR
Warm-up	15 min.	Build to Endurance with 3 × 1 min. fast pedaling, 110+ rpm	56 – 75	69 – 83
Main set	2 × 20 min. (5 – 10 min. RI)	Low FTP effort, 85 – 105 rpm, with 10-sec. bursts to finish every mintue	91 – 100	95 – 100
	20 × 10 sec.	*Bursts, 110 rpm, out of the saddle*	*130*	*N/A*
Cooldown	15 min.	Easy riding	<55	<68

FTP, Tempo, VO₂max   예상 소요 시간: 5 시간

LT-12 및 LT-14와 유사한 워크아웃이지만 이번에는 전체 라이딩 시간을 늘립니다. 피로를 느끼게 하는 도전적인 운동입니다. 낙타등 지형에서 라이드합니다.

15분 동안 하는 워밍업은 3회에 걸쳐 엔듀런스 페이스로 1분간 빠르게 페달을 밟고 그 사이에 1분간 쉬는 인터벌을 포함합니다. 다음 1시간 동안은 엔듀런스 구간에서 긴장을 풀고 높은 케이던스(90-100 rpm)로 라이딩합니다. 2시간째에는 20분 간격으로 두 번의 FTP 라이딩을 완료하고 그 사이에 10분간 엔듀런스 페이스로 회복합니다. 세번째 1시간에서는 먼저 템포로 30분간 라이딩한 뒤, 3분간의 VO₂max노력을 6회 실시합니다. 각 노력 사이에 3-5분간 엔듀런스 페이스로 휴식을 취합니다. 남은 구간은 엔듀런스로 라이딩을 수행하고, 이를 마치면 15분 동안 쿨다운 합니다.

LT-W16	Time	Description	% of FTP	% of FTHR
Warm-up	15 min.	Build to Endurance with 3 × 1 min. fast pedaling, 110+ rpm	56 – 75	69 – 83
Main set	2 hr.	Endurance, 90 – 100 rpm, with FTP work in second hour	56 – 75	69 – 83
	2 × 20 min. (10 min. RI)	*Low FTP effort, with 10-sec. bursts to finish every mintue*	*91 – 100*	*95 – 100*
	1 hr.	Endurance, 90 – 100 rpm, with Tempo and VO₂max work	56 – 75	69 – 83
	30 min.	*Tempo*	*76 – 90*	*84 – 94*
	6 × 3 min. (3 – 5 min. RI)	*VO₂max efforts*	*106 – 120*	*>106*
	Up to 1.5 hr.	Endurance	56 – 75	69 – 83
Cooldown	15 min.	Easy riding	<55	<68

Time Trial FTP Efforts   예상 소요 시간: 2 시간

타임 트라이얼 자전거가 있다면 이 워크아웃에 사용하세요. 이것은 FTP 페이스에서의 타임 트라이얼 시뮬레이션입니다.

1분간 높은 케이던스 페달링 3세트를 포함한 15분간의 워밍업을 하면서 열심히 달릴 준비를 합니다. 6분 인터벌로 6번을 노력하며, 매 노력마다 FTP의 105%를 목표로 합니다. 각 노력 사이에 엔듀런스 페이스에서 최소 7분의 회복 시간을 갖습니다. 15분간 쿨다운 합니다.

LT-W17	Time	Description	% of FTP	% of FTHR
Warm-up	15 min.	Build to Endurance with 3 × 1 min. fast pedaling, 110+ rpm	56 – 75	69 – 83
Main set	6 × 6 min. (7 min. RI)	Time trial efforts at FTP (use aerobars or drops) Recover at Endurance	105	95 – 100
Cooldown	15 min.	Easy riding	<55	<68

LT-W18   FTP Ramp Intervals   예상 소요 시간: 2 시간

15-20분 동안 하는 워밍업은 3회에 걸쳐 엔듀런스 페이스로 1분간 빠르게 페달을 밟고 그 사이에 1분간 쉬는 인터벌을 포함합니다. 워밍업이 끝나면 메인 세트를 준비하기 위해 3-5분간 FTP를 유지합니다. 이 워크아웃은 힘듭니다.

FTP의 90%로 수행하는 3번의 10분 인터벌을 수행하는데, 각 인터벌이 끝날 때마다 멈추지 말고 조금 더 강하게 숨이 찰 때까지 매분 강도를 높여서 라이딩 해 봅니다. 각 인터벌 사이에는 5분간 회복 시간을 갖습니다. 매 인터벌마다 더욱 더 오래 라이딩하는 것을 목표로 합니다.

세 가지 인터벌을 모두 완료하면 10분간 회복한 후 2분간 무산소 능력에서 2분간 4회의 인터벌을 하면서 메인 세트를 마무리합니다. 각 2분의 노력은 마치 펠로톤에서 도망치듯 강하게 시작하고 나머지 구간은 무산소 능력 파워를 유지합니다. 각 인터벌 사이에 4분간 휴식을 취합니다. 10-15분간 쿨다운 합니다.

LT-W18	Time	Description	% of FTP	% of FTHR
Warm-up	15 – 20 min.	Build to Endurance with 3 × 1 min. fast pedaling, 110+ rpm and finish with FTP effort	56 – 75	69 – 83
	3 – 5 min.	*FTP*	*91 – 105*	*95 – 105*
Main set	3 × 10 min. (5 min. RI)	FTP Ramps: After 10 min., increase intensity with each additional minute until you crack, then spin to recover	90	95 – 100
	10 min.	Active recovery	<68	<75
	4 × 2 min. (4 min. RI)	Anaerobic Capacity	121 – 150	N/A
Cooldown	10 – 15 min.	Easy riding	<55	<68

LT-W19   Endurance with FTP and Tempo Work   예상 소요 시간: 1.75 시간

이 라이딩은 낙타등 지형에서 엔듀런스를 키우는 데 도움이 됩니다. 10분간의 워밍업은 엔듀런스 페이스까지 끌어 올리는 것으로 시작합니다. 1분간 빠르게 페달을 밟고 1분간 휴식을 취하며 다리를 깨우는 3세트를 완료하는 것으로 워밍업을 마칩니다. 이후 케이던스를 90-100 rpm으로 유지하며 인듀어런스 페이스

로 라이딩하면서 3분의 FTP 인터벌을 5회씩, 총 2라운드를 돌고, 중간에 인터벌 사이에는 3분 휴식, 라운드 사이에는 5분 회복을 가집니다. 이후 20분간 템포로 마무리한 후 5분간 액티브 리커버리로 쿨다운 합니다.

LT-W19	Time	Description	% of FTP	% of FTHR
Warm-up	10 min.	Build to Endurance with 3 × 1 min. fast pedaling, 110+ rpm and finish with FTP effort	56 – 75	69 – 83
Main set	5 × 3 min. (3 min. RI)	FTP intervals	91 – 105	95 – 105
	5 min.	Endurance, 85 – 105 rpm	56 – 75	69 – 83
	5 × 3 min. (3 min. RI)	FTP intervals	91 – 105	95 – 105
	20 min.	Tempo	76 – 90	84 – 94
Cooldown	5 min.	Easy riding	<55	<68

LT-W20　　Endurance with FTP and Tempo Work　　예상 소요 시간: 1.5 시간

이것은 LT-W19와 유사한 워크아웃으로, FTP 노력이 길고 휴식 시간이 약간 짧습니다. 낙타등 지형에서 라이딩합니다.

10분간의 워밍업은 엔듀런스 페이스까지 끌어 올리는 것으로 시작합니다. 1분간 빠르게 페달을 밟고 1분간 휴식을 취하며 다리를 깨우는 3세트를 완료하는 것으로 워밍업을 마칩니다. 이후 케이던스를 90–100 rpm으로 유지하면서 엔듀런스 강도로 라이딩합니다. 4분의 FTP 인터벌을 5회씩 하는 것을 한 라운드로 하여, 총 2라운드를 진행합니다. 인터벌 사이에서는 1분 휴식, 라운드 사이에서는 5분 회복 시간을 갖습니다. 이후 엔듀런스 페이스에서 10분간 회복한 후 추가로 20분간의 템포 페이스로 마무리합니다. 5분간의 액티브 리커버리로 쿨다운 합니다.

LT-W20	Time	Description	% of FTP	% of FTHR
Warm-up	10 min.	Build to Endurance with 3 × 1 min. fast pedaling, 110+ rpm	56 – 75	69 – 83
Main set	1 hr.	Endurance riding with FTP interals on flat to rolling terrain	56 – 75	69 – 83
	5 × 4 min. (1 min. RI)	FTP intervals	90	95 – 100
	5 min.	Recover between sets, 85 – 105 rpm	56 – 75	69 – 83
	5 × 4 min. (1 min. RI)	FTP intervals	90	95 – 100
	10 min.	Endurance, 85 – 105 rpm	56 – 75	69 – 83
	20 min.	Tempo	76 – 90	84 – 94
Cooldown	5 min.	Easy riding	<55	<68

LEVEL 5: VO₂MAX (106–120% OF FTP)

VO₂-W1   6-minute VO₂max Time Trial   예상 소요 시간: 2 시간

타임 트라이얼 자전거가 있다면 이 라이드에 사용하세요. 이러한 타임 트라이얼은 페이싱을 발전시키고 역치 파워에서 견고하게 라이딩을 하는 데 도움이 됩니다.

워밍업 후 타임 트라이얼 시뮬레이션을 수행합니다. 파워를 FTP의 96-102% 사이로 유지하면서 6분간 6번의 타임 트라이얼 시뮬레이션을 수행합니다. 정말 강하게 밀어붙이되, 인터벌의 마지막 부분에서 바로 터트릴 수 있도록 자신의 페이스를 조절해야 합니다. 인터벌 사이에 최소 6-8분간 휴식을 취하고, 평소 스스로 선택한 케이던스로 라이딩하세요. 15분간의 쿨다운으로 마무리합니다.

Vo₂-w1	Time	Description	% of FTP	% of FTHR
Warm-up	15 min.	Endurance pace	56 – 75	69 – 83
Main set	6 × 6 min. (6 – 8 min. RI)	VO₂max TT, fast	96 – 102	100 – 105
Cooldown	15 min.	Easy riding	56 – 75	69 – 83

VO₂-W2   6-minute VO₂max Time Trial with Tempo   예상 소요 시간: 2.25 시간

타임 트라이얼 자전거가 있다면 이 라이드에 사용하세요. 이는 타임 트라이얼을 수행하는 시뮬레이션이므로 가능한 한 FTP까지 최대한 끌어올리는 것이 중요합니다.

20분간 빠르게 워밍업한 후 바로 빠르게 페달을 돌리는 1분 인터벌, 1분휴식을 5회 수행합니다. 이후 10분간 편안하게 라이딩한 다음 타임 트라이얼 시뮬레이션으로 넘어갑니다. 5회의 6분 인터벌을 수행합니다. 인터벌 사이에 5분간 휴식을 취합니다. 인터벌 시 평소 스스로 선택한 케이던스로 라이딩합니다. 20분간의 템포 라이딩과 15분간의 쿨다운으로 마무리합니다.

Vo₂-w2	Time	Description	% of FTP	% of FTHR
Warm-up	20 min.	Endurance pace	56 – 75	69 – 83
Main set	5 × 1 min. (1 min. RI)	Fast pedaling, 100+ rpm	<80	<90
	10 min.	Easy riding	56 – 75	69 – 83
	5 × 6 min. (5 min. RI)	TT simulation	110 – 115	>105
	20 min.	Tempo riding	80 – 90	90 – 94
Cooldown	15 min.	Easy riding	56 – 75	69 – 83

VO₂-W3   3-minute VO₂max Time Trial   예상 소요 시간: 2 시간

이번 라이딩에 도전해 보세요. 파워를 FTP의 115% 이상으로 유지하는 3분 인터벌을 6회 수행합니다.

단, 내리막길이 포함된 구간에서는 인터벌을 하지 마세요. 각 인터벌 사이에 5분간 휴식을 취할때는 FTP의 75% (FTHR은 85%)로 유지하세요. 휴식을 마쳤지만 밀어붙이지 않는 상황에서는 템포(FTP의 80% 정도)를 유지합니다.

Vo₂-w3	Time	Description	% of FTP	% of FTHR
Warm-up	15 min.	Easy riding	56 – 75	69 – 83
Main set	6 × 3 min. (5 min. RI)	Hard efforts at VO₂max	>115	>105
	Rest of the ride	Tempo pace	80 – 85	88 – 90
Cooldown	10 min.	Easy riding	56 – 75	69 – 83

VO₂-W4　　3-minute and 2-minute VO₂max Time Trial　　예상 소요 시간: 1.75 시간

워밍업 후 5분간 VO₂max 노력을 완료한 후 5분간 쉬운 라이딩을 합니다. 이후 6번의 3분 인터벌을 FTP의 120%까지 끌어올려서 수행합니다. 인터벌 사이에 3분간 휴식을 취합니다. 10분간 편안하게 크루즈를 한 뒤, 2분 인터벌 및 4분 휴식을 4회 수행합니다. 이 워크아웃은 힘듭니다. 쿨다운하세요.

Vo₂-w4	Time	Description	% of FTP	% of FTHR
Warm-up	15 min.	Easy riding	56 – 75	69 – 83
Main set	5 min. (5 min. RI)	VO₂max	106 – 115	>105
	6 × 3 min. (3 min. RI)	VO₂max	120	>105
	10 min.	Cruise	56 – 75	69 – 83
	4 × 2 min. (4 min. RI)	VO₂max time trial	135	>105
Cooldown	15 min.	Easy riding	56 – 75	69 – 83

VO₂-W5　　2-minute VO₂max Time Trial　　예상 소요 시간: 1.25 시간

이 라이딩을 하려면 컨디션이 좋아야 합니다. 큰 숫자에서 알 수 있듯이 이것은 긴 워크아웃이 아니라 힘든 워크아웃입니다.

워밍업이 끝나면 힘껏 끌어올릴 시간입니다! 케이던스 100 rpm 이상으로 1분간 빠르게 페달링을 4회 반복합니다. 와트 수에 너무 신경 쓰지 말고 케이던스와 부드러운 페달링에 집중하세요. 이후 5분간 편안하게 라이딩한 다음, 시속 23-25마일(37-40 km/h)의 속도에서 시작하여 6번의 2분 타임 트라이얼 인터벌을 실시합니다. 인터벌 내내 꾸준히 페달을 밟지만 마지막에는 정말 강하게 강하게 밀어붙입니다. 인터벌 사이에 2분간 휴식을 취합니다. 10분간 가볍게 라이딩하고 6분간 타임 트라이얼을 한 번 더 수행하는 것으로 마무리합니다. 쿨다운 하세요.

Vo₂-w5	Time	Description	% of FTP	% of FTHR
Warm-up	15 min.	Easy riding	56 – 75	69 – 83
Main set	4 × 1 min. (1 min. RI)	Fast pedaling, 100+ rpm	<80	<90
	5 min.	Easy riding	56 – 75	69 – 83
	6 × 2 min. (2 min. RI)	VO₂max time trial	avg. 135+	avg. 105
	10 min.	Easy riding	56 – 75	69 – 83
	6 min.	VO₂max time trial	115	>105
Cooldown	15 min.	Easy riding	56 – 75	69 – 83

VO₂-W6   Race-Winning Intervals, Ride 1   예상 소요 시간: 2시간

이 인터벌은 레이스에서 승리를 위해 공격하는 라이더의 파워 그래프를 시뮬레이션하기 때문에 VO₂max 와 레이스 승리 능력을 향상시킵니다.

엔듀런스 페이스에서 20분간 워밍업으로 워크아웃을 시작합니다. 이후 페달에 가하는 힘의 양을 비교적 낮게 유지하면서 1분간의 빠르게 페달링을 5회 수행합니다. 이때 흔들리지 않도록 주의합니다. 5분간 인듀어런스 페이스로 라이딩한 다음 레이스-위닝 인터벌을 수행하는데, 최소 5번의 노력을 수행합니다.

레이스-위닝 인터벌은 30초 스프린트(안장 위에서 15초, 댄싱 15초)로 시작하고, 평균적으로는 FTP의 200%, 최고점으로는 300%를 시도합니다. 시속 28-30마일(45-48 km/h)의 속도에 도달하고 30초간 유지합니다. 그 후 3분간 라이딩하면서 FTP의 100-110%(또는 1시간 동안 유지할 수 있다고 생각되는 최고 속도)로 달리다가, 댄싱으로 10초간 버스트(FTP의 200%)를 하면서 마무리합니다. 이것이 한 세트이며, 세트 사이에 5-6분간 휴식을 취합니다.

자신을 밀어붙일 수 있다면 1분간 빠른 페달링(110 rpm 이상) 및 1분 휴식을 8회 반복합니다. 쿨다운 하세요.

Vo2-w6	Time	Description	% of FTP	% of FTHR
Warm-up	20 min.	Easy riding	56 – 75	69 – 83
	5 × 1 min. (1 min. RI)	Fast pedaling, 110+ rpm	<80	<90
	5 min.	Endurance pace	56 – 75	69 – 83
Main set	5 – 8 × 5 min. (5 – 6 min. RI)	Race-winning intervals	100 – 110	100 – 105
	30 sec.	Sprints, peak at 300% FTP	200+	n/a
	3 min.	Steady effort	100 – 110	100 – 105
	10 sec.	Burst	200+	n/a
	8 × 1 min. (1 min. RI)	Fast pedaling effort, 110+ rpm	<80	<90
Cooldown	15 min.	Easy riding	56 – 75	69 – 83

30분의 워밍업을 수행합니다. 이 중 중간의 10분 라이딩에서는 템포에서 시작하여 FTP까지 끌어올리는데, 따라서 마지막 1분은 1분은 FTP에 도달합니다. 그런 다음 10분간 편안하게 라이딩합니다.

메인 세트의 경우, FTP에서 5분간 노력하고, 다음으로 FTP의 바로 바로 위 구간에서 2분간 라이딩합니다(심박수 약 5 bpm 상승). 다시 역치 페이스로 내려갑니다. 예를 들어, 역치 파워가 300 W이고 역치 심박수가 170 bpm인 경우, 5분 동안 300 W로 라이딩한 다음 파워를 320 W로 올려 2분 동안 심박수를 175 bpm까지 올린 다음 다시 300 W로 낮춥니다. 심박수가 다시 170 bpm에 도달하거나 3분이 지나면 다시 320 W (175 bpm)까지 높입니다.

각 레이스 인터벌 세트는 역치에서 3분, 그 바로 위에서 2분으로 시작하여 15분 동안 3번 반복합니다. 이후 10분간 휴식을 취합니다. 이 전체를 총 3번 수행합니다. 20분간 쿨다운 합니다.

Vo2-w7	Time	Description	% of FTP	% of FTHR
Warm-up	10 min.	Easy riding	56 – 75	69 – 83
	10 min.	Build to Threshold	75 – 100	85 – 100
	10 min.	Easy riding	56 – 75	69 – 83
Main set	5 min.	Threshold	100 – 105	98 – 103
	2 min.	Just above Threshold	105 – 110	>105
	3 × 5 min. (10 min. RI)	Race-winning intervals		
	3 min.	*At Threshold*	*100*	*100 – 103*
	2 min.	*Above Threshold*	*105 – 110*	*>105*
	10 min.	*Recovery*	*56 – 75*	*69 – 83*
Cooldown	20 min.	Easy riding	56 – 75	69 – 83

이것은 트레이너에서 수행해야 하는 테스트 워크아웃입니다. 너무 세게 시작하면 느리게 끝마치게 될 것입니다.

10초 스프린트 3회를 포함한 15분 워밍업으로 시작하되 각 노력 사이에 1분간 회복 시간을 갖습니다. 곧바로 5분간의 VO₂max 노력을 수행해야 하므로 충분한 워밍업을 해야 합니다. VO₂max 노력은 강한 페이스로 시작하되 너무 세게 하지 말고 매분 파워를 높이는 것을 목표로 합니다. 이후 15분 동안 가볍게 스피닝하며 회복한 다음 20분의 타임 트라이얼을 수행합니다. 처음 4분 동안은 약간 힘을 빼고 시작했다가, 마무리를 강하게 하세요. 15분 동안 쿨다운 합니다.

VO₂–W8	Time	Description	% of FTP	% of FTHR
Warm-up	15 min.	Endurance with 3 × 10 sec. sprints with 1 min. recovery	56 – 75	69 – 83
Main set	5 min.	VO₂max effort	106 – 120	>106
	15 min.	Active Recovery	<55	<68
	20 min.	Time trial at threshold	91 – 105	95 – 105
Cooldown	15 min.	Easy riding	<55	<68

LEVEL 6: ANAEROBIC CAPACITY (121–150% OF FTP)

AC-W1   Anaerobic Capacity Hills, Ride 1   예상 소요 시간: 1 시간

이 워크아웃은 힐클라임이 많은 곳에서 하거나, 바람을 맞으며 라이딩하여 힐클라임을 시뮬레이션 합니다. 힐클라임의 길이는 30초에서 2분까지 다양합니다.

워밍업을 마친 후 본격적인 라이딩을 시작합니다. 빠른 속도로 라이딩하세요. 정상에 도달할 때쯤에는 다리가 타는 느낌이 들 것입니다. 내리막길에서 2분간 회복합니다. 15-20분간 액티브 리커버리로 쿨다운하세요.

AC–W1	Time	Description	% of FTP	% of FTHR
Warm-up	20 min.	Easy riding	56 – 75	69 – 83
Main set	10 × 30 sec. – 2 min. (2 – 3 min. RI)	Hill repeats	>120	>105
Cooldown	15 – 20 min.	Easy riding	56 – 75	69 – 83

AC-W2   Anaerobic Capacity Hills, Ride 2   예상 소요 시간: 2 시간

이것은 힐클라임을 반복하는 워크아웃입니다. 준비하는 레이스의 힐클라임과 비슷한 것을 찾아 2~3분 정도 오르면 됩니다.

워밍업을 간단하게 한 후, 힐클라임 인터벌을 시작하기 전에 최소 20마일(32 km)을 일정한 속도로 달리며 준비합 합니다. 이후 힐클라임을 10회 반복하되, 끝까지 힘차게 오르다가 정상에서 폭발적인 힘을 내세요. 중간중간 휴식을 취합니다. 고통스러울 것입니다. 쿨다운 하세요.

AC-W2	Time	Description	% of FTP	% of FTHR
Warm-up	20 min.	Easy riding	56-75	69-83
Main set	1.5 hr.	20 miles at Tempo with hill repeats	70-85	88-91
	10 × 2-3 min.	*Hill repeats*	*>120*	*>105*
Cooldown	15-20 min.	Easy riding	56-75	69-83

AC-W3   1-minute and 2-minute AC Intervals   예상 소요 시간: 1.5 시간

이 워크아웃의 목표는 열심히 노력하고 빠르게 회복하는 능력을 향상시키는 것입니다. 표 5.1의 지침에 따라 인터벌을 중단해야 하는 시점을 정확히 파악하되, 최소 8회 이상 인터벌을 수행하세요.

일반적인 워밍업으로 다리를 깨운 다음 파워미터를 '인터벌 모드'로 설정하여 인터벌의 평균 데이터를 확인할 수 있게 합니다. 메인 세트에서는 평균 와트를 '당근'으로 삼아 끝까지 밀어붙이면서 최대한 열심히 노력하세요. 2분 인터벌로 8회 동안 역치의 130% 이상에 도달하되, 평균 118%에 더 이상 도달할 수 없을 때 중단합니다. 사이사이에 최소 2분(필요한 경우 그 이상) 동안 회복합니다. 이후 1분 인터벌 3회로 마무리하며 이때 평균 140% 이상이 되도록 노력해 보세요. 다만 120% 미만으로 떨어지면 중단합니다. 쿨다운하세요.

AC-W3	Time	Description	% of FTP	% of FTHR
Warm-up	15 min.	Easy riding	56-75	69-83
Main set	8 × 2 min. (2 min. RI)	Hard as you can Recover longer if needed	avg. 130+	>105
	3 × 1 min. (2 min. RI)	Hard as you can	avg. 140+	>105
Cooldown	15 min.	Easy riding	56-75	69-83

AC-W4   Anaerobic Capacity with FTP and Sweet Spot   예상 소요 시간: 1.5 시간

15분간 저강도의 워밍업으로 다리를 움직인 다음, 파워미터를 '인터벌 모드'로 설정하여 인터벌의 평균 데이터를 확인할 수 있도록 합니다. 이를 통해 인터벌을 완료한 후에 각 인터벌을 검토하고, 다음 인터벌에 대한 목표를 세우거나 언제 중단해야 하는지 확인합니다.

45분간의 메인 세트는 먼저 5분간 FTHR의 100%를 달성하는 것으로 시작합니다. 5분간 FTHR의 80%로 한 번 더 노력한 다음, 평균 와트를 '당근'으로 삼아 끝까지 밀어붙이면서 6번의 2분 인터벌을 할 수 있는 한 열심히 합니다. FTP의 130% 이상을 목표 평균으로 하되, FTP의 118%에 도달하지 못하면 중단하세요. 인터벌 사이에 최소 3분 동안 회복합니다. 마지막으로 20분간 스윗스팟 라이딩을 수행합니다. 쿨다운하세요.

AC-W4	Time	Description	% of FTP	% of FTHR
Warm-up	15 min.	Easy riding	>56	>69
Main set	5 min.	Threshold effort	91 – 105	99 – 103
	5 min.	Recover	<75	80
	6 × 2 min. (3 min. RI)	Hard as you can	avg. 130	>105
	20 min.	Sweet Spot	88 – 93	92 – 98
Cooldown	10 min.	Easy riding, watts <100	56 – 75	69 – 83

AC-W5　　　　Tempo with Neuromuscular Power Bursts　　　　예상 소요 시간: 2 시간

워밍업 후, 1시간 동안 스윗스팟에서 부드럽고 안정적으로 라이딩을 수행하되, FTP의 150%의 15초 버스트 인터벌을 10회 포함시킵니다. 이후 평균 FTP의 135% 이상으로 2분 인터벌을 8회 수행합니다. 인터벌의 평균 파워가 FTP의 122% 미만으로 떨어지면 중단합니다. 인터벌 사이사이에 2분간 휴식을 취합니다. 물론 인터벌 가이드라인에 따라 중단할 시기를 결정합니다. 쿨다운 하세요.

AC-W5	Time	Description	% of FTP	% of FTHR
Warm-up	15 min.	Easy riding	56 – 75	69 – 83
Main set	1 hr.	Sweet Spot with bursts	88 – 93	92 – 98
	10 × 15 sec.	*Bursts*	*150*	*N/A*
	8 × 2 min. (2 min. RI)	Hard as you can	avg. 135	>105
Cooldown	15 min.	Easy riding	56 – 75	69 – 83

AC-W6　　　　All AC Intervals, Ride 1　　　　예상 소요 시간: 1 시간

이 워크아웃에서는 레벨 6 인터벌 회수가 적습니다. 무리할 필요는 없지만 강도는 좋아야 합니다.

워밍업 후 무산소 능력에서 2분 인터벌 3회(인터벌 사이 1분 휴식)를 수행합니다. 이후 5분간 편안하게 라이딩합니다. 1분 인터벌로 3번 더 강하게 달리고(인터벌 사이 1분 휴식), 다시 5분 동안 쉬운 페이스로 라이딩합니다. 마지막으로 전속력으로 모든 것을 다하는 30초 인터벌을 3번 수행하고(인터벌 사이 1분 휴식) 쿨다운 합니다.

AC-W6	Time	Description	% of FTP	% of FTHR
Warm-up	15 min.	Easy riding	56 – 75	69 – 83
Main set	3 × 2 min. (1 min. RI)	Anaerobic Capacity	135	105
	5 min.	Easy riding	<75	<83
	3 × 1 min. (1 min. RI)	Anaerobic Capacity	150	>105
	5 min.	Easy riding	<75	<83
	3 × 30 sec. (1 min. RI)	All-out	200	N/A
Cooldown	15 min.	Easy riding	56 – 75	69 – 83

AC-W7   All AC Intervals, Ride 2   예상 소요 시간: 1.25 시간

워밍업 후 무산소 능력에서 2분 인터벌 6회(인터벌 사이 1분 휴식)를 수행합니다. 이후 5분간 편안하게 라이딩합니다. 1분 인터벌로 6번 더 강하게 달리고(인터벌 사이 1분 휴식), 다시 5분 동안 쉬운 페이스로 라이딩합니다. 마지막으로 전속력으로 모든 것을 다하는 30초 인터벌을 6번 수행하고(인터벌 사이 1분 휴식) 쿨다운 합니다.

AC-W7	Time	Description	% of FTP	% of FTHR
Warm-up	20 min.	Easy riding	56 – 75	69 – 83
Main set	6 × 2 min. (1 min. RI)	Anaerobic Capacity	>135	>105
	5 min.	Easy riding	<75	<83
	6 × 1 min. (1 min. RI)	Anaerobic Capacity	>150	>105
	5 min.	Easy riding	<75	<83
	6 × 30 sec. (1 min. RI)	All-out	200	n/A
Cooldown	15 min.	Easy riding	56 – 75	69 – 83

AC-W8   Anaerobic Capacity Intervals   예상 소요 시간: 1.25 시간

이 워크아웃은 레이싱 승리에 필수적인 무산소 능력과 반복성을 향상시키는 데 도움이 됩니다.

10-15분간 워밍업을 하되, 1분의 빠른 페달링 3회를 포함시킵니다. 이후 FTP의 130%에서 2분 인터벌을 6회 수행합니다. 이때 인터벌 사이에 4분의 휴식을 취합니다. 각 인터벌의 마지막 5초는 댄싱 스프린트로 마무리합니다. 이 노력은 중저강도 힐클라임에서 수행하는 것이 가장 좋습니다. 10분간 편하게 회복한 뒤, FTP의 140%에서 3번의 1분 스프린트 인터벌을 실시합니다. 각 노력 사이에 엔듀런스 페이스로 2분간 회복합니다. 두 종류의 인터벌 모두에서 FTP의 118%를 유지할 수 없다면 중단합니다. 10분간 쿨다운 합니다.

AC-W8	Time	Description	% of FTP	% of FTHR
Warm-up	10 – 15 min.	Endurance with 3 × 1 min. fast pedaling	56 – 75	69 – 83
Main set	6 × 2 min. (4 min. RI)	Anaerobic Capacity on low- to medium-grade climb, finishing each interval with 5-sec. standing sprint Recovery at Endurance	130	>106
	10 min.	Active Recovery	<55	<68
	3 × 1 min. (2 min. RI)	Anaerobic Capacity, finishing each interval with 5-sec. standing sprint Recover at Endurance	140	>106
Cooldown	10 min.	Easy riding	<55	<68

LEVEL 7: NEUROMUSCULAR POWER

NP-W1   Neuromuscular Power Microbursts   예상 소요 시간: 1.25 시간

이 워크아웃은 근육의 수축 및 이완 반응을 개선시켜 근육이 좀 더 속도를 잘 바꾸도록 합니다.

워밍업 후 10분 인터벌의 마이크로버스트 노력을 세 번 수행합니다. 파워는 15초 '켜기(FTP의 150%)'에서 15초 '끄기(회복)'로 계속 전환됩니다. 인터벌 사이에 5분간 휴식을 취합니다. 쿨다운 합니다.

NP-W1	Time	Description	% of FTP	% of FTHR
Warm-up	15 min.	Easy riding	<56	<69
Main set	3 × 10 min. (5 min. RI)	Continuous 15-sec. microbursts	91 – 105	95 – 103
	15 sec.	*"On": hard microburst*	*150*	*n/a*
	15 sec.	*"Off": recovery*	*50*	*n/a*
Cooldown	15 min.	Easy riding	56 – 75	69 – 83

NP-W2   Neuromuscular Power Microbursts and Sprints   예상 소요 시간: 2 시간

15분간 일반적인 워밍업을 한 후, 15초간 '켜기(FTP의 150%)', 15초간 '끄기(FTP의 50%)'를 계속 반복하는 10분 마이크로버스트 인터벌을 3회 실시합니다. 인터벌 사이에서는 5분간 회복합니다. 다음으로 15분간 편안하게 크루즈를 하고, 댄싱으로 10초 스프린트 인터벌을 10회 반복(인터벌 사이 2분 휴식)합니다. 이때 스프린트에서 FTP의 300-350%에 도달하도록 노력합니다. 쿨다운 하세요.

NP-W2	Time	Description	% of FTP	% of FTHR
Warm-up	15 min.	Easy riding	56 – 75	69 – 83
Main set	3 × 10 min. (5 min. RI)	Continuous 15 sec. microbursts	91 – 105	95 – 103
	15 sec.	*"On": hard microburst*	*150*	*n/a*
	15 sec.	*"Off": recovery*	*50*	*n/a*
	15 min.	Cruise	56 – 75	69 – 83
	10 × 10 sec. (2 min. RI)	Sprint intervals	300 – 350	N/A
Cooldown	15 min.	Easy riding	56 – 75	69 – 83

NP-W3　　10-second Neuromuscular Power Bursts　　예상 소요 시간: 1.5 시간

일반적인 워밍업 후 레벨 3의 하단(FTP의 76~80%)을 일정하게 유지하면서 1시간 동안 라이딩 합니다. 1 시간 동안 3분마다 안장에서 일어나서 10초의 버스트 인터벌을 실시하여 FTP 파워의 180%에 도달하도록 노력합니다. 버스트 시 기어 변속을 두 번 이상 하지 않습니다. 케이던스를 높게 유지하세요. 이후 나머지 시간 동안은 FTP의 80% 이하로 크루징합니다. 쿨다운 하세요.

NP-W3	Time	Description	% of FTP	% of FTHR
Warm-up	15 min.	Easy riding	<56	<69
Main set	1 hr.	Tempo riding with bursts every 3 min.	76 – 80	84 – 88
	10 sec.	*Bursts, 100+ rpm*	*180*	*n/a*
	Remaining time	Cruise	<80	<90
Cooldown	15 min.	Easy riding	56 – 75	69 – 83

NP-W4　　Big Gear Uphill　　예상 소요 시간: 1.75 시간

이는 실내 트레이너를 위한 훌륭한 워크아웃입니다. 자전거의 앞바퀴를 블록 위에 올려놓고 수평보다 약 2~4인치 정도 들어 올립니다. 혹은 근처에서 2분 거리의 힐클라임을 찾아 야외에서 수행하세요.

20분간 워밍업합니다. 앉은 상태에서 시속 12마일부터 시작하여 53:14의 기어로 6번의 빅기어 인터벌을 수행합니다. 케이던스를 80 rpm까지 끌어올려 노력을 끝내는데, 인터벌 사이에는 3분간 회복합니다. 이후 15분간 회복합니다. 다음 스프린트 세트는 53:19 또는 53:17로 시작합니다. 댄싱으로 2분 인터벌을 수행하면서, 언덕 아래에서 출발하여 정상에서 힘을 준다고 상상합니다. 케이던스를 50-60 rpm으로 유지하면서 총 6-8회 스프린트를 합니다. 무릎을 조심하세요. 각 인터벌 마다 3분의 휴식을 취합니다. 쿨다운 하세요.

NP-W4	Time	Description	% of FTP	% of FTHR
Warm-up	20 min.	Easy riding	56 – 75	69 – 83
Main set	6 × 30 sec. (3 min. RI)	Seated big-ring sprints (53:14) from 12 mph, finish at 80 rpm	max	N/A
	15 min.	Spinning	<75	<83
	6 – 8 × 2 min. (3 min. RI)	Standing small-ring sprints (53:19 or 53:17), 50 – 60 rpm	max	N/A
Cooldown	15 min.	Easy riding	56 – 75	69 – 83

NP-W5   Small- and Big-Ring Sprints, Ride 1   예상 소요 시간: 1.25 시간

이 워크아웃의 목표 중 하나는 스프린트에서 가장 어려운 기어로 이동할 때 체인이 떨어지는 것을 피하는 것입니다. 스프린트는 힘차게 점프하는 것으로 시작됩니다. 체인이 각 기어를 감아 나가면서 한 단씩 아래로 변속합니다. 수동 변속 자동차를 운전하는 것과 마찬가지로, rpm이 적절한 범위에 도달하면 기어를 내립니다.

워밍업 후 작은 체인링으로 기어 변속 없이 50 m를 달리고 스프린트를 6회 수행합니다. 스프린트 사이에 2~3분간 휴식을 취합니다.

이후 53:17의 빅-링으로 20 mph (32 km/h)에서 3번의 스프린트를 수행합니다. 이때 한 번만 변속합니다. 각 스프린트 사이에는 3-5분간 휴식을 취합니다. 다음으로 23 mph (37 km/h)에서 53:16으로 시작하여 두 번의 기어 변속을 하는 빅-링 스프린트를 총 세 번 수행합니다. 마지막으로 28 mph (45 km/h)에서 53:15의 기어로 시작하여 53:14 및 53:13 기어를 모두 감는 스프린트를 수행합니다(속도를 끌어올리는 데 도움이 되도록 약간의 내리막길에서 수행할 수 있습니다). 쿨다운하세요.

NP-W5	Time	Description	% of FTP	% of FTHR
Warm-up	15 min.	Easy riding	56 – 75	69 – 83
Main set	6 × 50 m (2 – 3 min. RI)	Small-ring sprints from 10 mph, finish at 120 rpm	max	N/A
	3 × 250 m (3 – 5 min. RI)	Big-ring sprints in 53:17 from 20 mph Wind out the gear and shift once Finish at 110 – 120 rpm	max	N/A
	3 × 250 m (3 – 5 min. RI)	Big-ring sprints in 53:16 from 23 mph Wind out the gear and shift twice Finish at 110 – 120 rpm	max	N/A
	250 m	Big-ring sprint in 53:15 from 26 to 28 mph (downhill) Wind out the gear and shift twice Finish at 110 – 120 rpm	max	N/A
Cooldown	20 – 30 min.	Easy riding	56 – 75	69 – 83

NP-W6　　Small- and Big-Ring Sprints, Ride 2　　예상 소요 시간: 2 시간

이번 시즌의 스프린트 능력을 향상하려면 이 워크아웃을 시도해 보세요. 시야가 충분히 확보된 잘 닦인 도로, 즉 평평하거나 완만한 내리막길의 직선 도로를 선택하는 것이 좋습니다.

엔듀런스 페이스에서 20분간 워밍업을 합니다. 이후 1분간 빠르게 페달을 밟아 110 rpm 이상의 케이던스를 유지하는 인터벌을 세 번 수행합니다. 페달에 가하는 힘은 비교적 약하게 하되 흔들리지 않도록 주의합니다. 각 인터벌 사이에 1분간 회복합니다. 이후 엔듀런스 페이스로 5분간 라이닝한 후 스프린트 순비를 합니다.

10 mph (16 km/h) 정도의 느린 속도로 스몰-링 스프린트부터 시작합니다. 초반의 '점프'를 강조한 최선을 다해 다리를 돌립니다. 스몰-링으로 50 m 스프린트를 6회 하고, 앞기어 변속 없이 뒷 기어만 두 번 내립니다. 인터벌 사이에 1-2분간 휴식을 취합니다(일반적으로 스프린트 출발 라인으로 다시 천천히 돌아가는 데 걸리는 시간입니다).

다음으로 기어를 한 번만 바꾸면서 빅-링 스프린트를 6회 반복합니다. 53:17의 기어로 20 mph (32 km/h)에서 시작하고, 다시 53:16으로 변속하여 결승선까지 스프린트합니다. 다시 말하지만, 스프린트 사이사이에 최소 2분 이상 휴식을 취합니다.

스프린트를 4회 더 하되, 이번에는 약간 더 어려운 기어와 더 빠른 속도로 시작하여 마무리합니다. 53:16의 기어에서 23마일 (37 km/h)의 속도로 빅-링 스프린트를 세 번 하고 이번에는 기어를 두 번 변속하여 53:14로 마무리합니다. 오늘의 마지막 스프린트는 53:15의 빅-링으로 30 mph (48 km/h)에서 로 출발한 다음 두 번의 기어 변속을 통해 53:13으로 마무리합니다. 각 스프린트마다 변속한 최대한 기어를 한계까지

활용해야 한다는 점을 기억하세요. 최소 20분 동안 쿨다운하세요.

NP-W6	Time	Description	% of FTP	% of FTHR
Warm-up	20 min.	Easy riding	56 – 75	69 – 83
Main set	3 × 1 min. (1 min. RI)	Fast pedaling, 110+ rpm	<80	<90
	5 min.	Easy riding	56 – 75	69 – 83
	6 × 50 m (1 – 2 min. RI)	Small-ring sprints from 10 mph Finish at 120 rpm	max	N/A
	6 × 250 m (2 – 3 min. RI)	Big-ring sprints in 53:17 from 20 mph Finish at 110 – 120 rpm, shifting once (53:16)	max	N/A
	3 × 250 m (2 – 3 min. RI)	Big-ring sprints in 53:16 from 23 mph Wind out the gear and shift twice (53:15, 53:14) Finish at 110 – 120 rpm	max	N/A
	250 m	Big-ring sprint in 53:15 from 30 mph (downhill) Wind out the gear and shift twice (53:14, 53:13) Finish at 110 – 120 rpm	max	N/A
Cooldown	20 – 30 min.	Easy riding	56 – 75	69 – 83

NP-W7   Sprint Intervals   예상 소요 시간: 1.5 시간

다리를 깨우기 위해 빠르게 페달을 돌리는 1분 인터벌 3회를 포함한 워밍업을 15~20분간 수행합니다. 첫 번째 메인 세트에서는 39:16 기어로 150 야드(140 m) 거리를 8초 동안 주파하는 스몰-링 스프린트를 6회 실시합니다. 각 스프린트는 처음에 약 12 mph (19 km/h)로 시작한 다음 120 rpm 이상의 케이던스를 목표로 빠르게 회전속도와 파워를 증가시킵니다.

이후 5-10분간 회복한 뒤, 두 번째 메인 세트는 53:16 기어로 시작해 250 m 거리를 15초간 주파하는 빅-링 스프린트를 6회 반복합니다. 각 스프린트는 18 mph (29 km/h) 정도에서 시작하여 최대 속도와 힘에 도달할 때까지 기어를 두 번씩 올리면서 힘차게 치고 나갑니다. 승리를 위해 스프린트하세요! 10분간 쿨다운합니다.

NP–W7	Time	Description	% of FTP	% of FTHR
Warm-up	15 – 20 min.	Endurance with 3 × 1 min. fast pedaling	56 – 75	69 – 83
Main set	6 × 8 sec. (2 – 3 min. RI)	Small-ring sprints (39:16) from 12 mph Target 120 rpm	max	N/A
	5 – 10 min.	Active Recovery	<55	<68
	6 × 15 sec. (2 – 3 min. RI)	Big-ring sprints (53:16) from 18 mph Wind out gear and shift twice to reach max speed and effort	max	N/A
Cooldown	10 min.	Easy riding	<55	<68

NP-W8   **The Sprint Double**   예상 소요 시간: 2 시간

항상 레이스 마지막에는 결승선을 향해 마지막 스프린트를 할 수 있게 위치를 선정하는 또 다른 스프린트가 있습니다. 이 스프린트에 대해서는 거의 언급되지 않고 트레이닝도 거의 하지 않습니다. 이 스프린트는 일반적으로 최대 스프린트 노력의 약 80%로 5-8초간 진행됩니다. 그후 약 10초간 FTP를 뛰어넘는 파워로 결승선까지 위치를 지키면서 쥐어짜는 최종 스프린트를 합니다. 이 워크아웃은 선두 그룹에서 완주하는 데 필요한 두 가지 스프린트를 모두 준비할 수 있도록 설계되었습니다.

1분간 빠르게(100 rpm) 페달을 밟고 1분씩 회복하는(80 rpm) 인터벌을 5회 포함한 형태로 20-40분간 워밍업을 합니다. 와트는 낮게 유지하고 케이던스에 집중하세요. 이후 10 mph (16 km/h)에서 시작하여 초반의 폭발적인 힘을 가하는 8초의 스몰-링 스프린트를 6회 완료합니다. 각 스프린트 사이에 2-3분간 휴식을 취합니다. 이는 다음에 이어질 6 10번의 두 가지 스프린트를 수행하기 전에 피로를 느끼도록 고안된 것입니다.

이제 빅-링에서 20 mph (32 km/h)로 시작하여 90 rpm으로 스프린트합니다. 이는 5-8초 동안 최대 스프린트 노력의 80%로 수행됩니다. 이제 마지막 스프린트입니다. 10초 동안 FTP의 120-150%로 라이딩합니다. 결승선을 향해 모든 것을 쥐어짜내 최대 스프린트 노력에 도달합니다. 결과적으로 두 종류의 스프린트를 합쳐 약 18초 동안 250-300 m를 달려야 합니다. 세트 사이에 5분간 회복합니다. 20-40분 동안 쿨다운하세요.

NP-W8	Time	Description	% of FTP	% of FTHR
Warm-up	20 – 40 min.	Endurance with 5 × 1 min. fast pedaling (100+ rpm) with 1 min. recovery (80 rpm)	56 – 75	69 – 83
Main set	6 × 8 sec. (2 – 3 min. RI)	Small-ring sprints (39:16) from 10 mph Target 120 rpm	max	N/A
	5 – 10 min.	Active Recovery	<55	<68
	6 – 10 × 18 sec. (5 min. RI)	Big-ring sprint doubles (53:16) from 20 mph, 90 rpm, at 80% max sprint effort for 8 sec. Reach max speed and effort in final 10 sec.	max	N/A
Cooldown	20 – 40 min.	Easy riding	<55	<68

ALL LEVELS: KITCHEN SINK

아래의 워크아웃은 한 번에 여러 에너지 시스템을 활성화시키지만, 일반적으로 한 가지 시스템에 중점을 둡니다. 하지만 이어지는 워크아웃들은 빼고 모든 시스템을 활성화시킵니다. 이러한 워크아웃은 도전적이며 전반적인 피로 저항을 테스트할 수 있는 좋은 방법입니다.

WATTS-W1   Kitchen Sink in the Mountains   예상 소요 시간: 4 시간

산악 구간에서 4시간 동안 꾸준한 라이딩을 시도해 보세요. 급경사에서는 케이던스를 유지합니다.

라이딩을 시작하고 처음 2시간 동안은 주요 힐클라임을 세 번 이상 수행합니다. 그중 두 번은 역치에서 라이드하세요. 나머지는 템포 페이스로 라이딩합니다. 케이던스와 파워를 주시하며 효율성을 극대화하세요.

각각의 내리막길에서는 두 번의 3분의 빠른 페달링 인터벌을 수행해 봅니다. 케이던스를 120 rpm 이상으로 유지하고 필요에 따라 브레이크를 밟아 페달에 압력을 유지하며 빠르게 페달을 밟습니다. 내리막이라도 인터벌 사이에 3분간 휴식을 취합니다. 만약 오르막 구간이 두 번의 인터벌을 채울 만큼 길지 않다면 라이딩 후반부의 낙타등 구간에서 오르막 구간을 보충하세요.

다음으로 낙타등 지형에서 2분 인터벌을 8회 수행합니다.

20마일(32 km)이 남았을 때 회복 음료나 카페인을 보충하기 위해 멈춥니다. 마지막 30-40분 동안은 빠르게 달립니다. 쿨다운하세요.

WATTS-W1	Time	Description	% of FTP	% of FTHR
Warm up	30 min.	Easy riding	56 – 75	69 – 83
Main set	1.5 hr.	Endurance/Tempo with hills	70 – 85	80 – 92
	2 × 20 min.	*Hills at Threshold*	*100 – 105*	*99 – 103*
	2 × 3 min. (3 min RI)	*Downhills, fast pedaling, 120+ rpm*	*<100*	*<100*
	20 min.	*Hill at Tempo*	*76 – 90*	*84 – 94*
	2 × 3 min. (3 min RI)	*Downhills, fast pedaling, 120+ rpm*	*<100*	*<100*
	1 hr.	Endurance/Tempo with hard 2 min. efforts	70 – 85	80 – 92
	8 × 2 min.	*Anaerobic Capacity*	*120 – 140*	*>105*
	30 – 40 min.	Fast	80 – 95	90 – 98
Cooldown	30 min.	Easy riding	56 – 75	69 – 83

WATTS-W2   Anaerobic Capacity, Neuromuscular Power, FTP, and Motorpacing

예상 소요 시간: 5 시간

이 워크아웃의 트레이닝 스트레스 스코어(TSS)는 300점입니다. 워밍업을 하고 빠르게 페달을 밟는 1분 인터벌을 4회 수행합니다. 그 뒤에 평지에서 전속력으로 달리는 2분 인터벌을 6회 수행합니다. 인터벌 사이에 완전히 회복할 수 있게 엔듀런스 페이스로 4분간 라이딩합니다. 이후 다시 30초의 강한 스프린트를 6회 반복합니다. 역시 인터벌 사이에 완전히 회복할 수 있게 약 3분간 라이딩합니다. 이를 모두 마친 후에 20분 동안 편안하게 크루즈를 합니다.

다음으로, 75 m의 스몰-링 스프린트를 6회 수행합니다. 10 mph (16 km/h)에서 시작하고 기어는 39:16 및 39:17를 완전히 활용하되 135 rpm을 유지합니다. 이를 마친 뒤, 이번엔 250 m의 빅-링 스프린트를 6회 수행합니다. 18 mph (29 km/h)에서 시작하여 53:16, 53:15, 53:14의 기어를 사용합니다.

메인세트의 마지막으로 10-12분 정도 소요되는 힐클라임을 선택합니다. 스윗스팟에서 라이딩하며, 5회 반복합니다. 정상 부근에서의 강도는 역치(FTP의 100-105%)에 가까워져야 합니다. 힐클라임 사이사이에 5-10분간 휴식을 취합니다. 집으로 돌아오면서 쿨다운 합니다.

WATTS-W2	Time	Description	% of FTP	% of FTHR
Warm up	30 min.	Easy riding	56 – 75	69 – 83
Main set	4 × 1 min.	Fast pedaling	<80	<90
	6 × 2 min. (4 min. RI)	All-out effort	120+	>105
	6 × 30 sec. (3 min. RI)	Hard sprint	150+	>105
	20 min.	Easy riding	56 – 75	69 – 83
	6 × 75 m	Small-ring sprints (39:16, 39:17) from 10 mph, finish at 135 rpm	max	N/A
	6 × 250 m	Big-ring sprints (53:16, 53:15, 53:14) from 18 mph	max	N/A
	5 × 10 – 12 min. (5 – 10 min. RI)	Hill repeats in Sweet Spot	88 – 93	92 – 98
	Remaining time (2+ hr.)	Motorpace home	85 – 110	90 – 105
Cooldown	15 min.	Easy riding	56 – 75	69 – 83

WATTS-W3   FTP, Anaerobic Capacity, and Neuromuscular Power Sprints, Ride 1   예상 소요 시간: 2 시간

이것은 아주 훌륭한 토요일의 워크아웃입니다. 라이딩이 끝날 무렵에는 피곤할 것이고, 라이딩을 끝내고 싶을 것입니다.

1분간 빠른 페달링 3회를 포함한 워밍업을 합니다. 22 mph (35 km/h)에서 큰 체인링(53:15)으로 4번의 스프린트를 수행하는데, 변속을 두 번만 하여 53:13으로 마무리합니다. 각 스프린트 사이에는 3~4분간 휴식을 취합니다. 그런 다음 역치를 살짝 넘기는 파워로 두 번의 12분 인터벌 스프린트를 수행하되, 파워를 유지하는 것에 집중합니다. 인터벌 사이에 5분간 휴식을 취합니다.

최종적으로 평지에서 FTP의 130%를 유지하는 2분 인터벌을 4회 수행합니다. 인터벌 사이에는 1분간 회복하세요. 엔듀런스 페이스로 20분 더 주행한 후 쿨다운 합니다.

WATTS-W3	Time	Description	% of FTP	% of FTHR
Warm-up	15 min.	Easy riding	56 – 75	69 – 83
	3 × 1 min.	Fast pedaling, 100+ rpm	<80	<90
Main set	4 × 300 m (3 – 4 min. RI)	Big-ring sprints (53:15), from 22 mph, shifting twice (53:14, 53:13)	max	N/A
	2 × 12 min. (5 min. RI)	Above Threshold	100 – 105	100 – 105
	4 × 2 min. (1 min. RI)	Anaerobic Capacity	130	>105
	20 min.	Endurance	56 – 75	69 – 83
Cooldown	5 min.	Easy riding	56 – 75	69 – 83

　　예상 소요 시간: 3.5 시간

이는 모든 것이 갖춰진 훌륭한 토요일 워크아웃입니다. 라이딩이 끝날 무렵에는 피곤할 것이고, 마치고 싶을 것입니다.

1분간 빠른 페달링 3회를 포함한 워밍업을 합니다. 22 mph (35 km/h)에서 큰 체인링(53:15)으로 4번의 스프린트를 수행하는데, 변속을 두 번만 하여 53:13으로 마무리합니다. 각 스프린트 사이에는 3–4분간 휴식을 취합니다. 그런 다음 역치를 살짝 넘기는 파워로 두번의 12분 인터벌 스프린트를 수행하되, 파워를 유지하는 것에 집중합니다. 인터벌 사이에 5분간 휴식을 취합니다.

다음으로 평지에서 FTP의 130–140%를 유지하는 2분 인터벌을 4회 수행합니다. 인터벌 사이에는 1분간 회복하세요. 이후 엔듀런스 페이스의 상위 구간에서 45분간 크루즈하고, 최종적으로 스윗스팟에서 20분간 라이딩합니다. 쿨다운하세요.

WATTS-W4	Time	Description	% of FTP	% of FTHR
Warm-up	15 min.	Easy riding	56 – 75	69 – 83
	3 × 1 min. (1 min. RI)	Fast pedaling, 100+ rpm	<80	<90
Main set	4 × 300 m (3 – 4 min. RI)	Big-ring sprints (53:15) from 22 mph, shifting twice (53:14, 53:13)	max	N/A
	4 × 12 min. (5 min. RI)	Above Threshold	100 – 103	100 – 105
	4 × 2 min. (1 min. RI)	Anaerobic Capacity	130 – 140	>105
	45 min.	Upper Endurance	70 – 75	80 – 85
	20 min.	Sweet Spot	88 – 93	92 – 98
Cooldown	5 min.	Easy riding	56 – 75	69 – 83

　　예상 소요 시간: 4+ 시간

4시간 동안 진행되는 이 워크아웃에는 모든 생리적 영역에 대한 트레이닝이 포함되어 있습니다. 기본적으로 엔듀런스에 중점을 두지만, 라이딩 전반에 다양한 노력이 추가되므로 훌륭한 종합적인 워크아웃입니다. 워크아웃이 끝날 무렵에는 피로가 느껴지겠지만, 마지막 45분 동안 스윗스팟을 최대한 유지해보세요.

30분간 워밍업을 한 후, 역치 또는 바로 그 아래에서 두번의 20분 인터벌을 수행합니다. 힘들 수 있습니다. 각 노력 후 10분간 휴식을 취합니다.

30분간 크루즈를 한 뒤, 작은 체인링으로 느린 속도로 시작하는 75미터 스프린트를 3회, 큰 체인링 (53:13)으로 약 20 mph (32 km/h)에서 시작하는 300미터 스프린트를 3회 하는 등 총 6번의 스프린트를 진행합니다. 각 스프린트 사이에는 5분간 휴식을 취합니다.

30분 정도 더 크루즈를 이어갑니다. 다음으로 다양한 거리와 경사의 힐클라임 5개를 VO_2max 페이스로 오릅니다. 힐클라임을 수행할 때마다 사이사이에 충분한 휴식을 취합니다.

5분 정도에 한 번씩 8초간 버스트를 수행하면서 30분 정도 더 주행합니다. 만약 1시간 정도 남았다면 편의점에 들러 당분과 카페인이 함유된 음료를 마시세요. 스윗스팟에서 45분간 라이딩을 하면서 메인세트를 마무리합니다. 쿨다운하고 스트레칭을 합니다.

WATTS-W5	Time	Description	% of FTP	% of FTHR
Warm-up	30 min.	Easy riding	56 – 75	69 – 83
Main set	2 × 20 min. (10 min. RI)	Threshold	93 – 100	98 – 103
	30 min.	Cruise	<75	<83
	3 × 75 m (5 min. RI)	Small-ring sprints	max	N/A
	3 × 300 m (5 min. RI)	Big-ring sprints (53:13) from 20 mph	max	N/A
	30 min.	Cruise	<75	<83
	5 varied hills (RI)	VO$_2$max	110 – 120	>105
	30 min.	Cruise with bursts at 5 min.	<75	<83
	5 × 8 sec.	*Bursts*	*>150*	*N/A*
	45 min.	Sweet Spot	88 – 93	92 – 98
Cooldown	10 min.	Easy riding	56 – 75	69 – 83

PYRAMID WORKOUTS

P-W1   **Pyramid Intervals**   예상 소요 시간: 1 시간

이 워크아웃은 반복성과 고강도 운동 능력을 모두 향상시키는 데 도움이 되도록 설계되었습니다. 힘든 워크아웃이므로 집중력을 잃지 않도록 유의하세요.

1분간 빠른 페달링 3회를 포함한 15분 워밍업 후 피라미드 인터벌을 시작합니다. 상위 FTP 구간에서 4분, 엔듀런스 페이스에서 2분 휴식, VO$_2$max 3분, 엔듀런스 페이스에서 2분 휴식, 무산소 능력 2분, 엔듀런스 페이스에서 2분 휴식, 신경근 파워 1분, 엔듀런스 페이스에서 2분 휴식의 순서로 진행합니다. 그런 다음 피라미드를 역으로 다시 내려오면서 각 노력 사이에 항상 엔듀런스 페이스에서 2분간 휴식을 취합니다. 무산소성 능력으로 2분, VO$_2$max로 3분, 하위 FTP 구간에서 4분입니다. 15분간 쿨다운하세요.

P-W1	Time	Description	% of FTP	% of FTHR
Warm-up	15 min.	Endurance with 3 × 1 min. sprints	56 – 75	69 – 83
Main set	4 min. (2 min. RI)	Upper FTP effort	100 – 105	100 – 105
	3 min. (2 min. RI)	VO$_2$max effort	106 – 120	>105
	2 min. (2 min. RI)	Anaerobic Capacity	121 – 150	>106
	1 min. (2 min. RI)	Neuromuscular Power, max effort	N/A	N/A
	2 min. (2 min. RI)	Anaerobic Capacity	121 – 150	>106
	3 min. (2 min. RI)	VO$_2$max effort	106 – 120	>105
	4 min. (2 min. RI)	Lower FTP effort	95 – 100	95 – 100
		Recovery between intervals at Endurance effort.	*56 – 75*	*69 – 83*
Cooldown	15 min.	Easy riding	<55	<68

P-W2　　　　　Tempo and Sweet Spot Pyramid　　　　　예상 소요 시간: 1 시간

이 워크아웃은 피라미드 세션만큼 강렬하지는 않지만 유산소 능력과 FTP를 모두 향상하는 데 도움이 됩니다.

5분간 워밍업을 한 후, 낮은 템포 구간(80% FTP)으로 5분간, 높은 템포 구간(85% FTP)으로 10분간, 스윗스팟에서 20분간, 높은 템포구간에서 10분간, 마지막으로 낮은 템포구간에서 5분간 노력합니다. 5분간 쿨다운 합니다.

P-W2	Time	Description	% of FTP	% of FTHR
Warm-up	5 min.	Endurance with 3 × 10 sec. sprints with 1 min. recovery	56 – 75	69 – 83
Main set	5 min.	Lower Tempo	80	88
	10 min.	Upper Tempo	85	91
	20 min.	Sweet Spot	88 – 93	92 – 98
	10 min.	Upper Tempo	85	91
	5 min.	Lower Tempo	80	88
Cooldown	5 min.	Easy riding	<55	<68

PERFORMANCE TESTING

TEST   Monthly Testing Protocol   예상 소요 시간: 2 시간

워밍업 후 1분간의 빠른 페달링 및 1분간의 휴식을 3회 반복합니다. 이후 다음 3분간 편안하게 라이딩합니다. 뒤이어 5분간 전력을 다해 페달을 돌린 다음 10분간 쉬운 페이스로 라이딩합니다.

다음 인터벌 세트는 유산소 능력을 테스트합니다. 1분 인터벌을 2회 수행하며, 인터벌 사이에서는 5분을 휴식합니다. 마친 뒤 5분간 가볍게 라이딩합니다.

세 번째 인터벌 세트는 신경근 파워를 테스트합니다. 20초간의 '슈퍼 점프'를 3회 합니다. 안장에서 힘차게 일어서서 20초 동안 급격하게 페이스를 올리는 전력 질주를 수행합니다. 각 스프린트 사이에는 3분간 휴식을 취하며, 마지막 스프린트 후에는 10분간 가볍게 페달을 밟습니다. 마지막으로 20분간 타임 트라이얼을 수행하고 마무리합니다. 쿨다운 하세요.

TEST	Time	Description	% of FTP	% of FTHR
Warm-up	15 min.	Easy riding	56 – 75	69 – 83
	3 × 1 min. (1 min. RI)	Fast pedaling, 100+ rpm	<80	<90
	3 min.	Easy riding	<68	<75
Main set	5 min.	All-out	max	>105
	10 min.	Active Recovery	<68	<75
	2 × 1 min. (5 min. RI)	Anaerobic capacity	125 – 150	>105
	5 min.	Recovery	<68	<75
	3 × 20 sec. (3 min. RI)	Super jumps	max	N/A
	10 min.	Easy riding	56 – 75	69 – 83
	20 min.	TT Test	100	99 – 103
Cooldown	15 min.	Easy riding	56 – 75	69 – 83

RACE PREPARATION

RACE-W1   20 km Time Trial   예상 소요 시간: 1.75 시간

이 라이드는 20 km 타임 트라이얼을 위한 훌륭한 리허설입니다.

레벨 2(엔듀런스)에서 시작해서 15분간 주행합니다. 그 뒤 레벨 2에서 레벨 4인 역치까지 서서히 상승시키는 10분간의 '램프'를 수행합니다. 이렇게 하면 마지막 순간에는 타임 트라이얼 페이스로 평지 라이딩을 하게 될 것입니다. 이후 5분 동안 쉬운 페이스로 라이딩합니다. 다음으로는 1분간의 빠른 페달링을 4회

수행합니다. 각각의 노력에 대해 100 rpm 이상으로 케이던스를 유지합니다. 파워에 신경 쓰지 말고 빠르고 부드럽게 페달을 밟아 근육을 활성화시키고 혈액이 펌핑되도록 하는 데 집중하세요. 각 인터벌 사이에 가볍게 페달을 밟는 1분 휴식을 취합니다. 이후 레벨 2에서 5분간 라이딩합니다. 이어서 5분간 레벨 5, 즉 VO₂max로 라이딩합니다. 다음으로는 5~10분 동안 쉬운 페이스로 페달을 밟습니다.

이제 20 km의 타임 트라이얼을 할 차례입니다. 약 3 mph (5 km/h)의 속도부터 시작합니다. 너무 강하게 시작하지 않으려면 처음 4-5분을 충분히 활용하여 FTP까지 끌어올리세요. 반환점을 도는 도중에 물을 한 모금 마신 다음 다시 속도를 올려 반환점을 도는 내내 파워가 유지되도록 합니다. 이때 리듬을 되찾고 집중력을 유지하세요. 마지막 5 km 구간에서는 페이스를 끌어올리고 조금 더 강하게 밀어붙입니다. 마지막 1 km에서는 모든 것을 짜내는 최대한의 노력을 합니다.

30분 동안 가볍게 라이딩을 하며 쿨다운하고, 스트레칭을 충분히 합니다.

RACE-W1	Time	Description	% of FTP	% of FTHR
Warm-up	15 min.	Easy riding	56 – 75	69 – 83
	10 min.	Build to Threshold	75 – 100	85 – 100
	5 min.	Easy riding	56 – 75	69 – 83
	4 × 1 min. (1 min. RI)	Fast pedaling, 100+ rpm	<80	<90
	5 min.	Easy riding	56 – 75	69 – 83
	5 min.	VO₂max	106 – 120	>105
	5 – 10 min.	Easy riding	56 – 75	69 – 83
Main set	20 km TT	Start timer at 3 mph	91 – 105	95 – 105
	1st 4 – 5 min.	*Build to Threshold*	*75 – 100*	*85 – 100*
Cooldown	30 min.	Easy riding	56 – 75	69 – 83

RACE-W2   Classic Race Tune-up   예상 소요 시간: 2 시간

튠업의 목적은 다가오는 레이스나 큰 노력에 대비하여 근육과 심혈관계를 준비시키는 것입니다. 살짝 강하고 짧은 인터벌을 통해 다음 날 다리의 유연성과 반응성을 조금 더 좋게 만들 수 있습니다. 단, 너무 강하게 라이딩을 하면 근육에 외상을 입어 근육통이 생길 수 있습니다.

워밍업 후 메인 세트를 시작합니다. 이후 1시간 이상 엔듀런스 페이스로 크루즈하되 두 세트의 스프린트를 포함시킵니다. 첫 번째 세트는 세번의 1분 인터벌 및 사이의 5분 휴식으로 구성됩니다. 다음으로 30초간 전속력으로 스프린트를 3회 수행하고, 역시 인터벌 사이에 5분간 휴식을 취합니다. 이러한 인터벌은 언덕이나 평지 등 라이딩 중 어느 지점에서나 수행할 수 있습니다. 쿨다운하세요.

RACE-W2	Time	Description	% of FTP	% of FTHR
Warm-up	15 min.	Easy riding	56 – 75	69 – 83
Main set	1 – 1.5 hr.	Endurance riding, including intervals	65 – 75	75 – 83
	3 × 1 min. (5 min. RI)	*Anaerobic Capacity*	*>150*	*>105*
	3 × 30 sec. (5 min. RI)	*All-out*	*max*	*n/a*
Cooldown	15 min.	Easy riding	56 – 75	69 – 83

RACE-W3   Warm-up for Road Race or Crit   예상 소요 시간: 1 시간

이 워크아웃은 로드 레이스나 크리테리움을 위한 아주 훌륭한 워밍업입니다. 코스를 미리 파악하고 회전 구간과 자신의 라인을 미리 조사해 두어야 합니다. 로드 레이스의 경우 바람이 심하게 불지 않는 한 전반부에는 여유를 갖되, 후반부에는 마지막에 몇 가지 전략을 시도해보고 우승을 노려보세요! 크리테리움이라면 워밍업을 잘하고, 출발을 더 잘하고, 선두를 유지하도록 노력하세요!

워밍업은 5분간 엔듀런스로 시작한 후 100 rpm 이상의 빠른 페달링으로 1분간 유지하는 인터벌을 4회 수행합니다. 와트 수에 신경 쓰지 말고 빠르고 부드럽게 페달을 밟아 근육을 열고 혈액순환을 촉진하는 데 집중하세요. 각 인터벌 사이에 1분간 휴식을 취합니다. 램프구간으로 이동하기 전에 5분간 추가로 휴식을 취합니다.

램프 인터벌의 경우, 레벨 2에서 레벨 4로 서서히 와트 수를 높여가는 과정입니다. 각 램프의 마지막 순간에 FTP에 도달해야 합니다. 각각의 램프 인터벌을 수행하기 전에 엔듀런스 레벨에서 5분간의 휴식 라이딩을 합니다. 5-10분간 가벼운 페달링으로 마무리한 뒤 레이스를 시작하세요.

RACE-W3	Time	Description	% of FTP	% of FTHR
Warm-up	5 min.	Easy riding	56 – 75	69 – 83
	4 × 1 min. (1 min. RI)	Fast pedaling, 100+ rpm	<80	<90
	5 min.	Endurance	56 – 75	69 – 83
Main set	2 × 5 min. (5 min. RI)	Ramps, build to threshold	56 – 105	75 – 100
Cooldown	5 – 10 min.	Easy pedaling before race starts	75 – 80	83 – 87

RACE-W4   Pre-Race Efforts   예상 소요 시간: 1 시간

이 워크아웃은 경기 전에 수행하는 노력으로 다리의 긴장을 풀고 몸의 감각을 예민하게 유지하는 데 중점을 둡니다.

1분간 빠른 페달링 3회를 포함하는 15분간의 워밍업을 수행합니다. 이후 3회의 VO_2max 강도 90초 인터벌을 부드럽게 또한 집중력을 유지하며 수행합니다. 인터벌 사이에 5분간 휴식을 취합니다. 15분간 쿨다운 합니다.

Race-W4	Time	Description	% of FTP	% of FTHR
Warm-up	15 min.	Endurance with 3 × 1 min. fast pedaling	56 – 75	69 – 83
Main set	30 min.	Endurance with 90-sec. efforts	56 – 75	69 – 83
	3 × 90 sec. (5 min. RI)	*VO$_2$max effort*	*106 – 120*	*>106*
Cooldown	15 min.	Easy riding	<55	<68

SWIM WORKOUTS

SWIM-W1　　12 × 100 m　　　　　　　　　　　　　　　　예상 소요 시간: 40 분

　원하는 영법으로 편하게 200 m를 워밍업합니다. 이후 지퍼 드릴 50 m, 배영 25 m, 자유형 25 m로 구성한 100 m 세트를 2회 수행합니다. 다음으로 100 m 인터벌을 12회 수행하며, 사이사이에 20초의 휴식을 취합니다. 쉬운 2 × 200 m 수영으로 쿨다운 합니다.

Swim-W1	Distance	Description
Warm-up	200	Easy, choice of stroke
	2 × 100	50 zipper drill, 25 back, 25 free
Main set	12 × 100 (20 sec. RI)	
Cooldown	2 × 200	Easy

SWIM-W2　　10 × 25 m Kick + 500 m　　　　　　　　　　　예상 소요 시간: 40 분

　원하는 영법으로 편하게 200 m를 워밍업합니다. 이후 지퍼 드릴 50 m, 배영 25 m, 자유형 25 m로 구성한 100 m 세트를 3회 수행합니다. 킥보드를 사용하여 10×25 m 킥 인터벌을 수행하되, 인터벌 사이에 15초간 휴식을 취합니다. 꾸준하게 하지만 빠른 속도로 500 m 수영을 합니다. 10×25 m(15초 휴식) 킥 세트를 반복합니다. 편안하게 500 m를 수영하면서 쿨다운 합니다.

Swim-W2	Distance	Description
Warm-up	200	Easy, choice of stroke
	3 × 100	50 zipper drill, 25 back, 25 free
Main set	10 × 25 (15 sec. RI)	Kick with kickboard
	500	Steady to fast
	10 × 25 (15 sec. RI)	Kick with kickboard
Cooldown	500	Easy, choice of stroke

SWIM-W3   3 × 500 m with pull buoy   예상 소요 시간: 45 분

400 m 준비운동을 가볍게 합니다. 풀 부이를 사용하여 각 인터벌 사이에 20초간 휴식을 취하면서 3×500 m를 수영합니다. 세 번째 인터벌이 가장 빠르도록 매 500 m마다 노력을 증가시킵니다. 쉽게 400 m를 수영하며 쿨다운 합니다.

대체 옵션: 오픈 워터 수영, 1800-2300 m를 연속으로 수영합니다.

Swim-W3	Distance	Description
Warm-up	400	Easy, choice of stroke
Main set	3 × 500 (20 sec. RI)	Swim with pull buoy Try to make each 500 a little faster
Cooldown	400	Easy, choice of stroke

SWIM-W4   1,000 m TT   예상 소요 시간: 40 분

5×100 m의 워밍업을 하되, 점차 쉬운 강도에서 꾸준하고 강한 강도로 페이스를 높여 진행하여 메인 세트를 준비합니다. 2×500 m의 타임 트라이얼을 수행하되, 인터벌 사이에 휴식을 취하지 않습니다. 단지 기록을 적을 수 있을 정도만 멈추세요. 두 번의 500 m 기록을 모두 기록합니다. 페이스를 조절하여 시작하되 노력의 강도를 점차 늘려갑니다. 5 × 100 m를 쉬운 페이스로 천천히 수영하며 쿨다운 합니다.

Swim-W4	Distance	Description
Warm-up	5 × 100	Start easy and finish steady/strong
Main set	2 × 500	Time Trial, without rest between sets Start controlled and increase effort throughout
Cooldown	5 × 100	Easy

SWIM-W5   8 × 200 m   예상 소요 시간: 50 분

쉬운 강도로 400 m를 워밍업한 후, 부이와 패들을 이용하여 풀(팔 동작) 100 m, 킥(다리 동작) 100 m를 수행합니다. 메인 세트로 8 × 200 m를 수영하되, 인터벌 사이에 15초의 휴식을 취합니다. 쉬운 강도로 2 × 200 m를 수영하면서 쿨다운 하세요.

Swim-W5	Distance	Description
Warm-up	400	Easy
	200	100 pull with buoy and paddles, 100 kick
Main set	8 × 200 (15 sec. RI)	Tempo
Cooldown	2 × 200	Easy

SWIM-W6　　1-4-1 Pyramid　　　　　　　　　　　　　예상 소요 시간: 50 분

쉬운 강도로 '자유형 50 m, 배영 50 m, 핑거팁 드릴 50 m, 자유형 50 m'로 구성된 200 m 세트를 두 번 수행하면서 워밍업을 합니다. 메인 세트로는 100 m, 200 m, 300 m, 400 m, 300 m, 200m, 그리고 100 m를 수영합니다. 단 인터벌 사이에 10초를 쉽니다. 쉬운 강도로 2 × 200 m의 쿨다운을 수행합니다.

Swim-W6	Distance	Description
Warm-up	2 × 200	50 free, 50 backstroke, 50 fingertip drill, 50 free
Main set	100, 200, 300, 400 300, 200, 100 (10 sec. RI)	Pyramid intervals
Cooldown	2 × 200	Easy

SWIM-W7　　2 × 1,000 m　　　　　　　　　　　　　예상 소요 시간: 1 시간

'자유형 100 m, 핑거팁 드릴 100 m, 풀 100 m, 킥 100 m, 자유형 100 m '로 구성된 쉬운 강도의 5 × 100 m 워밍업을 수행합니다. 2 × 1,000 m를 수영하되, 인터벌 사이에 20초만 쉬세요. 목표는 두 번째 1,000 m을 첫 번째 1,000 m보다 빠르게 하는 것입니다. 쉬운 강도로 5 × 100 m의 쿨다운을 수행하세요.

대체 옵션: 오픈 워터 수영, 2,800-3,000 m를 연속으로 수영합니다.

Swim-W7	Distance	Description
Warm-up	5 × 100	Easy: 100 free, 100 fingertip drill, 100 with pull buoy and paddles, 100 kick with fins and kickboard, 100 free
Main set	2 × 1000 (20 sec. RI)	Endurance intervals Try to make second 1000 a little faster
Cooldown	5 × 100	Easy

SWIM-W8　　10 × 200 m　　　　　　　　　　　　　예상 소요 시간: 1 시간

자유형 100 m, 핑거팁 드릴 100 m, 킥 100 m, 자유형 100 m'로 구성된 쉬운 강도의 400 m 워밍업을 수행합니다. 메인 세트로는 10 × 200 m를 수행하되, 각 인터벌 사이에 15초씩 휴식을 취합니다. 쉬운 강도로 400 m의 쿨다운을 수행합니다.

Swim-W8	Distance	Description
Warm-up	400	Easy: 100 free, 100 fingertip drill, 100 kick with kickboard and fins, 100 free
Main set	10 × 200 (15 sec. RI)	Tempo
Cooldown	400	Easy, swim straight through set

SWIM-W9   10 × 25 m + 500 m   예상 소요 시간: 40 분

쉬운 강도로 500 m를 워밍업합니다. 첫 번째 메인 세트에서 빠르게 10×25 m를 수영하여 템포를 올리는데, 인터벌 사이에는 15초 휴식을 취합니다. 이후 500 m를 빠르게 하지만 꾸준하게 수영합니다. 두 번째 세트도 마찬가지로 10×25 m를 빠르게 수영하고, 사이에 15초를 쉽니다. 500 m를 쿨다운 합니다.

Swim-W9	Distance	Description
Warm-up	500	Easy
Main set	10 × 25 (15 sec. RI)	Fast
	500	Steady to fast
	10 × 25 (15 sec. RI)	Fast
Cooldown	500	Easy, choice of stroke

SWIM-W10   14 × 100 m   예상 소요 시간: 45 분

쉬운 강도로 자유형 100 m 2회, 킥 100 m 2회의 400 m 워밍업을 수행합니다. 14×100 m의 인터벌을 수행하며, 사이사이에 10초를 쉽니다. 다시 쉬운강도로 2 × 200 m를 쿨다운 합니다.

Swim-W10	Distance	Description
Warm-up	2 × 200	Easy: 100 free, 100 kick with kickboard
	14 × 100 (10 sec. RI)	Tempo
Cooldown	2 × 200	Easy: 100 free, 100 kick with kickboard

SWIM-W11   4 × 400 m with pull buoy   예상 소요 시간: 1 시간

쉬운 강도로 자유형 300 m, 킥 100 m를 워밍업합니다. 풀 부이를 사용하여 5×400 m를 수영하되, 인터벌 사이에 20초간 휴식합니다. 쉬운 강도의 자유형 2×200 m로 쿨다운 합니다.

대체 옵션: 오픈 워터 수영, 1,800–2,300 m를 연속으로 수영합니다.

Swim-W11	Distance	Description
Warm-up	400	300 free, 100 kick with kickboard
Main set	5 × 400 (20 sec. RI)	Swim with pull buoy
Cooldown	2 × 200	Easy

SWIM-W12   3 × 1,000 m   예상 소요 시간: 1.5 시간

쉬운 강도로 5×100 m를 워밍업합니다. 메인 세트에서는 1,000 m를 3번씩 사이사이에 20초간 쉬면서

수영합니다. 매 1,000 m를 이전 보다 조금 더 빠른 페이스로 수영하는 것을 목표로 합니다. 쉬운 강도로 5 × 100 m를 쿨다운 합니다.

대체 옵션: 오픈 워터 수영, 1.3시간 동안 연속으로 수영합니다.

Swim–W12	Distance	Description
Warm–up	5 × 100	Easy
Main set	3 × 1000 (20 sec. RI)	Endurance Make each 1,000 a little faster
Cooldown	5 × 100	Easy

SWIM-W13   12 × 200 m   예상 소요 시간: 1.25 시간

쉬운 강도로 자유형 100 m, 풀 100 m, 킥 100 m, 자유형 100 m를 워밍업합니다. 메인 세트의 경우, 12× 200 m 인터벌을 수행하되, 인터벌 사이에 15초간 휴식을 취합니다. 쉬운 강도로 400 m를 쿨다운 합니다.

Swim–W13	Distance	Description
Warm–up	400	Easy: 100 free, 100 with pull buoy, 100 with kickboard, 100 free
Main set	12 × 200 (15 sec. RI)	Steady–state
Cooldown	400	Easy, choice of stroke

RUN WORKOUTS

참고: 워크아웃을 마친 후에는 반드시 스트레칭을 하세요

RUN-W1   Easy endurance   예상 소요 시간: 1.5 시간

총 90분 동안 달립니다. 10-15분 동안 워밍업을 하면서 존2로 빌드업합니다. 달리기의 대부분을 존2에 머물면서 자연스러운 보폭과 빠른 케이던스에 집중합니다. 존1으로 속도를 늦춰 쿨다운 한 후 스트레칭을 합니다. 총 90분 동안 달립니다. 10-15분 동안 워밍업을 하면서 존2로 빌드업합니다. 달리기의 대부분을 존2에 머물면서 자연스러운 보폭과 빠른 케이던스에 집중합니다. 존1으로 속도를 늦춰 쿨다운한 후 스트레칭을 합니다.

Run–W1	Time	Description
Warm–up	10 – 15 min.	Build to middle/top of Zone 2
Main set	1 hr.	Stay in Zone 2, focusing on easy strides, quick turnover
Cooldown	15 min.	Slow down to Zone 1

RUN-W2   Aerobic Threshold   예상 소요 시간: 45 분

10~15분간 워밍업을 하면서, 존2의 상단까지 빌드업합니다. 존3의 하단 또는 중단에서 30분간 달리고, 존1에서 쿨다운 하고 스트레칭을 합니다.

Run-W2	Time	Description
Warm-up	10 – 15 min.	Build to the top of Zone 2
Main set	30 min.	Low to mid Zone 3
Cooldown	5 – 15 min.	Slow down to Zone 1

RUN-W3   Short Endurance   예상 소요 시간: 35 분

10분간 워밍업을 하면서, 존2의 중단/상단까지 빌드업합니다. 빠른 케이던스와 편안한 보폭에 초점을 맞춰 존2에서 15분간 달립니다. 존1에서 쿨다운 하고 스트레칭을 합니다.

Run-W3	Time	Description
Warm-up	10 min.	Build to the top of Zone 2
Main set	15 min.	Stay in Zone 2, focusing on easy strides, quick turnover
Cooldown	10 min.	Slow down to Zone 1, easy strides

RUN-W4   Brick Run   예상 소요 시간: 20 분

자전거에서 내린 후 편안한 보폭과 빠른 케이던스에 초점을 맞춰 20분간 달립니다.

Run-W4	Time	Description
Main set	20 min.	Run off the bike with easy strides and quick turnover

RUN-W5   55-minute Endurance Run   예상 소요 시간: 55 분

10분간 워밍업을 하면서, 존2의 중단/상단까지 빌드업합니다. 메인 세트의 경우, 존2 중단에서 35분간 달립니다. 이후 존1까지 천천히 쿨다운을 하며, 스트레칭을 꼭 합니다.

Run-W5	Time	Description
Warm-up	10 min.	Build to the top of Zone 2
Main set	35 min.	Stay in Zone 2, focusing on easy strides, quick turnover
Cooldown	10 min.	Slow to Zone 1 with easy strides and quick turnover

RUN-W6   Alternating Aerobic Threshold   예상 소요 시간: 1 시간

이는 존3과 존4를 오가는 강한 역치 달리기입니다. 이 워크아웃의 효과를 극대화하려면 각 존의 전체 범위를 사용해야 합니다.

10분간 워밍업을 하여 존2으로 올라간 후, 존3에서 8분, 존4에서 7분씩 3번의 세트를 수행합니다. 5분간 속도를 늦추며 존1로 쿨다운 합니다.

Run-W6	Time	Description
Warm-up	10 min.	Build to the top of Zone 2
Main set	3 × 15 min.	Alternate 8 min. Zone 3, 7 min. Zone 4
Cooldown	5 min.	Slow to Zone 1 with easy strides and quick turnover

RUN-W7   20-minute Time Trial   예상 소요 시간: 50 분

3분, 5분, 7분 시점에 30초 스프린트를 수행하는 10-15분간의 가벼운 워밍업을 수행합니다. 워밍업이 완전히 끝나면 20분간의 타임 트라이얼 노력을 시작하되 마지막 1마일(1.6 km)을 가능한한 빠르게 달릴 수 있도록 페이스를 부드럽게 끌어올립니다. 10-15분 동안 쿨다운 합니다.

Run-W7	Time	Description
Warm-up	10 – 15 min.	Incorporate a 30-second sprint at 3, 5, and 7 min.
Main set	20 min.	Time trial effort, start at moderately hard pace and build pace smoothly to make the last mile your fastest
Cooldown	10 – 15 min.	Slow to Zone 1 with easy strides and quick turnover

RUN-W8   Hour of Power   예상 소요 시간: 1 시간

이 운동은 힘든 역치 워크아웃이므로 충분한 휴식과 수분 섭취 후에 수행해야 합니다. 10분간 워밍업을 한 후 존4에서 40분간 달리기를 수행합니다. 페이스를 조절하여 시작하되, 너무 빠르게 달리지 않습니다. 존1에서 10분간 쿨다운 합니다.

Run-W8	Time	Description
Warm-up	10 min.	Build to Zone 2
Main set	40 min.	Zone 4—don't start too fast
Cooldown	10 min.	Slow to Zone 1 with easy strides and quick turnover

RUN-W9   Easy Endurance   예상 소요 시간: 45 분

이 워크아웃은 쉬운 엔듀런스를 연습하는데 중점을 둡니다. 10분간의 워밍업을 통해 존2의 상단까지 빌드업합니다. 이후 30분 동안 존2에 머무릅니다. 존1에서 5분간 쿨다운 합니다.

Run–W9	Time	Description
Warm–up	10 min.	Build to Zone 2
Main set	30 min.	Stay in Zone 2
Cooldown	5 min.	Slow to Zone 1 with easy strides and quick turnover

RUN-W10   Hour of Tempo   예상 소요 시간: 1 시간

10분간의 워밍업을 통해 존2로 빌드업합니다. 이번 메인 세트는 존3에서 40분간 진행합니다. 너무 빠르게 시작하지 말고 페이스를 관리하세요. 존1에서 충분히 몸을 쿨다운 한 후 스트레칭 합니다.

Run–W10	Time	Description
Warm–up	10 min.	Build to top of Zone 2
Main set	40 min.	Zone 3, with good control
Cooldown	10 min.	Slow to Zone 1 with easy strides and quick turnover

RUN-W11   Track Day: 5 × 800 m Threshold   예상 소요 시간: 45 분

오늘은 트랙에서 운동하는 날입니다! 트랙을 이용할 수 없는 경우, 시간 인터벌을 사용하거나 평지에서 미리 측정된 거리를 달리면서 800 m의 반복구간을 2–2.5분의 인터벌로 대체하세요(예: 존4에서 2분 수행, 존1또는 2에서 2.5분 수행). 충분한 워밍업을 통해 존2로 빌드업 합니다. 존4 또는 존4에서 800 m 5세트를 수행하고, 이후 800 m를 편안하게 달립니다. 존1에서 쿨다운 하고 스트레칭 합니다.

Run–W11	Time	Description
Warm–up	800	Build to the top of Zone 2
Main set	5 × 800	Zone 4/Zone 5
	800	Recovery
Cooldown	10 min.	Build to the top of Zone 2

RUN-W12   Progressive Aerobic Threshold   예상 소요 시간: 2 시간

이 워크아웃은 인내심뿐만 아니라 집중력도 필요한 긴 네거티브 스플릿(뒷 부분을 더 빨리 달리는) 달리기입니다. 40분 동안 워밍업을 하며 존2 상단 영역까지 빌드업 합니다. 첫 번째 메인 세트는 40분 동안 서

서히 페이스를 끌어올려 존3 중단까지 올리며, 두 번째 메인 세트는 30분 동안 존3에서 존4 하단으로 페이스를 높입니다. 쉬운 강도로 10분간 쿨다운 합니다.

Run–W12	Time	Description
Warm–up	40 min.	Build to the top of Zone 2
Main set	40 min.	Slowly build to middle of Zone 3
	30 min.	Run in Zone 3, building into the bottom of Zone 4
Cooldown	10 min.	Easy, let the legs recover

RUN-W13　　2-hour Easy Endurance　　예상 소요 시간: 2 시간

20분 동안의 워밍업을 통해 존2 영역으로 빌드업합니다. 이후 90분간 존2에서 달리고, 컨디션이 좋다면 존3까지 페이스를 높입니다. 존1에서 쿨다운 한 후 스트레칭 합니다.

Run–W13	Time	Description
Warm–up	20 min.	Build to the top of Zone 2
Main set	90 min.	Start in Zone 2 and build to the bottom of Zone 3
Cooldown	10 min.	Easy strides, quick turnover, slowing to Zone 1

RUN-W14　　Hill Repeats, 8 × 30 seconds　　예상 소요 시간: 40 분

15분간의 워밍업을 통해 존2 영역으로 빌드업합니다. 메인 세트는 경사도가 4% 이상인 언덕에서 30초가 오르막 스프린트를 8회 실시하는 것입니다. 중간중간 조깅을 하며 회복합니다. 남은 시간 동안 존1에서 쿨다운 합니다.

Run–W14	Time	Description
Warm–up	15 min.	Build to the top of Zone 2
Main set	8 × 30 sec.	Uphill sprints on greater than 4–percent grade Easy downhilll jog to recover Quick turnover uphill and down
Cooldown	10 min.	Easy strides, quick turnover, slowing to Zone 1

RUN-W15　　Zone 3 Brick Run　　예상 소요 시간: 30 분

자전거에서 내린 뒤 존 3에서 30분간 달립니다.

Run–W15	Time	Description
Main set	30 min.	Run off the bike in Zone 3

용어 정리(Glossary)

Acute Training Load (ATL) 급성 트레이닝 부하   최근(지난 1-2주 동안) 수행한 전체 트레이닝의 양(빈도, 시간, 강도). 추가로 만성 트레이닝 부하(CTL) 참조.

Aliasing 앨리어싱   파워미터 등에서 나오는 아날로그 신호가 너무 낮은 빈도로 샘플링될 때 발생하는 데이터의 왜곡 또는 오류.

Anaerobic capacity/anaerobic work capacity 무산소 능력   무산소 대사에 의존하여 수행할 수 있는 전체 일량(파워와 같이 일을 수행하는 시간당 비율이 아님). 일반적으로 짧은 시간(30초-3분) 동안 매우 높은 강도의 인터벌을 수행하여 트레이닝 함.

Anaerobic threshold (AT) 무산소 역치   보다 정확한 용어는 '환기 역치'. 대사에 비해 호흡(즉 산소 섭취량)이 비선형적으로 증가하기 시작하는 운동 강도를 의미. 기계적으로 관련되어 있지는 않지만(즉, 원인과 결과로서 관련이 없음), 젖산 역치를 추정하는 데 무산소성 역치 또는 환기 역치가 자주 사용됨.

Average Effective Pedal Force (AEPF) 평균 유효 페달 힘   페달에 가해져 크랭크를 돌리게 하는 평균 힘.

Big-ring sprint 빅-링 스프린트   자전거의 가장 큰 체인링에서의 최대 노력. 보통 가장 큰 체인링은 53개의 톱니(53T)로 구성됨.

Cadence 케이던스   페달을 밟는 크랭크의 분당 회전 수(rpm).

Calibration 캘리브레이션   파워미터 컴퓨터 헤드 유닛(특히 가민)에서 흔히 볼 수 있는 이 작업은 파워미터를 영점 조절하는 것을 의미. 하지만 실제 캘리브레이션은 미리 계산된 정적 또는 동적 부하에 대해 수행하는 작업으로 잘못된 명명 방법임.

Cardiovascular fitness 심혈관 피트니스   심혈관계가 조직(예: 근육 수축)으로 산소를 운반하고, 피부로 가는 혈류를 증가시켜 체온 조절을 돕는 등의 기능. 일반적으로 VO_2max를 측정하여 정량화 함.

CdA (Cyclist's aerodynamic drag) 공기 역학 저항 특성   물체의 공기 저항 역학 특성을 측정하는 척도. 이 책에서의 물체는 사이클리스트와 자전거를 의미함. CdA는 저항 계수(Cd)와 정면 면적(A)의 곱. CdA는 풍동에서 측정하는 것이 가장 정확. 반면 파워미터를 사용한 현장 테스트를 통해서도 추정 가능.

Chronic Training Load (CTL) 만성 트레이닝 부하   장기간 기간(약 3개월 또는 그 이상) 동안 수행한 트레이닝의 전체 양(빈도, 시간, 강도). 추가로 급성 훈련 부하(ATL) 참조.

Circumferential Pedal Velocity (CPV) 원주 페달 속도   페달이 한 바퀴 도는 속도. CPV는 근육이 힘을 생성하기 위해 수축해야 하는 속도로, 파워를 결정하는 요소임.

Critical Power 임계 파워   과학 연구에서는 일량-시간의 관계의 기울기로 정의. 임계 파워는 유산소 에너지 공급 시스템의 고유한 특성으로, 피로 없이 매우 오랫동안 지속될 수 있는 파워를 나타냄. 3분에서 30분 정도 지속되는 운동을 통해 측정할 경우, 임계 파워는 기능적 역치 파워와 본질적으로 동일함. 추가로 평균 최대 파워 참조.

Fartlek 파틀렉   템포 참고.

40 kilometer TT 40 km 타임 트라이얼   40 km(24.8마일)의 시간 측정 독주. 타임 트라이얼은 '진실의 레이스'라고도 불림.

Functional Reserve Capacity (FRC) 기능적 비축 용량   피로가 발생하기 전, FTP 이상의 연속 운동 중에 수행할 수 있는 총 에너지량. kJ 또는 J/kg의 단위 사용.

Functional Threshold Power (FTP) 기능적 역치 파워   일반적으로 라이더가 준안정 상태에서 대략적으로 피로감 없이 유지할 수 있는 최고 파워(선수의 경우 일반적으로 1시간, 일반인의 경우 이보다 짧을 수 있음). 파워가 FTP를 초과하면 피로가 훨씬 빨리 발생하는 반면, FTP 바로 아래의 파워는 훨씬 더 오래 유지될 수 있음.

Gross Power Absorbed (GPA) 총 흡수 파워   주로 페달을 당기는 중에 한쪽 다리(왼쪽 또는 오른쪽)가 흡수하는 총(즉, 근육 + 관성 + 중력) 파워.

Gross Power Released (GPR) 총 방출 파워   주로 페달을 밟는 중에 한쪽 다리(왼쪽 또는 오른쪽)가 방출하는 총(즉, 근육 + 관성 + 중력) 파워.

Intensity Factor (IF) 강도 계수   수행 운동 강도를 측정하는 FTP에 대한 NP의 비율.

iLevels 아이레벨   파워 듀레이션 모델을 기반으로 한 개인화된 트레이닝 레벨. 레이싱 또는 훈련 중에 달성한 라이더의 실제 데이터(MMP)를 사용하여 보다 정확한 트레이닝 레벨 시스템을 제공.

Kilocalorie (kcal) 킬로칼로리   물 1 kg을 섭씨 1도 올리는 데 필요한 에너지의 양. 일반적인 용어로 1 kcal는 일반적으로 1 C로 표시(대문자 유의).

Kilojoule (kJ) 킬로줄   kcal과 마찬가지로 kJ은 에너지의 단위. 1 J은 1와트-초, 즉 1초 동안 1 W의 파워를 사용하여 수행한 일량과 같음. 1 kJ은 1,000 J과 동일.

Kurtotic Index (KI) 커토틱 지수   페달을 밟을 때 힘이 가해지는 패턴의 뾰족한 정도를 나타내는 지표. 값이 높을수록(예: 5에 가까울수록) 라이더가 페달을 더 세게 내리 밟지만 더 짧은 시간 동안 밟는다는 것을 의미. 반면 값이 낮을수록(예: 3에 가까울수록) 라이더가 동일한 파워를 더 오랫동안 밀어서 생성한다는 것을 의미.

Lactate Threshold (LT) 젖산 역치　젖산이 혈액으로 방출되는 속도가 제거되는 속도를 초과하기 시작하는 시점의 운동 강도. 이때부터 혈중 젖산 수치가 상승하기 시작함. 대부분의 운동선수와 코치의 관점에서 볼 때 LT는 상대적으로 낮은 강도로, 대략 레벨 2와 3의 전환 시점에 해당.

Match 성냥　예를 들어 레이스 중 어택할 때 단시간에 엄청난 양의 에너지를 소비하는 것을 의미. '성냥을 태운다'는 것은 실제로 에너지를 소비하는 것을 의미함.

Maximal Accumulated O2 Deficit (MAOD) 최대 누적 산소 결핍량　극한의 유산소 운동(VO_2max 100%를 넘는 수준)을 시작할 때 산소 섭취량과 산소 요구량 사이의 차이는 피로를 발생시키게 됨. MAOD는 현재 개인의 무산소 능력을 측정하는 가장 좋은 방법으로 여겨지고 있음.

Maximal effective pedal force 최대 유효 페달 힘　페달링 토크 곡선에서 각 다리의 최고 지점을 나타내는 최대 힘.

Maximal heart rate 최대 심박수　심장이 1분 동안 뛸 수 있는 최대 횟수

Maximal Lactate Steady State (MLSS) 최대 젖산 정상 상태　혈중 젖산 농도가 일정하게 유지되는 최고 운동 강도. MLSS는 기능적 역치 파워와 유사함. 대부분의 코치와 운동선수들이 LT (lactate threshold)라고 (잘못) 부르는 것의 올바른 표현

Maximal neuromuscular power 최대 신경근 파워　최적의 조건(예: 올바른 케이던스 등)에서 생성할 수 있는 가장 최대 파워.

Mean maximal power 평균 최대 파워　특정 시간 구간 동안의 가장 높은 평균 파워.

Mean Maximal Power (MMP) Curve 평균 최대 파워 곡선　0초부터 시작하여 실제로 가장 오래 라이딩을 완료한 시간까지 매 시간(초단위)의 평균 최고 파워를 나타낸 곡선.

Mean Maximal Power (MMP) Periodic Chart 평균 최대 파워 주기 차트　특정 기간 동안의 특정 시간 구간의 평균 최고 파워 차트. (예: 1년 동안 완료한 모든 라이딩의 최고 기록 5초 그래프)

Metabolic fitness 대사 피트니스　근육 글리코겐 사용률, 혈중 젖산 수치 등은 에너지 생산과 수요의 균형을 맞추는 근육의 유산소 대사 능력에 의해 결정됨.

Micro-bursts 마이크로 버스트　운동 및 휴식 시간이 매우 짧은 인터벌(예: 15초 '켜기', 15초 '끄기'). '마이크로 인터벌'로도 불림.

Modeled FTP or mFTP 모델링된 기능적 역치 파워　라이더가 준정상 상태에서 피로감 없이 유지할 수 있는 최고 파워로, 모델에서 수학적으로 도출된 값. 해당 모델은 TrainingPeaks WKO의 수학 모델로, 지난 90일간의 파워 데이터를 사용하여 추정.

Normalized Power (NP) 정규화된 파워　에르고미터(ERG)와 같이 파워가 가변적이지 않고 완벽하게 일정했다고 가정할 때, 동일한 생리적 소비로 유지할 수 있었던 파워의 추정치.

Onset of Blood Lactate (OBLA) 혈중 젖산 축적 시작점   리터(L)당 4밀리몰(mmol)의 혈중 젖산 농도에 해당하는 운동 강도. 개인의 OBLA는 일반적으로 자신의 MLSS 또는 FTP와 비슷하지만 이보다 훨씬 높거나 낮을 수도 있음.

Overreached 과잉 (트레이닝) 상태   평소 운동 능력에 비해 단기간 내로 과도한 트레이닝을 수행하여 급격한 피로 상태가 되어 운동 능력이 저하되는 것. 많은 경우 라이더가 오버트레이닝 했다고 표현하지만, 실제로는 단순히 과도하게 훈련했을 뿐이며 며칠만 휴식을 취하거나 트레이닝을 줄이면 운동 능력이 회복됨.

Overtrained 오버트레이닝   회복에 보통 30일 이상의 장기간이 걸리는 만성적인 과잉 트레이닝 상태. 오버트레이닝 증후군(OTS)으로도 불림.

Pedaling smoothness 페달링 평활   일반적으로 양측 파워미터 지표에 사용됨. 크랭크 1회전의 평균 파워(Pavg)를 해당 사이클 동안 적용된 최정점 파워(Ppeak)로 나눈 값(예: Pavg/Ppeak=페달링 평활도). 숫자가 낮을수록 라이더의 Ppeak가 Pavg에 비해 크다는 것을 의미함.
(Pavg=200 W, Ppeak=1500의 경우 pedaling smoothness=13%로, 작은 평균에 비해 큰 최정점 파워를 의미. 반대의 경우는 Pavg=350 W, Ppeak=700 W, pedaling smoothness=50%로 보다 부드러운 페달링)

Ppeak 최정점 페달링 파워   크랭크 1회전 동안 적용되는 최대 파워. ANT+ 페달링 수치 자료에서는 'Pmax'라는 잘못된 이름으로 표시되며, 특히 Garmin 헤드 유닛에서 Pmax로 표시됨. Pmax의 정확한 정의는 Pmax를 참조.

Performance Manager 퍼포먼스 매니저   WKO등의 소프트웨어 분석을 통하면, 급성 및 만성 트레이닝 부하를 정량화하여 시간에 따른 TSB의 변화를 확인할 수 있음. 따라서 오버트레이닝, 질병 또는 부상의 위험을 최소화하면서 필요한 시기에 체력을 정점으로 유지하여 최고의 기량을 발휘할 수 있음.

Periodic Chart 주기 차트   TrainingPeaks WKO 소프트웨어에서 특정 기간 동안의 데이터를 살펴볼 수 있는 차트.

Phenotyping or Rider Phenotyping 표현형 또는 라이더 특성   라이더의 파워 지속 곡선 (또는 차트)의 형태를 정량적으로 분석하여 스프린터, 추격자, 올라운더 또는 타임 트라이얼 등으로 분류.

Pmax 최대 파워 또는 최대 신경근 파워   양쪽 다리로 페달을 한 바퀴 이상 완전히 회전하는 동안 매우 짧은 시간 동안 생성할 수 있는 최대 파워. W 또는 W/kg단위 사용.

Power 파워   시간당 일을 수행하는 비율로, 일량은 힘 곱하기 거리와 같음.

Power Duration Curve 파워 지속 커브   파워 지속 곡선 모델(PD)에 기반한 곡선. 파워 지속 곡선 모델은 라이더의 모든 데이터를 고려하는 수학적 모델로, 이 모델을 사용하여 해당 선수만의 고유한 생리적 특성에 대한 정보를 확인함으로써 올바른 트레이닝에 대한 보다 포괄적인 인사이트를 얻을 수 있음.

Power Profile 파워 프로필   사이클리스트의 상대적인 강점과 약점을 나타내기 위해 5초, 1분, 5분 최대 파워 및 FTP를 측정(W/kg 단위).

Power Profile table 파워 프로필 표   각 레이싱 카테고리에서 성공하는 데 필요한 킬로그램당 와트(kg/W)를 나타낸 표

Prime 프라임   레이스(특히 크리테리움)에서 지정된 랩의 우승자에게 주어지는 특별상.

Quadrant Analysis 사분면 분석   파워미터의 데이터(파워 및 케이던스)를 분석하여 신경근계에 필요한 특정 요구 사항을 나타낸 그래프.

Rate of perceived exertion (RPE) 인지 강도   운동 강도가 얼마나 강렬하거나 격렬하게 느껴졌는지에 대한 선수의 주관적인 평가. 일반적으로 선형 20점 또는 비선형 10점 척도로 평가됨. 두 척도 모두 군나르 보그 박사(Dr. Gunnar Borg)에 의해 개발됨.

Repeatability 반복성   파워 손실 없이 특정 노력을 여러 번 반복할 수 있는 능력.

Self-selected cadence 스스로 선택한 케이던스   의식적으로 케이던스를 생각하지 않고 자연스럽게 페달을 밟게 되는 케이던스 범위.

Small-ring sprint 스몰-링 스프린트   자전거에서 가장 작은 이너 체인링에서의 최대 노력. 보통 가장 작은 이너 체인링은 34-42개의 톱니(34-42T)로 구성됨.

Specificity 생리적 특이성   운동 생리학에서 특히 중요한 개념. 트레이닝에 대한 적응은 요구 특성(구체적 혹은 특별한)에 따라 달라지는 경향이 있다는 개념.

Stochastic 확률적 (특성)   흔히들 이야기하는 개념으로는 무작위로 변한다는 의미. 야외에서 자전거를 탈 때 발생하는 현저한 파워의 변동을 가리킬 때 자주 사용됨. 그러나 실제로 이러한 변동은 무작위적인 것이 아니라 극복해야 하는 저항(예: 언덕, 바람)이 끊임없이 변화하기 때문에 발생.

Strain gauges 스트레인 게이지   전자 회로가 통합된 작은 호일 조각으로 접착된 재료에서 발생하는 변형 또는 변형의 양을 측정하는 데 사용할 수 있음. 이러한 변형은 가해지는 힘의 크기와 관련이 있으므로 스트레인 게이지는 힘(또는 토크)을 측정하는 데 사용됨.

Stamina 스테미너   장시간의 중강도(즉, sub-FTP) 운동 중 피로에 대한 저항력을 측정하는 척도. 백분율(0-100%)로 나타내며, 대부분의 개인은 85-95% 범위에 속함. 스테미너는 보통 1시간을 넘어서 수행할 수 있는 운동 시간을 나타내며, 이러한 장시간 운동에 대한 피로에 대한 저항력을 점수화 한 것. 파워 지속 곡선에서 이것은 일반적으로 약 1시간 이후의 연장 곡선의 '평평한 꼬리'에 해당함.

Sweet Spot 스윗스팟   FTP의 88-93%에 해당하는 영역.

Tempo (or 'fartlek') 템포(또는 파틀렉)   스웨덴어로 '스피드 플레이'라는 뜻으로, 라이더가 평소 편

안한 수준으로 트레이닝하는 강도보다 높은 템포로 운동하는 것을 말함.

Time to Exhaustion (TTE) 탈진 시간   mFTP와 동일한 파워가 유지될 수 있는 최대 시간의 추정치.

Threshold heart rate 역치 심박수   기능적 역치 파워에서의 심박수.

Torque efficiency 토크 효율성   가민 ANT+에서 양측 파워미터에 일반적으로 사용되는 수치 자료. 페달링에서 단일 스트로크에 대한 양의 파워와 음의 파워의 합을 양의 파워로 나눈 값. 예를 들어 P+= 150 W, P-=30 W. 토크 효율성=100x(150+-30)/150= 100(120/150)=80%로 계산. 이것은 파이오니어 파워미터에서도 사용되지만 약간 다른 공식을 사용하여 산출함.

Training Stress Score (TSS) 트레이닝 스트레스 스코어   운동의 시간과 강도를 고려하여 해당 세션에서 발생하는 전체 트레이닝 부하와 생리적 스트레스를 하나의 수치로 표현한 지표. 심박수 기반 트레이닝 임펄스(TRIMP)를 개념적으로 모델링한 것.

Variability Index (VI) 가변성 지수   평균 파워에 대한 정규화된 파워(NP)의 비율인 가변성 지수는 특정 활동에 대해 파워 출력이 얼마나 가변적이었는지, 즉 확률적인 정로를 나타내는 지표.

VO$_2$max 최대 산소 섭취량   운동 중 달성할 수 있는 전신 최대 산소 섭취량. VO$_2$max는 주로 운동하는 근육에 산소를 운반하는 심혈관계의 능력에 의해 제한되므로, VO$_2$max는 개인의 심혈관 건강을 측정하는 가장 좋은 척도로 간주됨. 더불어 유산소 파워 생산의 상한선을 결정하는 척도.

Zero offset 영점 조절   일반적인 파워미터 컴퓨터에서는 '캘리브레이션'이라고 표현되기도 함. 이는 적용된 힘을 올바르게 해석하기 위해 힘이 가해지지 않은 상태에서 파워미터의 파워를 '0'으로 설정하는 것.

Index

저자에 관하여

헌터 알렌(Hunter Allen)은 엔듀런스 스포츠에서 파워미터를 사용하여 뛰어난 성과를 내는 데 있어 최고의 권위자로 꼽힙니다. 그는 코치 생활을 하면서 수천 개의 파워미터 파일을 분석하고 파워미터 소프트웨어 및 제품의 기능을 향상시키기 위해 여러 기업과 컨설팅을 진행했습니다. 2005년부터 미국 사이클링 파워 인증 과정을 가르치고 있습니다. 20개 이상의 국가를 여행한 헌터는 수천 명의 코치와 사이클리스트에게 파워 트레이닝의 원칙을 가르쳤습니다.

미국 사이클링 레벨 1 코치이자 Peaks Coaching Group (www.peakscoachinggroup.com)의 창립자이자 TrainingPeaks Software의 공동 창업자이며, 내비게이터스(Navigators) 팀의 전 프로 사이클리스트인 Hunter는 1995년부터 엔듀런스 스포츠 선수들을 지도해 왔습니다. 그의 Peaks Coaching Group 소속 선수들은 2,000회 이상의 우승, 수많은 미국내 및 세계 선수권 대회 우승, 올림픽 메달을 획득했습니다. 헌터는 2008년 베이징 올림픽의 BMX 기술 코치이기도 했습니다.

헌터는 랜돌프-매콘(Randolph-Macon) 대학에서 경제학 학사 학위를 받았습니다. 현재 버지니아주 베드포드(Bedford, Virginia)에서 아내 케이트(Kate), 자녀 토마스(Thomas), 잭(Jack), 수잔나(Susannah)와 함께 서주하고 있습니다.

앤드류 코건 박사 Andrew Coggan, PhD.는 인디애나 대학교-퍼듀 대학교 인디애나폴리스(Indiana University–Purdue University Indianapolis)의 운동생리학 및 세포 및 통합 생리학 부교수입니다. 엔듀런스 훈련에 대한 생리적 적응과 운동 중 노화가 근육 대사에 미치는 영향 등 다양한 주제에 관한 수많은 연구 논문을 발표했습니다. 가장 최근에는 식이 질산염이 근수축에 미치는 영향에 관한 연구에 집중하고 있습니다.

전 국가대표 마스터즈 사이클리스트이자 타임 트라이얼 기록 보유자이기도 한 앤드류는 파워미터를 사용한 트레이닝에 있어 최고의 전문가 중 한 명으로 널리 알려져 있습니다. 이 책에서 논의되고 WKO4 및 기타 데스크톱 또는 온라인 소프트웨어에 소개된 많은 개념은 앤드류가 사이클리스트 및 코치들과 함께 작업한 결과물입니다. 이러한 공로를 인정받아 2006년에는 미국 사이클링 협회로부터 스포츠 과학상을 수상했으며, 미국 올림픽 위원회의 의사 위원상 최종 후보로 선정되기도 했습니다.

앤드류 코건은 텍사스 대학교(University of Texas)에서 운동 생리학 박사 학위를, 볼 주립 대학교

(Ball State University)에서 인간 생체 에너지학 석사 학위를 받았습니다. 그는 인디애나주 브라운스버그 (Brownsburg, Indiana)에서 아내 안젤라(Angela, 전 엘리트 국가대표 트랙 사이클 선수)와 자녀 마들렌 (Madeleine), 개빈(Gavin)과 함께 살고 있습니다.

스테판 J. 맥그리거 박사 Stephen J. McGregor, PhD.는 기술 활용의 이점을 극대화하도록 설계된 트레이닝 개념과 소프트웨어 개발의 선구자입니다. 특히 러닝을 위해 특별히 고안된 정규화된 등급 페이스(normalized graded pace, NGP) 알고리즘과 러닝 훈련 스트레스 점수(running training stress score, rTSS)를 개발했습니다. 또한 동적 팀 스포츠에서 트레이닝 부하를 정량화하기 위한 동적 훈련 부하(dynamic training road, DTL) 시스템도 개발했습니다.

스테판은 이스턴 미시간 대학교(Eastern Michigan University)의 응용생리학 연구소장이며 근육 부상, 퍼포먼스 모델링, 달리기 생리학, 기술을 활용한 퍼포먼스 정량화에 관한 많은 논문을 발표했습니다. 운동 생리학 박사 학위를 받았으며 2005년부터 USA Cycling의 연구 및 교육 교수진으로 재직하면서 엘리트 레벨 1 코칭 인증 클리닉을 진행하고 있습니다.

대학 축구 선수, 철인3종 경기 선수, 엘리트 사이클 선수 출신인 스테판은 거의 25년 동안 엔듀런스 스포츠 선수들을 지도해왔으며 수많은 국제 대회 및 올림픽 대회 레벨의 사이클 선수와 러너들의 코치/컨설턴트로 활동하고 있습니다. 2016년에는 사이클 올림픽 메달리스트의 코치로서 이코스(Ikkos) 훈장을 받기도 했습니다.

역자 소개

공학박사 **정 인 영**

   서울대학교 전기공학부와 경영전문대학원을 졸업한 후, 엔씨소프트와 디셈버앤컴퍼니에서 근무하였습니다. 국민대학교 비즈니스IT대학원과 연세대학교 정보대학원에서 겸임교수로도 활동했습니다. 엔씨소프트 재직 중 김택진 대표의 추천으로 자전거 타기를 시작하면서 로드 자전거의 매력에 빠졌고, 랜도너스와 철인 3종 경기에 도전하기도 하였습니다. 엔씨소프트 국토 종주 행사에서 힐클라임 역량 부족을 느껴 이를 개선하고자 파워탭 파워미터를 구매한 것을 계기로 자전거를 과학적으로 접근하게 되었습니다. 국내 자전거 및 파워미터 보급은 활발하지만, 그 활용법이 제대로 소개되지 않은 것 같아 파워미터 자전거 트레이닝의 바이블인 이 도서를 번역하여 국내에 소개하기로 결심하였습니다. 디셈버앤컴퍼니 재직 시에는 조선일보와의 "경영과 자전거는 닮았다."라는 인터뷰로 주목받기도 하였습니다. 최근에는 대한스포츠의학회에서 <파워미터를 활용한 경기력 향상>을 주제로 강연을 하였습니다.